VICTORIA FORNER

VERBOTENE GESCHICHTE

Die Rolle der jüdischen Agenten
in der Zeitgeschichte

II

DIE GEHEIME GESCHICHTE DER
ZWISCHENKRIEGSZEIT

ØMNIAVERITAS.

VICTORIA FORNER

VERBOTENE GESCHICHTE
*Die Rolle der jüdischen Agenten
in der Zeitgeschichte*
II
DIE GEHEIME GESCHICHTE DER ZWISCHENKRIEGSZEIT

Illustration des Umschlags:
„Unser täglich Brot" 1946
Gemalt von Ulrich Leman (1885-1988)
Düsseldorf, Stadtmuseum

HISTORIA PROSCRITA II
La actuación de agentes judíos en la Hª Contemporánea
La historia silenciada de entreguerras
Erstveröffentlichung durch Omnia Veritas im Jahr 2017

Aus dem Spanischen übersetzt und herausgegeben von
OMNIA VERITAS LTD

ⒶMNIA VERITAS®
www.omnia-veritas.com

© Omnia Veritas Ltd - Victoria Forner - 2025

KAPITEL VIII

DIE VERSCHWIEGENE GESCHICHTE DER
ZWISCHEN DEN KRIEGEN

TEIL 1
DIE FRIEDENSKONFERENZ

Vom 28. bis 30. Juni 1917, fast drei Monate nach der Kriegserklärung der Vereinigten Staaten an Deutschland, fand am Sitz des Grand Orient in Paris, Rue Cadet 2, eine sehr wichtige internationale Freimaurerkonferenz statt. Vicomte Léon de Poncins, einer der bekanntesten Freimaurer-Forscher, spricht von einer „streng geheimen Tagung von absolut entscheidender historischer Bedeutung". Nahezu alle Logen der alliierten und neutralen Länder waren anwesend. Ziel des Treffens war es, die Grundlagen für einen Friedensvertrag zu schaffen und die Gründung eines künftigen Völkerbundes vorzubereiten. Eine Kommission präsentierte das Ergebnis ihrer Arbeit durch Bruder Lebey, der eine aus dreizehn Artikeln bestehende Resolution verlas. Sechs Monate später legte Bruder Woodrow Wilson, unterstützt von Bruder Mandell House und seinen jüdischen Beratern Baruch und Brandeis, dem Kongress der Vereinigten Staaten seine berühmten vierzehn Punkte vor, von denen dreizehn wortwörtlich den auf dem Freimaurerkongress in Paris verlesenen Text wiederholten. Diese von den Historikern unbekannte oder ignorierte Tatsache wird von Léon de Poncins in seinem 1936 erschienenen Buch *Société des Nations, super-état maçonnique* als unbestreitbare Wahrheit dargestellt. In diesem Buch wird der Antrag von Bruder Peigné zitiert, der zu der Resolution wurde, die der Kongress an Präsident Wilson richtete, der 1919 den Friedensnobelpreis für die Förderung des Völkerbundes erhalten sollte:

> „Dieser Kongress übermittelt Herrn Wilson, dem Präsidenten der Vereinigten Staaten, den Ausdruck seiner Bewunderung und seiner Anerkennung für die großen Verdienste, die er sich um die Menschheit erworben hat; er erklärt, dass er gerne mit Präsident Wilson in diesem Werk der internationalen Gerechtigkeit und der demokratischen Brüderlichkeit zusammenarbeitet, das das eigentliche Ideal der Freimaurerei ist, und bekräftigt, dass die ewigen Grundsätze der Freimaurerei mit denen, die Präsident Wilson zur Verteidigung der Zivilisation und der Freiheit der Völker verkündet hat, völlig übereinstimmen."

In Abwesenheit der Vertreter der besiegten Länder, denen die Abkommen zur Unterzeichnung vorgelegt wurden, begann am 18. Januar 1919 in Paris die Friedenskonferenz, an der zweiunddreißig Länder teilnahmen. Sie dauerte bis zum 20. Januar 1920. Die Gründung des Völkerbundes stand ganz oben auf der Tagesordnung der Sieger. Die Sitzungen wurden von Wilson, Lloyd George und Clemenceau geleitet. Vittorio Emanuele Orlando, der die italienische Delegation leitete, spielte eine sehr geringe Rolle und trat schließlich im Juni 1919 zurück.

In Wirklichkeit waren diese Männer, wie bereits erläutert, nur die Instrumente der okkulten Macht, die die Konferenz vollständig beherrschte. Diese Politiker waren von jüdischen Beratern umgeben, deren Einfluss in den Debatten überwogen hat. George Lloyds Geheimrat war der Jude Sir Philip Sassoon. Die Sassoons, die sich durch den illegalen Opiumhandel bereichert hatten, sind mit den Rothschilds verwandt und kontrollieren die Banken in Indien und China. Natürlich gehörte Lord Milner, der britische Rothschild-Superagent, zur britischen Delegation und unterzeichnete zusammen mit Bonar Law und George Lloyd den Vertrag von Versailles. Der britische Jude Edwin Samuel Montague, ein britischer Jude, nahm als Staatssekretär für Indien an der Konferenz teil. Was die Franzosen betrifft, so war Georges Clemenceau selbst ein Freimaurer, der den Rothschilds nahestand. Sein unzertrennlicher Berater war George Mandel, ein Jude, der sein Privatsekretär war und in Wirklichkeit Louis Georges Rothschild hieß, der leibliche Sohn eines Rothschilds. Auch der Dolmetscher von Clemanceau, Paul Mantoux, war Jude. Ein weiterer jüdischer französischer Unterzeichner der Verträge war Louis-Lucien Klotz. Der italienische Außenminister, Baron Sidney Sonnino, der den Vertrag von Versailles unterzeichnete, war ebenfalls Sohn eines Juden. Sonnino war auch ein Mann des Olivetti-Trusts, der 1908 von Camillo Olivetti, einem jüdischen Sozialisten, gegründet wurde, der voraussah, dass Schreibmaschinen ein innovativer Markt sein würden.

Der Anteil der Juden in der amerikanischen Delegation war skandalös. Paul Warburg, der Architekt des Federal Reserve Systems, leitete sie. Vier Männer umgaben Woodrow Wilson: Edward Mandell House, ein Illuminaten-Agent des Rothschild-Warburg-Rockefeller-Kartells, den der Präsident als sein „Alter Ego" betrachtete, Bernard Mannes Baruch, „Judas Prokonsul in Amerika", der Richter am Obersten Gerichtshof Louis Dembitz Brandeis, ein Verfechter des Zionismus in Amerika, und Henry Morgenthau. Der Delegation gehörten auch neun Mitglieder des American Jewish Committee an, dessen Präsident, Louis Marshall, auch Vizepräsident des American Jewish Congress war. In Marshalls Fußstapfen traten Rabbiner Stephen Wise, Rabbiner B. L. Levinthal, Richter Julian Mack, Harry Cutler, Jacob de Haas, Jacob Syrkin, Joseph Barondess und Leopold Benedict.

Der deutschen Delegation gehörte Paul Warburgs Bruder Max Warburg an, der als Leiter des deutschen Geheimdienstes Trotzki und Lenin finanziert hatte. Fast alle Mitglieder der deutschen Vertretung, die den Versailler Vertrag überprüften und die Friedensbedingungen akzeptierten, waren ebenfalls Juden. Die prominentesten waren Walter Rathenau, Außenminister der Weimarer Republik; Edgar Jaffé, ein bayerischer Kommunist, der Finanzminister der Sowjetrepublik Bayern gewesen war und mit Kurt Eisner befreundet war; Professor Albrecht Mendelssohn-Bartholdy, Enkel des Komponisten Felix

Mendelssohn; Professor Jacob Wassermann, Autor mehrerer Romane mit jüdischen Themen; Oscar Oppenheimer und andere.

Damit nicht genug, bildeten die Juden in den verschiedenen diplomatischen Vertretungen das „Comité des Delegacions Juives". Ihre Forderungen betrafen die Rechte von Minderheiten, die sie in einem am 28. Juni 1919 unterzeichneten Vertrag über nationale Minderheiten durchsetzen konnten, der im Wesentlichen in den Ländern galt, in denen es jüdische Minderheiten gab. Der Architekt war Lucien Wolf, der als Teil der britischen Delegation an der Friedenskonferenz teilnahm. Wolf, der angeblich über alle Geheimnisse des Außenministeriums verfügte und dessen Sekretär ebenfalls ein Jude war, David Mowshowitch, brachte seine diplomatischen Kontakte ins Spiel, um den Vertrag zu erreichen, der es den Juden erlaubte, sich an den Völkerbund zu wenden, wenn sie sich durch einen souveränen Staat in ihren Privilegien verletzt fühlten[1]. Die Zionistische Organisation hatte nicht nur ihre Vertreter bei den alliierten Führern, sondern war auch mit einer eigenen Vertretung auf der Konferenz vertreten. Ihr Oberhaupt, der allgegenwärtige Chaim Weizmann, hatte gerade am 3. Januar 1919 mit Amir Feisal Ibn Hussein ein Abkommen über Palästina unterzeichnet, das nie umgesetzt wurde. Ein weiterer Zionist, der in Paris anwesend war, war Felix Frankfurter, ein Richter und Vertrauter seines Kollegen Louis Brandeis, der die amerikanische zionistische Delegation leitete. Frankfurter wurde später ein Berater von Franklin D. Roosevelt.

Am 13. Mai 1919, als das jüdische Element in allen Delegationen der Friedenskonferenz vorherrschte, prangerte Senator Adrien Gaudin de Villaine im französischen Senat mit unmissverständlichen Worten den Umsturz an, an dem die Juden beteiligt waren. Neben anderen vorausschauenden Anschuldigungen sagte er: „Die Russische Revolution und der Große Krieg sind nur Phasen der höchsten Mobilisierung der kosmopolitischen Mächte des Geldes, und dieser kulminierende Kreuzzug des Geldes gegen das Kreuz ist nichts anderes als das wütende Streben des Juden nach der Herrschaft über unsere Welt. Es ist die jüdische Hochbank, die in Russland die von den Kerenskys vorbereitete und schließlich von den Lenins, Trotskys und Zinovievs verübte Revolution provoziert hat, so wie gestern der kommunistische Staatsstreich in Ungarn, denn der Bolschewismus ist ein talmudischer Aufstand."

RIIA, CFR, IPR

---

[1] Nach Artikel VI des Vertrags hatten die Juden das Recht, in den nationalen Parlamenten und Stadträten sowie in den Selbstverwaltungsorganen vertreten zu sein. Jede Maßnahme, die sie als Verletzung ihrer Privilegien betrachteten, gab ihnen das Recht, sich beim Völkerbund zu beschweren, der sich in den vermeintlich souveränen Staat einmischen sollte. Vor allem in Polen gelang es der jüdischen Minderheit, die Abhaltung von Wahlen am Sabbat, ihrem gesetzlichen Feiertag, zu verbieten. Auch konnten sie am Sabbat nicht vor Gericht geladen werden und mussten weder ihre Schulden noch die Löhne ihrer Angestellten bezahlen.

Man kann sagen, dass sie alle in Paris waren. Es ging darum, die Ergebnisse des Krieges zu nutzen, um die internationalistischen Ansprüche der Illuminaten-Banker, der endgültigen Sieger des Weltkonflikts, den sie gesponsert und finanziert hatten, voranzutreiben. Neben der Aushandlung und Ausarbeitung der Verträge bot die Friedenskonferenz den Teilnehmern die Möglichkeit, parallel dazu zahlreiche Treffen und Kontakte auf höchster Ebene abzuhalten. Am 19. Mai 1919 berief Edward Mandell House eine Reihe britischer und amerikanischer Delegierter zu einem Arbeitstreffen in das Hotel Majestic in Paris ein. Am 30. Mai 1919 fand im selben Hotel ein zweites Treffen statt, bei dem die Gründung des Royal Institute of International Affairs (RIIA) erörtert wurde, das auch als Chattan House Study Group bekannt war, da sich sein Hauptsitz zunächst in diesem Gebäude befand, das den Astors, einer der großen Illuminatenfamilien, gehörte. Lionel Curtis war zuvor von der Round Table Group, der von Lord Milner gegründeten Geheimgesellschaft, beauftragt worden, einen Stab von Experten zusammenzustellen, um die Gründung des RIIA vorzubereiten.

In Paris knüpften die Männer von Alfred Milner ausgezeichnete Beziehungen zu den von Morgan und Rockefeller entsandten Technikern, darunter Georges Louis Beer und Thomas Lamont, einer der beiden Vertreter des Finanzministeriums auf der Konferenz, der bereits für seine Aktivitäten zugunsten des Kommunismus bekannt ist. Beide gehörten zu den Organisatoren des „Council on Foreign Relations" (CFR), dem Äquivalent des RIIA in den Vereinigten Staaten, das ebenfalls in Paris geplant war. Auf einer Sitzung am 5. Juni 1919 wurde die Formel der getrennten Organisationen, die miteinander zusammenarbeiten sollten, beschlossen. Trotz der anfänglichen Einigung in Paris wurde der CFR mit Sitz in New York erst am 29. Juli 1921 offiziell gegründet. Eine weitere Unterorganisation des RIIA, die von der Finanzelite bei den Pariser Treffen ins Leben gerufen wurde, war das Institute of Pacific Relations (IPR), das sich ausschließlich mit fernöstlichen Angelegenheiten befassen sollte.

Diese globalistischen Organisationen haben seit ihrer Gründung als „Denkfabriken" fungiert, deren Zweck es theoretisch wäre, ihre jeweiligen Regierungen in internationalen Fragen zu beraten. In der Praxis sind sie Kontrollinstrumente der verborgenen Macht, die sich ständig im Verborgenen bewegt und durch diese Organisationen den Nationen die Politik diktiert oder aufzwingt, die auf der internationalen Bühne zu verfolgen ist. Kurz gesagt, die Internationalisten, Mundialisten oder Globalisten, und das wird heute immer deutlicher, beabsichtigen, den Nationalstaaten die Souveränität zu entziehen und sie einer Clique von Technikern im Dienste der internationalen Bankiers zu überlassen. Die finanzielle Unterstützung für die RIIA kam zunächst von den Astors. In einem Akt der Anerkennung wurde Waldorf Astor, der Sohn von John Jacob Astor, zum Ehrenmitglied des Royal Institute of International Affairs ernannt. Ein weiterer prominenter Finanzier, der an der Gründung des RIIA beteiligt war, war der französische Baron Edmond de Rothschild, der eine wichtige Rolle bei der Pariser Friedenskonferenz spielte. Edmond de Rothschild gab seine persönliche Zustimmung zu jedem der Gründungsmitglieder. Aus dem

RIIA gingen in der Folge neue Aufsichtsgremien wie das Tavistock-Institut und der Club of Rome hervor.

Das Geld für die Gründung des Council on Foreign Relations wurde unter anderem von J. P. Morgan, Paul Warburg, Bernard Baruch, Jacob Schiff, Otto Kahn und John D. Rockefeller bereitgestellt. Mit anderen Worten: dieselben jüdischen Bankiers, die auch hinter der Gründung der Federal Reserve standen. Zum ersten Vorstand des CFR gehörten Paul Warburg, Otto Kahn, Isaiah Bowman, William Shepard, Whitney Shepardson, Stephen Duggan, John W. Davis, Norman H. Davis und Archibald Coolidge. Diese Institution sollte schließlich zu Amerikas Schattenregierung werden. Hier sind die Namen einiger bekannter Politiker, die Direktoren des CFR waren: Zbigniew Brzezinski, Paul Volker, George H. W. Bush, David Rockefeller, Henry Kissinger, Alan Greenspan, George Shultz, Jeane Kirkpatrick, Richard B. Cheney, usw. Der mächtigste Mann im CFR war lange Zeit David Rockefeller, der Enkel von John D. Rockefeller, der von 1970-85 als Vorsitzender des Verwaltungsrats des Rates fungierte. David Rockefeller war sechsunddreißig Jahre lang einer der Direktoren des Rates, eine Position, die er durch den Vorsitz der Chase Manhattan Bank ergänzte.

Internationale Banker und ihre Agenten beherrschen jetzt diese Gremien, die auf ein globales Bankenmonopol hinarbeiten, unabhängig davon, welche Art von Macht schließlich die Kontrolle über eine Weltregierung übernimmt. Seit Adam Weishaupt und der aufgeklärten Freimaurerei steht der Ausdruck „Neue Weltordnung" für das Kommen einer einzigen Regierung für die ganze Welt, deren Symbol, die Pyramide mit dem Auge des Osiris (dem allsehenden Auge) und der Aufschrift „Novus Ordo Seclorum", von Franklin Delano Roosevelt auf der US-Dollarnote angebracht wurde. Das Vorhandensein dieser Körper ist im Allgemeinen nicht einmal den Menschen mit Universitätsabschluss bekannt. Wie zu Weishaupts Zeiten wird die Geheimhaltung als wesentlich angesehen. Deshalb erfährt man auch nie, wann und wo die Sitzungen stattfinden, bei denen die wichtigsten Entscheidungen für die gesamte Menschheit getroffen werden.

Das Institut für Pazifische Beziehungen, ebenfalls ein Ableger der Milner-Gruppe, d. h. des Runden Tisches, wurde zwar in Paris gegründet, aber erst 1925 ins Leben gerufen. Später, im elften Kapitel, wird es Gelegenheit geben, sich mit dem Kampf zu befassen, den der verleumdete Senator McCarthy fast im Alleingang führte, um die kommunistische Verschwörung in den Vereinigten Staaten zu zerschlagen, zu deren wichtigsten Bastionen das IPR gehörte. Professor Carroll Quigley räumt ein, dass sich das IPR der Verbreitung der kommunistischen Ideologie widmete, was dank der Untersuchungen des US-Senats öffentlich bekannt wurde. Was jedoch oft nicht bekannt ist, ist das Sponsoring durch die Wall Street. Die IPR, eine steuerbefreite private Vereinigung, wurde von einem Gremium aus zehn nationalen Räten geleitet. Die konstituierenden Nationen waren die Vereinigten Staaten, Großbritannien, die UdSSR, China, Australien, Neuseeland, Kanada, die Niederlande, die Philippinen und Frankreich. Der amerikanische Rat der IPR hatte seinen Sitz in New York. Seine wichtigsten Geldgeber waren die Carnegie Foundation und die Rockefeller Foundation. Beide Stiftungen waren durch die Allianz von Morgan und Rockefeller mit der Wall Street verbunden. Die übrigen Beiträge kamen von Firmen, die mit diesen jüdischen Bankiers verbunden waren, wie Standard Oil, International Telephone and Telegraph (ITT), International General Electric, National City Bank und Chase National Bank. Das Institute of Pacific Relations (IPR) kontrollierte die US-Politik im Fernen Osten. Zu den wenig bekannten Aktivitäten des IPR gehört die Rolle, die es beim Sturz Chinas durch den Kommunismus spielte. Aber wir wollen nun chronologisch zu anderen Aspekten der Friedenskonferenz übergehen, denn all dies wird zu gegebener Zeit behandelt werden.

Der Vertrag von Versailles

Zu Beginn dieses Abschnitts sei an die Worte von Adolphe Isaac Crémieux aus dem Jahr 1861 erinnert: „Anstelle der Päpste und der Cäsaren wird ein neues Reich entstehen, ein neues Jerusalem, und unsere guten Freimaurer helfen den Juden mit verbundenen Augen bei dem ‚großen Werk' des Baus des neuen salomonischen Tempels, des neuen cäsarisch-päpstlichen Königreichs der Kabbalisten!". Fünf Jahre später, 1866, bestätigte auch der Rabbiner Isaac M. Wise die absolute Kontrolle, die sie über die Freimaurerei ausübten: „Die Freimaurerei ist eine jüdische Institution, deren Geschichte, Grade, Kosten und Erleuchtungen von Anfang bis Ende jüdisch sind". Versailles war somit die Verkörperung eines lang ersehnten Triumphs: Die mächtigsten Monarchien Europas waren gestürzt, Russland befand sich im Griff des Kommunismus, und die Zionisten konnten endlich den Grundstein für den jüdischen Staat in Palästina legen. Leon Motzkine, in einem Artikel, der im September 1933 in der Zeitschrift *Les Juifs. Témoignages de notre temps veröffentlicht wurde*, würdigt dies mit folgenden Worten: „In Versailles war alles sorgfältig vorbereitet worden, nichts war dem Zufall überlassen worden. Es war ein Moment des Triumphs, der in aller Stille genossen wurde". Die Worte dieser jüdischen Ideologen bestätigen also, dass der Vertrag von Versailles die Verkörperung eines Sieges war, der unter Mitwirkung von der „guten Freimaurer" errungen wurde, die seit ihrer Aufklärung durch die Sekte von Adam Weishaupt das beste Instrument der Verschwörung waren.

Wenn Lord Curzon einräumte, dass der Vertrag von Versailles „kein Friedensvertrag, sondern ein Abbruch der Feindseligkeiten" war, so bezog sich Ezra Pound im Radio Rom mit der unverblümten Feststellung darauf: „Das wahre Verbrechen besteht darin, einen Krieg zu beenden, um den nächsten unausweichlich zu machen". Die gespenstischen Hoffnungen auf einen Frieden ohne Gewinner und Verlierer, d.h. auf der Grundlage des Programms von Präsident Wilson, sind in Paris nicht nur dramatisch verpufft, sondern in demütigende Bedingungen umgewandelt worden, die das deutsche Volk grausam bestrafen. Erstaunlich ist jedoch, dass man sich Hoffnungen auf einen Verhandlungsfrieden machen konnte, nachdem man die antideutsche Kampagne in der internationalen Presse miterlebt und gesehen hatte, wer und wie die Vereinigten Staaten in den Krieg gegen Deutschland gedrängt worden waren. Selbst Stalin erklärte, der Versailler Vertrag sei „ein Diktat des Hasses und des

Diebstahls". In Paris wurde ein dreistufiges System von Maßnahmen beschlossen. Die erste Stufe war die öffentliche Konferenz, die vor aller Augen abgehalten wurde und bei der die zahlreichen Journalisten aus aller Welt, die gekommen waren, um über die Verhandlungen zu berichten, alles offen vorgeführt bekamen, was dazu gehörte. Die zweite Ebene waren die geheimen Konferenzen der verbündeten Präsidenten, der kooptierten Politiker, die sich privat trafen und Notizen und Anweisungen verglichen, die ihnen von ihren verborgenen Meistern übermittelt wurden. Die dritte Ebene waren die nächtlichen Konferenzen der jüdischen Führer und ihrer guten Freimaurer, die nur einer ausgewählten Gruppe von Auserwählten bekannt waren und auf denen die eigentliche Tagesordnung diskutiert und beschlossen wurde.

Nach der Unterzeichnung des Waffenstillstands von Compiègne am 11. November 1918 gaben die Alliierten Deutschland sechsunddreißig Tage Zeit, den Friedensvertrag zu unterzeichnen. Das durch die Demobilisierung der Armee und die kommunistische Revolution ins Chaos gestürzte Deutschland konnte sich die Verlängerung des Waffenstillstands nur durch die Lieferung von Rohstoffen, Patenten, Maschinen und sogar Lebensmitteln erkaufen. Unter diesen Umständen verhängten Großbritannien und Frankreich eine Hungerblockade, um ihre Forderungen zu unterstützen. Am 3. März 1919 erklärt Winston Churchill vor dem Unterhaus: „Wir werden die Hungerblockade mit aller Härte fortsetzen. Deutschland ist am Rande des Hungertodes. In wenigen Tagen wird es völlig zusammenbrechen. Dann wird es an der Zeit sein, mit ihm fertig zu werden." Graf Brockdorff-Rantzau, der Botschafter in Kopenhagen, der 1917 in die Falle von Alexander Parvus getappt war und ihn den Geheimdiensten seines Landes empfohlen hatte, traf am 29. April an der Spitze der deutschen Delegation, die Friedensverhandlungen führen wollte, in Paris ein. Am 7. Mai beginnt die erste Sitzung, und Clemenceau, der zum Präsidenten der Konferenz ernannt worden war, beschuldigt, ohne sich an die kriegstreiberischen und aufrührerischen Reden Poincarés in St. Petersburg zu erinnern, Deutschland als alleinigen Schuldigen. Brockdorff-Rantazu behauptete natürlich, dass dies nicht stimme. Daraufhin wurde der deutschen Delegation ein Text mit 440 Artikeln vorgelegt und sie wurde aufgefordert, innerhalb einer Woche zu antworten. Von den vierzehn Punkten Wilsons, die der deutsche Vertreter für die Friedensverhandlungen vorgelegt hatte, und von der Forderung nach einem Zusammenschluss Österreichs und Deutschlands wollte man nichts wissen.

Am 9. Mai schrieb Walter Rathenau, der als Jude Deutschland liebte und sich als Deutscher fühlte, in Die Zukunft, dass, wenn keine Verbesserung der Vertragsbedingungen erreicht werden könne, Graf Brockdorf-Rantzau den feindlichen Regierungen das Dekret zur Auflösung des Parlaments, den kollektiven Rücktritt des Reichspräsidenten und seiner Minister und die Einladung an die Alliierten zur Machtübernahme in Deutschland vorlegen müsse. Auf diese Weise", so Rathenau, „wird der Feind die Verantwortung für den Frieden und für alle Handlungen Deutschlands tragen, und er wird vor der Welt, vor der Geschichte und vor seinem eigenen Volk die Pflicht haben, das Schicksal von sechzig Millionen Menschen zu übernehmen. Das wäre ein noch nie dagewesenes Ereignis, der noch nie dagewesene Untergang eines Staates, aber zugleich eine Entscheidung, die mit Ehre und Gewissen vereinbar ist." Am 12. Mai erhielt Bundeskanzler Scheidemann in der Versammlung eine überwältigende Mehrheit gegen die Unterzeichnung des Vertrages. Daraufhin wurden Gegenvorschläge eingebracht. Der Text des diplomatischen Schreibens, das an die Versammlung geschickt wurde, erinnerte an Folgendes:

„Durch den Notenwechsel zwischen Präsident Wilson und der deutschen Regierung im Laufe des Oktobers 1918 wurde ein völkerrechtlich gültiger Kompromiss erzielt. Im Rahmen dieses Kompromisses legte Deutschland am 11. November die Waffen nieder, und zwar auf der Grundlage der vierzehn Punkte, die Präsident Wilson in seiner Botschaft an den amerikanischen Kongress vom 8. Januar 1918 und in seinen späteren Erklärungen, insbesondere in seiner Rede vom 27. September 1918, festgelegt hatte.... Nach den in diesen verschiedenen Reden verkündeten Grundsätzen sollte der Frieden auf der Grundlage des freien Verfügungsrechts der Völker geschlossen werden, und die Verträge sollten von allen erörtert werden, ohne Unterscheidung zwischen Siegern und Besiegten. Deutschland einen Vertrag aufzuerlegen, der von den von beiden Seiten akzeptierten Grundsätzen abweicht, käme somit einer Verletzung des vor dem Waffenstillstand geschlossenen Paktes gleich. Es gibt aber sozusagen keine einzige Klausel, die mit den vorher vereinbarten Grundsätzen übereinstimmt".

Viel wichtiger als dieser diplomatische Brief, der praktisch unterschätzt wurde, war das berühmte Telegramm, das Jacob Schiff am 28. Mai von New York aus an Woodrow Wilson schickte, ein Text, der als „das Telegramm mit den zwei Tausend Worten" in die Geschichte eingegangen ist. Sowohl Cyrus Adler, der Biograph des Bankiers, als auch Graf de Saint-Aulaire in *Genf gegen den Frieden* äußern sich zu seinem Inhalt. Letzterer bezieht sich auf Schiff's Anweisungen an den US-Präsidenten zum Palästina-Mandat, zu den deutschen Reparationen in Bezug auf Oberschlesien, die Saar und den Danziger Korridor sowie zu Fiume. Wilson änderte sofort die Richtung der Verhandlungen und beugte sich in allem den Forderungen des Bankiers, der Trotzki finanzierte. Es ist bitterer Sarkasmus, festzustellen, dass derjenige, der am meisten am Sieg der kommunistischen Diktatur in Russland und an der sofortigen Anerkennung der Regierung der Sowjets interessiert war, das Telegramm im Namen der „Vereinigung des Bundes Freier Nationen" schickte, die von demselben Jacob Schiff geleitet und von fünf amerikanischen Bankiers finanziert wurde.

Im vorangegangenen Kapitel wurde bereits festgestellt, dass Deutschland nach Artikel 231 des Versailler Vertrages die volle Verantwortung für den Krieg übernehmen musste, und es wurde auch festgestellt, dass es am 16. Juni 1919 sogar eine Ergänzungsnote zu diesem Artikel gab, in der Deutschland direkt beschuldigt wurde, den Krieg geplant und begonnen zu haben. Außerdem wurde hinzugefügt, dass das deutsche Volk für die Taten seiner Regierung verantwortlich sei. Dies war eine moralische Verurteilung eines ganzen Volkes, die historisch beispiellos war. Am 16. Juni selbst wurde der deutschen Delegation die Antwort der Alliierten auf das diplomatische Schreiben übergeben. Als Bundeskanzler Scheidemann sah, dass die von der deutschen Regierung vorgebrachten Argumente ignoriert wurden, weigerte er sich, das Schreiben zu unterzeichnen und trat zurück. Am 21. Juli wurde eine neue

Regierung unter der Führung von Gustav Bauer gebildet, der es gelang, den Reichstag dazu zu bringen, die Unterzeichnung des Vertrags zu genehmigen. Die Bedingungen lauteten: „Die Regierung des Deutschen Reiches ist bereit, den Friedensvertrag zu unterzeichnen, ohne jedoch die Verantwortung des deutschen Volkes für den Krieg anzuerkennen".

Graf Brockdorff-Rantzau erklärte, dass sein Ehrbegriff ihn daran hindere, das Dokument zu unterzeichnen, trat zurück und verließ Paris. Frankreich und Großbritannien drohten, die Blockade wieder aufzunehmen, wenn der Vertrag nicht unterzeichnet würde. Unter diesen Umständen trat ein Unbekannter namens von Haniel, dessen Name in keinem anderen historischen Ereignis auftaucht, an die Stelle von Brockdorff-Rantzau und verkündete am 23. Juni, dass sich die deutsche Regierung allen Forderungen ihrer Feinde beugen würde. Einige Klauseln des Vertrages", so der Akzeptanztext, „wurden nur aufgenommen, um das deutsche Volk zu demütigen. Wir beugen uns vor der Gewalt, der wir unterworfen sind, weil wir nach allem, was wir erlitten haben, keine Möglichkeit mehr haben, uns zu wehren. Aber dieser Mißbrauch der Gewalt kann die Ehre des deutschen Volkes nicht beflecken". Zwei Tage zuvor hatte der deutsche Admiral von Reuter auf dem Stützpunkt Scapa Flow, wo sich die deutsche Kriegsflotte befand, die Tatsache ausgenutzt, dass das britische Überwachungsgeschwader zu Schießübungen in See gestochen war, und befohlen, die Luken, Luken und Torpedorohre aller Schiffe zu öffnen und dann die deutsche Flagge von den Masten herabzunehmen. Als die Boote zu Wasser gelassen wurden, heulten Sirenen und Alarmglocken ertönten. Siebzig Schiffe sanken langsam auf den Grund des Meeres.

Am 28. Juni 1919 unterzeichnete Deutschland im Spiegelsaal des Schlosses von Versailles den Vertrag, das „Diktat", das drei Arten von Klauseln enthielt: territoriale, militärische und finanzielle. Durch die erste Klausel verlor Deutschland 88.000 km2 und acht Millionen Einwohner: Frankreich annektiert Elsass-Lothringen und stellt das Saargebiet unter seine Verwaltung, wodurch es das Bergbaugebiet vierzehn Jahre lang ausbeuten kann. Belgien übernimmt die Grafschaften Eupen und Malmedy. Das Memelgebiet, der nördliche Teil Ostpreußens an der Ostsee, kam unter französische Verwaltung und wurde 1924 vom Völkerbund ohne Volksabstimmung an Litauen vergeben. Dänemark annektierte Nordschleswig. Polen, das seit 1795 nicht mehr als Staat existierte, erhielt Posen und einen Teil Westpreußens, um ihm einen Zugang zum Meer zu verschaffen. So entstand der Danziger Korridor, der Ostpreußen vom übrigen Deutschland trennte. Danzig, eine fast ausschließlich von Deutschen bewohnte Stadt, wurde eine so genannte „freie Stadt" unter dem theoretischen Schutz des Völkerbundes. Der südliche Teil Oberschlesiens, ein wichtiges Bergbaugebiet, wurde ebenfalls Teil des neuen polnischen Staates. Zu diesen Verlusten kommt noch das Sudetenland hinzu, das durch den Vertrag von Saint-Germain an die Tschechoslowakei abgetreten wurde, ein neu geschaffener Staat, dessen moralischer, sozialer und politischer Zusammenhalt nicht existent war. Die deutschen Kolonien wurden in Mandate umgewandelt und unter der Vormundschaft des Völkerbundes an Frankreich, Großbritannien und

Commonwealth-Länder wie Australien, Neuseeland und die Südafrikanische Union abgetreten.

Die Militärklauseln sahen vor: die Beschlagnahme der Handels- und Kriegsflotte, die Reduzierung der deutschen Armee auf 100.000 Soldaten, die Abschaffung der Militärschulen, des Generalstabs, der schweren Artillerie, der Panzer und der Luftfahrt. Die Herstellung von Kriegsmaterial wurde verboten. Was die finanziellen Bestimmungen anbelangt, so musste Deutschland für den Wiederaufbau der von ihm militärisch besetzten Gebiete in Frankreich, Belgien und Rumänien aufkommen. Außerdem musste es die von den französischen Truppen in Elsass-Lothringen verursachten Schäden beheben und für die Kriegsschäden der Zivilbevölkerung in den nicht besetzten Gebieten aufkommen. Außerdem musste es die Kosten für die Besatzungstruppen auf seinem eigenen Gebiet übernehmen. Deutschland wurde gezwungen, die Kontrolle über die Binnenschifffahrt auf seinen großen Flüssen zu akzeptieren, was die Internationalisierung seiner Wasserstraßen bedeutete. Deutschland muss bis zum 1. Mai 1921 20 Milliarden Goldmark zahlen, und es wird eine Reparationskommission eingesetzt, die den endgültigen Betrag berechnet, der von Deutschland gefordert wird. Am 27. April 1921 legte diese Kommission unter dem Vorsitz des unaussprechlichen Raymond Poincaré schließlich fest, dass Deutschland 132 Milliarden Goldmark zu zahlen habe. Deutschland weigerte sich, diese unmögliche Summe zu akzeptieren, die dem gesamten Vermögen des Landes im Jahr 1914 entsprach. Am 5. Mai 1921 wurde ein Ultimatum gestellt: Sollte diese Schuld nicht anerkannt werden, würde die anglo-französische Flotte ihre Blockade gegen Deutschland wieder aufnehmen und das Ruhrgebiet, das Herzstück des deutschen Bergbaus und der Industrie, besetzen, was am 11. Januar 1923 durch französisch-belgische Truppen geschah.

Die Gründung des Völkerbundes und sein Scheitern

Präsident Wilson, ein großer Befürworter des Völkerbundes, erreichte, dass die Friedenskonferenz am 25. April 1919 den Völkerbundvertrag annahm und ihn den verschiedenen Friedensverträgen anfügte. Er trat am 28. Juni, dem Tag der Unterzeichnung des Versailler Vertrags, in Kraft, obwohl er am 10. März 1920 in Genf gegründet worden war. Dieses Projekt der „universellen Gerechtigkeit und demokratischen Brüderlichkeit" war ein Paradebeispiel für die Heuchelei seiner Befürworter, die nur ihre eigenen Ziele und die Ziele derjenigen verfolgten, die eine Weltregierung anstrebten. Nach der Zerstückelung von vier Imperien wollten die Internationalisten mit dem Völkerbund eine supranationale Einrichtung schaffen, die alle Probleme, die sich aus der mehrfachen Verschiebung von Grenzen und der Ansiedlung von Bevölkerungen in den neuen Staaten ergaben, neutralisieren sollte.

Während die jüdische Minderheit gemäß dem Vertrag über nationale Minderheiten in allen Ländern uneingeschränkt respektiert werden sollte, ignorierten Frankreich und England, die ihre Kolonialgebiete ausweiteten, die Bestrebungen der kolonisierten Völker Afrikas und Asiens. Während die Zionisten ihre Ansprüche auf Palästina durchsetzten, wurden die Rechte des palästinensischen Volkes, das dieses Land schon seit Tausenden von Jahren vor Christus bewohnt, missachtet. Während die Juden in Polen die gesamte Bevölkerung zwingen konnten, ihren Sabbat zu respektieren, wurden in den Vereinigten Staaten die Rechte der schwarzen Minderheit ständig verletzt. Trotz all dieser Widersprüche bekräftigten die Rabbiner Frankreichs: „Dieser Völkerbund ist die erste Anwendung der Grundsätze des Friedens und der Brüderlichkeit, die das Judentum seit den Propheten in der zivilisierten Welt verkündet hat, in der politischen Ordnung". Rabbiner Simon Tor Yacal forderte seinerseits die Befreiung Jerusalems und erklärte, dass „der Völkerbund, ein keusches Geschöpf, das aus dem Geist Israels geboren wurde, leben und die Luft seines Vaters atmen muss. Der Völkerbund muss seinen Sitz in Jerusalem haben". Vor diesem Hintergrund ist es nicht verwunderlich, dass einige Gegner des neuen Gremiums es als „Völkerbund der Nationen" bezeichneten. Der erste Präsident des Rates des Völkerbundes war ein berühmter Freimaurer, Léon Bourgeois, der 1895 einer Regierung in Frankreich vorgestanden hatte, in der acht der zehn Minister ebenfalls Freimaurer waren. Nachdem Bruder Wilson 1919 den Friedensnobelpreis erhalten hatte, war 1920 Bruder Bourgeois an der Reihe. Der zweite Präsident des Völkerbundes war Paul Hymans, ein Jude, der Belgien auf der Friedenskonferenz vertreten hatte und Mitglied der Loge *Les Amis Philantropes* des Grand Orient von Belgien war.

Als Woodrow Wilson in die Vereinigten Staaten zurückkehrte, hatte er kostbare Edelsteine und Geschenke im Wert von einer Million Dollar in Gold bei sich, die ihm von seinen Freimaurerbrüdern und anderen „Freunden" angeboten worden waren, um seinen Einsatz für den Völkerbund zu sichern, das Gremium, das den Weltfrieden garantieren und eine neue Ordnung schaffen sollte. Clemenceau hatte Wilson gebeten, eine internationale Truppe zu schaffen, die unter der exekutiven Kontrolle des Völkerbundes stehen sollte, doch der amerikanische Präsident hatte dies mit der Begründung abgelehnt, dass die Verfassung seines Landes einen solchen Souveränitätsverzicht nicht zulasse. Jedenfalls schien alles gut zu laufen, bis die Überraschung kam: Der Senat erinnerte Wilson daran, dass für die Unterzeichnung von Verträgen die Zustimmung des Repräsentantenhauses mit einer Zweidrittelmehrheit erforderlich war. Da seine demokratische Regierung mit einer republikanischen Mehrheit im Senat zusammenlebte, musste eine Einigung erzielt werden. Vielleicht wäre es klüger gewesen, mit einer starken republikanischen Vertretung zur Friedenskonferenz zu gehen, um einen solchen Rückschlag zu vermeiden. Auf jeden Fall glaubte man in Europa, dass Präsident Wilson dieses Hindernis überwinden würde.

Der Antrag des Präsidenten auf Mitgliedschaft der USA im Völkerbund wurde jedoch nicht genehmigt. Die Ablehnung des Versailler Vertrags und des Völkerbundpakts durch den Senat gefährdete das gesamte in Paris entworfene Konzept. Die Republikaner akzeptierten unter anderem nicht, dass die Vereinigten Staaten ihre nationale Souveränität an ein internationales Gremium abtreten sollten, und sie waren auch nicht bereit, ohne Ermächtigung des Kongresses militärische oder maritime Streitkräfte einzusetzen, um in Konflikte zwischen Nationen einzugreifen. Sie hielten es weder für zulässig, dass die

Vereinigten Staaten einem Schiedsgericht oder einer Untersuchung durch die Versammlung des Völkerbundes unterworfen werden, noch dass sie verpflichtet werden sollten, sich an den Kosten dieses Gremiums zu beteiligen. Trotz der ausweglosen Situation war Wilson entschlossen, einen letzten Versuch zu unternehmen, und brach zu einer Rundreise durch das Land auf, um der amerikanischen Bevölkerung die Idee des Völkerbundes direkt zu verkaufen. In 22 Tagen legte er 8.000 Meilen zurück, und seine Gesundheit begann zu schwinden. Ende September brach er nach ständigen Kopfschmerzen in Pueblo, Colorado, vor Erschöpfung zusammen und musste nach Washington zurückkehren ( ), wo er am 2. Oktober einen Schlaganfall erlitt, der ihn fast umbrachte und gelähmt zurückließ. Nach seiner Genesung versuchte er, seinen Wahlkampf fortzusetzen, der 1920 mit einer Wahlniederlage endete. Warren Harding wurde im März 1921 im Amt vereidigt und begann eine republikanische Amtszeit, die bis 1933 dauern sollte, als die Demokraten Franklin D. Roosevelt ins Weiße Haus brachten. Thomas Woodrow Wilson starb am 3. Februar 1924. Sein Alter Ego, Edward Mandell House, endete einsam und vergessen in seiner New Yorker Wohnung. Beide waren nichts weiter als Marionetten im Dienste der mächtigen Bankiers gewesen, die sie so lange benutzt hatten, bis sie für sie nützlich waren.

1922, zwei Jahre nach seiner lauten Gründung in Genf, trat die erste Generalversammlung des Völkerbundes zusammen. Trotz der Enttäuschung über den Rückzug der Vereinigten Staaten wurde verkündet, dass es sich um eine Internationale der Völker handele, die die Errichtung eines Superstaates mit allen Befugnissen, d.h. Exekutive, Legislative und Judikative, herbeiführen solle. Es wurde auch offen erklärt, dass sie umso mehr moralische und reale Kraft haben würde, je mehr sie sich auf freimaurerische Gruppierungen in der ganzen Welt stützen würde. Es ist klar, dass die Idee einer Weltregierung, die dem Prinzip der Existenz von Nationalstaaten entgegensteht, auf zwei formal unterschiedliche Arten verfolgt wurde. Während der Völkerbund, „eine jüdische Idee", so der Zionistenführer Nahum Sokolov, eine Internationale der Völker, einen Superstaat anstrebte, proklamierten die Kommunisten, für die die Bourgeoisie nicht zum Volk gehörte, die internationale Diktatur des Proletariats. Die Verschwörung hatte zwei Systeme in Gang gesetzt, um das gleiche Ziel zu erreichen, und die internationalen jüdischen Bankiers waren bereit, eines von beiden zu benutzen, um die Welt nach ihren Interessen umzugestalten. Das kommunistische Experiment sollte weltweit über hundert Millionen Menschenleben kosten. Nach der Nichtbeteiligung der Vereinigten Staaten war der Völkerbund zum Scheitern verurteilt: Er konnte keine Autorität ausüben und kämpfte ums Überleben, bis er 1946 durch die UNO ersetzt wurde.

Konferenz von San Remo, *Balfour-Erklärung* und britisches Mandat

Neben dem Vertrag von Versailles führte die Friedenskonferenz zu weiteren Verträgen. Die Grenzen Österreichs, das zu einem 84.000 Quadratkilometer großen Land mit sechseinhalb Millionen Einwohnern wurde, wurden im Vertrag von Saint-Germain festgelegt, der am 10. September 1919 unterzeichnet wurde und die Neuordnung Mittel- und Osteuropas vorsah. Im Vertrag von Trianon, der am 4. Juni 1920 unterzeichnet wurde, wurden die ungarischen Grenzen festgelegt. Der neue Staat wurde auf eine Fläche von 92 000 km2 und eine Bevölkerung von acht Millionen Menschen reduziert. Der am 10. August 1920 unterzeichnete Vertrag von Sèvres wurde von der Türkei nie ratifiziert, die Ostthrakien und Smyrna an Griechenland verlor, ebenso wie Armenien und Kurdistan, die unabhängig wurden. Die Meerengen am Bosporus und die Dardanellen wurden einer internationalen Kommission übertragen. Die Annahme dieser Friedensbedingungen durch den Sultan löste eine Reaktion der Jungtürken aus, die Griechenland den Krieg erklärten. Mustafa Kemal Atatürk und viele seiner Anhänger waren jüdische Abtrünnige, „Dönme", die die Situation ausnutzten, um Mehmet VI. zu stürzen und am 29. Oktober 1923 die Republik zu gründen. Zuvor, am 23. Juli 1923, hatte der Vertrag von Lausanne die Klauseln des Vertrags von Sèvres über die oben genannten Gebiete aufgehoben, die an die Türkei zurückgegeben wurden. Im Jahr 1936 erhielt die Türkei durch das internationale Abkommen von Montreaux die Kontrolle über die Meerenge zurück.

Die zwingende Notwendigkeit, den Umfang dieser Arbeit vernünftig zu begrenzen, hindert uns daran, die relevanten Ereignisse im Osmanischen Reich zu vertiefen und auf den verschwiegenen Völkermord an anderthalb Millionen armenischen Christen einzugehen, der zwischen 1915 und 1923 unter der Herrschaft der Jungtürken stattfand, die 1908 über das Komitee für Union und Fortschritt einen Staatsstreich gegen Sultan Abdul Hamid II. organisiert und die Macht übernommen hatten. Hier nur ein paar Fakten. Der Gründer der Jungtürkenbewegung war ein jüdischer Freimaurer namens Emmanuel Carasso, der in Saloniki die italienische Loge *Macedonia Risorta* leitete, der alle Mitglieder der Bewegung angehörten. Carasso teilte sich mit seinem Glaubensbruder Alexander Parvus das lukrative Geschäft der Versorgung der Osmanen während des Weltkriegs. Neben verschiedenen Publikationen und zahlreichen Pamphleten finanzierte Carasso die Zeitung *The Young Turk*, die von dem Zionisten Vladimir Jabotinsky herausgegeben wurde. Einer seiner Partner in dem journalistischen Unternehmen war wiederum Alexander Parvus, der Finanzdirektor einer anderen Zeitung der Jungtürken, *Die türkische Heimat*, war. Emmanuel Carasso war ein Protegé des venezianischen Bankiers Volpi de Misurata, dessen Partner er ebenfalls war. Dieser Bankier war eng mit der City of London verbunden. So gründete und leitete Sir Ernest Cassel, ein aschkenasischer Jude, der Bankier des britischen Königshauses war, 1909 die türkische Nationalbank, und das Kommando über die osmanische Flotte wurde einem britischen Admiral übertragen. Die Jungtürken stoppten den Bau des Orient-Expresses, der Berlin und Bagdad verbinden sollte. Die Kontrolle über das Osmanische Reich wurde in den Freimaurerlogen von Thessaloniki, Paris und Wien geplant. Dem Komitee von Saloniki gehörten neben Carasso auch die Juden Salem, Sassun, Fardji, Meslah und Doenmes oder Krypto-Juden wie David Bey und die Familie Baldji an. Man kann sagen, dass die so genannte jungtürkische Revolution im Osmanischen Reich mit der jüdisch-bolschewistischen Revolution im Russischen Reich vergleichbar war. David Bey, der als Finanzminister von zahlreichen britischen Beratern umgeben war, und andere Doenmes von Thessaloniki, die die Revolution durchführten, waren Nachkommen der Anhänger einer jüdischen Sekte aus dem 18. Jahrhundert, deren Anführer der falsche Messias Baruchyah Russo war, in dem die Seele von Shabbetay Zeví durch den Prozess der Metempsychose wiedergeboren worden sein soll. Es scheint klar zu sein, dass die Verantwortung für den Völkermord an den Armeniern mit allen Konsequenzen den Machthabern, d.h. den Jungtürken, zugeschrieben werden muss.

Im Zusammenhang mit der 1916 in den geheimen Sykes-Picot-Abkommen vorgesehenen Zerschlagung des Osmanischen Reiches und der Aufteilung seiner Gebiete im Nahen Osten zwischen Frankreich und Großbritannien interessiert uns die Resolution von San Remo für Palästina, die am 25. April 1920 unterzeichnet wurde und auf der *Balfour-Erklärung* von 1917 beruht. Diese Resolution ist das grundlegende Dokument, das die Einrichtung des britischen Mandats für Palästina ermöglichte. Am 24. Juli 1922 bestätigte der Rat des Völkerbundes die Resolution, die von einundfünfzig Staaten unterzeichnet wurde. Die Resolution von San Remo hatte zur Folge, dass alle früheren Abkommen, die die Region betrafen, einschließlich des Sykes-Picot-Abkommens, aufgehoben wurden. Der Zionismus hat die rechtlichen Auswirkungen dieser Resolution immer als entscheidend angesehen, da sie nach Ansicht der Zionisten dem jüdischen Volk de jure die Souveränität über Palästina gewährte und Großbritannien verpflichtete, seine Versprechen *aus der Balfour-Erklärung* gegenüber der Mandatsnation einzuhalten. Lord Curzon, der Staatssekretär im Auswärtigen Amt, der zusammen mit Lloyd George die britische Delegation in San Remo leitete, interpretierte die *Balfour-Erklärung* jedoch mit mehr Vorsicht und weniger Euphorie. Ursprünglich sah die Konferenz eine nationale Heimstätte für das jüdische Volk in Palästina vor, dessen Gebiet beide Seiten des Jordans umfasste, also auch Transjordanien (das heutige Jordanien) und den Gaza-Streifen. Doch 1922 teilten die Briten Transjordanien auf und schufen ein Emirat, das Abdullah I., einem Mitglied der Haschemitischen Familie, die von Ibn Saud aus Saudi-Arabien vertrieben worden war, übergeben wurde.

Aus dem Protokoll der Palästina-Sitzung des Obersten Rates der Alliierten Streitkräfte vom 24. April 1920 geht hervor, dass die *Balfour-Erklärung* nicht so nachdrücklich und endgültig war, wie die Zionisten behaupteten, und dass sie in San Remo versuchten, sie zu erweitern und zu verbessern. Lord Curzon widerstand dem Druck und weigerte sich strikt, auch nur ein Jota über den ursprünglichen Text hinauszugehen. „Am fairsten ist es, sich strikt an die ursprünglichen Bedingungen zu halten", sagte er, „und die britische Regierung war nicht bereit, darüber hinauszugehen." Es sollte klargestellt werden, dass Lord Curzon zu den Mitgliedern des britischen Kabinetts gehörte, die sich gegen das zionistische Projekt ausgesprochen hatten, als die Bedingungen der Erklärung diskutiert wurden. Er argumentierte, dass die Ressourcen Palästinas zu begrenzt seien, um einen jüdischen Staat zu erhalten, und dass jeder Schritt in diese Richtung eine feindselige Reaktion der Araber in der Region hervorrufen würde. Den Protokollen zufolge war Lord Curzon überzeugt, dass die französische Delegation sich nicht weigern würde, dem Text in seiner ursprünglichen Fassung beizutreten.

Philippe Berthelot, der oberste Vertreter des französischen Außenministeriums, war jedoch anderer Meinung und schlug vor, den Vorschlag dem Völkerbund zu unterbreiten. Berthelot fragt, ob die *Balfour-Erklärung* zugunsten der Zionisten von den Alliierten allgemein akzeptiert worden sei. Nachdem er darauf hingewiesen hatte, dass er die britische Regierung nicht beleidigen wolle, berichtete er, dass es, soweit er sich erinnern könne, „nie eine offizielle Annahme der Erklärung durch die Alliierten der britischen Regierung gegeben habe". Lord Curzon hielt dem entgegen, dass Berthelot mit der Geschichte der Angelegenheit nicht ganz vertraut sei und erinnerte ihn daran, dass Nahum Sokolov im Februar 1918 damaligen französischen Außenminister Stéphen Pichon den Wortlaut der Erklärung mitgeteilt habe. Lord Curzon weist darauf hin, dass die Erklärung zum einen die Schaffung einer nationalen Heimstätte für die Juden vorsieht, deren Privilegien und Rechte durch eine Militärmacht gesichert werden sollen; zum anderen sei es von größter Bedeutung, die Rechte der Minderheiten, zunächst der Araber und dann der christlichen Gemeinschaften, zu garantieren, wie es im zweiten Teil des Textes heißt. Im Interesse dieser Gemeinschaften, auf die Berthelot hingewiesen hatte, sei es daher unklug, den zweiten Teil der Erklärung zu streichen. Berthelot beantragte daraufhin die Verlesung des Textes und fügte hinzu, dass Pichon, soweit er wisse, der Errichtung der traditionellen Heimstätte für Juden zugestimmt habe, es aber nicht klar sei, ob er die Erklärung in vollem Umfang akzeptiert habe. Lord Curzon wies Berthelots Argumente zurück und sagte ihm, er könne kaum behaupten, dass Pichon den vollständigen Text des Dokuments und seine Bedeutung nicht gekannt habe. Curzon erinnerte ihn daran, dass Pichon die *Balfour-Erklärung* nicht nur im Namen seiner Regierung gebilligt hatte, sondern in seinem Antwortschreiben an Sokolov geschrieben hatte, dass „die Übereinstimmung zwischen der französischen und der britischen Regierung in dieser Frage vollständig sei".

Da es in Palästina praktisch keine Juden gab und diejenigen, die dort lebten, die zionistischen Ansichten nicht teilten, ist es rätselhaft, dass die Briten und Franzosen von „Minderheiten" sprachen, um die Ureinwohner, das palästinensische Volk, zu bezeichnen, das hundert Prozent des Landes besaß und es seit jeher bewohnt hatte. Indem Berthelot die Möglichkeiten zur Streichung des zweiten Teils der *Balfour-Erklärung, der* sich auf die arabische Bevölkerung bezieht, sondierte oder auslotete, scheint er die Interessen der Zionisten zu vertreten, für die die Palästinenser nicht existierten. Der Druck in San Remo, den Text der Erklärung zugunsten des Zionismus zu ändern, blieb daher erfolglos. Dieser kleine diplomatische Schlagabtausch zwischen Lord Curzon und Philippe Berthelot dient als Vorspann, um die Entstehung dieses berühmten Dokuments und die Vorbereitung des britischen Mandats für Palästina näher zu erläutern.

Die Zionisten waren sich von Anfang an darüber im Klaren, dass sie den Schutz einer Großmacht und ihrer Armee brauchten, um das Land von den Menschen, die es bewohnten, zu übernehmen. Bereits 1915 hatte Dr. Weizmann dies mit folgenden Worten vorausgesehen: „Die Inbesitznahme des Landes durch die Juden, auf denen das ganze Gewicht der Organisation ruht, wird während der nächsten zehn oder fünfzehn Jahre unter einem vorübergehenden britischen Protektorat erfolgen müssen". Als die britische Regierung erkannte, was der Zionismus beabsichtigte, war sie beunruhigt über die Aussicht, als alleiniger Beschützer der zionistischen Juden in Palästina aufzutreten, und wandte sich an die Vereinigten Staaten, um sich an der Besetzung des Landes zu beteiligen. Um das Thema zur Sprache zu bringen, überquerte Lord Balfour den Atlantik. Vor seiner Abreise führte Balfour ein langes Gespräch mit Weizmann, der aus erster Hand erfuhr, dass die Briten bestrebt waren, einem anglo-amerikanischen Protektorat zuzustimmen. Da die Zionisten die Reaktion der amerikanischen Öffentlichkeit fürchteten, beschlossen sie, diesen Ansatz abzulehnen. Am 8. April 1917 schrieb Weizmann an Richter Brandeis und bat ihn, sich dem Plan zu widersetzen und darauf hinzuwirken, dass die US-Regierung den Vorschlag für ein einziges britisches Protektorat unterstützt. Achtzehn Tage nach dem Kriegseintritt Großbritanniens traf Lord Balfour in Washington ein. Präsident Wilson beschloss, die Angelegenheit in die Hände der Zionisten in seinem Umfeld zu legen, nämlich Brandeis, Mandell House und Rabbi Wise. Zu letzterem sagte er ausdrücklich: „Wenn die Zeit kommt, in der Sie und Richter Brandeis meinen, die Angelegenheit sei reif für mich, einzuschreiten und zu handeln, werde ich bereit sein." Es scheint, dass der Außenminister nicht einmal Woodrow Wilson getroffen hat, da er die Wünsche der Zionisten nach einer britischen Verwaltung Palästinas klaglos akzeptierte. Sein Biograph schreibt, dass er „seine persönliche Unterstützung für den Zionismus zugesagt" habe.

Eine herausragende Rolle spielten die Rothschilds sowohl in der Mandatsaffäre als auch bei der Ausarbeitung und Annahme der *Balfour-Erklärung*. Die Damaskus-Affäre markiert den Beginn der fortschreitenden Beteiligung der französischen und britischen Rothschilds an der Aufgabe, Palästina zum künftigen jüdischen Staat zu machen. Es war das französische Haus, das durch Baron Edmond de Rothschild, den jüngsten Sohn von James de Rothschild, direkt an den Kolonisierungsprojekten in Palästina beteiligt wurde. Im Jahr 1882 unterstützte Edmond de Rothschild die Gründung der ersten Kolonie in Rishon LeZion und kaufte Land von osmanischen Grundbesitzern. Heute erscheint Edmond de Rothschilds Gesicht auf dem 500-Schekel-Schein, mehrere Städte in Israel sind nach ihm benannt und in Tel Aviv gibt es einen Rothschild-Boulevard. Sein Sohn James Armand, von seinen Freunden Jimmy genannt, finanzierte das Gebäude der Knesset (Parlament). Jimmys Frau Dorothy de Rothschild, Dolly, stiftete das bedeutendste Gebäude des zionistischen Staates, den Obersten Gerichtshof in Jerusalem, in dem man eine architektonische Darstellung aller Symbole des freimaurerischen Illuminismus bewundern kann, dominiert von einer riesigen grünen Pyramide mit dem Allsehenden Auge, dem Symbol der Neuen Weltordnung.

Am 9. November 2004 veröffentlichte ein Jude namens Jerry Golden im Internet (goldenisraelreport.com/EvilRoots.htm) einen Bericht mit dem Titel *The Roots of Evil in Jerusalem (Die Wurzeln des Bösen in Jerusalem), in dem er*, nachdem er in Kauf genommen hat, als Antisemit gebrandmarkt zu werden, die Existenz einer teuflischen Macht mit Sitz in Jerusalem aufdeckt, die sich von dort aus in ganz Israel ausgebreitet hat. In diesem Bericht, der mit verblüffenden Fotos illustriert ist, prangert er die architektonische Gestaltung des Obersten Gerichtshofs an, ein Gebäude, das von den Rothschilds entworfen und finanziert wurde, als sichtbaren Beweis für das teuflische Komplott der Illuminaten-Freimaurerei und derjenigen, die die Neue Weltordnung errichten wollen. Der Bericht erklärt detailliert die Bedeutung aller freimaurerischen Elemente, die architektonisch im Inneren des Obersten Gerichtshofs zu sehen sind. Zwei Fotos zeigen aus verschiedenen Positionen eine riesige grüne Pyramide, die gleiche wie die auf der US-Dollarnote, mit dem Allsehenden Auge an der Spitze. Auf dem ersten Bild sieht man die Pyramide vom Inneren des Gebäudes aus. Eines der Gesichter mit dem Auge des Osiris ist perfekt zentriert hinter dem Glas eines großen rechteckigen Fensters ausgeschnitten, das sich in einem abgedunkelten Raum zum Licht hin öffnet. Das zweite Bild ist eine Luftaufnahme des gesamten Palastes. Die Spitze der viereckigen Pyramide mit dem berühmten Auge, das durch einen großen Kreis aus dem Gebäude herausragt, ist deutlich zu erkennen. Der gesamte Weg im Inneren des Gerichtsgebäudes ist als eine Reise von der Dunkelheit zur Erleuchtung gedacht. Es gibt einen schwach beleuchteten Bereich mit einer Treppe, die zu einer allumfassenden Helligkeit hinaufführt. Die insgesamt 30 Stufen sind in drei Zehnergruppen unterteilt, die durch zwei Podeste getrennt sind. Am oberen Ende der Treppe befindet sich ein verglaster Erker mit Blick auf Jerusalem. Von dort aus betritt man die große Bibliothek, die drei Stockwerke oder Ebenen hat, die Anzahl, die erforderlich ist, um den hohen Grad 33 zu erreichen, der in der Freimaurerei des Schottischen Ritus den Erleuchteten vorbehalten ist. Die erste Ebene der Bibliothek ist nur für Anwälte, die zweite nur für amtierende Richter und die dritte nur für Richter im Ruhestand bestimmt. Die Symbole sind in diesem Freimaurertempel ständig präsent. Perfekt zusammengesetzt und Teil der ausgeklügelten architektonischen Gestaltung des Gebäudes sind alle üblichen Elemente der Freimaurerei: umgedrehte Kreuze, auf denen man geht, ein ägyptischer Obelisk, Kombinationen von Zahlen, die sich zu sechs addieren, das Quadrat und der Zirkel, die einen Teil des Bodens eines großen Innenhofs bilden, der Buchstabe „G" usw.

Zusätzlich zu den oben erwähnten Rothschilds bemerkt Niall Ferguson, dass nach dem Tod von Nathaniel (Natty) im Jahr 1915 seine beiden Söhne, Walter und Charles, mit ihren französischen Verwandten die zionistische Begeisterung teilten. Die Frau des letzteren, Rozsika von Wertheimsteim, wurde im Juli 1915 von Jimmy dem Zionistenführer Chaim Weizmann vorgestellt. Über sie knüpfte Weizmann Kontakte zu einflussreichen Persönlichkeiten wie Lord Robert Cecil, Unterstaatssekretär des Auswärtigen Amtes, und General Allenby, dem späteren „Befreier" Jerusalems. Weizmann selbst erklärte jedoch, dass der beste Weg, „den Namen des bedeutendsten Hauses des Judentums mit der Erteilung der Magna Charta der jüdischen Befreiung zu verbinden", darin bestehe, sich die Unterstützung von Walter zu sichern, dem Erben Nathaniels und dem neuen Oberhaupt des Neuen Hofes, der vom Weltjudentum als König angesehen wurde. Kurz vor seinem Tod hatte Nathaniel im Januar 1915 das Memorandum des Zionisten Herbert Samuel gebilligt, der 1920 zum Hochkommissar für Palästina ernannt werden sollte. Der Titel des Dokuments lautete „*Die Zukunft Palästinas*" und forderte ein britisches Protektorat, „in dem sich die verstreuten Juden aus allen Teilen der Welt allmählich zusammenfinden und zu gegebener Zeit Autonomie erlangen würden". Die Idee, dass Großbritannien die Macht in Palästina mit Frankreich teilen sollte, wurde von Walter selbst abgelehnt, der einen Brief an Weizmann schrieb, in dem er sich gegen diese Idee aussprach: „England muss die alleinige Kontrolle haben", waren seine Worte. Die englischen Rothschilds waren nicht gewillt, das Experiment der gemeinsamen Kontrolle des Suezkanals in Ägypten in Palästina zu wiederholen.

Im Jahr 1917 war der Moment der Entscheidung gekommen. Das endgültige Ergebnis hing logischerweise von den Machtverhältnissen innerhalb der Regierung ab. Walter Rothschild hatte die einflussreichsten Mitglieder auf seiner Seite: Premierminister David Lloyd George, Alfred Milner und Arthur Balfour, den Sekretär des Außenministeriums, der Lord Rothschild bat, ihm einen Text zu schicken, der als Vorschlag für eine Erklärung dienen könnte. Am 18. Juli 1917 schrieb Lord Rothschild einen Brief an Lord Balfour, der von B. Jensen in seinem *Werk The Palestine Plot* zitiert wird und der wie folgt lautet:

> „Sehr geehrter Mr. Balfour,
> Endlich kann ich Ihnen die Formel übermitteln, um die Sie gebeten haben. Wenn die Regierung Ihrer Majestät mir eine Botschaft im Sinne dieser Formel schicken würde und sie und Sie sie billigen würden, würde ich sie der Zionistischen Föderation auf einer zu diesem Zweck einberufenen Konferenz vorlegen.
> Der Entwurf der Steuererklärung sieht wie folgt aus:
> (1) Die Regierung Seiner Majestät akzeptiert den Grundsatz, dass Palästina als nationale Heimstätte für das jüdische Volk wiederhergestellt werden sollte.
> (2) Die Regierung Seiner Majestät wird sich nach besten Kräften bemühen, die Verwirklichung des genannten Ziels zu gewährleisten, und wird die erforderlichen Methoden und Mittel mit der Zionistischen Organisation erörtern".

Die entscheidende Sitzung der britischen Regierung fand am 17. Oktober 1917 statt. Laut Niall Ferguson war Lord Rothschild selbst dafür verantwortlich, Lloyd George über Lord Milner, seinen Vertreter im Kriegskabinett, unter Druck zu setzen und zu drängen, die Palästina-Frage auf die Tagesordnung zu setzen, denn wenn die Entscheidung verzögert würde, könnten die Deutschen ihr zuvorkommen und ihre eigene pro-zionistische Erklärung herausgeben, um die jüdische Unterstützung in den Vereinigten Staaten und Russland zu gewinnen. Schließlich übermittelte die britische Regierung am 2. November 1917 die berühmte *Balfour-Erklärung* an Sir Walter Lionel Rothschild, den Präsidenten der jüdischen Gemeinden in Großbritannien, die von dem Juden Leopold Amery verfasst worden war, dem stellvertretenden Sekretär des Kriegskabinetts, der 1925 als Kolonialsekretär der britischen Regierung nach Palästina ging. Der Leser kann Ähnlichkeiten und Unterschiede mit dem obigen Text vergleichen:

„Die Regierung Seiner Majestät betrachtet die Errichtung einer nationalen Heimstätte für das jüdische Volk in Palästina mit Sympathie und wird sich nach besten Kräften bemühen, die Verwirklichung dieses Ziels zu erleichtern, wobei klar ist, dass nichts unternommen werden darf, was die bürgerlichen und religiösen Rechte der bestehenden nichtjüdischen Gemeinschaften in Palästina oder die Rechte und den politischen Status der Juden in einem anderen Land beeinträchtigen würde."

Dieser Text gilt als eines der wichtigsten Dokumente des 20. Jahrhunderts. Um den Beitrag der Rothschilds zu dieser historischen Errungenschaft zu unterstreichen, fand am 2. Dezember eine große Feier im Covent Garden Opera House statt, bei der Walter und Jimmy eine Rede hielten. Lord Rothschild erklärte dem begeisterten Publikum, dies sei „das größte Ereignis in der jüdischen Geschichte der letzten achtzehnhundert Jahre". Jimmy seinerseits erklärte, dass die britische Regierung „den zionistischen Plan ratifiziert" habe.

Die *Balfour-Erklärung* wurde von der internationalen Gemeinschaft fast vollständig unterstützt; ein Vergleich der oben zitierten Texte ermöglicht jedoch ein besseres Verständnis des Dialogs, der am 24. April 1920 in San Remo zwischen Lord Curzon und dem französischen Diplomaten Philippe Berthelot stattfand. In dem ursprünglich von Lord Rothschild vorgeschlagenen Text wird den Arabern oder „nichtjüdischen Gemeinschaften" keine Beachtung geschenkt; in der *Balfour-Erklärung* hingegen ist von „den bürgerlichen und religiösen Rechten der nichtjüdischen Gemeinschaften in Palästina" die Rede. Es scheint klar, dass die Thesen von Lord Curzon und den nicht-zionistischen Kabinettsmitgliedern im Text der *Balfour-Erklärung* ihren Niederschlag gefunden *hatten*. Auffallend ist auch der Verweis auf „die Rechte und den politischen Status, den die Juden in einem anderen Land genießen", was den Verdacht aufkommen lässt, dass man die nicht-zionistischen Juden vor jeglichem Migrationsdruck schützen wollte. Es ist daher verständlich, dass die Zionisten auf der Konferenz von San Remo versuchten, das Dokument zu ihren Gunsten zu verbessern oder zu ändern.

Die Fakten vor Ort sollten die Ziele des internationalen Zionismus aufzeigen. Vor Beginn der Friedenskonferenz wird unter dem Vorwand, eine Verbindung zwischen der britischen Militärverwaltung und den Juden herzustellen, eine zionistische Kommission nach Palästina geschickt, die Anfang März 1918 eintrifft. Ihre eigentliche Absicht war es, General Clayton zu „beraten", dass seine Verwaltung in allem mit ihnen zusammenarbeiten sollte. Natürlich reiste auch Chaim Weizmann mit der Kommission. James de Rothschild, Jimmy, der Sohn von Edmond de Rothschild, war ein weiteres prominentes Mitglied. Zu ihm gesellten sich Israel Sieff und Major Ormsby-Gore, der spätere Lord Harlich, der Direktor der Midland Bank war und als Direktor der Standard Bank of South Africa im Burenkrieg um die Kontrolle über Südafrikas Gold und Diamanten mitgewirkt hatte. Israel Sieff war Direktor von Marks & Spencers und Partner mehrerer internationaler Bankiers. Sieff wurde zum Vorsitzenden des Ausschusses für wirtschaftliche und politische Planung ernannt und war ständiges Mitglied des Beraterstabs, der die aufeinander folgenden britischen Regierungen beriet. Als Belohnung für seine Verdienste um das internationale jüdische Bankwesen wurde er zum Oberhaupt des Makkabäerordens ernannt. Leon Simon, der später zum Ritter geschlagen wurde, leitete das britische Generalpostamt und kontrollierte die gesamte telegrafische und telefonische Kommunikation. Die Propaganda lag in den Händen von Edwin Samuel, der während des Zweiten Weltkriegs als Chefzensor für die britische Regierung fungierte. Bei der Ausrufung des Staates Israel im Jahr 1948 wurde Samuel zum Chief Director of Broadcasting ernannt.

In *Palestine, The Reality* (1939) erzählt J. M. N. Jeffries eine Episode, die einen Einblick in das Ausmaß der zionistischen Arroganz in Palästina vor der Mandatserteilung gibt. Im Jahr 1919 war die Parade der Führer ununterbrochen. Einer derjenigen, die aus den Vereinigten Staaten anreisten, war Louis Dembitz Brandeis, der von Präsident Wilson eingesetzte Richter am Obersten Gerichtshof. In Jerusalem angekommen, begab sich Brandeis in die britische Kaserne auf dem Ölberg und erklärte General Money, dass die Anordnungen der Militärbehörden der Zionistischen Kommission untergeordnet werden sollten. Der General war fassungslos über diese arrogante Forderung, aber sein Adjutant argumentierte energisch: „Eine Regierung, die dies tut, würde auf ihre Position verzichten. Als Jurist wissen Sie das." Brandeis erwiderte: „Es muss klar sein," dass die britische Regierung sich verpflichtet hat, die zionistische Sache zu unterstützen. Wenn dies nicht als Leitprinzip akzeptiert wird, werde ich das Außenministerium informieren müssen." Einige Stunden später überstimmt das Außenministerium über das Kriegsministerium die Militärs. Mehrere Offiziere beantragen ihre Versetzung, und Oberst Meinertzhagen, ein führender Zionist, wird nach Palästina geschickt.

Im Laufe des folgenden Jahrzehnts wurde trotz der Versuche, die illegale Einwanderung nach Palästina mit allen Mitteln zu fördern und den Arabern über den Jüdischen Nationalfonds Land abzukaufen, deutlich, dass Weizmanns Vision, das Land in zehn bis fünfzehn Jahren zu besetzen, nicht realisierbar war. Man begann zu glauben, dass ein neuer Krieg notwendig sein würde, um den Palästinensern das Land abzunehmen und Hunderttausende von Juden aus aller Welt zu überzeugen oder zu zwingen, in das Gelobte Land auszuwandern. Ende August 1929 führten schwere Unruhen zwischen Juden und Palästinensern zur Einsetzung einer Untersuchungskommission, der Hope-Simpson-Kommission, deren Ergebnisse die Aktivitäten der Jewish Agency und der Histadrut (Allgemeiner Gewerkschaftsbund) als schädlich für die wirtschaftliche Entwicklung der arabischen Bevölkerung anprangerten.

1930 gab Lord Passfield, der britische Kolonialminister, das „Passfield White Paper" heraus, einen offiziellen Bericht über die britische Politik in Palästina, in dem er vorschlug, die jüdische Einwanderung auszusetzen und die Befugnisse der Jewish Agency zu beschneiden. Chaim Weizmann suchte sofort eine Audienz beim britischen Premierminister, damals Ramsay Macdonald, der, eingeschüchtert von den Vorwürfen des Zionistenführers, sich verhielt, als würde er mit einer Pistole bedroht: Er nahm nicht nur das Passfield-Weißbuch zurück, sondern fragte Weizmann demütig, wen er zum neuen Hochkommissar für Palästina ernennen solle. Trotz des immer offensichtlicher werdenden

Fiaskos des Projekts der jüdischen Heimstätte und trotz der Erkenntnis, dass die Juden selbst nicht in Massen nach Palästina gehen würden, wie es viele vorausgesagt hatten, wagten es weder amerikanische noch britische Politiker, Dr. Weizmann, dem Abgesandten des internationalen Zionismus, nicht zu gehorchen.

TEIL 2
VERWÜSTUNG, BÜRGERKRIEG UND TERROR IN RUSSLAND. LENINS TOD UND TROTZKIS NIEDERLAGE

„Was ist das Schwierigste von allem?", fragte sich Goethe. Er selbst gab die Antwort: „das scheinbar Einfachste: mit den Augen zu sehen, was vor ihnen liegt". Vielleicht ist das der Grund, warum so viele kurzsichtige Historiker nicht erklären oder ignorieren, dass internationale jüdische Bankiers sich mit Marxisten verschworen haben, um den traditionellen Kapitalismus zu stürzen und durch den Kommunismus zu ersetzen. Trotz aller Beweise ist es zugegebenermaßen nicht leicht zu akzeptieren, dass die Rothschilds, die Morgans, die Warburgs, die Rockefellers, die Schiffs, die Guggenheims..., die mächtigsten Männer der Welt, professionelle Revolutionäre unterstützten, die sie eigentlich bekämpfen sollten. Es mag widersprüchlich erscheinen, aber genau das ist mit der Etablierung des Kommunismus auf der halben Welt geschehen.

Sowohl Dr. Quigley, der „Insider", der in seiner erstaunlichen *Tragedy in Hope* die Schlüssel zur Verschwörung anbot, als auch W. Cleon Skousen in *The Naked Capitalist* machen deutlich, dass der Widerspruch nur scheinbar ist. Quigley bekennt offen: „Die internationalen Bankiers, die sich aufgemacht haben, die Welt neu zu gestalten, waren sich absolut sicher, dass sie ihr Geld dazu verwenden könnten, die Zusammenarbeit und Kontrolle der kommunistischen und sozialistischen Verschwörergruppen zu gewinnen". Das Ziel dieser Internationalisten, dieselben, die heute Globalisten sind, war es, sich den gesamten Reichtum und die Ressourcen des Planeten anzueignen. Um dies zu erreichen, nutzten sie den Marxismus als Ideologie und Tausende von Agenten als politische Verschwörer, um die bestehenden Regierungen zu stürzen und durch eine sozialistische Weltdiktatur zu ersetzen. John Ruskin, Cecil Rhodes und Alfred Milner waren davon überzeugt, dass die ganze Welt nach sozialistischen Mustern vereinigt werden könnte. Diese auserwählten Agenten der großen Finanziers gründeten den Runden Tisch, eine Geheimgesellschaft, die mit der kommunistischen Verschwörung verbündet war. Beide Gruppen setzten sich für eine Welt ein, die von auserwählten politischen Führern geleitet wird, die, beraten und finanziell unterstützt, die Kontrolle über das gesamte Eigentum, die Industrie, die Landwirtschaft, das Bildungswesen und die Politik im Allgemeinen übernehmen sollen. Der Apostel der Weltrevolution schlechthin, Adam Weishaupt, hatte dies schon lange vorher angekündigt: „Es ist notwendig, ein universelles Herrschaftssystem zu errichten, eine Regierungsform, die die ganze Welt umfassen wird."

Wie wir gesehen haben, haben die Finanzgruppen, die die Verschwörung von der Wall Street und der Londoner City aus leiteten, große Geldsummen zur Finanzierung der marxistischen Revolutionäre bereitgestellt. Wie wir weiter unten sehen werden, war es ihnen völlig gleichgültig, dass die Kommunisten, sobald sie an der Macht waren, eine grausame Diktatur errichten und Verbrechen gegen die Menschlichkeit in einem in der Geschichte noch nie dagewesenen

Ausmaß begehen würden. Studien haben gezeigt, dass die Juden-Bolschewiken, kranke Verbrecher, wie es sie noch nie gegeben hat, niemals in der Lage gewesen wären, die Macht in Russland zu ergreifen und zu behalten, wenn sie nicht von den Bankiers finanziell unterstützt worden wären. Erinnern wir uns noch einmal daran, dass 1917 die größte finanzielle Hilfe von Sir George Buchanan und Lord Alfred Milner organisiert wurde, dem Gründer des Runden Tisches, der als Agent der Morgan-Rothschild-Rhodes-Konföderation arbeitete. Trotzki war Berichten zufolge mit der Tochter des wohlhabenden Bankiers Givotovsky verheiratet und wurde von Jacob Schiff von Kuhn Loeb & Company finanziert. Andere wichtige jüdische Bankiers, die an der Verschwörung beteiligt waren, waren die Warburgs. Felix Warburg war mit Frieda Schiff, der Tochter von Jacob Schiff, verheiratet; Paul Warburg heiratete Nina Loeb, die Tochter von Salomon Loeb. Max Warburg finanzierte die russische Revolution von Deutschland aus, was ihn nicht daran hinderte, später bis 1938 mit den Nazis in der Reichsbank zu kollaborieren.

Die Straffreiheit, die die Juden-Bolschewiken in den Augen der Geschichte immer genossen haben, ist unserer Meinung nach der Beweis dafür, dass sie Agenten der okkulten Macht, der Illuminaten, d.h. der internationalen Bankiers waren. Während die Verbrechen des Nationalsozialismus durch Hollywood und die Medien ständig verherrlicht werden, wartet die Welt noch immer auf den ersten Film der Filmindustrie in den Händen jüdischer Tycoons, der den roten Terror und die zahllosen Verbrechen des Kommunismus in Russland, China und so vielen anderen Ländern anprangert. Während Himmler oder Eichmann als große Verbrecher bekannt sind, sind Dserschinski, Jagoda, Jeschow oder Beria der breiten Öffentlichkeit unbekannt. Während Hitler, Goebbels oder Göring das Schlimmste der Menschheit symbolisieren, werden Lenin und Trotzki noch immer von großen Teilen der Öffentlichkeit als angesehene Führer der Arbeiterklasse verehrt. Während die Konzentrationslager der Nazis von Millionen besucht werden und Studenten in Deutschland und England jährlich nach Auschwitz pilgern, bleibt der sowjetische Gulag in Vergessenheit geraten, als hätte es ihn nie gegeben. Während Menschen in den Neunzigern immer noch für angebliche Verbrechen an Juden während des Krieges belangt werden, lebten kommunistische Verbrecher frei von jeglicher Strafverfolgung durch die Gerichte.

Siebzig Jahre nach dem Ende des Zweiten Weltkriegs werden in Deutschland immer noch Menschen wegen ihrer nationalsozialistischen Vergangenheit inhaftiert[2]. Im Gegensatz dazu weiß kaum jemand, da es nie

---

[2] Im Jahr 2009 lieferten die USA John Demjanjuk, einen 89-jährigen Mann, der in Israel vor Gericht gestellt und 1993 freigesprochen worden war, an Deutschland aus. Ein Münchner Gericht hatte sich für zuständig erklärt, weil er 1952 in der Nähe der bayerischen Hauptstadt gelebt hatte. Am 2. Mai 2011 wurde der heute 91-jährige Demjanjuk wegen Beihilfe zum Mord an den Juden in Sobibor zu fünf Jahren Haft verurteilt. Aufgrund seines schlechten Gesundheitszustands wurde er schließlich in ein Pflegeheim gebracht, wo er am 17. März 2012 starb. Am 22. Dezember 2010 erhob die deutsche Staatsanwaltschaft Dortmund Anklage gegen den neunzigjährigen Samuel Kunz, einen ehemaligen Wachmann des Konzentrationslagers Belzec, und beschuldigte

publik gemacht wurde, dass die sowjetischen Konzentrationslager, die Kolonien oder Arbeitslager genannt wurden, von Juden geleitet wurden, die nie wegen irgendetwas angeklagt wurden, obwohl nach den Zahlen von Robert Conquest in *The Great Terror* zwölf Millionen Menschen, an die sich niemand erinnert, im Gulag umkamen. Ein prominenter Vertreter dieser Juden war Naftaly Frenkel, der Stalin den Bau eines Kanals vorschlug, der die Ostsee mit dem Weißen Meer verbinden sollte. Der Chefingenieur war der Jude Gregory Davidsohn Afanasjew und die Leiter des Projekts waren die Juden Aron Solts und Jacob Rappoport. Dieses pharaonische Projekt kostete 250.000 Gefangenen das Leben. In Band II des *Archipel Gulag* liefert Alexander Solschenizyn wertvolle, mit Fotos und Zeichnungen illustrierte Informationen über den Bau des Kanals, über Naftaly Frenkel und seine „gedungenen Mörder". Zu den prominentesten jüdischen Verbrechern in der allgemeinen Verwaltung der Konzentrationslager, die Solschenizyn anprangert, gehören Matwej Dawidowitsch Berman, Direktor der Konzentrationslager; Semion Firin und Abraham Appeter, Direktoren der Gefängnisse; Lazarus Josephsohn Kagan, Leiter der Ostseelager; Abraham Isaaksohn Rottenberg, Chef der Isolationshäftlinge und gleichzeitig Leiter der Atheistischen Aktionsliga; Samuel Kwazenskij, politischer Ausbilder. Es gibt noch einige andere, die der Autor des *Archipel Gulag* nicht erwähnt hat und deren Namen wir aussparen.

Auch über die wirtschaftliche Ausplünderung Russlands herrscht Schweigen. Das Gegenteil ist der Fall, wenn es darum geht, das immanente Übel des Nationalsozialismus in dieser Hinsicht anzuprangern. Mitte der 1990er Jahre erschien eine Reihe von reißerischen Berichten über die Wäsche von NS-Raubgeld in der Schweiz. Eine weltweite Kampagne wurde durch eine Klage des Jüdischen Weltkongresses ausgelöst. Angebliche Holocaust-Überlebende, vertreten durch US-Senator Alphonse D'Amato, reichten Klage gegen Schweizer Banken ein. Das Gold von der Nazis machte weltweit Schlagzeilen. Die BBC bezeichnete es als „den größten Raub der Geschichte". Die Kampagne wurde durch die Veröffentlichung von Büchern wie dem von Adam Lebor unterstützt, das sofort in mehrere Sprachen übersetzt wurde. In Spanien wurde es 1998 unter dem Titel *Hitler's Secret Bankers: How Swiss Bankers Profited from Nazi Geonocide* veröffentlicht. Laut Lebor plünderten die Nazis 289 Millionen Dollar von den Zentralbanken der besetzten Länder.

---

ihn, an der Ermordung von Hunderttausenden von Juden beteiligt gewesen zu sein. Am 1. August 2012 berichtete die ungarische Presse, dass Laszlo Csatary, ein siebenundneunzigjähriger Mann, der vom Simon-Wiesenthal-Zentrum beschuldigt wird, die Deportation tausender Juden beaufsichtigt zu haben, auf Ersuchen des französischen Außenministers verhaftet worden sei. Am 7. August 2012 berichtete Reuters, dass Nadja Drygalla, eine deutsche Leichtathletin, die an den Olympischen Spielen in London teilnehmen wollte, einen Freund hatte, der ein Neonazi war. Am 27. Januar 2013 erklärte Bundeskanzlerin Angela Merkel: „Deutschland trägt die ewige Verantwortung für die Verbrechen des Nationalsozialismus, für die Opfer des Zweiten Weltkriegs und vor allem für den Holocaust." Sechs Monate später, am 13. Juni 2013, verabschiedete der Deutsche Bundestag eine Resolution zur Bekämpfung des Antisemitismus, zum Schutz jüdischen Lebens in Deutschland und zur Vertiefung der Beziehungen zum rassistischen Staat Israel, dessen Verbrechen seit seiner Gründung straffrei bleiben.

Die Plünderung Russlands durch die Bolschewiki ist das Thema des 2008 erschienenen Buches von Professor Sean McMeekin, *History's Greatest Heist. The Looting of Russia by the Bolsheviks*. Laut McMeekin, der vorschlägt, die Zahlen von 1918 mit hundert zu multiplizieren, um die Gleichwertigkeit der Zahlen von 1918 mit denen von heute zu berechnen, übersteigt der Verkauf von gestohlenem Gold durch die Bolschewiki in nur achtzehn Monaten bei weitem die von Lebor genannte Zahl. Der Grund dafür, dass es keine Kampagnen gibt, um die Ausplünderung und das Abschlachten von Nichtjuden in Russland anzuprangern, liegt natürlich darin, dass die Verbrecher und Diebe Juden waren, die im Dienste der geheimen Macht standen, die sie finanziert hatte. „Der Tag ist nicht mehr fern, an dem alle Reichtümer und Schätze der Welt den Kindern Israels gehören werden", hatte Adolphe Crémieux im Gründungsmanifest der Universal Israelite Alliance angekündigt.

Der größte Raub der Geschichte

Im Gegensatz zu den Schweizer Bankiers, die ihre Kollaboration mit den Nazis verheimlichten, machten sich die Hauptfinanziers des Völkermords in Russland überhaupt nicht die Mühe, ihren Beitrag zur Sache der Revolution zu verbergen, sondern verkündeten ihn sogar, wie im Falle von Jacob Schiff und J. P. Morgan, stolz vor der ganzen Welt. Dieselben Bankiers machten ihre Investition mehr als wett, denn sobald sie an der Macht waren, machten es sich ihre Agenten zur Aufgabe, das von den Juden-Bolschewiken zwangsweise geraubte Gold, Silber, Platin und Edelsteine zu waschen. Ihnen ging es um künftige Verträge und die Ausbeutung der enormen Reichtümer und Ressourcen Russlands, die sie schon immer begehrt hatten. Ohne diese eigennützige Zusammenarbeit wäre es für die Kommunisten unmöglich gewesen, an der Macht zu bleiben, da der wirtschaftliche Ruin eines unproduktiven Landes durch einen Bürgerkrieg noch verschlimmert wurde. Die Staatsbank Russlands verfügte über die größten Goldreserven der Welt, aber es gab auch Privatbanken, Konkurrenten der internationalen jüdischen Banken, sowie das Vermögen von Privatpersonen und der Kirche. Zu den kaiserlichen Goldreserven musste man also noch Bargeld, Anleihen, Uhren, Platin, Schmuck, Diamanten und andere Edelsteine, Besteck, Gemälde, Ikonen, Stiche und Bücher hinzufügen. Mit anderen Worten, der gesamte Reichtum eines Kontinents, der sich über Jahrhunderte angesammelt hatte.

Sean McMeekin schildert in dem oben erwähnten Werk die Probleme, die Lenin, Trotzki und ihre Handlanger hatten, als sie die Banken ohne die Mitarbeit von Angestellten, die sich mit Finanztechniken und Buchhaltungsmethoden auskannten, führen mussten. Anthony C. Sutton schreibt in *Wall Street and the Bolshevik Revolution (Wall Street und die bolschewistische Revolution)*, dass sich Trotzki in diesem Zusammenhang an seinen guten Freund Bernard Baruch erinnerte und sagte: „Was wir hier brauchen, ist ein Organisator wie Bernard Baruch". Eine Woche nach dem Putsch schlossen die Privatbanken, die von Lenins Verstaatlichungsabsichten wussten, ihre Türen. Die Staatsbank und das Schatzamt blieben geöffnet, weigerten sich aber den ganzen November hindurch, der Bitte des Rates der Volkskommissare (Sovnarkom) um Geldmittel nachzukommen. Der Rat erließ daraufhin einen Erlass, in dem er mit der Verhaftung von Bankmanagern drohte, die sich weigerten, die Abhebung von Geldern zu ermöglichen. I. P. Schipow, der Direktor der Staatsbank, überredete seine Kollegen, nicht nachzugeben, und teilte dem Sownarkom mit, dass die Staatsbank 600 Millionen Rubel für den Sold der Armee und die öffentliche Wohltätigkeit, die die Küchen für die Armen unterhielt, vorgesehen hatte.

Am 23. November traten die Angestellten der Staatsbank in den Streik. Nach erfolglosen Versuchen, Geld zu beschaffen, stellte Lenin am 24. November dem neuen Finanzkommissar Wjatscheslaw Menzhinski ein Ultimatum: Wenn Schipow nicht einlenke, würden alle Angestellten der Bank entlassen werden, ihre Pensionen verlieren und die Jüngeren würden eingezogen werden. Angesichts der erneuten Weigerung wurde Schipow entlassen und durch ein Finanzteam von Bolschewiken ersetzt, die zwar die Bücher und Handbücher des Bankwesens kannten, nicht aber die technischen Verfahren der Staatsbank Russlands, deren endlose Korridore und komplizierte Maschinerie für sie unzugänglich waren. Sie mussten wissen, wie viele Geldkassetten es gab, wie viele Schließfächer und wo die Schlüssel versteckt waren. Sie entschieden sich für eine Geiselnahme: Der Leiter der Petrograder Filiale, der Hauptkassierer, der Hauptbuchhalter und der Tresorwächter wurden mit vorgehaltener Waffe zur Zusammenarbeit gezwungen.

Im Dezember 1917 weigerten sich fast alle Staatsbediensteten, mit der als illegal angesehenen bolschewistischen Regierung zusammenzuarbeiten: Lehrer, Telegrafen- und Telefonangestellte, Arbeiter in der Schifffahrt und städtische Beamte in Petrograd und Moskau streikten gegen die sogenannte Arbeiterregierung. Lenin wählte daraufhin Felix Dserschinski zum Leiter der Tscheka (Außerordentliche Kommission zur Bekämpfung von Konterrevolution und Sabotage), die am 20. Dezember mit dem Auftrag eingesetzt wurde, konterrevolutionäre Handlungen praktisch ohne rechtliche Grenzen zu liquidieren. Es sollte nicht vergessen werden, dass im November, achtzehn Tage nach dem Staatsstreich, Wahlen für eine verfassungsgebende Versammlung stattgefunden hatten und die Bolschewiki in der Minderheit waren. Die Konstituierung des Parlaments war für den 18. Januar 1918 vorgesehen. Es war daher nur natürlich, dass die Bankmanager und das ganze Land erwarteten, dass aus diesen Wahlen die Bildung einer legalen Regierung hervorgehen würde. Doch damit nicht genug: Am 27. Dezember 1917 schaffte der Jude Grigorij Sokolnikow (Girsh Jankelowitsch Brilliant), der zum neuen Direktor der Staatsbank ernannt wurde, per Dekret die Privatbanken ab, und die Bolschewiki forderten alle Bankeinlagen von mehr als 5.000 Rubel. Das Dekret sah vor, dass die Besitzer von Tresoren nach Erhalt der Mitteilung drei Tage Zeit hatten, sich mit den Schlüsseln zu ihren Tresoren bei der Bank einzufinden. Es überrascht nicht, dass alle das Dekret einer Regierung ignorierten, die den Menschen unverhohlen ihr Eigentum wegnehmen wollte, denn man war überzeugt, dass die Tage der Bolschewiki gezählt waren. Niemand rechnete damit, dass es am 18. Januar zu einem zweiten Staatsstreich kommen und die Parlamentarier von den

Rotgardisten und den lettischen Regimentern, die als Stoßtruppen der Sowjetregierung fungierten, aufgelöst werden würden. Am selben Tag wurden Tausende von Menschen, die vor dem Tauridenpalast demonstrierten, wo die verfassungsgebende Versammlung tagte, durch Schüsse auseinandergetrieben, wobei etwa 20 Menschen getötet wurden.

Das von Sokolnikow zur Durchführung der Plünderungen eingeführte System bestand darin, alle Besitzer von Tresoren in alphabetischer Reihenfolge aufzurufen. Die Namen derjenigen, die sich nicht meldeten oder die Zusammenarbeit verweigerten, wurden als „Volksfeinde" gekennzeichnet. Bereits im Februar 1918 war in Petrograd der Buchstabe „L" erreicht worden. Max Laserson, kaufmännischer Direktor der Schuwalow-Bergbaugesellschaft, tauchte mit den Schlüsseln zu seinem Safe auf und wurde zum Kollaborateur der Kommunisten. Laserson beschrieb später, wie die Operation durchgeführt wurde, um Wertgegenstände zu stehlen: Goldbarren und Münzen, Platin, Silber, Edelsteine und Devisen. Laserson zufolge waren „das konfiszierte Silber, Gold, die Edelsteine und Perlen... in so enormen Mengen angehäuft, dass man sie sich kaum vorstellen kann..... Ich ging durch große Räume, die bis zur Decke mit allen Arten von Stiefeln, Koffern, Schachteln, Körben, Taschen usw. gefüllt waren". Eigentlich war das der einfachste Teil der allgemeinen Plünderung, die durchgeführt werden sollte. Die Banken verfügten neben Goldreserven, Schmuck und Bargeld auch über Einlageverpflichtungen, Aktien und Staatsanleihen. Aber es ging nicht nur um Vermögenswerte: Die Übernahme der Kontrolle über die Banken bedeutete auch die Übernahme der Verbindlichkeiten. Da viele Besitzer von Tresoren ins Ausland geflohen waren oder sich versteckt hielten, erließ am 10. November 1918 der Trotzkist Nikolai Krestinskij, ebenfalls ein Jude, der kurz zuvor zum Finanzkommissar ernannt worden war, ein Dekret, das denjenigen, die mit der Regierung kollaborierten, bestimmte Vorteile gewährte.

Noch im November 1918 wurde eine Agentur gegründet, die alle Arten von Kunstgegenständen registrieren sollte. Leonid Krasin und Maxim Gorki waren die beiden Männer, die mit dieser Aufgabe betraut wurden. Der Schriftsteller und Maria Andrejewa, seine Lebensgefährtin, glaubten naiv, dass es um die Rettung des russischen Kulturerbes ging und dass die beschlagnahmten Objekte für die Ausstellung in „proletarischen Museen" bestimmt waren. Bald erkannten sie den wahren Zweck der Aktion. Im Februar 1919 wurde Gorkis Agentur dem Handelskommissariat, genauer gesagt der Außenhandelskommission (Narkomvneshtorg), unterstellt, um die wertvollsten Antiquitäten und Kunstwerke für einen möglichen Export vorzubereiten. Krasin (Goldgelb), der frühere Genosse Nikititsch, der mit Olof Aschberg (Obadiah Asch) verbundene Judenbolschewik, der als Direktor von Siemens Schuckert in St. Petersburg wichtige Kontakte nach Stockholm und Berlin geknüpft hatte, wurde von Lenin beauftragt, das Projekt zu überwachen und die Möglichkeit von Geschäften mit schwedischen und deutschen Firmen auszuloten. Die Durchsuchung der beschlagnahmten Antiquitäten und Wertgegenstände hat es Forschern wie Sean McMeekin ermöglicht, eine umfassende Studie über die Operation zu erstellen, die Gegenstand des dritten Kapitels seines Buches ist.

Die folgenden Daten stammen daher aus dem *Buch History's Greatest Heist. Die Plünderung Russlands durch die Bolschewiki.*

Der größte Teil der von den Bolschewiken geraubten Schätze verließ Russland über den estnischen Hafen Tallinn. Leonid Krasin selbst entwarf die Bedingungen des Friedensvertrags von Tartu, den Estland am 2. Februar 1920 ratifizierte. Der Vertrag gewährte den Kommunisten die fast uneingeschränkte Nutzung der estnischen Eisenbahnlinien und Häfen. Am nächsten Tag, dem 3. Februar, wurde der jüdische Trotzkist Nikolai Krestinski durch einen von Lenin unterzeichneten Erlass des Rates der Kommissare zum Direktor des „Gokhran" (Staatliche Schatzkammer für die Aufbewahrung von Wertgegenständen) ernannt, dessen Aufgabe es war, alle Wertgegenstände auf sowjetischem Gebiet zu zentralisieren und in Büchern zu erfassen. Professor McMeekin schreibt: „Von Sibirien bis zur polnischen Grenze, vom Schwarzen Meer bis zur Ostsee sollte Russlands enormer Reichtum angehäuft und für den Export vorbereitet werden". Zwei Wochen nach der Unterzeichnung des Vertrags von Tartu wies Krasin die Gorki-Andreeva-Kommission an, in der Umgebung von Petrograd die wertvollsten Gegenstände für den möglichen Export zu sammeln. In seinem Auftrag hob er „Gegenstände aus Gold, Silber und Platin sowie Edelsteine und Perlen" hervor.

Am 16. März 1920 befahl Krestinsky den Arbeitern von Gokhran, mit der Aufbereitung der Edelmetalle in Form von Platin-, Iridium-, Gold- und Silberstapeln zu beginnen. Der Schmuck sollte nach Perlen und Edelsteinen gestapelt werden, die gleichzeitig nach Größe getrennt werden sollten. Getrennt davon sollten die Diamanten von den Gegenständen, die sie enthielten, getrennt und nach Karat sortiert werden. Bis Mitte Juli belief sich die in Gokhran angehäufte „Ernte" auf 21.563 Karat Diamanten, 20.305 Karat Perlen, dreitausend Gold-, Silber- und Platinuhren, zweihundert Kilo Kunstschmuck, etwa hundert Kilo Goldbarren und Nuggets, dreißig Tonnen Silber, etwa achttausend vergoldete Kunstgegenstände, eine halbe Tonne Goldfragmente und 41.845 Silberstücke, deren Gewicht nicht angegeben ist. Auf den Weltmärkten belief sich der Wert all dieser Güter auf 225 Millionen Rubel, etwa 112,5 Millionen Dollar. Bis Ende November 1920 überstieg der Wert der in Gökhram gesammelten Kunstgegenstände 490 Millionen Rubel oder 245 Millionen Dollar, was in heutigen Dollar etwa 25 Milliarden Dollar entspricht. Es wurde gesagt, dass man den ungefähren Gegenwartswert der Zahlen mit hundert multiplizieren muss, um sie zu berechnen.

Krestinsky hatte den Auftrag, den gesamten eurasischen Kontinent auszuplündern, doch in den ersten sechs Monaten konzentrierte sich der Gokhran auf die noch ungeöffneten Banktresore in Moskau und Petrograd. Im Sommer 1918 wurden fünfunddreißigtausend geöffnet, aber das Tempo der Plünderungen stagnierte. Ungefähr einundfünfzigtausend von den Kommunisten beschlagnahmte Schließfächer blieben übrig, deren Besitzer nicht aufgetaucht waren. Zwei Jahre später, im September 1920, waren nur etwa 12.700 Kästen geleert worden, weitere 14.900 wurden gewaltsam geöffnet, aber es blieben etwa 23.300 Kästen übrig, die allen Bemühungen widerstanden hatten. Angesichts der Langsamkeit des Prozesses beschloss Krestinsky, eine weitere Einrichtung zu schaffen, die Seifovaia Komissiia, die dem Finanzkommissariat unterstellt war und im August 1920 unter Aufsicht der Tscheka ihre Arbeit aufnahm. In dem Bemühen, die Logistik der Plünderungen zu strukturieren, wurde ein weiterer bürokratischer Apparat geschaffen, die Finanzinspektion (Finninspektsiia).

Das massive Dumping russischer Diamanten auf den Märkten von Tallinn, Stockholm und Kopenhagen wurde zu einem Problem, da es die von der Familie Oppenheimer, die nach der Übernahme der südafrikanischen Diamanten den Weltmarkt beherrschte, künstlich gesetzte Preisobergrenze zu zerstören drohte. 1920 verkaufte Krasin selbst Diamanten im Wert von 40.000 Pfund in London. All dies veranlasste die Kommunisten, das Konsortium De Beers zu umwerben, um ihnen die von Gokhran gelagerten Diamanten in großen Mengen zu verkaufen. Die Überschwemmung der Märkte mit Edelmetallen und Edelsteinen, die die Kommunisten zu verkaufen versuchten, führte im Allgemeinen zu einer Verzerrung der Preise, die in den Keller fielen.

Die massenhafte Beschlagnahmung des Vermögens der Kirche, deren Vermögenswerte und bewegliches Eigentum im Januar 1918 verstaatlicht worden waren, begann erst Anfang 1922. Vor dem Hintergrund des Bürgerkriegs gegen die Bauernschaft und der großen Hungersnot von 1921, die fünf Millionen Tote forderte, organisierten die Kommunisten eine Kampagne, um den Diebstahl in den Augen der Bevölkerung, die zumeist mit der orthodoxen Kirche verbunden war, zu rechtfertigen. Im Sommer 1921 beunruhigte die Hungersnot in der Wolgaregion die sowjetische Regierung, die öffentlich zugab, dass 25 Millionen Russen am Rande des Verhungerns standen. Mit dem Einbruch des Winters rückte Trotzki in den Mittelpunkt des Interesses, da sich Lenin aufgrund gesundheitlicher Probleme, die zwei Jahre später zu seinem endgültigen Tod führen sollten, aus dem Rampenlicht zurückziehen musste. Im Januar 1922 schrieb Trotzki einen Artikel, der in der sowjetischen Presse weite Verbreitung fand. Darin beschuldigte er die orthodoxe Kirche, den Bedürftigen keine Hilfe zukommen zu lassen. Sie wurde aufgefordert, ihre Gold- und Silberschätze zu verkaufen, um den Hungernden zu helfen. Ergänzt wurde die Kampagne durch Tausende von Briefen angeblicher Leser der *Iswestija und der Prawda, die* die Beschlagnahmung von Kircheneigentum unterstützten. Viele dieser Briefe stammten von Geistlichen, die mit dem Regime kollaborierten, den so genannten „Renovationisten", die sogar durchblicken ließen, dass Patriarch Tichon großzügigen christlichen Spendern, die zu helfen versuchten, mit der Exkommunikation drohte. „Verwandelt Gold in Brot" war der Slogan, den Trotzki für seine „Agitprop"-Kampagne prägte und mit dem er die Massen aufforderte, die Kirchen zu bestehlen, weil die reaktionären Kleriker die Hilfsbemühungen der Behörden sabotierten.

Sean McMeekin bezeichnet diese Argumente als „eine Lüge von Anfang bis Ende" und behauptet, die Kommunisten hätten 1921 Gold und andere Edelmetalle im Wert von damals 200 Millionen Dollar verkauft, Geld, das nicht zur Linderung des Hungers der Bevölkerung, sondern für strategische Importe, insbesondere im Bereich der Rüstung, verwendet worden sei. McMeekin fügt hinzu, dass im Zusammenhang mit der Hungersnot statt des Kaufs von Getreide und Saatgut für die betroffenen Regionen Gegenstände importiert wurden, die als Luxusgüter für die Parteimitglieder galten, z. B. in London gekaufte Schokolade im Wert von 30 Millionen zaristischen Rubeln, Obst, Tabak und Opium aus Persien im Wert von 63 Millionen Rubeln sowie Tausende Tonnen schwedischer Heringe, finnischer Gewürzfische, deutscher Speck und französischer Schweinespeck. Georg Solomon schreibt in *Unter den Roten Machthabern*, dass die sowjetischen Eliten, „während die Menschen hungerten", Delikatessen wie „Trüffel, Ananas, Mandarinen, Mandarinen, Bananen, Nüsse, Sardinen und Gott weiß was noch" konsumierten.

Im Januar 1922 bezahlte Leonid Krasin in London 16.400 Goldrubel für Ersatzteile für die Rolls-Royce-Flotte, in der die hohen Tiere der Kommunistischen Partei unterwegs waren. Die Unverfrorenheit und Arroganz der jüdisch-bolschewistischen Führer war so groß, dass sie sich nicht einmal die Mühe machten, den Schein zu wahren. Trotzki, Lenin, Dserschinski und Co. fuhren in luxuriösen Rolls-Royces durch die Straßen von Petrograd und Moskau. Lenin beanspruchte für sich den Genuss von drei Luxusautos aus der Garage von Alexanders Palast in Zarkoje Seló, zwei Rolls-Royces und die alte Delauney-Belville-Limousine von Nikolaus II. In diesem Fahrzeug fuhr Lenin zunächst von Ort zu Ort. Professor McMeekin erklärt auf amüsante Weise, dass ihm die Limousine im März 1918 mit vorgehaltener Waffe gestohlen wurde - eine ironische Verdrehung des Satzes „Plünderer plündern", den Lenin geprägt hatte, um weit verbreitete Raubüberfälle zu rechtfertigen. Von da an benutzte Lenin ein Rolls-Royce-Modell von 1915, das Michail Romanow gehört hatte. Zuvor hatte Kerenski bereits ein Beispiel dafür gegeben, wie sich zu verhalten hatte, wenn er an der Macht war. Im Juli 1917 beschloss er im Winterpalast, das Schlafzimmer von Zar Alexander III. zu nutzen. Außerdem requirierte Kerenski einen Rolls-Royce von einem reichen Ausländer und nutzte ihn für seine Reisen.

Im Juni 1921 hatte Patriarch Tichon ein Komitee zur Unterstützung der Hungernden gegründet. Am 7. Juli richtete Tichon in einem in allen Kirchen verlesenen Hirtenbrief einen verzweifelten Appell an seine Gemeindemitglieder, die Leidenden schnell in die Arme zu schließen „mit Herzen voller Liebe und dem Wunsch, eure hungernden Brüder zu retten". Hier ein wichtiger Auszug: „Aas ist für die hungernde Bevölkerung zu einem bevorzugten Gericht geworden, und selbst dieses Gericht ist schwer zu finden. Die Schreie und das Stöhnen sind überall zu hören. Es hat bereits den Punkt des Kannibalismus erreicht? Helfen Sie Ihren Brüdern und Schwestern! Mit dem Einverständnis der Gläubigen könnt ihr die Schätze der Kirchen, die keinen sakramentalen Wert haben, wie Ringe, Ketten und Armbänder, sowie die Ornamente, die die heiligen Ikonen schmücken, verwenden, um den Hungernden zu helfen...". Über zweihunderttausend Exemplare dieses Aufrufs wurden im ganzen Land verteilt. Am 22. August 1921 schrieb der Patriarch an die sowjetischen Behörden. Er bat um die Erlaubnis, dass die orthodoxe Kirche direkt Vorräte kaufen und Hilfsküchen in den Hungergebieten einrichten dürfe. Die Bitte wurde nicht nur abgelehnt, sondern im September 1921 lösten die Kommunisten auch das Hilfskomitee auf und verhafteten dessen Leiter. Am 23. Februar 1922 wurde per Dekret die Enteignung der Wertgegenstände der orthodoxen Kirche angeordnet.

Der Erzbischof von Petrograd, Veniamin, und Patriarch Tichon wurden verhaftet und zu „Volksfeinden" erklärt.

Es waren die Amerikaner, die helfen durften. Am 13. Juli 1921 rief die sowjetische Regierung über Maxim Gorki zu internationaler Hilfe auf. Die American Relief Administration (ARA) des künftigen Präsidenten Hoover sandte ab dem 20. August umfangreiche Hilfe nach Russland. Insgesamt wurden 45 Millionen Dollar bereitgestellt, und die Verteilung von Nahrungsmitteln begann. Die ARA und ihre Partnerorganisationen versorgten etwa 12,5 Millionen Menschen mit Lebensmitteln. Die American Commission on Russian Relief, deren Hilfsbemühungen Stalin überwachte, schätzte, dass es 1922 etwa drei Millionen obdachlose Kinder gab und dass weitere zwei Millionen zu Hause am Rande des Verhungerns standen. In *The Harvest of Sorrow* wirft Robert Conquest der Moskauer Regierung vor, amerikanische Hilfsorganisationen absichtlich nicht über die Hungergebiete in der Ukraine informiert und darüber hinaus den Kontakt zu den bedürftigen Gebieten behindert zu haben. Die größte Schande ist, dass zwischen dem 1. August 1921 und dem 1. August 1922 etwa 500.000 Tonnen Getreide aus der Ukraine exportiert wurden, um im Ausland verteilt zu werden, was einmal mehr die kriminelle Natur der kommunistischen Führung und ihre Missachtung von Menschenleben zeigt.

Um den systematischen Angriff auf das Kircheneigentum richtig zu verstehen, muss man bedenken, dass die Kommunisten nach vier Jahren kontinuierlicher Zahlungen in Gold die Reserven des kaiserlichen Russlands aufgebraucht hatten. Die letzte Ladung Gold, vierzig Tonnen, verließ den Hafen von Tallinn am 6. Februar 1922 an Bord des Dampfers *Gladiator.* Der dringende Bedarf an mehr Gold war ausschlaggebend für die Kampagne der Kirchenraubzüge, die von Trotzki geleitet und der Tscheka anvertraut wurde, die zu Beginn des Jahres in GPU (Politische Staatsverwaltung) umbenannt worden war. Unter Trotzkis vollem Kommando wurde die Offensive in einer Reihe von Sitzungen des Sownarkoms, des Politbüros und des Zentralkomitees der Kommunistischen Partei im Dezember und Januar 1921/22 geplant. In einer Resolution des Zentralen Exekutivkomitees vom 2. Januar 1922, die kein einziges Wort für die Opfer der Hungersnot enthielt, hieß es ausdrücklich, dass die kirchlichen Wertgegenstände, die verkauft werden konnten, an den Gokhran gehen sollten. Zwei weitere Dekrete, die am 14. und 23. Januar erlassen wurden, ordneten an, dass die Sendungen aus allen Regionen unverzüglich an den Gokhran geliefert werden sollten. Alle Züge, in denen die Beute der Kirche transportiert wurde, wurden von Offizieren der Roten Armee eskortiert.

In Trotzkis Strategie war die Propaganda zur Rechtfertigung der Enteignung von wesentlicher Bedeutung, da sie als eine Welle des Volkszorns gegen die Kirche dargestellt werden sollte. Die erwartete Verteidigung vieler Kirchen und Klöster durch Gemeindemitglieder sollte gleichzeitig als Rechtfertigung für die Rote Armee dienen, den Widerstand zu zerschlagen. In einem Brief vom 19. März 1922 an die Mitglieder des Politbüros, aus dem der folgende Auszug aus dem Buch von Sean McMeekin stammt, äußerte sich Lenin folgendermaßen:

„...Jetzt und nur jetzt, wo so viele Menschen hungern und sich von Menschenfleisch ernähren, wo die Straßen mit Hunderten und Tausenden von Leichen verstopft sind, können wir (und müssen wir folglich) das Eigentum der Kirche mit grausamer und gnadenloser Energie beschlagnahmen. Gerade jetzt und nur jetzt kann uns die überwältigende Mehrheit der bäuerlichen Massen unterstützen, oder genauer gesagt, können sie nicht in der Lage sein, diese Handvoll klerikaler Schwarzer Hunde und reaktionärer Kleinbürger zu unterstützen.... So können wir uns eine Schatzkammer von mehreren hundert Millionen Goldrubel zulegen. Ohne diese Schatzkammer ist keine staatliche Tätigkeit im Allgemeinen, keine wirtschaftliche Realisierung im Besonderen und keine Verteidigung unserer Positionen denkbar. Wir müssen diesen Schatz von mehreren hundert Millionen Rubel (vielleicht mehrere Milliarden Rubel!) um jeden Preis heben. All dies kann nur jetzt erfolgreich durchgeführt werden."

Mitte April 1922 meldete *die Iswestija* über vierzehnhundert „blutige Ausschreitungen" als Folge von Zusammenstößen zwischen Anhängern der Kirche und der GPU. In Wirklichkeit entsprach jeder neue Zusammenstoß genau den Plänen Trotzkis und seinen Anschuldigungen, dass die Kirche die Hilfe für die Hungernden verhindere. Am 28. März 1922 hatte *die Iswestija* Anweisungen herausgegeben, was Arbeiter und Bauern tun sollten, wenn sie den Tod von Millionen von Sterbenden verhindern wollten: „Verachtet diese Bande von 'feierlichen' tollwütigen Priestern. Verbrennt die heiligste Konterrevolution mit heißem Eisen. Nehmt das Gold aus den Kirchen. Tauscht das Gold gegen Brot." Die Schätzungen über die Zahl der Opfer dieser besonderen Terrorkampagne gehen auseinander. Offizielle Zahlen bestätigen, dass achtundzwanzig Bischöfe und 1.215 Priester getötet wurden. Kirchliche Quellen beziffern die Zahl der Ermordeten auf 2.691 Priester, 1.962 Mönche und 3.447 Nonnen. „Zwanzigtausend andere Gemeindemitglieder", schreibt McMeekin, „verloren ebenfalls ihr Leben, die meisten von ihnen alte Gläubige, die ihre geliebten Kirchen mit Mistgabeln verteidigten und mit Maschinengewehren erschossen wurden."

Allein in Moskau gab es siebenhundertvierundsechzig orthodoxe Kirchen und weitere vierundsiebzig Kapellen. In ihnen wurden Kunstwerke und Schätze aus tausend Jahren russischer Geschichte aufbewahrt. Jeder der sieben Bezirke der Stadt wurde einer Plünderungskommission zugewiesen. Mehr als zwanzig schwer bewaffnete Männer, von denen die Hälfte Rotgardisten oder Mitglieder der GPU waren, bildeten diese Kommissionen. Bis zum 5. April 1922 plünderten sie dreiundvierzig orthodoxe Kirchen und Klöster, aus denen sie etwa sechseinhalb Tonnen an Schätzen stahlen. In seinen Untersuchungen behauptet Professor McMeekin, dass sich die Überfälle innerhalb von nur drei Tagen vervielfachten, und stellt fest, dass zwischen dem 5. und 8. April „nicht weniger als einhundertsechs Moskauer Kirchen geplündert und eine Beute von dreizehn Tonnen Wertgegenständen erzielt wurde". Zwischen dem 24. und 26. April wurden „einhundertdreißig Kirchen und drei Kapellen überfallen und dreizehn Tonnen Silber und etwa fünfundzwanzig Kilo Gold erbeutet, außerdem eine nicht näher bezeichnete Menge von Vasen und Gefäßen." In Petrograd hatten die Plünderungskomitees bis Ende April dreißig Tonnen Silber, etwa siebzig Kilogramm Gold, dreitausendsechshundertneunzig Diamanten und dreihundertsiebenundsechzig andere Edelsteine angehäuft. Auch wertvolle orthodoxe Ikonen, die ältesten aus dem 15. und 16. Jahrhundert, wurden in großen Mengen beschlagnahmt. Viele landeten auf Basaren und in Antiquitätenläden, wo sie zu Schnäppchenpreisen verkauft wurden. Der Bankier Olof Aschberg kaufte persönlich etwa 280 von ihnen. Das Moskauer Gokhran erhielt fast das gesamte Gold und Silber. Anfang 1923 hatte sich im Gokhran so viel Silber angesammelt, etwa fünfhundertfünfzig Tonnen, dass ein nahe gelegenes Gebäude für die Lagerung geräumt werden musste.

Zusätzlich zu den systematischen Plünderungen wurden in ganz Russland Zehntausende von christlichen Kirchen zerstört. Viele wurden in öffentliche Pissoirs, Lagerhallen und Abstellräume verwandelt. In der Basilius-Kathedrale wurde ein Anti-Gottes-Museum eingerichtet. Keine einzige Synagoge erlitt jedoch auch nur den geringsten Schaden. Während orthodoxe Priester inhaftiert, gefoltert und sogar gekreuzigt wurden, hatten die Rabbiner nichts zu befürchten. Im Gegensatz zu den zahlreichen antichristlichen Maßnahmen erließen die Kommunisten ein Gesetz gegen Antisemitismus, das den Tod des Angeklagten zur Folge haben konnte. Auch der Besitz eines Exemplars *der Protokolle der Weisen von Zion* konnte zu Gefängnisstrafen und sogar zum Tod führen. Robert Wilton prangert den talmudischen Rachecharakter an, der vielen Aktionen der jüdischen Bolschewiki zugrunde lag. Der vielleicht bedeutendste Akt war die Errichtung eines Denkmals für Judas Ischariot, ein symbolisch aufgeladener Akt, der 1918 auf Trotzkis Initiative hin durchgeführt wurde. In der *Orthodoxen Enzyklopädie* berichtet Vater Alexey Uminskiy, dass Trotzki bei der Enthüllung der Statue anwesend sein wollte. Vor seiner Ankunft wurde Bischof Ambrosius eilig ermordet. Als Grund für das Gedenken an die Figur des Judas wurde angegeben, dass er als „erster Revolutionär" galt. Das Bild, das von Augenzeugen beschrieben wurde, zeigte einen Mann mit einem zornverzerrten Gesicht, der mit geballter Faust zum Himmel blickte.

Die Juden-Bolschewiken haben ihre Chefs, die internationalen jüdischen Bankiers, mehr als entschädigt. Es wurde bereits erwähnt, dass Deutschland und die Entente-Mächte im Laufe des Jahres 1918, nach der Unterzeichnung des Vertrags von Brest-Litowsk, um Geschäftskonzessionen in Russland konkurrierten: Bergbau, Eisenbahn, Elektrifizierung waren die begehrtesten Aufträge. Im Mai 1918 bezeichnete ein interner Bericht des Auswärtigen Amtes die bolschewistischen Führer als „jüdische Geschäftsleute". Agenten der Deutschen Bank und der jüdischen Mendelssohn-Bank umwarben Krasin und Joffe, die vom deutschen Außenministerium mit Diplomatenbriefen ausgestattet worden waren. Die schwedische Regierung, von der aus Olof Aschberg, der Mann hinter J.P. Morgan's Guaranty Trust, operierte, hatte die Verwendung eines diplomatischen Codes für sowjetische Agenten in ihrer Kommunikation mit Moskau ermöglicht. Schweden erkannte die Bolschewiki zwar nicht formell an, agierte aber de facto als Verbündeter. Wieder wurde Olof Aschberg zum Finanzgenie, das den illegalen russischen Goldhandel ins Ausland lenkte. Die Kommunisten selbst ließen im Sommer 1919 einen Bericht durchsickern, in dem sie einräumten, dass Aschbergs Bankfachwissen sie in die Lage versetzte, das russische Gold, das so lange von den Morgans, Schiffs, Warburgs, Rothschilds und Co. begehrt war, dorthin zu schicken, wohin sie es wollten. Ein weiterer jüdischer Finanzexperte, der als Berater für die sowjetische Regierung tätig war, war Aaron Sheinman, der eng mit Aschberg, Krasin, Litvinov und Sokolnikov zusammenarbeitete, die alle jüdische Glaubensgenossen waren. Sheinman war ein Experte für den Gold- und Platinmarkt. Im Jahr 1918 wurde er mit 17 Millionen Goldrubel nach Stockholm geschickt, und 1920 reiste er mit mehreren Millionen französischen Francs nach Tiflis, um fünfzig Flugzeuge mit Fiat-Motoren zu kaufen.

Der Handel mit russischem Reichsgold wurde über den estnischen Hafen Tallinn abgewickelt, wo Bankagenten das Gold zu günstigen Preisen kauften, bevor es in den schwedischen Münzanstalten umgeschmolzen wurde. Überwacht wurde der Verkauf dieses Goldes von den Juden Isidor Emmanuilovich Gukovsky und Georg Solomon, dem Leiter der sowjetischen Handelsmission in Tallinn. Ersterer war nach der Revolution Finanzkommissar gewesen. Letzterer war ein ehemaliger Kollege von Krasin bei Siemens-Schukert. Professor McMeekin enthüllt, dass Leonid Krasin, der Handelskommissar, Solomon den skurrilen Titel „Minister für staatlichen Schmuggel" gab. In *Unter den Roten Machthabern* beschreibt Georg Solomon seine eigene Arbeit zynisch in einem Satz: „Ich arbeitete also für Plünderer und Diebe" (Ich arbeitete auch für Plünderer und Diebe"). Gukovsky hatte sein Hauptquartier im Petersburger Hotel aufgeschlagen, dessen Zimmer alle mit freundlicher Genehmigung der estnischen Regierung billig vermietet worden waren. Solomon war im Hotel Goldener Loewe untergebracht, wo er Lieferanten empfing. Georg Solomon selbst berichtet über seine zwielichtigen Geschäftsbeziehungen. Solomon räumt ein, üppige „Trinkgelder" erhalten zu haben, und gibt auch die korrupten Gewohnheiten seines Kollegen Gukovsky zu, der russisches Gold manchmal 30 Prozent unter dem Marktpreis an G. Scheel and Company verkaufte, Tallinns größte Privatbank, die damals von Paul Heinrich Scheel geleitet wurde.

Der Mann, der als „Finanzvertreter" der sowjetischen Mission genannt wurde, war Olof Aschberg, ein alter Freund von Georg Solomon und Leonid Krasin seit den Siemens-Schukert-Tagen in Stockholm. Aschberg selbst erklärt, wie der Goldschmuggel in Zusammenarbeit mit den Schweden funktionierte: „Sie horteten das russische Gold, drückten den Barren einen anderen Stempel auf und schmolzen die Münzen ein. Die königliche Münzprägeanstalt arbeitete unter vollem Druck. Dann konnte das Gold mit dem schwedischen Stempel mit einem fantastischen Gewinn verkauft werden". Es ist bemerkenswert, dass die schwedische Regierung dreimal (1920, 1921-1923 und 1924-1925) von dem sozialdemokratischen Freimaurer Hjalmar Branting präsidiert wurde, der bereits 1917-1918 Finanzminister gewesen war. Die Geschäfte wurden über die Bank von Aschberg abgewickelt, die 1918 ihren Namen von Nya Banken in Svensk Economiebolaget geändert hatte. Hier gingen die Aufträge der Käufer ein. Gukovsky lieferte sowjetisches Gold oder andere Edelmetalle an Aschberg oder andere Mittelsmänner, die die Waren gegen eine Gebühr über die Ostsee transportierten.

Aschberg stach gewöhnlich mit der *Kalewipoeg* in See und übergab auf einer Reise eine Ladung Gold im Wert von mehreren Millionen Kronen. In Stockholm wurde das Gold eingeschmolzen und die alte zaristische Insignie gegen eine schwedische ausgetauscht. Anschließend wurde es hauptsächlich in die Vereinigten Staaten verkauft, insbesondere an J.P. Morgan's Guaranty Trust. Im selben Jahr, 1918, eröffnete Aschberg eine Filiale der Svensk Economiebolaget gegenüber der sowjetischen Botschaft in Berlin, Unter den Linden 69, dem berühmtesten Boulevard der Stadt. Isaak Steinberg, bekannt als „der Ingenieur", ein weiterer bolschewistischer Jude, der bis März 1918 Justizkommissar gewesen war, war einer der Direktoren der Bank. In London war, wie bereits im vorigen Kapitel erwähnt, der Vertreter der neuen Bank von Aschberg Earl Grey, ein ehemaliger Mitarbeiter von Cecil Rhodes, der der British Bank of North Commerce vorstand. Professor McMeekin berichtet, dass Olof Aschebergs Dreistigkeit im Herbst 1920 so weit ging, dass er Maksim Litvinov sogar versprach, er könne das Gold direkt an die US-Münzanstalt schicken und so die hohen Prämien in Stockholm umgehen. Dieses Angebot wurde gemacht, bevor die US-Regierung im November gegen die Bewegung von russischem Gold vorging, das ohne ordnungsgemäße Eigentumsnachweise an die Federal Reserve verkauft wurde.

In *Wall Street and the Boshevik Revolution* berichtet Professor Sutton über die Abfahrt von drei Schiffen mit sowjetischem Gold von Tallinn in die Vereinigten Staaten: die *S.S. Gauthod* mit einer Ladung von zweihundertsechzehn Kisten Gold, die unter der Aufsicht des Freimaurers Juri Lomonossow[3] stand; die *S.S. Carl Line,* die ebenfalls mit zweihundertsechzehn Gold beladen war; und die *S.S. Ruheleva* mit einhundertacht Kisten. Der Inhalt jeder Kiste wurde auf sechzigtausend Goldrubel geschätzt. Sutton nennt noch den Namen eines vierten Schiffes, der *S. S. Wheeling Mold,* nennt aber keine Zahlen. Das Gold wurde vom Guaranty Trust of New York hinterlegt und kam beim Valuation Office an. Der Guaranty Trust erkundigte sich daraufhin bei der Federal Reserve nach der Annahme. Die Federal Reserve wandte sich ihrerseits an das Finanzministerium. Der Superintendent des New Yorker Valuation Office teilte dem Schatzamt mit, dass das Gold im Wert von etwa sieben Millionen Dollar keine Erkennungsmerkmale aufwies und dass die hinterlegten Goldbarren bereits in den Vereinigten Staaten eingeschmolzen worden waren.

---

[3] Juri Lomonosow, ein Eisenbahningenieur, war die rechte Hand des Ministers für Kommunikation in der freimaurerischen Provisorischen Regierung gewesen. Zwischen 1918 und 1919 lebte Lomonosov in den Vereinigten Staaten, doch nach dem Sieg der Revolution kehrte er nach Russland zurück und kollaborierte mit den Bolschewiki. Mit Hilfe von Kuhn, Loeb & Company arbeitete er in Schweden mit Olof Aschberg an der Ausfuhr von russischem Gold in die Vereinigten Staaten. Im November 1920 ernannte ihn der Rat der Volkskommissare zum Verantwortlichen für den Kauf von Eisenbahnmaterial. In Berlin organisierte er den Kauf von deutschen und schwedischen Lokomotiven für die Bolschewiki, die Russlands einstmals großartige und mitten im Bürgerkrieg lebenswichtige Eisenbahninfrastruktur ruiniert hatten. Vor der Revolution importierte Russland weder Lokomotiven noch Waggons, da die russische Industrie ihren eigenen Bedarf deckte. Russland produzierte 56% des weltweiten Mangans, des für die Stahlerzeugung benötigten Erzes.

Der Superintendent des Finanzministeriums erklärte am 17. November 1920 gegenüber James Hecksher von der Irving National Bank in New York, dass es Berichte über Goldlieferungen aus bestimmten baltischen Ländern gebe und dass bei allen Lieferungen der Verdacht bestehe, dass es sich um russisches Gold handele, und dass er daher alle Anfragen über Gold russischer oder bolschewistischer Herkunft an das Finanzministerium weiterleiten solle, um Anweisungen zu erhalten, bevor es von denjenigen, die es anbieten oder damit Zahlungen leisten wollten, auf den Markt gebracht werde. Kunh, Loeb & Company, offenbar im Auftrag des Guaranty Trust, erkundigte sich beim Außenministerium nach der offiziellen Haltung zum Erhalt von Sowjetgold. Am 26. November warnte S. P. Gilbert, Assistant Secretary of the Treasury, die Banker von, die russisches Gold nach schwedischem Vorbild umgießen wollten, unmissverständlich: „Alles Gold sowjetischer Herkunft wird von der Münzanstalt der Vereinigten Staaten zurückgewiesen, unabhängig davon, wer es anbietet".

Anfang 1919 hatte die sowjetische Regierung das „Sowjetische Büro" in New York eröffnet, das von Ludwig Martens geleitet wurde, einem deutschstämmigen Bolschewiken, der de facto als Botschafter fungierte und dessen Sekretär Santeri Nuorteva (Alexander Nyberg) war. Bereits 1919 wurde Martens in einem von Anthony Sutton zitierten Bericht von Scotland Yard mit der Guaranty Trust Company in Verbindung gebracht: „Martens steht im Rampenlicht. Es besteht kein Zweifel an seiner Verbindung zur Guaranty Trust Company, obwohl es überraschend ist, dass eine so einflussreiche Firma mit den Bolschewiken Geschäfte macht." Mitte Juni 1919 erwirkte ein von Senator Clayton R. Lusk geleiteter Ausschuss, der „Lusk-Ausschuss", der aufrührerische Aktivitäten untersuchte, einen Durchsuchungsbefehl für die Büros des Sowjetbüros in Manhattan und beschlagnahmte wichtige Dokumente. Martens wurde vor den Ausschuss geladen, weigerte sich aber unter Berufung auf die diplomatische Immunität, auszusagen. Er gab schließlich zu, dass er 90.000 Dollar zur Finanzierung kommunistischer Aktivitäten in den Vereinigten Staaten erhalten hatte, und es wurde auch klar, dass der Guaranty Trust die Kommunisten finanziell unterstützte.

Mit dem Scheitern von Woodrow Wilson beim Völkerbund und nach seiner Lähmung durch einen Schlaganfall erlitten die Pläne der Verschwörer einen leichten Rückschlag, der sich mit dem Amtsantritt des Republikaners Warren Harding noch verstärkte. Mandell House verschwand allmählich von der Bildfläche und die Kommunisten verloren wichtige Unterstützer in der Regierung. Obwohl die USA die UdSSR erst 1933 unter dem Demokraten Franklin D. Roosevelt offiziell anerkannten, hinderte nichts die jüdischen Bankiers der Wall Street daran, weiterhin eng mit den Kommunisten zusammenzuarbeiten, wie die Tatsache beweist, dass Olof Aschberg im November 1922 eine Bank in Moskau eröffnete, um Überweisungen abzuwickeln.

Im Rahmen der NEP (Neue Wirtschaftspolitik) genehmigten die Kommunisten die Eröffnung bestimmter Privatbanken, und Aschberg gründete die Ruskombank (Bank of Foreign Trade), an der die Bank of England eine bedeutende Beteiligung hielt. Ihr leitender Angestellter war Max May, Vizepräsident der Guaranty Trust Company, ein Mann von J. P. Morgan, der bereits mit Aschberg beim Import von russischem Gold für die Guaranty Trust zusammengearbeitet hatte. Dank Aschbergs Kontakten in Berlin und Stockholm und Mays Kontakten an der Wall Street zog die Ruskombank viele Milliarden Dollar an ausländischem Kapital nach Moskau. Die Kommunisten erhielten von der Ruskombak Kredite, indem sie Gold, Platin, Diamanten, Perlen und andere Edelsteine aus dem Gokhran deponierten, die dann ins Ausland oder direkt an Käufer in Moskau verkauft wurden. Kurzum, so Anthony Sutton, „ein Syndikat von Wall-Street-Bankern erweiterte seinen Horizont auf globaler Ebene. Der riesige russische Markt wurde zu einem gefangenen Markt, technisch gesehen zu einer Kolonie, die von einer Gruppe mächtiger Finanziers und den von ihnen kontrollierten Unternehmen ausgebeutet werden sollte".

Als das Goldwäschesystem auf seinem Höhepunkt war, konnten die Kommunisten alle benötigten Importe bezahlen. Die Banknoten waren stark abgewertet worden, und zwar so stark, dass sie im Verhältnis zum Goldrubel 96% ihres Wertes verloren hatten. Wenn sie mit Gold oder Platin bezahlt werden konnten, von denen Russland 95% der Weltwährung produzierte, war logischerweise niemand bereit, Papier zu akzeptieren. Die Bezahlung der Lieferanten in Gold öffnete den Kommunisten fast alle Türen, die in vier Jahren die enormen Reserven des zaristischen Russlands verschleuderten. Das Gold verschwand in einem solchen Tempo, dass das Politbüro im Februar 1921 Krasin beauftragte, die Möglichkeit des Verkaufs von Diamanten und Juwelen zur Finanzierung von Waffenkäufen im Ausland zu prüfen. Die Weigerung der Bolschewiki, die Schulden und Verpflichtungen der Vorgängerregierungen anzuerkennen, führte jedoch zu einer Welle von Protesten und stellte zunächst ein Hindernis in den Handelsbeziehungen mit den europäischen Ländern dar. So fragten holländische Bankiers im April 1918, warum das Kapital, das das „neutrale Holland" in Russland investiert hatte, konfisziert worden war. Krestinsky, der neue Finanzkommissar, antwortete, dass die Bankbeteiligungen „verstaatlicht, nicht liquidiert" würden.

Der Mann, der für die Zusammenarbeit der Regierung Lloyd George mit den Kommunisten in London verantwortlich war, war wiederum der allgegenwärtige Leonid Krasin. Der britische Anteil an den Schulden, die das zaristische Russland vor allem zwischen 1914 und 1917 aufgenommen hatte, war größer als der französische und belief sich auf mehr als 600 Millionen Pfund. Alexandre Millerand, der französische Premierminister, sagte im Juni 1920 zu Lloyd George, dass die Verhandlungen der britischen Regierung mit Krasin den Bolschewiken ein Ansehen und eine Autorität verliehen hätten, die sie nicht verdient hätten. Lloyd George erwiderte schelmeilig, dass er mit den Vertretern des sowjetischen Regimes „nicht als Regierung, sondern als faktische Kontrolleure" verhandelte. Lloyd George schert sich wenig um die moralischen Einwände, die am 7. Juni auch von mehreren Unterhausabgeordneten vorgebracht werden, die vor dem abartigen Charakter des sowjetischen Regimes warnen, dessen wirtschaftliche Ansprüche auf gestohlenem Gold beruhen.

Gleichzeitig protestierte der französische Botschafter in Stockholm, Louis Delavaud, empört beim schwedischen Außenminister, Baron Erik de Palmstierna, und teilte diesem mit, dass Frankreich die russischen Goldreserven als Sicherheit für die Gläubiger seines Landes betrachte und dass das Gold in den westlichen Ländern „rechtmäßig beschlagnahmt" würde, wenn es aus Schweden wieder ausgeführt würde. Die Schweden stellten sich taub, und der Ministerpräsident, der Sozialist Hjalmar Branting, machte den Franzosen sogar Vorwürfe, weil sie sich weigerten, an den Verhandlungen in London teilzunehmen. Die Wahrheit ist, dass in Europa alle auf das Ergebnis der entscheidenden anglo-sowjetischen Verhandlungen warteten, die über den rechtlichen Status des russischen Goldes in den Hauptstädten des Kontinents entscheiden sollten. In London waren die Hauptgegner der Verhandlungen Lord Curzon und Winston Churchill, die noch nicht von den internationalen Verschwörern überzeugt worden waren. Churchill, der damalige Kriegsminister, drohte sogar mit seinem Rücktritt, falls ein Abkommen mit Krasin unterzeichnet würde. Das anglo-sowjetische Handelsabkommen wurde schließlich am 16. März 1921 unterzeichnet und war für die Interessen der Kommunisten ebenso günstig wie der Vertrag von Tartu mit Estland gewesen war. In der entscheidenden Frage der Schulden akzeptierte Krasin, dass die sowjetische Regierung eine Erklärung abgeben würde, dass „sie für die Zahlung von Entschädigungen an Privatpersonen verantwortlich sei, die Waren oder Dienstleistungen nach Russland geliefert hatten, die nicht beglichen worden waren". Dies bezog sich jedoch wahrscheinlich auf einen allgemeinen Friedensvertrag, der später, nach dem Ende des Bürgerkriegs, ausgehandelt werden sollte, in dem Großbritannien, Frankreich und die Vereinigten Staaten eine mehr als zweideutige Position einnahmen, wie im nächsten Abschnitt zu sehen sein wird.

Sobald die Kommunisten Gold in England verkaufen konnten, konnten sie es überall verkaufen. Es sollte nicht vergessen werden, dass ein Rothschild den Goldpreis in der Londoner City damals wie heute täglich festlegt. Sean McMeekin schreibt: „Indem die britische Regierung das Recht aufgab, Gold, Fonds, Wertpapiere oder Waren aus Sowjetrussland zu beschlagnahmen, untergrub sie ihre eigene Argumentation für die Verantwortung der Bolschewiki, Privatpersonen, die sie enteignet hatten, zu entschädigen, da sie die durch Enteignung erhaltene Beute als legales sowjetisches Eigentum anerkannte. Überraschenderweise erhielt importiertes sowjetisches Gold bessere Bedingungen für die Wiederausfuhr als Gold, das aus Südafrika, einem Mitglied des Commonwealth, nach Großbritannien kam. Für ersteres wurde eine Ausfuhrlizenz mit einer Gültigkeitsdauer von sechs Monaten erteilt, für letzteres dagegen nur von zweiundvierzig Tagen.

Lloyd George betonte im Unterhaus, das anglo-sowjetische Abkommen gewähre Moskau keine diplomatische Anerkennung, sondern sei „lediglich ein Handelsabkommen". In Wirklichkeit umfasste das Abkommen die Verwendung von Codes und Chiffren sowie von Diplomatenpost und die Anerkennung gültiger Pässe. Im Mai 1921 hob das britische Berufungsgericht auf Drängen von Lloyd George eine frühere Entscheidung des Obersten Gerichtshofs auf, die es

Gläubigern des zaristischen Russlands erlaubt hatte, bolschewistische Vermögenswerte zu beschlagnahmen. Der High Court selbst entschied im Juli, dass ins Vereinigte Königreich eingeführtes sowjetisches Gold rechtlich unantastbar sei. Von diesem Zeitpunkt an zögerten nur noch Frankreich, die Vereinigten Staaten und Japan, den Forderungen Großbritanniens nachzugeben. In den Worten von Professor McMeekin „bedeutete das anglo-sowjetische Abkommen die Umwandlung des bolschewistischen Regimes von einer von politischen Aktivisten bedrängten Verschwörung in eine milliardenschwere kriminelle Oligarchie, die die westlichen Kapitalmärkte anzapfen konnte, um den Krieg gegen ihr eigenes Volk zu finanzieren".

Nach dem Abkommen stürzte sich die sowjetische Regierung auf die Importe, und die Goldreserven schwanden immer schneller. In sechs Monaten wurden einhundertfünfzig Tonnen Gold ins Ausland verschifft. Im Sommer 1921 wurden viele Lieferungen von sowjetischem Gold nicht mehr in Barren, sondern in Münzen verschickt. Natürlich gab es immer noch den Gokhran. Olof Aschberg schätzt, dass er allein zwischen 1921 und 1924 Platin, Gold, Diamanten und Perlen aus dem Gokhran im Wert von 200 Millionen schwedischen Kronen, etwa 50 Millionen Dollar, verarbeitet hat. In ihrem Bestreben, noch mehr Reichtum anzuhäufen, wagten es die Juden-Bolschewiken 1922 sogar, das Grab Katharinas der Großen zu entweihen, um ein berühmtes Collier zu stehlen. Ebenfalls im März 1922 entdeckten sie nach einer verzweifelten Suche die Kaiserkronen der Romanows, die in der Waffenkammer des Kremls versteckt waren, und waren bereit, sie an den Meistbietenden zu verkaufen. Die Absicht der Kommunisten, Katharinas Halskette und die Kaiserkronen zu schmuggeln, wurde so bekannt, dass ein russisches Passagierschiff, die *White Star*, bei seiner Ankunft im New Yorker Hafen von Agenten des Finanzministeriums gründlich durchsucht wurde. Aufgrund eines Hinweises, der sich als falsch herausstellte, befanden sich die kaiserlichen Juwelen an Bord des Schiffes.

Als die Goldreserven erschöpft waren, beschloss die sowjetische Führung, dass sie auf Kredit teilen musste, und dachte daran, Bergbaurechte und Ölexploration anzubieten. Guggenheim Exploration, General Electric und Standard Oil erhielten lukrative Verträge. Die General Electric Company, ein von Morgan kontrollierter multinationaler Konzern, versorgte die UdSSR zwei Jahrzehnte lang mit Strom und erfüllte damit Lenins Diktum, dass Sozialismus gleich Elektrifizierung sei. Standard Oil, ein Unternehmen des Rockefeller-Clans, übernahm 50% der Ölfelder im Kaukasus, die angeblich verstaatlicht wurden. Die Chase Manhattan Bank der Rockefellers gewährte den Kommunisten einen Kredit in Höhe von 75 Millionen Dollar, nachdem sie 1927 einen Vertrag über den Vertrieb von sowjetischem Öl auf den europäischen Märkten abgeschlossen hatte. Kein Wunder also, dass Frank Vanderlip, Präsident der National City Bank of New York und Rockefellers Vertreter bei dem Treffen auf Jekill Island, das zur Gründung der Federal Reserve führte, Lenin mit George Washington verglich. Es ist auch verständlich, dass der Publizist Ivy Lee, John D. Rockefellers rechte Hand in Sachen Kommunikation, eine Werbekampagne startete, in der er erklärte, Kommunisten seien in

Wirklichkeit „missverstandene Idealisten", denen man „zum Wohle der Menschheit" helfen müsse.

Nach dem anglo-sowjetischen Abkommen wurde versucht, die Begleichung der Schulden so lange wie möglich hinauszuzögern. In Vorbereitung der Konferenz von Genua, die im April 1922 stattfinden sollte, schickte Georgi Tschicherin, ein Auslandskommissar, der als Russe galt, aber von Jüri Lina als Jude angesehen wurde, weil seine Mutter, die Meierdorf hieß, Jüdin war, am 28. Oktober 1921 einen Vorschlag nach London und Paris, in dem er vorschlug, die Schulden aus der Zeit vor 1914 zu bezahlen, nicht aber die während des Krieges aufgenommenen großen Kredite. Die endgültigen Bedingungen, die das Politbüro der Konferenz vorlegte, sahen vor, dass die Schulden nach fünfzehn Jahren im Gegenzug für einen großen Kredit von einer Billion Dollar zurückgezahlt werden sollten. Sean McMeekin schreibt, dass „das diplomatische Problem für Tschicherin und Krasin darin bestand, die Erwartungen der Entente höflich zu enttäuschen, ohne Lloyd George eine schallende Ohrfeige zu verpassen". Um den britischen Premier abzufedern, unterbreitete Trotzki seinen Kollegen im Politbüro einen dreisten Vorschlag: „Wir sollten ankündigen, dass wir, falls die Ententemächte das gesamte Geld der russischen Kapitalisten im Ausland konfiszieren, dies als einen Akt der Gegenseitigkeit betrachten und uns verpflichten würden, nicht zu protestieren." Wie das Sprichwort sagt, glaubt der Dieb, dass alle von seiner Sorte sind. Mit anderen Worten: Trotzki forderte die Anleihegläubiger und die von den Bolschewiki beraubten Anleihegläubiger auf, sich im Gegenzug selbst zu bestehlen. Die Verachtung, mit der die Sowjetregierung die Konferenz von Genua behandelte, war so offensichtlich, dass selbst Lloyd George ihr Scheitern nicht verhindern konnte. Das erste internationale Treffen nach dem Weltkrieg, an dem vierunddreißig Länder teilnahmen, endete ohne jede Einigung.

Der Bürgerkrieg gegen die Weißen

Es gibt nur wenige ins Englische übersetzte Bücher, die sich monographisch mit dem russischen Bürgerkrieg, einer wenig bekannten historischen Katastrophe, befassen. Während im Ersten Weltkrieg etwa zwei Millionen Russen ihr Leben verloren, forderte der Bürgerkrieg fast dreizehn Millionen Tote. Obwohl die Zahlen je nach Quelle variieren, gibt B. T. Urlanis, der von Robert Conquest in *The Harvest of Sorrow* als Autorität zu diesem Thema zitiert wird, die Zahl von 300.000 gefallenen Kämpfern auf beiden Seiten an. Wenn dies zutrifft, wären die übrigen Opfer der Repressionen im Bürgerkrieg gegen die Bourgeoisie, die Bauern, die Arbeiter und die Kosaken, die sich der kommunistischen Diktatur widersetzten. In dieser Zahl sind fünf Millionen Menschen enthalten, die an den Folgen der Hungersnot von 1921-22 starben. Der Bürgerkrieg war kein Krieg mit großen Militäroperationen, sondern ein Nachhutkrieg, in dem die Weißen und die Roten ihre Gegner in den von ihnen kontrollierten Gebieten verfolgten.

Die Verbrechen der einen und der anderen lassen sich jedoch nicht miteinander vergleichen, da die kommunistische Terrorpolitik offen die

Ausrottung von Klassenfeinden predigte. Nicolas Werth stellt in seinem *Schwarzbuch des Kommunismus* fest, dass „die kommunistische Terrorpolitik lange vor dem Krieg systematisch, organisiert und gegen ganze Gruppen der Gesellschaft eingesetzt wurde". Bei ihrer Machtergreifung hatten die Bolschewiki zwischen 100.000 und 200.000 Mitglieder in einem Land mit 175 Millionen Einwohnern. Diese Partei, deren Führer nicht einmal Russen waren, sondern aus dem Ausland finanzierte Berufsrevolutionäre jüdischer Herkunft, verfolgte alle ihre politischen Gegner, von Anarchisten bis zu Monarchisten. Man ist geneigt zu glauben, dass die Bourgeoisie der einzige Klassenfeind war, den sie ausrotten wollten; doch wie wir sehen werden, gehörten zu den Opfern auch Arbeiter und Soldaten, die Brot und Arbeit verlangten; Bauern, die sich gegen Requisitionen und Kollektivierung wehrten; die Kosaken, eine ethnische und soziale Gruppe, die als feindlich betrachtet wurde, und kurz gesagt, jeder, der sich ihrer Politik widersetzte. Diejenigen, die seine Diktatur nicht akzeptierten, wurden als „Feinde des Volkes" bezeichnet, das die jüdischen Kommunistenführer zu vertreten vorgaben.

Der Bürgerkrieg war sowohl von Trotzki als auch von Lenin angestrebt worden. 1914 schrieb Lenin in einem bereits erwähnten Brief an Schljapnikow, dass der Krieg in einen Bürgerkrieg umgewandelt werden müsse. Vervollständigen wir nun das Zitat aus dem Text: „Wann dies geschehen wird, ist eine andere Frage, und es ist noch nicht klar. Wir müssen den Moment reifen lassen und ihn systematisch erzwingen..... Wir können den Bürgerkrieg weder versprechen noch anordnen, aber wir haben die Pflicht, in dieser Richtung zu handeln, solange es nötig ist". Im September 1916, mitten im Weltkrieg, schrieb Lenin erneut in diesem Sinne: „Wer den Klassenkampf akzeptiert, muss den Bürgerkrieg akzeptieren, der in jeder Klassengesellschaft die Fortsetzung, Entwicklung und Verschärfung des Klassenkrieges darstellt." 1918 bestand Trotzki vor dem Zentralen Exekutivkomitee darauf, dass die Partei den Bürgerkrieg befürwortete. Mit anderen Worten, das Rezept dieser beiden „Freunde" des Proletariats war mehr Krieg und mehr Leid für das russische Volk. Mit völliger Verachtung für das Leben der Arbeiter und des Volkes beabsichtigen sie nach dem schrecklichen Weltenbrand, der Millionen von Toten gefordert hat, ganz offen, dass sich die Russen gegenseitig in Stücke reißen, damit sie diejenigen, die sich ihnen widersetzen, leichter beseitigen können.

Aufgrund der internen Zweifel und Kämpfe zwischen Befürwortern und Gegnern der Anerkennung der Kommunisten war die Intervention der Alliierten in Russland, insbesondere der Briten und Amerikaner, von Unklarheit geprägt. Die Agenten der Verschwörung bemühen sich, ihre Regierungen zur Anerkennung der Regierung Lenin zu bewegen. Hätte Lord Milner, wie er es sich wünschte, den Weg ins Außenministerium gefunden, hätte er mit Sicherheit auf die Anerkennung gedrängt. Die Unstimmigkeiten zwischen dem Auswärtigen Amt und dem Kriegskabinett werden von Bruce Lockhart bestätigt, der in seinen *Memoiren eines britischen Agenten* schreibt, dass Lord Milner, enttäuscht über die mangelnde Initiative von Lord Balfour, „einem harmlosen alten Herrn", sechs Monate lang an der Spitze des Auswärtigen Amtes stehen wollte. Mandell House, der Vertreter der Bankiers, die die Federal Reserve geschaffen und die Revolution in Russland finanziert hatten, drängte Wilson bis zum Schluss, den Präsidenten zur Anerkennung der Kommunisten zu bewegen. Es sei daran erinnert, dass Rabbi Judas Magnes, der vom bevorstehenden Triumph der Thesen von Trotzkis Freunden überzeugt war, im April 1918 erklärte, Präsident Wilson beabsichtige, eine Friedenskonferenz einzuberufen, um einen allgemeinen Frieden auf der Grundlage der Ansichten der Bolschewiki zu erreichen.

Einen allgemeinen Frieden statt eines Separatfriedens zu erreichen, war der Plan derjenigen, die die Bolschewiki in Versailles haben wollten. Wie wir wissen, war eines der Ziele von Lockharts Mission nach Moskau, nach seinen eigenen Worten, „einen Stock in die Räder einer möglichen separaten Friedensverhandlung zu legen". Trotzki, der Kriegskommissar, wollte, dass die USA und Großbritannien in Russland als Verbündete gegen Deutschland intervenierten, und bot den Briten an, ihn bei der Reorganisation der Flotten zu unterstützen. Die Ungewissheit über den Ausgang der bolschewistischen Kämpfe, die 1918 mit dem versuchten Attentat auf Lenin offenbar ihren Höhepunkt erreichten, führte jedoch zu Unklarheiten und behinderte die Entscheidungsfindung. Lockhart, der unter dem Fehlen einer klaren Linie litt, beklagte, dass es keine britische Politik gebe, „es sei denn, man könnte sieben verschiedene Politiken auf einmal als eine Politik betrachten". Im Unterhaus verlangten verärgerte Parlamentarier im Namen des Anstands von der Regierung Erklärungen für die fortgesetzte Anwesenheit eines britischen Agenten in Moskau „vor einer Regierung von Kriminellen, die sich ihrer Absicht rühmten, die christliche Zivilisation zu zerstören".

Ende April 1918 waren die Widersprüche und die Unentschlossenheit der Alliierten offensichtlich. Während Frankreich eindeutig für die Unterstützung der antibolschewistischen Kräfte eintrat, schienen die USA und Großbritannien zugunsten der Sowjets zu tendieren: Präsident Wilson lehnte eine Intervention ohne die Zustimmung der Kommunisten ab, und die Briten drängten ihre Agenten, die Sowjets dazu zu bringen, militärische Hilfe mit der angeblichen Verpflichtung zu akzeptieren, sich nicht in ihre inneren Angelegenheiten einzumischen. Zunächst landeten britische, französische und amerikanische Soldaten auf Trotzkis Bitte hin kleine Kontingente in Murmansk, Archangel und Wladiwostock an, um die Deutschen daran zu hindern, die in diesen Häfen gelagerten Vorräte zu erobern. Ende Mai waren die Japaner entschlossen zu intervenieren, doch Präsident Wilson war strikt gegen ein solches Eingreifen. Im Juni sind die Briten noch unentschlossen, obwohl die weißen Generäle versuchen, sich zu organisieren und auf die finanzielle und/oder militärische Unterstützung ihrer ehemaligen Verbündeten hoffen, die sie als entscheidend ansehen. Sie erwarten die Landung von zwei britischen Divisionen in Archangel und von mehreren japanischen Divisionen in Sibirien.

Bruce Lockhart, der Mann von Lord Milner, schreibt, dass sich am 4. August Gerüchte verbreiteten, dass die Alliierten eine starke Streitmacht in Archangel angelandet hätten, die von einigen auf 100.000 Mann und von anderen auf zwei Divisionen geschätzt wurde. Die Japaner sollten sieben

Divisionen zur Unterstützung der tschechischen [4] schicken. Trotz der großen Verwirrung wurde die Landung in Archangel als eine antibolschewistische Aktion verstanden. Am 10. August 1918 berichtete die sowjetische Presse mit schockierenden Schlagzeilen auf den ersten Seiten von einem großen Seesieg über die Alliierten in Archangel. Lockhart berichtet, dass er zu Lev Karachan (Karakhanyan) ging, einem anderen Juden, der stellvertretender Außenminister war. Karakhanyan, der zusammen mit seinen Glaubensgenossen Joffe und Trotzki Sekretär der Delegation war, die in Brest-Litowsk verhandelte, sagte Lockhart sofort die ganze Wahrheit. Die Lage ist nicht ernst", sagte er ihm, „die Alliierten haben nur ein paar hundert Mann an Land gebracht. Der große Seesieg war also nichts anderes als reine Propaganda der Kommunisten, um ihre Anhänger zu ermutigen. In Wirklichkeit hatte General F. C. Poole, der die gelandeten Truppen befehligte, wieder einmal den Befehl, sich dem deutschen Einfluss und dem Eindringen zu widersetzen. Lockhart gibt zu, dass die Travestie der Landung im Norden zum Verlust der Wolga-Linie und zum vorübergehenden Zusammenbruch der antibolschewistischen Bewegung im europäischen Russland führte. Darüber hinaus führte der Eindruck, dass die Alliierten nicht gewillt waren, sich ernsthaft zu engagieren, zu Uneinigkeit und erbitterten Streitigkeiten unter den Oppositionsgruppen.

Boris Brasol fragt in *The World at the Crossroads (Die Welt am Scheideweg)* nach den wirklichen Absichten der kleinen alliierten Kontingente, da niemand in Russland verstehen konnte, was sie beabsichtigten. Eine der britischen Expeditionen, über die detaillierte Informationen vorliegen, ist die von Colonel John Ward, dessen 25. Bataillon des Middlesex Regiments im Juli 1918 von Hongkong nach Wladiwostok (Sibirien) geschickt wurde, ursprünglich als Garnison. Ward veröffentlichte 1920 Buch *With the „Die-Hards" in Siberia*, in dem er in 24 Kapiteln seine Erlebnisse während des russischen Bürgerkriegs schildert. Von besonderer Bedeutung ist das 22. Kapitel mit dem Titel *American Policy and its Results*. Darin liefert John Ward einige Anhaltspunkte für das Verständnis bestimmter Handlungen. Ward schreibt, dass Admiral Koltschak, der zum Chef der provisorischen Regierung in Omsk ernannt wurde, ihm gegenüber seine Überzeugung zum Ausdruck brachte, dass die amerikanischen

---

[4] Die Handlungen der Tschechen bedürfen einer kurzen Erläuterung, die, wenn sie denn Platz fände, sehr ausführlich ausfallen könnte, denn die Fakten sind komplex. Es sei nur gesagt, dass der Zar bei Ausbruch des Krieges dem Antrag einer Gruppe tschechischer Einwanderer stattgab, die in der kaiserlichen Armee kämpfen wollten. So entstand die Tschechoslowakische Kompanie, die dank der Aufnahme von Deserteuren und Gefangenen aus der österreichisch-ungarischen Armee während des Krieges bald an Größe zunahm. Ende 1917 war sie auf ein Korps von etwa 60.000 Soldaten angewachsen. Die Bolschewiki erklärten sich bereit, die tschechische Legion nach Frankreich zu evakuieren, doch musste dies über Wladiwostock geschehen. Daher mussten die Tschechen mit der Transsibirischen Eisenbahn reisen. Sobald die Verlegung begann, nahmen die Sowjets ihr Wort zurück und versuchten, die österreichischen Deserteure zu verhaften, um sie nach Österreich zurückzuschicken. Schließlich ordnete Trotzki die Entwaffnung der tschechischen Legion an, was die Tschechen dazu veranlasste, im Mai 1918 nach der Einnahme der Stadt Tscheljabinsk zu den Waffen gegen die Bolschewiki zu greifen.

Truppen zu anderen Zwecken als den erwarteten eingesetzt wurden und dass das amerikanische Expeditionskorps unter dem Kommando von General William Graves mit den Kommunisten kollaborierte. Hier sind einige Auszüge aus diesem Kapitel:

> „Seine (Koltschaks) Agenten hatten ihn darüber informiert, dass von sechzig Verbindungsoffizieren und Übersetzern fünfzig russische Juden oder Verwandte russischer Juden waren, von denen einige wegen politischer oder anderer Verbrechen aus Russland verbannt worden waren und als amerikanische Staatsbürger zurückgekehrt waren, die in der Lage waren, die Politik in einer Richtung zu beeinflussen, die dem Wunsch des amerikanischen Volkes zuwiderlief. Ich versicherte ihm, dass dies nicht sein könne..., aber er erwiderte, dass die Berichte so umfangreich und kategorisch seien, dass er meinte, ich als Vertreter des englischen Volkes und als Offizier der Armee Seiner Majestät müsse die Situation kennen."

Oberst Ward schreibt, dass einige Zeit, nachdem er Koltschaks Beschwerde erhalten hatte, ein wichtiger Bahnübergang am Bahnhof Kraevesk von einer Abteilung der Roten Garde beschlagnahmt wurde, die unbemerkt in den Bahnhof eindrang und die amerikanischen Soldaten, die ihn bewachten, festnahm. Da Ward eine Kollaboration vermutete, beschloss er, Koltschaks Anschuldigungen selbst zu untersuchen und führte mehrere Gespräche mit amerikanischen Offizieren und Soldaten. Er fand heraus, dass viele der Meinung waren, dass sie lediglich den Bolschewiken halfen, denen sogar ein Gebiet zur Verfügung gestellt worden war, in dem sie Propaganda betreiben konnten, um die Bevölkerung für sich zu gewinnen:

> „Ich erfuhr von diesen amerikanischen Truppen, dass ihre Offiziere und deren Offiziere, von General Graves abwärts, in ständigem Kontakt mit Offizieren der Roten Garden standen, mit denen sie zu mehr als einer Übereinkunft gekommen waren; dass selbst einfache Soldaten der Meinung waren, dass die Übereinkunft zwischen den beiden Streitkräften von so allgemeinem und freundschaftlichem Charakter war, dass künftige Feindseligkeiten zwischen ihnen nicht ins Auge gefasst wurden.... Die Kraevesk-Affäre schien nur das Symptom einer umfassenderen Politik und nicht die dumme Tat eines nachlässigen Offiziers zu sein."

Durch seine Nachforschungen gelangte Colonel Ward in den Besitz eines Briefes eines amerikanischen Hauptmanns an einen Offizier der Roten Armee, der im Bezirk Svagena operierte, in dem eindeutig von einer Verbrüderung zwischen den beiden Truppen die Rede war. Ward betrachtet diesen Brief als eindeutigen Beweis für die seit Monaten bestehende Absprache zwischen den amerikanischen Behörden und den Kommunisten in den Seeprovinzen. Oberst Ward prangert in seinem Buch an, dass „die Anwesenheit amerikanischer Streitkräfte in Sibirien von jemandem zu anderen als rein amerikanischen Zwecken genutzt wurde". Er hält es für ganz offensichtlich, dass „dieser finstere unterirdische Einfluss die amerikanische Politik von ihrem geraden und ehrlichen Kurs abgelenkt hat". Ward stellt unverblümt fest, dass die amerikanische Politik „einen Zustand der Unentschlossenheit unter den Alliierten und der Unruhe und Anarchie unter der Bevölkerung in den Provinzen Transbaikalien und Ussurien" hervorgerufen habe. Hier ein weiterer Auszug:

> „Entgegen der allgemeinen Meinung erklärte das amerikanische Kommando eine Zone im Bezirk Suchan für neutral. Bewaffnete Operationen der Russen von Admiral Koltschak oder der Roten Armee waren innerhalb dieser Zone verboten. Lenins und Trotzkis Offiziere hielten sich nicht an den Befehl und begannen sofort, ihre versprengten Kräfte zu sammeln. Innerhalb von drei Wochen hissten sie in ihrer eigenen Kaserne unter dem Schutz der amerikanischen Flagge die rote Flagge. Von dieser amerikanischen neutralen Zone aus organisierten die Bolschewiki ihre Kräfte, um die Japaner in der Amur-Provinz anzugreifen, die britischen Nachschubzüge auf der Ussurie-Linie zu zerstören und sich schließlich ein Feuergefecht mit den russischen Wachtposten in der Nähe von Wladiwostock zu liefern, wobei sie stets in die amerikanische Zone flüchteten, wenn sie von den Truppen des Gouverneurs angegriffen wurden."

Die Reaktion des US-Kommandos auf die Beschwerden der Alliierten war das Gegenteil von dem, was man wollte. Anstatt das Übel auszumerzen und die Kommunisten aus dem Gebiet zu vertreiben, kam man zu dem Schluss, dass ein umfassenderes und verbindlicheres Abkommen zwischen den amerikanischen Streitkräften und den Kommunisten erforderlich sei, um eine Wiederholung der bedauerlichen Handlungen in Zukunft zu verhindern. Daraufhin erfuhr man, dass General Graves eine Konferenz mit den Befehlshabern der Roten Armee einberufen hatte. Angesichts der empörten Reaktion des Gouverneurs von Wladiwostock, der Graves mitteilte, dass die russische Regierung ein solches Treffen als feindlichen Akt betrachten würde, gab der amerikanische General seine Bemühungen auf. Das Scheitern der Verhandlungen rief den Zorn der sowjetischen Regierung in Moskau hervor, die ihren Kommissaren in der Ussurie befahl, die unter amerikanischem Schutz organisierten Truppen zum Angriff auf ihre Beschützer einzusetzen.

Zusammenfassend lässt sich sagen, dass die Regierungen der Entente zu keinem Zeitpunkt des Jahres 1918 die Absicht hatten, die Bolschewiki zu stürzen. Abgesehen von diesem amerikanischen Kontingent, das von jüdischen Agenten unterwandert war, die den Bolschewiki freundlich gesinnt waren, war die Intervention der Alliierten eine Enttäuschung. Vierzehn Länder schickten Truppen nach Russland, doch mit Ausnahme der sechzigtausend Tschechen, die, wie in der vorangegangenen Anmerkung erläutert, bereits vor Ort waren, setzten sie nur einhundertdreißigtausend Soldaten auf sowjetischem Gebiet ein, von denen die Hälfte Japaner waren. Die japanische Intervention lag im Übrigen in ihrem eigenen Interesse, da sie nach dem Vertrag von Brest-Litowsk von einem deutschen Sieg im Weltkrieg überzeugt waren. Auf jeden Fall sind 130.000 Soldaten eine lächerliche Zahl angesichts der enormen Größe eines Landes, das sich über zwei Kontinente erstreckt.

Im Gegensatz dazu rekrutierte Trotzki in zwei Jahren eine Armee von fünf Millionen Mann. Zum Charakter des Kommandos in der Roten Armee verweisen mehrere Autoren auf ein Zitat aus der in Charkow erscheinenden Zeitung *The Communist*, die in ihrer Ausgabe vom 12. April 1919 einen Artikel von M. Cohen veröffentlichte, in dem er sich rühmte, die Revolution sei das Werk der Juden. Über die Armee schreibt Cohen: „Es stimmt, dass es in den Reihen der Roten Armee Soldaten gibt, die keine Juden sind, soweit es sich um die einfachen Soldaten handelt, aber in den Komitees und in den gesellschaftlichen Organisationen, wie bei den Kommissaren, führen die Juden die Massen der russischen Proletarier tapfer zum Sieg.... Das Symbol des Judentums ist auch zum Symbol des russischen Proletariats geworden, wie man an der Übernahme des roten fünfzackigen Sterns sehen kann, der in früheren Zeiten das Symbol des Zionismus und des Judentums war." Laut der *Jüdischen Virtuellen Bibliothek* wurden in Charkow, das zwischen 1919 und 1934 die Hauptstadt der Ukraine war und sich zu einem wichtigen jüdischen Zentrum entwickelte, damals zahlreiche Publikationen auf Jiddisch und Hebräisch veröffentlicht, so dass man davon ausgehen kann, dass *der Kommunist*, wenn er nicht auf Russisch verfasst wurde, in einer dieser beiden Sprachen verfasst worden sein muss.

Die Zusammensetzung der Roten Armee wird von Jüri Lina untersucht, der die 1922 in Moskau gegründete Monatszeitschrift *Molodaya Gvardiya* zitiert. In der Ausgabe 11 von 1990 berichtet diese historische Publikation, dass fast alle Armeekommandeure jüdisch waren, ebenso wie 80% der Kommissare des Kommissariats für militärische Angelegenheiten. Nicht weniger als hundert Namen werden genannt. Hier sind einige von ihnen, von denen einige später wieder auftauchen werden, wenn wir Stalins Säuberungen gegen die Trotzkisten untersuchen. Der stellvertretende Volkskommissar für militärische Angelegenheiten war Jefraim Schtschljanski, der mit Lenin in dem berühmten Zug aus der Schweiz angereist war. Zu seinen Mitarbeitern gehörten Semyon Nakhimson und Yemelyan Yarovslaski (Minei Izrailevich Gubelman), der Herausgeber der Satirezeitung *Bezbozhnik* (*Der Atheist*) und Vorsitzender des antireligiösen Komitees des Zentralkomitees war. Später war Jaroslawski auch ein offizieller Parteihistoriker. Unter den Mitgliedern des Militärrats *Molodaya Gvardiya* werden zwölf weitere Juden genannt. Drei Namen stechen hervor: Arkadi Rosengoltz, ein enger Mitarbeiter Trotzkis, der nach dem Bürgerkrieg in den Kommissariaten für Verkehr, Finanzen und in der Luftwaffenleitung der Roten Armee arbeitete. Zwischen 1925 und 1927 war er Botschafter im Vereinigten Königreich, ein Posten, von dem aus er die sowjetische Spionage überwachte. Rosengoltz wurde, wie so viele andere Trotzkisten, 1938 hingerichtet. Mikhail Lashevich, laut der *Jüdischen Enzyklopädie Russlands* auch als Gaskovich bekannt, ein weiterer von Stalin verfolgter Trotzkist, der 1928 verschwand (Selbstmord oder Autounfall). Joseph Unschlicht, zusammen mit Rosa Luxemburg und Leo Jogiches Mitglied der Polnischen und Litauischen Sozialdemokratischen Partei. Der polnischstämmige Jude Unschlicht war einer der aktivsten Massenverbrecher bei der Beseitigung politischer Gegner. Auch er wurde 1938 von Stalin liquidiert. Zu den wichtigsten militärischen Befehlshabern gehörten Naum Zorkin, Iona Yakir, Boris Feldman, der im Juli 1934 Leiter der Heerespersonalverwaltung wurde und zusammen mit Yakir im Juni 1937 erschossen wurde, sowie Wladimir Lazarewitsch, Oberbefehlshaber der Vierten Armee zwischen Dezember 1918 und März 1919 und später

Befehlshaber der Dritten Armee zwischen Juni und Oktober 1920. Lazarevich war von 1925 bis 1927 Leiter der Luftwaffenakademie. Auf der Grundlage der Informationen in der oben erwähnten Zeitschrift berichtet Jüri Lina über mehr als fünfzig Juden, die wichtige Führer der Roten Armee waren, von denen die Hälfte eine Division befehligte. In der Zwischenkriegszeit verringerte sich die Macht der Juden in der Roten Armee nicht. Laut Andrej Swerdlow, dem Sohn des Mannes, der für die Ermordung der kaiserlichen Familie verantwortlich war, gab es während des Zweiten Weltkriegs dreihundertfünf jüdische Generäle in der Roten Armee.

Obwohl sich alle politischen Kräfte gegen die bolschewistische Diktatur gestellt hatten, waren die Würfel Anfang 1920 bereits gefallen und die Niederlage der Weißen war unvermeidlich, obwohl der Krieg bis 1922 dauerte. Auch hier ist der Partisanenkampf einer der Schlüssel zum Verständnis der Ereignisse, die zum Sieg der Kommunisten führten. Auf der einen Seite standen die linken revolutionären Sozialisten, deren Anführerin, Maria Spiridonowa, nach dem Putschversuch vom Juli 1918 inhaftiert worden war und bis zu ihrer Amnestie im November in Haft blieb. Im Dezember 1918 leitete sie einen von den Bolschewiki geduldeten Parteitag, auf dem sie den systematischen Terror der Tscheka anprangerte. Am 10. Februar 1919 wurde sie zusammen mit 210 anderen Parteimitgliedern erneut verhaftet und von einem Revolutionsgericht als hysterisch eingestuft, das ihre Einweisung in ein Sanatorium für Geisteskranke anordnete. Im Laufe des Jahres 1919 wurden etwa zweitausend SR verhaftet und etwa sechzig Organisationen der Linkssozialisten unterdrückt. Andererseits trafen sich die revolutionären Rechtssozialisten im September 1918 mit allen antisowjetischen Kräften und vereinbarten die Bildung einer neuen provisorischen Regierung in Omsk, die von einem fünfköpfigen Direktorium geleitet wurde: Avksentiev, Boldyrev und Zenzinov von der Sozialrevolutionären Partei sowie Vinogradov und Volgogodski von der Konstitutionellen Demokratischen Partei (Kadetten).

Das Buch von Colonel John Ward ist erneut eine wertvolle Quelle für Berichte aus erster Hand über die Ereignisse in Omsk. Ward berichtet, dass die Stadt bei seiner Ankunft mit seinem 800 Mann starken Bataillon am 18. Oktober 1918 mit Flaggen aller Nationen geschmückt war. In jenem Oktober ging es darum, die Kräfte des Direktoriums der Fünf und die der sibirischen Regierung von Admiral Koltschak zu vereinen. Das Direktorium, das sich aus gemäßigten revolutionären Sozialisten und „Intellektuellen" der Kadettenpartei zusammensetzte, hatte seine Autorität von der in Ufa zusammengetretenen Konstituierenden Versammlung erhalten und war als Regierung ganz Russlands anerkannt worden. Die Regierung Koltschak war aus den sibirischen Bezirken der Duma hervorgegangen und galt als reaktionär, da sie royalistisch war und von den zaristischen Kosaken unterstützt und bewacht wurde. Sowohl das Militär als auch die Kosaken machten erstere für die Zerstörung der Armee verantwortlich und beschuldigten sie außerdem, das Land durch Kerenski den Kräften der Anarchie und des Bolschewismus ausgeliefert zu haben. Oberst Ward bestätigt, dass die Russen aller Klassen allgemein darin übereinstimmten, Kerenski als Ursache allen Übels zu betrachten, und räumt ein, dass es ihm unmöglich erschien, „diese feindlichen und unterschiedlichen Elemente zu einer vereinten Kraft für die Wiederauferstehung Russlands zu vereinen". Trotz der Skepsis gelang es ihr jedoch, eine Einheitsregierung zu bilden, zu deren Kriegsminister Koltschak ernannt wurde. Die Ereignisse sollten bald beweisen, dass dies eine Fata Morgana war.

Bei den Verhandlungen über die Regierungsbildung kam es zu einer ernsthaften Komplikation. General Boldyrev, über den die revolutionären Sozialisten die neue Armee kontrollieren sollten, und sein Kollege Avksentiev verlangten, dass ein Mitglied ihrer Partei eine neu geschaffene Miliz leiten sollte, die unter dem neuen Regime als eine Art Polizei fungieren sollte: Sie strebten eine revolutionäre und soziale Kontrolle über alle Kräfte der neuen Regierung an. Nur dem Druck der alliierten Vertreter ist es zu verdanken, dass der Antrag angenommen und das Hindernis überwunden wird. Am 6. November fand ein Bankett zu Ehren der neuen gesamtrussischen Regierung statt. Eingeladen waren alle Vertreter der in Omsk anwesenden alliierten Streitkräfte, darunter auch Oberst Ward, der in seiner Chronik nicht vergisst zu erwähnen, dass die Außentemperatur sechzig Grad unter Null betrug. Die Zeremonie wurde von Avksentiev, dem neuen Vorsitzenden des Ministerrats, geleitet. Zu Beginn der Reden ergriff General Knox, Leiter der britischen Militärmission, das Wort und rief die Russen auf, gemeinsam eine Armee und eine Regierung zu bilden, die in der Lage sind, Recht und Ordnung herzustellen. Als nächstes sprachen General Boldyrev, ein Mitglied der Ufa-Direktion, der zum Oberbefehlshaber der neuen russischen Armee ernannt worden war, und Admiral Koltschak, der nur einige kurze Sätze sprach, die mit wenig Begeisterung aufgenommen wurden.

Ward zufolge war der Mangel an Waffen und Ausrüstung an der Front zwar eine traurige Realität, doch die von den revolutionären Sozialisten kontrollierte Miliz war perfekt ausgerüstet. Die Proteste der Generäle bei Boldyrev zwangen Kriegsminister Koltschak, ihre Forderungen zu unterstützen und ihre Beschwerden dem Oberbefehlshaber vorzutragen. Boldyrev erwiderte, dass die Beschwerden von der Front frei erfunden seien, und gab zu verstehen, dass die Angelegenheit ihn nichts angehe. Im Laufe des Gesprächs teilte Boldyrev ihm offen mit, dass er auf Druck der Alliierten in die Regierung aufgenommen worden sei und dass er aus der Regierung ausgeschlossen werde, wenn er sich weiterhin einmische. Koltschak trat sofort zurück; die Westalliierten überredeten ihn jedoch, in der Regierung zu bleiben. Offenbar um ihn von Omsk wegzulocken, wurde er zu einem Inspektionsbesuch an der Frontlinie ermächtigt. Admiral Koltschak erfuhr, dass Oberst Ward ebenfalls an die Front reisen sollte, und fragte ihn, ob er seine Kutsche an den Zug ankoppeln könne. Anfang November 1918,, reisten die beiden Soldaten also gemeinsam in einem Zug. Über Koltschaks Anwesenheit an der Front schreibt Oberst Ward: „Die Anwesenheit von Admiral Koltschak schien die ganze Armee mit Leben und Energie zu erfüllen. Die russischen Soldaten, deren Stiefel schon lange verschwunden waren und deren Füße mit Säcken verbunden waren, um sie vor dem Schnee zu schützen, fühlten die Gewissheit, dass sie nach dem Besuch des Ministers Stiefel und geeignete Kleidung erhalten würden".

Während er an der Front war, kamen Nachrichten, die es ratsam machten, dringend nach Omsk zurückzukehren. Auf einem der Bahnhöfe erfuhr man, dass General Boldyrev, der die Stadt verlassen hatte und auf dem Weg zur Ufa-Front war, Admiral Koltschak bat, auf ihn zu warten, um ihn zu treffen. Ward schreibt, dass er von Koltschak in seinen Wagen eingeladen wurde und ihm erklärt wurde, dass die Lage in Omsk kritisch sei, da die beiden Regierungsgruppen zerstritten und bereit seien, sich gegenseitig zu vernichten. Am 6. November fuhr der Zug des Oberbefehlshabers Boldyrev in den Bahnhof von Jekaterinburg ein. Um zwölf Uhr mittags stieg Koltschak in den Zug von Boldyrjew und begann ein Gespräch, das bis fünf Uhr nachmittags dauerte. Was zwischen den beiden Soldaten geschah, wissen nur sie selbst. Während des fünfstündigen Gesprächs kann viel gesagt werden. Als der Zug mit Admiral Koltschak und Oberst Ward am 17. November in Omsk eintrifft, beschreibt Oberst Ward die Zustände in der Stadt als „unbeschreiblich": „Jede Nacht, sobald es dunkel wurde, waren überall Schreie und Gewehr- und Revolverschüsse zu hören. Am Morgen sammelten die Sanitätswagen zwischen fünf und zwanzig Leichen toter Soldaten ein".

Ein Staatsstreich stand unmittelbar bevor und fand am 18. November statt. Das Direktorium wurde verhaftet und Admiral Koltschak die absolute Macht übertragen. Obwohl er das Amt zunächst ablehnte, wurde er zum Obersten Gouverneur von ganz Russland ernannt und mit einem vierzehnköpfigen Ministerrat ausgestattet, der ihm gegenüber Rechenschaft ablegen musste. Koltschak berief den französischen Vertreter in Omsk, Eugene Renault, und Colonel John Ward, den damals höchsten britischen Vertreter in der Stadt. Der Admiral selbst begab sich ins britische Hauptquartier, wo er außer von Oberst Ward von Oberstleutnant J. F. Neilson, Hauptmann Stephani, Oberst R. Frank, einem russischen Armeeoffizier, der Wards Verbindungsmann war, und Mr. Frazer, dem Korrespondenten der *Times*, empfangen wurde. Vor ihnen allen erläuterte der Admiral, der perfekt Englisch sprach, die Gründe und Umstände, die ihn dazu veranlasst hatten, die Oberhoheit über ganz Russland zu übernehmen. Auf die Frage nach dem Schicksal der verhafteten sozialistischen Revolutionäre und anderer Mitglieder des Direktoriums antwortete der Admiral, er habe keine Informationen über deren Verbleib.

Am nächsten Tag, dem 19. November, schrieb Oberst Ward folgenden Text an Admiral Koltschak: „Nach unserem Gespräch gestern Abend habe ich Ihnen eine Nachricht geschickt, in der ich Sie um Informationen und Zusicherungen für die verhafteten Mitglieder des Rates bat. Bis jetzt habe ich noch keine Nachricht darüber erhalten. Ich habe Ihnen bereits gesagt, dass ich sicher bin, dass mein Land jeden Schaden, der diesen Staatsgefangenen ohne ein ordentliches Gerichtsverfahren zugefügt wird, mit großer Sorge betrachten wird. Ich wäre Ihnen sehr dankbar, wenn Sie mir in dieser Angelegenheit Informationen geben könnten." Noch am selben Tag meldeten sich der Kosake Ataman Krasilnikow, Oberst Wolkow und Oberstleutnant Katanajew im britischen Hauptquartier und berichteten, dass die Verantwortung für die Verhaftung der Regierungsmitglieder allein bei ihnen liege, dass sie nicht den geringsten Schaden erlitten hätten und dass sie bereit seien, die Gefangenen zusammen mit den abgefangenen Papieren und mehreren Millionen Rubel, die angeblich gestohlen worden waren, den Behörden zu übergeben. Die drei Offiziere versicherten, dass Admiral Koltschak für ihre Sicherheit verantwortlich sei, und fügten hinzu, dass er beabsichtige, sie so schnell wie möglich außer Landes zu bringen.

Um sich ein vollständiges Bild von den Ereignissen während des Bürgerkriegs zu machen, muss man bedenken, dass neben den Streitigkeiten, Zusammenstößen und dem Verrat unter den Russen auch die unterschiedlichen Interessen der Alliierten und das Misstrauen zwischen ihnen eine Abstimmung mit den weißen Generälen verhinderten. Die Ernennung von General Maurice Janin zum Chef der alliierten und russischen Streitkräfte in Sibirien führte zu schweren Auseinandersetzungen mit Admiral Koltschak, der nicht akzeptierte, dass die russischen Truppen unter dem Kommando eines ausländischen Offiziers standen. Am 16. Dezember 1918 traf Janin in Omsk ein. Dieser französische General war der Meinung, dass die Briten Koltschak an die Macht gebracht hatten, um ihren Interessen zu dienen. Bereits am 19. Dezember schrieb er einen Bericht über die Regierung in Omsk, in dem er feststellte, dass ein Admiral von großem Ansehen die Koalitionsregierung „dank der Selbstgefälligkeit eines Engländers, der seinen Steigbügel fest im Griff behalten wollte", ersetzt hatte. Neben den von den Judenbolschewisten unterwanderten Amerikanern von General Graves führen auch die Japaner, deren unberechenbare Haltung auf ihre anfänglichen Fehleinschätzungen zurückzuführen ist, auf eigene Faust Krieg. Die japanische Regierung, die über fast 60.000 Soldaten vor Ort verfügte, ging davon aus, dass ein deutscher Sieg in diesem Krieg ihr Gebietsgewinne im asiatischen Russland ermöglichen würde.

Als Bóldyrev von Ufa nach Omsk zurückkehrte, bot ihm Admiral Koltschak, der erklärt hatte, dass er, sobald die Ordnung im Lande wiederhergestellt sei, eine durch allgemeine Wahlen gewählte Nationalversammlung einberufen wolle, einen Posten in seiner Regierung an, den er jedoch ablehnte. Boldyrev erklärte, er wolle das Land verlassen, da er nicht glaube, dass eine diktatorische Regierung Russland aus seinen Schwierigkeiten befreien könne. Seiner Bitte wurde stattgegeben. Der japanische Vertreter in Omsk bat bald darauf um Auskunft, ob General Bóldyrev gezwungen worden sei, das Land zu verlassen, oder ob er dies freiwillig getan habe. Er wollte auch wissen, ob die Briten den Zug und die Wache gestellt hatten, die die Mitglieder des Direktoriums, die das Land über Chang-Chun, einen chinesischen Grenzposten, verlassen hatten, ins Exil geführt hatten. Seltsamerweise war der einzige General, der sich weigerte, den Befehlen der Regierung Koltschak zu gehorchen, der Ataman G. M. Semjonow, dessen Hauptquartier sich neben dem der Japaner in Tschita befand, von wo aus sich frech weigerte, die Autorität von Koltschak anzuerkennen. Als Koltschak sich anschickte, gegen das Abenteurertum des meuternden Generals vorzugehen, hinderten ihn die Japaner daran und teilten ihm mit, dass Semjonow unter ihrem Schutz stehe und dass sie eine Einmischung der Regierung in Omsk nicht dulden würden. General Semjonow wurde für seine Grausamkeit berüchtigt: Er führte wahllose Hinrichtungen von Arbeitern durch und ließ zahlreiche Menschen in seinem Bezirk inhaftieren und auspeitschen. Der Skandal und die Beunruhigung der Bevölkerung erreichten ein solches Ausmaß, dass sich die Alliierten gezwungen sahen, Japan um eine Erklärung für sein inakzeptables Verhalten zu bitten.

Bald jedoch konnten die Japaner ihre Beziehungen zur Regierung in Omsk neu ausrichten. Die zweideutige und heuchlerische Haltung der Alliierten gipfelt in einer Erklärung, die der Alliierte Rat Mitte Januar 1919 in Paris abgibt. Darin heißt es, dass sie weder einer der beiden Seiten helfen noch sie anerkennen können und dass die verschiedenen bestehenden Regierungen einen Waffenstillstand schließen und Vertreter auf die „Insel der Hunde" bei Konstantinopel entsenden sollten, um einen gegenseitigen Kompromiss zu finden. Die Nachricht schlug in Russland ein wie eine Bombe. Sie war gleichbedeutend damit, dass man mehr als ein Jahr kommunistischer Verbrechen und Plünderungen übersah und deren Legitimität akzeptierte. Die Japaner nutzten die Verwirrung und den Zorn aus und erklärten, dass das einzige Land, das Russland helfen könne, Japan sei, da die anderen Länder kriegsmüde und unfähig seien, die Bolschewiki zu bekämpfen, und nach einer Demobilisierung verlangten. In ihrer Propaganda boten sie an, die bolschewistische Armee in zwei Monaten zu liquidieren und im Gegenzug für ein vernünftiges Abkommen mit der Regierung in Omsk eine Monarchie in Russland zu errichten. Dies waren die Umstände, mit denen man sich zu Beginn des entscheidenden Jahres 1919 auseinandersetzen musste.

Wir haben ein Thema beiseite gelassen, das für das richtige Verständnis der Figur des Admirals Aleksander Koltschak von großer Bedeutung ist. Es handelt sich um das berühmte „Gold des Admirals Koltschak", dessen Geschichte wir nun kurz zusammenfassen wollen. Im Jahr 1915 wurde angesichts der möglichen Einnahme Petrograds durch die Deutschen die Hälfte der kaiserlich-russischen Goldreserven, etwa fünfhundert Tonnen Gold, in den gepanzerten Kellern der Kasaner Bank gelagert. Weiteres Gold, das in den Filialen der Staatsbank in Moskau, Samara und Tambow lagerte, wurde ebenfalls nach Kasan gebracht. Im Sommer 1918 versuchten die Bolschewiki, die die Tscheka mit der Bewachung der Staatskasse beauftragt hatten, die Reserven der Stadt zu verlagern, schafften es aber nur, etwa 100 Kisten mit Gold zu entfernen. Anfang August 1918 fiel Kasan in die Hände der tschechischen Legion und der Armee der KOMUCH (Volksarmee des Komitees der Mitglieder der Konstituierenden Versammlung) unter dem Kommando von General Wladimir Kappel. Am 2. August wurde die Stadt Kasan belagert und Schiffe fuhren die Wolga hinauf. Die Rotgardisten wurden sogar von revolutionären Sozialisten angegriffen, die wie die Tschechen den Krieg gegen Deutschland fortsetzen wollten. Am 6. August beschlagnahmte die Weiße Armee 8.400 Kisten mit Goldbarren und andere mit Platinbarren sowie etwa 2.500 Säcke mit Silber und andere mit Goldstücken. Am 13. Oktober wurde der größte Teil des Schatzes auf Anweisung von Koltschak mit dem Zug nach Omsk transportiert. Es ist daher nicht verwunderlich, dass es zu Spannungen über die Kontrolle dieser beeindruckenden Ressourcen kam. Eine Goldladung, die mit dem Zug von Omsk nach Wladiwostock geschickt wurde, wurde von General Semjonow erbeutet. Der Ataman verwendete die Goldbarren zur Unterstützung seiner Truppen, deponierte 13 Millionen Goldrubel in japanischen Banken und versuchte sogar, die Mongolen zum Kampf gegen die Dritte Internationale zu bewegen. Zu diesem Zweck schickt er Baron R. F. Ungern mit mehreren Millionen Goldrubel in die Mongolei.

Die Nachricht, dass ein Teil des kaiserlichen Schatzes in die Hände der Weißen gefallen war, weckte den unstillbaren Appetit der Bankiers, die wie üblich kein Problem damit hatten, beide Seiten zu finanzieren, vor allem, wenn die Kredite durch Gold garantiert waren. Anthony Sutton enthüllt, dass dieselben Bankiers, die die Revolution finanziert hatten, sich im August 1919 an Außenminister Robert Lansing wandten, der einen Brief von der National City Bank of New York (Rockefeller) erhielt, in dem sie um eine Stellungnahme zu einem Darlehen in Höhe von 5 Millionen Dollar für Admiral Koltschak baten. Auch J. P. Morgan & Co teilten dem Außenminister ihre Bereitschaft mit, Koltschak über ein Konsortium britischer und amerikanischer Bankiers einen zusätzlichen Kredit von zehn Millionen Pfund Sterling zu gewähren. Der Kredit wurde durch Koltschaks Gold gesichert, das laut Sutton per Schiff nach San Francisco geschickt wurde. Die mangelnde Ausrüstung der weißen Soldaten, von denen nur zwei von zehn ein Gewehr besaßen, zwang den Admiral dazu, alles Nötige auszugeben, um seine Armee angemessen auszurüsten. Zwei amerikanische Firmen, Remington Arms und Union Metallic Cartridge, verkauften Rüstungsgüter im Wert von 125 Millionen Rubel Gold.

Zu den führenden weißen Generälen gehörte neben Alexander Koltschak, dessen Armee in Sibirien operierte, auch Anton Denikin, der mit einer Freiwilligenarmee aus dem Süden vorrückte, die von den Donkosaken unterstützt und durch die kaukasische Armee von Pjotr Wrangel, Baron von Wrangel, verstärkt wurde. Im August 1919 startete diese Südarmee eine Offensive, die mit großen Siegen begann und es sogar schaffte, die bolschewistische Sicherheitszone zu durchbrechen. Zwischen September und Oktober 1919 wurden die Städte Kiew, Kursk und Orel, letztere 250 Meilen von Moskau entfernt, erobert. Die Munitionsfabrik Tula wäre beinahe in ihre Hände gefallen. Captain George Pitt-Rivers[5], ein englischer Anthropologe, der nach

---

[5] Kapitän George Pitt-Rivers war ein Cousin von Clementine Churchill, der Frau von Winston Churchill, die seine Verhaftung und Inhaftierung am 27. Juni 1940 wegen seiner erklärten Sympathien für den Nationalsozialismus anordnete. Die „Pitt-Rivers Papers", die sich im Archiv des Churchill College der Universität Cambridge befinden, sind seit kurzem zugänglich. Dabei handelt es sich um eine Sammlung von Briefen und Schriften, die neue Einblicke in diesen Anthropologen bieten, der in den 1920er bis 1930er Jahren als herausragender und geachteter Wissenschaftler galt und für seine Arbeiten und Veröffentlichungen gelobt wurde. Nach seinem Tod im Jahr 1966 geriet Pitt-Rivers in der Geschichtsschreibung völlig in Vergessenheit. Er galt als Antisemit, und die Tatsache, dass er im Krieg auf der „falschen Seite" gestanden hatte, führte dazu, dass er in Vergessenheit geriet. Bereits in seinen Schriften zum Ersten Weltkrieg prangerte Pitt-Rivers öffentlich die Doppelzüngigkeit und Heuchelei seines Landes gegenüber dem zaristischen Russland an. „In England", schrieb Pitt-Rivers, „der Heimat der Juden, wurde die Regierung des Zaren systematisch verunglimpft und jahrelang zum Zentrum der schwärzesten und unterdrückerischsten Tyrannei der Welt gemacht." Bradley W.

einer schweren Verwundung im Ersten Weltkrieg nach England zurückkehrte, schrieb mehrere Texte über den Bürgerkrieg. Wir geben einen besonders wichtigen Text über Denikins Vormarsch wieder, der von Boris Brasol in *The World at the Cross Roads* zitiert wird:

> „Die Weißen Armeen wurden besiegt, weil sie ineffizient waren, sie waren ineffizient, weil man es politischen Verrätern erlaubte, sich zu verschwören, um ihre Ineffizienz sicherzustellen..... Die Weißen konnten sich nicht in einer Politik vereinen, weil sie keine gemeinsame Politik hatten, weil alle ihre Bemühungen durch Intrigen, Verschwörungen und Sabotage zunichte gemacht wurden, und schließlich, weil keine Bewegung, die aus einem Sammelsurium unvereinbarer und widersprüchlicher Elemente besteht, eine andere Bewegung besiegen kann, die jederzeit weiß, was sie will und keine Kompromisse akzeptiert. Selbst die russischen Bauern verstehen das besser als die alliierten Staatsmänner und Politiker. Als Denikin seinen schnellen Vormarsch auf Moskau begann, war die Begeisterung der Bauern in den befreiten Gebieten ungebremst. Sie kamen in Scharen, um ihre Befreier zu begrüßen, und trugen die heiligen Ikonen und das Bild des Zaren auf dem Kopf. Stellen Sie sich ihre Verwirrung und Traurigkeit vor, als die Offiziere von Denikins Gefolge ihnen sagten, sie sollten ihre Schmuckstücke vergraben und dass ihr Kampf mit den Bolschewiken nichts mit dem Zaren zu tun habe."

Denikin vertrat zwar nicht die Zaristen, sondern die demokratischen Konstitutionalisten, aber die fehlende Einheit in den Reihen der Weißen ließ, wie Pitt-Rivers zu Recht feststellt, keine Rückschlüsse auf ihre eigentlichen Absichten zu. Auch unter den Ukrainern, deren Unglück Jahre später in der Hungersnot von 1932/33 (Holodomor) gipfelte und die die größten Opfer der nach der Revolution ausgelösten Katastrophe wurden, konnte man nicht von Einheitlichkeit sprechen. Auf ukrainischem Boden nahm die Tragödie des Bürgerkriegs die schlimmsten Ausmaße der Repression an, denn innerhalb von zwei Jahren wurde diese Republik wiederholt von beiden Seiten beschlagnahmt. [6]Am 11. Oktober 1919, fast zeitgleich mit Denikins Offensive, versuchte die

---

Hart, ein junger Wissenschaftler, der 2009 im Rahmen seiner Doktorarbeit Kontakt mit der Familie aufnahm, erhielt Zugang zu Tausenden von persönlichen Unterlagen, die auf dem Dachboden des Familienhauses in Dorset gefunden wurden. Mit der Erlaubnis der Familie berichtete Hart den Mitarbeitern des Churchill Archives Centre über die Bedeutung der Papiere, und heute können die Pitt-Rivers-Papiere, die ein neues Licht auf die deutsch-britischen Beziehungen werfen, in diesem Archiv eingesehen werden, das er faszinierend findet.

[6] Bei den Wahlen zur Konstituierenden Versammlung im November 1917 erhielten die Bolschewiki in der Ukraine nur 10% der Stimmen. Auf dem Sowjetkongress, der vom 16. bis 18. Dezember 1917 in Kiew stattfand, erhielten ihre Delegierten 11% der Stimmen und eilten nach Charkow, einer Stadt im Osten des Landes, die von der Roten Armee besetzt worden war. Dort riefen sie am 25. Dezember 1917 eine Sowjetregierung (Ukrainische Volksrepublik) aus; doch am 22. Januar 1918 erklärte die Rada (Oberster Rat oder Parlament) die ukrainische Unabhängigkeit und entsandte eine Delegation nach Brest-Litowsk, um Deutschland um Unterstützung gegen die Bolschewiki zu bitten. Am 12. Februar marschierte die Marionettenregierung in Charkow in Kiew ein, begleitet von der Roten Armee. Auf Anweisung Lenins beschlagnahmten die Bolschewiki das Getreide

Nordwestarmee unter dem Kommando von Nikolai Judenich, Petrograd zu erobern. Judenich erreichte den Sommerpalast Zarkoje Seló und einige Vororte der Stadt. Sein erzwungener Rückzug vor den Toren der ehemaligen zaristischen Hauptstadt versetzte den Hoffnungen der Weißen einen weiteren Schlag, die geglaubt hatten, dass sie, wenn sie die Kontrolle über die großen Städte erlangen könnten, eine Panik unter den Anhängern der Bolschewiki auslösen würden. In ihrem Eifer, dieses Ziel zu erreichen, überdehnten sowohl Denikin als auch Yudenich ihre Linien und vernachlässigten die Flanken. Der Angriff der Roten zwang sie im November zu einem überstürzten Rückzug, einem Rückzug in völliger Verwirrung, der eine Katastrophe vorwegnahm.

Ende 1919 kämpften in der Nähe von Petrograd auch die Esten von General Johan Laidoner gegen die Kommunisten, die ihren eigenen Befreiungskrieg führten und sich geweigert hatten, Judenich mit Nachschub für seine Herbstoffensive zu versorgen. Am 31. Dezember 1919 veröffentlichten zwei estnische Zeitungen einen Text, der im Besitz eines jüdischen Kommandanten namens Schunderew gefunden wurde, der als Kommandeur eines bolschewistischen Bataillons im Kampf gefallen war. Der estnische Schriftsteller Jüri Lina gibt in *Unter dem Zeichen des Skorpions* Auszüge aus dem Dokument wieder, das in voller Länge in der Tartuer Zeitung *Postimees* erschien. Es handelt sich um ein Rundschreiben, das einen Aufruf an alle jüdischen Führer zur Gründung eines zionistischen Geheimbundes enthält. Das Schreiben, das in russischer Sprache vom Zentralkomitee der Abteilung des Israelischen Weltbundes in Petrograd verfasst wurde, ist auf den 18. März 1918 datiert. Der Text entspricht den üblichen Vorstellungen:

> „Kinder Israels! Die Zeit unseres endgültigen Sieges ist nahe. Wir stehen am Anfang unserer Weltherrschaft und unseres Ansehens. Das, wovon wir geträumt haben, ist fast Wirklichkeit geworden.... Trotz der Tatsache, dass Russland unterworfen wurde und unter der Züchtigung unseres Fußes liegt, müssen wir

---

in den Dörfern und verschifften es nach Russland. Nach Angaben von Robert Conquest wurden zwischen dem 18. Februar und dem 9. März 1918 allein aus der Provinz Cherson etwa elfhundert mit Getreide beladene Eisenbahnwaggons nach Russland geschickt. Diese erste Sowjetregierung, die alle ukrainischen Schulen und Kultureinrichtungen unterdrückte, hielt sich nur wenige Wochen. Der Jude Latsis, der Chef der Tscheka, erschoss Menschen, die auf der Straße nur Ukrainisch sprachen. Mit dem Vormarsch der Deutschen und Österreicher wurde die Sowjetregierung aufgelöst. Am 29. April 1918 setzten die Deutschen General Pawel Skoropadski an die Macht, der bis Dezember als „Hetman" an der Macht blieb. Nach dem Waffenstillstand von Compiègne verlor Skoropadsky die deutsche Unterstützung und die Weißen konnten seinen Sturz nicht verhindern. Am 5. Februar 1919 griffen die Sowjets an, und die ukrainische Regierung war gezwungen, Kiew zu verlassen. Es wurde ein zweites kommunistisches Regime eingesetzt, das etwa acht Monate lang Bestand hatte, bevor es am 2. Oktober 1919 auf Befehl Lenins angesichts der bevorstehenden Ankunft der Weißen von Denikin aufgelöst wurde. Im März 1920 schließlich besetzten die Sowjets die Ukraine zum dritten Mal. Die Besetzung wurde im Mai durch die Eroberung des westlichen Teils des Landes, einschließlich Kiews, durch die Polen vorübergehend unterbrochen. Es ist nicht schwer, sich vorzustellen, was all dieses Hin und Her an Repressionen für die leidgeprüfte ukrainische Bevölkerung bedeutete.

dennoch vorsichtig sein. Wir haben Russland in einen wirtschaftlichen Sklaven verwandelt, wir haben ihm praktisch seinen gesamten Reichtum und sein Gold genommen und es gezwungen, vor uns zu knien. Aber wir müssen aufpassen, dass wir unser Geheimnis bewahren. Wir dürfen keine Gnade mit unseren Feinden haben. Wir müssen ihre besten und begabtesten Leute beseitigen, damit das unterjochte Russland ohne seine Führer dasteht. Auf diese Weise werden wir jede mögliche Rebellion gegen uns vernichten. Wir müssen den Klassenkampf und die Zwietracht unter den blinden Bauern und Arbeitern schüren. Bürgerkrieg und Klassenkampf werden die kulturellen Werte, die die christlichen Völker erworben haben, vernichten.... Trotzki-Bronstein, Sinowjew-Radomyslski, Uritski, Kamenew-Rosenfeld, Steinberg, diese und viele andere treue Söhne Israels besetzen die höchsten Ämter der Nation und herrschen über die versklavten Slawen. Wir werden Russland vernichtend schlagen. Unsere Leute haben führende Positionen in den Bürgerkomitees, in den Kommissariaten, in den Verpflegungskomitees und in anderen Institutionen inne, aber lasst euch den Sieg nicht zu Kopf steigen!"

Die Möglichkeit, dass der Brief eine Fälschung ist, muss ausgeschlossen werden. Juri Lina fügt hinzu, dass im Februar 1994 in Russland Informationen über das Ergebnis einer Untersuchung des Materials des Trotzkisten Uritsky veröffentlicht wurden. Unter seinen Papieren wurde ein geheimes Dokument gefunden, das am 17. Mai 1918 kopiert worden war und genau den Text des Rundschreibens wiedergab, das Schunderew bei sich trug.

Die entscheidenden Schlachten von Denikin und Yudenich fielen mit einer Erklärung des britischen Premiers Lloyd George zusammen, der immer wieder als Marionette des Zionismus und der Sponsoren der kommunistischen Verschwörung eingesetzt wurde. Am 8. November 1919 hielt Lloyd George in der Londoner Guildhall eine Rede, in der er eine Änderung der Politik gegenüber Russland ankündigte. Großbritannien zog sich aus dem Spiel zurück, weil, wie er sagte, Russland „ein Sumpf" war, der in der Vergangenheit ausländische Armeen verschlungen hatte. Es sei an der Zeit zuzugeben, dass „Großbritannien sich den Luxus einer so kostspieligen Intervention in einem endlosen Bürgerkrieg nicht leisten könne". Der Premierminister sagte, er hoffe, dass die Wintermonate allen Seiten die Möglichkeit geben würden, über die Situation nachzudenken und sie neu zu überdenken. In „History's Greatest Heist" zitiert Professor McMeekin einen englischen Journalisten, der Denikins Armee begleitete, mit den Worten, dass die Wirkung dieser Rede auf die Moral der Weißen „elektrisch" war. Die weißen Freiwilligen hatten geglaubt, sie würden die letzten Schlachten des Weltkriegs mit Großbritannien als mächtigem Verbündeten schlagen. „Plötzlich", schreibt Meekin, „stellten sie mit Schrecken fest, dass Großbritannien den Krieg für beendet hielt und dass die Kämpfe in Russland lediglich ein ziviler Konflikt waren.... Die Atmosphäre in Südrussland änderte sich völlig. George Lloyds Ansicht, dass die Sache der Freiwilligen zum Scheitern verurteilt war, trug dazu bei, das Debakel zu besiegeln. Im Dezember 1919 spielten sich im Schwarzmeerhafen von Noworossijsk verzweifelte Szenen ab, als Massen von Zivilisten und weißen Soldaten aus Angst vor einer Gefangennahme durch die Roten versuchten, die letzten französischen und britischen Schiffe zu entern, die den Hafen verließen.

Am 4. April 1920 nahm General Wrangel, der zu Beginn des Jahres beschuldigt worden war, ein Komplott gegen Denikin geschmiedet zu haben, den Posten des Oberbefehlshabers einer neuen Armee auf der Krim an, der ihm von einem neuen Generalstab angeboten wurde. Wrangel versuchte offenbar in naiver Weise, sich bei einigen einflussreichen Juden in den Vereinigten Staaten, England und Frankreich beliebt zu machen. Bald hatte er einige davon in seiner Nachhut installiert. So war beispielsweise der französische Vertreter auf der Krim, Graf Damien de Martel, mit einer Jüdin aus Odessa verheiratet. Einer der Verbindungsoffiziere des Grafen de Martel zu Wrangel war ein gewisser Peschkow, der eigentlich Swerdlow hieß, ein Adoptivsohn von Gorki und Bruder des Juden, der das Attentat auf die kaiserliche Familie angeordnet hatte. Ausgestattet mit Wollkleidung, Stiefeln, Helmen, Mänteln und allen Waffen, die sie im Laufe des Jahres erhalten hatten, verstärkten die Roten im November 1920 ihren Feldzug zur Vertreibung Wrangels von der Krim. Während der Evakuierung der letzten weißen Einheiten und der fliehenden Zivilisten kam es zu einem groß angelegten Massaker, das in der summarischen Hinrichtung von nicht weniger als fünfzigtausend Zivilisten gipfelte, die nach offiziellen Angaben zwischen Mitte November und Ende Dezember erschossen oder gehängt wurden. Im vorangegangenen Kapitel wurde bereits erwähnt, dass einige Quellen die Zahl der Opfer auf bis zu 120.000 beziffern und dass der politische Kommissar der Roten Armee, der das Massaker anführte, Bela Kun war, der von zwei weiteren Juden, Roza Zemljatschka und Boris Feldman, unterstützt wurde.

In Sibirien begann Admiral Koltschak nach den Winterkämpfen im März 1919 eine dreiteilige Offensive. Unterstützt durch Desertionen und antibolschewistische Aufstände in mehreren Städten rückte er in drei Monaten mehr als 300 Kilometer vor; doch im Frühsommer begann die sowjetische Gegenoffensive, und bis Juli hatten sich die Truppen des Admirals wieder auf den Ausgangspunkt zurückgezogen. Am 29. Oktober ordnete General Michail Dieterichs, der von Januar bis Juli 1919 persönlich die Ermittlungen des Richters Sokolow zur Ermordung der königlichen Familie beaufsichtigt hatte, die Evakuierung von Omsk an, doch Koltschak widerrief den Befehl und entschied sich für eine unmögliche Verteidigung der Stadt. Die diplomatischen Vertretungen der Verbündeten von verließen Omsk am 7. November, und Koltschak selbst reiste in der Nacht zum 13. November ab. Fünf Züge mit den Goldreserven des Zaren verließen mit ihm die Stadt in Richtung Irkutsk, wo er sich mit seinen Ministern treffen wollte. Während der Reise erfuhr er, dass die Kommandeure der tschechischen Legion beschlossen hatten, ihre Aktivitäten zugunsten der Regierung in Omsk aufzugeben und Russland zu verlassen. Kurz darauf erfuhr er auch von dem sozialrevolutionären Aufstand in Wladiwostock, der niedergeschlagen wurde.

Das Verhalten des französischen Generals Maurice Janin und der tschechischen Legion, die unter seinem Kommando stand und die Aufstände der Sozialistischen Revolutionären Partei in Sibirien unterstützte, war der Schlüssel zu Koltschaks tragischem Ende. Die Tschechen verlangten, dass Janin ihrer Evakuierung Vorrang einräumte, und General Janin stimmte ihren Bedingungen zu. Innerhalb weniger Tage übernahmen die Tschechen die Kontrolle über die Transsibirische Eisenbahn und erteilten den russischen Bahnhofsvorstehern den Evakuierungsbefehl, der Vorrang vor den Truppen des Admirals bedeutete, die sich langsam in Richtung Irkutsk bewegten, um den Hafen von Wladiwostock zu erreichen. Mehr als 120 Flüchtlingszüge blieben mitten im sibirischen Winter auf den Gleisen stecken und wurden von den Sowjets gekapert. Koltschaks Konvoi wurde vom 17. bis 21. Dezember in Krasnoiarsk aufgehalten, da Janin sich weigerte, seinen Zügen Vorrang zu geben. Nach langwierigen Verhandlungen und mit der Zusage Janins, seine Freiheit und Sicherheit zu garantieren, konnte Admiral Koltschak die Stadt verlassen und nach Nishneudinsk weiterfahren, wo er am 27. Dezember mit seiner Goldladung eintraf. Offenbar wurde er dort von den Tschechen festgehalten und beschützt, die von den Ermittlern beider Seiten beschuldigt werden, einen Teil des russischen Schatzes gestohlen zu haben.

Als Koltschak am 15. Januar 1920 in Irkutsk eintraf, war die Stadt in der Hand der revolutionären Sozialisten. Am 16. Januar bestiegen zwei tschechische Offiziere den am Stadtrand geparkten Zug und verhafteten Koltschak. Obwohl das sichere Geleit des Admirals von den Alliierten, d. h. Großbritannien, Frankreich, Italien und Japan, garantiert wurde, übergaben die tschechischen Militärs, die unter dem Kommando des französischen Generals standen, den Admiral den örtlichen Behörden der Menschewiki und der revolutionären Sozialisten, die ihn am 21. Januar an die Bolschewiki auslieferten. Am frühen Morgen des 7. Februar 1920 wurde Aleksander Koltschak auf Beschluss des bolschewistischen Provinzkomitees am Ufer der Angara hingerichtet. Die Henker warfen seinen Leichnam durch ein in das Eis geschnittenes Loch in das gefrorene Wasser des Flusses. Heute befindet sich an der Hinrichtungsstätte ein Denkmal, das vor einigen Jahren errichtet wurde.

Als die französische Regierung von den Vorfällen erfuhr, enthob sie General Janin seines Kommandos und ordnete seine sofortige Rückkehr nach Frankreich an. Janin verließ Russland im April 1920 über den Hafen von Charbin in der Nähe von Wladiwostock. Bei seiner Ankunft in Paris wurde er im Außenministerium empfangen, wo er sich wohl schwere Vorwürfe wegen seiner Leistungen anhören musste, die seiner Karriere schadeten, denn er wurde schließlich auf einen kleineren Posten versetzt.. Wie in Anmerkung 55 des vorherigen Kapitels erwähnt, traf General Janin vor seiner Abreise aus Russland Richter Sokolov und Pierre Gilliard, den französischen Lehrer der Töchter des Zaren, in seinem Zug, der auf den Bahnsteigen des Hafens von Charbin in der Nähe von Wladiwostock stand, Es gelang ihnen, ihm die Ermittlungsakten und drei wertvolle Truhen mit etwa dreihundert kaiserlichen Reliquien, Dokumenten und Fotografien der Familie von Nikolaus II. zu übergeben, die Gilliard und General Dieterichs aus dem Haus von Ipátiev gerettet hatten.

Um das sogenannte „Gold des Admirals Kochak" hat sich im Laufe der Jahre eine Legende gebildet. In Büchern, Filmen, Dokumentarfilmen und Forschungsartikeln werden verschiedene Versionen über das endgültige Schicksal des Schatzes angeboten. Die folgenden Informationen sind die zuverlässigsten. Professor Meekin, dessen Studie darüber, was mit Russlands unermesslichem Reichtum geschah, die größte Glaubwürdigkeit verdient, glaubt, dass der größte Teil des Schatzes in sowjetische Hände fiel, und schreibt, dass die Goldreserven der Bolschewiki nach Koltschaks Gefangennahme in Irkutsk im Februar 1920 um 210 Millionen Dollar (heute 21 Milliarden Dollar) zunahmen. Anderen Quellen zufolge beschlagnahmten die Sowjets zwischen Nischniundinsk und Irkutsk 333 Tonnen Gold und Platin, obwohl auch die Tschechen, wie gesagt wurde, einen Teil der Beute mitnahmen. Alles deutet darauf hin, dass die Tschechen, wie von mehreren Forschern vermutet, eine große Anzahl von Goldkisten nach Wladiwostock verschifft haben, die zur Gründung einer Bank verwendet wurden, die den Grundstein für die wirtschaftliche Entwicklung der Tschechoslowakei legte, einem Land, das nach dem Versailler Vertrag entstand. Es gibt natürlich keine Dokumente, die dies belegen, aber nur so lässt sich erklären, warum der Wert der tschechischen Krone unmittelbar nach der Gründung der Bank in die Höhe schoss und warum die tschechoslowakische Währung bis 1939 eine der stärksten in Europa wurde.

Pawel Nokilow, ein Experte für die Geschichte der Weißen Bewegung, verweist auf ein kurioses Dokument des Leiters von Koltschaks Gegenspionagedienst im Staatsarchiv der Russischen Föderation. Es handelt sich um einen Bericht vom 14. August 1919 über die Lieferung von Gold nach Frankreich, um den Kauf von Flugzeugen zu bezahlen. Dem Dokument zufolge behielt die französische Regierung das Gold als Bezahlung für die Schulden der russischen provisorischen Regierung ein. Oleg Budnitskii, Forscher an der Russischen Akademie der Wissenschaften in Moskau, spielt nicht nur den Umfang des Schatzes herunter, sondern versucht auch zu beweisen, dass das gesamte Gold in Banken im Ausland gelandet ist, da es zur Bezahlung von Krediten und zum Kauf von Panzern, Flugzeugen, Lokomotiven und allem, was die Weißen Armeen benötigten, verwendet wurde. Schließlich wird vermutet, dass ein Teil des Goldes auf dem Grund des Baikalsees liegt, dem tiefsten See der Welt mit einer Tiefe von mehr als 1.600 Metern. Dort wäre es nach einer Entgleisung gelandet, die durch die Sprengung eines Tunnels in den Bergen rund um den See bei Irkutsk verursacht wurde. Im Jahr 2010 berichtete die russische Nachrichtenagentur Interfax, dass ein Teil von Koltschaks kaiserlichem Schatz in den Tiefen des Sees gefunden worden sei. Die Bathyskaphen Mir-1 und Mir-2 sollen im Rahmen einer wissenschaftlichen Expedition der Stiftung zum Schutz des Baikalsees in rund 400 Metern Tiefe Goldbarren entdeckt haben.

Bürgerkrieg gegen die Landbevölkerung

Theoretisch hatte der von Lenin und Trotzki herbeigesehnte Bürgerkrieg als Hauptfeind die Bourgeoisie, die soziale Klasse, die 1789 von der Weltverschwörung mit zwei Zielen benutzt worden war: allen Thronen und allen Religionen ein Ende zu setzen und den Liberalismus einzuführen, um den Merkantilismus zu ersetzen. Die staatlichen Eingriffe in die Wirtschaft, der Protektionismus der eigenen Produktion und die Stärkung der Nationen waren bekanntlich die Merkmale des Merkantilismus, der durch ein neues wirtschaftliches und politisches System ersetzt werden musste, das das „laissez faire, laissez passer" vertrat, das heute in Form des wilden Neoliberalismus vorherrscht. 1917 war das Proletariat die neue soziale Klasse, die zur Beseitigung der Bourgeoisie und des Privateigentums eingesetzt werden sollte, mit dem Endziel, alle Ressourcen des Planeten an sich zu reißen und die Diktatur des Proletariats zu errichten. Es war ein zweiter Weg, um die Kontrolle über den gesamten Reichtum zu erlangen. Es war ein schnelleres System als der Liberalismus, da es den Raub im großen Stil befürwortete. Die Grundlagen des Kommunismus waren, wie bereits erläutert, bereits mit dem Tod von Adam Weishaupt im Jahr 1830 geschaffen worden. *Das Kommunistische Manifest* gibt im Wesentlichen die Doktrin der Aufklärung wieder. In Russland rief Lenin, um die Bourgeoisie durch das Proletariat zu ersetzen, munter zur Ausrottung auf. Am 31. August 1918 heißt es in der *Prawda*: „Arbeiter, die Zeit ist gekommen, die Bourgeoisie zu vernichten, sonst werdet ihr von ihr vernichtet werden. Die Städte müssen rücksichtslos von aller bürgerlichen Fäulnis gesäubert werden. Alle diese Herren werden zur Rechenschaft gezogen und diejenigen, die eine Gefahr für die revolutionäre Sache darstellen, werden vernichtet". Bald jedoch erkannten die kommunistischen Diktatoren, dass sich ihnen nicht nur die Bourgeoisie entgegenstellte, sondern achtzig Prozent der Bevölkerung, die alle Schichten der russischen Gesellschaft umfasste.

Schrecklicher als der Krieg gegen die weißen Armeen war der Krieg gegen die Zivilbevölkerung, vor allem der Krieg gegen die russische Bauernschaft, deren Aufstände und Revolten im Rücken der Roten Armeen seit dem Frühjahr 1918 eine Konstante waren. Schon damals bezeichnete Lenin die Kulaken als „Blutsauger und Parasiten", weil sie sich weigerten, ihre Lebensmittel abzugeben, und rief einen „gnadenlosen Krieg gegen die Kulaken" aus. Aus taktischen Gründen hatten die Bolschewiki unter dem Druck der revolutionären Sozialisten am 8. November 1917 ein Dekret erlassen, um die Unterstützung der Bauernschaft zu gewinnen. Darin hieß es, dass alles Land, auch staatliches Land, „für den Pflanzer" sein sollte und dass „die Formen der Landbesetzung frei sein sollten". Es hieß jedoch, dass die endgültige Entscheidung von der Konstituierenden Versammlung getroffen werden sollte, die bekanntlich durch Schüsse aufgelöst wurde. Lenin gibt zu, dass die Bolschewiki damals ein Gesetz unterzeichneten, das sie nicht wollten, „weil sie sich nicht gegen den Willen der Mehrheit der Bauern stellen wollten". Am 19. Februar 1918 gibt es ein neues Dekret über die Landverteilung, das mit dem vorherigen zusammenhängt, aber bereits von der „Vergesellschaftung" des Bodens und den Vorzügen der „Kollektivierung" spricht. Die Situation vor Stolypins Reformen kehrte sich also um, und die Kommunen tauchten wieder auf. In *The Harvest of Sorrow* stellt Robert Conquest fest, dass im Mai 1918 „die Bolschewiki beschlossen, dass die Anfangsphase des Bündnisses mit der gesamten Bauernschaft abgeschlossen war und dass die sozialistische Revolution nun ernsthaft beginnen konnte."

Die neue Sowjetverfassung von 1918 bedeutete eine Degradierung der Bauernschaft zugunsten der Arbeiterschaft. Die Konfrontation des Dorfproletariats gegen die Kulaken war die Formel für die neue Phase des Sozialismus. Das heißt, man wollte ein Bündnis mit den ärmsten Bauern eingehen, um die bürgerlichen Bauern zu neutralisieren. Allerdings war die Partei in den Dörfern äußerst schwach. Conquest schreibt, dass „vor der Revolution nur vierhundertvierundneunzig Bauern der bolschewistischen Partei angehörten und es nur vier ländliche Zellen gab". Er fügt hinzu, dass die bolschewistische Führung freimütig die Notwendigkeit einräumte, in den Dörfern einen Klassenkampf auszulösen, und gibt die Rede Swerdows vor dem Zentralen Exekutivkomitee im Mai 1918 wieder: „Wir müssen uns ernsthaft das Problem stellen, die Dörfer in Klassen aufzuteilen, in ihnen zwei gegensätzliche feindliche Lager zu schaffen, indem wir die ärmeren Elemente der Bevölkerung gegen die kulakischen Elemente stellen. Nur wenn es uns gelingt, die Dörfer in zwei Lager zu spalten, dort den gleichen Klassenkampf zu entfachen wie in den Städten, werden wir in den Dörfern erreichen, was wir in den Städten erreicht haben."

Obwohl der Großteil der armen Bauern auf Distanz blieb, gelang es dem Regime, in den ländlichen Gebieten eine Art Basis zu schaffen. Als die Feindseligkeit in den Dörfern wuchs, begannen kleine Banden, die die kommunistische Schirmherrschaft akzeptierten, mit Hilfe von bewaffneten Eindringlingen aus den Städten mehr oder weniger ungestraft zu rauben und zu morden. Das Ergebnis war eine weit verbreitete Revolte. Im Laufe des Jahres 1918 kam es in zwanzig Regionen Zentralrusslands zu zweihundertfünfundvierzig antisowjetischen Aufständen. Nach offiziellen Angaben gab es zwischen Juli und November 1918 einhundertacht „Kulakenaufstände", wie das Regime sie nannte, an denen sich ganze Dörfer ohne Unterschied der sozialen Schicht beteiligten. Am 10. August 1918 befahl Lenin in Direktiven an den Pensaer Sowjet: „Genossen! Der Aufstand der Kulaken in euren fünf Bezirken muss erbarmungslos niedergeschlagen werden". Die konkreten Anweisungen sahen die öffentliche Hinrichtung von mindestens 100 Kulaken, die Veröffentlichung ihrer Namen, die Beschlagnahme des gesamten Getreides und die Auswahl von Geiseln vor. Aus den Archiven der Tscheka, die seit 1991 für Forscher zugänglich sind, geht hervor, dass zwischen dem 15. Oktober und dem 30. November 1918 vierundvierzig Explosionen in Bauernaufstände mündeten. Nahezu tausend Menschen wurden erschossen und sechshundertzwanzig weitere verloren durch die Repressionen ihr Leben.

Nicolas Werth führt im ersten Kapitel von *Das Schwarzbuch des Kommunismus* mit dem Titel *Ein Staat gegen sein Volk* aus, dass das System der Requirierung Anfang 1919 bereits zentralisiert und gut geplant war. Jede Provinz, jeder Bezirk, jeder Kanton und jede Dorfgemeinschaft musste dem Staat eine Quote abliefern, die im Voraus auf der Grundlage der geschätzten Ernten festgelegt wurde. Diese Kontingente umfassten eine Reihe von Produkten: Kartoffeln, Honig, Eier, Butter, Fleisch, Milch usw. Ein weiterer Grund für die Bauernrevolte war die von Trotzki angeordnete Zwangseinberufung. Mindestens drei Millionen Bauern desertierten zwischen 1919 und 1920. Die Repressionen der Regierung beschränkten sich nicht nur auf die Erschießung Tausender von ihnen, sondern auch auf die Geiselnahme ihrer Familien. Ein von Lenin am 15. Februar 1919 unterzeichneter Erlass wies die örtlichen Tschetschenen an, Geiseln zu nehmen, um die Bauern zur

Schneeräumung auf den Eisenbahnen zu zwingen. Wenn sie sich weigerten, sollten die Geiseln „mit Waffengewalt" genommen werden.

1919 gab es in der Ukraine regelrechte Bauernarmeen mit Zehntausenden von Männern, deren Forderungen lauteten: „Land für die Bauern, Gewerbefreiheit und frei gewählte Sowjets ohne Moskowiter und Juden". Werth kommentiert die großen Aprilaufstände in der Ukraine gegen die bolschewistischen Requisitionskommandos und liefert Daten der Tscheka zu den ersten zwanzig Julitagen, die sich auf mehr als zweihundert Aufstände beziehen, „was etwa hunderttausend bewaffnete Kämpfer und mehrere hunderttausend Bauern bedeutet." Grigorjews Bauernarmeen, die aus meuternden Einheiten der Roten Armee mit fünfzig Gewehren und siebenhundert Maschinengewehren bestanden, eroberten im April und Mai 1919 Städte in der Südukraine und riefen folgende Parolen: „Alle Macht den Sowjets des ukrainischen Volkes!" „Die Ukraine für die Ukrainer ohne Bolschewiken und Juden!" „Landverteilung!" „Unternehmens- und Handelsfreiheit! Zu den besetzten Städten gehörten Tscherkassy, Cherson, Nikolajew und Odessa. Einige Historiker behaupten, dass dieser Aufstand den geplanten Einmarsch der Roten Armee in Rumänien ( ), die der ungarischen Sowjetrepublik von Bela Kun zu Hilfe kommen wollte, unmöglich machte. Eine andere Armee unter dem Kommando eines gewissen Zeleny mit der Parole „Es lebe die Sowjetmacht, nieder mit den Bolschewiken und den Juden" übernahm die Kontrolle über die Provinz Kiew mit Ausnahme der großen Städte. Man kann sagen, dass sich der Aufstand in der Ukraine und in Teilen der Wolga ausgebreitet hat.

In den Monaten Februar und März 1920 kam es in Kasan, Simbirsk und Ufa, Provinzen, die unerträglichen Requisitionen ausgesetzt waren, zum so genannten „Galgenaufstand", bei dem sich etwa dreißigtausend Bauern erhoben. Der Aufstand wurde immer stärker, und es wurde eine Bauernarmee von 50.000 Mann gebildet, die mit Kanonen und Maschinengewehren bewaffnete reguläre Einheiten der Roten Armee mit landwirtschaftlichen Geräten bekämpfte. Innerhalb weniger Tage wurden Tausende von Bauern getötet und Hunderte von Dörfern niedergebrannt. Im Herbst und Winter 1920, nachdem die letzten Kontingente ausländischer Truppen Russland verlassen hatten, brachen die heftigsten Bauernaufstände gegen die Diktatur von Lenin und Trotzki aus. In der Ostukraine versammelte die Armee von Nestor Makhnov fünfzehntausend Mann und zweieinhalbtausend Reiter, bewaffnet mit hundert Maschinengewehren, etwa zwanzig Kanonen und zwei Panzern. In Westsibirien wurde eine Armee von über 60.000 Mann aufgestellt. Im Nordkaukasus erhoben sich weitere dreißigtausend Bauern gegen die kommunistische Regierung.

Der Vorsitzende des Revolutionären Komitees für den Nordkaukasus, Serge Ordschonikidse, ein Trotzkist georgischer Herkunft, der während Stalins Säuberungen 1937 „Selbstmord" beging, ordnete am 23. Oktober 1920 an, alle Einwohner von Ermolovskaia, Romanovskaia, Samachinskaia und Mikhailovskaia aus ihren Häusern zu vertreiben und die Häuser und das Land an arme Bauern umzuverteilen. Alle Männer im Alter zwischen achtzehn und fünfzig Jahren wurden in den Norden deportiert und zur Zwangsarbeit verurteilt. Die Schergen der Tscheka beschlagnahmten das Eigentum der genannten Städte und den gesamten Viehbestand. Mitte November wurden zwei der Städte völlig entvölkert und eine davon dem Erdboden gleichgemacht. Darüber hinaus wurde der Kaukasus von zehntausend „Klassenfeinden" gesäubert, und mehr als fünftausend warteten auf ihre Deportation. Lenin rechtfertigte die Maßnahmen mit dem Argument, die Bauern seien „weit gefährlicher als alle Denikins, Judenitschs und Koltschaks zusammen, da wir es mit einem Land zu tun haben, in dem das Proletariat (er meinte das Industrieproletariat) eine Minderheit darstellt." Diese Aussage ist nicht frei von Irrtümern, denn sie impliziert das Eingeständnis, dass die Diktatur einer Minderheit durchgesetzt werden sollte

Der längste Aufstand fand in der Provinz Tambow statt, der bereits 1918 ausgebrochen war und bis Ende 1920 andauerte. Tambow, eine dicht besiedelte Provinz etwa 500 Kilometer südöstlich von Moskau, die von den revolutionären Sozialisten kontrolliert wurde, war die Kornkammer der neuen Hauptstadt des Regimes. Seit Herbst 1918 hatten die Requisitionen zu zahlreichen Unruhen geführt, die rücksichtslos niedergeschlagen wurden. Wurden die Kontingente aufgegeben, war die Bevölkerung zum Hungertod verurteilt. Im August 1920 kam es in dem Dorf Jitovo, wo die requirierenden Kommandos alle möglichen Übergriffe begingen, darunter das Verprügeln alter Männer, deren Kinder desertiert waren und sich im Wald versteckten, zu schweren Zwischenfällen, die sich auf die ganze Provinz ausweiteten. Anfang September wurden alle Regierungsvertreter aus drei Bezirken von Tambow, die nicht fliehen konnten, von einer Armee von mehr als 14.000 Männern, zumeist Deserteuren, getötet, die mit Gewehren, Mistgabeln und Sicheln bewaffnet waren.

Dieser Aufstand entwickelte sich zu einer Aufstandsbewegung, die von einem sozialrevolutionären Militärführer namens Aleksandr Stepanowitsch Antonow organisiert wurde. Es wurden Bauernmilizen gebildet und ein Informationsdienst eingerichtet, dem es gelang, die Tambower Tscheka zu infiltrieren. Antonow startete eine Propagandakampagne, die das „bolschewistische Kommissariat" anprangerte. Neben Eisenbahnern und anderen Arbeitern schlossen sich auch Tausende von Deserteuren seiner Armee an. Laut Richard Pipes in *A Concise History of the Russian Revolution* bediente sich Antonow nicht weniger als hundertzehntausend Deserteure, von denen er fünfzigtausend bewaffnen konnte, die er in achtzehn oder zwanzig Regimenter aufteilte. Am 19. Oktober 1920 befahl Lenin Dserschinski, „diese Bewegung schnell und exemplarisch zu zerschlagen". Bis Oktober kontrollierte die Regierung nur die Provinzhauptstadt und einige städtische Zentren, aber bis zum Jahresende konnte mit Sondertruppen von der Krim und anderen Rotarmisten eine Truppe von 100.000 Soldaten aufstellen. General Mikhail Tukhachevsky war für die „Operationen zur Liquidierung der Antonov-Banden in der Provinz Tambov" verantwortlich. Tukhachevsky setzte Sonderkommandos der Tscheka ein, die mit schwerer Artillerie und Flugzeugen ausgerüstet waren. Er führte Lenins Befehle durch rücksichtslose Unterdrückung aus und setzte sogar Erstickungsgas ein, um die Rebellen zu vernichten, die sich weiterhin in den Wäldern versammelten.

Diese Bauernkriege erreichten in den ersten Monaten des Jahres 1921 ihren Höhepunkt. Die Tscheka meldete im Februar, dass einhundertachtzehn

Aufstände im Gange seien. Die Kommunisten kontrollierten nur die Städte und überließen das Land der Gnade von Banden oder Armeen hungernder Bauern. Wladimir Antonov Ovseenko, Befehlshaber der Roten Armee, gab im Januar 1921 zu, dass die Hälfte der Bauern hungerte. Am 12. Februar berichtete der Militärkommandant an der Wolga, dass die Armee in der Provinz Samara auf mehrere tausend hungernde Bauern geschossen hatte, die die Hallen belagerten, in denen das Getreide gelagert war. In Saratow beschlagnahmten schwer bewaffnete Bauern die Vorräte in den staatlichen Lagerhäusern. Zwischen Januar und März 1921 ging die Kontrolle über die Provinzen Tjumen, Omsk, Tscheljabinsk und Jekaterinburg verloren. Die Stadt Tobolsk wurde von einer Volksarmee von Bauern eingenommen und konnte erst am 30. März von Armeeeinheiten zurückerobert werden. In den beiden Großstädten Petrograd und Moskau war im Januar durch ein Regierungsdekret die Rationierung von Brot eingeführt worden.

Die Situation war so brisant, dass der Zehnte Parteitag im Rahmen der NEP (Neue Wirtschaftspolitik), die ab März 1921 umgesetzt wurde, vorschlug, die Requisitionen abzuschaffen und sie durch eine Naturalsteuer zu ersetzen. Diese Maßnahme führte nicht zur Beendigung der Unruhen, die erst durch die Hungersnot von 1921-1922 abebbten. Die NEP war die Erkenntnis, dass die Sozialisierungs- und Kollektivierungspläne für den ländlichen Raum das Land in den Ruin führten und das Regime selbst gefährdeten. Lenin bezeichnete diese neue Politik, die den Zusammenbruch der Industrieproduktion verhindern sollte und dem Kapitalismus gewisse Zugeständnisse machte, als „Atempause". In seinen eigenen Worten war es „ein strategischer Rückzug, der es uns ermöglichen wird, in naher Zukunft an einer breiteren Front vorzurücken." Robert Conquest transkribiert diese Zeilen aus einem Brief Lenins an Kamenew vom 3. März 1922, der aber erst 1959 bekannt wurde: „Es ist ein großer Irrtum zu glauben, dass die NEP dem Terror ein Ende setzt; wir werden wieder zum Terror und zum wirtschaftlichen Terror greifen."

Bürgerkrieg gegen Kronstädter Arbeiter und Seeleute

Das sowjetische Regime führte die Bezeichnung „Banditen" für alle ein, die sich seiner Diktatur widersetzten. Diese Bezeichnung wurde nach der Operation gegen die Anarchisten in der Nacht vom 11. zum 12. April 1918 eingeführt. Bruce Lockhart, ein Augenzeuge der Ereignisse, berichtet, dass Trotzki beschloss, Moskau von Anarchisten zu säubern, die nach dem Vorbild der Bolschewiki die Häuser der Reichen besetzt hatten und Lenins Rat befolgten, „die Plünderer zu plündern". Die Razzia begann um 3 Uhr morgens und bestand aus einem gleichzeitigen Angriff auf sechsundzwanzig von den Anarchisten beschlagnahmte Häuser. Lockhart beschreibt die Razzia als einen vollen Erfolg, obwohl bei der Räumung der Gebäude hundert Anarchisten von Dserschinskis und Peters' Häschern getötet und weitere fünfhundert verhaftet wurden, von denen achtundzwanzig wegen des Vorwurfs, „Banditen" zu sein, hingerichtet wurden. Später am Morgen wurden Bruce Lockhart und Raymond Robins, der amerikanische Kollege, der Trotzki für den wichtigsten Juden nach Christus hielt, zu einer makabren Besichtigungstour unter der Führung von Yacov Peters eingeladen. Lockhart beschreibt eines der Szenarien:

> „In der luxuriösen Haupthalle des Gracheva-Hauses waren die Anarchisten mitten in einer Orgie ertappt worden, der lange Tisch, der für das Festessen gedient hatte, lag flach, und zerbrochene Teller, Gläser und Sektflaschen waren unangenehme Inseln in einer Lache aus Blut und verschüttetem Wein. Eine junge Frau lag mit dem Gesicht auf dem Boden. Peters drehte sie um. Ihr Haar war zerzaust. Man hatte ihr in den Hals geschossen, und das Blut war zu einem unheimlichen violetten Klumpen geronnen. Sie konnte nicht älter als zwanzig Jahre alt sein. Peters zuckte mit den Schultern. 'Prostituierte', sagte er, 'vielleicht war es besser so'. Es war eine unvergessliche Szene."

Von nun an konnten die Arbeiter zu Banditen werden, wenn sie sich der Regierung widersetzten. Die von menschewistischen Gegnern und revolutionären Sozialisten kontrollierten Sowjets wurden am 14. Juli 1918 aufgelöst. In zahlreichen Städten kam es zu Protesten und Streiks. In Kolpino, in der Nähe von Petrograd, eröffnete ein Tscheka-Kommando das Feuer auf eine Demonstration von Arbeitern, die gegen den Hunger protestierten, und zehn Arbeiter wurden getötet. Am selben Tag wurden in Jekaterinburg in der Beresowski-Fabrik fünfzehn Menschen während einer Protestkundgebung gegen die bolschewistischen Kommissare von der Roten Garde getötet. Am nächsten Tag wurde das Kriegsrecht verhängt und die örtliche Tscheka erschoss vierzehn Menschen. Nicholas Werth stellt fest, dass Moskau nicht einmal über diese Hinrichtungen informiert wurde, und fügt hinzu, dass im Sommer 1918 zahlreiche Demonstrationen in verschiedenen Industriestädten unter Einsatz des Blutes der Arbeiter niedergeschlagen wurden. Diesem Autor zufolge war „eine der vom neuen Regime am sorgfältigsten verheimlichten Repressionen die Gewalt, die gegen die Arbeiterwelt ausgeübt wurde, in deren Namen die Bolschewiki die Macht ergriffen hatten".

Im Laufe des Jahres 1919 nahm die Welle der Arbeiterproteste in den Fabriken zu. Nach Angaben des Russischen Zentrums für die Bewahrung und Erforschung zeitgenössischer historischer Dokumente (CRCEDHC), einer Quelle, die von dem halben Dutzend Autoren des *Schwarzbuchs des Kommunismus* immer wieder zitiert wird, gaben am 10. März 1919 zehntausend Arbeiter der Putilow-Fabrik, die sich zu einer Generalversammlung versammelt hatten, eine Proklamation ab, in der sie die Regierung als nichts anderes als „die Diktatur des Zentralkomitees der Kommunistischen Partei, die mit der Tscheka und den revolutionären Gerichten regiert", anprangerten. Sie forderte die Freilassung der politischen Gefangenen der „echten revolutionären Parteien". Lenin begibt sich nach Petrograd und versucht am 12. und 13. März, in den Fabriken zu sprechen, doch werden er und Sinowjew von den Arbeitern ausgebuht, die „Nieder mit den Juden und den Kommissaren" schreien. Am 16. März stürmten Tscheka-Kommandos die Putilow Fabrik und verhafteten etwa tausend Arbeiter. In den folgenden Tagen wurden zweihundert Streikende ohne Gerichtsverfahren in der Festung Schüsselbourg hingerichtet. Im Frühjahr 1919 folgte ein Streik nach dem anderen in verschiedenen russischen Städten, der allesamt streng unterdrückt wurde. Die Arbeiter forderten die gleichen Brotrationen wie die Soldaten, die Abschaffung der Privilegien für Kommunisten, die Beendigung der Zwangseinberufung, freie Wahlen zum Betriebsrat, Vereinigungs-, Rede- und Pressefreiheit.

Anfang März 1919 streikten die Arbeiter in der Stadt Astrachan in der Nähe der Wolgamündung. Am 10. März weigerte sich das 45. Regiment, auf die durch die Stadt marschierenden Arbeiter zu schießen, und die Soldaten schlossen sich den Streikenden an. Nach der Plünderung des Hauptquartiers der Kommunistischen Partei und der Ermordung ihrer Führer fiel Astrachan in die Hände der Arbeiter und Deserteure. Die Stadt, die als Schlüssel zur Verhinderung der Verbindung zwischen den Armeen von Koltschak und Denikin galt, wurde bald zurückerobert. Sergej Kirow, Vorsitzender des Revolutionären Militärkomitees der Region, „befahl die gnadenlose Ausrottung der schmutzigen Weißgardisten mit allen Mitteln". Die loyal gebliebenen Truppen und Abteilungen der Tscheka blockierten Astrachan und eroberten es zurück. Die Gefängnisse waren mit meuternden Soldaten und Streikenden gefüllt.

Die Methode von Carrier, dem berühmten Erfinder der Ertränkungen an der Loire, wurde dann in die Praxis umgesetzt. Die Verbrechen dieses fanatischen Verbrechers sind bereits im zweiten Kapitel dieses Werkes beschrieben worden, und es wurde angemerkt, dass die jüdisch-bolschewistischen Tschekisten seine Methode in Astrachan nachahmten. Wir erinnern uns also daran, dass Streikende und Soldaten mit einem Stein um den Hals von Kähnen in die Wolga geworfen wurden. Zwischen dem 12. und 14. März wurden zwischen zwei- und viertausend Gefangene ertränkt oder erschossen. Ab dem 15. März begann die Verfolgung der Bourgeoisie der Stadt, die beschuldigt wurde, eine Verschwörung angezettelt zu haben, die sich der Arbeiter und Deserteure bedient hatte. Die Häuser von Astrachaner Kaufleuten wurden geplündert und ihre Besitzer erschossen. Die Zahl der Opfer, die der Bourgeoisie zugerechnet werden, wird auf nahezu tausend geschätzt. Am 18. März, dem Jahrestag der Pariser Kommune, wurden, wie die Behörden betonten, die siebenundvierzig Toten der Kommunisten mit großem Pomp und Zeremoniell beigesetzt.

Im März 1920 startete Trotzki eine Kampagne für die Militarisierung der Arbeit. Hier ein Zitat des Historikers E. H. Carr in *Die bolschewistische Revolution 1917-1923*, einem der Bände seiner *Geschichte Sowjetrusslands*: „Die Militarisierung ist undenkbar ohne die Militarisierung der Gewerkschaften als solche, ohne die Errichtung eines Regimes, in dem jeder Arbeiter spürt, dass er ein Soldat der Arbeit ist, dass er nicht frei über sich selbst verfügen kann; wenn er den Befehl erhält, sich zu bewegen, muss er ihn ausführen; wenn er ihn nicht ausführt, ist er ein Deserteur, der bestraft wird. Wer kümmert sich um das? Die Gewerkschaft; sie schafft das neue Regime. Das ist die Militarisierung der Arbeiterklasse." Diese Ideen sollten die Arbeiter davon überzeugen, dass der Kommunismus die Ideologie sei, die sie aus ihrer vermeintlichen Sklaverei befreien würde.

Anfang 1921 fand der Kronstädter Aufstand statt, eine der bekanntesten Episoden des Bürgerkriegs gegen Arbeiter und Soldaten. Am 21. Januar ordnete ein Regierungsdekret die Kürzung der Brotrationen um ein Drittel in einer Reihe von Städten an, darunter auch im Marinestützpunkt Kronstadt. Ende Februar kam es zu Hungermärschen, Streiks und Fabrikbesetzungen, die in den großen Städten, insbesondere in Petrograd und Moskau, ihren Höhepunkt erreichten. In der ehemaligen Hauptstadt versuchten die Arbeiter, in die Kasernen einzudringen, um sich mit den Soldaten zu verbrüdern, und es kam zu schweren Zusammenstößen mit Tscheka-Einheiten, bei denen mehrere Arbeiter ihr Leben verloren und Hunderte verwundet wurden. In Petrograd forderten die Arbeiter der großen Fabriken, die sich in Versammlungen trafen, die Abschaffung der kommunistischen Diktatur. Mehrere Petrograder Regimenter kamen zusammen und verabschiedeten Erklärungen zur Unterstützung der Arbeiter. Am 23. und 25. Februar marschierten Tausende von Arbeitern durch die Straßen Petrograds, um gegen die Diktatur zu protestieren. Am 24. eröffneten Abteilungen der Tscheka das Feuer auf eine Demonstration und töteten zwölf Menschen. Am selben Tag wurden etwa tausend sozialistische Aktivisten verhaftet, was Tausende von Soldaten nicht daran hinderte, zu desertieren und sich den Arbeitern anzuschließen.

Am 28. Februar meuterten schließlich die *Sewastopol* und die *Petropawlosk, die* beiden Schlachtschiffe im Stützpunkt Kronstadt auf der Insel Kotlin. Die Matrosen stellten ein Ultimatum, das innerhalb von 24 Stunden beantwortet werden sollte. Die Forderungen wurden in einem Fünfzehn-Punkte-Programm formuliert. Unter anderem forderten sie: geheime Wahlen zu den Sowjets, da die derzeitigen „nicht den Willen der Arbeiter und Bauern repräsentierten"; Rede-, Presse- und Organisationsfreiheit; ein Ende der Vorherrschaft der Kommunistischen Partei; gleiche Rationierung für alle; und die Freilassung der politischen Gefangenen, einschließlich der Mitglieder der SR, der Arbeiter, Bauern, Soldaten und Matrosen. Außerdem wurden die Abschaffung der Requisitionen, die Abschaffung der Tscheka-Kommandos und die Ausweisung der Juden aus allen hohen Positionen, die sie innehatten, gefordert. Laut Alexander Berkman, einem anarchistischen Schriftsteller jüdischer Herkunft, gehörte diese letzte Forderung zu den wichtigsten.[7]

Am 1. März fand in Kronstadt eine Massenkundgebung statt, an der fünfzehntausend Menschen teilnahmen. Die Hälfte der zweitausend Kronstädter Bolschewiki schloss sich den Aufständischen an. Michail Kalinin, Vorsitzender des Zentralen Exekutivkomitees der Sowjets, begibt sich zum Marinestützpunkt, um zu versuchen, die Lage zu beruhigen, wird aber ausgebuht. In der ersten Märzwoche gab die Tscheka täglich Berichte über die Lage heraus, da sie einen

---

[7] Alexander Berkman, ein Litauer jüdischer Herkunft, war zusammen mit Emma Goldman, die wie er Litauerin und Jüdin war, die Speerspitze der anarchistischen Bewegung in den Vereinigten Staaten. Nach der Unterdrückung von Kronstadt verließ Berkman entsetzt Russland und veröffentlichte mehrere Bücher, in denen er den Mythos des Bolschewismus anprangerte. Nach seinen eigenen Worten hatten „Terror und Despotismus die im Oktober 1917 geborene Hoffnung zerschlagen". Am 28. Juni 1936 beging er schließlich Selbstmord.

allgemeinen Aufstand in Petrograd befürchtete, da die Meuterer sich an die Arbeiterversammlungen in zahlreichen Betrieben gewandt hatten. Einer der sichtbaren Anführer der Rebellion war der erste Offizier der *Petropawlosk* namens Perichenko, der das örtliche Komitee der Kommunistischen Partei inhaftierte. Am 6. Januar hatte Trotzki erklärt, dass alle, die Rede- und Pressefreiheit forderten, „wie Enten in einem Teich" oder „wie Hunde" erschossen werden sollten. Am 7. März erhielt die Tscheka den Befehl, gegen die Arbeiter vorzugehen, und mehr als zweitausend sozialistisch oder anarchistisch gesinnte Sympathisanten wurden verhaftet, um die Nachhut des Aufstandes zu zerschlagen.

Die von Trotzki selbst organisierten und von General Tuchatschewski geleiteten Operationen gegen die Meuterer begannen am 8. März 1921. Trotzki ordnete an, die Frauen und Kinder der Aufständischen als Geiseln zu nehmen, und versprach den Meuterern, sie „wie Rebhühner" zu erschießen. Die Insel wurde mit Flugzeugen und Landartillerie bombardiert, bevor das 561st Infantry Regiment den Angriff startete. Einige Einheiten weigerten sich, anzugreifen, und fast alle Mitglieder des 2. Bataillons gingen zu den meuternden Marines über. Die Kämpfe waren erbittert und forderten auf beiden Seiten Tausende von Todesopfern. Die gefrorenen Gewässer des Finnischen Meerbusens waren mit Leichen übersät, und die finnische Regierung forderte die Beseitigung der Leichen, da sie befürchtete, dass das auftauende Eis an die finnischen Küsten gespült werden und eine Gefahr für die Gesundheit darstellen könnte. Zehntausend rote Soldaten verloren bei dem Angriff ihr Leben. Michail Tuchatschewski erklärte später, er habe noch nie solche Kämpfe wie in Kronstadt gesehen: „Die Matrosen kämpften wie Bestien. Ich kann nicht verstehen, woher sie die Kraft für ihre Wut nahmen. Jedes Haus musste gesprengt werden".

In den Tagen nach dem Fall von Kronstadt kam es zu einer rücksichtslosen Repression und zu Hinrichtungen in großem Stil. Im Laufe von zwei Monaten fanden Schnellverfahren statt, in denen nach offiziellen Angaben mehr als 2 100 Menschen zum Tode verurteilt wurden. Nach den von Nicolas Werth zitierten Kronstädter Dokumenten wurden etwa 6.500 Menschen in Gefängnissen und Konzentrationslagern interniert. Vor dem Fall des Marinestützpunktes gelang es etwa 8.000 Menschen, über den Finnischen Meerbusen zu fliehen und in Konzentrationslager zu gelangen. Fünftausend dieser Gefangenen landeten in Jolmogory, einem Lager in der Nähe von Archangel, und innerhalb eines Jahres waren dreieinhalbtausend von ihnen gestorben. In Jolmogory wie auch in Astrachan wurde die Carrier-Methode angewandt: Die Gefangenen wurden auf Kähne verladen, an den Armen gefesselt und mit einem Stein um den Hals in die Dvina geworfen. Ein jüdischer Chekist, ein Psychopath namens Mikhail Kedrov (Zederbaum), hatte dieses grausame System des Massenmords im Juni 1920 in die Wege geleitet. Donald Rayfield beschreibt die Barbarei und Grausamkeit Kedrovs in seinem Buch *Stalin and the Executioners*, das 2003 auf Englisch erschienen ist. Er erklärt, dass Kedrow in Nordrussland „Schulkinder und Armeeoffiziere so brutal massakrierte, dass er in eine psychiatrische Klinik eingewiesen werden musste".

Der psychisch kranke Mann wurde bald wieder entlassen und erhielt erneut das Kommando über eine Tscheka-Einheit am Kaspischen Meer. Mehrere Zeugenaussagen bestätigen, dass viele Meuterer aus Kronstadt sowie eine große Anzahl von Kosaken und Bauern aus der Provinz Tambow, die nach Chomolgory deportiert worden waren, 1922 im Fluss ertrunken sind. Etwa 2 500 Zivilisten aus Kronstadt wurden nach Sibirien deportiert, nur weil sie zum Zeitpunkt der Ereignisse in der Basis geblieben waren.

Bürgerkrieg gegen die Kosaken

Die Vernichtung der Don- und Kuban-Kosaken war das Ziel des Bürgerkriegs gegen diese Volksgruppe, ein Volk von freiheitsliebenden Kriegern. Die bolschewistische Führung selbst nannte ihre auf die Ausrottung und Deportation der gesamten Bevölkerung dieser Gebiete gerichteten Aktionen „Sowjetische Vendée". Der historische Präzedenzfall der französischen Vendée, eines der brutalsten Massaker der Zeitgeschichte, war somit das Vorbild für die Kommunisten. Im zweiten Kapitel wurde untersucht, dass die jakobinischen Revolutionäre eine Proklamation des Konvents erreichten, in der unmissverständlich erklärt wurde, dass es darum gehe, „die Banditen der Vendée auszurotten, um den Boden der Freiheit vollständig von dieser verfluchten Ethnie zu säubern." Derselbe völkermörderische Wille beseelt die sowjetischen Führer, die bereits im Frühjahr 1918 einen Krieg gegen die Kosaken planen, die sie als Klassenfeinde betrachten.

Am 24. Januar 1919 sah eine geheime Resolution des Zentralkomitees der Kommunistischen Partei eine Reihe von Maßnahmen gegen die Kosaken vor, darunter die Konfiszierung ihrer Ländereien, die neu verteilt wurden, die Verpflichtung, ihre Waffen bei Todesstrafe abzugeben, und die Auflösung ihrer Verwaltungsbezirke. Isak Reingold, ein jüdischer Trotzkist, der dem Revolutionären Komitee am Don vorstand und Jahre später von Stalin beseitigt wurde, übernahm die Repression in diesen Kosakengebieten. Innerhalb weniger Wochen, zwischen Februar und März 1919, richteten bolschewistische Kommandos mehr als 8.000 Menschen hin. In den Kosakendörfern brauchten die Revolutionsgerichte nur wenige Minuten, um Todesurteile wegen „konterrevolutionären Verhaltens" zu verhängen. Im Juni 1919 räumte Reingold ein: „Wir hatten die Tendenz, eine Politik der Massenvernichtung der Kosaken ohne den geringsten Unterschied zu betreiben". Angesichts der Beweise für Massenerschießungen ordneten die Kosaken die allgemeine Mobilisierung aller Männer zwischen 16 und 55 Jahren an und riefen zu einem flächendeckenden Aufstand gegen die Kommunisten auf. Im Text des Aufrufs zum Aufstand heißt es, man sei „für freie Wahlen und gegen Kommunisten, Kommunen und Juden. Wir sind gegen die Beschlagnahmungen, Raubüberfälle und Hinrichtungen durch die Tschekas". Anfang Juni hatten sich die Don- und Kuban-Kosaken dem Großteil von Denikins weißer Armee angeschlossen.

Die Niederlage der Weißen führte zu einer zweiten militärischen Besetzung der Kosakengebiete, die erneut dem roten Terror ausgesetzt waren. Ein weiterer Jude, Karl Lander, einer der wichtigsten Führer der Tscheka, wurde zum Bevollmächtigten im Nordkaukasus und am Don ernannt. Lander richtete dreiköpfige Sondertribunale (Troikas) ein, die die Dekosatisierung durchführen sollten. Allein im Oktober 1920 verurteilten diese Troikas mehr als 6.000 Menschen zum Tode. Diejenigen Mitglieder von Kosakenfamilien, die nicht gefangen genommen worden waren, wurden als Geiseln genommen, und viele endeten in Konzentrationslagern, regelrechten Todeslagern, wie Martin Latsis, ebenfalls ein in Lettland geborener Jude wie sein Kollege Karl Lander, zugab. Latsis, dessen richtiger Nachname Sudrabs lautete, war 1919 Vorsitzender der ukrainischen Tscheka und von 1918 bis 1921 Mitglied des Präsidiums der Tscheka. In einem von Nicolas Werth zitierten Bericht des CRCEDHC (Russisches Zentrum für die Erhaltung und das Studium von Dokumenten der Zeitgeschichte) schrieb Martin Latsis, dass Frauen, Kinder und alte Menschen unter schrecklichen Bedingungen, im Schlamm und in der Kälte „wie die Fliegen starben", und fügte hinzu: „Frauen sind zu allem bereit, um dem Tod zu entgehen. Die Soldaten, die das Lager bewachen, nutzen die Situation aus, um sich mit ihnen zu vergnügen". Latsis, der von Stalin als Trotzkist herausgehoben wurde, wurde 1938 ebenfalls hingerichtet. In seinem Buch *Ein Staat gegen sein Volk* schätzt Werth, dass in den Jahren 1919 und 1920 zwischen 300.000 und einer halben Million Menschen aus den Kosakengebieten am Don und Kuban getötet oder deportiert wurden. Er erklärt, dass eines der wirksamsten Mittel zur Entkosakisierung die Zerstörung von Dörfern und die Deportation aller ihrer Bewohner war.

Die erschütterndste Episode für die Kosaken kam jedoch 25 Jahre später, als die Briten nach ihrer Kapitulation vor den Briten in Südösterreich 50.000 Kosaken in die UdSSR repatriierten, da sie wussten, dass sie in den Tod oder in den sowjetischen Gulag geschickt werden würden. Die Offiziere wurden hingerichtet, der Rest wurde zu Konzentrations- oder Arbeitslagern verurteilt. Man schätzt, dass die Hälfte von ihnen während der Internierung starb. Das Buch, das die Ereignisse im Detail schildert, ist *The Last Secret von* Nicholas Bethell, das 1974 veröffentlicht wurde. Anhand von offiziellen Archiven, die 1972 für Forscher geöffnet wurden, enthüllt Lord Bethell, dass die 50.000 Kosaken zu den zwei Millionen Männern, Frauen und Kindern gehörten, die gegen ihren Willen von den Alliierten in die Sowjetunion repatriiert wurden. Viele von ihnen hatten Russland 1917 verlassen und waren Exilanten, Dissidenten, die daher keine sowjetischen Pässe besaßen.

Unsere Verfechter von Freiheit und Demokratie hatten kein moralisches Problem damit, erneut mit dem Kommunismus zu kollaborieren, obwohl sie den blutrünstigen Charakter der kommunistischen Diktatur kannten, die bis dahin mehr als 20 Millionen Menschen getötet hatte. Alexander Solschenizyn, der Churchill und Roosevelt als Verbrecher betrachtet, die politische Flüchtlinge zur Verfolgung und Hinrichtung nach Russland zurückschickten, nennt diese wenig bekannte Tatsache „das letzte Geheimnis des Zweiten Weltkriegs". Sicherlich hatten die Kosaken mit den Deutschen gekämpft, aber ihre Frauen und Kinder nicht. Darüber hinaus ist anzumerken, dass nach dem Sieg der Kommunisten im Bürgerkrieg und der anschließenden Terrorwelle gegen sie Zehntausende Kosaken nach Westeuropa flohen und keine sowjetischen Staatsbürger waren, da sie bereits zu einer Generation von Emigranten gehörten, die die Legitimität des sowjetischen Staates nie anerkannt hatten. Nach den Bestimmungen des Vertrags von Jalta durften die meisten von ihnen nicht repatriiert werden. Hugh Trevor-Roper, Autor der Einleitung zu Bethells Buch, ist in seiner Kritik gemäßigter als Solschenizyn und wirft den britischen Behörden, die für die Repatriierung zuständig waren, „ein Übermaß an prosowjetischem Eifer" vor.

Roter Terror und jüdischer Terror

Die Tscheka (Außerordentliche Kommission zur Bekämpfung der Konterrevolution und der Sabotage), die später unter verschiedenen Akronymen (GPU, OGPU, NKVD, MVD und KGB) bekannt wurde, wurde am 20. Dezember 1917 durch einen Erlass Lenins gegründet. Lenin setzte Felix Dserschinski, einen polnischen Juden, der eigentlich Rufin hieß, an die Spitze dieser politischen Polizei. „Wir brauchen keine Justiz", erklärte Dserschinski, ein sadistischer Drogensüchtiger, den Sinowjew als „Heiligen der Revolution" bezeichnete, einmal. Im Oktober 1918 erreichten die psychischen Störungen Dserschinskis ein solches Ausmaß, dass er inkognito in ein Sanatorium in der Schweiz geschickt werden musste, wo er einen Monat lang psychiatrisch behandelt wurde. Genau im Oktober 1918, nach dem versuchten Attentat auf Lenin, ordnete die Tscheka zwischen 10.000 und 15.000 summarische Hinrichtungen ohne Gerichtsverfahren an. Damit verdoppelte die Tscheka in nur wenigen Wochen die Zahl der im Zarenreich in zweiundneunzig Jahren vollstreckten Todesurteile.

Ein anderer Jude namens Gleb Boky, der Hauptorganisator des Gulag, schien dazu bestimmt zu sein, nach Dserschinskis Tod Ende 1926 dessen Nachfolger zu werden. Boky war sein Protegé und engster Vertrauter. Es war jedoch ein Stalinist namens Wjatscheslaw Menzhinski, der die Nachfolge antrat. Mit Ausnahme des bereits erwähnten Menzhinsky waren die kommunistischen Chefs, die der Tscheka vorstanden, entweder Juden oder hatten eine jüdische Frau. Zu ihnen gehörten, wie wir weiter unten sehen werden, Yagoda, Yezhov (verheiratet mit einer Jüdin) und Beria, drei der größten Verbrecher der Zeitgeschichte. Der jüdische Historiker Leonard Shapiro schreibt, dass „jeder, der das Pech hatte, der Tscheka in die Hände zu fallen, eine gute Chance hatte, mit einem jüdischen Ermittler konfrontiert und möglicherweise von ihm erschossen zu werden". W. Bruce Lincoln, ein amerikanischer Professor für russische Geschichte, bestätigt, dass in der Ukraine „80% der regulären Tscheka-Agenten Juden waren". Die Hälfte der Mitglieder der Geheimpolizei, die unter den Befehlen der jüdischen Tscheka-Direktoren arbeiteten, waren ebenfalls Juden, auch wenn viele von ihnen, wie es üblich war, diese Tatsache verbargen, indem sie russische Namen annahmen. Der Rest rekrutierte sich aus dem Abschaum der Gesellschaft. Diese letzte Tatsache wurde sogar von zwei altgedienten Bolschewiken, Olminski und Petrowski, angeprangert, die feststellten, dass die Tscheka „mit voller Macht über die Sowjets und die Partei selbst" agierte, und Maßnahmen forderten, um „die Exzesse des Eifers einer

Organisation voller Krimineller und Sadisten, degenerierter Elemente des Lumpenproletariats" zu begrenzen.

Werth stützt sich auf Akten des Zentralkomitees, um zu bestätigen, dass die örtlichen Tschekisten in den Händen von entarteten Elementen, blutigen, unkontrollierten und unkontrollierbaren Tyrannen waren. Er zitiert einen Bericht des regionalen Organisationssekretärs der Partei in Jaroslawl vom 26. September 1919, in dem es heißt: „Die Tschekisten plündern und verhaften jeden. Da sie wissen, dass sie nicht bestraft werden, haben sie das Hauptquartier der Tscheka in ein riesiges Bordell verwandelt, in das sie die 'bürgerlichen Frauen' bringen. Die Trunkenheit ist allgemein. Kokain ist bei den Bossen weit verbreitet". Ein weiterer Bericht, der am 16. Oktober 1919 aus Astrachan eintrifft, bestätigt das oben Gesagte: „Trunkenheit und Orgien sind an der Tagesordnung. Fast alle Tschekisten konsumieren eine Menge Kokain. Dadurch können sie, wie sie sagen, den täglichen Anblick von Blut besser ertragen. Betrunken von Gewalt und Blut tun die Tschekisten ihre Pflicht, aber sie sind unkontrollierte Elemente, die genau beobachtet werden müssen".

Die Absicht, den Terror als grundlegendes Instrument zur Beseitigung von Gegnern und zum Machterhalt einzusetzen, kündigte Trotzki erstmals am 1./13. Dezember 1917 vor den Delegierten des Zentralen Exekutivkomitees der Sowjets an: „In weniger als einem Monat wird der Terror sehr gewaltsame Formen annehmen, nach dem Beispiel dessen, was während der großen französischen Revolution geschah. Es wird nicht mehr nur das Gefängnis sein, sondern die Guillotine, diese bemerkenswerte Erfindung, die den anerkannten Vorteil hat, einem Menschen den Kopf abzuschlagen, die unseren Feinden zur Verfügung stehen wird." Einige Tage später bezeichnete Lenin auf einer Kundgebung vor einer Arbeiterversammlung den Einsatz von Terror als „revolutionäre Klassenjustiz". Die ersten Opfer des Terrors waren die Intellektuellen, die unabhängigen Denker, die die kommunistische Diktatur aktiv anprangerten. Die „Intelligenzia", die intellektuelle Elite als Hüterin der russischen Kultur, wurde in dem oben erwähnten Rundschreiben des zionistischen Geheimbundes als Zielscheibe ausgemacht: „Wir müssen ihre besten und begabtesten Persönlichkeiten beseitigen, damit das unterjochte Russland ohne seine Führer dasteht. Auf diese Weise werden wir jede mögliche Rebellion gegen uns zerstören".

Nach dem Fall des Kommunismus erschienen in Russland zahlreiche Werke, die zunächst weder ins Englische noch in eine andere westliche Sprache übersetzt wurden und nur auf Russisch gelesen werden konnten. Der estnische Forscher Jüri Lina stützte sich auf viele dieser Quellen und zitiert sie in *Under the Sign of the Skorpion*. Eines dieser Werke, das 1992 in Moskau veröffentlicht wurde, ist *Im Licht des Tages*. Sein Autor, der 1997 verstorbene Wladimir Soloukhin, war ein prominenter Dichter und Schriftsteller der „Dorfprosa"-Gruppe, einer literarischen Bewegung, die sich mit dem traditionellen Leben der ländlichen Gemeinden befasste. In seinem letzten Werk prangert Soloukhin an, dass die Tschekisten nicht nur Intellektuelle verfolgten, sondern auch junge Leute, die eine Studentenmütze trugen, verhafteten und einige von ihnen liquidierten, weil Lenin der Meinung war, dass auch künftige Intellektuelle eine

Bedrohung für das Sowjetregime darstellen könnten. Dieser Autor enthüllt, dass sich die Tschekisten für gut aussehende Mädchen und Jungen interessierten: Geleitet von dem seltsamen Glauben, dass es unter attraktiven Menschen mehr Intellektuelle geben würde, sahen sie in ihnen eine potenzielle Gefahr für die Gesellschaft.

1924 erschien in Berlin eines der ersten im Westen erschienenen Bücher über den kommunistischen Terror, *Roter Terror in Russland (1918-1923)*, von dem revolutionären Sozialisten S. P. Melgunov. Dieses Werk ist zu einem Klassiker geworden, der von fast allen Forschern konsultiert wird, und kann nun in einer Übersetzung von Terri Fabre (Kuznetsoff) aus dem Jahr 2014 auf Englisch im Internet gelesen werden. Dieses bahnbrechende Buch gibt einen Überblick über die größten Massenmorde und Hinrichtungen der Kommunisten. Melgunows Zitate aus dem Bericht der Rohrberg-Kommission, die Ende August 1919 nach der Einnahme der Stadt durch die Weißen in Kiew einmarschierte, sind wohlbekannt. Im Hinrichtungsraum des Kiewer Provinzialtschechos, einer großen Garage, „war der ganze Boden mit Blut überschwemmt, das nicht floss, sondern eine Schicht von einigen Zentimetern bildete. Es war eine schreckliche Mischung aus Blut, Hirn, Schädelteilen, Haarlocken und anderen menschlichen Überresten. Alle Wände, die von Tausenden von Kugeln durchbohrt worden waren, waren mit Blut bespritzt, und es klebten Stücke von Gehirnen und Skalps daran." Ein weiterer Auszug aus dem Bericht beschreibt ein Massengrab, das in einer Ecke des Gartens gefunden wurde und etwa achtzig Leichen enthielt, die die Grausamkeit der Mörder zeigen: „Dort lagen ausgeweidete Leichen; anderen waren mehrere Gliedmaßen amputiert worden; einige waren gevierteilt; anderen waren die Augen ausgestochen und ihre Köpfe, Gesichter, Hälse und Rümpfe mit tiefen Wunden bedeckt... andere hatten keine Zunge."

Die Kiewer Tscheka hatte die erste Ausgabe ihrer Zeitung *Krasnyi Mech* (*Das rote Schwert*) im August 1919 veröffentlicht. Nicholas Werth gibt einen Auszug aus dem Leitartikel wieder, in dem die im vorangegangenen Absatz beschriebenen verbrecherischen Exzesse ideologisch begründet werden:

> Wir lehnen die alten Systeme von Moral und „Menschlichkeit" ab, die von der Bourgeoisie erfunden wurden, um die „unteren Klassen" zu unterdrücken und auszubeuten. Unsere Moral ist beispiellos, unsere Menschlichkeit ist absolut, weil sie auf einem neuen Ideal beruht: alle Formen von Unterdrückung und Gewalt zu zerstören. Für uns ist alles erlaubt, denn wir sind die ersten in der Welt, die das Schwert erheben, nicht um zu unterdrücken und zu versklaven, sondern um die Menschheit von ihren Ketten zu befreien.... Blut? lasst Blut in Strömen fließen! Denn nur Blut kann die schwarze Fahne der Piratenbourgeoisie für immer in ein rotes Banner, das Banner der Revolution, verwandeln, denn nur der endgültige Tod der alten Welt kann uns für immer und ewig von der Rückkehr der Schakale befreien!"

Erinnern wir uns, dass der Vorsitzende der Tscheka für die gesamte Ukraine zwischen dem 2. April und dem 16. August 1919 der bereits erwähnte Martin Latsis war, ein enger Mitarbeiter Dserschinskis, der einen anderen Juden namens Isaak Izrailevitch Schvarts ersetzt hatte. 1920 veröffentlichte Latsis ein Buch, in dem er unbegrenzte Gewalt gegen Klassenfeinde befürwortete. Seiner

These zufolge sollten Urteile nicht auf der Grundlage von Schuld oder Unschuld, sondern auf der Grundlage der sozialen Klasse gefällt werden. So erklärt Latsis den Roten Terror: „Wir sind der Ausrottung der Bourgeoisie als Klasse verpflichtet. Es ist nicht notwendig zu beweisen, dass ein Mensch gegen die Sowjetmacht gehandelt hat. Wenn jemand verhaftet wird, fragt man zuerst, welcher Klasse er angehört, welche Herkunft er hat, welche Ausbildung, welchen Beruf." Melgunow greift einen Text des Zentralkomitees der Kommunistischen Partei auf, in dem offen eingeräumt wird, dass die Sonderkommissionen „keine Organe der Justiz, sondern der gnadenlosen Ausrottung" sind. Das Zentralkomitee definiert die Tscheka als „ein Kampforgan, das an der inneren Front des Bürgerkriegs arbeitet. Sie richtet nicht über den Feind, sondern vernichtet ihn, und sie schont auch nicht denjenigen, der auf der anderen Seite der Barrikade steht, sondern zermalmt ihn".

Vor dem Hintergrund dieser Richtlinien waren Grausamkeiten an der Tagesordnung. Vergewaltigungen und alle möglichen anderen Misshandlungen waren, wie man sich leicht vorstellen kann, an der Tagesordnung; abgesehen von den Vergewaltigungen war eine der grausamsten Folterungen für Frauen das Einstecken von glühenden Kohlen in ihre Vaginas. Was die Ordensleute, Priester, Mönche und Nonnen betrifft, so waren die Methoden vielfältig. Eine davon bestand darin, ihnen geschmolzenes Blei in die Kehle zu gießen, bevor sie lebendig verbrannt wurden. Auch Kreuzigungen waren üblich. In einem kürzlich gedrehten Dokumentarfilm mit dem Titel *The Russia We Lost* erzählt Regisseur Stanislav Govorukhin, wie die Priester von Cherson gekreuzigt wurden. In Pern wurde Erzbischof Andronnikow grausam gefoltert: Man stach ihm die Augen aus und schnitt ihm Ohren, Nase und Zunge ab. Der Bischof von Woronesch wurde in einem großen Kessel lebendig gekocht, und die Mönche wurden mit vorgehaltener Waffe gezwungen, die Brühe zu trinken.

Eine der grausamsten Methoden waren Ratten: Die Opfer wurden in Särge voller hungriger Ratten gesteckt, oder man sperrte gefräßige Ratten in einem bodenlosen Käfig auf den blutenden Bauch des Häftlings, um zu beobachten, wie die Nager seine Eingeweide verschlangen. In verschiedenen Quellen wird eine Foltermethode beschrieben, die von den Tschekisten in Charkow praktiziert wurde, das so genannte „Skin-pulling". Die Häftlinge wurden in elner Reihe aufgestellt, ihre Hände wurden an ein Brett genagelt, dann wurden ihre Handgelenke mit einem Messer aufgeschnitten, kochendes Wasser über die Hände gegossen und die Haut abgezogen. Eine weitere Grausamkeit der Tschekisten bestand darin, die Schädel der Opfer mit Schrauben zu zertrümmern oder sie mit Zahnarztwerkzeugen zu durchbohren. Nachdem die Schädeldecke abgetrennt oder abgesägt worden war, wurde der nächste in der Reihe gezwungen, das Hirn zu essen. Oft wurden ganze Familien verhaftet und Kinder vor den Augen ihrer Eltern und Ehefrauen vor den Augen ihrer Ehemänner gefoltert. Jüri Lina bezieht sich auf das Buch *Nomenklatura,* das 1982 in Stockholm von Mikhail Voslensky, einem ehemaligen sowjetischen Beamten, veröffentlicht wurde. In dem Buch werden Opfer beschrieben, die in kochendes Öl oder Teer getaucht, aufgespießt, bei lebendigem Leib in Öfen geröstet, mitten im Winter in Wasser getaucht und im Schnee zu menschlichen Eiswürfeln verarbeitet wurden, und andere Methoden, die wir Ihnen ersparen können.

Lina, die bei ihren Recherchen eifrig in Zeitungsarchiven stöbert, zitiert eine russisch-jüdische Zeitung, die *Jewrejskaja Tribuna*, die in ihrer Ausgabe vom 24. August 1922 berichtet, Lenin habe die Rabbiner gefragt, ob sie mit den grausamen Hinrichtungen zufrieden seien. Der estnische Autor prangert einen ideologischen Hintergrund an, der über den Klassenkampf hinausgeht, und zitiert eine Bibelstelle, die nach dem Zweiten Weltkrieg in einigen europäischen Bibeln geändert wurde. Sie findet sich im zweiten Buch Salomos und bezieht sich auf den „Sieg über die Ammoniter". Die ursprüngliche Fassung berichtet über das Massaker von König David an allen Städten, die von den Söhnen Ammons bewohnt waren. Im Originaltext heißt es: „er zerschnitt sie mit Sägen und mit eisernen Hacken und warf sie in den Ofen". In der geänderten Fassung heißt es: „Er führte die Bewohner der Stadt heraus und ließ sie mit Sägen, Hacken und eisernen Pflöcken arbeiten". Sicherlich ist es sehr einfach, in den Büchern des Pentateuch und in den Geschichtsbüchern Texte zu finden, in denen Jahwe, der Gott Israels, neben der Zerstörung anderer Religionen auch die Ausrottung und ethnische Säuberung anordnet, manchmal mit der einzigen Ausnahme von jungfräulichen Mädchen. Andererseits wurde bereits festgestellt, dass im *Talmud* nicht nur ein krankhafter Hass auf das Christentum gepflegt wird, sondern auch, dass nur Juden als Menschen betrachtet werden.

Obwohl der ganze Hass auf die christliche Zivilisation und ein noch nie dagewesener, auf völliger Verachtung des menschlichen Lebens beruhender Terror der ganzen Welt vor Augen geführt wurde, kollaborierten einige Führer der Nationen, die diese Werte unbedingt hätten verteidigen müssen, schamlos mit den jüdisch-bolschewistischen Verbrechern, da sie den Interessen derjenigen unterworfen waren, die den Kommunismus finanziert hatten. Obwohl der Krieg gegen die Weißen Anfang 1920 gewonnen und im Oktober desselben Jahres ein Waffenstillstand mit Polen unterzeichnet wurde, erlaubte die neue britische Haltung nach der Erklärung von Lloyd George den Kommunisten definitiv, alle möglichen Käufe aus den immer noch reichlich vorhandenen Goldreserven zu tätigen. 1920 war das Jahr der massiven Käufe von Kriegsmaterial, das die Sowjets angesichts der Gleichgültigkeit und der üblichen Heuchelei der berühmten Demokratien dazu nutzten, ihr eigenes Volk zu massakrieren.

Der Tod Lenins. Trotzki und Stalin wetteifern um die Macht.

Am 6. Februar 1922 wurde die Tscheka per Dekret aufgelöst und durch die GPU (Staatliche Politische Direktion) ersetzt. Der Name wurde geändert, aber die Täter und Methoden blieben dieselben. Am 20. Mai schlug Lenin in einem Brief an Dserschinski einen Plan zur Ausweisung von Schriftstellern und Lehrern vor, die als konterrevolutionär galten. Am 22. Mai wurde eine Kommission eingesetzt, die eine Reihe von Intellektuellen ermitteln sollte, die verhaftet werden sollten. Am 1. Juni trat ein neues Strafgesetzbuch in Kraft, das die Gewalt gegen politische Gegner legalisierte. Dies waren wohl die letzten Maßnahmen unter Lenins Führung, denn am 25. Mai 1922 erlitt er seinen ersten

Schlaganfall. Obwohl er erst am 10. März 1923 von seiner Verantwortung entbunden wurde, begann von diesem Zeitpunkt an der Kampf um die Macht.

Lenins Gesundheitszustand verbesserte sich im Juni, und obwohl er nicht in den Kreml zurückkehrte, versuchte er, Briefe zu schreiben und an einigen öffentlichen Veranstaltungen teilzunehmen, bis er am 13. Dezember 1922 zwei weitere Schlaganfälle erlitt, die es ratsam machten, seine Aktivitäten einzuschränken. Stalin war am 3. April zum Generalsekretär des Zentralkomitees der Allrussischen Kommunistischen Partei ernannt worden, was vielleicht der Grund dafür war, dass das Zentralkomitee ihn am 18. Dezember mit der medizinischen Betreuung Lenins betraute. Das Amt des Generalsekretärs wurde damals als ein niederes Amt angesehen. Manche nannten Stalin sogar den „Genossen Archivar". Doch zufälligerweise kontrollierte Stalin auch das „Orgburo" (Organisationsbüro des Zentralkomitees der Partei). Diese beiden Positionen zusammen ermöglichten es ihm, seine Verbündeten in Schlüsselpositionen der Partei zu bringen. All dies fiel mit Lenins schweren gesundheitlichen Problemen zusammen und überraschte Trotzki und seine Verbündeten, die versuchten, vor dem Tod des Führers zu reagieren.

Am 22. Dezember, dem Tag, an dem Lenin einen neuen Anschlag verübte, erfuhr Stalin, der bereits über seine Strategie zur Durchsetzung seiner Führungsrolle nachdachte, dass Lenin an Trotzki geschrieben hatte, um ihm zu seinem Sieg über das Handelsmonopol zu gratulieren. Am nächsten Tag rief Stalin Nadeschda Krupskaja an, Lenins jüdische Ehefrau, die im Verborgenen daran arbeitete, Trotzki zum Nachfolger ihres Mannes zu machen, und beschimpfte sie dafür, dass sie Lenin in seinem empfindlichen Gesundheitszustand hatte schreiben lassen. Anstatt sich bei ihrem Mann zu beschweren, schrieb Krupskaja an Kamenew und erklärte, dass sie einem Sturm von Schimpfwörtern ausgesetzt gewesen sei, weil sie einen Brief an Trotzki geschrieben hatte, den Lenin mit ärztlicher Genehmigung diktiert hatte. Sie bat ihn um Schutz vor Einmischung in ihr Privatleben. Stalin hatte ihr gedroht, sie vor die Parteikontrollkommission zu bringen. Obwohl sie sich der einstimmigen Unterstützung der Kommission sicher war, erklärte sie Kamenjew, dass sie keine Zeit für eine solche „Farce" habe und dass ihre Nerven „kurz vor dem Zerreißen" seien. Robert Conquest bestätigt, dass Stalin Krupskaja neben anderen groben Worten eine „syphilitische Hure" nannte. Eine weitere Quelle zu diesem Vorfall ist Maria, Lenins Schwester, die ihn bis zum Ende begleitete. Ihr zufolge „war Krupskaja nach dem Gespräch mit Stalin völlig gebrochen; sie war nicht mehr sie selbst, sie weinte und wälzte sich auf dem Boden."

Am 29. Dezember 1922 wurde die Gründung der UdSSR beschlossen, und am 30. Dezember wurde der Vertrag unterzeichnet, der Russland zur Union der Sozialistischen Sowjetrepubliken machte. Am 4. Januar 1923 fügt Lenin seinem Testament ein Postskriptum hinzu, in dem er den Rücktritt Stalins vorschlägt:

> „Stalin ist zu grob, und dieser Mangel, der in unserem Milieu und im Umgang unter uns Kommunisten durchaus akzeptabel ist, ist bei einem Generalsekretär untragbar. Ich schlage daher vor, dass die Genossen über eine Möglichkeit

nachdenken, Stalin von diesem Posten zu entfernen und einen anderen Mann zu ernennen, der sich in jeder Hinsicht von Genosse Stalin in seiner Überlegenheit unterscheidet, d.h. loyaler, höflicher und rücksichtsvoller gegenüber den Genossen, weniger kapriziös, und so weiter. Dieser Umstand mag als eine Kleinigkeit erscheinen; aber ich denke, dass es unter dem Gesichtspunkt der Verhinderung einer Spaltung und unter dem Gesichtspunkt dessen, was ich zuvor über die Beziehungen zwischen Trotzki und Stalin geschrieben habe, keine Kleinigkeit ist, oder es ist eine Kleinigkeit, die entscheidende Bedeutung erlangen kann."

Das Testament mit seinem Postskriptum, das Krupskaja in einem versiegelten Umschlag übergeben wurde, um es nach ihrem Tod zu öffnen und der Partei zu übergeben, war bis zum Verschwinden Lenins nicht bekannt. Unter diesen Umständen diktierte Lenin in den folgenden Wochen mehrere Artikel für die *Prawda*, von denen einer, der am 10. Februar geschrieben und schließlich am 4. März veröffentlicht wurde, Stalin angriff. Eine Mehrheit des Politbüros sprach sich gegen die Veröffentlichung aus, und es wurde sogar erwogen, den Artikel in einem einzigen Exemplar der Zeitung zu drucken, um Lenin zu täuschen. Schließlich überredete Trotzki Sinowjew und Kamenjew, den Text in der *Prawda* zu veröffentlichen. Im Februar 1923 hatte Stalin dem Politbüro mitgeteilt, Lenin habe um Gift gebeten. Trotzki entgegnete, dass Lenins Arzt, der auch sein eigener Arzt war, der Meinung war, dass er sich mit leichten Behinderungen erholen könnte. Stalin bestand darauf, dass das Gift nur für den Fall bereitgehalten werden sollte, dass die Schmerzen unerträglich würden, aber seine Bitte wurde nicht unterstützt.

Anfang März 1923 schrieb Lenin einen Brief an Stalin, den er in Kopie an Sinowjew und Kamenjew schickte. Der gesamte Brief bezog sich auf das Telefongespräch, in dem er seine Frau schwer beleidigt hatte. Robert Conquest, Sowjetologe und Autor zahlreicher Werke über die UdSSR, gibt den Text in seiner 1991 erschienenen Biographie *Stalin, Breaker of Nations* wieder:

> „Hochverehrter Genosse Stalin,
> Sie haben sich erlaubt, so unhöflich zu sein, meine Frau am Telefon anzurufen und sie zu beleidigen. Sie hat eingewilligt zu vergessen, was Sie gesagt haben. Sie hat jedoch Sinowjew und Kamenjew über den Vorfall informiert. Ich habe nicht die Absicht, zu vergessen, was mir angetan wurde, und natürlich bin ich der Meinung, dass alles, was meiner Frau angetan wurde, auch mir angetan wurde. Ich bitte Sie daher zu überlegen, ob Sie bereit sind, Ihre Äußerungen zurückzunehmen und sich zu entschuldigen, oder ob Sie es vorziehen, die Beziehungen zu uns abzubrechen.
> Mit freundlichen Grüßen,
> Lenin".

Eine von Lenins Sekretärinnen, Maria Woloditschewa, übergab den Brief persönlich an Stalin, der ihn in ihrem Beisein öffnete. Sie reagierte ruhig und sagte langsam, dass „nicht Lenin gesprochen habe, sondern seine Krankheit", obwohl sie sich bereit erklärte, sich bei Krúpskaya zu entschuldigen, wenn Lenin darauf bestehe. Woloditschewa kehrte mit der mündlichen Entschuldigung zurück.

Conquest berichtet, dass einer von Lenins Sekretären Trotzki mitteilte, Lenin bereite „eine Bombe" gegen Stalin vor. Außerdem erfuhr Kamenjew von einem zweiten Sekretär, dass Lenin beschlossen hatte, „Stalin politisch zu vernichten". Es scheint klar, dass Krupskaja und Trotzki ihre Karten ausspielten, um sich Stalins zu entledigen. Es ist fast sicher, dass es ihnen gelungen wäre, wenn Lenin am 7. März 1923 nicht den letzten Schlaganfall erlitten hätte, der ihn für immer seiner Fähigkeit zu sprechen beraubt hätte. Am 17. April 1923, einige Wochen nach der endgültigen Entmündigung Lenins, fand der Zwölfte Parteitag statt. Trotzki schien gut platziert, und viele gingen davon aus, dass er der neue Führer sein würde. Am 23. April beschlossen die Ärzte, Lenin zu operieren, um die Kugel zu entfernen, die seit dem Attentat von Dora Kaplan im Jahr 1918 drei Millimeter tief in seiner Halsschlagader steckte. Die Qualen dauerten bis zum 21. Januar 1924. Obwohl es Gerüchte gab, dass Lenin vergiftet worden war, ist es unwahrscheinlich, dass dies der Fall war.

Die Beweise und Fakten, die in diesem Werk aufgezählt werden, lassen keinen Raum für Zweifel: Trotzki brachte Russland nicht nur Geld und mächtige internationale Hilfe, sondern hatte durch seine Autorität über den Bund den gesamten revolutionären linken Flügel um die unbedeutende bolschewistische Partei geschart. Er war der Mann, den die jüdischen Finanziers hinter der Revolution von Anfang an an der Spitze Russlands haben wollten. Mit Lenins Tod war die Zeit endlich reif. Sein Ansehen in den Vereinigten Staaten und Europa war gut begründet, und in der UdSSR war er die führende Persönlichkeit im Politbüro. Als Kriegskommissar und Generalissimus der Streitkräfte befehligte er die Rote Armee, die den Bürgerkrieg gewonnen hatte und die er selbst geschaffen hatte. Eine Jüdin, die sehr genau wusste, wofür Trotzki stand, Nadeschda Krupskaja, hatte Lenin bis zum Schluss zur Seite gestanden und erreicht, dass in seinem Testament ein Nachtrag verfasst wurde, in dem Stalin als sein Nachfolger abgelehnt wurde. Trotzkis Scheitern bei der Machtergreifung war überraschend und von entscheidender historischer Bedeutung, da seine internationalen Unterstützer Jahre später angesichts des Beweises, dass Stalin alle trotzkistischen Juden rücksichtslos liquidierte, einen Weg fanden, die Kontrolle über den Sowjetstaat wiederzuerlangen.

In *Mein Leben* erklärt Trotzki selbst, warum er im Moment des entscheidenden Kampfes durch Fieber behindert war und nicht an den Debatten teilnehmen konnte, die über die Zukunft entscheiden sollten. Im Spätherbst 1923, nur wenige Monate vor Lenins Tod, war Trotzki in den Sümpfen auf Entenjagd und trug dabei unpassendes Schuhwerk:

> „Sobald ich mit meinen Filzpantoffeln den Boden betrat, waren meine Füße mit Wasser vollgesogen. Noch bevor ich in das Auto springen konnte, waren meine Füße völlig durchgefroren. Ich setzte mich neben den Fahrer, zog meine Schuhe aus und wärmte meine Beine im Motor. Aber die Kälte machte mir zu schaffen, und ich musste ins Bett kriechen. Auf die Grippe folgte ein kryptogenes Fieber. Die Ärzte verbaten mir, mein Bett zu verlassen, das ich für den Rest des Herbstes und den ganzen Winter behalten musste. Das heißt, während der Diskussion über

den Trotzkismus musste ich an mein Bett gefesselt sein. Revolutionen und Kriege kann man vorhersehen. Andererseits ist es nicht so einfach, die Folgen einer Entenjagd im Herbst vorherzusehen."

Das Ende des Zitats ist bezeichnend: Kriege oder Revolutionen sind vorhersehbar, vor allem wenn man sie provoziert oder weiß, wie man sie provoziert; aber der Zufall oder die Zufälle können die Ereignisse bestimmen. Ein unvorhergesehenes Ereignis, ein Unfall oder, wenn man so will, das Schicksal, zwang Trotzki dazu, von der politischen Bühne zu verschwinden, als sich der Kampf um die Macht gerade abzeichnete. Die Mittel, über die er verfügte, reichten aus, um dies zu erreichen. Einmal als Diktator eingesetzt, hätte Lenins von der Krupskaja verfasster Brief ihn in die Lage versetzt, Stalin mit Leichtigkeit sofort zu beseitigen. Die im Text erwähnte Diskussion über den Trotzkismus war von Stalin angestoßen worden, der Trotzki eine Reihe von „Fehlern" vorwarf. Die Trotzkisten ihrerseits verteidigten sich, indem sie Stalin vorwarfen, er wolle die Partei einschüchtern, woraufhin dieser antwortete, er wolle nur die Fraktionen einschüchtern.

Nach Lenins Tod wurde Petrograd auf Vorschlag Stalins in Leningrad umbenannt, der Trotzki, der sich nach monatelanger Krankheit im Kaukasus erholte, per Telegramm mitteilte, dass die Beerdigung stattfinden würde, bevor er Moskau erreichen könne, und ihm riet, sich weiter zu erholen. Die Beerdigung fand jedoch sechs Tage später, am 27. Januar 1924, statt, so dass Trotzki rechtzeitig hätte eintreffen können, um bei diesem wichtigen Moment, bei dem Stalin im Mittelpunkt stand, anwesend zu sein. Er war nicht nur der Organisator der großspurigen Feierlichkeiten, sondern hielt auch eine Rede, in der er Lenin ewige Treue schwor. Trotzki erklärte später, Stalin habe ihn absichtlich getäuscht.

Im Mai 1924 fand der Dreizehnte Kongress der Kommunistischen Partei statt. Wenige Tage zuvor hatte Krupskaja Kamenew, der mit Olga, einer Schwester Trotzkis, verheiratet war, die am 11. September 1941 auf Befehl Stalins zusammen mit Maria Spiridonowa erschossen wurde, das geheime Testament Lenins mit einem Schreiben geschickt, in dem es hieß, ihr Mann habe den Wunsch geäußert, dass es nach seinem Tod dem Parteitag zur Kenntnisnahme vorgelegt werden solle. Auch hier enthüllt Robert Conquest die tatsächlichen Worte Stalins, als er das Dokument las. Er bezeichnete Krupskaja erneut als „alte Hure" und verfluchte sogar Lenin, von dem er sagte: „Er scheißt auf mich und scheißt auf sich selbst". Vor Beginn des Kongresses trat das Zentralkomitee zusammen, um die Dokumente zu prüfen. Kamenjew verlas den Text. Die Situation war peinlich, aber Stalin, der auf einer der Bänke auf der Tribüne des Präsidiums saß, verstand es, sich zu beherrschen und die Ruhe zu bewahren. Trotzki, mit einem spöttischen Lächeln im Gesicht, schwieg. Als Stalin das Wort ergriff, sagte er, Lenin sei nicht er selbst gewesen, als er den Text schrieb, sondern „ein kranker Mann, der von Frauen umgeben war".

Oleg Agranyants, ein sowjetischer Agent, der 1986 überlief, teilt Stalins Idee und schreibt Nadeschda Krupskaja die Urheberschaft der Dokumente zu, die dem Dreizehnten Kongress vorgelegt werden sollten. Agranyants zufolge war Lenins Gesundheitszustand in der Zeit, in der die Dokumente verfasst wurden, so schlecht, dass er sich zeitweise nicht einmal an seinen eigenen Namen erinnern konnte, der den Mitgliedern des Politbüros bekannt war. Außerdem, so Agranyants, zeige ein Vergleich des Textes mit anderen Schriften Lenins, dass sich die Sprache deutlich unterscheide. Schließlich beschloss das Zentralkomitee, dass das Testament nicht vor dem Kongress verlesen oder veröffentlicht werden sollte. Es wurde mit dem Hinweis des Komitees, dass Stalin seine Fähigkeiten unter Beweis gestellt habe und Lenin krank gewesen sei, nur in begrenzten Sitzungen in den Provinzdelegationen verlesen werden dürfen. Stalin legte seinen Rücktritt als Generalsekretär vor, der einstimmig abgelehnt wurde.

Da die Trotzkisten erkannten, dass sie sich vorerst nicht durchsetzen konnten, entschieden sie sich für die Taktik der Gruppenbildung. So gaben Sinowjew und Kamenjew zunächst vor, Stalin zu unterstützen, um einen ständigen Kampf im Untergrund aufrechtzuerhalten, bis sie eine Möglichkeit fanden, seine Führung von innen heraus zu untergraben. Das Triumvirat, das sich bildete, wurde allgemein als Kern des Politbüros akzeptiert. Die Reihenfolge ihrer Benennung sah Sinowjew, der den Parteiapparat in Leningrad kontrollierte, an erster Stelle, Kamenew, der angeblich Moskau beherrschte, an zweiter Stelle und Stalin an dritter Stelle, obwohl nichts weiter von der Wahrheit entfernt sein konnte. Schon bald erkannten Sinowjew und Kamenjew, dass die Taktik der Aufteilung nur Stalin zugute kam, der die Situation nutzte, um den einen gegen den anderen auszuspielen und so seine Loyalität zu beweisen.

Wieder einmal arbeiteten die Umstände gegen Trotzki. Zu einem Zeitpunkt, als der ideologische Kampf und die Auseinandersetzungen heftig waren und Stalin eine Kampagne zu seiner Schwächung entfesselt hatte, kehrte das Fieber zurück und er war im Herbst 1924 erneut außer Gefecht gesetzt. Im Oktober begann Stalin, ihn öffentlich zu verunglimpfen. Unter anderem wurde auf seine Meinungsverschiedenheiten mit Lenin angespielt, sein politischer Opportunismus kritisiert und daran erinnert, dass er sich erst am Ende den Bolschewiki angeschlossen hatte. Am 17. Dezember 1924 kam es zu einem der entscheidenden Momente. Stalin lehnte Trotzkis Idee der „permanenten Revolution" ab und sprach sich für den Aufbau des „Sozialismus in einem Land" nach dem Prinzip aus. Dies verwirrte die Trotzkisten, denn es stand in direktem Widerspruch zu ihren internationalistischen Plänen. Sie glaubten, dass die Revolution in einem rückständigen, nichtproletarischen Russland nur durch die Unterstützung von Revolutionen in Westeuropa gefestigt werden könnte, wo die Bedingungen für einen proletarischen Aufstand gegeben waren, der eine Weltregierung und die Diktatur des Proletariats ermöglichen würde. Die Realität zeigte jedoch, dass die wiederholten Versuche der kommunistischen Parteien in Österreich, Ungarn und vor allem in Deutschland gescheitert waren und dass das einzige Ziel der Bolschewiki darin bestand, sich um den Preis des völligen Ruins Russlands an der Macht zu halten.

Stalin beabsichtigte tatsächlich, die Internationale in den Dienst der UdSSR zu stellen und ihren Befehlen zu unterwerfen. Als Ende 1924 die Wahl zwischen Stalins nationalem Kommunismus und dem internationalen Kommunismus anstand, entschieden sich Sinowjew und Kamenjew für den

Kampf gegen den Sozialismus in einem Land. Damit wurde klar, dass sie Trotzkisten waren. Im Januar 1925 verlor Trotzki seine Schlüsselposition im Volkskommissariat für den Krieg an Michail Frunse, einen vertrauten Vertrauten Sinowjews. Frunse war nur von kurzer Dauer als Kommissar. Im Oktober bat Stalin ihn im Namen des Politbüros, sich wegen eines Magengeschwürs operieren zu lassen. Er starb während des Eingriffs, angeblich an einer Überdosis Chloroform. Da die Operation unnötig erschien, verbreitete sich das Gerücht, er sei ermordet worden, was jedoch nie bewiesen werden konnte. An seine Stelle setzte Stalin einen Mann, dem er am meisten vertraute, Kliment Woroschilow. Das Erscheinen des Buches *Since Lenin Died* des amerikanischen Schriftstellers Max Eastman im Westen, in dem das Testament Lenins veröffentlicht wurde, veranlasste Stalin zu einer weiteren Machtdemonstration. Das Politbüro forderte Trotzki auf, der Partei einen Dienst zu erweisen. Er solle Eastman zurückweisen und auch die Existenz des Testaments leugnen. Der Text wurde Trotzki aufgezwungen, der ihn gedemütigt nur zu unterschreiben brauchte.

Der 14. Parteitag findet im Dezember 1925 statt. Vor Beginn des Kongresses läuft der Vertraute Kamenews, Nikolai Uglanow, der als Organisationssekretär der Partei in Moskau tätig war, mit seinem gesamten Stab über und stellt sich auf die Seite Stalins. Dieser Trick erzürnte Kamenew, der während der Kongresssitzungen eine sehr kritische Rede hielt, die mit den folgenden Worten endete: „Ich bin zu der Überzeugung gelangt, dass Genosse Stalin die Funktion der Vereinigung der gesamten Partei nicht erfüllen kann." Während der Rede wurde der Aufruhr immer größer. Am Ende ertönten missbilligende Rufe wie: „Lügen!" „Schwachsinn!" „Schwachsinn!" Von dem Platz, den die Leningrader Sinowjew-Delegation eingenommen hatte, ertönte ein leises Rufen der Unterstützung. Doch sofort erhoben sich die Delegierten und jubelten dem Genossen Stalin mit tosendem Applaus und Rufen wie „Es lebe der Genosse Stalin" zu. Die Strategie von Sinowjew und Kamenjew war gescheitert und ihre Niederlage wurde öffentlich inszeniert.

Im Frühjahr 1926 reiste Trotzki mit seiner Frau Natalia Sedowa nach Berlin. Die Moskauer Ärzte konnten sich seine schweren Fieberanfälle nicht erklären, und er beschloss, deutsche Ärzte zu konsultieren. Sobald er in die UdSSR zurückkehrte, nahm er seine Beziehungen zu Sinowjew und Kamenew wieder offen auf. Bei ihren Treffen kritisierten sie häufig Stalin, den sie parodierten: Sie machten sich über ihn lustig, indem sie sein Verhalten und seine Art zu sprechen imitierten. Gleichzeitig fürchteten sie aber, weil sie von der Härte und dem unerbittlichen Temperament des Georgiers überzeugt waren, dass er versucht sein könnte, sie aus dem Weg zu räumen, wie er es schließlich bei den Säuberungen tat. Die drei Juden prangerten die antisemitischen Kampagnen der Stalinisten gegen sie in Moskau an. Im Sommer 1926 bildete das Trio eine vereinte Oppositionsgruppe.

Ein vierter Jude, Nikolai Bucharin, der vor Stalin die gleiche Rolle spielte wie Sinowjew und Kamenjew, versuchte Trotzki klarzumachen, dass seine Mit-Oppositionellen für die Partei keine Option mehr waren. Trotzki entgegnete, dass Stalin dies weniger sei. Die drei intervenierten formell vor dem Plenum des Zentralkomitees im Juli 1926, und Sinowjew wurde sofort aus dem Politbüro

VERBOTENE GESCHICHTE - II

entfernt. Im Oktober wurden sie unter Androhung des Ausschlusses aus der Partei gezwungen, ihre dissidenten Aktivitäten einzustellen. Einige Wochen später konnte Trotzki während einer stürmischen Politbürositzung, bei der viele Mitglieder des Zentralkomitees anwesend waren, sich nicht zurückhalten und griff Stalin scharf an. Konkret sagte er: „Der Erste Sekretär bietet seine Kandidatur für den Posten des Totengräbers der Revolution an." Stalin, bleich, erhob sich. Zuerst sah es so aus, als würde er die Beherrschung verlieren und eine unbeherrschte Antwort geben, aber er tat es nicht. Nachdem er einige Sekunden lang geschwiegen hatte, verließ er den Raum und schlug die Tür zu. Am nächsten Tag wählte das Zentralkomitee Trotzki aus dem Politbüro ab. Dies war der Anfang des mexikanischen Endes, das Ramon Mercader 1940 mit einem Eispickel schrieb.

Von diesem Zeitpunkt an wurde die Situation für Trotzki unhaltbar. Die Episode, die zu seinem Ausschluss aus der Partei und seiner Einweisung in Alma Ata führte, war das Scheitern der chinesischen Kommunisten, den Krieg in diesem Land zu beginnen. Am 12. April 1927 ließ Chian Kai-Shek Tausende von Mitgliedern der noch jungen, 1921 gegründeten KPCh (Kommunistische Partei Chinas) hinrichten, nachdem er sie beschuldigt hatte, sozial und wirtschaftlich gegen die Interessen Chinas zu handeln. Der Export und die Einführung des Kommunismus in China war für die Internationalisten eine Angelegenheit von höchster Wichtigkeit. Die trotzkistische Opposition konnte nicht schweigen und nutzte die Situation, um die stalinistische Führung für das Debakel in China verantwortlich zu machen, das zur Auflösung der Kommunistischen Partei geführt hatte. Stalin zwang Trotzki und Sinowjew, vor der Kontrollkommission des Zentralkomitees zu erscheinen, um ihren Ausschluss vorzubereiten. Die Gegner bereiteten daraufhin eine Plattform für den nächsten Parteitag vor, der im Dezember 1927 stattfinden sollte. Stalin verbot es. Sie griffen auf die alte Propagandataktik des illegalen Drucks von Flugblättern und verschiedenen Druckerzeugnissen zurück, was in Stalins Augen eine echte Untergrundverschwörung darstellte.

Am 7. November, dem zehnten Jahrestag der Revolution, schlossen sich Trotzkisten und Sinowjewisten der offiziellen Demonstration an, entrollten aber ihre eigenen Transparente und riefen ihre eigenen Parolen. Stalin, der im Voraus über die Absichten seiner Feinde informiert war, hatte die Antwort vorbereitet. Die Polizei, unterstützt von Gruppen von Stalinisten und anderen Sympathisanten, die für diesen Anlass mobilisiert worden waren, ging hart gegen die Dissidenten vor. Schließlich wurden Trotzki und Sinowjew aus der Partei und Kamenjew und andere Gegner aus dem Zentralkomitee ausgeschlossen. Sinowjew und seine Anhänger kapitulierten und durften auf dem 15. Parteitag, der vom 2. bis 19. Dezember 1927 stattfand, die Palinodie singen, ohne wieder zugelassen zu werden, wobei sie öffentlich zugaben, dass sie anti-leninistisch und falsch waren. Trotzki seinerseits lehnte jeden Kompromiss ab und wurde 1928 in der kasachischen Hauptstadt Alma Ata inhaftiert. Seine treuesten Anhänger wurden nach Sibirien und Zentralasien deportiert.

Nachdem Trotzki und Sinowjew außer Gefecht gesetzt und Kamenew schwer verwundet worden waren, nahm Stalin Bucharin und seine Verbündeten ins Visier: Michail Tomski (Honigberg), der 1935 Selbstmord beging, bevor er vom NKWD verhaftet wurde, und Aleksei Rykow, der 1938 unter dem Vorwurf, sich mit Trotzki gegen Stalin verschworen zu haben, hingerichtet wurde. Alle drei standen an der Spitze einer gemäßigten Sektion, die von einigen als rechter Flügel der Partei bezeichnet wurde. Im August 1928 begann Bucharin Anzeichen von Nervosität und Unbehagen zu zeigen und traf sich mit Kamenew und Sokolnikow (Brillant), die wie er später zu den von Stalin gesäuberten jüdischen Trotzkisten gehörten. Bucharin bedauerte, dass weder Sinowjew noch Kamenew mehr im Zentralkomitee waren, und gab zu, dass nur er, Tomski und Rykow in einem Politbüro, das völlig von Stalin beherrscht wurde, den er mit Dschingis Khan verglich, überlebten. Bucharin stimmte mit seinen Gesprächspartnern darin überein, dass Stalins Linie schlecht für die Revolution sei. Robert Conquest behauptet, dass Bucharin um sein Leben fürchtete, da er seinen Gesprächspartnern wortwörtlich sagte, dass Stalin, dessen Taktik darin bestand, mündliche Zusagen zu machen, sie umbringen würde („er wird uns erschlagen"). Diese Annäherung an Kamenew und Sokolnikow, der bis zu seiner Abberufung als Botschafter nach London im Jahr 1929 Verträge mit westlichen Ölgesellschaften aushandelte, diente nur dazu, Bucharin zu kennzeichnen, der sich im Hinblick auf einen möglichen künftigen Kampf um Bündnisse mit seinen Glaubensbrüdern bemüht hatte. Obwohl Bucharin darauf bestand, das Treffen geheim zu halten, wurde es fast sofort der Geheimpolizei Stalins bekannt, die sich als eines der großen Polizeigenies der Geschichte etablieren sollte, vielleicht nur vergleichbar mit Joseph Fouché.

TEIL 3
DAS SCHEITERN DES INTERNATIONALEN KOMMUNISMUS IN DEUTSCHLAND UND DER TRIUMPH DES NATIONALISMUS

Als Lord Curzon davor warnte, dass der Vertrag von Versailles eine Kriegserklärung sei, wies er nicht darauf hin, dass der Krieg ein Bürgerkrieg sein könnte. Wir haben bereits gesehen, dass sowohl Trotzki als auch Lenin den Bürgerkrieg in Russland als den besten Weg zur Beilegung des Klassenkampfes ansahen. Ihre Absichten in Deutschland waren die gleichen, wie wir weiter unten sehen werden. Die absurden wirtschaftlichen Beschränkungen, die Deutschland auferlegt wurden, und die unmöglichen Kriegsreparationen, die von der neuen Weimarer Republik verlangt wurden und die die Aufgabe der Produktion aller Arbeitskräfte der Nation erzwangen, konnten das Land nur in Elend und permanente soziale Unruhen stürzen, d.h. die Bedingungen für die Ausbreitung der Revolution auf Deutschland schaffen. Hungersnot, Elend, Arbeitslosigkeit und ständige Staatsstreiche waren die vorhersehbaren Folgen des unseligen Vertrags von Versallles.

Am 18. November 1919 erschien Hindenburg vor einem parlamentarischen Untersuchungsausschuss über die Ursachen des Krieges und des Zusammenbruchs. Der Altmarschall verlas eine Erklärung, die er mit Karl Helfferich und Ludendorff vorbereitet hatte und in der er seinen Glauben an den Verrat bekräftigte. Paul von Hindemburg behauptete, das Heer hätte den Krieg günstig beenden können, wenn es nicht von hinten aufgelöst worden wäre, und zitierte einen britischen General, der einräumte, dass dem deutschen Heer „ein Dolchstoß in den Rücken" versetzt worden sei. Bei dem General, dessen Namen er nicht nannte, handelte es sich um Sir Frederick Maurier, dessen Artikel in den London *Daily News* in der *Neuen Zürcher Zeitung* übersetzt worden waren. In seinen Texten taucht das Wort „Dolchstoss" auf, was soviel bedeutet wie „in den Rücken gestochen".

Vielleicht war diese Erklärung, die im Parlamentsausschuss für Aufregung und Geschrei sorgte, der Auslöser für den sogenannten „Kapp-Putsch", der zwischen dem 13. und 17. März 1920 stattfand. Es handelte sich um den verzweifelten Versuch, den Versailler Vertrag durch einen Staatsstreich abzulehnen, der so gut wie gar nicht geplant und daher zum Scheitern verurteilt war. Wolfgang Kapp, ein konservativer Nationalist, und General Walther von Lüttwitz, der in der Armee wenig Rückhalt hatte, waren die sichtbaren Köpfe des Versuchs. Kapp wurde in New York geboren und seine Mutter war Jüdin, wie aus den Erinnerungen von Heinrich Brüning, Bundeskanzler von 1930 bis 1932, hervorgeht. Zunächst gelang es den Putschisten problemlos, die Macht in Berlin zu übernehmen, aber der sozialdemokratische Präsident Friedrich Ebert rief die Gewerkschaften zum Generalstreik auf, und sie mussten innerhalb von zwei Tagen einlenken.

Sofort ergriffen die Kommunisten, die noch abwarteten, die Gelegenheit und riefen zum bewaffneten Kampf auf. Über die revolutionären Komitees übernahmen sie die politische Macht in Essen, Duisburg, Düsseldorf und Mülheim. So begann ein zweiwöchiger Aufstand, vor allem in den Hütten- und Kohlerevieren des Ruhrgebiets, wo es zu blutigen Kämpfen zwischen den revolutionären Milizen und der Armee kam, die schließlich eingreifen musste, um die verfassungsmäßige Ordnung wiederherzustellen. Die prokommunistischen Medien verkündeten stolz, dass im Ruhrgebiet eine „Rote Armee" von fünfzigtausend Mann aufgestellt worden sei. Diesen Medien zufolge waren die Arbeiter bewaffnet, weil sie ihre Waffen nach den Aufständen von 1919 vergraben hatten. Hunderte von Menschen verloren bei den Kämpfen ihr Leben. All dies führte zu einem Gefühl der Feindseligkeit, das sich 1920 in Form von anhaltenden Streiks und heftigen Straßenkämpfen in den Industriestädten äußerte.

Deutschland, ein Hauptakteur der internationalen Revolution

Zweimal versuchten die Kommunisten, die Macht in Deutschland zu ergreifen: das erste Mal im März 1921, das zweite Mal im Oktober 1923. Trotzki und andere Theoretiker des Kommunismus sind sich einig, dass das Scheitern der deutschen Revolution von 1923 entscheidend für die Bestrebungen der Internationalisten war, die eine permanente Revolution anstrebten, um die Weltdiktatur des Proletariats zu erreichen. Im August 1920 versuchte Trotzki, die Rote Armee bis an die Grenzen Deutschlands zu führen, das mit seinem großen Industrieproletariat das ideale Land für die Ausweitung der Revolution war. Nachdem die Sowjets die Armee von Jósef Pilsudski, dem Oberbefehlshaber der polnischen Streitkräfte, geschlagen hatten, verfolgten sie die sich zurückziehenden Polen, um die ersehnte gemeinsame Grenze mit der neuen Weimarer Republik zu erreichen. Eine entscheidende Niederlage in der Nähe von Warschau zerstörte jedoch Trotzkis Hoffnungen. Im Jahr 1921 war der Kommunismus noch immer auf ein Land beschränkt, und der Fall Deutschlands wurde als lebenswichtig angesehen.

Nach dem Scheitern der Revolution vom November 1918 und dem Spartakusaufstand vom Januar 1919 trat ein jüdischer Bankierssohn, Paul Levi, die Nachfolge Rosa Luxemburgs an. Sein erstes Ziel war es, die KPD zu einer Massenpartei zu machen. Zu diesem Zweck begann er, wie im vorigen Kapitel erwähnt, über Jacob Reich, Genosse Thomas, reichlich Geld aus Russland zu erhalten. Mit dem Geld wurden „proletarische Jahrhunderte" organisiert, die nach der Machtergreifung durch den Partisanenkrieg die Keimzelle einer zukünftigen Roten Armee sein sollten. Verwalter der aus Moskau an die russische Botschaft in Berlin fließenden Dollars war der Jude Leo Flieg, ein Bankangestellter, der sich als graue Eminenz der Partei ausgab. Flieg, der die rechte Hand Leo Jogiches (Tischa) gewesen war, fungierte bis 1932 als Sekretär des Organisationsbüros des ZK der KPD. Darüber hinaus fungierte er als heimlicher Verbindungsmann zum OMS (Geheimdienst der Komintern). Seine konspirative Arbeit muss eine wichtige Rolle bei der Vorbereitung des Putschversuchs von 1921 gespielt haben.

Vierundzwanzig russische Experten reisten im Januar 1921 nach Deutschland, um einen Militäraufstand zu organisieren. Es handelte sich um angebliche Experten für den Bürgerkrieg. An ihrer Spitze stand ein alter Bekannter, Bela Kun. Wie üblich waren seine Hauptbegleiter Juden. Prominente unter ihnen waren: Joseph Pogány und Samuel Guralsky. Ersterer, bekannt als „Roter Napoleon", gehörte zu der Gruppe, die den Grafen Tisza ermordete. Unter Bela Kuns Regime in Ungarn war Pogány innerhalb von drei Monaten nacheinander Kommissar für auswärtige Angelegenheiten, Oberbefehlshaber der Roten Armee und Kommissar für Bildung der Ungarischen Sowjetrepublik gewesen. Der zweite war ein polnischer Jude namens Abraham Heifetz, der den Zionisten von Poale Zion angehört hatte. In *Antisemitismus, Bolschewismus und Judentum* stellt Rogalla von Bieberstein fest, dass Guralski, der sehr klein war und deshalb von den Komintern-Agenten den Spitznamen „le petit" erhielt, den Generalstab des Revolutionskomitees leiten sollte. Am 18. März 1921 wies Bela Kun in der *Roten Fahne*, der ständig von jüdischen Intellektuellen und Propagandisten kontrollierten Parteizeitung, auf die Notwendigkeit des Bürgerkriegs hin. „Die proletarische Revolution", sagte er, „setzt die Bewaffnung des Proletariats und die Entwaffnung der Bourgeoisie voraus. Kun erklärte offen, dass das Gesetz kein Hindernis für das Proletariat sein dürfe.

Wenige Tage vor Beginn des Aufstands genehmigte Sinowjew die Ermordung des Armeechefs, General Seeckt, den er als „den deutschen Koltschak und die größte Gefahr für die Arbeiter" bezeichnete. Killer der Komintern versuchten, ihn zu töten, während er im Berliner Zoo auf einem Pferd ritt, was jedoch misslang. Der Mann, der für die Vorbereitung des Attentats auf General Seeckt verantwortlich war, war Skoblewsky, ein Trotzkist, der nach Deutschland geschickt worden war, um den Aufstand vorzubereiten, und der in Berlin als General Wolf und Helmuth bekannt war; in Hamburg hieß er Hermann; in Dresden Goresoski. Als er verhaftet wurde, gab er an, Alexander Skoblewsky zu heißen. Während des Spanischen Bürgerkriegs war er, wie wir sehen werden, der berühmte General Gorev, der zusammen mit Miaja die Verteidigung von Madrid im November 1936 anführte. Jan Valtin, das Pseudonym von Richard Krebs, erzählt in seinem Buch *Die Nacht wurde zuruckgelassen* von dieser Zeit, in der er für ihn arbeitete, und behauptet, dass Skoblewsky auch das Attentat auf Hugo Stinnes, einen der großen deutschen Industriellen, geplant habe.

Bela Kun ist überzeugt, dass der Triumph der Revolution in Deutschland Auswirkungen auf Ungarn und die osteuropäischen Länder haben wird. Unterstützt von Sinowjew und Ernst Meyer, der im Februar den abweichenden Paul Levi an der Spitze der KPD abgelöst hatte, legte Kun seine „Theorie der Offensive" vor, nach der eine kommunistische Partei immer in der Offensive gegen die Bourgeoisie sein sollte. Als klar wurde, dass die Aufstandsbewegung das parlamentarische System stürzen wollte, verhängte Bundespräsident Ebert am 24. März den Belagerungszustand. Der unzureichend vorbereitete Aufstand wurde in einigen Industriegebieten des Landes isoliert. Dennoch beschließt die

Kommunistische Partei am 27. März, die revolutionäre Offensive zur Unterstützung der Bergarbeiter in Mitteldeutschland zu starten. In den großen Fabriken von Leuna in Sachsen-Anhalt, südlich von Leipzig, inszenierten etwa 4.000 mit Maschinengewehren bewaffnete Arbeiter den Aufstand. Unweit von Weimar schlossen sich weitere Städte in diesem mitteldeutschen Industriegebiet dem Aufstand an. Merseburg, Halle und Mansfeld, wo die Bergarbeiter seit Mitte März mit den Behörden im Clinch lagen, waren die wichtigsten Zentren des Aufstands. Am 29. März schlugen die preußische Bereitschaftspolizei und eine Heeresbatterie die 4.000 Arbeiter in Leuna nieder. Fünfunddreißig Polizisten und etwa 150 Arbeiter verloren bei den Kämpfen ihr Leben. Ungeduld, mangelnde Koordination und Improvisation führten die „Märzaktion" in die Katastrophe.

Paul Levi, ein Anhänger der Einheitsfrontpolitik, war mit der Strategie von Bela Kun nicht einverstanden, was zu seinem Ausschluss wegen Disziplinlosigkeit führte. Levi, der die Theorie der permanenten Offensive als „Unsinn" bezeichnete, bezeichnete die „Märzaktion" als versuchten Staatsstreich und stimmte damit mit der sozialdemokratischen Zeitung *Hamburger Echo* überein, die das Geschehen als „versuchten kommunistischen Staatsstreich" anprangerte. Im Juni 1921 fand in Moskau der Dritte Kongress der Internationale statt. Victor Serge schreibt in seinen Memoiren, dass Lenin wütend über den Auftritt von Bela Kun war, den er während seiner Rede wiederholt als „dumm" bezeichnete. Es sollte jedoch nicht vergessen werden, dass sowohl Sinowjew, der Leiter der Komintern, als auch Bucharin und Radek, letzterer ein Vertreter der Internationale in Deutschland, die „Märzaktion" unterstützt hatten, obwohl es, wie die Analyse des Kongresses ergab, keine revolutionäre Situation gab.

Reinhard Kühnl, Autor von *Die Weimarer Republik*, ein Werk, das wir anhand unserer Quellen überprüft haben, stellt die Ereignisse im März 1921 und Oktober 1923 dar, ohne ein einziges Wort über die Rolle Moskaus zu schreiben. Er besteht darauf, wie es marxistische Historiker im Allgemeinen tun, dass die Arbeiter „für soziale Veränderungen nach dem Vorbild der Revolution in Russland kämpften". Kühnl übersieht, dass zur gleichen Zeit, im März, als Bela Kun, Sinowjew und Co. die deutschen Arbeiter als Kanonenfutter benutzten, um ihre Ziele zu erreichen, die russischen Arbeiter in den großen Fabriken Petrograds durch die Straßen der Stadt zogen und ein Ende der kommunistischen Diktatur forderten. Die Tscheka, die einen allgemeinen Aufstand befürchtete, hatte mehr als zweitausend sozialistische Arbeiter verhaftet, die die Kronstädter Matrosen unterstützt hatten. Gleichzeitig erklärte Trotzki, dass alle, die Redefreiheit forderten, erschossen werden sollten, und drohte den Meuterern mit der Ermordung ihrer Frauen und Kinder, die er als Geiseln genommen hatte. Kühnl zieht es natürlich vor, die Tatsache zu ignorieren, dass die als Modell vorgeschlagenen sozialen Umgestaltungen 1921 zu einer Hungersnot in Russland geführt hatten, die fünf Millionen Tote forderte.

Der „Deutsche Oktober" wurde am 28. August 1923 auf einer geheimen Sitzung des Politbüros im Kreml beschlossen. Schon der Name deutet an, was damit bezweckt werden sollte. Die Oktoberrevolution in Deutschland sollte der

Auslöser für die Revolution in Mittel- und Westeuropa sein, die die Fortsetzung der Weltrevolution möglich machen sollte. Es handelte sich also um eine groß angelegte Operation, eine Wiederholung der russischen Oktoberrevolution. In *Das Scheitern des Kommunismus im deutschen Oktober* schreibt Karsten Rudolph, dass in Russland Plakate für die Jugend gedruckt wurden mit dem Slogan: „Russische Jugend, lerne Deutsch, der deutsche Oktober kommt! Am 10. Oktober 1923 wurde *in der Roten Fahne* ein Brief Stalins an August Thalheimer abgedruckt, den jüdischen Führer der KPD, der seit dem Tod Rosa Luxemburgs der Chefideologe der Zeitung war. Darin schrieb er: „Die kommende Revolution in Deutschland ist das wichtigste Weltereignis unserer Zeit. Der Triumph der Revolution wird für das Proletariat Europas und Amerikas eine größere Bedeutung haben als der Triumph der russischen Revolution vor sechs Jahren. Der Sieg des deutschen Proletariats wird zweifellos das Zentrum der Weltrevolution von Moskau nach Berlin verlagern."

Der politische Hintergrund des Deutschen Oktobers in der UdSSR ist nicht zu übersehen. Im April 1923 war Lenin handlungsunfähig geworden. Trotzki und Stalin bereiten sich auf den Kampf um seine Nachfolge vor. Ein Triumph der Revolution in Deutschland hätte die trotzkistische Theorie der permanenten Revolution bestätigt, und Stalin hätte niemals, wie er es im Dezember 1924 tat, für den Nationalkommunismus eintreten und die erste Errichtung des Sozialismus in einem einzigen Land befürworten können. Generell waren die Entscheidungen, die im Sommer 1923 in Bezug auf Deutschland getroffen wurden, durch interne Kämpfe innerhalb der sowjetischen Partei bedingt. Kurz bevor die Mechanismen zur Entfesselung der Revolution in Gang gesetzt wurden, wurde Stalin zum Beispiel vorgeschlagen, dass die ranghöchsten Mitglieder des Politbüros, vielleicht Sinowjew, Stalin und Trotzki, gemeinsam die Verantwortung für das Sekretariat übernehmen sollten, dessen Bedeutung von den Trotzkisten allmählich richtig eingeschätzt wurde. Robert Conquest weist darauf hin, dass Stalin daraufhin vorschlug, dass Trotzki, Sinowjew und Bucharin dem Orgbüro beitreten sollten. Conquest fügt hinzu, dass sich auf einer Sitzung des Zentralkomitees, die kurz vor dem deutschen Oktober stattfand, „eine lächerliche Szene" abspielte: Trotzki bot wütend an, von allen seinen Posten zurückzutreten und nach Deutschland zu gehen, um in der Revolution zu kämpfen. Sinowjew seinerseits erklärte, dass er dasselbe tun würde. Natürlich fand keiner von beiden die Zustimmung des Zentralkomitees. Viele der Diskussionen und Positionen der sowjetischen Führer wurden später in den *Lehren des Oktobers* bekannt gemacht, einem Text, in dem Trotzki seine „kritische Analyse" der Geschehnisse darlegte. Trotz des Kults, den die Kommunisten in der ganzen Welt betreiben, handelt es sich um einen eher unsachlichen Text von relativem Wert, denn Trotzki gibt wie üblich die Version der Ereignisse wieder, die ihn interessiert.

Das Jahr 1923 hatte mit der französischen Besetzung des Ruhrgebiets begonnen, die zu Chaos und einer wirtschaftlichen und politischen Krise führte, die einen idealen Nährboden für eine Revolution darstellte. Am 11. Januar 1923 stürmten fünf französische und eine belgische Division, ausgerüstet mit schwerer Artillerie und Panzern, in das Ruhrgebiet, das mit einer Fläche von 3

300 Quadratkilometern und drei Millionen Einwohnern die größte Industrieregion Deutschlands und Europas war. Essen und Gelsenkirchen waren die ersten städtischen Zentren, die besetzt wurden. In den Städten wurden an strategischen Punkten wie den Bahnhöfen und auf den Dächern der Häuser über den Plätzen Maschinengewehre aufgestellt. Bergwerke, Kohle- und Brennstoffreserven wurden beschlagnahmt. Zölle, Eisenbahnen, Schiffe und Transportmittel im Allgemeinen wurden von den Besatzern übernommen, und Hunderte von deutschen Offizieren wurden inhaftiert. Die revanchistische Regierung Poincaré rechtfertigte die militärische Besetzung mit der Begründung, Deutschland sei mit der Zahlung von Kriegsreparationen im Rückstand. Die seit dem 23. November 1922 amtierende Regierung unter dem liberalen Wilhelm Cuno entschied sich für eine Politik des passiven Widerstands und des zivilen Ungehorsams gegenüber den Besatzungsbehörden, was die Schließung aller Produktionsstätten bedeutete. Auch prominente Industrielle wie Thyssen, Krupp, Stinnes, Kirdorf und Klöckner halfen, den passiven Widerstand in den Betrieben zu organisieren. Fritz Thyssen und andere Kohleunternehmer wurden von den französischen Behörden verhaftet und in Mainz inhaftiert. Thyssen, der in seinem Prozess beschuldigt wurde, Arbeiter zum Ungehorsam gegen die Besatzungsbehörden unter dem Kriegsrecht angestiftet zu haben, plädierte furchtlos: „Ich bin ein Deutscher und weigere mich, auf deutschem Boden französische Befehle zu befolgen. Anstatt ihn zu fünf Jahren Gefängnis zu verurteilen, zog es das Kriegsgericht vor, ihn zu einer Geldstrafe von 300.000 Goldmark zu verurteilen.

Walter Krivitsky (Samuel G. Ginsberg), ein jüdischer Trotzkist, der 1941 in New York ermordet wurde, enthüllt in *I, Chef des sowjetischen Militärgeheimdienstes,* dass er und andere Agenten 1923 sofort nach Deutschland geschickt wurden, um „Agitatoren im Ruhrgebiet zu mobilisieren und Waffen für einen Aufstand zu sammeln, wenn die Zeit reif ist". Krivitsky erklärt, dass sie in der deutschen kommunistischen Partei drei Organisationen schufen: „den Parteigeheimdienst, der der vierten Abteilung der Roten Armee unterstellt war; militärische Formationen, Keimzellen der zukünftigen deutschen Roten Armee; und den 'Zersetzungsdienst' (Korruptionsdienst), dessen Aufgabe es war, die Armee und die Polizei zu demoralisieren." Krivitsky fügt hinzu, dass die deutschen Kommunisten kleine terroristische Gruppen bildeten, die sogenannten „T"-Einheiten, deren Aufgabe die Ermordung von Militär und Polizei war. Diese kriminellen Einheiten, so Krivitsky, „setzten sich aus äußerst mutigen Fanatikern zusammen".

Am 13. Mai 1923 begann im Industriezentrum Dortmund ein Streik, der sich auf alle Bergbau- und Hüttenzentren des Ruhrgebiets ausweitete und an dem sich etwa 300.000 Arbeiter beteiligten. Es kam zu heftigen Kämpfen zwischen der Polizei und der „proletarischen Zenturie", die die Kontrolle über die Märkte und Geschäfte übernahm. Die Regierung Cuno stürzt im August in Folge der Streikwelle. Der Sozialdemokrat Gustav Stresemann, der erklärte, dass seine Regierung „die letzte bürgerlich-parlamentarische Regierung" sein würde, bildete daraufhin einen Einheitsvorstand ohne die KPD, die einen starken Mitgliederzuwachs verzeichnete und für eine Einheitsfrontpolitik eintrat, die nach dem Scheitern der „Märzaktion" übernommen wurde. Im Herbst lag die Arbeitslosigkeit bei 30%, die Industrieproduktion betrug nur noch 20% des Wertes von 1913 und die Inflation war völlig außer Kontrolle geraten. Es gibt sogar eine Medaille, die an die Inflation jenes Jahres erinnert, auf der zu lesen ist: „Am 1. November 1923 kostete ein Pfund Brot drei Millionen Mark, ein Pfund Fleisch 36 Millionen Mark und ein Glas Bier vier Millionen Mark". Um einen Dollar zu kaufen, brauchte man eine astronomische Menge an Mark. Mit anderen Worten: Das Papiergeld hatte seinen gesamten Wert verloren. Auf diese Weise wurden die Mittelschichten ihrer Ersparnisse beraubt.

Der damalige KPD-Vorsitzende Heinrich Brandler war der erste große kommunistische Parteiführer, der kein Jude war. Brandler war im August 1922 aus Moskau nach Deutschland zurückgekehrt. Auf dem Achten Kongress der KDP, der am 28. Januar 1923 in Leipzig stattfand, wurde die von Brandler und August Thalheimer vertretene Fraktion von Karl Rádek unterstützt und setzte sich damit gegen die radikalere Fraktion um Ruth Fischer, Arkadi Maslow und Ernst Thälmann durch. Im August 1923 entschied Trotzki, dass in Deutschland eine revolutionäre Situation bestand. Radek und Sinowjew, die trotz des Scheiterns der „Märzaktion" weiterhin die Komintern leiteten, zögerten. Stalin war dafür, abzuwarten und die KPD einzudämmen; aber er wusste, dass er sich der deutschen Revolution nicht widersetzen konnte und tat es auch nicht. Es war daher Trotzki, der forderte, dass die Kommunistische Internationale und die Kommunistische Partei Deutschlands die Machtergreifung organisieren sollten. Im September werden Brandler und zwei jüdische Führer der radikalen Fraktion, Ruth Fischer und Arkadi Maslow, zu Konsultationen nach Moskau einbestellt, da die Lage angeblich geeignet ist, die Revolution wieder in Gang zu bringen. Auf Trotzkis Vorschlag hin hatte sich das Politbüro darauf geeinigt, dass der deutsche Aufstand am 7. November 1923, dem sechsten Jahrestag der bolschewistischen Revolution, stattfinden sollte. Brandler schlug jedoch vor, dass die deutschen Kommunisten das Datum zu einem möglichst günstigen Zeitpunkt festlegen sollten. Brandler sagte offenbar, dass er nicht Lenin sei und bat Trotzki, nach Deutschland zu gehen, um die Revolution persönlich zu leiten. Es wurde vereinbart, dass technische und militärische Hilfe geschickt werden sollte, und zahlreiche Agenten und Spezialisten reisten heimlich nach Deutschland, um den Aufstand vorzubereiten.

Brandler kehrte nach Deutschland zurück und Sinowjew unterstützte mit Trotzkis Zustimmung die KPD bei der Bildung von Koalitionsregierungen mit den linken Sozialdemokraten der SPD in Sachsen und Thüringen, die Anfang Oktober zustande kamen. Am 1. Oktober sandte Sinowjew ein Telegramm an das Nationalkomitee der Kommunistischen Partei Deutschlands, in dem er erklärte, dass nach Einschätzung der Kommunistischen Internationale (Komintern) „der entscheidende Augenblick in vier, fünf oder sechs Wochen kommen wird". Die Kommunisten wurden aufgefordert, „sofort mit der Bewaffnung von etwa sechzigtausend Mann zu beginnen". Die proletarische Armee Sachsens sollte sich in Richtung Berlin und die Thüringens in Richtung München bewegen. Trotzki verteidigte in mehreren Reden öffentlich den Eintritt in die Regierungen von Sachsen und Thüringen, da dies seiner Meinung nach ein „Trainingslager" ermöglichen würde, bis die Hauptbataillone des Proletariats bereit wären, mit der bürgerlichen Ordnung entschieden zu brechen und den Aufstand unter kommunistischer Führung zu beginnen. In zwei Berichten, am 19. Oktober an den Verband der Metallarbeiter Russlands und am 21. Oktober an die Konferenz der politischen Arbeiter in der Roten Armee und der Roten Marine, beharrt Trotzki auf diesem Ansatz.

Unerwartet hatte die Regierung der Weimarer Republik Mitte Oktober den Belagerungszustand über das ganze Land verhängt, und der Konflikt mit dem sächsischen Kabinett war bereits im Gange, das auf Anweisung Sinowjews die proletarischen Jahrhunderte eilig aufrüstete. Als Antwort auf die Forderung nach der Auflösung der Jahrhunderte erklärte der Innenminister der sächsischen Regierung auf einer Sitzung der Lepiziger Arbeiterräte, dass man sich zwischen der roten und der weißen Diktatur entscheiden müsse, und fügte hinzu, dass die proletarischen Jahrhunderte Arbeiterorganisationen seien, die sich auf den Kampf vorbereiteten. In der Sitzung des Sächsischen Landtages am 17. Oktober wurde ein Brief des Militärgouverneurs von Sachsen verlesen. General von Müller fragte, ob die Regierung mit dem Innenminister einverstanden sei oder die Auflösung der Jahrhunderte akzeptiere. Der Vorsitzende des sächsischen Ministerrats erklärte, dass die Regierung dem Militärgouverneur gegenüber nicht rechenschaftspflichtig sei und forderte, dass die Regierung der Republik den General überstimmt. Müller erhielt jedoch die Unterstützung der Regierung Stresemann, so dass Straßendemonstrationen verboten wurden, das Erscheinen kommunistischer Zeitungen eingestellt wurde und die Reichswehr in Sachsen einzog.

Unter diesen Umständen ging die von Heinrich Brandler verfolgte Einheitsfrontstrategie, die von seinem Vorgänger Paul Levi skizziert und von der Kremlführung unterstützt wurde, nicht auf, da der linke Flügel der Sozialdemokratie die Kommunisten im entscheidenden Moment nicht unterstützte. Am 21. Oktober fand in Chemnitz eine Konferenz der Betriebsräte statt, auf der es als selbstverständlich angesehen wurde, dass der Kongress der Arbeiterräte im ganzen Land den Generalstreik und die Diktatur des Proletariats ausrufen würde. Als Brandler einen Antrag auf einen Generalstreik stellte, widersprachen die SPD-Delegierten, was den kommunistischen Führer zögern ließ, und er entschied sich, den Aufruf zu verschieben, da es seiner Meinung nach unmöglich war, den Aufstand ohne die bedingungslose Unterstützung des linken Flügels der SPD durchzuführen. Der Bereitschaftsbefehl wurde also erteilt, aber in Hamburg wurde der Gegenbefehl, angeblich wegen eines Kommunikationsproblems, ignoriert, und in den frühen Morgenstunden des 23. Oktober begannen die proletarischen Jahrhunderte den bewaffneten Aufstand. Ihr militärischer Befehlshaber war ein sowjetischer Brigadier jüdischer Herkunft, Manfred (Moses) Stern, der Jahre später nach Spanien geschickt werden sollte, wo er sich während des Bürgerkriegs als Kommandeur der XL-Brigade einen Namen machte.

Der Trotzkist Victor Serge schildert in seinen *Erinnerungen an untergegangene Welten (1901-1941)* in heroischen Tönen die Einnahme Hamburgs, wobei er nicht mit Lob für die jüdischen Führer der KPD spart: Ruth

Fischer, Arkadi Maslow, Heinz Neumann und Arthur Rosenberg, „die einzig möglichen Führer - seiner Meinung nach - einer deutschen Revolution". Sein Bericht beginnt: „Der Gegenbefehl erreicht Hamburg nicht, wo dreihundert Kommunisten die Revolution beginnen. Die Stadt ist eisig vor Stille und konzentriertem Warten; sie stürmen mit furchtbarem Enthusiasmus, methodisch organisiert, herein. Eine Polizeistation nach der anderen fällt, Scharfschützen werden in den Dachböden über den Kreuzungen aufgestellt, Hamburg wird eingenommen, diese dreihundert haben es eingenommen." Weniger romantisch sind die Informationen von Rogalla von Bieberstein, die erklärt, dass die Kommunisten Barrikaden und Panzerfallen errichtet haben und dass der Angriff auf die Polizeistationen darauf abzielte, mehr Waffen zu erlangen. Siebzehn Polizisten und vierundzwanzig Revolutionäre verloren bei den Zusammenstößen ihr Leben. Sechsundzwanzig Polizisten wurden verwundet und zahlreiche Aufständische wurden ebenfalls verwundet oder vor ihrem Rückzug festgenommen. Der Autor enthüllt, dass in Russland geöffnete Geheimarchive bestätigen, dass die meisten der Strategen des deutschen Oktobers internationale jüdische Revolutionäre waren. Unter ihnen erwähnt er Radek, der eigens nach Deutschland reiste, um die oberste Führung der Revolution zu übernehmen; Joseph Unslichlicht, „der sowohl in der Roten Armee als auch in der Tscheka hohe Positionen innehatte und die Bildung einer Roten Armee in Deutschland überwachen sollte"; Lazar Stern, „der die militärischen Operationen leiten sollte"; und wiederum Samuel Guralski, „le petit", der wie 1921 das Revolutionskomitee (REVCOM) leiten sollte. Zu den sowjetischen Militärexperten jüdischer Herkunft zählt Victor Serge auch Solomon Abramovich Losovsky.

Reichskanzler Stresemann stellt dem sächsischen Ministerpräsidenten, dem linken Sozialdemokraten Erich Zeigner, ein Ultimatum und fordert ihn auf, alle kommunistischen Minister aus seinem Kabinett zu entlassen. Da Zeigner sich weigerte, zu kapitulieren, ordnete Reichspräsident Friedrich Ebert am 27. Oktober gemäß Artikel 48 der Weimarer Verfassung seine Ablösung an. Am 30. Oktober 1923 wurde eine sozialdemokratische Regierung ohne Kommunisten gebildet. Der deutsche Oktober war gescheitert, und es hatte fast keine Kämpfe gegeben. Mit der Niederlage der deutschen Kommunisten war die Weltrevolution erschlagen worden. Die Unmöglichkeit, die Vorschläge der Internationalisten in die Praxis umzusetzen, erlaubt es Stalin, seinen Plan zur Errichtung des Sozialismus in einem Land und zur Errichtung des Nationalkommunismus in der UdSSR zu formulieren.

Obwohl Sinowjew und Trotzki mit der Einheitsfrontstrategie einverstanden waren und den Eintritt der KPD in die Regierungen von Sachsen und Thüringen genehmigt hatten, machten sie Brandler und seinen Kollegen Thalheimer für das Debakel verantwortlich. Im Januar 1924 wurde Brandler nach Moskau zurückgerufen und es wurde beschlossen, ihn nach Kasachstan in Zentralasien zu entsenden. Auf dem Parteitag der Kommunistischen Partei Deutschlands im April 1924 in Frankfurt wurden die gleichen Schuldigen ausgemacht und mit Moskaus Hilfe ausgetauscht. Die neue KDP-Führung bestand aus Ruth Fischer, Arkadi Maslow, Werner Scholem, Ivan Katz, Paul

Schlecht und Ernst Thälmann. Nur die letzten beiden waren keine Juden. Die eigentlichen Führer waren die ersten beiden. Der Leiter von Agitprop (Agitation und Propaganda) war Alexander Emel, ein weiterer Jude, der eigentlich Moses Lurje hieß. Ein Fischer-Anhänger, Arthur Rosenberg, ein getaufter Judenchrist, wurde zum angesehensten Intellektuellen des deutschen Radikalkommunismus. Rosenberg, der im Juli 1924 Mitglied des Präsidiums der Komintern wurde, forderte in einer Rede vor dem Deutschen Bundestag, dass die Kommunisten der bürgerlichen Republik ein Ende setzen sollten. Als die Trotzkisten 1925 in der UdSSR die Macht verloren, wurden diese Führer nach und nach aus der Führung entfernt. Die meisten von ihnen gerieten in die Hände Stalins und wurden bei den Säuberungen hingerichtet.

Der Vertrag von Rapallo und die Ermordung von Rathenau

In der Zeit zwischen den revolutionären Episoden von 1921 und 1923 ereigneten sich zwei Ereignisse von großer Bedeutung und Komplexität, die diesen kurzen Abschnitt erfordern, da beide von Bedeutung sind. Wir beziehen uns auf den rätselhaften Vertrag von Rapallo und die Ermordung von Walter Rathenau, einem seiner Architekten. Am 16. April 1922 waren zwei Juden, Georgi Chicherin (Ornatsky) und Walter Rathenau, beide Außenminister ihrer jeweiligen Länder, die Protagonisten eines historischen Abkommens, das in der italienischen Stadt Rapallo unterzeichnet wurde. Seine jüdische Herkunft hinderte Rathenau nicht daran, ein überzeugter deutscher Nationalist zu sein. Oswald Hesnard, ein französischer Germanist, der ihn persönlich kannte, stellt mit Bewunderung fest, dass „seine Person nichts als Weisheit, Mäßigung und Bescheidenheit verriet". Rathenau erklärte offen, dass Juden sowohl den Zionismus als auch den Kommunismus ablehnen und sich normal in die deutsche Gesellschaft integrieren sollten. Charles Sarolea, Professor an der Universität Edinburgh, schreibt in *Impressions of Soviet Russia*, einem meisterhaften Werk, dass er Rathenau eines Abends, als er sich mit ihm über die dominierende Rolle der Juden in der bolschewistischen Revolution unterhielt, fragte, was seiner Meinung nach das Ende der russischen Tragödie sein würde. Seine Antwort lautete: „Es besteht kein Zweifel, dass das Ende der russischen Tragödie das schrecklichste Pogrom sein wird, das die jüdische Ethnie je erlitten hat". Überzeugt vom Irrtum des Versailler Vertrags, argumentierte Rathenau gegenüber Frankreich und Großbritannien vergeblich, dass die geforderten Reparationen nur dann gezahlt werden könnten, wenn sich sein Land wirtschaftlich entwickeln dürfe. Deutschlands Rohstoffe wurden geplündert, und Großbritannien erhob eine Steuer von 26% auf seine Waren, um deren Rückgewinnung zu verhindern. Neben der Flotte und anderen Ressourcen musste Deutschland, wie bereits erwähnt, fünftausend Lokomotiven, einhundertfünfzigtausend Waggons und seine Transportmittel abliefern. Die Industriemaschinen wurden demontiert und nach Frankreich und England transportiert. Kurzum, es war ein versklavtes Land.

Obwohl Rathenau ein entschiedener Antikommunist war, sah er daher die einzige Alternative darin, Handelsabkommen mit dem anderen Land zu schließen, das den Versailler Vertrag nicht unterzeichnet hatte. Bereits vor der Unterzeichnung von Rapallo hatten geheime Vorverhandlungen stattgefunden. Bereits 1920 und 1921 hatte Sowjetrussland Interesse am Erwerb von Rüstungsgütern aus deutscher Produktion gezeigt und langfristige Aufträge im Wert von Hunderten von Millionen Goldrubel erteilt. Die Beteiligung von Moskauer Agenten an der „März-Aktion" von 1921 weckte jedoch Zweifel bei den Deutschen, die daraufhin vorschlugen, jegliche Handelsgeschäfte auf rein privater Basis abzuwickeln. „Die Sowjets", schreibt McMeekin, „stimmten zu, solange dies über Olof Aschbergs S.E.A. (Svenska Ekonomie Aktiebolaget) geschah. Als die Reichsbank erfuhr, dass Aschbergs Bank bereit war, sowjetisches Gold - in Höhe von 38 Tonnen - als Importkredit zu verkaufen, ergriff sie die Chance, an Gold zu kommen, das im inflationsgeplagten Deutschland immer knapper wurde." Professor McMeekin weist darauf hin, dass die deutsche Regierung verzweifelter war und ein breiteres Abkommen benötigte als die Russen. „Deshalb", so schreibt er weiter, „war die Wilhelmstraße (Hauptquartier des Auswärtigen Amtes) bereit, die wiederholten Versuche der Kommunisten in den Jahren 1919 und 1921 zu übersehen, die Regierung der Weimarer Republik durch einen Staatsstreich zu stürzen, offenbar nach dem paradoxen Prinzip, dass nur ein langfristiges Abkommen mit den Bolschewiken Deutschland vor dem Bolschewismus retten konnte."

Das Bedürfnis Deutschlands, einen Ausweg aus seiner Isolation zu finden, war so groß, dass der Vertrag von Rapallo für Russland außerordentlich vorteilhaft war. Der Entwurf, der im Winter 1922 in Moskau von deutschen Experten überarbeitet wurde, erhielt Rathenaus Zustimmung fast ohne Änderungen. Es ist eine grausame Ironie, dass er, der größte Skeptiker des deutschen Außenministeriums in Bezug auf die Beziehungen zu den Sowjets, gezwungen sein sollte, einen Pakt mit ihnen zu schließen und diplomatische Beziehungen aufzunehmen. Die Deutschen waren so großzügig, dass sie den Kommunisten nicht nur die gesamten Schulden Russlands erließen, sondern ihnen auch eine fast unbegrenzte Kreditlinie zum Kauf von Waffen in Deutschland einräumten. „Die Handelsbestimmungen in Artikel 5 des Vertrags von Rapallo", erklärt Sean McMeekin, „in dem Berlin versprach, sich nach Kräften um die Einhaltung der Verträge zu bemühen, enthüllten die harte Realität: Die Deutschen waren so verzweifelt an Geschäften mit den Bolschewiki interessiert, dass sie sich nicht einmal die Mühe machten, zu fragen, wie sie bezahlt werden würden." Der Vertrag enthielt jedoch eine geheime Klausel, die den Forderungen der Militärs entgegenkam, da sie die Ausbildung deutscher Truppen und die Herstellung von Waffen auf sowjetischem Gebiet vorsah. Die Gelegenheit, dem Winterentwurf zuzustimmen und den endgültigen Vertragstext zu unterzeichnen, bot sich auf der Konferenz von Genua, die vom 10. April bis 22. Mai 1922 stattfand. Wie bereits erwähnt, nahmen etwa dreißig Länder daran teil. Die sowjetischen und deutschen Unterhändler reisten von Genua in den nahe gelegenen Badeort Rapallo und unterzeichneten den Vertrag.

Engländer, Franzosen und Amerikaner waren schockiert von der Nachricht über das deutsch-sowjetische Abkommen und empörten sich über Walter Rathenau. John Coleman, Autor des Buches *„The Conspiracy's*

Hierarchy: The Committee of 300" (Die Hierarchie der Verschwörer: Das Komitee der 300), ist der Ansicht, dass es keinen Zweifel daran gibt, dass Rathenau von Agenten des SIS (britischer Geheimdienst) ermordet wurde. Ihm zufolge hat Rathenau die Pläne der herrschenden Elite durchkreuzt und seinen Nationalismus über die Interessen des so genannten Komitees der 300 gestellt. Coleman weist darauf hin, dass Rathenau eine Zeit lang Berater der Rothschilds war, was ihn möglicherweise glauben ließ, er sei vor Repressalien gegen sie sicher. Er gehörte auch der deutschen Hierarchie an. Sein Vater, Emil Rathenau, hatte den Giganten AEG (Allgemeine Elektricitäts-Gesellschaft) gegründet, und er war ihm 1915 als Vorsitzender des Unternehmens gefolgt. Rathenau, der Finanzberater Kaiser Wilhelms II. gewesen war, wusste so gut über das Wesen der Macht Bescheid, dass er am 24. Dezember 1921 in der *Wiener Freien Presse* einen Artikel veröffentlichte, dem verschiedene Forscher folgende Worte entnahmen: „Nur dreihundert Männer, von denen jeder alle anderen kennt, lenken die Geschicke Europas. Sie wählen ihre Nachfolger aus ihrer eigenen Entourage. Diese Männer haben es in der Hand, die Form eines Staates zu beenden, den sie für unannehmbar halten". Nach Coleman beging Rathenau den Fehler, der Bosheit von Männern, die die Welt erschüttern können, Grenzen zu setzen.

Zwei Monate nach der Unterzeichnung des Vertrages, am Samstagmorgen des 24. Juni 1922, wurde Walter Rathenau, der den ihm von drei Polizisten angebotenen Schutz als protzig abgelehnt hatte, auf dem Weg von seinem Haus im Grunewald zum Auswärtigen Amt in einem offenen Auto ermordet. Ein mit drei Männern besetztes Fahrzeug überholte ihn. Der Fahrer war Ernst Werner Techow, auf der Rückbank saßen Erwin Kern und Hermann Fischer. Kern schoss aus nächster Nähe mit einer Maschinenpistole auf ihn, dann warf Fischer eine Handgranate, die auf dem Rücksitz explodierte, wo Rathenau saß. Ein Job von echten Profis, die nach offizieller Darstellung der Konsul-Organisation angehörten, einer ultranationalistischen Untergrundorganisation. Techow wurde am 29. Juni verhaftet, aber die beiden Attentäter versuchten, nach Schweden zu entkommen. Drei Wochen nach dem Anschlag wurde Kern von der Polizei liquidiert, als er in seinem Versteck umstellt wurde. Fischer beging angeblich Selbstmord. So konnten sie weder verhört noch vor Gericht gestellt werden, was sehr bezeichnend ist.

Walters Mutter Rathenau zeigte in einem Brief an Techows Mutter, dass ihre Werte und die ihres Sohnes eher christlich als jüdisch waren. Es waren ihre Worte, die von Hans Lamm in *Walter Rathenau* transkribiert wurden: „Mit unbeschreiblichem Schmerz reiche ich Ihnen die Hand. Sagen Sie Ihrem Sohn, dass ich ihm im Namen des Geistes des Opfers vergebe, so wie Gott ihm sicher vergeben wird, wenn er vor einem irdischen Gericht voll beichtet und vor Gott bereut. Hätte ich meinen Sohn, den edelsten Menschen auf Erden, gekannt, hätte ich die Mordwaffe auf ihn selbst gerichtet und nicht auf ihn. Mögen diese Worte seiner Seele Frieden bringen. Mathilde Rathenau.

Die Fehlinformation, die oft die Kommentare über Walter Rathenau umgibt, der in einigen Medien mit absoluter Leichtfertigkeit, ohne etwas über ihn zu wissen, dafür verurteilt wird, dass er Jude ist, veranlasst uns, ein paar

Zeilen biographischen Inhalts zu schreiben, die ihm einigermaßen gerecht werden. Walter war das älteste der drei Kinder von Emil Rathenau und Mathilde Nachmann. Emil Rathenau gründete 1883 mit einem relativ bescheidenen Kapital von fünf Millionen Mark die Allgemeine Electricitäts-Gesellschaft, die bis 1914 zu einem der bedeutendsten Unternehmen der Welt wurde. Obwohl er die Leidenschaft seiner Mutter für Musik und Kunst teilte, studierte er Mathematik, Physik, Chemie und Philosophie bei den bedeutendsten Gelehrten seiner Zeit. Seine Fähigkeiten erstreckten sich auf Literatur, Malerei, Wissenschaft, Philosophie, Politik und Metaphysik. Emil Ludwig schrieb, dass Walter Rathenau ein Porträt malen, ein Haus entwerfen, Turbinen und Fabriken bauen, Gedichte schreiben, Abhandlungen verfassen oder eine Sonate spielen konnte. Wenig bekannt ist die Tatsache, dass Robert Musil, Autor des monumentalen Romans *Der Mann ohne Eigenschaften*, der nach Musils Tod unvollendet blieb, sich von Walter Rathenau zu seiner Hauptfigur Arnheim inspirieren ließ. Auch Thomas Edison gehörte zu den Persönlichkeiten, die von seinen vielfältigen Fähigkeiten beeindruckt waren.

Eugene Davidson, Autor von *The Making of Adolf Hitler*, bezeichnet ihn als einen Mann mit außergewöhnlichen Wahrnehmungen und Widersprüchen. Rathenau schrieb über die blauäugigen Ethnien des Nordens, die er „Mut-Menschen" nannte, Menschen mit Mut, Tüchtigkeit und einer tiefen Seele, im Gegensatz zu den „Furcht-Menschen", den furchtsamen, intelligenteren, dunkelhaarigen Ethnien des Südens, die die Künstler und klassischen Denker waren. Davidson sieht beide Typen als Projektionen seiner beiden Seelen und fügt hinzu, dass er die Deutschen für ihren Mut, ihre Tugenden und ihre Integrität bewunderte, auch wenn es die Menschen des Südens waren, die der Welt die Kultur, die Religionen, aber auch ihre Dekadenz vermacht hatten.

Rathenau fühlte sich zutiefst deutsch und liebte sein Land hemmungslos. Hans Lamm, Autor des Buches *Walther Rathenau*, hebt diese Worte von ihm hervor: „Ich habe kein anderes Blut als deutsches, keinen anderen Stamm und kein anderes Volk". Obwohl er sich als Jude bezeichnete und nicht zum Christentum konvertieren wollte, glaubte er an die Offenbarung Christi, und zwar so sehr, dass er bei der Beerdigung seines Vaters einen Text mit Worten von Jesus zitierte. In einem Brief an einen Freund äußerte er den Wunsch, nach Sevilla zu reisen, „unserer Heimat", wie er in Anspielung auf seine sephardischen Wurzeln schrieb. Im Mai 1921 bot ihm Reichskanzler Joseph Wirth den Posten des Ministers für Wiederaufbau an. Seine Mutter, zu der er eine besondere Beziehung hatte, bat ihn, das Angebot abzulehnen. Die Annahme des Angebots bedeutete, dass er seine Positionen in der Industrie, seine vielen Facetten als Schriftsteller, seine persönlichen und geschäftlichen Interessen und die Möglichkeit, sich auf sein Landgut zurückzuziehen, aufgeben musste. Ursprünglich hatte er seiner Mutter versprochen, das Angebot abzulehnen, doch sein persönliches Engagement für Deutschland ließ ihn darüber nachdenken, ob er die Ernennung annehmen sollte. Rathenau trat als Vorsitzender des Elektrizitätswerks und als Mitglied mehrerer Verwaltungsräte zurück, aber er war nur drei oder vier Monate lang Minister für den Wiederaufbau: Obwohl sich zwei Drittel der oberschlesischen Bevölkerung in einer Volksabstimmung für den Verbleib in Deutschland ausgesprochen hatten, beschloss der Rat des Völkerbundes am 20. Oktober 1921, dass Oberschlesien an Polen fallen sollte, was zum Zusammenbruch der Regierung führte, da die Minister der Zentrumspartei, darunter Rathenau, zurücktraten.

Später sollte er, wie wir wissen, zum Außenminister ernannt werden. Wenige Wochen vor seiner Ermordung schrieb er, obwohl er erst vierundfünfzig Jahre alt war: „In Wirklichkeit habe ich nicht mehr viel, die Flamme erlischt". Die Tatsache, dass sich einen Tag nach seinem Tod eine Million Menschen im Berliner Lustgarten und Hunderttausende in Hamburg, Leipzig und anderen deutschen Städten versammelten, gibt einen Eindruck von der Ergriffenheit und dem Schock der Menschen. Über den Tod hat Walther Rathenau folgende Überlegungen angestellt, die wir dem Werk *Walter Rathenau, sein Leben und sein Werk*, das einige Jahre nach seinem Tod von Graf Harry Graf Kessler verfasst wurde, entnehmen: „Der Tod ist eine Erscheinung, wir erleiden ihn, weil wir nur einen Teil und nicht die ganze Struktur des Lebens betrachten. Die Blätter sterben, aber der Baum lebt, der Baum stirbt, aber der Wald lebt, der Wald stirbt, aber die Erde, die ihre Geschöpfe ernährt und verzehrt, ist grün. Wenn der Planet stirbt, dann werden unter den Strahlen neuer Sonnen Tausende weitere wie er geboren. In der ganzen sichtbaren Welt kennen wir den Tod nicht. Nichts Wesentliches auf der Erde stirbt. Nur die Erscheinungen ändern sich.

Hitler und der „Münchner Putsch".

Kaum war die kommunistische Verschwörung zum Sturz der Weimarer Republik niedergeschlagen, kam es zu einem weiteren Putschversuch, diesmal in diametral entgegengesetzter Richtung, angeführt von Adolf Hitler, der von Hermann Göring, Rudolf Hess und Alfred Rosenberg, Mitgliedern der Nationalsozialistischen Deutschen Arbeiterpartei (NSDAP), unterstützt wurde. Die Putschisten wurden außerdem von General Erich Ludendorff unterstützt. Zu den Turbulenzen und Gefahren, denen die junge Republik ausgesetzt war, gehörten auch separatistische Tendenzen. Unter diesem Gesichtspunkt ist der „Münchner Putsch" etwas besser zu verstehen, denn er fand statt, als die konservative Regierung Bayerns unter Gustav von Kahr die bayerische Unabhängigkeit ausrufen wollte. In diesem Zusammenhang plante Hitler, den Separatisten zuvorzukommen und einen eigenen Putsch zu inszenieren; nicht um Bayern vom Rest des Landes zu trennen, sondern um es als Plattform für den Sturz der Regierung der Republik zu nutzen.

Am Abend des 8. November 1923 um acht Uhr hielt von Kahr im großen Saal des Bürgerbräu, einer großen Bierhalle am Stadtrand von München, eine Rede vor dreitausend Menschen. Hitler betrat in Begleitung von Parteimitgliedern den Saal, bestellte ein paar Biere und ertrug eine halbe Stunde lang die langweilige Rede des Redners. Währenddessen umstellten sechshundert Angehörige der Sturmabteilung (SA) der Partei das Gebäude. Als Göring um 20.30 Uhr in die Bierhalle stürmte und ein Maschinengewehr am Eingang platzierte, nutzte Hitler den Tumult, kletterte auf einen Stuhl und rief, nachdem er an die Decke geschossen hatte: „Die nationale Revolution hat begonnen!"

Hitler lud sofort von Kahr, General Otto von Lossow, der das Heer in Bayern befehligte, und Oberst Seisser, den Polizeichef, ein, mit ihm in einen Nebenraum zu gehen, um Pläne zum Sturz der Berliner Regierung zu besprechen. Alle drei verlangten die Anwesenheit von General Ludendorff, dessen Ansehen in der Armee unbestritten war. Nachdem klar war, dass Ludendorff den Staatsstreich unterstützte, kehrten sie alle in den Biersaal zurück und hielten kurze Reden, die von einem begeisterten Publikum mit Beifall aufgenommen wurden.

Dann kam die Nachricht aus dem Ausland, dass die SA Schwierigkeiten mit den Heerestruppen hatte. Hitler beschließt, das Land zu verlassen und beauftragt Ludendorff mit der Leitung der Brauerei. Der General forderte von Kahr, Lossow und Seisser auf, ihm ihr Ehrenwort zu geben, dass sie Hitler gegenüber loyal seien. Nach Erhalt dieses Versprechens teilte er ihnen naiv mit, sie seien frei und könnten gehen. Keiner von ihnen hatte die geringste Absicht, den Putsch zu unterstützen, und sie eilten zur Verstärkung. In der Nacht begannen die Truppen zu manövrieren, und es gelang den Putschisten nicht, die strategischen Zentren der Stadt einzunehmen. Im Morgengrauen erkannte Hitler, dass er von Kahr und Co. verraten worden war. Daraufhin schlug Ludendorff, der überzeugt war, dass seine Anwesenheit ausreichen würde, um Soldaten und Polizisten davon abzuhalten, auf sie zu schießen, Hitler einen öffentlichen Marsch ins Stadtzentrum vor, um es einzunehmen. Etwa 2.000 Mann, mit Hitler und Ludendorff an der Spitze, begannen den Marsch vom Bürgerbräu entlang der Isar zum Marienplatz, wo sich das Rathaus befindet, um elf Uhr morgens.

Die Menschen kamen in Scharen, um die Kolonne vorbeiziehen zu sehen, und einige schlossen sich dem Marsch als Zeichen der Unterstützung an. Sie wollten zum Verteidigungsministerium ziehen, wo SA-Wagen mit 150 Mann unter dem Kommando von Gregor Strasser geparkt waren. Eine Straße, die zum Odeonsplatz führt, wurde von der Polizei abgeriegelt. Nach einer Zeit des stillen gegenseitigen Betrachtens war ein Schuss zu hören. Die Polizei feuerte sofort einen Kugelhagel ab. Sechzehn Nazis fielen tot zu Boden, darunter der Ingenieurmediziner Max Erwin von Scheuber-Richter, ein persönlicher Freund von General Ludendorff, der die Partei mit hohen Geldbeträgen finanziert hatte. Ludendorff ging weiter in gerader Linie durch den Feuerhagel, bis er unversehrt die Polizeireihen erreichte. Göring wurde schwer in der Leiste verwundet und Hitler brach sich den Oberarmkopf in der linken Schulter. Vier Polizisten wurden bei dem Feuergefecht ebenfalls getötet.

General Ludendorff wurde freigesprochen, aber Hitler, der des Hochverrats angeklagt war, wurde zu fünf Jahren Gefängnis verurteilt, von denen er nur neun Monate absitzen sollte. Die Parteibüros wurden geschlossen und die Parteizeitung „Völkischer Beobachter" wurde beschlagnahmt und verboten. Göring gelang die Flucht, aber die schwere Behandlung seiner Wunde machte ihn vorübergehend zum Morphinomanen. Die Führer, die nicht verhaftet wurden, flüchteten nach Österreich. Alles deutete darauf hin, dass nach dem Scheitern des Putsches die politischen Chancen von Adolf Hitler und der NSDAP verschwunden waren. Dies war nicht der Fall, denn nachdem er im Gefängnis *Mein Kampf* geschrieben hatte, zeigte sich Hitler davon überzeugt, dass er die NSDAP zu einer Massenpartei machen und Wahlen gewinnen musste, um die Macht zu ergreifen.

Hitler hatte seine politische Karriere 1919 begonnen, ein Jahr nachdem er wegen einer Gasinhalation an der Front in das Krankenhaus von Passewalk bei Berlin eingeliefert worden war. Dort war er fassungslos über die Nachricht, dass sein Land den Krieg verloren hatte, ohne auf dem Schlachtfeld besiegt worden zu sein. Wie viele Deutsche vertrat er die Theorie, dass Deutschland von einer von Juden angeführten Kommunistenbande „von hinten erdolcht" worden sei. Nach seiner Entlassung blieb er bei der Armee, für die er Informationsarbeit leistete. Am 12. September 1919 wird er beauftragt, an einer politischen Versammlung der Deutschen Arbeiterpartei (DAP) in München teilzunehmen, die neun Monate zuvor von dem Eisenbahner Anton Drexler unter der Schirmherrschaft der Thule-Gesellschaft gegründet worden war. Das Programm dieser kleinen Partei war nationalistisch und antisemitisch. Nur fünfzig Personen nahmen an der Veranstaltung teil, darunter Gottfried Feder, der über die Abscheulichkeit des Interesses sprach. Hitler wollte gerade gehen, als sich ein weiterer Redner zu Wort meldete, ein Professor namens Baumann, der eine Rede hielt, in der er sich für die Abtrennung Bayerns von Deutschland und dessen Vereinigung mit Österreich aussprach, um im Süden einen neuen germanischen Staat zu gründen. Aufgeregt und in völliger Ablehnung dieser separatistischen Ideen beschloss Hitler, sich einzumischen und hielt eine feurige Stegreifrede, in der er die Argumente des Professors widerlegte und sich für die Vereinigung aller Deutschen aussprach. Als er seine Rede beendet hatte, ging er wortlos auf die Straße. Drexler lief ihm nach und erklärte, dass er mit dem, was er gesagt hatte, einverstanden sei. Einige Tage später bat er ihn, der Partei beizutreten, und Hitler nahm die Einladung an.

Nach seinem Beitritt zur DAP bemühte sich Hitler vier Jahre lang um Mitglieder und Geldgeber. Seit dem 24. Februar 1920 war aus der kleinen Gruppe von Eisenbahnarbeitern die NSDAP geworden, eine Partei, zu deren Wohltätern oder Geldgebern die Bechsteins, Helene und Carl Bechstein, der berühmte jüdische Klavierfabrikant, und Fritz Thyssen, der Stahlmagnat, gehörten. Hitler hatte auch die Sympathien von Henry Ford, der laut einem Bericht *der New York Times* vom 20. Dezember 1922 Hitlers nationalistische und antisemitische Bewegung in München finanzierte.

Zahlreiche „antisemitische" Juden in Hitlers Gefolge

Über Hitler ist viel geschrieben worden, aber die Aspekte, die auf den folgenden Seiten erörtert werden sollen, wurden weitgehend ignoriert. In diesem Abschnitt werden wir sehen, dass Juden, manchmal Zionisten, die angeblich antisemitisch sind, immer wieder in seinem Umfeld auftauchen, sei es in seinem familiären Hintergrund, in seiner ideologischen Bildung als junger Mann oder in seiner politischen Karriere. In einem zweiten Abschnitt werden wir sehen, dass Hitler, bevor er an die Macht kam, von denselben internationalen jüdischen Bankiers finanziert wurde, die auch die bolschewistische Revolution finanziert hatten und die Franklin Delano Roosevelt ins Weiße Haus brachten. Drittens werden wir das *Haavara-Abkommen* erörtern, ein „Nazi"-Abkommen, das am 25. August 1933 zwischen Nazis und Zionisten unterzeichnet wurde und die Auswanderung der deutschen Juden nach Palästina förderte. Wenn man bedenkt, dass der Rassismus beider Seiten zur Verfolgung sich überschneidender Ziele beitrug, haben die Fakten eine unbestreitbare Logik. In Wirklichkeit waren Hitlers Nationalismus und Antisemitismus die Werkzeuge, die der internationale Zionismus benutzte, um schließlich die Gründung des Staates Israel zu erreichen, unmöglich, ohne die große Masse der aschkenasischen Juden, die also nicht semitisch sind, nach Palästina zu „drängen".

Ein wichtiges Buch, das sich mit dem ersten Punkt befasst, ist *„Bevor Hitler kam"*, das 1964 von Dietrich Bronder veröffentlicht wurde, einem deutschen Professor jüdischer Herkunft, der 1952, nachdem er zwischen 1940 und 1950 Jura, Volkswirtschaft, Medizin, Theologie und Philosophie studiert hatte, seine Doktorarbeit in Geschichte an der Universität Göttigen zum Thema *„Führung und Organisation der sozialistischen Arbeiterbewegung im Deutschen Reich von 1890 bis 1944"* vorlegte. Soweit wir wissen, gibt es keine englische Ausgabe dieser Arbeit, aber einige wenige Exemplare sind noch in alten Buchhandlungen in Deutschland zu finden. Der Verfasser verbrachte den August 2011 in Berlin und konnte von einer Kollegin, einer Professorin für Latein, erfahren, dass in der Bibliothek ihrer Universität nur ein Exemplar von Bronders Werk aufbewahrt wird, das nicht ausgeliehen werden kann und daher in der Bibliothek konsultiert werden muss. äußerst gelehrte *Bevor Hitler kam* untersucht die intellektuellen und ideologischen Grundlagen des preußischen Rassennationalismus, der bereits vor dem Ersten Weltkrieg eine intellektuelle und militärische Elite beeinflusste und später ein Schlüsselfaktor des nationalsozialistischen Denkens sein sollte. Professor Bronder beginnt seine Arbeit mit einem bedeutsamen Zitat von Engelbert Pernstorfer, dem 1918 verstorbenen Mitbegründer der Sozialdemokratischen Partei Österreichs, das es verdient, wiedergegeben zu werden, da es in dem hier betrachteten Kontext von Bedeutung ist:

> „Jede Kultur ist national... Sozialismus und nationales Denken sind nicht nur kein Widerspruch, sondern gehören notwendigerweise zusammen. Jeder Versuch, das nationale Denken zu schwächen, muss, wenn er erfolgreich ist, den Reichtum der Menschheit verringern...... Der Nationalismus muss also mehr sein als eine atavistische Erscheinung, wie ein verwerflicher Chauvinismus; seine Wurzeln müssen tief in den Boden der Menschen eindringen. Geschichte ist nichts anderes als die Geschichte von Völkern und Staaten, in denen sie ihr Leben leben. Die Menschen sind das Motiv und der Auslöser aller menschlichen Freignisse. Wer versucht, diese Tatsache zu übersehen oder sie theoretisch zu überwinden, wird immer Schiffbruch erleiden".

Ein weiteres interessantes Werk, das 1974 in der Schweiz veröffentlicht wurde und online im PDF-Format gelesen werden kann, ist *Adolf Hitler - Gründer Israels. Israel im Krieg mit den Juden*, dessen Autor Hennecke Kardel, ebenfalls jüdischer Herkunft, 1982 von einem 1979 gegen ihn angestrengten Prozess des deutschen Staates freigesprochen wurde, der auch sein Vermögen beschlagnahmte. 1998 veröffentlichte Kardel zusammen mit Anneliese Kappler *Marcel Reich -Ranicki: der Eichmann von Kattowitz*, wofür er wegen Verleumdung verklagt wurde, vermutlich von Reich-Ranicki selbst, einem polnischen Juden, der wegen seiner Literaturkritik als „Papst der deutschen Literatur" bekannt war. Am 9. März 1999 teilte die Staatsanwaltschaft des Landgerichts Hamburg Hennecke Kardel mit, dass die Ermittlungen gegen ihn wegen des Verdachts einer möglichen Beleidigung oder Verleumdung erfolglos geblieben seien und das Verfahren daher eingestellt worden sei. Kardel, der anscheinend sein Leben lang verfolgt wurde, stützt sich stark auf das Buch von Dietrich Bronder, die im vorigen Absatz genannte Quelle. Viele der folgenden Informationen sind beiden Werken entnommen.

Auf der Grundlage eigener Recherchen listet Bronder eine Reihe von nationalsozialistischen Hierarchen jüdischer Herkunft auf, unter denen er den Führer und Reichskanzler Adolf Hitler an die erste Stelle setzt. Viele falsche Rassenreinheitszeugnisse wurden damals gefälscht, um die unerwünschte Abstammung zu verschleiern. Kardel behauptet, dass im Falle Hitlers, obwohl die Dokumente nicht verfügbar sind, weil sie verschwinden sollten, eine sehr hohe Wahrscheinlichkeit besteht, dass der Großvater väterlicherseits des Führers ein wohlhabender Jude namens Frankenberger war. Einige Autoren, insbesondere Greg Hallett, Autor von *Hitler Was a British Agent*, weisen darauf hin, dass dieser Frankenberger lediglich ein Mittelsmann war, der die Identität von Hitlers echtem Großvater verbarg. Hitlers Vater Alois, ein 1837 geborenes Einzelkind, war also ein Bastard, der im Alter von zweiundvierzig Jahren von Maria Anna Schicklgruber gezeugt wurde. Am 10. Mai 1842, fünf Jahre nach der Geburt ihres unehelichen Sohnes, heiratete Maria Anna Schicklgruber Johan Georg Hiedler. Der kleine Alois, der vierzig Jahre lang den Namen seiner Mutter trug, kam zu seinem Onkel Johan Nepomuk Hüttler. Der Autor von *The Making of Adolf Hitler*, Eugene Davidson, hält es für unwahrscheinlich, dass der Großvater Adolf Hitlers der jüdische Frankenberger war, und hält die These für am plausibelsten, dass Hitlers Vater Alois in Wirklichkeit der Sohn von Johan Nepomuk war, einem wohlhabenden Bauern, bei dem Alois Hitler bis zu seinem sechzehnten Lebensjahr lebte.

1847 starb Schicklgruber, und zehn Jahre später folgte ihr Mann ihr nach. Im Januar 1877 schworen drei unbeschriebene Personen, die ihre Erklärung mit dem Buchstaben „X" unterzeichneten, vor Pfarrer Zahnschirm, dass Johan Georg Hiedler vor seinem Tod gesagt habe, er wolle Alois als seinen Sohn adoptieren. Nachdem er diese Aussage gehört hatte, änderte der Pfarrer der Gemeinde Döllersheim den Eintrag vom 7. Juni 1837. Von diesem Tag an wurde Alois Schicklgruber offiziell Alois Hitler genannt. Alois änderte somit seinen Vatersnamen von Hiedler in Hitler, einen jüdischen Nachnamen, der auch in drei anderen Formen auftritt: Hütler, Hüttler und Hittler. Die Mutter von Adolf Hitler, Klara Pölzl, war die dritte Ehefrau von Alois Hitler, den sie „Onkel Alois" nannte, da sie seine Nichte war. Konrad Heiden, ein jüdischer Journalist und Historiker, der manchmal unter dem Pseudonym Klaus Bredow schrieb, ist der Autor einer zweibändigen Biographie über Adolf Hitler, die 1936-37 in Zürich veröffentlicht wurde. Darin enthüllt er, dass ein Vorfahre von Klara Hitler

Johann Salomon war und bestätigt, dass Hitler ein häufiger Nachname auf jüdischen Gräbern in Teilen Österreichs ist.

Ein weiteres Zeugnis für die jüdische Herkunft des Führers stammt von Hans Frank, dem Generalgouverneur des besetzten Polen und Hitlers Anwalt während des Krieges. Frank, der laut Bronder und Kardel ebenfalls halbjüdisch war, wurde in Nürnberg zum Tode durch den Strang verurteilt. Vor seinem Tod gab er zu, dass er Hitlers Herkunft kannte. Er bestätigt dies in seinen Memoiren *„Im Angesicht des Galgens"*, die er kurz vor seinem Tod schrieb. Kardel schreibt, dass Hans Frank von Hitler beauftragt wurde, Dokumente aufzuspüren, die ihn mit seinem jüdischen Großvater in Verbindung bringen könnten. Frank soll einen jahrelangen Briefwechsel zwischen den Frankenbergers und Hitlers Großmutter, Maria Anna Schicklgruber, entdeckt haben.

In *„Ich habe Hitler bezahlt"*, einem Buch von Fritz Thyssen, das 1941 veröffentlicht wurde und angeblich von ihm selbst verfasst wurde, obwohl er später seine Autorenschaft bestritt, heißt es, dass Großmutter Schicklgruber ein Dienstmädchen im Haus der Familie Rothschild in Wien gewesen sei, wo sie schwanger wurde. Eugene Davidson spricht jedoch von der Familie Frankenberger und nicht von der Familie Rothschild. Wenn Fritz Thyssen Recht hat und Großmutter Schicklgruber als Dienerin im Wiener Haus von Salomon Rothschild ansiedelt, könnte der Frankenberger Jude der von den Rothschilds selbst eingesetzte Vermittler sein, was die These von Greg Hallett bestätigt. In diesem Zusammenhang bestätigt Niall Ferguson, der maßgebliche Biograph der Familie Rothschild, die sexuellen Exzesse und Perversionen Salomon Rothschilds in Wien: „Er hatte eine laszive Leidenschaft für 'sehr junge Mädchen' und seine 'Affären' mit ihnen mussten von der Polizei vertuscht werden". Die Anführungszeichen innerhalb des Zitats weisen offensichtlich auf die Euphemismen hin, die Ferguson verwendet, um zwei Worte zu vermeiden: Mädchen und Skandale.

Laut Kardel erfuhr Hitler von der Existenz seines jüdischen Großvaters durch seine Mutter, die nach einer Brustkrebsoperation um ihr Leben fürchtete und einige Monate vor ihrem Tod mit ihrem Sohn sprach. Klara Hitler gab ihm eine Adresse in Wien, falls er sie brauchen sollte, und erklärte ihm, dass seine Großmutter väterlicherseits schwanger geworden war, als sie bei Herrn Frankenberger in Graz arbeitete. Klara erzählte ihrem Sohn, dass sein Vater Alois von der Familie Frankenberger finanziell unterstützt worden war, bis er 14 Jahre alt war. Am 21. Dezember 1907 starb Klara Hitler, und Anfang 1908 beschloss der junge Adolf, der die Aufnahmeprüfung für die Akademie der bildenden Künste in Wien nicht bestanden hatte, die Frankenbergers zu besuchen, in der Hoffnung, dass sie ihm helfen konnten, in diese Institution aufgenommen zu werden. Er traf einen Mann in den Sechzigern, der ihm gestand, dass seine Familie seinem Vater finanziell geholfen hatte, obwohl nicht bewiesen war, dass sein Vater einer von ihnen gewesen war. Der damals achtzehnjährige Hitler war nicht nur enttäuscht, sondern ging auch gedemütigt aus diesem Gespräch. Von diesem Moment an bekamen sein Interesse an der jüdischen Kultur und seine Kontakte zu den Juden in Wien, wo etwa 200.000 Juden lebten, eine neue Dimension.

Im Herbst 1908 war Hitler bereits ein regelmäßiger Leser der Zeitschrift *Ostara*, die 1905 von Adolf Josef Lanz gegründet worden war, einem ehemaligen Zisterziensermönch, der 1899 wegen seiner rassistischen Auslegung der Kirchengeschichte und seiner Zugehörigkeit zu einer Bewegung, die die Trennung von Rom predigte, aus dem Orden ausgeschlossen worden war. Lanz, der seit 1908 Herausgeber und alleiniger Autor der Zeitschrift war, begründete seine Rassentheorien mit gnostischen und kabbalistischen Ansichten, die er für seine rassistischen Ziele abwandelte. 1909 besuchte Hitler die Zisterzienserabtei vom Heiligen Kreuz im Wienerwald, um die Adresse des Schöpfers der Zeitschrift *Ostara* herauszufinden, ein Name, der an eine alte germanische Frühlingsgottheit erinnerte. Hitler wollte angeblich, dass die Ausgaben von ihm zurückkauft, und Lanz gab sie ihm. Von da an war die Freundschaft zwischen den beiden geboren.

Bruder Jörg, wie er im Kloster genannt wurde, hatte sich trotz seiner Predigten über arische Rassenreinheit und Antisemitismus mit einer Jüdin namens Liebenfels eingelassen und nannte sich fortan Dr. Georg Lanz von Liebenfels. Später beschloss er, Adeliger zu werden, und behauptete, der Sohn von Baron Johann Lanz und Katharina Skala zu sein. Sein Vater, Johann Lanz, war in Wirklichkeit kein Adeliger, sondern ein Professor in Wien, aber der Nachname seiner Mutter war Hoffenreich, die Tochter eines slowakischen Kaufmanns jüdischer Herkunft namens Abraham Hoffenreich. Es liegt auf der Hand, dass dieser Nazi-Ideologe, der weder Arzt noch Baron war, seine Herkunft zu verbergen suchte.

Im Jahr 1907 gründete der angebliche Baron von Liebenfels den ONT (Orden der Neutempler). Dietrich Bronder gibt an, dass ihm die Idee dazu nach dem Besuch einer Aufführung der romantischen Oper *Der Templer und die Jüdin* von Heinrich Marschner gekommen sei. Der Orden der Neutempler hatte seinen Sitz auf der Burg Werfenstein, wo die Hakenkreuzfahne zum ersten Mal in Deutschland gehisst wurde. Es handelte sich um eine Flagge mit einem roten Hakenkreuz auf goldenem Grund. Bronder fügt hinzu: „Nachdem von Lanz ihnen die Burg Werfenstein zur Verfügung gestellt hatte, feierte die jüdische Gemeinde in Wien dort auch ihr Laubhüttenfest, in Erinnerung an die Wüstenwanderung der Kinder Israels. Das Bündnis wurde mit Rabbiner Moritz Altschüler geschmiedet, einem der jüdischen Freunde der Ordensmeister, bekannt als Mitherausgeber der *Monumenta Judaica*, an denen auch der Antisemit Lanz mitarbeitete!" Die Tatsache, dass das Zitat mit einem Ausruf endet, zeigt offensichtlich Bronders Verwunderung über die fehlende Logik im Verhalten des finsteren von Liebenfels, der in Wirklichkeit ein Zionist war, der den Juden volle Rechte über Palästina gewährte.

Hennecke Kardel zitiert den Text eines Briefes von Lanz von Liebensfels an einen Bruder des ONT, Bruder Aemilius, geschrieben am 22. Februar 1932, ein Jahr bevor Hitler an die Macht kam: „Weißt du, dass Hitler unser größter Schüler ist? Du wirst sehen, dass er und durch ihn auch wir triumphieren werden und eine Bewegung entfachen, die die Welt erschüttern wird. Heil dir!" Der Einfluss von Lanz auf Hitler ist Gegenstand eines dutzendseitigen Artikels mit dem Titel „Der Mann, der Hitler die Ideen gab. Jörg Lanz von Liebenfels", der

1958 von Wilfried Daim veröffentlicht wurde. Der deutsche Text kann im PDF-Format im Internet gelesen werden. Lanz von Liebenfels gehörte auch der Thule-Gesellsachft an, deren Meister er war.

Von besonderer Bedeutung für die Gründung der NSDAP war der Erwerb der Zeitung *Völkischer Beobachter*, deren Hauptaktionäre Mitglieder der Thule-Gesellschaft (Thule- Gesellschaft) waren, eines Geheimordens, der sich ursprünglich auf das germanische Altertum berief und dem prominente NS-Führer angehörten. Am Weihnachtstag 1920 erschien in der Zeitung eine kleine Anzeige, in der mitgeteilt wurde, dass die Nazipartei die Zeitung unter großen Opfern erworben hatte, „um sie zu einer rücksichtslosen Waffe des Deutschtums zu machen". Dietrich Bronder und Hennecke Kardel bestätigen, dass es zwei jüdische Freunde Hitlers waren, die den Kauf ermöglichten: Moses Pinkeles, alias Trebitsch-Lincoln, einer der geheimnisvollsten Männer des 20. Jahrhunderts[8], und Ernst Hanfstängl.

Kardel erklärt, Hitler habe Ignaz Trebitsch-Lincoln über Dietrich Eckart, einen 1923 früh verstorbenen Parteiideologen und Mitglied des Thule-Ordens, kennengelernt. Seiner Darstellung zufolge wurde das Treffen in einer Bierstube arrangiert, um die Möglichkeiten auszuloten, dass Trebitsch Geld für den Kauf der Zeitung zur Verfügung stellt. Hitler fragte Trebitsch-Lincoln, was er von Palästina als Lösung für den gesamten Antisemitismus halte. Sein Gesprächspartner äußerte sich zu den Vorzügen eines Zusammenschlusses von

---

[8] Das Geheimnis von Ignaz Trebitsch-Lincoln hat das Interesse zahlreicher Forscher geweckt. René Guenon, ein Spezialist für Esoterik, glaubt, dass Trebitsch-Lincoln, der 1879 in Ungarn in einer orthodoxen jüdischen Familie geboren wurde, ein Agent okkulter Kräfte war. Jean Robin, ein weiterer Autor über okkulte Themen, stellt Trebtisch-Lincoln in den Dienst einer Elite, die er die Unbekannten Oberen nennt und die mit der Gesellschaft des Grünen Drachen verbunden ist. Der Historiker Guido Preparata hingegen glaubt, dass er wie Parvus (Alexander Helphand) ein Spezialist für die Kunst der Subversion war, der für Großbritannien arbeitete. Bernard Wasserstein argumentiert in *The Secret Lives of Trebitsch-Lincoln*, dass er bereits vor dem Ersten Weltkrieg in der Spionage tätig war. Die These, dass er ein Doppel- oder sogar Dreifachspion war, wird von anderen Forschern unterstützt. Donald McCormick bringt ihn in *Peddler of Death: The Life and times of Sir Basil Zaharoff* mit dem „Kaufmann des Todes", dem Juden Basil Zaharoff, in Verbindung, mit dem er eng befreundet war, und fügt hinzu, dass er als geheimer Berater von David Lloyd George tätig war. McCormick glaubt, dass es eine Dreieckspartnerschaft zwischen Zaharoff, Lloyd George und Trebitch-Lincoln gab, die darauf beruhte, dass „jeder ein Geheimnis über den anderen wusste". Preparata schreibt, dass er bei seiner Ankunft in Berlin im Sommer 1919 seine englische Staatsbürgerschaft verloren hatte und aus England ausgewiesen worden war. Der Historiker hält es für möglich, dass er ein kommunistischer Agent im Dienste der Bolschewiki war. Letztlich erlauben weder die bekannten Fakten noch die Spekulationen über diese Person, das Rätsel seiner wahren Persönlichkeit zu entschlüsseln. Zwei weitere Fakten, über die sich mehrere Quellen einig sind: Moses Pinkeles, alias Ignaz Trebitsch-Lincoln, wurde 1930, angeblich in Tibet, initiiert und wurde zum ehrwürdigen Chao Kung. Er wurde 1943 in Shanghai offiziell als vermisst gemeldet, obwohl auch dies nicht sicher ist. Es wird angenommen, dass er am 6. Oktober gestorben ist, aber einige Quellen sprechen von Selbstmord und Mord. Die *Times of Ceylon* berichtete nach dem Krieg, dass er in Indien, in der Nähe von Tibet, gesehen worden sei und dort in Ruhe lebe.

Nationalsozialisten und Zionisten. Er fügte hinzu, dass die Briten ihnen Palästina überlassen sollten und sie dann die Menschen dorthin bringen würden. Kardel berichtet, dass Trebitsch-Lincoln an einem Punkt des Gesprächs über die Juden seine Hand auf Hitlers Unterarm legte und ihm wörtlich sagte: „Ich weiß, wer du bist, Frankenberger". Hitler zog seinen Arm energisch zurück und blickte ihn herausfordernd an: „Sagen Sie niemals Frankenberger, sonst werde ich laut über Sie sprechen, Moses Pinkeles! Moses Pinkeles aus Ungarn!" Auf die Frage, wie viel Geld er brauche, antwortete Hitler 100.000 Mark. Daraufhin holte Pinkeles drei Bündel Geldscheine im Gesamtwert von 30.000 Mark aus seiner Tasche und legte sie auf den Tisch. Dietrich Bronder behauptet, dass die restlichen 70.000 Mark von Ernst Hanfstängl beigesteuert wurden, der von seinen engen Freunden, darunter Hitler, „Putzi" genannt wurde und für den er manchmal Klavier spielte.

Die Tatsache, dass Hanfstängl, der Sohn eines wohlhabenden deutschen Kunstverlegers und einer jüdischen Amerikanerin namens Katharine Heine, die amerikanische Staatsbürgerschaft besaß und Jude war, hinderte ihn nicht daran, zwanzig Jahre lang in Hitlers elitärem Kreis zu bleiben. Bis 1937 war Hanfstängl Leiter der Abteilung Auslandspresse der NSDAP, aber 1941 muss etwas passiert sein, denn er verlor das Vertrauen des Führers und wurde aufgefordert, das Land zu verlassen. Nach dem Eintritt der USA in den Weltkrieg wurde dieser Freund Hitlers Berater des US-Präsidenten, des ebenfalls jüdischen Franklin Delano Roosevelt, den er bereits während ihres Studiums in Harvard kennengelernt hatte. War Putzi von Anfang an ein Agent, der Hitler zur Seite gestellt wurde?

Dass die führenden Köpfe der NSDAP mit Familien jüdischer Herkunft verwandt waren, ist in der Tat eine überraschende Enthüllung, da sie alle behaupteten, Antisemiten zu sein. Wie Dietrich Bronder darlegt, scheint der Widerspruch dieses Umstandes zu „völkischen" (rassischen) Theorien unüberwindbar. Bronder besteht darauf, dass die Daten, die er in seinem Buch präsentiert, das Ergebnis seiner eigenen Forschung über die nationalsozialistischen Führer sind. Von den 4.000 Führern, die er untersuchte, waren 120 von Geburt an Ausländer, und in vielen Fällen waren beide Elternteile Ausländer. Ein Prozentsatz", fügt er hinzu, „war sogar jüdischer Herkunft und damit 'untragbar' im Sinne der Rassengesetze des Nationalsozialismus".

Zu den Namen auf der Liste in *Bevor Hitler kam* gehören neben Hitler selbst die folgenden: Karl Haushofer, der als einer der Architekten der geistigen Theorien des Nationalsozialismus und als Begründer der Geopolitik gilt, ein Fach, das er an der Universität München lehrte. Haushofer, ein prominenter Führer der Vril- oder Lichtloge und des Thule-Ordens, war zwar ein frommer Katholik und begeisterter Verfechter der arischen Rassentheorien, aber jüdischer Herkunft und mit einer Jüdin verheiratet. Rudolf Hess war sein Assistent an der Universität und wurde ebenfalls in die Vril-Gesellschaft eingeweiht. Hess, Sekretär des Führers, Reichsminister und auch ein auffälliges Mitglied der Thule-Gesellschaft, deren Großmeister Baron Rudolf von Sebottendorf war, hatte laut Bronder ebenfalls Vorfahren jüdischer Herkunft. Zu den wichtigsten Namen, die in *Bevor Hitler kam* genannt werden, gehören: Hermann Göring, Reichsmarschall; der Reichs- und NSDAP-Führer Gregor Strasser; Dr. Josef Goebbels; Alfred Rosenberg; Hans Frank und Heinrich Himler; Reichsminister von Ribbentrop (der dem 1952 verstorbenen Zionistenführer Chaim Weizmann, dem ersten Oberhaupt des Staates Israel, enge Freundschaft schwor); SS-Oberbefehlshaber Reinhard Heydrich; Erich von Bach-Zelkewski; die Bankiers Ritter von Stauss und von Stein, die Hitler vor 1933 stark unterstützten; Feldmarschall und Staatssekretär Erhard Milch; Staatssekretär Friedrich Gauß; die Physiker und ehemaligen Parteimitglieder Philipp von Lenard und Abraham Robert Esau...

Eine gesonderte Bemerkung verdient der bereits erwähnte R. Heydrich, eine der schlimmsten Figuren des Regimes, da er der Leiter der Einsatzgruppen war, die Tausende von Juden in Polen und der UdSSR erschossen. Sowohl Kardel als auch Bronder spielen auf die überwiegend jüdische Herkunft von Reinhard Tristan Eugen Heydrich an, aber in diesem Fall haben wir zusätzliche Informationen von dem jüdischen Schriftsteller Henry Makow (Henrymakow.com, 4. Oktober 2009), der bestätigt, dass Heydrichs Vater der Jude Bruno Suess war, Sohn des Juden Robert Suess und der Jüdin Ernestine Linder. Bruno änderte seinen Nachnamen in Reinhard, was auf Deutsch so viel wie tadellose Reinheit bedeutet. Graf Kessler erklärt in *Die Familiennamen der Juden in Deutschland*, dass viele deutsche Juden mit dem Nachnamen Goldman ihren Namen in Reinhard änderten, was sehr beliebt war. So wurde aus Bruno Suess Bruno Reinhard, ein wagnerianischer Opernsänger und Komponist, der als Nichtjude akzeptiert werden wollte. Makow behauptet, Bruno Reinhard, der die Tochter seines Lehrers heiratete und in Halle eine Musikschule eröffnete, sei Freimaurer und Frankist gewesen. Er fügt hinzu, dass Reinhard Heydrich seinen Militärdienst bei der Marine leistete und von seinen Kameraden der blonde Moses genannt wurde. Felix Kersten, Himmlers Arzt, schreibt in den *Kersten Memoiren* (1957), dass Hitler wusste, dass Heydrich halbjüdisch war. Die Tatsache, dass Heydrich einer der schärfsten Nazis gegen die Juden war, könnte vielleicht dadurch erklärt werden, dass er sich vergewissern wollte, dass man trotz seiner Herkunft nicht an ihm zweifeln würde. In Spanien ist der Dominikaner Tomás de Torquemada ein ähnlicher Fall. Dieser konvertierte Jude, Beichtvater der Königin Isabella und erster Generalinquisitor von Kastilien und Aragonien, zeichnete sich durch seinen unerbittlichen Eifer bei der Verfolgung seiner Brüder aus der eigenen Ethnie aus. Torquemada war einer der Hauptbefürworter der Vertreibung der Juden aus Spanien.

Julius Streicher, Kreisleiter, Chef der SA, prominentes Mitglied des Thule-Ordens und berühmter Herausgeber der berühmten Zeitung *Der Stürmer*, wird von Kardel ebenfalls wegen seiner jüdischen Herkunft hervorgehoben. Die 1923 gegründete Zeitung prangerte zwanzig Jahre lang kompromisslos die schlimmsten Entgleisungen an, die den Juden zugeschrieben wurden, darunter rituelle Verbrechen und bestimmte sexuelle Perversionen. Der Karikaturist der Zeitung, dessen Zeichnungen äußerst aggressiv und bösartig waren, war der Jude Jonas Wolk, alias Fritz Brandt. Obwohl ihm keine Bluttaten zur Last gelegt werden konnten, wurde Streicher in Nürnberg zum Tode verurteilt. Jeden Tag prangern mehr und mehr Juristen das, was in Nürnberg geschah, als das Gegenteil von Recht an. Der Fall Streicher ist in dieser Hinsicht beispielhaft. Dank einer Notiz, die sein Anwalt Hans Marx weitergeben konnte, ist bekannt, dass Schwarze und Juden ihn in seiner Zelle grausam gefoltert haben: Er wurde sogar nackt mit schwarzen und blauen Flecken und einem Schild mit der Aufschrift „Julius Streicher, König der Juden" um den Hals fotografiert. Als der Anwalt den Vorfall dem Gericht meldete, wiesen die Richter den Protest entrüstet zurück und ordneten an, dass er nicht in den Prozessakten und -aufzeichnungen erscheinen dürfe, da er „grob unangemessen" sei.

Der Henker, der die Nazi-Häuptlinge erhängte, war der Jude John Clarence Woods, ein Sergeant der US-Armee, der es genoss, das Leiden der Verurteilten am Galgen zu verlängern. Rosenbergs Todeskampf war der kürzeste und dauerte zehn Minuten. Ribbentrop brauchte achtzehn Minuten und General Keitel vierundzwanzig Minuten zum Sterben. Als Streicher an der Reihe war, wurde er nach seinem Namen gefragt, und er antwortete: „Sie wissen ihn schon". Als er die Stufen zum Galgen hinaufstieg, rief er „Heil Hitler! Streichers Strangulierung dauerte vierzehn Minuten. Kardel merkt an, dass die Kiste, in die seine Leiche gelegt wurde, die Aufschrift Abraham Goldberg trug, was nach seinen Angaben sein richtiger Name war. Andererseits bestätigt Giles MacDonogh, Autor des kürzlich ins Spanische übersetzten und in Barcelona erschienenen Werks *After the Reich* (2010), dass der Name Abraham Goldberg auch im Logbuch des Krematoriums, in dem Streichers Überreste eingeäschert wurden, eingetragen war. Laut MacDonogh war dies ein falscher Name. Wenn das so ist, warum wurde dann das Schild „König der Juden" aufgestellt? Warum wurde er auf dem Schafott nach seinem Namen gefragt? Warum sollte er seinen Namen ändern? Die Hinrichtungen fanden „zufällig" am 16. Oktober statt, dem jüdischen Feiertag Hoshanah Rabbah, dem siebten Tag von Sukkot, der nach dem Zohar als Tag des Gerichts über die Völker der Welt gilt. Daher wurden sie der jüdischen Gemeinschaft als ein talmudischer Racheakt präsentiert.

Jüdische Bankiers finanzieren Hitler

Ein Buch, das als *Sidney Warburg* in die Geschichte eingegangen ist, ist der unwiderlegbare Beweis dafür, dass Hitler von den internationalen jüdischen Bankiers als Werkzeug benutzt wurde: den Rockefellers, den Warburgs, den Morgans, d.h. denselben Verschwörern, die die bolschewistische Revolution finanziert hatten. Antony Sutton, Autor von *Wall Street and the Rise of Hitler*, widmet ein Kapitel dieses Werks der Untersuchung dieser Frage. Sutton, der glaubt, dass das Buch authentisch ist und dass Sidney Warburg in Wirklichkeit James Paul Warburg, der Sohn von Paul Warburg, ist, zitiert aus den 1953 veröffentlichten *Memoiren* von Franz von Papen, in denen der Staatsmann das fragliche Buch für echt hält. Von Papen schreibt: „Die am besten dokumentierte Erklärung für den plötzlichen Erwerb nationalsozialistischer Gelder findet sich in einem Buch, das 1933 in Holland von dem angesehenen Verlag Van Holkema & Warendorf unter dem Titel *De Geldbronnen van Het Nationaal-Socialisme (Drie Gesprekken Met Hitler) unter dem* Namen Sidney Warburg veröffentlicht wurde".

Das Buch war nur wenige Tage lang in niederländischen Buchhandlungen erhältlich, da es bald darauf unterdrückt wurde. Sutton behauptet, dass drei Exemplare die Säuberung überlebt haben, von denen eines unter dem Titel *The Financial Sources of National Socialism (Three conversations with Hitler)* ins Englische übersetzt und anschließend im Britischen Museum hinterlegt wurde, obwohl es derzeit für die Öffentlichkeit nicht zugänglich ist und daher von Forschern nicht verwendet werden kann. Ein zweites Exemplar befand sich im Besitz von Bundeskanzler Schuschnigg von Österreich und ist nicht mehr bekannt. Das dritte Exemplar wurde in der Schweiz ins Deutsche übersetzt. Sutton stellt klar, dass der in seinem Besitz befindliche Text von einer beglaubigten Kopie der deutschen Übersetzung ins Englische übersetzt wurde, die er 1971 erworben hatte. Er verweist jedoch nicht auf eine Ausgabe, die 1955 in Spanien im Verlag NOS von Mauricio Carlavilla unter dem Titel *El dinero de Hitler* erschien. Diese Ausgabe ist diejenige, die wir behandeln. Überraschenderweise reproduziert Carlavilla den Einband der niederländischen Ausgabe und behauptet, dass sich dieses Originalexemplar seit acht Jahren in seinem Besitz befunden habe. Vergleicht man die Texte der spanischen Ausgabe mit denen, die Professor Sutton in englischer Sprache veröffentlicht hat, so kann man feststellen, dass der Inhalt, abgesehen von einigen irrelevanten Nuancen aufgrund der spanischen Übersetzung, im Wesentlichen identisch ist.

Am 24. November 1933 meldete *die New York Times* die Veröffentlichung des Buches mit der Schlagzeile „Hoax on Nazis Feared". In einem kurzen Artikel wurde darauf hingewiesen, dass in Holland ein Pamphlet erschienen war und dass der Autor nicht der Sohn von Paul Warburg war. Der Übersetzer sei J.G. Shoup, ein in Holland lebender belgischer Journalist, und die Herausgeber und Shoup selbst würden sich fragen, „ob sie Opfer eines Schwindels geworden sind". Der sofortige Versuch, das Buch durch die Veröffentlichung eines Artikels in dieser Zeitung zu diskreditieren, ist unserer

Meinung nach nur ein weiterer Beweis für seine Echtheit. Im vorigen Kapitel wurde bereits erwähnt, dass ein Jude namens Adolph Ochs 1896 *die New York Times* kaufte. Wir fügen nun hinzu, dass Adolph Ochs die Tochter eines wichtigen Mitglieds des Reformjudentums heiratete. Aus dieser Ehe ging eine Tochter hervor, die Arthur Hays Sulzberger heiratete, der die Zeitung leitete. Die Zeitung ist also im Besitz des Ochs-Sulzberger-Clans und dient den Interessen derjenigen, die in den 1930er Jahren Hitler und Rossevelt finanzierten.

Da wir über ein Exemplar von *Hitlers Geld verfügen*, werden wir den Text, der angeblich von James Paul Warburg unter dem Pseudonym Sidney Warburg verfasst wurde, im Detail besprechen. Die Gründe, die Paul Warburgs Sohn dazu veranlassten, dem renommierten niederländischen Publizisten einen Text in englischer Sprache zu überlassen, sind uns nicht bekannt. Was wir wissen, ist, dass seine Familie seine Launen missbilligte und das Buch aus dem Verkehr ziehen konnte. Dank der bereits erwähnten *Memoiren* von Papen ist auch bekannt, dass ein Mitarbeiter der Warburgs, der bei der Firma Warburg & Co. in Amsterdam arbeitete, die Veröffentlichung des Buches bei Holkema & Warendorf meldete. Die Verleger, denen mitgeteilt wurde, dass es keine Person namens Sidney Warburg gibt, beschlossen, das Werk aus dem Verkehr zu ziehen. In von Papens Buch findet sich der Text einer eidesstattlichen Erklärung von James Paul Warburg aus dem Jahr 1949, in der er erklärt, dass das Buch eine Fälschung sei. Selbst wenn man davon ausgeht, dass Sidney Warburg nicht Paul Warburgs Nachkomme war, werden die Tatsachen in der ersten Person mit absoluter Genauigkeit und Detailgenauigkeit erzählt. Wer auch immer den Text geschrieben hat, muss zwangsläufig jemand gewesen sein, der den Finanziers, die Hitler an die Macht brachten, sehr nahe stand.

Das Buch, das aus drei Kapiteln besteht, die mit drei Jahreszahlen überschrieben sind: „1929", „1931" und „1933", beginnt mit einer kurzen Schilderung des Gesprächs zwischen „Sidney Warburg" und I. G. Shoup, dem Übersetzer der Gespräche mit Hitler. Darin begründet Warburg, warum er ihm das englische Manuskript zur Übersetzung ins Niederländische gibt: „Es gibt Zeiten", sagt Warburg, „in denen ich einer Welt voller Intrigen, Börsenmanöver, Betrug und Lügen entfliehen möchte. Ich spreche mit meinem Vater von Zeit zu Zeit über diese Dinge. Wissen Sie, was ich nie verstehen konnte? Wie es möglich ist, dass Menschen mit gutem und ehrlichem Charakter sich auf Betrügereien und Täuschungen einlassen, obwohl sie wissen, dass Tausende von Menschen davon betroffen sind." Shoup weiß sehr wohl, wer sein Gesprächspartner ist, denn er bezeichnet ihn als „den Sohn eines der mächtigsten Bankiers der Vereinigten Staaten, eines Teilhabers der New Yorker Bank Kuhn, Loeb & Co.". Der Übersetzer fragt: „Warum wollte er der Welt mitteilen, wie der Nationalsozialismus finanziert wurde?"

Im ersten Kapitel, „1929", sagt Warburg einige Dinge, die unmöglich zu glauben sind, wie zum Beispiel, dass der Vertrag von Versailles, obwohl er von Wilson inspiriert wurde, nie die Sympathie der Wall Street gehabt habe, weil Frankreich davon profitiert habe und den wirtschaftlichen Wiederaufbau Deutschlands in der Hand hatte. Es sei daran erinnert, dass Wilson von Bankern der Wall Street nach Paris begleitet wurde, darunter Bernard Baruch, Thomas

Lamont von J. P. Morgan und Paul Warburg selbst. Bernard Baruch, Wirtschaftsberater der Friedenskonferenz, billigte die Deutschland auferlegten harten Reparationen und setzte sie durch. Wir wissen nicht, wen „Sidney Warburg" zu täuschen versucht, der selbstgerecht argumentiert, als ob es sich nicht um ein gutes Geschäft handelte, dass „je mehr Frankreich auf seine Kriegsreparationen drängte, desto mehr Kredite von den Vereinigten Staaten und Großbritannien gewährt werden mussten, damit Deutschland zahlen und den wirtschaftlichen Wiederaufbau des Landes gewährleisten konnte". Nach einigen politischen und wirtschaftlichen Überlegungen, die darauf abzielen, „die Fehler eines Systems aufzudecken, das die Welt beherrscht", erzählt Warburg, wie er den Auftrag erhielt, nach Deutschland zu reisen und Hitler zu treffen.

Warburg, der perfekt Deutsch sprach, nachdem er vier Jahre lang in einer Hamburger Bank gearbeitet hatte, erzählt, wie er an einem bestimmten Tag im Juni 1929 in New York in den Büros des Guaranty Trust ein Gespräch mit J. H. Carter, dem President Commissioner der Bank, hatte. Bei einem zweiten Treffen, das am nächsten Tag in der Geschäftsleitung des Guaranty Trust stattfand und an dem der junge Rockefeller, ein Vertreter der Königlichen Niederlande namens Glean, die Präsidenten der Federal Reserve Banks und fünf weitere Privatbankiers teilnahmen, schlug Carter den Namen des jungen Warburg für die Mission bei Hitler vor: „Alle waren sich einig, dass ich der Mann war, den sie brauchten", schreibt Warburg, und es gab eine weitere Konferenz, „bei der Carter und Rockefeller das Sagen hatten und die anderen nur zuhörten und nickten". Dort waren sich alle einig, dass „es nur einen Weg gab, Deutschland vor der französischen Finanzzange zu retten, und dieser Weg war eine Revolution. Diese konnte von zwei verschiedenen politischen Gruppen durchgeführt werden: entweder von der Kommunistischen Partei Deutschlands - was im Falle des Erfolgs ihrer sowjetischen Revolution die Herrschaft der UdSSR über Europa und die Zunahme der kommunistischen Gefahr in der ganzen Welt bedeutete - oder die Entfesselung der Revolution durch die Gruppe der Nationalisten". Die Rechtfertigungsargumente von „Sidney Warburg" erscheinen weder glaubwürdig noch ehrlich, nicht zuletzt weil die kommunistische Revolution bereits dreimal gescheitert war. Außerdem ist es unvernünftig, dass „zur Rettung Deutschlands vor der französischen Finanzzange" an eine Revolution gedacht wird. Die wirklichen Motive waren natürlich andere und viel weitreichendere, wie wir später noch Gelegenheit haben werden zu erörtern, denn hier interessieren die tatsächlichen Ereignisse, die stattgefunden haben. Es wurde vereinbart, dass Hitler den Zweck der wirtschaftlichen Unterstützung durch die Wall Street nicht erfahren sollte und dass es seinem eigenen Verstand und seinen eigenen Überlegungen überlassen bleiben sollte, die verborgenen Motive hinter dem Vorschlag zu entdecken.

Warburg verließ New York in Richtung Cherbourg an Bord der *Ile de France*. „Ich reiste mit einem Diplomatenpass und Empfehlungsschreiben von Carter, Tommy Walker, Rockefeller, Glean und Herbert Hoover". In München angekommen, scheiterte der amerikanische Konsul mit seinem Versuch, ihn mit der nationalistischen Gruppe in Verbindung zu bringen: „Das hat mich acht Tage gekostet". Dank der Bemühungen der Münchner Stadtverwaltung gelang es ihm schließlich, Hitler zu erreichen. Der Bürgermeister Deutzberg teilt ihm mit, dass Hitler ihn im Bräukeller empfangen werde. Es folgt die Geschichte des ersten Treffens. In einem alten, rustikalen Raum hinter dem großen Saal der Brauerei saß Hitler zwischen zwei Männern hinter einem langen Tisch. „Die drei Männer standen auf, als sie mich kommen sahen, und stellten sich einer nach dem anderen vor. Der Kellner brachte mir einen großen Krug Bier und ich begann zu reden." Warburg deutete an, dass er ein Gespräch unter vier Augen wollte und es vorzog, keine Dritten dabei zu haben. „Das ist nicht meine Art", sagte Hitler, „aber wenn Sie mir Ihre Papiere zeigen, werde ich darüber nachdenken." Ein paar Vorstellungsbriefe gezeigt, zogen sich die Begleiter nach einem Wink mit dem Zaunpfahl zurück. „Dann holte ich alle meine Empfehlungsschreiben heraus, breitete sie auf dem Tisch aus und forderte Hitler auf, sich nach ihrem Inhalt zu erkundigen. Nachdem er sie gelesen hatte, fragte er mich, ob ich beabsichtige, mein Gespräch mit ihm in einer amerikanischen Zeitung zu veröffentlichen. Ich verneinte dies. Daraufhin sagte er etwas ruhiger: „Es ist nur so, dass ich Journalisten nicht besonders vertraue. Besonders amerikanischen Journalisten". Ich habe nicht gefragt, warum, denn ich wollte es auch nicht wissen".

Es besteht kein Zweifel daran, dass Hitler von diesem Moment an wusste, mit wem er es zu tun hatte, denn die Namen auf den Empfehlungsschreiben waren recht aussagekräftig. Dann begann ein Monolog Hitlers, der wissen wollte, was sie von seiner Bewegung hielten, da sein Programm ins Englische übersetzt worden war. Es folgten Anprangerungen der Folgen des Versailler Vertrages für die Bevölkerung, Anprangerungen von Marxisten und Juden, von politischen Parteien und deren Knechtschaft, von Verrat und Korruption. Demgegenüber stehe seine Partei, die die Herzen des Volkes gewinnen wolle, die mit einem gesamtdeutschen Programm Arbeit und Brot verspreche und die die Unterstützung vieler Arbeitsloser, des Mittelstandes und der Menschen auf dem Lande zu gewinnen beginne. Er spricht dann von der Notwendigkeit von Kraft und Geld, um die Ziele zu erreichen, und prangert die Haltung der jüdischen Banken an. Hitler überreichte ihm daraufhin das Parteiprogramm: „Hier finden Sie, was wir erreichen wollen und was wir für unser Ziel halten." Warburg hielt den Zeitpunkt für gekommen, den Grund für seinen Auftrag zu nennen, aber „er ließ mich fast nicht anfangen". Wieder nahm er das Päckchen in die Hand und begann auf die Schwierigkeiten und die Notwendigkeit einer großen Propaganda hinzuweisen, für die er Geld benötigte. Warburg erklärt, dass er es leid war, Reden zu hören, und schreibt: „Es wurde für mich immer schwieriger, meinen Auftrag auszuführen und den Gegenstand meines Gesprächs zu nennen. Hitler schien sich selbst mit Vergnügen zuzuhören, und wenn ich versuchte, ein paar einleitende Worte einzuwerfen, um zu erklären, was ich wollte, ging er zu einem anderen Thema über". Als der Moment endlich gekommen war, gibt Warburg ihn in seinem Text mit diesen Worten wieder.

- Präsident Hindenburg betrachtet unsere Bewegung nicht mit Sympathie, aber wenn die Zeit gekommen ist, wird er nicht versuchen, das Volk gegen uns aufzubringen. Die Aristokratie um ihn herum hat Angst, das Volk an der Macht zu sehen. Denn wir könnten sie für ihre feige Haltung gegenüber dem Fremden und ihre Unentschlossenheit gegenüber dem jüdischen Kapitalismus zur Rechenschaft ziehen".

Plötzlich verstummte er. Er sah mich lange und intensiv an und fragte mich unhöflich aus.

- Sind Sie vielleicht Jude?

- Nein, ich bin deutscher Abstammung".

- Ja, natürlich; Ihr Name macht das deutlich".

Dann hatte ich Gelegenheit, erneut über die Schwierigkeiten zu sprechen, die dem Programm Hitlers im Wege standen, und es gelang mir schließlich, über den Finanzhilfeplan zu sprechen, den ich ihm vorschlagen wollte.

- 'Wenn das wahr wäre', unterbrach Hitler, 'wie viel könnten wir erreichen!'"

Als der Abgesandte der Wall Street ihn fragte, wie viel Geld er für seine Pläne benötige, war Hitler kurzzeitig überrascht und drückte auf eine Klingel. Er spricht mit dem Kellner und kurz darauf kommt ein großer, schlanker Mann in den Vierzigern in einer braunen Uniform herein. Ohne ihn seinem Gesprächspartner vorzustellen, fragte Hitler ihn unverblümt, „wie viel Geld für eine intensive Propaganda für die Bewegung benötigt würde". Warburg gibt an, dass er später erfuhr, dass es sich bei dem Mann, der hereingekommen war, um den Bankier von Heydt handelte, der einige Zahlen aufschrieb und sie an seinen Chef weitergab, der sich in einem Ton bedankte, der bedeutete, er könne gehen. „Sehen Sie", sagte Hitler, „es ist nicht leicht, unter unseren Umständen eine Berechnung anzustellen. Ich muss erst einmal wissen, wie viel der Herr, der Sie geschickt hat, maximal zu geben bereit ist, und auch, ob er zu einer weiteren Spende bereit wäre, wenn wir seine Hilfe noch einmal brauchen sollten." Warburg erklärte daraufhin, dass er nicht antworten könne. Sein Auftrag sei es, mit ihm Kontakt aufzunehmen, und er müsse denjenigen, der ihn geschickt habe, über den Höchstbetrag informieren, den sie ihm zur Verfügung stellen würden. „Meine Antwort schien ihm nicht besonders zu gefallen. Vielleicht hielt er das Ganze für etwas kompliziert und fragte in einem eher trockenen Ton, ob ich ihm auch nur eine ungefähre Vorstellung davon geben könne, mit wie viel er letztendlich rechnen könne. Ich wiederholte, dass dies nicht möglich sei. Der Vollständigkeit halber folgt das vollständige Zitat des Dialogs:

- „Wann kann ich das Geld haben?

Ich antwortete, dass ich hoffe, dass dies der Fall sein würde, sobald mein telegrafischer Bericht in New York eingegangen sei, vorausgesetzt, man sei sich über die genaue Summe einig. Hitler nahm mich wieder beim Wort. Er wolle nicht, dass das Geld nach Deutschland geschickt werde; das sei zu gefährlich.

- Ich habe kein Vertrauen in eine deutsche Bank. Das Geld muss bei einer ausländischen Bank deponiert werden, von der es mir dann zur Verfügung gestellt wird.

Wieder sah er auf den Betrag, den sie zusammengerechnet hatten, und sagte wie auf einen scharfen Befehl hin:

- Einhundert Millionen Mark".

Ich bemühte mich, mir mein Erstaunen über die Höhe des Betrags nicht anmerken zu lassen. Ich versprach, nach New York zu telegrafieren und ihm umgehend mitzuteilen, welche Antwort ich erhalten würde. Er unterbrach mich:

- Sobald Sie von ihm hören, schreiben Sie an von Heydt. Seine Adresse ist Lützow-Ufer 18, Berlin. Er wird sich bei Bedarf sofort mit Ihnen in Verbindung setzen".

Hitler stand auf. Er schüttelte mir die Hand - was ich als ein gutes Zeichen verstand - und ich ging. Auf dem Weg zu meinem Hotel rechnete ich im Geiste die Zahlen durch. 100 Millionen Mark entsprachen etwa 24 Millionen Dollar. Ich begann zu bezweifeln, dass Carter einer europäischen politischen Bewegung, die sich in einem „fond perdu" befand, eine so hohe Summe zukommen lassen wollte. Schließlich dachte ich, dass New York das Ergebnis meiner Bemühungen erfahren wollte, und schickte heimlich einen Auszug aus dem Gespräch, das ich mit Hitler geführt hatte.

Am nächsten Tag ging ich abends zu einer Versammlung, die im Kreise der Nationalsozialistischen Partei abgehalten wurde; am Morgen hatte ich in meinem Hotel eine Einladung dazu erhalten. Hitler sprach persönlich; danach ergriff ein gewisser Falkenhayn das Wort."

Die Antwort aus New York kam drei Tage später. „Eine kurze Antwort, und auch in Geheimschrift. Darin wurden Hitler zehn Millionen Dollar angeboten. Ich sollte mitteilen, an welche europäische Bank dieser Betrag auf ein Konto in meinem Namen überwiesen werden sollte". Bei den genannten Beträgen ist zu berücksichtigen, dass die Hyperinflation, die 1921-23 die deutsche Währung zerstörte, durch die vorübergehende Ersetzung der Reichsmark durch die Rentenmark, gestützt durch Hypotheken auf deutsches Eigentum und durch die industrielle Produktion, eingedämmt werden konnte. Warburg berichtet weiter, dass er an von Heydt schrieb, der ihn am nächsten Tag anrief, und sie vereinbarten ein Treffen in seinem Hotel. Von Heydt kam in Begleitung eines anderen Mannes, der sich als Frey vorstellte, und „ich teilte ihnen mit, dass New York bereit sei, ihnen zehn Millionen Dollar zur Verfügung zu stellen, die in meinem Namen an eine europäische Bank geschickt werden sollten. Ich würde es Hitler gerne zur Verfügung stellen. Die Auszahlung und Überweisung dieses Geldes müsste geregelt werden." Zwei Tage später erschienen die beiden Männer erneut im Hotel mit den Anweisungen, die ihnen der Führer gegeben hatte. Der Vorschlag lautete wie folgt:

> „Ich sollte nach New York telegrafieren und sie bitten, mir die zehn Millionen Dollar bei der Bank Mendelssohn & Co. in Amsterdam zur Verfügung zu stellen: Ich müsste das Geld selbst in dieser Stadt abholen und diesen Bankier dazu bringen, mir zehn Schecks über eine Million Dollar zum Umtausch in Mark zu geben und sie in zehn verschiedenen Städten in Deutschland zu platzieren. Ich würde die Schecks auf zehn verschiedene Personen ausstellen, die sie Heydt zur Verfügung stellen würden. Er würde mit mir nach Amsterdam kommen. In Amsterdam angekommen, könnte ich nach Amerika zurückkehren.

Die Tatsache, dass Hitlers bevorzugte Bank die Mendelssohn-Bank in Amsterdam war, ist bezeichnend, da es sich um eine jüdische Bank in der Warburg-Umlaufbahn handelte. Die Mendelssohns waren außerdem die von den Rothschilds im 19. Jahrhundert am meisten bevorzugten Bankiers, auch wenn Samuel Bleichröder versuchte, sie in Berlin zu verdrängen. Es ist daher nicht verwunderlich, dass „Sidney Warburg" von dem Direktor mit außerordentlicher

Freundlichkeit empfangen wurde, als er ihn um ein Treffen bat. Es überraschte den jungen Warburg, dass von Heydt „von allen Angestellten, sowohl den jüngeren als auch den älteren, so behandelt wurde, als ob sie ihn als einen der besten Kunden der Bank betrachteten". Dies zeigt natürlich, dass die Nazis trotz der Reden gegen das jüdische Bankwesen routinemäßig und ohne Probleme mit jüdischen Banken zu tun hatten.

„Sidney Warburg schiffte sich in Southhampton auf der *Olympia* ein und kehrte nach New York zurück, wo er J. H. Carter, Morgans Mann und dem Guaranty Trust, alles berichtete, der vorschlug, eine Vollversammlung einzuberufen, damit er detailliert berichten könne. Bei dem neuen Treffen", schreibt Warburg, „waren dieselben Herren anwesend wie im Juli; aber diesmal saß neben Glean, der die Royal Dutch vertrat, ein englischer Vertreter, Angell, einer der wichtigsten Männer in der Asiatic Petroleum Company.... Sie alle hielten die Summe von 24 Millionen für übertrieben, aber ich hatte den Eindruck, dass es gerade die Höhe der Summe war, die ihnen zeigte, dass man Vertrauen in die Festigkeit und Wahrhaftigkeit der Handlungen des Führers haben konnte." Neben anderen Details vermerkt Warburg Rockefellers „enormes Interesse an Hitlers Aussagen über die Kommunisten". Er stellt auch fest, dass innerhalb weniger Wochen nach seiner Rückkehr bestimmte Zeitungen „begannen, ein besonderes Interesse an der neuen deutschen Partei zu zeigen" und fügt hinzu, dass „Zeitungen wie *die New York Times, Chicago Tribune, Sunday Times* usw. begannen, Nachrichtenberichte über Hitlers Reden zu veröffentlichen.

Zu Beginn des Jahres 1924 hatte die NSDAP 24 Abgeordnete. Nach dem Scheitern des „Münchener Putsches" geriet die Partei in Verruf, und bei den Wahlen am Ende des Jahres erhielt sie 14 Abgeordnete. Noch schlechter sah es 1928 aus, als die Nazis nur 12 Sitze errangen. Überraschenderweise änderte sich alles bei den Wahlen vom 14. September 1930, als die NSDAP ihr Ergebnis verzehnfachte und mit fast sechseinhalb Millionen Stimmen 107 Sitze errang. Über Nacht war Hitlers Partei zur zweitgrößten politischen Kraft in Deutschland geworden, hinter der Sozialdemokratischen Partei, die die meisten Stimmen und 143 Sitze erhielt. Die Kommunisten, die erklärten Feinde der Nazis, erhielten mit fast zwei Millionen weniger Stimmen 77 Sitze. Es scheint klar zu sein, dass die Geldspritze von der Wall Street Wirkung gezeigt hat.

Das zweite Kapitel von *Hitlers Geld* mit dem Titel „1931" beginnt mit Überlegungen zur Währungspolitik. Die Tatsache, dass die Bank of England im September 1931 den Goldstandard aufhob[9], veranlasste die französische

---

[9] Der Goldstandard erlaubte bekanntlich den Umtausch von Papiergeld in Gold. So konnte beispielsweise im Jahr 1930 jeder eine Unze Gold im Tausch gegen einen 20-Dollar-Schein erhalten. Infolge der Großen Depression, die durch den Börsenkrach von 1929 ausgelöst wurde, gerieten die Menschen so sehr in Panik, dass 1931 viele Menschen ihr Papiergeld in Gold umtauschten, und die Reserven der Bank of England begannen zu sinken. Montagu Norman, Gouverneur der Bank of England von 1920 bis 1944, stimmte zu, den Goldstandard aufzugeben, obwohl er immer ein entschiedener Verfechter dieses Standards gewesen war. Dieser Schritt regte einen weltweiten Austausch von Papier gegen Gold an, denn wenn die Londoner City, das Weltfinanzzentrum, einen solchen

Regierung, einen Teil ihrer bei der Federal Reserve gelagerten Goldreserven abzuziehen: „Enorme Goldmengen wurden", schreibt Warburg, „von New York nach Europa verschifft, von denen ein guter Teil nach Frankreich ging, obwohl ich es nicht mit Sicherheit sagen kann.... Ende September 1931 und Anfang Oktober sahen wir, dass bereits zwischen 650 und 700 Millionen Dollar nach Europa verschickt worden waren. Die Golddepots, die die französische Regierung Ende Oktober noch bei der Federal Reserve Bank hielt, hatten einen Wert von etwa 800 Millionen Dollar." Warburg führt die Schwächung des Pfund Sterling auf die französische Taktik zurück, die angeblich darauf abzielte, London finanziell zu zermürben, damit es Deutschland nicht zu Hilfe kommen konnte. Es wird über den Besuch von Pierre Laval, Präsident des französischen Ministerrats, und zwei Finanzexperten, Parnier und Lacour-Gayet, in Washington berichtet. „Sidney Warburg" kommentiert, dass die Experten der Federal Reserve und des Finanzministeriums „der Meinung waren, dass die französische Regierung ein paar Millionen verloren hatte, um das Pfund zu senken und den Goldstandard in London zu Fall zu bringen".

Das Thema kehrt dann zur Finanzierung der NSDAP zurück, da „Sidney Warburg" berichtet, Ende Oktober 1931 einen Brief von Hitler erhalten zu haben, aus dem er den folgenden Text in seinem Buch abschreibt:

> „Unsere Bewegung wächst in ganz Deutschland so schnell, dass sie einen großen Finanzbedarf hat. Die Summe, die Sie mir bereits für den Aufbau der Partei zur Verfügung gestellt haben, ist bereits aufgebraucht, und ich sehe voraus, dass ich nicht in der Lage sein werde, weiterzumachen, wenn ich nicht bald weitere Hilfe erhalte. Ich verfüge nicht, wie unsere Feinde, die Kommunisten und Sozialdemokraten, über die großen Finanzquellen der Regierungen, sondern muss mich strikt an die von den Parteimitgliedern zur Verfügung gestellten Summen halten. Von der Summe, die Sie mir geschickt haben, ist nichts mehr übrig. Im nächsten Monat muss ich eine große Aktion durchführen, die uns an die Macht bringen kann. Aber dafür brauche ich viel Geld. Ich wäre Ihnen dankbar, wenn Sie mir mitteilen würden, mit welchem Betrag ich bei Ihnen rechnen kann."

„Sidney Warburg" kommentiert den Ton des Briefes und hält ihn für den einer „Person, die meint, mehr Recht zu haben, um einen Gefallen zu bitten als zu betteln". Ein weiteres Detail, das ihm auffällt, ist, dass der Brief zwar auf Berlin datiert war, der Umschlag aber mit einem Poststempel eines amerikanischen Postamtes versehen war, was darauf hindeutet, dass Hitler einen Vertrauten in den Vereinigten Staaten und wahrscheinlich in New York selbst hatte. Anschließend wird von einem weiteren Treffen in den Büros der Guaranty Trust Co. berichtet, zu dem auch ein Rothschild-Mann, Montagu Norman, der Gouverneur der Bank of England, der sich in New York aufhielt, eingeladen war.

Schritt machen konnte, konnten andere diesem Beispiel folgen. 1933 beendete F. D. Roosevelt die Goldkonvertibilität für die Bürger. Von nun an konnten nur noch Regierungen und Weltbanken Banknoten in Gold umtauschen. Er ging sogar so weit, dass er den Amerikanern den Besitz von Gold verbot. Im Jahr 1934 führten die Vereinigten Staaten den Goldstandard wieder ein, aber nicht zu 20 Dollar pro Unze, sondern zu 35 Dollar. T. McFaddens Kritik an Roosevelts Politik in Bezug auf seine Goldmaßnahmen.

„Sidney Warburg" legt J. H. Carter die folgenden Worte in den Mund: „Wenn er kommen will, können wir den Sieg für uns beanspruchen „. Montagu Norman wurde über die Regierung von 1929 informiert und war der Meinung, dass die zehn Millionen Dollar eine sehr hohe Summe für die Finanzierung einer politischen Bewegung seien; aber schließlich wurde beschlossen, dass „Sidney Warburg" nach Europa zurückkehren sollte.

In Deutschland angekommen, besuchte der junge Warburg verschiedene Städte, um sich ein Bild von der Lage vor Ort zu machen. In Hamburg trifft er einen jüdischen Bankier, der Hitler unterstützt, und fragt ihn, wie er als Jude die Nazis unterstützen konnte. In Berlin traf er sich mit einem Industriellen, der sich für den Nationalsozialismus begeisterte. Nachdem er gesehen hatte, dass die Partei in der Bevölkerung Fuß gefasst hatte, hielt er es für an der Zeit, sich mit Hitler in Verbindung zu setzen, dem er an seine Berliner Adresse schrieb. Er wohnt im Hotel Adlon und empfängt in seinen Zimmern den Bankier von Heydt und einen Fremden, der ihm als Lütgebrunn vorgestellt wird. Beide erläuterten ihm die Arbeit der Partei mit den Arbeitslosen, die sie in die Milizen integrierten, was mit hohen Kosten verbunden war, denn in den NSDAP-Häusern in den verschiedenen deutschen Städten „essen die Männer dort, schlafen dort, und das alles auf Kosten der Partei." Nachdem er die Ausgaben für Uniformen, Waffenkäufe bei Schmugglern, Fortbewegungsmittel usw. gerechtfertigt hatte, kündigte von Heydt an, dass Hitler ihn am nächsten Tag in seinem Haus in der Fasanenstraße 28 empfangen würde. Warburg" kommentiert, dass er aufgrund des Aussehens des Gebäudes den Eindruck hatte, einen gewöhnlichen Bürger zu besuchen: „Ich fand Hitler etwas gealtert, aber weniger nervös; er hatte mehr Haltung, und er war auch besser gekleidet. Ich hatte den Eindruck, dass er wusste, was er wollte und wer er war".

Der Bericht über das zweite Gespräch beginnt mit einer Intervention Hitlers, der seinem Gesprächspartner versichert: „Wenn Sie uns ein Jahr Zeit geben, wird die Macht in unsere Hände fallen". Stolz erklärt er, dass „die rote Bande vor Angst zittert" und fügt hinzu, dass sie ihnen zeigen werden, wozu sie fähig sind. Er erklärt, dass sie „einen Mobilisierungsplan haben, der nicht scheitern kann", der „unter der Leitung von Göring, einem unserer besten Mitarbeiter steht. In zwei Stunden können unsere Formationen im ganzen Land bereit sein, auf die Straße zu gehen. An erster Stelle stehen die Sturmtruppen, deren Aufgabe es ist, die Gebäude zu besetzen, die politischen Führer und auch die Mitglieder der Regierung, die nicht auf unserer Seite stehen, gefangen zu nehmen.... Wenn Blut fließen soll, dann soll es fließen. Eine Revolution kann auf keine andere Weise gemacht werden; nur mit Gewalt kann den Verrätern beigebracht werden, was Ehre ist."

Nachdem er ihm zugehört hat, fragt Warburg, welche Absichten er in der internationalen Politik verfolge. Daraufhin steht Hitler auf, geht im Raum umher und beginnt einen langen Monolog, in dessen Mitte „Sidney Warburg" folgendes einwirft: „Bevor ich fortfahre, muss ich klarstellen, dass ich dieses Gespräch wortwörtlich aufgeschrieben habe, sobald ich in mein Hotel zurückgekehrt bin. Ich habe die Blätter vor mir liegen, ich bin also nicht verantwortlich für irgendetwas Unverständliches oder Unzusammenhängendes. Sie müssen bei

Hitler protestieren, wenn Ihnen etwas seltsam vorkommt oder wenn Sie von seinen außenpolitischen Vorstellungen überrascht sind". Die Rede Hitlers enthält einige bemerkenswerte Dinge. So versichert er zum Beispiel, dass er Juden, Kommunisten und Sozialdemokraten ins Gefängnis werfen wird; dass die Reichswehr „bis zum letzten Mann" auf ihrer Seite steht; dass die einzigen beiden Führer der Welt, die er respektiert, Mussolini und Stalin sind, vor allem ersterer, und fügt hinzu: „Schade, dass Stalin ein Jude ist." Als er der Meinung war, dass seine lange Rede die Frage beantwortet hatte, erkundigte sich Hitler sofort, wie viel Geld man ihm anbieten könne. Dann legt er dar, dass es zwei Pläne zur Machtergreifung gibt. Der erste ist der „revolutionäre Plan". Der zweite ist die legale Machtergreifung, d.h. der „Regierungswechsel". Es scheint klar zu sein, dass Hitler zu Beginn des Gesprächs versucht hatte, ihm den ersten Plan zu verkaufen, der, wie er sagte, eine Sache von drei Monaten sei, während der zweite drei Jahre dauern würde. „Was ist Ihrer Meinung nach vorzuziehen?"

„Sidney Warburg" schreibt, dass er nur unwissend mit den Schultern zuckte. Auf diese Haltung hin sagte Hitler: „Ihr Amerikaner kennt die Umstände nicht; deshalb ist es für euch sehr schwierig, dieses Dilemma richtig zu verstehen; aber was glauben Sie, werden Ihre Freunde sagen?" Da auch Warburg ihm keine Antwort geben konnte, sah sich Hitler veranlasst, die Angelegenheit weiter zu erläutern: „Sehen Sie, weder ich noch meine Mitarbeiter wissen mit Sicherheit, welchen Weg wir einschlagen sollen. Göring ist für die Revolution, die anderen sind eher für einen Regierungswechsel. Ich bin für beides:.... Es gibt einen Grund, warum wir im Zweifel sind, was die beste Methode ist, und das ist, dass wir nicht wissen, wie viel Geld wir von Ihnen erwarten können. Wenn Sie 1929 großzügiger gewesen wären, wäre alles längst in Ordnung gewesen; aber mit zehn Millionen Dollar könnten wir nicht einmal die Hälfte des Plans verwirklichen." Schließlich setzte sich Hitler nach Warburgs Schilderung an den Tisch, nahm ein kleines Notizbuch zur Hand und urteilte: „Die Revolution kostet 500 Millionen Mark, der Regierungswechsel etwa 200 Millionen Mark. Was glauben Sie, wie sich Ihre Freunde entscheiden werden?" Warburg versprach ihm, sich schnell mit New York in Verbindung zu setzen und ihm sofort Bescheid zu geben, sobald eine Antwort habe. Dann stand Hitler wieder auf, ging wieder auf und ab und sagte: „Ihre Freunde in Amerika haben ein unzweifelhaftes Interesse daran, dass unsere Partei in Deutschland an die Macht kommt, sonst wären Sie jetzt nicht bei mir, und 1929 hätten sie mir auch keine zehn Millionen Dollar gegeben. Es ist mir gleichgültig, aus welchen Motiven sie mir helfen; aber sie müssen wissen, dass ich ohne ausreichende finanzielle Mittel nichts tun kann."

Wie bereits gesagt, wollten die jüdischen Bankiers, die Hitler finanzierten, dass er selbst die Gründe für ihre finanzielle Unterstützung auslegt. Natürlich hatte Hitler in zwei Jahren Zeit gehabt, genau zu wissen, wer ihn an der Macht haben wollte. Ob er ihre wahren Absichten verstanden hatte, ist eine andere Frage. In dieser Hinsicht ist es sehr bezeichnend, dass er zugibt, dass ihn die Gründe nicht interessieren. „Sidney Warburg beendet seinen Bericht über das Gespräch mit dem Führer mit diesen Worten: „Dem Tonfall der letzten Sätze nach zu urteilen, schien es, als ob Hitler sich an ein großes Publikum wandte und mich angriff, als ob ich sein schlimmster Feind wäre. Ich hatte genug davon. Ich sagte ihm erneut, dass ich mit New York sprechen und ihm die Antwort geben würde, sobald ich sie erhalte." Es dauerte fünf Tage, bis New York antwortete. Offensichtlich war die erste Antwort nicht eindeutig und „Sidney Warburg" telegrafierte erneut, um eine erneute Antwort zu erhalten. Daraufhin erhielt er ein langes Telegramm, das er hier transkribiert:

> „Die vorgeschlagenen Beträge sind unangemessen. Das wollen und können wir nicht. Erklären Sie dem Mann, dass ein solcher Umschwung den europäischen Markt stören würde. Das ist auf dem internationalen Parkett völlig unbekannt. Ich warte auf einen ausführlicheren Bericht, bevor ich eine Entscheidung treffe. Machen Sie dort weiter. Recherchieren Sie weiter. Überzeugen Sie den Mann von der Unmöglichkeit seiner Forderungen. Vergessen Sie nicht, dem Bericht Ihre eigene Meinung über die zukünftigen Möglichkeiten des Mannes beizufügen."

Warburg schrieb einen Brief an Hitler und informierte ihn über die Neuigkeiten, die er erhalten hatte. Zwei Tage später wurde er in seinem Hotel von zwei Personen besucht, die er noch nie zuvor gesehen hatte: Göring und Streicher. „Ersterer, elegant aussehend, strammen Schrittes, brutal; letzterer hatte eine eher verweichlichte Erscheinung." Das Treffen mit Göring war äußerst unangenehm, denn obwohl Warburg betonte, dass er nur ein Vermittler sei, dessen Meinungen oder Ideen „nichts mit der Entwicklung der Dinge zu tun" hätten, sprach Göring in einem wütenden Ton mit ihm, der so weit ging, dass er ihm wörtlich sagte: „Sie sind alle Schwindler." Diese Worte empörten Warburg: „Ich stand auf und deutete auf die Tür, dass Göring gehen solle; er tat es, in Begleitung Streichers, ohne auch nur zu grüßen." Der Text geht weiter:

> „Ich schrieb Hitler einen Brief, in dem ich ihn bat, sich von nun an persönlich mit mir zu befassen und keine Abgesandten mehr zu mir zu schicken, insbesondere zu Göring. Ich erklärte ihm in wenigen Worten, was geschehen war, und fügte hinzu, dass ich nicht wünsche, dass die Welt Göring wieder trifft. Ich weiß nicht, was zwischen Hitler und Göring vorgefallen ist; Tatsache ist, dass ich am nächsten Tag einen Brief von Göring erhielt, in dem er sich bei mir entschuldigte und seine Aufregung auf die große Spannung zurückführte, in der sie sich befanden, da er nach Hitler der zweite Befehlshaber der Partei war".

Drei Tage später traf schließlich ein Telegramm mit folgendem Text ein: „Bericht erhalten. Wir sind bereit, zehn, höchstens fünfzehn Millionen Dollar zu geben. Weist auf die Notwendigkeit der Aggression gegen die ausländische Gefahr hin." Die Zweideutigkeit des letzten Satzes lässt alle möglichen Spekulationen zu, denn in ihm könnte der Schlüssel zu den wahren Zwecken der Finanzierung liegen. Nachdem sie Hitler die Nachricht in einem neuen Brief mitgeteilt hatten, besuchten Strasser und von Heydt Warburg mit der Vollmacht, im Namen des Führers zu handeln, der sich, wie sie sagten, auf Anordnung seines Arztes zwei Wochen lang ausruhen musste. Von Heydt nahm die Summe von fünfzehn Millionen entgegen und warnte, dass die revolutionäre Option nicht in Frage käme. Strasser fragte, wann das Geld in Deutschland sein könnte: „Ich sagte ihm, dass ich denke, dass es höchstens ein paar Tage dauern würde, sobald ich wüsste, ob Hitler mit den Zahlen zufrieden sei, aber dass ich Maßnahmen ergreifen würde, um sicherzustellen, dass das Geld nicht geschickt würde, bevor ich mit Hitler gesprochen hätte. Von Heydt entgegnete, der Führer brauche absolute Ruhe, aber Warbug bestand darauf, dass „nichts veranlasst würde, bevor ich nicht mit Hitler gesprochen hätte."

Am nächsten Tag, als er in seinen Hotelzimmern speiste, wurde „Sidney Warburg" mitgeteilt, dass ein Chauffeur am Eingang auf ihn warte. Nachdem er einen Brief gelesen hatte, in dem Hitler ihn bat, ihn in dem ihm zur Verfügung stehenden Wagen aufzusuchen, stieg er in den Wagen und wurde zu dem Haus in der Fasanenstraße gefahren, wo schließlich das Treffen mit Hitler stattfand. Dieser bestätigte, dass er die fünfzehn Millionen Dollar akzeptiere, aber damit den längeren Weg, nämlich den eines Regierungswechsels, wähle. Von Heydt", so kündigte Hitler an, „wird sich mit Ihnen in Verbindung setzen, um die Überweisung zu veranlassen. Weiter heißt es: „Ich habe versucht, ihm klarzumachen, dass es für die von mir Vertretenen nicht möglich war, die fünfzehn Millionen Dollar auf einmal zu überweisen. Sie würden erst zehn und dann fünf Millionen schicken und müssten erst meine Anweisungen erhalten. Ich wiederholte Hitler gegenüber die Bedeutung der Bedingungen, die Carter in dem Telegramm in Bezug auf das Ausland gestellt hatte. Diesmal stieß er nicht die üblichen Phrasen über das Programm aus, sondern antwortete scharf: „Überlassen Sie das mir. Was ich bereits erreicht habe, ist eine Garantie für das, was ich noch erreichen kann". Das war das Ende des Gesprächs.

Drei Tage später traf eine Gegenanweisung ein, wonach die fünfzehn Millionen „an eine bestimmte europäische Bank" zu überweisen seien, sobald sie abgeholt worden seien. Nachdem er diese Nachricht Hitler mitgeteilt hatte, wurde Warburg erneut von von Heydt aufgesucht, der ihn bat, den Betrag wie folgt zu überweisen: Fünf Millionen an Warburg, zu zahlen an Mendelssohn & Co. in Antwerpen; fünf Millionen an die Rotterdam Banking Union in Rotterdam; und weitere fünf Millionen an die Banca Italiana in Rom. Schauen wir uns die Einzelheiten des Vorgangs im Wortlaut an:

> „In Begleitung von Von Heydt, Gregor Strasser und Göring ging ich zu diesen drei Punkten, um die Zahlungsanweisungen zu sammeln. Dann mussten wir eine große Anzahl von Schecks an Städte und Orte in Deutschland an eine endlose Reihe von Namen auf sehr langen Listen schicken, die von den nationalsozialistischen Chefs geführt wurden. In Rom wurden Strasser, von Heydt und Göring im Hauptgebäude der Bank vom Präsidenten-Kommissar empfangen. Wir waren noch keine fünf Minuten im Büro, als uns zwei Männer in faschistischen Uniformen vorgestellt wurden, die offenbar auch Chefs waren: Rossi und Balbo. Göring ergriff das Wort und sprach auf Italienisch mit ihnen. Ich habe nichts gehört. Wir wurden zum Mittagessen in Balbos Haus eingeladen. Ich war der einzige, der keine Uniform trug. Die nationalsozialistischen Führer trugen braune Uniformen, die Faschisten trugen schwarze.

Was die Aufteilung des Geldes auf mehrere Schecks betrifft, so ist Anthony Sutton der Ansicht, dass dies eine gängige Praxis war, die dazu diente, das Geld zu waschen, um seine Herkunft von der Wall Street zu verschleiern. Einige Tage nach seiner Europareise mit den Nazis schiffte sich „Sydney

Warburg" im Hafen von Genua ein und fuhr an Bord der *Savoy* nach New York. Bei seiner Ankunft berichtete er ausführlich über die Gespräche mit Hitler und die Lage in Deutschland. Auch hier gehörte Rockefeller zu denjenigen, die am meisten an konkreten Details interessiert waren. Sie wollten auch alles über die Kollaborateure des Führers wissen, und der junge Warburg erzählte ihnen von dem Vorfall mit Göring.

Zu Beginn des Jahres 1932 wütete in Deutschland die Weltwirtschaftskrise, die 1929 mit dem Zusammenbruch der New Yorker Börse begonnen hatte. Etwa sechs Millionen Arbeiter waren bei den Arbeitsämtern gemeldet; rechnet man jedoch die geringfügig Beschäftigten und die nicht gemeldeten Arbeitsuchenden hinzu, so waren es fast zehn Millionen. Am 3. Juli 1932 erzielte die NSDAP spektakuläre Ergebnisse und wurde die führende politische Kraft. Aus den fast sechseinhalb Millionen Stimmen von 1930 wurden vierzehn Millionen. Von 107 Sitzen im Bundestag stieg sie auf 230. 37,4% der abgegebenen Stimmen entfielen damit auf die NSDAP. Obwohl der Erfolg unbestritten war, gelang es Hitler nicht, den gewünschten politischen Wandel herbeizuführen, da Hindenburg, der Präsident der Republik, und General Kurt von Schleicher, ein enger Vertrauter des alten Marschalls, ihn nicht als Kanzler unterstützten. Nach einem langen Tauziehen zwischen den verschiedenen politischen Akteuren kam man in eine Sackgasse, und es wurden Neuwahlen angesetzt, die am 6. November 1932 stattfanden. Das Ergebnis entsprach nicht den Erwartungen Hitlers, und die NSDAP verlor zwei Millionen Stimmen und 34 Abgeordnete, obwohl sie die mit Abstand stimmenstärkste Partei blieb.

Das Ränkespiel um das Kanzleramt begann erneut. Schleicher überzeugt Hindenburg davon, dass er die Nazis spalten kann, wenn er ihn zum Kanzler ernennt. Am 2. Dezember 1932 gibt der alte Marschall dem Ansinnen statt. Der Mann, der Hitler die Führung der Partei streitig machen könnte, ist Gregor Strasser. Schleicher, der davon überzeugt war, dass ihm etwa sechzig nationalsozialistische Abgeordnete folgen würden, bot ihm das Amt des Vizekanzlers an. Göbbels' Tagebuch gibt uns einen Einblick in die Stimmung innerhalb der NSDAP. In einem Eintrag vom 8. Dezember notiert er: „Es gibt Gerüchte, dass Strasser eine Art Palastrevolution plant.... Am Mittag explodierte die Bombe. Strasser hat einen Brief an den Führer geschrieben, in dem er ihm mitteilt, dass er von allen Ämtern zurücktritt". Bei einem Treffen zwischen Göbbels, Himmler, Röhm und Hitler drohte der Führer mit Selbstmord, falls sich die Partei auflösen sollte. Konkret, so schreibt Göbbels, sagte er: „Wenn die Partei jemals zerbricht, dann werde ich ihr in drei Minuten mit einer Pistole ein Ende setzen."

Der innerparteiliche Kampf zwischen Strasser und Hitler endete zu dessen Gunsten, und Kanzler Schleicher konnte nicht im Amt bleiben. Am 4. Januar 1933 traf Hitler unter der Schirmherrschaft des Bankiers Kurt von Schröder mit von Papen zusammen, der der katholischen Zentrumspartei angehörte und von der konservativen DNVP (Deutschnationale Volkspartei) unterstützt wurde. Die beiden einigten sich auf die Bildung einer Koalitionsregierung, in der Hitler Kanzler und von Papen Vizekanzler werden sollte. Am 28. Januar 1933 trat Schleicher zurück und von Papen schlug

Hindenburg eine Regierung mit den Nationalsozialisten vor. Am 30. Januar legte Hitler am Vormittag vor Hindenburg den Amtseid ab und wurde zum deutschen Reichskanzler ernannt. Am 1. Februar 1933 schrieb Ludendorff, der General, der mit Hitler am „Bierhallenputsch" teilgenommen hatte, einen Brief an Hindenburg, aus dem Eugene Davidson in *The Making of Adolf Hitler* zitiert. Aus dem Text entnehmen wir folgenden Auszug: „Mit der Ernennung Hitlers zum Reichskanzler haben Sie unser Vaterland einem der größten Demagogen aller Zeiten ausgeliefert. Ich prophezeie Ihnen feierlich, dass dieser verfluchte Mann unser Reich in den Abgrund stürzen und unser Volk in unvorstellbares Elend führen wird. Wegen seiner Taten werden ihn künftige Generationen im Grab verfluchen." Dies war die Situation, als „Sidney Warburg" in Berlin eintraf, um Hitler erneut zu treffen.

Im dritten Kapitel mit der Überschrift „1933" berichtet Warburg, dass er noch in der Nacht des Reichstagsbrandes, also am 27. Februar 1933, einen Brief an Hitlers ehemalige Wohnung in Berlin schickte, in dem er seine Ankunft ankündigte. Warburg gesteht, dass es bei dieser Gelegenheit Carter war, der Mann von der Guaranty Trust Co., der einen Brief von Hitler erhalten hatte mit der Bitte, „seinen alten Vertrauten sofort zu einem Gespräch zu schicken", was zweifelsfrei beweist, wie „Sidney Warburg" selbst verkündet, dass Hitler wusste, „dass er es mit der mächtigsten Finanzgruppe der Welt zu tun hatte".

Der nunmehrige Reichskanzler empfing ihn im selben Haus in der Fasanenstraße. Hitler, sehr erregt, sprach mit ihm eine halbe Stunde lang über den Reichstagsbrand, für den er die Kommunisten verantwortlich machte: „Die Kommunisten haben alles aufs Spiel gesetzt und verloren, indem sie den Reichstag angezündet haben". Über den Brand des Reichstagsgebäudes schreibt Warburg: „Erst später habe ich in Amerika und anderswo von verschiedenen Theorien lesen können; wenn es nun stimmt, dass Hitlers Partei an dem Brand beteiligt war, so muss man zugeben, dass Hitler der beste Komiker ist, den ich je in den fünf Teilen der Welt getroffen habe. Auch Göring und Göbbels sind keine Schwachköpfe; ihre Verzweiflung war so spontan, oder sie drückten sich so verblüffend gut aus, dass ich, wenn ich mich an diese Gespräche erinnere, immer noch daran zweifle, ob das alles erfunden war." Mit anderen Worten: Warburg hatte den Eindruck, dass die Naziführer ehrlich waren, als sie mit ihm über den Brand sprachen.

Achtzig Jahre später beschuldigen sich Kommunisten und Nationalsozialisten immer noch gegenseitig eines Ereignisses, aus dem beide politisches Kapital zu schlagen versuchten. Die offizielle Geschichtswissenschaft ist zu dem Schluss gekommen, dass dies alles das Werk der Nazis war, und dies wird in den akademischen Einrichtungen auf der ganzen Welt gelehrt. Da die offizielle Geschichte jedoch falsch ist, muss man davon ausgehen, dass sie in dieser Angelegenheit wie in so vielen anderen auch lügt. Nur zwei Tage nach dem Brand behauptete zum Beispiel der *Daily Worker, das* offizielle Organ der britischen Kommunistischen Partei, ohne jeden Beweis, dass die Nazis ihr eigenes Parlament in Brand gesteckt hätten. Willi Münzenberg, das Genie der kommunistischen Propaganda in Europa, und die OGPU fabrizierten falsche Beweise, die die Nazis in den Brand verwickelten.

Das Einzige, was eindeutig feststeht, ist, dass ein junger niederländischer Sozialist, Marinus Van der Lubbe, am Tatort verhaftet wurde und zugab, das Feuer gelegt zu haben. Van der Lubbe erklärte, dass er den Brand des Gebäudes als Signal für die Revolution beabsichtigte und dass er es allein getan hatte. Die Kommunisten beschuldigten ihn jedoch, ein Degenerierter zu sein, ein Schwachkopf, der als Sündenbock hingestellt worden sei, und begannen, das Gerücht zu verbreiten, dass die Nazis dahinter steckten. Van der Lubbe erklärte, er habe Zündmaterial und Öl gekauft, um das Feuer zu legen. Die Polizei konnte all diese Dinge beweisen. Unpolitische Vernehmungsbeamte glaubten, dass er die Wahrheit sagte. Auch die Feuerwehr erklärte, dass Van der Lubbes Darstellung mit den Ergebnissen ihrer Untersuchungen am Tatort übereinstimmte.

Über die kommunistische Propagandakampagne könnte man lange schreiben, denn sie war hauptsächlich das Werk von Otto Katz, dem Juden aus Jistebnice, einem Dreifach- oder Vierfachagenten, der, wie wir zu gegebener Zeit sehen werden, 1952 gehängt wurde. 2010 erschien ein Werk über Katz, der in Spanien die Propaganda der Zweiten Republik im Einklang mit Álvarez del Vayo leitete, *The Nine Lives of Otto Katz*, das eine Fülle von Informationen über diesen umherziehenden Juden bietet, den Molotow einst „Globetrotter" nannte. Jonathan Miles, der Autor des Buches, widmet sich in zwei Kapiteln den Einzelheiten der internationalen Kampagne zum Reichstagsbrand, die von Katz organisiert wurde, der, wie Miles feststellt, nie die geringsten Skrupel hatte, mit absoluter Selbstverständlichkeit zu lügen. Im April 1933 reiste Münzenberg nach Moskau, wo die Kampagne zur Beschuldigung der Nazis für den Brand beschlossen wurde. Katz, Münzenbergs Schützling, reiste nach England, Frankreich, Holland, in die Vereinigten Staaten und wohin auch immer, um Informationen und Unterstützung für die Abfassung und Herausgabe des „*Braunbuchs über Reichstagsbrand und Hitlerterror*" zu erhalten, dem Kernstück der Propaganda, das in einem Kraftakt in etwa zwanzig Sprachen, darunter Hebräisch und Jiddisch, übersetzt wurde. Eine Auflage von 135.000 Exemplaren wurde im August 1933 nach Deutschland geschmuggelt. Das Titelblatt ist nicht zu übersehen: Vor dem Hintergrund des brennenden Reichstags erscheint das Bild von Göring. Sein deformierter Kopf gleicht dem eines tollwütigen Hundes. In seiner rechten Hand hält er eine riesige blutige Axt. Von der Taille abwärts trägt er eine Metzgerschürze, die mit Blutflecken übersät ist. Neben anderen Fabeln schreibt das Buch dem jungen Marinus van der Lubbe eine Verstrickung mit einem geheimnisvollen Dr. Bell zu, einem angeblichen Zuhälter von Ernst Röhm. Otto Katz organisierte auch einen Parallelprozess in London, für den in zahlreichen Ländern Unterstützungskomitees gebildet wurden. Katz sprach seinem Gericht die höchste Autorität zu. Er erklärte, dass „sein Mandat vom Gewissen der Welt ausgeht".

Vor diesem Hintergrund können wir auf das Treffen zwischen Hitler und Warburg zurückkommen, das einige Tage vor den für den 5. März 1933 angesetzten Neuwahlen stattfand. Auf der ersten Regierungssitzung am 30. Januar hatte Hitler die Auflösung des Parlaments und die Ausrufung von Neuwahlen vorgeschlagen, da er überzeugt war, eine absolute Mehrheit zu erlangen. Von Papen, sein Verbündeter und Vizekanzler, hatte unter der Bedingung zugestimmt, dass er die Regierung unabhängig von den Ergebnissen nicht wechseln würde[10]. Hitler erläuterte dem jungen Warburg nicht nur seine unmittelbaren Pläne, sondern teilte ihm auch mit, dass von Heydt und von Pleffer nicht mehr unter ihnen weilten. Die Brüder Gregor und Otto Strasser bezeichnete er als lächerlich: „Statt anzugreifen, haben die Strassers und ihre Handlanger alles in aller Stille vorbereitet, aber ich habe jeden ihrer Schritte mitbekommen". Zu sagte er dann, dass er schon in Berlin auf ihn gewartet habe, dass er schnell handeln müsse, und fragte ihn, ob seine Freunde ihm weiterhelfen wollten."

Warburgs Urteil über Hitler fällt bei dieser Gelegenheit sehr negativ aus: „Es gibt Zeiten, in denen Hitler den Eindruck erweckt, krank zu sein. Es war mir nie möglich, ein ordentliches, normales Gespräch mit ihm zu führen. Von Zeit zu Zeit machte er so plötzliche und absurde Veränderungen, dass man nicht anders konnte, als an seinem geistigen Gleichgewicht zu zweifeln. Ich bin überzeugt, dass er von hypernervöser Natur ist". An einem Punkt des Gesprächs begann Hitler über das Judenproblem zu sprechen. „Großer Gott! -, ruft Warburg aus, „er verglich dieses deutsche Problem mit dem Negerproblem in Amerika. Das genügte, um mir eine Vorstellung von Hitlers Intelligenz und seiner Denkweise zu geben. Die beiden Probleme lassen sich nicht vergleichen. Ich erspare Ihnen die nutzlosen Vergleiche, die Hitler anstellte." Es war bereits drei Uhr morgens, als endlich die Frage nach der Höhe der neuen Hilfe gestellt wurde. Hitler sagte, er brauche „mindestens hundert Millionen Mark, um alles zu bekommen und eine Chance auf einen vollständigen und endgültigen Sieg zu haben." Warburg erklärte ihm, dass eine so große Summe nicht in Frage käme, und erinnerte daran, dass bereits 25 Millionen Dollar überwiesen worden seien. Er versprach, sofort nach New York zu telegrafieren, was er um 4.30 Uhr, als er in seinem Hotel eintraf, auch tat.

Carter telegrafierte, er könne ihm sieben Millionen Dollar schicken. „Fünf würden von New York aus nach Europa zu den von mir angegebenen Banken überwiesen, und die anderen zwei Millionen würden mir persönlich von der Rhineland Joint Stock Company in Düsseldorf, der deutschen Tochtergesellschaft der Royal Dutch, übergeben werden. Nach der Übermittlung der Antwort an Hitler wurde „Sidney Warburg" von Göbbels aufgesucht, der ihn in die Fasanenstraße brachte. Dort wurde er von Hitler und Göring empfangen. „Das Gespräch war sehr kurz. Ich hatte den Eindruck, dass die drei Männer über den angekündigten Betrag verärgert waren und dass sie sich bemühten, nicht unhöflich zu mir zu sein; aber es endete gut. Hitler bat mich, die fünf Millionen Dollar an die italienische Bank in Rom zu überweisen; Göring würde mich begleiten. Die anderen zwei Millionen sollten Göbbels in deutschem Geld, in

---

[10] Bei den Wahlen vom 5. März 1933 erhielt die NSDAP 17.200.000 Stimmen, was 288 Sitze bedeutete. 43,9% der Deutschen stimmten für die Nationalsozialisten. Die zweitstärkste Partei war die SPD, die mit 7.100.000 Stimmen 120 Sitze errang. Die Kommunisten wurden von 4.800.000 Wählern unterstützt und erhielten 81 Sitze. Am 21. März 1933 gelang es Hitler, das Ermächtigungsgesetz zu verabschieden, das ihn zu einem konstitutionellen Diktator machte.

fünfzehn gleichwertigen Schecks, übergeben werden. Damit endete das Gespräch.

Vielleicht haben wir uns in dieser Zusammenfassung länger als nötig ausgedehnt, aber wir haben uns dazu entschlossen, weil dieses entschlackte Buch in den Niederlanden nicht erhältlich ist. Auf jeden Fall können interessierte Leser vielleicht noch ein Exemplar der NOS-Ausgabe von 1955 in Spanien finden. Antony Sutton räumt ein, dass einige der Informationen heute bekannt sind, fügt aber hinzu, dass man bedenken sollte, dass die niederländische Ausgabe 1933 erschien und dass der Autor darin Fakten und Namen enthüllt, die erst viel später bekannt wurden, wie zum Beispiel, dass die von der Heydt-Bank eine finanzielle Verbindung zu Hitler hatte. Der Autor, ob er nun James Paul Warburg ist oder nicht, zeigt, dass er Zugang zu sehr spezifischen Daten hat und Dinge weiß, die nur wenige Menschen wissen können, wenn sie sich nicht in einer privilegierten Position befinden.

Die Beweise für die Finanzierung der Nazis durch die Wall Street sind von verschiedenen Forschern erbracht worden. Der erste Name, der in engem Zusammenhang mit internationalen Bankiers auftaucht, ist Hjalmar Horace Greeley Schacht, der sogenannte „Zauberer der Finanzen". In seinen *Memoiren* (Barcelona, 1954) erzählt Schacht, dass ihm 1903 der ältere Emil Rathenau eine Stelle bei der A.E.G. anbot, er aber eine Stelle bei der Dresdner Bank vorzog, die von den Juden Eugen Gutmann und Henry Nathan geleitet wurde. Schacht verrät, dass diese Bank 1905 einen „sehr interessanten und vorteilhaften Vertrag für mich" mit Morgan & Co. abschloss, an deren Verhandlungen in New York er beteiligt war. Hjalmar Schacht wurde am 22. Dezember 1923 zum Präsidenten der Reichsbank ernannt, eine Position, die er bis 1930 innehatte. Seine erste Dienstreise führte ihn nach London, wo er am 29. Dezember 1923 mit Montagu Norman, dem Gouverneur der Bank of England, zusammentraf. Montagu Norman war der Patenonkel des dritten Kindes von Schachts Tochter Inge, das ihm zu Ehren Norman Schacht genannt wurde.

1932 überredete Schacht, der in seinen Memoiren bereitwillig seine guten Beziehungen zu den zionistischen Juden zugibt, die Industriellen, von Hindenburg die Kanzlerschaft für Hitler zu fordern, der ihn am 17. März 1933 erneut zum Präsidenten der Reichsbank ernannte, ein Amt, das er bis 1939 innehatte. Drei prominente jüdische zionistische Bankiers, Warburg (Max), Mendelssohn und Wasserman, gehörten dem Generalrat der Bank an und unterzeichneten die Ernennung neben Hindenburg und Hitler. Als er an der Spitze der Bank stand, wurde er angewiesen, dass kein Beamter, der Freimaurer gewesen war, in eine Vertrauensposition berufen werden durfte. In seinen Memoiren schreibt er, er habe geantwortet, „dass ich nicht in der Lage sei, die Bestimmung auszuführen, solange ein Freimaurer an der Spitze der Reichsbank stehe. Dies war ich selbst. Zu seiner Mitgliedschaft in der Freimaurerei verweist er konkret auf eine Berliner Loge, die „Urania zur Unsterblichkeit", und schreibt: „1908 wurde ich Mitglied einer Freimaurerloge. Die Freimaurerei liegt in meiner Familie. Mein Vater gehörte einer amerikanischen Loge an. Mein Urgroßvater, Christian Ulrich Detlev von Eggers, war einer der großen Freimaurer seiner

Zeit". An anderer Stelle verrät er, dass er 1909 in Saloniki war, wo „fast alle Führer der jungtürkischen Bewegung Freimaurer waren und ihre geheimen Treffen im Schutz der Loge stattfanden". Er verrät jedoch nicht, dass es sich dabei nicht nur um Freimaurer, sondern auch um jüdische Konvertiten, „doenmés", handelte. Hjalmar Schacht, der Hebräisch studiert hatte, weil er es für den Aufstieg im Bankgeschäft für notwendig hielt, wurde am 2. August 1934 zum Wirtschaftsminister ernannt und Hitler ernannte ihn zum Ehrenmitglied der Partei.

Schacht war", schreibt Sutton, „ein Mitglied der internationalen Finanzelite, die hinter den Kulissen über das politische System eines Landes Macht ausübt. Er war das wichtigste Bindeglied zwischen der Wall-Street-Elite und Hitlers innerem Kreis". Dem Vertrauen der Gläubiger in Hjalmar Schacht ist es zu verdanken, dass die Pläne von Dawes (1924) und Young (1928), die beide von Bankern der Federal Reserve entworfen wurden, zustande kamen. Schacht war der Mann, der beide Pläne umsetzte und als eine Art Rechnungsprüfer fungierte, der die deutschen Schulden im Auftrag der Wall Street Banker verwaltete. In *Tragedy and Hope* behauptet Carroll Quigley, dass der Dawes-Plan eine Schöpfung von J. P. Morgan war. Konkret wurden Kredite in Höhe von etwa 800 Millionen Dollar vergeben, deren Erlöse in Form von Investitionen nach Deutschland flossen, um riesige Chemie- (I.G. Farben) und Stahlunternehmen (Vereinigte Stahlwerke) zu gründen und zu konsolidieren, die zunächst Hitler zur Macht verhalfen und dann den Großteil der im Zweiten Weltkrieg verwendeten Materialien produzierten. In *Wall Street and the Rise of Hitler* erklärt Professor Sutton:

> „Zwischen 1924 und 1931 zahlte Deutschland im Rahmen des Dawes- und des Young-Plans rund 36 Millionen Mark an Reparationen an die Alliierten. Gleichzeitig nahm Deutschland im Ausland, vor allem in den Vereinigten Staaten, Kredite in Höhe von 33 Milliarden Mark auf, was einer Nettozahlung von drei Milliarden Mark für Reparationen entsprach. Folglich wurde die Last der monetären Reparationen faktisch von ausländischen Zeichnern deutscher Anleihen getragen, die von Wall-Street-Finanzhäusern ausgegeben wurden, natürlich mit einem beträchtlichen Gewinn. Diese Häuser gehörten übrigens denselben Finanziers, die regelmäßig ihre Bankerhüte ablegten und die Hüte der Staatsmänner aufsetzten. Als Staatsmänner bereiteten sie die Dawes- und Young-Pläne zur „Lösung" des Reparations-"Problems" vor. Als Bankiers vergaben sie die Kredite."

Der Young-Plan wurde nach seinem Formulierer Owen D. Young benannt, einem Vertreter Morgans, der Präsident der General Electric Company war. In Wirklichkeit, so glaubt Sutton, war der Plan das Ergebnis des Gedankenaustauschs und der Zusammenarbeit zwischen Schacht in Deutschland und Morgan in New York, d.h. die Form eines riesigen und ehrgeizigen Systems internationaler Zusammenarbeit und eines Bündnisses zur Kontrolle der Welt. Es war beabsichtigt, Deutschland mit amerikanischem Kapital zu besetzen und das deutsche Vermögen durch eine gigantische Hypothek im Besitz der Vereinigten Staaten zu verpfänden. Insider Carroll Quigley erklärt, dass das Ziel darin bestand, „ein globales Finanzkontrollsystem in privater Hand zu schaffen, das in der Lage ist, das politische System jedes Landes und die Weltwirtschaft als Ganzes zu beherrschen". Die Idee zur BIZ (Bank für Internationalen Zahlungsausgleich), dem Schlüssel zur Umsetzung dieses Plans, stammt von Hjalmar Schacht selbst, der einen neuen Weltkrieg voraussah. Er selbst erklärt, wie er die Idee bei einem Treffen mit internationalen Bankern vorschlug. Das Zitat aus *Wall Street and the Rise of Hitler* ist ein höchst interessantes Dokument:

> „...Eine solche Bank erfordert eine finanzielle Zusammenarbeit zwischen Siegern und Besiegten, die zu einer Interessengemeinschaft führt, die wiederum gegenseitiges Vertrauen und Verständnis schafft und den Frieden fördert und sichert.
>
> Ich erinnere mich noch lebhaft an den Rahmen, in dem dieses Gespräch stattfand. Owen Young saß in einem Sessel und paffte an seiner Pfeife, seine Beine waren ausgestreckt, und seine scharfen Augen verließen mich nicht. Wie es meine Gewohnheit ist, wenn ich Argumente dieser Art vorbringe, schritt ich leise von einer Seite des Raumes zur anderen. Als ich geendet hatte, gab es eine kurze Pause. Dann erhellte sich sein ganzes Gesicht, und seine Entschlossenheit drückte sich in den folgenden Worten aus: „Herr Dr. Schacht, Sie haben mich auf eine wunderbare Idee gebracht, und ich werde sie der Welt verkaufen.

Mit Hilfe von Krediten der Federal Reserve Banker begann der Aufbau der großen deutschen Kartelle. Das von Morgan und Rockefeller geleitete Syndikat National City Corporation lieh der Allgemeinen Elektricitäts Gesellschaft 35.000.000 $. Dasselbe Bankenkonsortium verlieh weitere 30.000.000.000 $ an die I. G. Farben, die zum größten Chemieunternehmen der Welt werden sollte. Dieses von Hermann Schmitz mit finanzieller Unterstützung der Wall Street geförderte Kartell entstand 1925 durch den Zusammenschluss von sechs großen deutschen Chemieunternehmen (Badische Anilin, Bayer, Agfa, Hoechst, Weiler-ter-Meer und Griesheim-Elektron). Die Vereinigten Stahlwerke erhielten ein astronomisches Darlehen in Höhe von 70.225.000 Dollar, das von Dillon, Read & Co. ausgegeben wurde, einer Bankgesellschaft, deren Hauptaktionär Clarence Dillon war. Dieser Bankier hieß eigentlich Lapowski, Sohn von Samuel Lapowski, einem polnischen Juden, der in die Vereinigten Staaten ausgewandert war.

Die von Morgan und Rockefeller kontrollierte General Electric Company, die das große Geschäft mit der Elektrifizierung Sowjetrusslands machte, war das amerikanische Pendant zur deutschen A.E.G. (Allgemeine Electricitäts Gesellschaft). 1929 übernahm General Electric 25% der Aktien der A.E.G. im Rahmen eines Abkommens, das die Bereitstellung amerikanischer Technologie und Patente für das deutsche Unternehmen bedeutete. In diesem Vertrag wurde jedoch festgelegt, dass die A.E.G. keinen Anteil an dem amerikanischen Unternehmen haben würde. Die deutsche Finanzpresse berichtete auch, dass die A.E.G. nicht im Vorstand von General Electric in den Vereinigten Staaten vertreten sein würde. Stattdessen wurde Owen D. Young zum Direktor von A.E.G. und Osram in Deutschland ernannt. Im Jahr 1930 wurde Young, der bereits Vorsitzender des Exekutivausschusses der Radio Corporation of America war, zum Vorstandsvorsitzenden von General Electric in New York ernannt. Man kann sagen, dass die amerikanische Elektroindustrie durch diese Operationen den Weltmarkt erobert hatte.

1939 wurde die deutsche Elektroindustrie von amerikanischen Konzernen kontrolliert. Unternehmen, die nicht mit den Vereinigten Staaten verbunden waren, wie Siemens und Brown Boveri, wurden während des Krieges gezielt bombardiert, aber Unternehmen, die mit den Amerikanern verbunden waren, wurden kaum angegriffen. Antony Sutton schreibt über die Finanzierung Hitlers durch diese Unternehmen: „Es gibt keinen Beweis dafür, dass Siemens, ohne amerikanische Direktoren, Hitler finanziert hat. Andererseits haben wir unwiderlegbare dokumentarische Beweise, dass sowohl A.E.G. als auch Osram, beide mit amerikanischen Direktoren, Hitler finanziert haben". Sutton fügt Fotokopien von zwei Dokumenten bei, die eine solche Finanzierung belegen. Das erste ist ein Überweisungsauftrag vom 2. März 1933. Die A.E.G. weist die „Delbrücker, Schickler Bank" an, 60.000 Mark in den Fonds der „Nationalen Treuhand" einzuzahlen. Das zweite Dokument ist auf den 9. März 1933 datiert. Gunther Quandt, Hauptaktionär der Accumulatoren Fabrik und Mitglied der Geschäftsleitung der A.E.G., ordnet über dieselbe Bank die Zahlung von 25.000 DM an denselben Fonds an.

In *Wall Street and the Rise of Hitler* zeigt Antony Sutton, dass die Warburgs nicht nur einen ihrer eigenen Leute schickten, um Hitler Geld anzubieten, sondern auch die NSDAP mit einem sehr hohen Betrag über die I. G. Farben finanzierten, ein Unternehmen, mit dem sie eng verbunden waren. In Deutschland war Max Warburg Direktor dieses Chemiekonglomerats, während in den Vereinigten Staaten Paul Warburg, der Vater von Sidney Warburg", Direktor der amerikanischen I. G. Farben war. Sutton reproduziert wiederum eine Fotokopie der Überweisung der I. G. Farben an die Delbrücker Bank, Schickler in Berlin. Dieses Dokument ist auf den 27. Februar 1933 datiert und enthält eine Zahlungsanweisung über 400.000 Mark an die „Nationale Treuhand", einen von Hjalmar Schacht und Rudolf Hess verwalteten Fonds, mit dem Hitler im März 1933 gewählt wurde. Die betreffende Bank war 1910 aus dem Zusammenschluss zweier Familien jüdischer Herkunft hervorgegangen: Gebrüder Schickler & Co. und Delbrück Leo & Co.

Während Judäa den Krieg erklärt, kollaboriert der Zionismus: das Haavara-Abkommen

1917 hatten die Verschwörer, die die Unterwerfung der Völker durch eine kommunistische Weltregierung anstrebten, zwei Ziele erreicht: den Triumph der Judenbolschewiki in Russland und die in der *Balfour-Erklärung* enthaltene Zusage Palästinas an den internationalen Zionismus. In der Zwischenkriegszeit waren die Dinge jedoch nicht nach Plan verlaufen, weder in Russland, wo Trotzki von der Macht verdrängt worden war, noch in Deutschland, wo die kommunistische Revolution wiederholt gescheitert war, oder in Palästina, wo die Einwanderung nicht den Wünschen des Zionismus entsprach. Die finanzielle Unterstützung Hitlers durch die internationalen jüdischen Bankiers und der Triumph des Nationalismus in Deutschland sollten letztlich dazu dienen, die

Situation in allen drei Szenarien durch eine neue Strategie, die zu einem weiteren Krieg führen sollte, neu zu gestalten. Sobald Hitler 1933 an die Macht gekommen war, setzte sich die konspirative Fähigkeit des internationalen Judentums unverzüglich in Bewegung: Einerseits erklärten talmudistische jüdische Organisationen in aller Welt Deutschland den Krieg, andererseits kollaborierten die Zionisten fast gleichzeitig mit den Nazis bei der Überführung der deutschen Juden nach Palästina. Das Ergebnis dieser Zusammenarbeit hatte die Form eines Transferabkommens (Haavara heskem), das als Haavara-Abkommen in die Geschichte eingegangen ist.

Nach der Wahl Hitlers zum Reichskanzler fand in Amsterdam eine Konferenz statt, auf der jüdische Führer aus aller Welt zum Boykott deutscher Waren aufriefen und vereinbarten, Druck auf Reedereien mit internationalen Verbindungen auszuüben, damit diese sich weigerten, deutsche Waren zu transportieren. Gleichzeitig forderten sie, Deutschland den Zugang zum internationalen Kapital zu verwehren. In den Vereinigten Staaten rief die Jewish War Veterans Association ebenfalls zum Boykott auf. Am 23. März versammelten sich 20.000 amerikanische Juden vor der City Hall in New York, um diese Aufrufe zu unterstützen. Am nächsten Tag, dem 24. März 1933, berichtete der Londoner *Daily Express* auf der Titelseite mit der folgenden siebenspaltigen Schlagzeile: „Judäa erklärt Deutschland den Krieg". Nach Angaben der Londoner Zeitung riefen prominente internationale Führer, darunter bekannte Zionisten, zur Vereinigung aller Juden der Welt gegen Deutschland auf und kündigten einen Boykott seiner Waren an. Im Text des Artikels hieß es, dass der deutsche Handel, die deutsche Industrie und das deutsche Finanzwesen Gegenstand eines internationalen Boykotts sein würden, und es wurde behauptet, dass jüdische Geschäftsleute in London, Paris, New York und Warschau gemeinsam einen „wirtschaftlichen Kreuzzug" führen würden. Die jüdische Zeitung *Natscha Retsch* berichtete ebenfalls über die Amsterdamer Konferenz und rief dazu auf, den Krieg gegen Deutschland in allen Gemeinden, Konferenzen und Kongressen sowie individuell zu führen: „Auf diese Weise", so argumentierte sie, „wird der Krieg gegen Deutschland unsere Interessen, die die vollständige Vernichtung Deutschlands erfordern, ideologisch fördern und beleben". Einer der prominentesten Agitatoren war Samuel Untermayer, der mächtige New Yorker Anwalt, der Präsident Wilson die Ernennung des Zionisten Louis Dembitz Brandeis zum Richter am Obersten Gerichtshof aufgezwungen hatte. In seiner Kampagne rief Untermayer zum „heiligen Krieg" auf, zu dem der *Daily Express aufrief.*

Die deutsche Regierung reagierte mit der Forderung nach einem sofortigen Stopp der Kampagne. Hitler drohte mit Repressalien, falls der Plan gegen Deutschland nicht sofort gestoppt würde, und warnte, dass er einen Boykott jüdischer Geschäfte im ganzen Land für einen Tag anordnen würde. Natürlich wurde die Kampagne mit gleicher Intensität fortgesetzt, so dass die Regierung ankündigte, am 1. April einen Boykott aller jüdisch geführten Geschäfte zu verhängen. Während der 1. April von den meisten Historikern als ein Akt der Aggression gegen die deutsch-jüdische Gemeinschaft beschrieben wird, werden die „jüdische" Kriegserklärung und die Hasskampagne gegen das deutsche Volk als Ganzes von der offiziellen Geschichtsschreibung im Allgemeinen ignoriert. Am 7. August 1933 gab *die New York Times* eine lange Rede von Samuel Untermayer wieder, die er am Vortag im Radio an die Nation gerichtet hatte und in der er im Namen des Idealismus und der Gerechtigkeit an die Menschheit appellierte: „Jeder von Ihnen, Jude und Nichtjude gleichermaßen, der noch nicht in diesen heiligen Krieg eingezogen ist, sollte dies hier und jetzt tun. Es reicht nicht aus, dass Sie keine deutschen Waren kaufen. Ihr müsst euch weigern, mit jedem Händler oder Ladenbesitzer Geschäfte zu machen, der in Deutschland hergestellte Waren verkauft oder deutsche Transporte oder Sendungen sponsert." Die Folgen der Kampagne waren sehr negativ für die deutsche Wirtschaft, die einen Rückgang ihrer Exporte um zehn Prozent hinnehmen musste. Andererseits hatte sie aber auch positive Auswirkungen, denn sie trug dazu bei, den Handel durch den „Tauschhandel" anzukurbeln, ein System des Warenaustauschs, das den Verzicht auf jüdisches Kapital ermöglichte.

Der Boykott schürte die antijüdische Stimmung in der deutschen Bevölkerung und förderte den von den Zionisten gewünschten Antisemitismus, denn Hitlers Vergeltungsmaßnahmen mussten hart genug sein, um die deutschen Juden davon zu überzeugen, dass ihr Platz in Palästina war. In diesem Zusammenhang begannen die Nazis, entscheidend mit der ZVFD, der „Zionistischen Vereinigung für Deutschland", zusammenzuarbeiten, um deutsche Juden nach Palästina zu schicken. Die Nazis haben sich von Anfang an in absurder Weise auf dieses perverse Vorhaben eingelassen. Man muss sich vor Augen halten, dass es die Zionisten waren, die Deutschland im Ersten Weltkrieg verrieten, und nicht die gewöhnlichen deutschen Juden, von denen zwölftausend im Krieg an der Seite ihrer deutschen Landsleute fielen. Es war der internationale Zionismus, der Großbritannien den Sieg im Gegenzug für die *Balfour-Erklärung* anbot. Über Mandell House, Justice Brandeis, Bernard Baruch und andere Agenten, die den Marionettenpräsidenten im Weißen Haus beeinflussten, setzten sich amerikanische und britische Zionisten für den Eintritt Amerikas in den Krieg und die anschließende Niederlage Deutschlands ein. Die Nazis konnten und sollten dies nicht ignorieren.

Die Forschung über die Zusammenarbeit zwischen den Nazis und den Zionisten ist immer noch sehr unvollständig, da die meisten Dokumente, die sich darauf beziehen und von denen viele in Israel unter Verschluss gehalten werden, für die Forscher nicht zugänglich sind. Im Jahr 2002 veröffentlichte ein amerikanischer Schriftsteller jüdischer Herkunft, Lenni Brenner, *51 Dokumente: Zionistische Kollaboration mit den Nazis*, die, wie der Herausgeber vermutet, „ brisante Informationen enthalten, die von Historikern ignoriert werden". Es enthält zum Beispiel den vollständigen Text des Haavara-Abkommens. Es gibt auch einen sehr interessanten Artikel, „The Secret Contacts: Zionism and Nazi Germany, 1933-1941", der 1976 von Klaus Polkehn im *Journal of Palestine Studies* veröffentlicht wurde. Werfen wir einen Blick auf einige der in diesen Werken enthaltenen Informationen.

Statistiken zeigen, dass die Bevölkerung jüdischer Herkunft in Deutschland zwischen 1871 und 1933 von 1,05% auf 0,76% zurückging. Im Jahr

1933 lebten 503.000 Juden in Deutschland, ein Drittel davon in Berlin. Die meisten dieser Juden waren keine Zionisten. Im Jahr 1925 beispielsweise waren weniger als neuntausend Menschen Mitglied in zionistischen Organisationen. Der 1893 gegründete „Centralverein deutscher Staatsbürger jüdischen Glaubens" (CV) war die repräsentativste Organisation und erklärte offen seine Ablehnung des Zionismus. Eine Erklärung des CV vom 10. April 1921 ist in dieser Hinsicht recht bezeichnend: „Wäre das Werk der Ansiedlung in Palästina nur ein Werk der Hilfe und Unterstützung, so wäre vom Standpunkt des CV nichts gegen die Förderung dieses Werkes zu sagen. Die Ansiedlung in Palästina ist jedoch in erster Linie ein Ziel jüdischer Nationalpolitik, und von daher ist ihre Förderung und Unterstützung abzulehnen". Obwohl die Geschichte zeigt, dass Juden größtenteils nicht assimilierbar sind, bekämpfte der CV den Antisemitismus und trat, wie von Rathenau vorgeschlagen, für die Assimilation und Integration der Juden in die deutsche Gesellschaft ein. Im Gegensatz dazu lehnte der ZVFD diese Ansätze ab, griff das talmudische Argument auf, dass Juden nicht assimiliert werden können, und sprach sich gegen die Integration und Teilnahme deutscher Juden am öffentlichen Leben aus, d. h. er teilte die Ansichten der Nazis voll und ganz. Die Vietcong gingen sogar so weit, dem ZVFD vorzuwerfen, seinem Kampf gegen den antisemitischen Nationalismus „einen Dolchstoß" versetzt zu haben.

Im März 1933 begann Hitlers Regierung, gegen nicht-zionistische jüdische Organisationen vorzugehen. Die Räumlichkeiten der VC selbst wurden von der SA besetzt und geschlossen. Am 5. März wurde der VC in Thüringen verboten, nachdem er wegen „hochverräterischer Intrigen" angeklagt worden war. Unter den verbotenen Gruppen fielen zwei durch ihren nationalistischen Charakter auf: der „Bund jüdischer Reichsveteranen" und die „Nationale Vereinigung deutscher Juden"[11]. Die von den Kommunisten, den Gewerkschaftsorganisationen und den Sozialdemokraten herausgegebenen Zeitungen wurden verboten, und alle anderen Publikationen unterstanden der Aufsicht des Propagandaministeriums. Nur die Zionisten durften ihre Öffentlichkeitsarbeit ungehindert fortsetzen, und ihre Zeitung, die *Jüdische Rundschau*, durfte ungehindert erscheinen. Zur Handlungsfreiheit der Zionisten gehörte auch die Veröffentlichung von Büchern: Werke von zionistischen Führern wie Chaim Weizmann, David Ben Gurion und Arthur Ruppin wurden legal publiziert. Andererseits ist es bemerkenswert, dass die Freimaurerlogen zwar verboten waren, die B'nai B'rith aber bis 1939 ihre subversiven Aktivitäten fortsetzen durfte. Erst als der Krieg ausbrach, wurden ihre Dokumente

---

[11] Die Existenz dieser Organisationen mag einige Leser überraschen, aber sie sind nur Beispiele für eine Realität, die Dietrich Bronder in *Bevor Hitler kam* ausführlich dokumentiert. Obwohl die Loyalität einiger der in seinem Werk zitierten Persönlichkeiten höchst umstritten ist, erörtert Bronder eine Liste von Namen jüdischer Herkunft, die sich im 19. und 20. Jahrhundert durch ihren Nationalismus auszeichneten. Viele von ihnen waren hochrangige Militäroffiziere, darunter zahlreiche Generäle. Kürzlich hat Bryan Mark Rigg, Geschichtsprofessor an der American Military University in Virginia, ein Buch veröffentlicht, in dem er behauptet, dass mehr als 100.000 Soldaten mit jüdischem Familienhintergrund während des Zweiten Weltkriegs in der Wehrmacht dienten.

beschlagnahmt. Auf jeden Fall dürfte das Verbot für die Freimaurerei keine allzu große Rolle gespielt haben, denn traditionell haben Freimaurer und Illuminaten immer problemlos im Verborgenen gearbeitet.

Klaus Polkehn stellt Kontakte zwischen Nazis und Zionisten schon vor 1933 fest. Er erwähnt einen zionistischen Offizier, Leo Plaut, der über Rudolf Diels, einen persönlichen Freund Görings, der 1933 zum ersten Chef der Gestapo ernannt werden sollte, eine Verbindung zur politischen Polizei hatte. Plaut hatte Diels' geheime Telefonnummer und konnte ihn jederzeit anrufen. Obwohl Dokumente über diese Kontakte in den Archiven von Yad Vashem in Jerusalem geheim gehalten werden, geht Polkehn davon aus, dass Hermann Göring über diese Verbindung am 26. März 1933 mit zionistischen Führern zusammentraf, darunter Kurt Blumenfeld, dem Vorsitzenden des ZVFD, der kurz darauf nach Palästina übersiedelte. Bei diesem Treffen soll die Grundlage für die Zusammenarbeit gelegt worden sein, die zum Haavara-Abkommen führte, das am 25. August 1933 unterzeichnet wurde.

Ein Schritt vor dem Abkommen war die Gründung einer zionistischen Zitrusplantagengesellschaft, „Hanotea", in Palästina, die vom deutschen Wirtschaftsministerium bei der Kapitalüberlassung unterstützt wurde. Die ersten deutschen Juden, die nach Palästina auswanderten, taten dies im Rahmen dieses Abkommens, dessen Architekt Sam Cohen war, ein jüdischer Financier polnischer Herkunft, ein Freund von Nahum Goldman, der ein Schloss in Luxemburg besaß. Die zionistische Organisation ersetzte ihn bald durch ein Mitglied des Exekutivkomitees der Jewish Agency in Palästina, Chaim Arlozoroff, der zusammen mit David Ben Gurion und Moshe Sharett zur führenden Troika der Agency gehörte. Er war auch ein enger Freund von Weizmann, dem Führer des Weltzionismus und dem späteren ersten Präsidenten Israels. Arlozoroff, ein in Deutschland ausgebildeter russischer Jude, war der Geliebte der zukünftigen Magda Göbbels, die mit der Schwester des zionistischen Führers befreundet war. Arlozoroff wurde am 16. Juni 1933 ermordet, kurz nachdem er von einer Verhandlungsrunde in Deutschland nach Tel Aviv zurückgekehrt war. Trotz der selbstsüchtigen Verwirrung, die sogar darauf hindeutet, dass Göbbels hinter dem Attentat steckte, deutet alles darauf hin, dass die Attentäter auf Anweisung der revisionistischen Bewegung von Zeev (Vladimir) Jabotinsky handelten. In der Tat wurde dies von den Labouriten festgestellt.

Das Buch, das die Meinungsverschiedenheiten und Machtkämpfe unter den Zionisten schildert, ist *The Transfer Agreement: the Untold Story of the Secret Pact Between the Third Reich & Jewish Palestine*, veröffentlicht 1984 von dem jüdischen Historiker Edwin Black. Sein Bericht legt nahe, dass es einen kurzsichtigen Sektor gab, der den mittel- und langfristigen Plan von Chaim Weizmann und den großen Strategen des Zionismus nicht akzeptierte oder verstand, einen Plan, der von der B'nai B'rith-Loge unterstützt wurde. Dieser radikale oder ultranationalistische Sektor, an dessen Spitze Jabotinsky steht, setzt sich vehement für den Wirtschaftsboykott ein und will den deutschen Nationalismus beenden, bevor er die Funktion erfüllt hat, für die er an die Macht gekommen war. Die Revisionisten bereiteten sich auf den 18. Zionistenkongress vor, der im August 1933 in Prag stattfinden sollte. Zionistenkongresses, der im August 1933 in Prag stattfinden sollte. In diesem Zusammenhang fand das Attentat auf Arlozoroff, den erklärten Feind Jabotinskys und des Revisionismus, statt.

Sein Tod, der wahrscheinlich eine Fehlkalkulation war, wurde von den Mapai-Arbeitern ausgenutzt, um einen leichten Sieg zu erringen. Während des Kongresses erfuhr die Presse am 25. August von der Unterzeichnung des Transferabkommens, dessen Text von den Nazis am 31. August veröffentlicht wurde. Um jeglichen Protest zum Schweigen zu bringen, verhängte die Mapai-Arbeitsgruppe, unterstützt von Verbündeten aus anderen Parteien, eine Resolution, die „alle Formen von Anti-Nazi-Protesten, einschließlich Kampagnen gegen den Transferpakt, verbot", so Edwin Black. Die Resolution sah vor, dass jeder, der gegen die Disziplin verstößt, suspendiert und von einem Sondergericht verurteilt wird, das befugt ist, die Person oder die Partei aus der Zionistischen Organisation auszuschließen." Der jüdische Autor Ralph Schönman bestätigt in *Die verborgene Geschichte des Zionismus*, dass auf dem 18. Kongress der Zionistischen Weltorganisation eine Resolution gegen Hitler mit 240 zu 43 Stimmen abgelehnt wurde.

Das Haavara-Abkommen, das Kernstück der „nationalsozialistischen" Kollaboration, wurde vom Zionistischen Verband Deutschlands (ZVFD), der Anglo-Palästinensischen Bank, die den Anweisungen der Jewish Agency gehorchte, und dem deutschen Wirtschaftsministerium unterzeichnet. Nach dem Wortlaut des Dekrets ging es darum, „die jüdische Auswanderung nach Palästina durch Freigabe der erforderlichen Geldsummen zu fördern, ohne jedoch die Devisenfonds der Reichsbank übermäßig zu belasten, und gleichzeitig den deutschen Export nach Palästina zu steigern". Als Folge des Abkommens wurden zwei Firmen gegründet: die Firma Haavara in Tel Aviv und eine Schwesterfirma namens Paltreu in Berlin. Die Funktionsweise war wie folgt: Der jüdische Emigrant zahlte mindestens eintausend Pfund Sterling auf deutsche Konten der Haavara-Gesellschaft ein, die bei der Wassermann-Bank in Berlin oder bei der Warburg-Bank in Hamburg eröffnet wurden. Das Geld wurde für den Kauf deutscher Produkte verwendet: landwirtschaftliche Werkzeuge, Baumaterialien, Düngemittel, Wasserpumpen usw., die anschließend nach Palästina exportiert und dort von der in jüdischem Besitz befindlichen Firma Haavara in Tel Aviv verkauft wurden. Mit dem Erlös aus dem Verkauf erhielt der Auswanderer den gleichen Betrag, den er bei seiner Ankunft mitgebracht hatte. Deutsche Waren kamen massenhaft nach Palästina, aber gleichzeitig brachten die Zionisten jüdische Siedler und Kapital für die Entwicklung des Landes. Ärmere deutsche Juden waren von dem Abkommen ausgeschlossen: Die Tatsache, dass nur Mitglieder des jüdischen Bürgertums den geforderten Betrag einbringen konnten, bedeutete Selektivität bei der Auswanderung. Es ist daher kein Zufall, dass die wichtigsten Projekte in Israel von deutschen Emigranten gegründet oder geleitet wurden. Künftige Ministerpräsidenten Israels wie Ben Gurion, Moshe Sharret (damals Moshe Shertok), Levi Eshkol und Golda Meir waren an dem Unternehmen Haavara beteiligt. Eshkol war ihr Vertreter in Berlin und Golda Meir unterstützte sie von New York aus.

1934 veröffentlichte die Göbbels-Zeitung *Der Angriff* einen lobenden Bericht mit dem Titel „Ein Nazi reist nach Palästina", unterzeichnet von LIM, dem Pseudonym von Leopold Itz von Mindelstein, einem Mitglied des SD, des Sicherheitsdienstes der SS. Mindelstein, ein begeisterter Zionist, leitete innerhalb des Geheimdienstes eine Abteilung namens „Judenreferat" (Büro für jüdische Angelegenheiten). Zum Gedenken an diese Reise ließ Göbbels eine Münze mit dem Davidstern auf der Vorderseite und dem Hakenkreuz auf der Rückseite prägen. Neben dem Stern stand die Inschrift: „Ein Nazi reist nach Palästina". Auf der Seite des Hakenkreuzes stand der Text: „Und es wird in *Der Angriff* veröffentlicht". Die Zusammenarbeit war so erfolgreich, dass die Zionisten ein deutsches Passagierschiff, die *Hohenstein*, kauften, es in *Tel Aviv* umbenannten und ihre eigene Reederei gründeten. Die erste Fahrt von Bremerhaven nach Haifa fand im Frühjahr 1935 statt. Während am Heck des Schiffes der Name in hebräischer Schrift zu lesen war, wehte am Mast die Hakenkreuzflagge. Unter diesen Umständen billigte der 19. Zionistenkongress in Luzern im August 1935 mit überwältigender Mehrheit den Pakt mit Hitlerdeutschland.

Eine weitere Episode des guten Einvernehmens zwischen Nazis und Zionisten ist in einem Memorandum von Professor Franz Six, einem Mitglied des SS-Geheimdienstes, enthalten. Das von Klaus Polkehn zitierte Dokument, das als „Geheime Angelegenheit für das Kommando" eingestuft ist, datiert vom 7. Juni 1937 und befindet sich im Archiv der American Commission for the Study of War Documents. Es beschreibt den Besuch von Feivel Polkes, einem Zionisten und Kommandeur der Haganah, der jüdischen Untergrundarmee, in Berlin. Polkes hielt sich vom 26. Februar bis 2. März 1937 in Berlin auf und hatte mehrere Treffen mit Agenten des deutschen Geheimdienstes. Bei zwei dieser Treffen handelte es sich um Adolf Eichmann, der im Dezember 1961 in Israel vor Gericht gestellt und zum Tode durch den Strang verurteilt werden sollte. Das erste Treffen zwischen Eichmann und Polkes fand in der Gaststätte Traube in der Nähe des Zoos statt. Polkes bot seine Zusammenarbeit an und erklärte Eichmann, dass sein Hauptinteresse darin bestehe, „die jüdische Auswanderung nach Palästina zu beschleunigen, so dass die Juden eine Mehrheit über die Araber erreichen würden." Polkes erklärte, dass er zu diesem Zweck mit den britischen und französischen Geheimdiensten zusammenarbeite und bot Informationen über den Nahen Osten an, die für Deutschland von Interesse sein könnten. Der Haganah-Kommandeur lud Eichmann nach Palästina ein, und er nahm die Einladung an.

Am 26. September 1937 reisten Adolf Eichmann und Herbert Hagen, Mindelsteins Stellvertreter im Judenreferat, als Redakteure *des Berliner Tageblatts* getarnt von Berlin nach Haifa, wo sie am 2. Oktober eintrafen. Die britischen Behörden hinderten die beiden SS-Chefs an der Ausreise, so dass sie sich nach Ägypten begaben, wo sie Kontakt mit Polkes aufnahmen. Der Bericht über die Reise enthält die Gespräche im Café Groppi in Kairo, die von Eichmann und Hagen protokolliert wurden. Polkes äußerte sich mit absoluter Offenheit: „Der zionistische Staat", sagte er, „muss mit allen Mitteln und so schnell wie möglich gegründet werden, um einen Strom jüdischer Emigranten nach Palästina zu ziehen. Wenn der Staat entsprechend den Vorschlägen des Peel-Berichts und den teilweisen Zusagen Englands errichtet ist, müssen die Grenzen nach unseren Wünschen erweitert werden." Polkes bedankte sich bei seinen Gesprächspartnern für die antisemitische Politik, die folgendermaßen vermerkt wurde: „Nationalistische Kreise äußerten ihre Freude über die radikale Politik gegenüber den Juden, da diese Politik dazu beitragen werde, die jüdische Bevölkerung in Palästina zu vermehren, so dass man in nächster Zukunft mit einer jüdischen Mehrheit in Palästina rechnen könne."

Als Ergebnis dieser Treffen entstanden weitere Pläne für eine Zusammenarbeit: Der „Mossad Le'aliyah Bet", eine Abteilung der Haganah zur Förderung der illegalen Einwanderung, wurde in der Meineckestraße 10 im Bezirk Berlin-Charlottenburg eingerichtet. Zwei Abgesandte, Pina Ginsburg und Moshe Auerbach, reisten von Palästina nach Deutschland, um mit der Gestapo alles Notwendige zu arrangieren, um die illegale Einreise jüdischer Einwanderer ohne Genehmigung der britischen Behörden zu fördern und auszuweiten. Nach dem „Anschluss" Österreichs an Deutschland wurde in Wien eine Zentralstelle für jüdische Auswanderung eingerichtet, und im Frühsommer 1938 traf Eichmann in der österreichischen Hauptstadt mit Bar-Gilead, einem Abgesandten des Mossad, zusammen, der ihn um die Erlaubnis bat, Ausbildungslager für Emigranten einzurichten. Eichmann beriet sich über die Anfrage und stellte nach einer positiven Antwort alles Notwendige für die Einrichtung dieser Lager zur Verfügung. Bis Ende 1938 wurden etwa tausend junge Juden für ihre künftige Arbeit in Palästina ausgebildet. Auch in Deutschland richtete Pina Ginsburg mit Hilfe der Nazi-Behörden Ausbildungslager ein, die denen in Österreich ähnelten.

Die erste Kritik am Haavara-Abkommen kam im Zuge des palästinensischen Aufstands, der im April 1936 begann. Aus Protest gegen die illegale Einwanderung von Juden traten die Palästinenser in einen Generalstreik, der bis Oktober andauerte. Das Auswärtige Amt begann zu hinterfragen, wie sinnvoll es für Deutschland war, das Transferabkommen weiterzuführen. Der deutsche Generalkonsul in Jerusalem, Hans Döhle, legte am 22. März 1937 ein langes Memorandum vor, in dem er seine Befürchtungen über die Auswirkungen der Politik der Unterstützung der jüdischen Einwanderung zum Ausdruck brachte. Deutsche und arabische Geschäftsleute beklagten das Monopol der Firma Haavara in Tel Aviv auf den Verkauf deutscher Waren. Die offizielle Unterstützung des Zionismus könnte zu einem Verlust von Märkten in der arabischen Welt führen. Auch das Innenministerium gab im Dezember 1937 eine Denkschrift heraus, in der es anerkannte, dass das Abkommen einen entscheidenden Beitrag zur Entwicklung Palästinas geleistet hatte; es stimmte jedoch dem Bericht von Konsul Döhle zu, dass die Nachteile die Vorteile überwogen und daher beendet werden sollten. Schließlich überprüfte Hitler die Lage und beendete die Kontroverse mit dem Beschluss, das Abkommen fortzuführen, da das Ziel, die Juden aus Deutschland herauszuholen, die Nachteile rechtfertige. Am 12. November 1938 riet ein neues Memorandum des Auswärtigen Amtes zur Aufhebung des Haavara-Abkommens; aber auch hier ordnete Hitler persönlich die Förderung der Masseneinwanderung nach Palästina „mit allen Mitteln" an.

Zwischen 1933 und 1941 wanderten etwa sechzigtausend deutsche Juden im Rahmen des Haavara-Abkommens nach Palästina aus und konnten mehr als 100 Millionen Dollar mitnehmen, damals eine enorme Summe. Edwin Black bestätigt, dass es vielen gelang, ihr persönliches Vermögen von Deutschland nach Palästina zu transferieren. Dem jüdischen Historiker zufolge führte der Zustrom von Waren und Kapital nach Palästina dank des Haavara-Abkommens „zu einer wirtschaftlichen Explosion und war ein unverzichtbarer Faktor bei der Gründung des Staates Israel". Vielleicht ist die Ironie von Hennecke Kardel, der im Titel seines Buches auf Hitler als einen der Gründer Israels anspielt, nun besser zu verstehen. Die Verfolgung der Juden wurde in der Tat vom Zionismus für die spätere Gründung des Staates Israel vorgeplant. Die von Hitler bedrängten und verfolgten Juden, die nach Osteuropa verschleppt und in Arbeits- und Konzentrationslagern interniert wurden, waren die am wenigsten Begüterten. Nach dem Krieg konnten sie relativ einfach nach Palästina umgesiedelt werden.

TEIL 4
ROOSEVELT IM WEIßEN HAUS.
DER KONGRESSABGEORDNETE MCFADDEN PRANGERT
DIE VERSCHWÖRUNG AN.

Dieser vierte Teil des Kapitels befasst sich hauptsächlich mit den Texten von Louis Thomas McFadden, einem Kongressabgeordneten der Nicht-Linken, einem Patrioten, der die Verschwörer an der richtigen Stelle, nämlich im Repräsentantenhaus des amerikanischen Volkes, anprangerte; doch zunächst müssen die Umstände der Machtübernahme von Franklin Delano Roosevelt skizziert werden, einem Illuminaten-Freimaurer, der am 28. Februar 1929 den 32. Grad des Schottischen Ritus erworben hatte, ein Umstand, der ihn zum „Erhabenen Fürsten des Königlichen Geheimnisses" machte. Fünf Jahre später wurde er zum ersten Ehrengroßmeister des Internationalen Ordens von Molay ernannt. Roosevelt, der einzige Mann in der Geschichte, der vier Wahlen gewann, wurde am 4. März 1933 als Präsident der Vereinigten Staaten vereidigt. Hitler gewann die letzte Wahl am 5. März mit 44% der Stimmen. Beide kamen gleichzeitig an die Macht, und beide sollten zwölf Jahre lang an der Macht bleiben. In Amerika bezeichnete Rabbi William F. Rosenblum Roosevelt als „einen göttlichen Boten, den Liebling des Schicksals, den Messias des Amerikas von morgen". Douglas Reed schreibt in *The Controversy of Zion*, dass ein jüdischer Freund ihm 1937 erzählte, dass der Rabbiner seiner Synagoge, ein frommer alter Mann, der versuchte, die Ereignisse im Sinne der levitischen Prophezeiung zu interpretieren, predigte, Hitler sei „der jüdische Messias".

Nach drei republikanischen Präsidenten sollte der Einzug eines weiteren Demokraten in das Weiße Haus eine Rückkehr zur Politik von Woodrow Wilson ermöglichen. Mit *Wall Street und FDR* schließt Antony Sutton seine Trilogie über die Bankiers der Federal Reserve ab. Sutton zeichnet den Werdegang von Roosevelt nach, der seit den frühen 1920er Jahren als Finanzspekulant tätig war, und stellt Roosevelts und Delanos als historische Partner der New Yorker Finanziers vor. Dem Autor zufolge war Roosevelt mit einer der ältesten Bankiersfamilien der Vereinigten Staaten verwandt und sein Urgroßvater, James Roosevelt, gründete 1784 die Bank of New York. Einige Forscher führen seine jüdische Abstammung auf Claes Rosenfelt zurück, einen niederländischen Vorfahren, der 1649 nach Amerika kam. Ein weiterer seiner Vorgänger war der Illuminaten-Freimaurer Clinton Roosevelt, ein Schüler von Adam Weishaupt, der in Kapitel V vorgestellt wird und 1841 ein kommunistisches Manifest verfasste, dessen Wirtschaftsprogramm dem New Deal von FDR sehr ähnlich war. Clinton Roosevelt schlug eine totalitäre Regierung unter Führung einer Elite vor, die alle Gesetze erlassen sollte.

John Coleman seinerseits sieht in der Wahl Roosevelts einen klaren Beweis für die Kontrolle der „300" über die US-Politik, obwohl er angesichts der Legion zionistischer Juden, die den Präsidenten umgaben, auch eine neue Marionette des internationalen Judentums und des Zionismus gemeint haben könnte. Coleman schreibt, dass die Delano-Dynastie durch den Opiumhandel mit China über die East India Company, mit der sie 1657 ein Abkommen über die Kolonisierung von Curaçao schloss, ein enormes Vermögen erwirtschaftete. Der Vater von F. D. Rosevelt hatte Sara Delano geheiratet, die bereits in der siebten Generation aus einer jüdischen Familie sephardischen Ursprungs stammte. Wie Woodrow Wilson war auch Roosevelt schon lange im Voraus als künftiger Präsident ausgewählt worden. Seine Frau Eleanor Roosevelt, Tochter eines Bruders von Präsident Theodore Roosevelt, eine entfernte Cousine von Franklin Delano Roosevelt und Zionistin durch und durch, bestätigt dies: „Mr. Baruch war ein vertrauenswürdiger Berater meines Mannes sowohl in Albany als auch in Washington". Bernard Baruch war nur die Spitze des Eisbergs, denn Roosevelt war umgeben von jüdischen Sozialisten in Albany, der Hauptstadt des Staates New York, dessen Gouverneur er vier Jahre lang war, bevor er Präsident wurde. Zwei weitere Wilson nahestehende Männer, Richter Brandeis und Rabbi Stephen Wise, hatten sich ebenfalls um Roosevelt geschart, der mit der Unterstützung von Sozialisten und Kommunisten mit dem Versprechen ins Weiße Haus einzog, die Herrschaft der Wall Street zu beenden. Unmittelbar nach seinem Amtsantritt ernannte er jedoch einen Mann der Wall Street, James Paul Warburg („Sidney Warburg"), zum Haushaltsdirektor.

Die Zahl der zionistischen, sozialistischen und kommunistischen Juden, die sich während der Jahre von F. D. Roosevelt an der Macht installierten, ist skandalös. Mehr als siebzig wichtige Positionen wurden von jüdischen Agenten besetzt, die meisten von ihnen Zionisten, die zwölf Jahre lang die US-Regierung kontrollierten. Einer der einflussreichsten war vielleicht Felix Frankfurter, der bei Roosevelt die Rolle spielte, die Mandell House bei Wilson gespielt hatte. Frankfurter, der von Richter Louis Brandeis indoktriniert worden war, hatte 1919 als zionistischer Delegierter an der Pariser Friedenskonferenz teilgenommen. Später, im Jahr 1939, wurde er von Roosevelt an den Obersten Gerichtshof berufen, um Benjamin Cardozo zu ersetzen, einen anderen jüdischen Richter, der sich im Umfeld von Bernard Baruch bewegte. Zu den Mitgliedern der Administration jüdischer Herkunft, die mit Frankfurter verbündet waren, gehörten Herbert Feis, Berater für wirtschaftliche und internationale Angelegenheiten im Außenministerium; Benjamin V. Cohen, ein Anwalt im Dienste der zionistischen Bewegung, der 1919 mit Frankfurter nach Paris gereist war und zu Roosevelts Beraterstab gehörte; Jerome Frank, der Frankfurter offen darum bat, ihn in die Administration zu holen, und schließlich von Roosevelt zum Richter am Berufungsgericht ernannt wurde; David E. Lilienthal, ein von Frankfurter empfohlener Jurist, über den in Kapitel XI noch zu schreiben sein wird, da er nach dem Krieg den Vorsitz der Atomenergiekommission innehatte; Charles E. Wyzanski, ein weiterer Richter, ein Student Frankfurters an der Harvard Law School, der als Rechtsberater ins Arbeitsministerium geholt wurde; Harold Joseph Laski, ein Brite mit dem jüdischen Namen Frankenstein, Mitglied des Exekutivkomitees der Fabian Society, der durch Frankfurter ein Freund und Berater von Präsident Roosevelt wurde.

Bernard Mannes Baruch verbrachte vierzig Jahre an der Spitze der Macht. Während er unter Wilson aufgrund der Bedeutung der von ihm bekleideten Ämter stets eine beherrschende und zentrale Stellung einnahm, wurde er unter Roosevelt von einigen als inoffizieller Schattenpräsident angesehen. Baruch riet Roosevelt, sich auf einen neuen Krieg vorzubereiten, und schlug eine Stärkung des War Industries Board (WIB) vor, dem er selbst während des Ersten Weltkriegs vorgestanden hatte. Die neue Behörde, die Baruch konzipierte, war die National Recovery Administration (NRI). Ein Mitarbeiter von Bernard Baruch, Gerard Swope, wurde zu einem der Hauptakteure in der Roosevelt-Regierung. Swope, einer der Förderer des New Deal, hatte als Präsident der General Electric Company zwischen 1922 und 1939 ein halbes Dutzend wichtiger Positionen in verschiedenen Abteilungen der Regierung inne. Zwei weitere Juden in Baruchs Umfeld waren Mordechai Ezekiel, Wirtschaftsberater des Landwirtschaftsministers, der 1945 Hauptmann der FAO (Food and Agriculture Organization) wurde, und Adolph J. Sabath, ein glühender Befürworter des Krieges gegen Deutschland.

Ein weiteres prominentes Mitglied des mächtigen jüdischen Clans, der Präsident Roosevelt beherrschte, war Henry Morgenthau junior, Berater des Präsidenten und Finanzminister von 1934 bis 1945, eine Position, von der aus er den Krieg durch die Ausgabe von so genannten „Kriegsanleihen" finanzieren konnte. Morgenthau und Baruch setzten sich dafür ein, dass die Vereinigten Staaten in den Krieg gegen Deutschland eintraten, und hörten nicht auf, Roosevelt unter Druck zu setzen, bis sie ihr Ziel erreicht hatten. Bekanntlich wollte Morgenthau Deutschland in ein Land der Bauern verwandeln und schlug den so genannten Morgenthau-Plan vor, über den später noch mehr zu schreiben sein wird. Andere Juden, die sich in seinem Einflussbereich bewegten, waren: R. S. Hecht, Finanzrat. Hecht, Berater des Finanzministers; Jacob Viner, ein Zinsökonom, der als Assistent des Finanzministers eng mit Morgenthau zusammenarbeitete und einer der Mentoren der Chicagoer Schule war; Emmanuel Goldenweiser, Direktor der Abteilung für Forschung und Statistik des Board of Governors der Federal Reserve; David Stern, ebenfalls Mitglied des Federal Reserve Board; Herman Oliphant, ein weiterer Zinsexperte mit großem Einfluss auf die Finanzpolitik, der auch Roosevelts Berater war; Harold Glasser, stellvertretender Direktor der Abteilung für Währungsforschung, wo er als Agent der sowjetischen Spionage tätig war; Solomon Adler, der ebenfalls in das Finanzministerium eingeschleust wurde, wurde während des Zweiten Weltkriegs als Vertreter des Finanzministeriums nach China geschickt und entpuppte sich als Spion, der für den internationalen Kommunismus arbeitete; Irving Kaplan und David Weintraub, beide Mitglieder der Kommunistischen Partei, waren weitere jüdische Spione, die in das Finanzministerium eingeschleust wurden.

Richter Louis Dembitz Brandeis, der gesagt hatte, dass man ein guter Zionist sein müsse, um ein guter Amerikaner zu sein, obwohl er in Felix Frankfurter einen Mann hatte, dem er an der Seite des Präsidenten vertraute, war oft unterwegs, um Druck auszuüben, wenn es nötig war. Samuel I. Rosenman, einer der jüdischen Richter am Obersten Gerichtshof, die Brandeis nahe standen, war Roosevelts Redenschreiber und schrieb später auch die wichtigsten Reden von Harry Solomon Truman. Er war es, der den Brain Trust vorschlug und organisierte, der die Politik formulierte, die später den New Deal ausmachte. In einer von Rosenmans Reden tauchte der Satz auf, der in die Geschichte eingehen sollte, nämlich das Versprechen „ein neues Abkommen für das amerikanische Volk". Rosenman gehörte zwischen 1943 und 1946 dem Rat des Weißen Hauses an und war somit auch ein Berater von Truman, dem jüdischen Präsidenten und schottischen Freimaurer 32. Obwohl Rosenman eine Schlüsselfigur bei der Untersuchung von Kriegsverbrechen war, sah er kein Problem mit den Völkermorden von Hiroshima und Nagasaki. Ein weiterer Richter, in diesem Fall am Obersten Gerichtshof von New York, der Verbindungen zu Brandeis hatte, war Samuel Dickstein, der eine Schlüsselrolle bei der Gründung des Ausschusses für unamerikanische Umtriebe spielte, der Dissidenten und Personen verfolgte, die im Verdacht standen, mit Deutschland zu sympathisieren. Zu diesen Namen von Brandeis nahestehenden Personen, die sich in Roosevelts Gefolge tummelten, müssen zwei weitere bekannte Zionisten, Samuel Untermayer und Rabbi Stephen Wise, hinzugefügt werden.

Ein weiterer jüdischer Berater mit großem Einfluss auf den Präsidenten war Edward A. Filene, der seit 1907 mit Franklin D. Roosevelt verbunden war. Filene gelang es, die Roosevelt-Regierung dazu zu bewegen, 1934 den Federal Credit Union Act zu verabschieden, ein Gesetz zur Regulierung des Kreditwesens, aus dem die CUNA (Credit Union National Association) hervorging. Einer von Filenes Mitarbeitern, Louis Kirstein, war häufig Berater des Präsidenten in palästinensischen Angelegenheiten. Kirstein, einer der prominentesten Zionisten Amerikas, war Vorsitzender des Exekutivausschusses des American Jewish Committee, Ehrenvorsitzender des United Jewish Appeal und nationaler Direktor des Jewish Welfare Board. Der United Jewish Appeal widmete sich der Beschaffung von Mitteln zur Förderung der Einwanderung nach Palästina. Das Kirstein-Komitee bemühte sich um die Zusammenarbeit aller Juden mit dem Zionismus. Ein weiterer Zionist, der zunächst als Berater von Roosevelt und später von Truman tätig war, war David Niles, ein Einwanderer russischer Herkunft. Seine Apologeten schreiben ihm großen Einfluss auf den Präsidenten zu und behaupten, dass es ihm gelungen sei, Roosevelt dazu zu bringen, den Forderungen und Argumenten der Zionisten nachzugeben, denen er ständigen Zugang zum Weißen Haus gewährte.

Auch die Ernennung von Botschaftern in der UdSSR war von großer Bedeutung. Der erste von ihnen war William C. Bullitt, ein enger Freund Roosevelts und Mitglied des „Brain Trust", dessen Mutter, Louise Gross (Horowitz), Tochter von Jonathan Horowitz, jüdischer Herkunft war. Bullitt war der erste Botschafter in Moskau und amtierte von 1933 bis 1936. Sein nächster Posten war die Botschaft in Paris, von wo aus er täglich Gespräche mit dem amerikanischen Präsidenten führte. Bullitt wurde zu einer Art umherreisender Botschafter, der im Namen des Weltkriegs arbeitete. Der erste US-Verteidigungsminister James Forrestal, über dessen „Selbstmord" in Kapitel XI berichtet wird, schrieb in den *Forrestal-Tagebüchern* (1951) einen sehr berühmten Absatz über Bullitt und die Kriegstreiber:

„27. Dezember 1945

Heute spielte ich Golf mit Joe Kennedy (Joseph P. Kennedy, der in den Jahren vor dem Krieg Roosevelts Botschafter in Großbritannien war). Ich fragte ihn nach seinen Gesprächen mit Roosevelt und Neville Chamberlain ab 1938. Er sagte, dass Chamberlain 1938 die Position vertrat, dass Großbritannien keinen Grund zum Kämpfen hatte und keinen Krieg mit Hitler riskieren konnte. Kennedys Argument: Ohne Bullitts Ermahnungen an Roosevelt im Sommer 1939, Deutschland zugunsten Polens zu konfrontieren, hätte Hitler Russland angegriffen, ohne dass es zu einem späteren Konflikt mit Großbritannien gekommen wäre; weder die Franzosen noch die Briten hätten Polen zu einem Kriegsgrund gemacht, wenn Washington nicht ständig gefordert hätte. Bullitt habe Roosevelt gegenüber darauf bestanden, dass die Deutschen nicht kämpfen würden. Kennedy sagte, sie würden kämpfen und in Europa einmarschieren. Chamberlain, so sagt er (Kennedy), erklärte ihm, dass Amerika und das Weltjudentum England in den Krieg gezwungen hätten."

Bullits Nachfolger von Stalin war ein Zionist mit Verbindungen zur Wall Street und ebenfalls ein persönlicher Freund Roosevelts, Joseph E. Davies, ein Bewunderer der UdSSR, der bis Juni 1938 im Amt blieb. Sein Nachfolger war wieder ein zionistischer Jude, Laurence A. Steinhardt. Steinhardt war der Neffe von Samuel Untermayer und Mitglied der Federation of American Zionists und des American Zion Commonwealth.

Die Reihe der Namen jüdischer Agenten in den verschiedenen Abteilungen der Roosevelt-Regierung ist besonders zahlreich im Bereich der Arbeitsbeziehungen. An erster Stelle ist hier Sidney Hillman zu nennen, der die Unterstützung der Gewerkschaften für den von der Wall Street gewählten Präsidenten organisierte. Der in Litauen geborene Jude und Enkel eines talmudischen Rabbiners, der Roosevelt beriet, konnte bereits im Alter von dreizehn Jahren mehrere Bände des Talmuds auswendig lernen und war auf dem besten Weg, Rabbiner zu werden; die kommunistischen Lehren von Marx trieben ihn jedoch zur Revolution und er wurde Aktivist des jüdischen Bundes. In den Vereinigten Staaten gründete er den Congress of Industrial Organisations und war einer der kommunistischen Führer, die die Verwaltung infiltrierten. Ein weiterer Jude litauischer Herkunft war der Wirtschaftswissenschaftler Isador Lubin, der von Frances Perkins, der Arbeitsministerin, ebenfalls jüdischer Herkunft, zum Direktor des Bureau of Labor Statistics ernannt wurde, obwohl dies nicht vollständig bestätigt ist, da sie bei ihrer Geburt adoptiert wurde. Isador Lublin war ein prominenter Zionist, der mehr als zwanzig Jahre lang als Berater für den United Israel Appeal und die Jewish Agency for Israel tätig war. Lublin war nicht nur ein enger Mitarbeiter von Perkins, sondern auch ein enger Vertrauter von Roosevelt. Frances Perkins holte viele jüdische Einwanderer aus osteuropäischen Ländern in das Arbeitsministerium, darunter auch David Joseph Saposs (David Saposnik). Der in Kiew geborene Saposs war 1935 Chefökonom des neu geschaffenen NLRB (National Labor Relations Board) und wurde später von Nelson Rockefeller als Berater in Arbeitsfragen eingestellt. Weitere jüdische Mitglieder oder Mitarbeiter des Arbeitsministeriums von Frances Perkins waren: Max Zaritsky, Sohn eines Rabbiners in Russland, ein sehr aktiver Zionist, der

der Jewish National Workers Alliance angehörte und auch Schatzmeister des Nationalen Arbeitskomitees für Palästina war; David Dubinsky (David Isaac Dobniesky), ein in Weißrussland geborenes Mitglied des Bundes, das 1911 in die Vereinigten Staaten auswanderte; William M. Leiserson, Benedict Wolf, ein Mitglied des National Labor Relations Board (NLRB) und ein Mitglied des National Labor Relations Board (NLRB). Leiserson, Benedict Wolf, A. H. Meyers, Frances Jerkowitz, Rose Schneiderman, Leo Wolman, Edward Berman, Jacob Perlman...

Während in Russland die internationalen Bankiers die Kontrolle über den Reichtum und die Ressourcen des Landes durch die Handlungen der von ihnen an die Macht gebrachten Agenten übernehmen wollten, strebte in den Vereinigten Staaten der mit Roosevelt verbundene Unternehmens- oder Geschäftssozialismus danach, den Wettbewerb auszuschalten und unter philanthropischer sozialer Fassade und dank des staatlichen Schutzes die Kontrolle über die wichtigsten Unternehmen des Landes zu übernehmen. Mit anderen Worten, es ging darum, einige wenige zu begünstigen und ihre Gewinne durch eine Gesetzgebungspolitik zu maximieren, die die Konzentration der Wirtschaft in den Händen von „Unternehmenssozialisten" ermöglichte, die von ihren privaten Unternehmen aus öffentliche Dienstleistungen erbringen sollten. Ihre wichtigsten ideologischen Vertreter waren „Finanzphilosophen" der Wall Street wie Bernard Baruch, die Warburgs oder Otto Kahn von Kuhn Loeb & Co, dieselben Leute, die die bolschewistische Revolution finanziert hatten.

Nach diesem kurzen Überblick über Roosevelt und seine Hintermänner ist es nun an der Zeit, die Texte von Louis Thomas McFadden kennen zu lernen. Vieles von dem, was bisher in diesem Buch gesagt wurde, wird durch die brillanten Reden eines integren und ehrlichen Kongressabgeordneten bestätigt, dessen Reden sensationelle Dokumente sind, die in mehrere Sprachen übersetzt und weit verbreitet werden sollten. McFaddens Anprangerungen sind erstaunlich mutig, denn sie kosteten ihn schließlich das Leben. Dieser republikanische Kongressabgeordnete aus Pennsylvania war zehn Jahre lang Vorsitzender des Banken- und Währungsausschusses des Kongresses, er war also ein Experte auf diesem Gebiet und wusste sehr wohl, wovon er sprach, als er die Verbrechen der Federal Reserve Banker aufdeckte.

Am 14. Oktober 1936 veröffentlichte *Pelley's Weekly* einen Bericht über den Tod von Louis T. McFadden am 3. Oktober 1936. Demnach berichteten die Verwandten des Kongressabgeordneten, dass auf ihn zwei Attentate verübt worden waren. Der erste Anschlag wurde verübt, als er vor einem Hotel in der Hauptstadt aus einem Taxi stieg. Jemand, der ihm auflauerte, gab zwei Schüsse mit einem Revolver ab, verfehlte ihn jedoch und die Kugeln steckten in der Karosserie des Fahrzeugs. Der zweite Versuch fand während eines politischen Banketts in Washington statt. Nachdem er gegessen hatte, erlitt McFadden heftige Krämpfe. Glücklicherweise konnte ein befreundeter Arzt, der zufällig anwesend war, seinen Tod durch Vergiftung verhindern und ihn durch eine Notbehandlung retten. Wenig später führte ein plötzlicher Herzstillstand zu seinem sofortigen Tod. Richard C. Cook, Experte für Politik und Wirtschaft in den Vereinigten Staaten, ist überzeugt, dass es den Attentätern im dritten Anlauf gelungen ist, den wortgewaltigsten Kritiker des Federal Reserve Systems zu töten".

McFaddens Reden vor dem Kongress sind in einem Buch mit dem Titel *Federal Reserve Exposed. Collective Speeches of Congressman Louis T. McFadden.* Am 10. Juni 1932 hielt McFadden eine historische Rede vor dem Kongress der Vereinigten Staaten, in der er eine Prüfung der Federal Reserve Banks forderte und die Aufhebung des Federal Reserve Act verlangte. Im Folgenden finden Sie eine Zusammenfassung des Wortlauts der Rede, die auf dem Höhepunkt der Großen Depression gehalten wurde.

McFaddens Rede vom 10. Juni 1932

„Herr Präsident, in diesen Sitzungen des Kongresses haben wir über Notsituationen gesprochen. Wir haben über die Auswirkungen und nicht über die Ursachen der Ereignisse gesprochen. In dieser Rede werde ich auf die Ursachen eingehen, die uns in diese Situation geführt haben. Es gibt zugrundeliegende Prinzipien, die für die Bedingungen, die wir jetzt erleben, verantwortlich sind, und ich werde insbesondere auf eines davon eingehen, das im Hinblick auf die Überlegungen zu diesem Vorschlag von enormer Bedeutung ist.

Herr Präsident, wir haben in diesem Land eine der korruptesten Institutionen, die es je auf der Welt gab. Ich beziehe mich auf den Federal Reserve Board und die Federal Reserve Banks. Das Federal Reserve Board hat die Regierung der Vereinigten Staaten und das amerikanische Volk um genug Geld betrogen, um die Staatsschulden zu begleichen. Die Plünderungen und Ungerechtigkeiten des Federal Reserve Board und der Federal Reserve Banks, die gemeinsam handeln, haben dieses Land genug Geld gekostet, um die Staatsschulden mehrmals zu tilgen. Diese böse Institution hat die Menschen in den Vereinigten Staaten ruiniert und verarmt, hat ihren eigenen Bankrott verursacht und unsere Regierung praktisch in den Bankrott getrieben. Dies geschah durch die Mängel des Gesetzes, nach dem sie arbeitet, durch die katastrophale Verwaltung des Gesetzes durch das Federal Reserve Board und durch die korrupten Praktiken der Geldgeier, die sie kontrollieren.

Einige Leute glauben, dass die Federal Reserve Banks Institutionen der Regierung der Vereinigten Staaten sind. Sie sind keine Regierungsinstitutionen. Sie sind private Kreditmonopole, die die Menschen in den Vereinigten Staaten zu ihrem eigenen Vorteil und dem ihrer ausländischen Bevollmächtigten ausbeuten; in- und ausländische Spekulanten, Schwindler und reiche räuberische Kreditgeber. In der Schattencrew der Finanzpiraten gibt es einige, die einem Menschen die Kehle durchschneiden würden, um ihm einen Dollar aus der Tasche zu ziehen; es gibt diejenigen, die den Staaten Geld für Stimmen schicken, um unsere Gesetzgebung zu kontrollieren; und es gibt diejenigen, die internationale Propaganda betreiben, um uns zu täuschen, damit wir ihnen neue Zugeständnisse machen, die es ihnen ermöglichen, ihre Verbrechen zu vertuschen und ihren gigantischen Verbrechenszug wieder in Gang zu setzen.

Diese zwölf privaten Kreditmonopole (er meint die zwölf Federal Reserve Banks) wurden diesem Land in betrügerischer und unfairer Weise von Bankern aufgezwungen, die aus Europa hierher kamen und sich für unsere Gastfreundschaft bedankten, indem sie unsere amerikanischen Institutionen untergruben. Diese Bankiers nahmen Geld aus diesem Land, um Japan in seinem Krieg gegen Russland zu finanzieren. Sie schufen die Schreckensherrschaft in

Russland mit unserem Geld, um den Krieg zu fördern. Sie haben einen Separatfrieden zwischen Deutschland und Russland herbeigeführt und damit die Spaltung zwischen den Alliierten im Weltkrieg vorangetrieben. Sie finanzierten Trotzkis Reise von New York nach Russland, damit er zur Zerstörung des russischen Reiches beitragen konnte. Sie ermutigten und stifteten die russische Revolution an und stellten Trotzki in einer ihrer Bankfilialen in Schweden einen großen Fonds amerikanischer Dollars zur Verfügung, mit dem russische Häuser völlig zerstört und russische Kinder ihren Beschützern entzogen werden konnten. Es heißt, Präsident Wilson habe sich von den Unterhaltungen dieser Bankiers und dem philanthropischen Auftreten, das sie an den Tag legten, täuschen lassen. Es wurde gesagt, dass er, als er entdeckte, wie er von Colonel House getäuscht worden war, sich gegen diesen Wichtigtuer, diesen „heiligen Mönch" des Finanzimperiums, wandte und ihm die Tür wies. Er hatte die Eleganz, dies zu tun, und meiner Meinung nach verdient er dafür ein Lob. Präsident Wilson war ein Opfer der Täuschung. Als er Präsident wurde, hatte er bestimmte geistige und seelische Qualitäten, die ihn für eine herausragende Stellung in dieser Nation qualifizierten. Aber es gab eine Sache, die er nicht war und die er nie anstrebte zu sein. Er war kein Bankier. Er sagte, er wisse sehr wenig über das Bankwesen. Deshalb wurde während seiner Amtszeit auf Anraten anderer der perverse Federal Reserve Act - die Todesglocke der amerikanischen Freiheit - zum Gesetz.

Im Jahr 1912 legte die National Monetary Association unter dem Vorsitz von Senator Nelson W. Aldrich ein perverses Gesetz vor, das als National Reserve Association Act bezeichnet wurde. Es ist allgemein als Aldrich Act bekannt. Er war das Werkzeug, wenn nicht sogar der Komplize der europäischen Bankiers, die seit fast zwanzig Jahren planen, in diesem Land eine Zentralbank zu gründen, und die 1912 enorme Geldsummen ausgegeben hatten und weiterhin ausgeben würden, um ihr Ziel zu erreichen. Wir lehnten den Plan für eine Zentralbank ab. Die Männer an der Spitze der Demokratischen Partei versprachen daraufhin dem Volk, dass es im Falle ihrer Rückkehr an die Macht keine Zentralbank geben würde, solange sie an der Macht seien. Dreizehn Monate später wurde dieses Versprechen gebrochen, und die Wilson-Administration errichtete unter der Anleitung jener finsteren Wall-Street-Gestalten, die hinter dem Colonel House stehen, hier in unserem freien Land die verrottete Institution, die uns von oben bis unten kontrollieren und von der Wiege bis zur Bahre in Ketten legen soll.

Eine der großen Schlachten zum Schutz dieser Republik wurde hier zu Jacksons Zeiten geschlagen, als die zweite Bank der Vereinigten Staaten gegründet wurde, die auf denselben falschen Prinzipien beruhte, die in der FED zum Ausdruck kommen. Danach, im Jahr 1837, wurde das Land vor den Gefahren gewarnt, die eintreten könnten, wenn dieselben räuberischen Interessen, nachdem sie vertrieben worden waren, verkleidet zurückkehren und sich verbünden würden, um die Kontrolle über die Regierung zu übernehmen. Genau das taten sie, als sie unter dem Deckmantel der Heuchelei zurückkehrten und unter falschen Vorwänden den Text des Federal Reserve Act erhielten. Die Gefahr, vor der dieses Land gewarnt wurde, ist über uns hereingebrochen und zeigt sich in der Kette der Schrecken, die mit der verräterischen und unehrlichen FED zu tun haben. Schauen Sie sich um, wenn Sie dieses Haus verlassen, und Sie werden überall Beweise dafür sehen. Dies ist eine Zeit des Elends, und für die Bedingungen, die dieses Elend verursacht haben, sind das Federal Reserve Board und die Federal Reserve Banks voll verantwortlich. Dies ist eine Zeit wirtschaftlicher Verbrechen, und bei der Finanzierung dieser Verbrechen spielt die FED nicht die Rolle eines unbeteiligten Zuschauers.

... Der berüchtigte Colonel House, Wirtschaftsberater von Präsident Woodrow Wilson, war nicht nur für die erste Große Depression verantwortlich, sondern auch für die künstliche Verschuldung, die Vertreibung und den konjunkturellen Zusammenbruch, die sich aus dem irreführend benannten Federal Reserve Act ergaben. House war in erster Linie für die Schaffung der Federal Reserve verantwortlich. Berichten zufolge war er ständig an der Seite des Präsidenten zu sehen und verwirrte ihn immer wieder mit unangemessenem Wirtschaftsjargon. Der Präsident selbst scherzte, House sei sein Alter Ego geworden. In Wahrheit beherrschte House den Präsidenten mit den verborgenen Absichten der Autoren des Aldrich-Plans, ohne ihm eine bestimmte Wissenschaft zugänglich zu machen.... Am Vorabend des 23. Dezember 1913 verabschiedeten sie den Federal Reserve Act in der weihnachtlichen Abwesenheit vieler Abgeordneter, die dagegen waren. Das Gesetz wurde also nicht nur ohne die Zustimmung der Öffentlichkeit verabschiedet, sondern auch unter ausdrücklicher Missachtung des öffentlichen Auftrags.

In der Zwischenzeit und aufgrund dessen befinden wir uns nun selbst inmitten der größten Depression, die wir je erlebt haben. Vom Atlantik bis zum Pazifik ist unser Land von den düsteren Praktiken der US-Notenbank und den Interessen, die sie kontrollieren, heimgesucht worden. Noch nie in unserer Geschichte war das allgemeine Wohlergehen des Volkes auf einem so niedrigen Stand und die Gemüter der Menschen so verzweifelt. Kürzlich wurden in einem unserer Bundesstaaten sechzigtausend Privathäuser und Farmen an einem einzigen Tag versteigert. Nach Angaben von Reverend Charles E. Coughlin, der vor kurzem vor einem Ausschuss dieses Hauses aussagte, wurden in Oakland County, Michigan, einundsiebzigtausend Häuser und Farmen verkauft und ihre früheren Besitzer enteignet. Ähnliche Fälle hat es sicherlich in jedem Bezirk in Amerika gegeben. Die Menschen, die vertrieben wurden, sind also die Opfer des Federal Reserve Act. Sie sind Opfer der unehrlichen und skrupellosen Fed-Banken. Ihre Kinder sind die neuen Sklaven des Auktionshauses, in dem die Sklaverei von Menschen wieder auflebt."

McFadden fuhr in seiner Rede mit Zitaten aus Erklärungen fort, die verschiedene Experten 1913 vor den Banken- und Währungsausschüssen des Senats und des Kongresses abgegeben hatten. Der vorherrschende Ton in all diesen Erklärungen war die Anprangerung des Federal Reserve Systems als Angriff auf die Freiheiten und die Souveränität der Nation. Der Kongressabgeordnete kritisierte die Flucht der Reserven seiner Banken ins Ausland und beschuldigte erneut die Banker der Federal Reserve, als Agenten ausländischer Zentralbanken zu agieren und das Geld der Einleger zugunsten der großen europäischen Bankhäuser zu verwenden, was alles auf Kosten der US-Regierung und zum Nachteil des amerikanischen Volkes geschehe. McFadden forderte, Amerika müsse für die Amerikaner gerettet werden, und verlangte die Zerstörung der Fed, da die nationalen Reserven zugunsten von Ausländern beschlagnahmt wurden. Da wir bereits die Investitionen der Wall-Street-Banker in Deutschland gesehen haben, um die Kontrolle über deutsche Unternehmen zu übernehmen, geben wir den Teil der Rede wieder, der sich auf diese Operationen bezieht, und folgen mit einigen Zahlen über das Ausmaß des von den internationalen „Bankstern" angezettelten Schlamassels, die heute die Nationen mit den gleichen Methoden ausquetschen.

„Mr. President, Billionen und Billionen unseres Geldes wurden nach Deutschland gepumpt und werden noch immer vom Federal Reserve Board und den Federal Reserve Banks nach Deutschland gepumpt. Ihr wertloses Papier wird hier immer noch gehandelt und mit öffentlichen Krediten der Regierung der Vereinigten Staaten erneuert. Am 27. April 1932 schickte die Federal Reserve Gang 750.000 Dollar in Gold, das Einlegern in amerikanischen Banken gehörte, nach Deutschland. Eine Woche später wurden weitere 300.000 Dollar in Gold auf demselben Weg nach Deutschland geschickt. Mitte Mai wurden von der FED 12.000.000 $ in Gold nach Deutschland überwiesen. Fast jede Woche gibt es eine Goldlieferung nach Deutschland. Diese Überweisungen werden nicht getätigt, um mit dem Wechselkurs Geld zu verdienen, da die Deutsche Mark unter der Parität zum Dollar liegt.

Herr Vorsitzender, ich glaube, dass die amerikanischen Einleger in der Nationalbank ein Recht darauf haben, zu erfahren, was das Federal Reserve Board und die Federal Reserve Banks mit ihrem Geld machen. Es gibt Millionen von Einlegern in diesem Land, die nicht wissen, dass ein Prozentsatz jedes Dollars, den sie bei einer Mitgliedsbank des Federal Reserve Systems einzahlen, automatisch an die amerikanischen Vertreter ausländischer Banken geht, und dass ihre gesamten Einlagen ohne ihr Wissen oder ihre Zustimmung durch die betrügerische Organisation des Federal Reserve Act und durch die zweifelhaften Praktiken der Federal Reserve Banken an Ausländer ausgezahlt werden können.

Herr Präsident, das amerikanische Volk sollte die Wahrheit aus dem Munde seiner Staatsdiener erfahren. Das Federal Reserve Board und die Federal Reserve Banks sind von Anfang an international Bankiers gewesen - mit der US-Regierung als ihrem obligatorischen Bankier und Währungslieferanten. Dennoch ist es nicht außergewöhnlich, dass diese zwölf privaten Kreditmonopole immer wieder Auslandsschulden in allen Teilen der Welt aufkaufen und von der US-Regierung neue Banknoten im Austausch für diese Schulden verlangen. Das Ausmaß dieses Betrugs, wie er von den Federal-Reserve-Banken, ihren ausländischen Korrespondenten und den räuberischen europäischen Bankiers entwickelt wurde, die die Federal-Reserve-Institution hier eingerichtet und unseren eigenen Piraten beigebracht haben, wie man das Volk ausraubt... das Ausmaß dieses Betrugs wird auf bis zu 9.000.000.000 $ (neun Billionen Dollar) pro Jahr geschätzt. In den letzten zehn Jahren sollen es 90.000.000.000.000.000 (neunzig Milliarden) Dollar gewesen sein. Damit verbunden ist das Glücksspiel mit US-Schuldtiteln in Höhe von Billionen von Dollar, das auf demselben Aktienmarkt stattfindet, ein Glücksspiel, für das das Federal Reserve Board jetzt 100.000.000 Dollar pro Woche ausgibt. Die Noten der Federal Reserve werden der Regierung der Vereinigten Staaten in unbegrenzter Menge entnommen. Ist es da ein Wunder, dass die Last, diese immensen Geldsummen an die Glücksspieler zu liefern, für das amerikanische Volk zu einer schweren Bürde geworden ist?"

Die historische Rede des Kongressabgeordneten endete mit der Forderung nach einer Prüfung der Federal Reserve Banks, die mehr als achtzig Jahre später noch immer nicht durchgeführt wurde. McFadden warf der Federal Reserve Board vor, die US-Regierung usurpiert zu haben: „Sie kontrolliert hier alles. Sie kontrolliert unsere internationalen Beziehungen und setzt Regierungen ein oder löst sie auf, wenn sie es will".

McFaddens Reden im Jahr 1933

Als Franklin D. Roosevelt im Weißen Haus saß, prangerte Louis T. McFadden an, dass der neue Präsident unter den Befehlen der internationalen Bankiers stand, was die eingangs erwähnte These von Antony Sutton bestätigt. Am 23. Mai 1933 erhob Louis T. McFadden formell Anklage gegen den Gouverneursrat der Federal Reserve, den Comptroller of the Currency und den Finanzminister wegen zahlreicher krimineller Handlungen, darunter Verschwörung, Betrug, illegale Wechselkurse und Verrat. Es folgt nun eine weitere Zusammenfassung der wichtigsten seiner Reden aus dem Jahr 1933, beginnend mit seiner Anprangerung des Plans der Banker, die Welt zu versklaven.

„Mr. President, als die Fed verabschiedet wurde, war den Menschen in den Vereinigten Staaten nicht klar, dass hier ein Weltsystem installiert wurde.... Dass dieses Land einem „internationalen Superstaat" finanzielle Macht liefern würde. Einem Superstaat, der von internationalen Bankern und internationalen Industriellen kontrolliert wird, die zusammenarbeiten, um die Welt zu ihrem eigenen Vergnügen zu versklaven. Den Amerikanern wurde enormer Schaden zugefügt. Sie haben ihre Arbeit verloren, wurden ihrer Häuser beraubt, aus ihren Mietwohnungen vertrieben, haben ihre Kinder verloren und müssen leiden und sterben, weil es ihnen an Unterkunft, Nahrung, Kleidung und Medizin fehlt. Der Reichtum der Vereinigten Staaten und das Kapital der Arbeit wurden gestohlen und in den Tresoren bestimmter Banken und Unternehmen weggesperrt oder zum Nutzen der ausländischen Kunden dieser Banken und Unternehmen ins Ausland exportiert. Was die Menschen in den Vereinigten Staaten betrifft, so ist die Speisekammer leer. Es stimmt zwar, dass die Lagerhäuser, Kohlendepots und Getreidesilos voll sind, aber sie sind mit Vorhängeschlössern verriegelt und die großen Banken und Konzerne haben die Schlüssel. Die Ausplünderung Amerikas durch die Fed ist das größte Verbrechen der Geschichte".
... Herr Präsident, was wir brauchen, ist eine Rückkehr zur Verfassung der Vereinigten Staaten. Der alte Kampf, der hier zu Jacksons Zeiten geführt wurde, muss wiederholt werden. Das unabhängige Schatzamt der Vereinigten Staaten sollte wieder eingerichtet werden, und die Regierung sollte ihr eigenes Geld in dem zu diesem Zweck errichteten Gebäude des Volkes aufbewahren. Die Fed sollte abgeschafft und die Grenzen der Bundesstaaten respektiert werden. Die Bankreserven sollten innerhalb der Grenzen der Staaten gehalten werden, denen sie gehören, und dieser Bestand an Volksgeld sollte geschützt werden, damit internationale Banker es nicht stehlen können. Die FED sollte abgeschafft und ihre Banken, die gegen ihre Charta verstoßen haben, sollten sofort liquidiert werden. Illoyale Regierungsangestellte, die ihr Versprechen gebrochen haben, sollten entlassen und vor Gericht gestellt werden. Wenn dies nicht geschieht, prophezeie ich, dass das amerikanische Volk, empört, ausgeplündert, beleidigt und verraten in seinem eigenen Land, sich im Zorn erheben und die Geldwechsler aus dem Tempel fegen wird.
Herr Präsident, Amerika ist bankrott: Es wurde von der korrupten und unehrlichen Fed in den Bankrott getrieben. Es hat Schulden gegenüber seinen eigenen Bürgern abgelehnt. Sein wichtigster ausländischer Gläubiger ist Großbritannien, und ein britischer Handlanger war im Weißen Haus, und britische Agenten sind im US-Finanzministerium, um eine Bestandsaufnahme zu

machen und den Zeitpunkt der Abrechnungen festzulegen. Sir, Präsident, die Fed hat angeboten, die britischen Forderungen auf Kosten des amerikanischen Volkes durch Betrug und Korruption zu erfüllen, wenn Großbritannien ihnen im Gegenzug hilft, ihre Verbrechen zu verbergen. Die Briten schützen ihre Agenten bei der FED, weil sie nicht wollen, dass das System des Diebstahls zerstört wird. Sie wollen, dass es zu ihrem Vorteil weiterläuft. Dadurch ist Großbritannien zum Finanzdirektor der Welt geworden. Es hat die Position zurückgewonnen, die es vor dem Weltkrieg innehatte. Seit einigen Jahren ist es ein stiller Teilhaber an den Geschäften der Fed. Unter Androhung von Erpressung, durch Bestechung oder durch den Verrat amerikanischer Bürger am Volk der Vereinigten Staaten haben die Agenten an der Spitze der FED Großbritannien rücksichtslos riesige Golddarlehen in Höhe von Hunderten von Millionen Dollar gewährt. Sie haben dies entgegen dem Gesetz getan! Diese Golddarlehen waren keine bloßen Transaktionen. Sie haben Großbritannien die Macht gegeben, Milliarden zu leihen. Großbritannien nimmt Milliarden aus dem Land durch seine Kontrolle über die FED."

Der folgende Abschnitt bezieht sich auf die Aufgabe des Goldstandards durch Großbritannien im Jahr 1931 und die daraufhin von Präsident Roosevelt ergriffenen Maßnahmen. Auf diese Maßnahmen wurde in Fußnote 9 bereits kurz eingegangen, und wir können nun McFaddens Kritik nachvollziehen. Um die folgende Passage richtig zu verstehen, muss man wissen, dass Roosevelts erster Vorschlag vor dem Kongress am 9. März 1933, fünf Tage nach seinem Amtsantritt, der Emergency Banking Act (EBA) war. Dieses Gesetz wurde mit einer solchen Dringlichkeit verabschiedet, dass nicht einmal eine Kopie des Textes im Repräsentantenhaus verteilt wurde, damit die Mitglieder des Kongresses ihn zumindest studieren, wenn nicht gar lesen konnten. Der Text wurde nach einer Verlesung durch den Vorsitzenden des Bankenausschusses, Henry Steagall, verabschiedet. Vier Tage vor der Verabschiedung des Emergency Banking Act hatte Präsident Roosevelt die Schließung aller Banken angeordnet, die erst am 13. März wieder geöffnet wurden. Die Schließung betraf natürlich nicht die Federal Reserve Banks, die als einzige landesweit tätig sein durften. Um die Interventionen von McFadden besser einschätzen zu können, sollte man vielleicht hinzufügen, dass der Dow-Jones-Index bis Juli 1932 90% seines Wertes seit 1929 verloren hatte, dass das amerikanische BIP um 60% gesunken war und dass mehr als viertausend Banken verschwunden waren.

„Herr Präsident, die Schließung der Banken in den verschiedenen Staaten wurde durch die korrupte und unehrliche FED verursacht. Diese Institution manipulierte Geld und Kredit und war die Ursache für die Anordnung des Bankfeiertags. Dieser Bankfeiertag war eine Erfindung! Es gab keinen nationalen Notstand, als Franklin D. Roosevelt sein Amt antrat, mit Ausnahme des Bankrotts der FED, ein Bankrott, der mehrere Jahre lang vertuscht und vor dem Volk verborgen worden war, damit es weiterhin zuließ, dass seine Bankeinlagen, seine Bankreserven, sein Gold und die Gelder des US-Finanzministeriums von diesen bankrotten Institutionen beschlagnahmt wurden. Geschützt haben die räuberischen internationalen Banker die Last der Schulden der Fed heimlich auf das Finanzministerium und auf die Menschen selbst verlagert, die für ihren Betrug bezahlen. Dies ist der einzige nationale Notstand seit Beginn der Depression. In der Woche, bevor die Schließung der Banken im Staat New York verkündet wurde, waren die Einlagen in den New Yorker Sparkassen größer als die Abhebungen. In den New Yorker Banken herrschte keine Angst. Es gab weder in New York noch im Lande einen Grund für die Schließung von Banken. Roosevelt tat, was die internationalen Bankiers ihm befahlen! Lassen Sie sich nicht täuschen, Herr Präsident, und lassen Sie sich auch nicht von anderen vorgaukeln, Roosevelts Willkür sei irgendwie zum Wohle des Volkes gedacht: Roosevelt schickt sich an, auf der gepunkteten Linie zu unterschreiben! Er schickt sich an, die Kriegsschulden auf betrügerische Weise zu streichen! Er bereitet sich darauf vor, dieses Land zu internationalisieren und die Verfassung selbst zu zerstören, um die FED als Geldinstitut für Ausländer intakt zu halten.

Herr Präsident, ich sehe nicht ein, warum die Bürger terrorisiert werden sollten, damit sie ihr Eigentum an die internationalen Bankiers, denen die FED gehört, abtreten müssen. Die Behauptung, dass Gold von seinen rechtmäßigen Besitzern konfisziert wird, wenn sie es nicht freiwillig für private Interessen abgeben, zeigt, dass es einen Anarchisten in unserer Regierung gibt. Die Behauptung, dass es notwendig ist, dass die Menschen ihr Gold - das einzige echte Geld - an die Banken abgeben, um die Währung zu schützen, ist eine Behauptung von kalkulierter Unredlichkeit! Durch diese illoyale Usurpation der Macht in der Nacht des 5. März 1933 und durch seine Proklamation, die meiner Meinung nach ein Verstoß gegen die Verfassung war, hat Roosevelt die Währung der Vereinigten Staaten vom Gold getrennt, und die Währung der Vereinigten Staaten ist nicht mehr durch Gold geschützt. Es ist daher reine Unredlichkeit zu behaupten, das Gold des Volkes sei notwendig, um die Währung zu schützen. Roosevelt ordnete an, dass das Volk sein Gold privaten Interessen, d. h. den Banken, überlässt, und übernahm die Kontrolle über die Banken, damit das gesamte Gold und die Goldwertpapiere, die sie besaßen, den internationalen Bankiers übergeben werden konnten, die die FED besitzen und kontrollieren. Roosevelt knüpft sein Schicksal an die Wucherer. Er beschließt, die Korrupten und Unehrlichen auf Kosten des amerikanischen Volkes zu retten. Er nutzte die Verwirrung und Erschöpfung des Volkes aus und verteilte den Hinterhalt über das ganze Land, um alles Wertvolle an sich zu reißen. Er machte einen großen Raubzug gegen die internationalen Bankiers. Der britische Premierminister (in Anspielung auf Ramsey McDonalds Reise) kam hierher, um Geld zu holen. Er kam hierher, um abzukassieren! Er kam mit Fed-Währung und anderen Forderungen an die Fed, die Großbritannien in der ganzen Welt gehortet hatte, und tauschte sie gegen Bargeld in Gold ein.

Herr Präsident, ich bin dafür, die Fed zu zwingen, ihre eigenen Schulden zu bezahlen. Ich sehe nicht ein, warum die Allgemeinheit gezwungen werden sollte, die Spielschulden der internationalen Bankiers zu bezahlen. Durch die Schließung der Banken in den Vereinigten Staaten beschlagnahmte Roosevelt goldene Bankeinlagen im Wert von vierzig Billionen oder mehr. Bei diesen Einlagen handelte es sich um Einlagen von Goldwertpapieren. Durch diese Maßnahme war er gezwungen, die Einleger, wenn überhaupt, nur in Papiergeld auszuzahlen. Das Papiergeld, das er den Einlegern der Banken und dem Volk im Allgemeinen anstelle ihrer hart verdienten Goldwerte auszahlen will, ist von vernachlässigbarem Wert, denn es basiert auf nichts, womit das Volk es umtauschen könnte. Es ist das Geld der Sklaven, nicht das der freien Menschen. Am Mittag des 4. März 1933 versprach FDR mit seiner Hand auf der Bibel, die Verfassung der Vereinigten Staaten zu bewahren und zu schützen. Um Mitternacht des 5. März 1933 beschlagnahmte er das Eigentum der amerikanischen Bürger. Er wies die internen Schulden der Regierung gegenüber ihren eigenen Bürgern zurück. Er zerstörte den Wert des amerikanischen Dollars. Er entließ die Fed aus ihrer vertraglichen Verantwortung, ihre Währung in Gold oder in gesetzlichem Geld zur Parität mit Gold abzurechnen, oder versuchte, sie davon zu befreien. Sie wertete den Wert der nationalen Währung ab. Die Menschen in den Vereinigten Staaten verwenden nun nicht einlösbare Papierstücke als Geld. Das Schatzamt kann diese Papiere nicht in Gold oder Silber begleichen. Das Gold und Silber des Schatzamtes wurde rechtswidrig an die korrupte und unehrliche Fed übergeben. Und die Regierung hatte die Frechheit, das Land zu plündern, um mehr Gold für private Interessen zu beschaffen, indem sie patriotischen Bürgern erzählte, ihr Gold werde zum Schutz der Währung benötigt. Es wird nicht zum Schutz der Währung verwendet! Es wird verwendet, um die korrupte und unehrliche FED zu schützen. Die Direktoren dieser Institutionen haben einen Affront gegen die Regierung der Vereinigten Staaten begangen, zu dem auch das Verbrechen der falschen Einträge in ihren Geschäftsbüchern und das noch wichtigere Verbrechen der Entnahme von Geldern aus dem Schatzamt der Vereinigten Staaten gehören muss. Die Plünderung von Roosevelts Gold soll ihnen aus dem Loch helfen, das sie sich selbst gegraben haben, als sie die Ersparnisse des amerikanischen Volkes verspielten. Die internationalen Bankiers haben hier eine Diktatur errichtet, weil sie einen Diktator wollen, der sie beschützt. Sie wollen einen Diktator, der eine Proklamation macht, die der FED bedingungslose und absolute Freiheit gewährt. Hat Roosevelt andere Schuldner in diesem Land von der Notwendigkeit befreit, ihre Schulden zu bezahlen? Hat er eine Proklamation gemacht, die Landwirten sagt, dass sie ihre Hypotheken nicht bezahlen müssen? Hat er verkündet, dass Mütter, die hungrige Kinder haben, keine Milch bezahlen müssen? Hat er Hausbesitzer davon befreit, Miete zahlen zu müssen? Von sicherlich nicht. Er hat lediglich eine Erklärung abgegeben, um die internationalen Bankiers und ausländischen Schuldner der US-Regierung zu beruhigen.

Herr Präsident, das Gold in den Banken dieses Landes gehört dem amerikanischen Volk, das dafür Papiergeldverträge in Form der nationalen Währung abgeschlossen hat. Wenn die FED ihre Verträge mit den Bürgern der Vereinigten Staaten nicht einhalten kann, um ihr Papiergeld gegen Gold oder gesetzliches Geld einzulösen, dann muss die FED von der Regierung der Vereinigten Staaten abgelöst werden und ihre Manager müssen vor Gericht gestellt werden. Es muss einen Tag der Abrechnung geben. Wenn die FED das Schatzamt bestohlen hat, so dass das Schatzamt die Währung, für die es verantwortlich ist, nicht in Gold begleichen kann, dann muss die FED aus dem Schatzamt ausgeschlossen werden. Herr Präsident, ein Goldzertifikat ist gleichbedeutend mit einer Einzahlungsquittung in den Goldspeicher des Schatzamtes, und die Person, die ein Goldzertifikat besitzt, ist der gegenwärtige Besitzer einer entsprechenden Menge Goldes, das sich im Schatzamt angesammelt hat. Nun kommt Roosevelt daher und will den Wert des Geldes schmelzen, indem er rechtswidrig erklärt, dass es nicht mehr nach dem Willen des Inhabers in Gold umgewandelt werden kann.

Roosevelts nächster Raubzug für die internationalen Bankiers war die Kürzung der Gehälter der Bundesbediensteten. Als nächstes sind die Veteranen aller Kriege dran, von denen viele alt und gebrechlich oder behindert sind..... Ich sehe keinen Grund, warum diese Bürgerkriegsveteranen gezwungen werden sollten, ihre Renten zum finanziellen Vorteil der internationalen Geier aufzugeben, die die Staatskasse geplündert, das Land in den Bankrott getrieben und es heimtückisch an einen ausländischen Feind ausgeliefert haben. Es gibt viele Möglichkeiten, die Staatseinnahmen zu erhöhen, die besser sind als dieser barbarische Akt der Ungerechtigkeit: Warum nicht von der FED den Betrag eintreiben, den sie dem US-Finanzministerium an Zinsen für all das Geld schuldet, das sie der Regierung entzogen hat? Das würde dem Fiskus Billionen von Dollar einbringen. Wenn FDR so ehrlich wäre, wie er vorgibt, hätte er dies sofort getan. Und warum sollte man die Fed nicht dazu zwingen, ihre Gewinne offenzulegen und der Regierung ihren Anteil zu zahlen? Solange dies nicht geschehen ist, ist es ekelhaft unehrlich, von der Aufrechterhaltung des Rufs der Regierung zu sprechen."

In seiner Rede prangerte der Abgeordnete die internationalen Bankiers als „Feinde des Volkes" an und beschuldigte FDR weiter, in ihren Diensten zu stehen und ihre Verbrechen zu vertuschen, anstatt „die Geier und Betrüger bei der Fed zu zwingen, zurückzuzahlen, was sie gestohlen haben". Er schloss mit einer Reihe von Namen von Personen, die mit verschiedenen Verbrechen in Verbindung gebracht wurden, von denen das wichtigste die Aneignung von Geldern des Schatzamtes war. Zu den von McFadden beschuldigten Personen gehörten Regierungsbeamte, Mitglieder des Federal Reserve Board und eine Handvoll Agenten, die bei der Fed beschäftigt sind. Er forderte den Justizausschuss des Repräsentantenhauses auf, eine Untersuchung durchzuführen und dem Kongress Bericht zu erstatten, damit die für schuldig befundenen Personen ihres Amtes enthoben und vor Gericht gestellt werden können.

Die Reden von 1934

Infolge seiner Reden im Repräsentantenhaus im Jahr 1934 kamen bald die üblichen Antisemitismusvorwürfe gegen Louis T. McFadden auf. Bekanntlich werden diejenigen, die die kriminellen Handlungen bestimmter Juden kritisieren, als Antisemiten gebrandmarkt, was oft ein Trugschluss ist. Heute ist es so weit gekommen, dass diejenigen, die die Verbrechen des Zionismus verurteilen, als Antisemiten gelten. So wie es verschiedene semitische Sprachen gibt, gibt es auch verschiedene semitische Völker, darunter natürlich die Palästinenser. Paradoxerweise sind die Zionisten, die keine Semiten sind, da sie größtenteils aschkenasische Nachfahren der Chasaren sind, die führenden Antisemiten der Welt, da sie seit fast siebzig Jahren versuchen, ein semitisches Volk in Palästina auszulöschen. McFadden erhielt diese Bezeichnung, weil er die Roosevelt-Regierung als jüdisch kontrolliert anprangerte und weil er sich gegen den Juden Henry Morgenthau als Finanzminister stellte. Aus den schriftlichen Aufzeichnungen der Reden von 1934 geht hervor, dass McFadden in den ersten Monaten seine Anschuldigungen gegen Roosevelt, die Federal Reserve und Großbritannien fortsetzte. Am 15. Juni 1934 hielt McFadden jedoch eine Rede über Jacob Schiff, die wir im Folgenden fast vollständig wiedergeben, da es sich um ein Dokument handelt, das einmal mehr bestätigt, was wir über diesen jüdischen Bankier und seine sehr prominente Rolle bei der Zerstörung des zaristischen Russlands geschrieben haben.

„...Damals kam ein Mann namens Jacob Schiff als Vertreter bestimmter Geldverleiher in dieses Land. Sein Auftrag war es, die Kontrolle über die amerikanischen Eisenbahnen zu übernehmen. Dieser Mann war ein Jude. Er war der Sohn eines Rabbiners und wurde in einem der Rothschild-Häuser in Frankfurt, Deutschland, geboren. Er war ein kleiner Mann mit einem freundlichen Gesicht und, wenn ich mich recht erinnere, mit blauen Augen. In jungen Jahren verließ er Frankfurt, um sein Glück zu machen, und ging nach Hamburg, Deutschland. In Hamburg stieg er in das Bankgeschäft der Warburgs ein. Die Hamburger Warburgs waren ein Leben lang Bankiers und hatten Niederlassungen in Amsterdam und Schweden.... Einige Zeit vor der Ankunft von Schiff gab es in Lafayette, Indiana, eine Firma von Kaufleuten, die als Kuhn & Loeb bekannt war. Ich glaube, sie waren bereits um 1850 hier. Wahrscheinlich verdienten sie ihr Geld auf Kosten der neuen Siedler, die auf ihrer Reise nach Nordwesten durch Indiana kamen. Diese jüdische Firma zog schließlich nach New York, wo sie sich als Privatbankiers niederließen und zu Reichtum gelangten.
Jacob Schiff heiratete Teresa Loeb und wurde Chef von Kuhn Loeb & Co. Schiff verdiente hier eine Menge Geld für sich und die Londoner Geldverleiher. Er begann, fast regelmäßig Aufträge an Präsidenten zu erteilen. Er scheint ein Mann gewesen zu sein, der vor nichts zurückschreckte, um seine Ziele zu erreichen. Ich werfe ihm nicht vor, dass er Jude ist, sondern dass er ein Provokateur von Konflikten ist. Russland hatte in Jacob Schiff einen mächtigen Feind. Die Amerikaner kamen zu der Überzeugung, dass ihre Feindschaft auf das Unrecht zurückzuführen war, das den russischen Juden angetan wurde. Ich suchte nach den Motiven dafür an anderer Stelle. 1890 war Jacob Schiff in diesem Land der Agent von Ernest Cassell und anderen Londoner Geldverleihern. Diese

Geldverleiher waren auf einen Krieg zwischen England und Russland erpicht und machten Propaganda, um England in den Vereinigten Staaten zu unterstützen. Die Vereinigten Staaten waren damals ein Schuldnerland und zahlten jährlich einen hohen Betrag an Schiff und seine Bosse. Daher nahm er es auf sich, die Vereinigten Staaten gegen Russland aufzubringen. Er tat dies, indem er dem amerikanischen Volk angebliche Ungerechtigkeiten gegen russische Juden präsentierte. Unangenehme Geschichten begannen in der Presse zu erscheinen. Den Kindern in diesem Land wurde in den Schulen erzählt, dass russische Soldaten jüdische Kinder mit der Peitsche lebenslang verkrüppelten. Die Feindschaft zwischen Russland und den Vereinigten Staaten wurde mit infamen Mitteln geschürt.

Einer von Schiff's Plänen war die massenhafte Einfuhr russischer Juden in die Vereinigten Staaten. Er plante verschiedene Möglichkeiten für den vorübergehenden Transfer dieser jüdischen Emigranten. Er sagte, dass er sie nicht über den Hafen von New York einreisen lassen würde, weil ihnen New York zu sehr gefallen könnte und sie dann nicht zu den Außenposten gehen wollten, für die sie ausgewählt worden waren. Er sagte, es sei besser, sie über New Orleans einreisen zu lassen und sie dort zwei Wochen lang zu belassen, „damit sie ein wenig Englisch lernen und ein wenig Geld bekommen können", bevor sie in das, wie er es nannte, „Innere Amerikas" aufbrechen. Wie sie an Geld kommen sollten, sagte er nicht. Mit Hilfe von Schiff und seinen Verbündeten kamen damals viele russische Juden in dieses Land und wurden eingebürgert. Viele dieser eingebürgerten Juden kehrten später nach Russland zurück. Sobald sie in dieses Land zurückkehrten, beanspruchten sie sofort die Befreiung von den dortigen Wohnsitzbestimmungen für Juden, das heißt, sie beanspruchten das Recht, überall in Russland zu leben, weil sie amerikanische Staatsbürger oder „Yankee"-Juden waren. Es kam zu Unruhen, die von der amerikanischen Presse ausgeschlachtet wurden. Es gab Unruhen, Bombenanschläge und Morde, die von irgendjemandem bezahlt wurden. Die Urheber dieser Gräueltaten wurden offenbar von mächtigen finanziellen Interessen geschützt. Während dies in Russland geschah, wurde hier eine schändliche Lügenkampagne inszeniert, und es wurden riesige Geldsummen ausgegeben, um die Öffentlichkeit glauben zu machen, dass die Juden in Russland ein einfaches und unschuldiges Volk seien, das von den Russen unterdrückt wurde und den Schutz des großen Wohltäters der Welt, Uncle Sam, brauche.

Ich komme nun zu dem Zeitpunkt, als der Krieg zwischen Russland und Japan erklärt wurde. Er wurde durch den geschickten Einsatz Japans herbeigeführt, damit England nicht mit Russland in Indien kämpfen musste. Es war billiger und bequemer für Großbritannien, Japan gegen Russland kämpfen zu lassen, als es selbst zu tun. Wie erwartet, finanzierten Schiff und seine Londoner Partner Japan. Zu diesem Zweck nahmen sie große Summen Geld von den Vereinigten Staaten auf. Das Umfeld für die Vergabe der Kredite war geschickt vorbereitet worden. Die bewegenden Geschichten, in denen Schiff ein Meister war, berührten die Herzen der sympathischen Amerikaner. Die Anleihen waren ein großer Erfolg. Millionen von amerikanischen Dollars wurden von Schiff und seinen Londoner Partnern nach Japan geschickt. Englands Vorherrschaft in Indien wurde gesichert. Russland wurde daran gehindert, über den Khyber-Pass einzudringen und Indien von Nordwesten her zu erreichen. Gleichzeitig wurde Japan gestärkt und zu einer großen Weltmacht, die uns nun als solche im Pazifik gegenübersteht. All dies wurde durch die Kontrolle der amerikanischen Medien erreicht, die verbreiteten, dass russische Juden und „Yankee"-Juden in Russland verfolgt würden, und durch den Verkauf japanischer Kriegsanleihen an amerikanische Bürger.

Während der russisch-japanische Krieg tobte, bot Präsident Theodore Roosevelt an, als Vermittler zu fungieren, und es wurde eine Konferenz zwischen den Kriegsparteien in Portsmouth, New Hampshire, vereinbart. An der Konferenz nahm Jacob Schiff teil und nutzte seinen ganzen Einfluss auf Theodore Roosevelt, um Japan auf Kosten Russlands zu begünstigen. Sein Hauptziel war damals wie heute die Demütigung der Russen, deren einziges Verbrechen darin bestand, dass sie Russen und keine Juden waren. Er versuchte, die Russen zu demütigen, aber Graf Witte, der russische Bevollmächtigte, ließ dies nicht zu. Witte war sich der Macht von Schiff und seiner organisierten Propaganda durchaus bewusst. Er war daher nicht überrascht, als der oft getäuschte Präsident Roosevelt ihn zweimal bat, Juden mit amerikanischer Staatsbürgerschaft, die nach Russland zurückgekehrt waren, besonders zu berücksichtigen. Witte nahm einen Brief von Roosevelt mit nach Russland, der diese Bitte enthielt.

Herr Präsident, die Restriktionen für Juden in Russland mögen zu jener Zeit schwer gewesen sein, aber schwer oder nicht, bevor die Russen die Chance hatten, sie zu ändern, hatte Schiff den achtzig Jahre alten Vertrag der Freundschaft und des guten Willens zwischen den Vereinigten Staaten und Russland gekündigt. Graf Witte sagt dazu in seiner Biographie: „Die Russen haben die Freundschaft des amerikanischen Volkes verloren". Herr Präsident, ich kann nicht glauben, dass diese Leute, die echten Russen, jemals die Freundschaft des amerikanischen Volkes verloren haben. Sie wurden ausgelöscht, um die Ambitionen derer zu erfüllen, die behaupten, die finanziellen Herren der Welt zu sein, und einige von uns wurden getäuscht, indem sie glaubten, dass sie auf irgendeine mysteriöse Weise selbst daran schuld seien. Die Kluft, die sich plötzlich zwischen uns und unseren alten Freunden und Bewunderern in Russland auftat, war eine Kluft, die von Jacob Schiff, dem Rachsüchtigen in seiner unmenschlichen Gier, im Namen der jüdischen Religion geschaffen wurde.

Herr Präsident, die Menschen in den Vereinigten Staaten sollten nicht zulassen, dass finanzielle oder andere Partikularinteressen die Außenpolitik der Regierung diktieren. Aber in dieser Frage wiederholt sich die Geschichte. Sie haben zweifellos von den sogenannten Judenverfolgungen in Deutschland gehört. Herr Präsident, es gibt keine wirkliche Verfolgung von Juden in Deutschland. Hitler, die Warburgs, die Mendelssohns und die Rothschilds scheinen sich bestens zu verstehen. Es gibt keine wirkliche Verfolgung von Juden in Deutschland, aber es gibt eine vorgetäuschte Verfolgung, weil es zweihunderttausend unerwünschte kommunistische Juden in Deutschland gibt, hauptsächlich Juden aus Galizien, die nach dem Weltkrieg nach Deutschland gekommen sind, und Deutschland ist sehr darauf bedacht, diese speziellen kommunistischen Juden loszuwerden. Die Deutschen wollen die Reinheit ihrer eigenen Ethnie bewahren. Sie sind bereit, reiche Juden wie Max Warburg und Franz Mendelssohn zu behalten, deren Familien so lange in Deutschland gelebt haben, dass sie einige nationale Eigenschaften erworben haben. Aber die Deutschen sind nicht bereit, die Juden aus Galizien, die Emporkömmlinge, zu behalten".

„Sidney Warburg" schreibt etwas ganz Ähnliches, wenn er auf ein Gespräch mit einem jüdischen Freund, einem Bankdirektor in Hamburg, anspielt, der ein Anhänger Hitlers ist. Er sagt ihm: „Mit Juden meint Hitler Juden aus Galizien, die Deutschland befallen. Juden rein deutscher Herkunft werden von Hitler genauso als deutsche Staatsbürger betrachtet wie alle anderen; Sie werden sehen, dass er sie nicht im Geringsten behelligen wird. Vergessen Sie nicht, dass in den sozialdemokratischen und kommunistischen Parteien die

Juden die Oberhand haben. Hitler wird sie nicht angreifen, weil sie Juden sind, sondern weil sie Kommunisten oder Sozialdemokraten sind." Wie bereits erwähnt, waren diese Juden in Galizien zufällig keine Semiten. McFadden setzte seine Rede mit weiteren Anspielungen auf Roosevelts Politik fort und schloss mit scharfen Verweisen auf die Rolle der internationalen jüdischen Bankiers bei der russischen Revolution.

„Diese große Show ist vor allem von den deutschen Juden selbst inszeniert worden, in der Hoffnung, dass Onkel Sam zeigt, dass er immer noch so verrückt ist wie früher, und diesen kommunistischen Juden aus Galizien erlaubt, hierher zu kommen. Aus diesem Grund wurde Miss Perkins mit der Leitung des Arbeitsministeriums betraut. Sie soll die Einreiseverbote lockern. Man glaubt, dass sie, weil sie eine Frau ist, die Kritiker besänftigen kann. Sie steht im Einklang mit den internationalen Bankern. Sonst würde sie nicht in einer jüdisch kontrollierten Verwaltung arbeiten. Als die so genannte „antisemitische Kampagne", die für den amerikanischen Konsum bestimmt war, in Deutschland gestartet wurde, war Frankreich alarmiert, weil es befürchtete, dass die Juden aus Galizien auf französischem Boden landen könnten. Französische Zeitungen veröffentlichten Artikel, die auf diese Bedrohung anspielten; aber jetzt, da Frankreich erkannt hat, dass der Zweck der antisemitischen Kampagne darin besteht, zweihunderttausend kommunistische Juden in den Vereinigten Staaten abzuladen, ist es nicht mehr beunruhigt. Ah, stell dir vor, der alte Onkel Sam wird die Zeche zahlen!

Herr Präsident, ich finde es schade, dass es Amerikaner gibt, die es mögen, wohlhabenden Juden zu dienen und sie zu loben. Einige dieser Unglücklichen befinden sich in den Händen von geldverleihenden Juden und wagen es nicht, sie zu verärgern. Sie haben Franklin D. Roosevelts unanständige Beschlagnahmung der Goldreserven und anderer Wertgegenstände des amerikanischen Volkes, die Zerstörung der Banken, die versuchte Geldwäsche der Federal Reserve Banks, deren Korruption Roosevelt in seinen Wahlkampfreden zugegeben hatte, miterlebt, und Sie werden gesehen haben, dass das, was beschlagnahmt wurde, nicht in den Händen der gegenwärtigen verfassungsmäßigen Regierung liegt, sondern in den Händen der internationalen Bankiers, die der Kern der neuen Regierung sind, die Roosevelt hier zu errichten beabsichtigt. Roosevelts Vorgehen steht nicht im Einklang mit der Verfassung der Vereinigten Staaten, sondern mit den Plänen der Dritten Internationale. Es gab eine Zeit, in der Trotzki ein Liebling von Jacob Schiff war. Während des Krieges gab Trotzki *die Zeitschrift Novy Mir* heraus und hielt Massenversammlungen in New York ab. Als er die Vereinigten Staaten verließ, um nach Russland zurückzukehren, tat er dies bekanntlich mit Schiff's Geld und unter Schiff's Schutz. In Halifax wurde er von den Briten gefangen genommen und auf Anraten einer hohen Persönlichkeit sofort wieder freigelassen. Kaum war er in Russland angekommen, erfuhr er, dass er in Schweden bei der schwedischen Filiale der Bank von Max Warburg in Hamburg Kredit hatte. Dieser Kredit ermöglichte es ihm, die russische Revolution zu Gunsten internationaler jüdischer Bankiers zu finanzieren. Er half ihnen, die Revolution für ihre eigenen Zwecke zu stören.

Heute ist die Sowjetunion verschuldet. Seit Trotzkis Rückkehr nach Russland ist der Verlauf der russischen Geschichte zweifellos von den Operationen der internationalen Bankiers beeinflusst worden. Sie haben durch deutsche und britische Institutionen gehandelt und Russland in ihrer Knechtschaft gehalten. Ihre Verwandten in Deutschland haben riesige Geldsummen aus den Vereinigten

Staaten abgezogen und einen nach dem anderen ihre Agenten in Russland mit einem stattlichen Gewinn finanziert. Finanzielle Mittel wurden der sowjetischen Regierung von den Federal Reserve Banks über die Chase Bank und die Guaranty Trust Co. und andere New Yorker Banken zur Verfügung gestellt. England, nicht weniger als Deutschland, hat über die Federal Reserve Banken Geld von uns genommen und es entweder zu hohen Zinssätzen an die Sowjetregierung zurückgeliehen oder es zur Subventionierung seiner Verkäufe an Sowjetrussland und seiner Bauarbeiten auf russischem Gebiet verwendet. Der Damm am Dnjepr wurde mit Geldern gebaut, die das korrupte und unehrliche Federal Reserve Board illegal aus dem US-Finanzministerium entnommen hatte.

Herr Präsident, eine immense Summe amerikanischer Gelder wurde im Ausland für Kriegsvorbereitungen sowie für die Beschaffung und Herstellung von Kriegsmaterial verwendet. Deutschland soll Miteigentümer einer großen Gasproduktionsanlage in Troizk auf russischem Boden sein (damit ist wahrscheinlich die I. G. Farben gemeint, deren Direktoren Max Warburg in Deutschland und Paul Warburg in den Vereinigten Staaten waren). China ist fast vollständig sowjetisiert, und es wird vermutet, dass in Asien riesige Munitionsvorräte gelagert werden, die auf den Tag warten, an dem die US-Kriegsherren amerikanische Truppen nach Asien schicken werden.

Herr Präsident, die Vereinigten Staaten sollten versuchen, sich aus einem weiteren Krieg herauszuhalten, insbesondere aus einem Krieg in Asien. Sie sollten entscheiden, ob es sich lohnt, sich Russland und China in einem Krieg gegen Japan anzuschließen. Ich sage und habe schon oft gesagt, dass Amerika sich an den Rat von George Washington erinnern sollte. Es sollte sich um seine eigenen Angelegenheiten kümmern und zu Hause bleiben. Es sollte nicht zulassen, dass die internationalen jüdischen Bankiers es in einen weiteren Krieg verwickeln, damit sie und ihre nichtjüdischen Strohmänner und Speichellecker leckere Profite daraus ziehen können. Eine Armee braucht alles, vom Kulturbeutel bis zu Flugzeugen, U-Booten, Panzern, Gasmasken, Giftgas, Munition, Bajonetten, Kanonen und anderen Utensilien und Instrumenten der Zerstörung."

Louis Thomas McFadden kämpfte einen ungleichen Kampf, denn er muss gewusst haben, dass es niemand wagen würde, ihn zu unterstützen. Aus diesem Grund kann seine Haltung als heldenhaft bezeichnet werden. Das Ausmaß der Anschuldigungen, die er im Kongress öffentlich machte, war von großer Tragweite und Bedeutung und daher für die Beschuldigten inakzeptabel. Einige griffen zu der üblichen Unterstellung, er habe den Verstand verloren. Mit seinem Verschwinden von der politischen Bühne im Jahr 1936 verloren die Amerikaner einen Patrioten, einen unnachahmlichen Kongressabgeordneten, der in die Geschichte ihres Landes eingehen sollte.

TEIL 5
TERROR IN DER UDSSR UND
VÖLKERMORD IN DER UKRAINE

Ein GPU-Dekret vom 18. Januar 1929 ordnete Trotzkis Ausweisung aus der UdSSR an. Damit war die Möglichkeit einer Machtergreifung durch den Hauptagenten der jüdischen Bankiers zumindest vorübergehend beseitigt. Trotzki kam im Februar in der Türkei an und ließ sich dort bis Juli 1933 nieder, als er sich entschloss, nach Frankreich zu gehen, von wo aus er glaubte, wieder eine umfassende politische Offensive starten zu können. Stalin erklärte später, dass seine Ausweisung ein Fehler gewesen sei, was offensichtlich ist, da Trotzki in der Lage war, vom Ausland aus zu konspirieren, wie sich während der Säuberungen zeigte, wozu er in der UdSSR niemals in der Lage gewesen wäre. Ein Beispiel für seine Aktivitäten gegen Stalin war das *Oppositionsbulletin*, das er bereits 1929 selbst gegründet und herausgegeben hatte. Gedruckt in kyrillischen Buchstaben in Berlin, Zürich, New York oder Paris (je nach Zeitraum), wurden im Laufe der Jahre fünfundsechzig Exemplare veröffentlicht. Trotzkis Sohn, Leon Sedov, der 1929 dreiundzwanzig Jahre alt war, fungierte als Herausgeber und organisierte die Verbreitung der Zeitschrift in der UdSSR. Trotzkis erstes politisches Ziel war der Zusammenhalt der Opposition gegen Stalin. Isaac Deutscher, einer seiner Anhänger, schreibt, dass er seine Hoffnungen auf die Schaffung der Vierten Internationale gesetzt hatte. Auf jeden Fall bleibt die trotzkistische Opposition, während ihr Anführer außer Landes ist, in der Hocke und wartet ab, so dass Stalin bis 1929 seine Macht offensichtlich gefestigt hat. Unter ihm setzte der Kommunismus die von Lenin und Trotzki praktizierten völkermörderischen Methoden gegen die sogenannten Klassenfeinde fort.

Es besteht die Tendenz zu glauben, dass Stalin der jüdischen Vorherrschaft in den führenden Kadern der Partei ein Ende gesetzt hat, was nicht stimmt. Stalins starker Mann war sein Schwager, der ukrainische Jude Lazar Kaganowitsch, dessen Schwester Rosa Stalins Frau oder Konkubine war. Es ist umstritten, ob Iosif David Vissarionovich Djugaschvili, bekannt als Joseph Stalin, selbst jüdischer Herkunft war. Hitler hielt ihn für jüdisch und sagte dies in einem seiner Interviews zu Sidney Warburg". Einigen Quellen zufolge, darunter dem sowjetischen Beamten Iwan Krylow, bedeutet der georgische Nachname Dschugaschwili „Sohn eines Juden". Es wurde auch behauptet, dass der Name Kochba oder Koba, ein von Stalin zu Beginn seiner Karriere benutzter Deckname, auf Simon bar Kochba, einen jüdischen Führer vor Christus, anspielt. Der russische Forscher Gregory Klimov behauptet, dass Stalin halbjüdisch war. Der jüdische Autor David Weismann behauptete 1950 im *B'nai B'rith Messenger*, einer Publikation in Los Angeles, dass Stalin Volljude war. Ein anderer jüdischer Publizist, Solomon Schulman, enthüllte in Schweden, dass Stalin Jiddisch sprach und dass dies eines seiner bestgehüteten Geheimnisse war. All dies ist von relativer Bedeutung, denn relevant ist, dass diejenigen, die neben

Stalin an der Macht waren, zumeist Juden waren, von denen viele ihre Loyalität zu Trotzki verbargen.

Denis Fahey nennt in *The Rulers of Russia* die Namen der neunundfünfzig Mitglieder des Zentralkomitees der Kommunistischen Partei der UdSSR im Jahr 1935, von denen nur drei nicht jüdisch waren, aber mit jüdischen Frauen verheiratet waren. Fahey führt auch die Botschafter an, die 1935-36 in den wichtigsten Ländern der Welt amtierten, und fast alle waren Juden oder mit jüdischen Frauen verheiratet. Die sowjetische Delegation beim Völkerbund, die von Litwinow geleitet wurde, bestand aus acht Mitgliedern, von denen nur eines nicht jüdisch war. Auch Alfred Rosenberg, der Nazi-Hierarch, der selbst jüdisches Blut hatte, gibt eine namentliche Liste von Juden an, die 1935-36 in Russland noch an der Macht waren. In der Verwaltung der Rüstungsindustrie lag der Anteil bei über 95% und im Volkskommissariat für Ernährung bei 96%. Was die Leiter des Handels betrifft, so waren 99% ebenfalls Juden. Es wurde bereits erwähnt, dass sowohl das Volkskommissariat für innere Angelegenheiten, die GPU oder ehemalige Tscheka, als auch die Generalverwaltung der Arbeitslager in den Händen jüdischer Krimineller waren. Gleichzeitig war die Zensurabteilung in Moskau mit jüdischen Beamten besetzt. Douglas Reed begleitete Anthony Eden, Sekretär des Außenministeriums, bei seinem Besuch in Moskau als Journalist für *die Times*. In seinem Buch *Insanity Fair* schreibt er:

> „Die Zensurabteilung, d.h. die gesamte Maschinerie zur Kontrolle der internen Presse und zum Maulkorb für die internationale Presse, war vollständig mit Juden besetzt... es schien keinen einzigen nicht-jüdischen Beamten in der gesamten Belegschaft zu geben. Es waren dieselben Juden, die man in New York, Berlin, Wien und Prag antrifft, gepflegt, wohlgenährt und mit einem Hauch von „Dandy" gekleidet. Man hatte mir gesagt, dass der Anteil der Juden in der Regierung gering sei, aber in dieser Abteilung, die ich aus nächster Nähe kennenlernte, schienen sie ein Monopol zu haben, und ich fragte mich, wo die Russen waren".

Jüri Lina weist darauf hin, dass im Allgemeinen ignoriert wird, dass Stalins wichtigste persönliche Helfer Juden waren. Dies war zum Beispiel sein persönlicher Sekretär Leon (Leiba) Mechlis, der seinerseits laut Boris Bazhanov zwei jüdische Assistenten hatte, Makhover und Yuzhak. Bazhanov, eine der Quellen des estnischen Autors, war selbst von 1923 bis 1925 Stalins Sekretär und danach bis Januar 1928 Sekretär des Politbüros, als er aus der UdSSR überlief. Bazhanov schreibt in seinen Memoiren, dass von Stalins neunundvierzig Sekretären vierzig Juden waren. Nach Angaben von Lina waren 1937 siebzehn der zweiundzwanzig Volkskommissare Juden. Im Präsidium des Obersten Sowjets waren siebzehn der siebenundzwanzig Mitglieder ebenfalls Juden. Lina stellt nacheinander die jüdischen Mitglieder des Kommissariats für Außenhandel vor, dessen Kommissar von 1930 bis 1937 Arkadi Rosengoltz war, ein Trotzkist, der 1938 hingerichtet wurde. Wir werden die Gelegenheit haben, die Charaktere kennen zu lernen, die als Protagonisten auftreten. Es folgt eine verkürzte Darstellung des Terrors, den der kommunistische Staat in seinem Kampf gegen die Bauernschaft ausübte und dessen erste Episode sich in den Jahren 1918-1922 abspielte.

Die Beseitigung der Kulaken

Im Januar 1928 beschloss das Politbüro aus Angst vor einer Getreideknappheit einstimmig Notmaßnahmen, die die Enteignung von Getreide der Kulaken ermöglichten, was im Widerspruch zur NEP, der 1921 beschlossenen Neuen Wirtschaftspolitik, stand, die das theoretische Ende der Requisitionen bedeutete. Die NEP, die ein gewisses Funktionieren des Marktes zuließ, erkannte damals an, dass die Maßnahmen der Sozialisierung und Kollektivierung nicht anwendbar waren, obwohl Lenin selbst davor warnte, dass dies ein „strategischer Rückzug" war. Ein Brief Lenins vom 3. März 1922 wurde bereits zitiert, in dem er Kamenew mitteilte, man solle nicht glauben, dass die NEP dem Terror ein Ende gesetzt habe: „Wir werden wieder auf den Terror und den wirtschaftlichen Terror zurückgreifen müssen". Zehn Jahre später erwiesen sich diese Worte als prophetisch. Die Beschlagnahme des produzierten Getreides mit der vermeintlichen Garantie, dass es vermarktet und zu Geld gemacht werden könne, war ein unmissverständlich schlechtes Signal an die Bauern, auch wenn Stalin erklärte, dass es sich dabei um „absolut außergewöhnliche" Maßnahmen handelte. Die Kommunistische Partei mobilisierte ihre Kader und schickte dreißigtausend Aktivisten in die Agrarregionen. In den Dörfern wurden Troikas eingerichtet, die die Macht über die lokalen Behörden hatten, und die Bauern durften nur so viel mahlen, wie sie für ihren eigenen Verbrauch benötigten.

Ende 1928 warnte die Staatliche Plankommission vor einer rückläufigen Getreideernte. Stalin lehnte es ab, „Ausnahmemaßnahmen" zu einem ständigen Prinzip zu machen, aber das Politbüro wies darauf hin, dass die Kulaken über große Getreidevorräte verfügten, und bestand auf der Notwendigkeit, die Quoten zu erhöhen. Die in die Dörfer entsandten Bevollmächtigten der Partei ordneten nicht nur die Beschlagnahmung der Erzeugnisse an, sondern verlangten auch, dass in den Versammlungen darauf hingewiesen wird, auf welche Kulaken der größte Druck ausgeübt werden sollte. Viele Bauern sahen in dem Kulaken ein Vorbild und akzeptierten seine Autorität. Die Beseitigung der Kulaken war untrennbar mit dem Ende des Marktes verbunden, da sie in wirtschaftlicher Hinsicht bedeutete, den Anreiz der Bauern zur Produktion zu zerstören. Dies wurde in den Städten und Dörfern gespürt oder verstanden, wo die Menschen häufig gegen die von der Partei vorgeschlagenen Maßnahmen stimmten. Führende Persönlichkeiten, die das Wort übermäßig gebrauchten, wurden als Kulaken denunziert, gegen die Maßnahmen wie Verhaftungen, Hausdurchsuchungen, Geldstrafen, Beschlagnahmungen und manchmal sogar Erschießungen ergriffen wurden.

Das Klima wird immer angespannter, und der Widerstand gegen die Beamten, der vom Regime als „terroristische Akte" bezeichnet wird, nimmt zu. In den Städten, wo kleine Geschäfte und Handwerksbetriebe, die als kapitalistische Unternehmen angesehen wurden, von den Behörden geschlossen wurden, wurden außerdem wieder Lebensmittelkarten verwendet, die seit Beginn der NEP verschwunden waren. Im Frühjahr 1929 begann man auch, Fleisch zwangsweise zu sammeln. In Sibirien zum Beispiel stiegen die

Fleischlieferungen von 700 Tonnen im Jahr 1928 auf 19.000 Tonnen im Jahr 1929.

Im Mai 1929 definierte der Rat der Volkskommissare (Sovnarkom) einen Kulaken als einen Bauern, der Arbeit leistete, eine Mühle oder andere Einrichtungen besaß, landwirtschaftliche Maschinen vermietete oder zu einer gewerblichen Tätigkeit fähig war. Damals hieß es, man habe nicht die Absicht, sie zu beseitigen, und eine Massendeportation sei auch nicht vorgesehen; im Frühjahr 1929 häuften sich jedoch die Fälle von Verfahren gegen Kulaken, und im Herbst häuften sich Verhaftungen und Beschlagnahmungen, was selbst die ärmsten Bauern zu immer heftigerem Widerstand veranlasste: Getreide wurde vergraben oder zu niedrigen Preisen verkauft; manchmal wurde es sogar verbrannt oder in Flüsse geworfen, was als Versuch der „ländlichen Kapitalisten" gewertet wurde, das Sowjetregime zu untergraben.

Im April/Mai 1929 wurde der erste Fünfjahresplan verabschiedet und die Regierung kündigte eine neue Phase der Massenkollektivierung an. Der Plan sah zunächst die Kollektivierung von fünf Millionen Haushalten vor, doch im Juni desselben Jahres wurde die Zahl auf acht Millionen allein im Jahr 1930 erhöht, und im September wurde die Zahl von dreizehn Millionen kleinen Familienbetrieben genannt. In einem am 7. November 1929 in der *Prawda* veröffentlichten Artikel zeichnete Stalin ein idyllisches Bild und verkündete, dass in der Landwirtschaft ein radikaler Wandel stattgefunden habe: „Von der kleinen und rückständigen individuellen Landwirtschaft zur Großlandwirtschaft, zur fortgeschrittenen kollektiven Landwirtschaft, zur gemeinsamen Bewirtschaftung des Bodens." Stalin zufolge schlossen sich die Bauern massenhaft dem System der Kolchose an: „Nicht in kleinen Gruppen, wie es früher der Fall war, sondern in ganzen Dörfern, ganzen Regionen, ganzen Bezirken, sogar in ganzen Provinzen. Und was bedeutet das? - fragte er rhetorisch, „Es bedeutet, dass der Durchschnittsbauer sich der Kolchose angeschlossen hat. Und das ist die Grundlage für den radikalen Wandel in der Entwicklung der Landwirtschaft, der die wichtigste Errungenschaft der Sowjetmacht im vergangenen Jahr darstellt."

Wenige Tage nach der Veröffentlichung dieses Artikels tagte das Plenum des Zentralkomitees der Partei eine Woche lang, vom 10. bis 17. November 1929. Den Mitgliedern wurde mitgeteilt, dass die freiwillige Kollektivierung im Gange sei, und Wjatscheslaw Molotow, Erster Sekretär der Moskauer Kommunistischen Partei, der im Dezember 1930 zum Vorsitzenden des Rates der Kommissare ernannt werden sollte, hielt eine Rede vor dem Plenum, in der er dazu aufrief, die Gelegenheit zu ergreifen, um die Agrarfrage ein für alle Mal zu lösen. Molotow, der mit der jüdischen Zionistin Polina Zhemchúzhina[12]

---

[12] Polina Zhemchúzhina (Perl Karpovskaya) stammte aus einer Familie ukrainischer Juden. Sie war während des Bürgerkriegs Propagandakommissarin und heiratete 1921 Wjatscheslaw Molotow, der bereits Mitglied des Zentralkomitees war. Eine Schwester von ihm, die wie sie Zionistin war, wanderte in den 1920er Jahren nach Palästina aus. Dem Historiker Zhores Medvedev zufolge war Stalin Polina gegenüber stets misstrauisch und riet Molotow mehrmals, sich von ihr scheiden zu lassen. Als Golda Meir im November 1948 als Botschafterin des neu gegründeten zionistischen Staates in Moskau

verheiratet war, drängte auf eine sofortige Kollektivierung in den Provinzen und Republiken und rief dazu auf, in den kommenden Monaten einen neuen Anstoß zu geben. Später sollte er vom Regierungschef aus den gesamten Kollektivierungsprozess überwachen. Was die Kulaken anbelangt, so warnte Molotow vor ihrer Eingliederung in die Kolchosen und forderte, sie als „die bösartigsten und noch nicht besiegten Feinde" zu behandeln. Am 27. Dezember 1929 verkündete Lazar Moiseyevich Kaganovich (Kogan), ein ukrainischer Jude, Stalins Schwager nach seiner Heirat mit Rosa Kaganovich, das Ziel, „die Kulaken als Klasse zu liquidieren". Deskulakisierung und Agrarkollektivierung waren also zwei Prozesse, die gleichzeitig stattfanden.

Obwohl es im Laufe des Jahres 1929 bereits zahlreiche Vertreibungen und Verhaftungen von Kulaken in ukrainischen Dörfern, in Kosakensiedlungen („stanitsas") und anderswo gegeben hatte, wurde der offizielle Parteibeschluss, der den Beginn der Vernichtung der Kulaken als Klasse markierte, am 30. Januar 1930 bekannt, als das Politbüro die „Maßnahmen zur Beseitigung der Kulakenhäuser in den der Kollektivierung unterworfenen Bezirken" billigte. Der Leser mag denken, dass die Kulaken reiche Bauern waren, die große Ländereien bewirtschafteten und wie ein wohlhabendes Bürgertum lebten, aber das war nicht die Realität. Die Kulaken waren 1929 sehr verarmt und konnten die immer höheren Steuern kaum verkraften. Nur eine Minderheit besaß ein halbes Dutzend Kühe und zwei oder drei Pferde, und nur ein Prozent beschäftigte mehr als einen Arbeiter für die landwirtschaftliche Arbeit.

Eine Kommission des Politbüros unter dem Vorsitz von Molotow definierte drei Kategorien von Kulaken: In der ersten sollten diejenigen, die „in konterrevolutionäre Aktivitäten verwickelt" waren, verhaftet und in Arbeitslager der GPU überführt oder bei Widerstand hingerichtet werden. Ihre Familien sollten deportiert und ihr Eigentum beschlagnahmt werden. Zur zweiten Kategorie gehörten diejenigen, die verhaftet und mit ihren Familien in abgelegene Regionen deportiert werden sollten, weil sie zwar weniger aktiv Widerstand leisteten, aber „von Natur aus dazu neigten, der Konterrevolution zu helfen". Die dritte Kategorie kulaks waren diejenigen, die als „regimetreu" galten und bei denen versucht werden konnte, sie probeweise in die kollektivierten Betriebe zu integrieren.

In *The Harvest of Sorrow* gibt Robert Conquest Zahlen an, die zeigen, wie dürftig die Ressourcen der enteigneten Kulaken in der Provinz Kryvti Rih (Zentralukraine) waren. Im Januar und Februar 1930 wurden dort 4.080 Bauernhöfe enteignet, die nur 2.367 Gebäude, 3.750 Pferde, 2.460 Rinder, 1.105 Schweine, 446 Dreschmaschinen, 1.747 Pflüge, 1.304 Sämaschinen und 2.021 Tonnen Getreide und Hirse in die „Kolchose" einbrachten. Diese miserablen

---

eintraf, freundete sich Polina sofort mit ihr an, doch im Dezember desselben Jahres wurde sie unter dem Vorwurf des Hochverrats verhaftet. Im Dezember desselben Jahres wurde sie jedoch wegen Hochverrats verhaftet und zu fünf Jahren Arbeitslager verurteilt. 1953 wurde sie von Lawrenti Beria freigelassen, dem Juden, der nach Stalins Tod dessen Nachfolge antreten sollte, da er der auserwählte Agent der Finanziers der Revolution war. Wie in einem anderen Kapitel zu sehen sein wird, besteht fast ein allgemeiner Konsens darüber, dass Beria für die Ermordung Stalins verantwortlich war.

Ergebnisse werden damit begründet, dass diese Betriebe bereits in der Offensive von 1928-29 beschlagnahmt worden seien, was nur beweist, dass man gegen Bauern vorging, die bereits schwer ruiniert waren. Conquest gibt das Zeugnis eines Aktivisten mit schlechtem Gewissen wieder, der der Intervention und der Requirierung eines Hauses beiwohnt, das als Beispiel dient, um die Situation vieler der enteigneten Kulaken zu verstehen: „Er hat eine kranke Frau, fünf Kinder und keinen Krümel Brot im Haus. Und das nennen wir einen Kulaken! Die Kinder tragen Lumpen und Fetzen. Sie sehen alle gespenstisch aus. Ich sah den Topf auf dem Herd mit ein paar Kartoffeln im Wasser. Das war ihr Abendessen." Nicolas Werth nennt weitere Beispiele und prangert an, dass Bauern nur deshalb verhaftet wurden, weil sie im Sommer Getreide auf dem Markt verkauft hatten, weil sie zwei Monate lang einen Landarbeiter beschäftigt hatten oder weil sie im September 1929 ein Schwein geschlachtet hatten, „um es zu verzehren und damit der sozialistischen Aneignung zu entziehen." Bescheidene Bauern, die selbst hergestellte Produkte verkauften, wurden wegen „Handels" verhaftet. Einige wurden deportiert, weil ein Familienmitglied ein zaristischer Offizier gewesen war, andere, weil sie regelmäßig in die Kirche gingen. Generell wurde jeder Bauer, der sich der Kollektivierung widersetzte, als „Kulak" bezeichnet.

Im Jahr 1930 beteiligten sich rund zweieinhalb Millionen Bauern an etwa vierzehntausend Aufständen, Revolten und Demonstrationen gegen das Regime. Es kam zu blutigen Zusammenstößen zwischen Abteilungen der GPU und mit Mistgabeln, Sicheln und Äxten bewaffneten Bauerngruppen. Hunderte von Sowjets wurden geplündert und Bauernkomitees übernahmen vorübergehend die Kontrolle über einige Dörfer. In der Ukraine verhaftete die GPU zwischen dem 1. Februar und dem 15. März 26.000 Menschen, von denen sechshundertfünfzig erschossen wurden. Außerdem wurden Ende März 1930 allein in einigen Bezirken der Westukraine mehr als fünfzehntausend „konterrevolutionäre Elemente" verhaftet. Offiziellen Angaben der GPU zufolge wurden 1930 allein durch die Sondergerichtsbarkeit der politischen Polizei zwanzigtausend Menschen zum Tode verurteilt. Conquest schreibt, dass im Februar 1931 der Beschluss gefasst wurde, eine zweite Deportationswelle von Kulaken durchzuführen, die gründlicher vorbereitet wurde. Laut Conquest fand innerhalb von zwei Jahren „ein unerbittlicher und gnadenloser Kampf in den Lagern auf statt, der Millionen von Menschenleben forderte". Conquest fasst die Schätzungen verschiedener inoffizieller russischer Forscher zusammen und kommt zu dem Schluss, dass etwa fünfzehn Millionen Menschen, Männer, Frauen und Kinder, entwurzelt wurden. Zwei Millionen wurden zu Industrieprojekten gebracht, der Rest wurde in die Arktis deportiert. Eine Million Männer wurden direkt in Arbeitslagern interniert.

Doch hinter den kalten, trockenen Zahlen verbergen sich Millionen von Geschichten von Menschen, die Unrecht und Terror erlitten haben. *The Harvest of Sorrow* erzählt einige dieser Geschichten, Berichte aus erster Hand, die einen Eindruck von der Barbarei in einigen Details vermitteln. Nehmen wir zum Beispiel den Fall eines ehemaligen Bauern, der in der Roten Armee gedient hatte und 1929 fünfunddreißig Hektar Land, zwei Pferde, eine Kuh, ein Schwein, fünf

Schafe, vierzig Hühner und eine sechsköpfige Familie besaß. Im Jahr 1928 musste er eine Steuer von 2.500 Rubel und 7.500 Scheffel Getreide zahlen. Da er dazu nicht in der Lage war, wurde er gezwungen, sein Haus im Wert von etwa 2.000 Rubel abzugeben. Ein Aktivist kaufte es für 250, und auch die Waren wurden verkauft. Die Werkzeuge und Gerätschaften wurden in die neue Kolchose geschickt. Der Bauer wurde verhaftet und ins Gefängnis gesteckt. Obwohl er zuvor als Subkulak bezeichnet worden war, wurde er beschuldigt, ein Kulak zu sein, der sich weigerte, Steuern zu zahlen, gegen die Kollektivierung aufgestachelt zu haben, einer konterrevolutionären Organisation anzugehören, fünfhundert Hektar Land, fünf Paar Ochsen und fünfzig Stück Vieh besessen zu haben, die Arbeiter auszubeuten usw. Seine Strafe war zehn Jahre Zwangsarbeit.

Eine andere Geschichte wird von einem ukrainischen Mädchen erzählt, dessen Familie ein Pferd, eine Kuh, eine Färse, fünf Schafe und einige Schweine besaß. Ihr Vater weigerte sich, die Kolchose zu betreten, und man verlangte eine bestimmte Menge Getreide, die er nicht hatte. „Eine ganze Woche lang - so erzählt die junge Frau weiter - ließen sie meinen Vater nicht schlafen und schlugen ihn mit Stöcken und Revolvern, bis er schwarz und blau anlief und am Ende ganz geschwollen war." Schließlich kam ein GPU-Offizier, Vorsitzender des Dorfsowjets, in Begleitung anderer in das Haus und beschlagnahmte nach einer Inventur alles. Der Vater, die Mutter, der älteste Sohn, zwei jüngere Schwestern und ein kleines Baby wurden über Nacht in der Kirche eingesperrt. Dann wurden sie zum Bahnhof gebracht und in Viehwaggons gesteckt. In der Nähe von Charkow hielt der Zug an, und ein freundlicher Schaffner erlaubte den Mädchen, auszusteigen, um Milch für das Baby zu holen. In einer nahe gelegenen Hütte bekamen sie Milch und etwas zu essen, aber als sie zurückkamen, war der Zug schon weg. Die beiden Mädchen wanderten durch die Landschaft. Die Erzählerin erklärt, dass sie, nachdem sie von ihrer Schwester getrennt worden war, vorübergehend von einer Bauernfamilie aufgenommen wurde.

Eine andere Beschreibung zeigt eine Reihe von Deportierten in der Oblast Sumy (Nordukraine), die sich in beide Richtungen erstreckt, so weit das Auge reicht, und die ständig mit Menschen aus neuen Dörfern anschwillt, die auf dem Weg zu einem Bahnhof sind, um einen Zug zu besteigen, der sie in den Ural bringen wird. Robert Conquest schildert diese Deportationszüge im Detail. Er berichtet von einem Zug mit einundsechzig Waggons, der am 26. Mai 1931 von Jantsenowo, einem kleinen Bahnhof in der Provinz Saporischschja (Ukraine), abfuhr. An Bord befanden sich dreieinhalbtausend Menschen, Mitglieder von Kulakenfamilien, die am 3. Juni in Sibirien angekommen waren. Im Allgemeinen befanden sich in jedem Waggon bei wenig Luft und wenig Licht etwa sechzig Menschen, die schlecht ernährt waren. Nicolas Werth schreibt in *Ein Staat gegen sein Volk*, dem ersten von fünf Teilen des bereits erwähnten *Schwarzbuchs des Kommunismus*, das von mehreren Autoren verfasst wurde, dass aus der Korrespondenz zwischen der GPU und dem Volkskommissariat für Verkehr hervorgeht, dass die Konvois bei Temperaturen von minus 20 Grad Celsius wochenlang auf einer Nebenstraße festgehalten werden konnten. Es gibt Briefe, die von Kollektiven von Eisenbahnarbeitern und -angestellten, von

Bürgern aus Rostow, Omsk, Wologda und anderen Rangierbahnhöfen unterzeichnet sind und das „Abschlachten von Unschuldigen" anprangern. Verschiedenen Berichten zufolge starben manchmal bis zu 20% der Passagiere, meist kleine Kinder, während der Fahrt. Alexander Solschenizyn bezieht sich in seinem *Archipel Gulag* auf zahlreiche Geschichten. In einer davon erzählt er, wie eine Kosakenmutter in einem Deportationswaggon ein Kind zur Welt brachte. Das Baby starb, wie üblich, und zwei Soldaten warfen seinen Körper aus dem fahrenden Zug.

In der Realität konnte die Ankunft in der Taiga oder Tundra schlimmer sein als die Reise selbst. Conquest verweist auf einige Fälle: An einem Zielort für Kulaken in der Nähe von Krasnojarsk gab es kein Auffanglager, sondern nur Stacheldraht und ein paar Wachen. Von den viertausend Menschen, die dorthin deportiert wurden, war etwa die Hälfte innerhalb von zwei Monaten gestorben. In einem anderen Lager in der Nähe des Flusses Jenissei im Nordpolarmeer lebten die Kulaken in unterirdischen Bunkern. Ein deutscher Kommunist erzählt, wie in Kasachstan, zwischen Petropawlowsk und dem Balkaschsee, Kulaken aus der Ukraine und Zentralrussland im Freien liefen, bis sie zu Pfählen kamen, die in den Boden getrieben waren und auf denen nur die Nummer der Siedlung stand. Sie wurden angewiesen, sich selbst zu versorgen, und begannen damit, Löcher in den Boden zu graben. Das Lager Nr. 205 in der sibirischen Taiga in der Nähe von Kopeisk, südlich von Jekaterinburg, bestand aus von den Häftlingen gebauten Baracken. Die Männer wurden zum Holzsägen oder in die Bergwerke geschickt, wohin auch die kinderlosen Frauen geschickt wurden. Im November wurden die Alten, Kranken und Kinder unter 14 Jahren gezwungen, Hütten für den Winter zu bauen. Ihre Ration bestand aus einem Liter Brühe ohne Inhalt und zehn Unzen Brot pro Tag. Fast alle Kinder starben.

Zwangskollektivierung

Einer der bedeutendsten russischen Intellektuellen des 19. Jahrhunderts, der 1891 verstorbene Konstantin Leontjew, warnte vor katastrophalen revolutionären Ideen, die aus dem Westen nach Russland gelangen würden. Leontjew, der eine kulturelle und territoriale Expansion Russlands nach Osten befürwortete, prophezeite eine blutige Revolution in Russland, angeführt von einem Antichristen totalitärer Natur, der sozialistisch sein würde: „Der Sozialismus ist der Feudalismus der Zukunft", warnte Leontjew. In *The Harvest of Sorrow* behauptet Conquest, dass es unter den Bauern üblich war, den Kommunismus als „zweite Leibeigenschaft" zu bezeichnen, und spielt auf offizielle Berichte an, die wörtlich Beschwerden von Bauern wiedergeben, die beklagten, „zu etwas Schlimmerem als Sklaven" gemacht worden zu sein. Conquest verweist auf einen Bericht der Zeitung *Pravda* über eine stille Versammlung in einem ukrainischen Dorf, in dem die Kollektivierung beschlossen wurde. Eine Schar von Frauen blockierte die Straße, und bald darauf trafen Traktoren ein. Es wird unter anderem gerufen: „Die Sowjetregierung will uns in die Leibeigenschaft zurückführen". In anderen sowjetischen Berichten ist dieselbe Anprangerung zu lesen: „Ihr wollt uns in Kolchosen stecken, damit wir eure Leibeigenen sind und damit wir die örtlichen Führer als die Herren wahrnehmen".

Die Mittelbauern oder Subkulaken waren diejenigen, die sich am heftigsten dagegen wehrten; aber auch die armen Bauern, die es durch harte Arbeit und Anstrengung geschafft hatten, ihren sozialen und wirtschaftlichen Status zu verbessern, waren meist gegen den Zwangseintritt in die Kolchose. Die individualistischen Bauern wurden von den Behörden stigmatisiert, als seien sie Kriminelle. Ab Anfang der 1930er Jahre nahmen Drohungen, Verleumdungen und Nötigungen zu. Die Palette der Zwangsmaßnahmen war vielfältig: Getarnte Personen konnten vor den Häusern der widerspenstigen Bauern postiert werden; dem Postboten konnte befohlen werden, den „Individualisten" keine Post zuzustellen; ihren Verwandten konnte die medizinische Versorgung in den Heilanstalten verweigert werden; ihre Kinder konnten von der Schule verwiesen werden; die Vermahlung ihres Getreides in den Mühlen konnte verweigert werden; Schmiede konnten sogar unter Druck gesetzt werden, die Arbeit für sie zu verweigern.

Stalin erzählte Churchill einmal, was zwischen 1930 und 1931 geschah, und zwar in sehr ähnlichen Worten, wie sie in *der Geschichte der Kommunistischen Partei* zu finden sind. Nach dieser offiziellen Version „vertrieben die Bauern die Kulaken von ihrem Land, deskulakisierten es, konfiszierten ihr Vieh und ihre Maschinen und baten die Sowjetmacht, die Kulaken zu verhaften und zu deportieren". Diese Version, nach der die Kollektivierung eine von oben durchgeführte, aber von unten unterstützte Revolution war, hat natürlich nichts mit den Ereignissen zu tun. Es stimmt zwar, dass einige Bauern die Situation anfangs ausnutzten, um sich zu rächen, Rechnungen zu begleichen oder einfach zu plündern, aber im Allgemeinen lehnte die bäuerliche Bevölkerung sowohl die Deskulakisierung als auch die Kollektivierung ab. In der Tat hatten die Mittel- und Kleinbauern seit Stolypins Zeiten nach etwas Land verlangt, um es zu bearbeiten und voranzukommen, d.h. sie strebten danach, Kulaken zu werden.

In den ersten Monaten des Jahres 1930 vervielfacht sich die Zahl der kommunistischen Aufstände gegen die Zwangskollektivierungsmaßnahmen der Regierung. Nach offiziellen Angaben der GPU gab es im Januar vierhundertzwei „Massendemonstrationen", im Februar eintausendachtundvierzig und im März mehr als sechstausendfünfhundert, von denen mehr als achthundert „mit Waffengewalt niedergeschlagen" werden mussten. Die Zwangskollektivierung sollte den Traum von Millionen von Klein- und Mittelbauern, die nicht in die Kolchose eintreten wollten, für immer beenden, und sie waren daher wie die Kulaken der Enteignung und Verfolgung ausgesetzt.

Angesichts dieses massiven bäuerlichen Widerstands geschah etwas Unerwartetes. Am 2. März 1930 veröffentlichten die *Prawda* und alle sowjetischen Zeitungen einen berühmten Artikel Stalins mit dem Titel „Der Schwindel des Erfolgs". Darin verurteilte er „die zahlreichen Verstöße gegen das Prinzip der Freiwilligkeit bei der Mitgliedschaft der Bauern in den Kolchosen". Stalin zufolge hatten die örtlichen Führer im „Rausch des Erfolgs" „Exzesse" begangen. Überraschenderweise wurde an einer Stelle des Textes die

Möglichkeit in Aussicht gestellt, dass die Bauern in Zukunft die Kolchose verlassen könnten, wenn sie dies wünschten. Werth behauptet, der Artikel habe sofort Wirkung gezeigt, und während in der Ukraine, im Nordkaukasus und in Kasachstan weiterhin Massenaufstände stattfanden, verließen im März desselben Jahres etwa fünf Millionen Bauern die Kolchosen. Conquest führt Stalins Artikel auf Proteste gemäßigter Teile des Politbüros zurück und zitiert Anastas Mikojan mit den Worten, die Fehler hätten „begonnen, die Loyalität der Bauern gegenüber dem Bündnis der Arbeiter und Bauern zu untergraben". Conquest fügt hinzu, dass Stalin in verschiedenen Artikeln und Reden weiterhin die Zwangsmaßnahmen gegen die Bauern anprangerte, was viele örtliche Kommunisten, die durch seine Vorwürfe aufgeschreckt wurden, dazu veranlasste, diese zu unterdrücken, und seine Haltung, die Verantwortung für die Exzesse auf die örtlichen Beamten abzuwälzen, als falsch ansah.

Normalerweise wurden die Bauern in Versammlungen und Propagandakundgebungen von den Vorteilen der Kolchosen überzeugt. Der nächste Schritt war die Ankunft eines Abgesandten der Partei, der fragte, wer gegen die Kolchose und die Pläne der Sowjetregierung sei, aber die Bauern wurden auch mit imperativen Sätzen ermahnt: „Ihr müsst sofort in die Kolchose eintreten. Wer das nicht tut, ist ein Feind des Sowjetregimes". Andererseits hatte *die Prawda* mehr als einmal über die Desertion skeptischer lokaler Kommunisten berichtet, die mit der Kollektivierungskampagne nicht einverstanden waren. Am 28. Februar 1930, nur zwei Tage vor dem Erscheinen von Stalins Artikel, zitierte *die Prawda* die Worte eines jungen Landwirtschaftsexperten, der die Partei nach sieben Tagen in einem Dorf verlassen hatte: „Ich glaube nicht an die Kollektivierung. Das Tempo ist zu schnell. Die Partei hat eine falsche Richtung eingeschlagen. Meine Worte sollen als Warnung dienen." Andersdenkende Aktivisten wurden in der Regel verhaftet und der Konspiration mit den Kulaken beschuldigt, wofür sie zu zwei oder drei Jahren Gefängnis verurteilt werden konnten.

Im April schien es, dass Stalins Artikel eine positive Wirkung haben würde. An die örtlichen Behörden wurden Briefe geschickt, in denen ein langsameres Tempo der Kollektivierung gefordert wurde. Die kollektivierten Bauern durften eine eigene Kuh, Schafe und Schweine sowie Arbeitsgeräte für ihre eigenen Parzellen haben. Mit anderen Worten: Als Anreiz für die Bauern, in den Kolchosen zu bleiben, durften sie ihr Land behalten, Obst und Gemüse anbauen und ihre Tiere behalten, sofern sie der Verpflichtung nachkamen, an bestimmten Tagen in der Kolchose zu arbeiten. Das Verlassen der Kolchose bedeutete den Verlust dieses Rechts. Als Bedingung für den Erhalt ihrer Grundstücke mussten sie sich bereit erklären, für den Staat zu niedrigen Löhnen zu arbeiten.

Die Formel lief auf eine neue Art von Feudalismus in dem von Leontjew prophezeiten Sinne hinaus. An die Stelle der Feudalherren der Burgen traten Parteibevollmächtigte, von deren Bereitschaft es abhing, ob die Bauern die Kolchose verlassen durften oder nicht: War das Land einmal beschlagnahmt, war es nicht so leicht, es wieder zu trennen, und die Möglichkeiten der Auslegung und Durchsetzung des Dekrets lagen in den Händen der örtlichen Gerifaltes. Im

Allgemeinen wurden die besten Ländereien für die Kolchose behalten, und die armen Bauern erhielten Land mit Büschen, Sümpfen und Ödland. Dennoch sank nach Angaben verschiedener Autoren der Anteil der kollektivierten Flächen in den Monaten März und April 1930 von 50,3% auf 23% und nahm bis zum Herbst weiter ab. Insgesamt verließen neun Millionen Bauernhöfe die Kolchosen. Die größte Auflösung fand in der Ukraine statt, und die Behörden warfen den Verantwortlichen vor, die Bauern abwandern zu lassen, ohne ausreichende Anstrengungen zu unternehmen, sie davon abzuhalten.

Nach Angaben der GPU beteiligten sich 1930 etwa zweieinhalb Millionen Bauern an rund vierzehntausend Aufständen, Unruhen und Massendemonstrationen gegen das Regime. Ab dem Frühjahr, mit der Verabschiedung der oben erwähnten Maßnahmen, nahm die Agitation ab und die Aufstände wurden immer seltener. Während die GPU im April 1930 etwa zweitausend Fälle von Bauernunruhen registrierte, waren es im Juni nur noch etwa neunhundert Unruhen, im Juli etwa sechshundert und im August nur noch zweihundertsechsundfünfzig. Im September 1930 wurde der Druck auf die individualistischen Bauern jedoch wieder erhöht, und es wurden große Quoten für Getreide und andere Produkte gefordert. In der *Prawda* wurde pauschal behauptet, dass das beste Mittel zur Erzwingung der Kollektivierung darin bestehe, die kleinen Einzelhöfe unrentabel zu machen. In Wahrheit hatten die Einzelbetriebe trotz der ungünstigen Bedingungen bei der Ernte 1930 besser abgeschnitten als die Kolchosen. Daher fragte die Zeitung in ihrer Ausgabe vom 16. Oktober 1930: „Wenn der Bauer seine eigene Wirtschaft entwickeln kann, warum sollte er sich dann der Kolchose anschließen?" So kam es im Herbst zu einer neuen Welle der Deskulakisierung, die sich vor allem gegen die Bauern richtete, die bei der Aufgabe der Kolchosen eine Vorreiterrolle gespielt hatten und nun wieder als Kulaken angesehen wurden, die sich der Kollektivierung widersetzten.

Nach den offiziellen Zahlen, die Naum Jasny in *The Socialized Agriculture of the USSR. Plans and Performance* (1949), stieg die Nachfrage der Regierung nach Getreide in den betrachteten Jahren steil an: 1928-29 erhielt sie 10,8 Millionen Tonnen; 1929-30 erhöhte sie die Quote auf 16,1; für die Ernte 1930-31 stieg die Zahl auf 22,1 Millionen Tonnen; 1931-32 betrug die Getreidebeschaffung 22,8 Millionen Tonnen, d.h. die Menge verdoppelte sich in drei Jahren. Unabhängig von den Bedingungen mussten diese Mengen an den Staat geliefert werden, und zwar ohne Rücksicht auf den Nahrungsmittelbedarf der Bauernschaft selbst, der nicht einmal berücksichtigt wurde.

Ein Gesetz vom 16. Oktober 1931 verbot es den Kolchosen, Getreide für den Eigenbedarf zurückzustellen, bis die Forderungen der Regierung erfüllt waren. In der zweiten Hälfte des Jahres 1931 begann man, auch das Fleisch auf die gleiche Weise zu beschaffen. Diese Forderungen überstiegen nicht nur bei weitem die Möglichkeiten der Bauern, ihre Vorräte aufzufüllen, sondern dank des Vertragssystems mit den Kolchosen wurden die Produkte auch zu willkürlich niedrigen Preisen bezahlt. Ein Dekret vom 6. Mai 1932 erlaubte den privaten Handel mit Getreide, sobald die staatlichen Quoten erfüllt waren. Kurz darauf sahen zwei weitere Dekrete vom 22. August und 2. Dezember 1932

Haftstrafen von bis zu zehn Jahren in Konzentrationslagern für diejenigen vor, die Getreide verkauften, bevor sie sich an den Staat hielten. Um eine Vorstellung davon zu bekommen, wie stark die Bauern unter Druck gesetzt wurden, ist es nützlich zu wissen, dass 1933 die Marktpreise für die Produkte der Zwangsabgabe 25 Mal höher waren als die vom Staat gezahlten Preise. Diese Tatsache untergrub natürlich die Anreize der Kolchosen, ihre sozialisierte Produktion zu entwickeln. Das System der Zwangsabgabe von Fleisch, Milch, Butter, Käse, Wolle und anderen Produkten wurde durch Dekrete vom 23. September und 19. Dezember 1932 auf die gleiche Weise geregelt wie das von Getreide.

Aus dem Exil heraus erklärte sich Leo Trotzki trotz seiner unumkehrbaren Feindschaft gegenüber Stalin zu einem begeisterten Befürworter der Kollektivierung. In seiner Schrift *Probleme der Entwicklung in der UdSSR* (1931) schrieb er, die Kollektivierung sei „eine neue Ära in der Geschichte des Menschen und der Anfang vom Ende der Idiotie auf dem Lande". Angesichts der unerträglichen Umstände des bäuerlichen Lebens begannen jedoch viele „idiotische", ja verzweifelte Bauern massenhaft in die Städte abzuwandern, was zu einem beschleunigten Verlust an Arbeitskraft auf dem Lande führte. Christian Rakovsky, ein trotzkistischer Jude bulgarischer Herkunft, der 1928 nach Zentralasien deportiert wurde, schlug in einem Artikel als Lösung für das Problem der Bauernflucht vor: „Kann unsere proletarische Regierung ein Gesetz erlassen, das die armen Bauern den Kolchosen unterstellt? Dieser Vorschlag fand eine sofortige Antwort in Form eines „internen Passes", der im Dezember 1932 eingeführt wurde und den Kulaken und Bauern in der Praxis verbot, sich ohne Genehmigung in die Städte zu begeben. Ein Gesetz vom 17. März 1933 legte fest, dass ein Bauer die Kolchose nicht verlassen und in eine Stadt gehen durfte, ohne einen von den Kolchos-Behörden bestätigten Arbeitsvertrag mit seinem Arbeitgeber. Die Einführung interner Pässe und die Unterwerfung der Bauern unter das Land bedeuteten eine größere Knechtschaft als vor der 1861 von Zar Alexander II. verfügten Emanzipation.

Neue Angriffe auf Priester und Kirchen

1918 wurde das Eigentum der Kirchen ebenso wie das der Grundbesitzer entschädigungslos verstaatlicht. Geistliche und Priester, die als „Diener der Bourgeoisie" betrachtet wurden, wurden ihrer Bürgerrechte beraubt und erhielten keine Lebensmittelkarten mehr. Die meisten kirchlichen Ländereien waren an die Pfarreien gebunden, deren Pfarrer den Bauern Arbeit gaben oder sie an sie verpachteten, obwohl es auch solche gab, die das Land selbst pflügten. Fast alle Klöster wurden geschlossen und ihr Besitz beschlagnahmt. Mit der NEP trat jedoch eine Flaute ein, und die Angriffe auf die Religion wurden leiser, obwohl Lenin bei zahlreichen Gelegenheiten seine völlige Verachtung für die Religiosität und die Idee von Gott gezeigt hatte, die er als „eine unbeschreibliche und abscheuliche Abscheulichkeit" betrachtete. In einem Brief an Maxim Gorki vom November 1913 hatte Lenin erklärt: „Millionen von Sünden, abscheuliche

Taten, Gewalttaten... sind weit weniger gefährlich als die subtile, spirituelle Idee von Gott".

Nach dem Tod von Patriarch Tichon im April 1925 wurden seine vorläufigen Nachfolger, die Metropoliten Peter und Sergej, nach Sibirien geschickt. Zehn weitere zeitweilige Stellvertreter wurden ebenfalls inhaftiert, bis 1927 ein Pakt geschlossen wurde, der zur Freilassung von Metropolit Sergej führte. Ein Jahr später, im Sommer 1928, begann eine neue antireligiöse Kampagne: Die wenigen verbliebenen Klöster wurden geschlossen und die Mönche ins Exil geschickt. Im April 1929 verbot ein Gesetz den religiösen Organisationen die Einrichtung von Hilfsfonds, die Organisation von Treffen mit Gemeindemitgliedern, die Durchführung von Ausflügen, die Eröffnung von Bibliotheken oder Lesesälen, die medizinische Versorgung und andere Aktivitäten. Im Mai 1929 ersetzte das Bildungskommissariat das Verbot des Religionsunterrichts in den Schulen durch das Verbot des Unterrichts gegen die Religion. Im Juni 1929 fand ein Kongress der Union der militanten Atheisten statt, und kurz darauf wurde die Kampagne durch im ganzen Land intensiviert. Im Bürgerkrieg war die von Trotzki inszenierte Plünderung der Kirchen und die Ermordung Tausender von Kirchenleuten damit gerechtfertigt worden, dass der Reichtum der Kirchen zur Linderung jener ersten Hungersnot verwendet werden sollte, die fünf Millionen Tote forderte. In den Jahren der Deskulakisierung und Kollektivierung wurden die Angriffe mit der Solidarität und dem gegenseitigen Schutz zwischen Bauern und Priestern begründet. Aus der Sicht der Partei organisierte die Kirche die Agitationskampagnen der Kulaken. Aus diesem Grund wurden die Priester in der Regel zusammen mit den Kulaken deportiert.

Zwischen 1929 und 1931 wiederholten sich die gleichen Handlungsmuster wie 1921: Widerstand des Pfarrers gegen die Schließung oder Zerstörung der Kirche, Unterstützung durch die Bauern, Verhaftung und Deportation, wenn nicht gar Ermordung von Bauern und Pfarrern auf der Stelle. Die Kollektivierung ging in der Regel mit der Schließung der örtlichen Kirche einher. Ikonen wurden routinemäßig beschlagnahmt und dann zusammen mit anderen Kultgegenständen verbrannt. Robert Conquest zitiert ein vertrauliches Schreiben eines Provinzkomitees vom 20. Februar, in dem von betrunkenen Soldaten und Konsomolzen (jungen Kommunisten) die Rede ist, die „willkürlich Kirchen in den Dörfern schließen, Ikonen zerbrechen und die Bauern bedrohen". Ende 1929 wurde unter dem Vorwand, man brauche sie für die Industrie, eine Kampagne zur Beschlagnahme der Kirchenglocken gestartet. Bis Januar 1930 wurden allein im Bezirk Perwomajsk (Nordwestukraine) einhundertachtundvierzig Kirchenglocken demontiert. Eine große Kolchose im Ural berichtete am 11. Januar stolz, dass alle Kirchenglocken in der Gegend verschrottet und eine große Anzahl von Ikonen zu Weihnachten verbrannt worden seien. Interessanterweise wurden diese Maßnahmen auch von Stalin in dem berühmten Brief vom 2. März 1930 kritisiert, so dass Wochen später eine Resolution des Zentralkomitees von „Verzerrungen" im Kampf um die Kolchosen sprach und die „administrative Schließung von Kirchen ohne die Zustimmung der Mehrheit des Volkes" verurteilte. Wie bei der Kollektivierung wurde auch bei der Kampagne gegen die Kirchen Zurückhaltung geübt, aber die

Pause wurde genutzt, um die Aktionen besser zu organisieren, und ab dem Herbst ging es unaufhaltsam weiter. Bis Ende 1930 waren 80% der Dorfkirchen geschlossen worden.

Die Moskauer Akademie der Wissenschaften sah sich gezwungen, allen Denkmälern, die in irgendeiner Weise mit religiösen Themen in Verbindung standen oder gebracht werden konnten, den Schutzstatus zu entziehen. Architekten protestierten, als sogar im Kreml, auf dem Roten Platz in Moskau, das Iwerski-Tor und die kleine Iwerski-Kapelle davor, die inzwischen wieder aufgebaut wurde, zerstört wurden. Kaganowitsch, ein Zionist, der der „Poale Zion" angehörte und Parteichef in Moskau war, wies die Kritik zurück und fuhr mit der Zerstörung von Klöstern und Kirchen von unschätzbarem künstlerischen und architektonischen Wert fort. Eine seiner größten Taten in dieser Hinsicht war die Sprengung der Christ-Erlöser-Kathedrale in Moskau am 5. Dezember 1931. An gleicher Stelle planten Stalin und Kaganowitsch den Bau des Palastes der Sowjets, ein pharaonisches Projekt, das von dem jüdischen Architekten Boris Yofan entworfen wurde. Der Palast sollte 415 Meter hoch sein und von einer siebzig Meter hohen, sechstausend Tonnen schweren Lenin-Statue gekrönt werden. Der neue Erlöser des russischen Volkes, der Ersatzgott für das internationale Proletariat, hatte Bürgerkrieg, Terror und die Ausrottung einer sozialen Klasse gepredigt; mit anderen Worten: Statt einander zu lieben, soll man einander töten. Vor der Revolution gab es in Moskau vierhundertundsechzig orthodoxe Kirchen, von denen am 1. Januar 1930 nur noch zweihundertvierundzwanzig und am 1. Januar 1933 nur noch etwa hundert übrig waren.

Besonders zerstörerisch war die Aktion in der Ukraine, die als Prolog zu dem von Kaganóvich und seinen Schergen geplanten Völkermord, der zwischen 1932 und 1933 stattfinden sollte, verstanden werden muss. In Kiew wurde eine im 10. Jahrhundert erbaute Kirche, die Zehntenkirche (Desyatynna), die erste Kirche der Stadt, zusammen mit anderen religiösen Gebäuden, die zwischen dem 12. und 18. Die Sophienkathedrale in Kiew und andere Kirchen wurden in Museen und Scheunen umgewandelt. Von den Hunderten von Kirchen in Kiew waren 1935 nur noch zwei sehr kleine Kirchen in Betrieb. In Charkow, Poltawa und anderen Städten wurden Kirchen als Ersatzteillager, Kinos und Radiosender genutzt und sogar in öffentliche Pissoirs umgewandelt. Auf Gemeindeebene wurden etwa 2.400 Priester verhaftet. Es gibt Aufzeichnungen über 28 ukrainische Priester, die in den Gefängnissen von Poltawa (Zentralukraine) inhaftiert waren, von denen fünf erschossen wurden, einer seinen Verstand verlor und die anderen in Konzentrationslagern landeten. Im Jahr 1931 wurde das Theologische Seminar von Mariupol in eine Kaserne für Arbeiter umgewandelt. Um das Seminar herum wurde ein Stacheldrahtzaun errichtet, in dem etwa 4.000 Priester und einige Laiengefangene inhaftiert waren, die zu harter Arbeit bei wenig Nahrung gezwungen wurden und von denen einige täglich starben. Bis Ende 1932 wurden in der gesamten Ukraine mehr als tausend Kirchen geschlossen; bis Ende 1936 wurden 80% der verbliebenen Kirchen zerstört. Mehrere Metropoliten der Ukrainischen Autokephalen Kirche starben durch die Hand der politischen Polizei. Zwischen 1928 und 1938 verloren vierzehn ukrainische Erzbischöfe und Bischöfe ihr Leben in sowjetischen Gefängnissen. Etwa 1.500 Priester und rund 20.000 Mitglieder von Kirchengemeinden und Kirchenkreisen endeten in Lagern im Archipel Gulag. Die Maßnahmen galten angeblich für alle Religionen. Die offiziellen Dekrete im europäischen Teil der UdSSR beziehen sich ausdrücklich auf „Kirchen und Synagogen". Dies war natürlich eine Phraseologie, um das Gesicht der jüdisch-bolschewistischen Partei zu wahren, die angeblich alle Atheisten waren. Die Verbrechen und Verfolgungen betrafen hauptsächlich orthodoxe Christen und Katholiken. Die Verfolgung der Katholiken in der UdSSR von der Revolution bis zum Zweiten Weltkrieg ist gut dokumentiert in Irina Osipovas *Wenn die Welt dich hasst* (1998). Protestantische Christen wurden auf einer anderen, viel weniger zerstörerischen Ebene schikaniert. Was das Judentum anbelangt, so wurden weder Beweise für die Zerstörung von Synagogen noch für die Verfolgung oder Ermordung von Rabbinern gefunden. Nicht einmal Rabbi Marvin S. Antelam, der immer wieder Schabbatisten, Freimaurer, Frankisten und Kommunisten als Teil der internationalen Verschwörung anprangert, bietet ein einziges Beispiel in *To Eliminate the Opiate*, einem Werk, dessen Titel eindeutig auf den Marx zugeschriebenen Satz anspielt, dass Religion das Opium des Volkes ist.

Holodomor: der ignorierte Völkermord an den ukrainischen Bauern

Im vorangegangenen Kapitel, in dem die Verhältnisse in Russland vor der katastrophalen, von den jüdischen Bankiers finanzierten Revolution zusammengefasst wurden, wurde bereits kurz auf den Hungertod von sechs bis sieben Millionen Menschen in der Ukraine eingegangen, eine Zahl, die in der *Encyclopaedia Britannica* noch erhöht wird, indem sie auf sieben bis acht Millionen Tote geschätzt wird. Ein Verbrechen gegen die Menschlichkeit, das schließlich am 23. Oktober 2008 vom Europäischen Parlament anerkannt wurde. Die Tatsache, dass das ukrainische Parlament und neunzehn weitere Länder im März desselben Jahres vor der Weltöffentlichkeit anprangerten, dass die sowjetische Regierung einen geplanten Völkermord begangen hatte, zwang die Straßburger Kammer, das ineffektive Europäische Parlament, dazu, eine Entschließung zu verabschieden. Von da an hat man nie wieder etwas davon gehört und eine Mauer des Schweigens und des Vergessens legte sich über Europa und die Welt.

Im Juni 2009 veröffentlichten die ukrainischen Behörden eine Liste mit Namen sowjetischer Beamter, die mit dem Völkermord in Verbindung stehen. Als sich herausstellte, dass die meisten von ihnen Juden waren, warnte der Vorsitzende des Ukrainischen Jüdischen Komitees, ein Rechtsanwalt namens Aleksander Feldman, diejenigen, die Nachforschungen anstellen wollten, schnell, dass es eine Farce sei, den Tatsachen nachzugehen und den Fall öffentlich zu machen, da alle Organisatoren der Vernichtung bereits tot seien. Mit anderen Worten, während die UNO die spanische Regierung auffordert, in der Vergangenheit zu graben und nach den möglichen Verantwortlichen für die

Verbrechen des Franquismus zu suchen, während Hunderte von Büchern und Filmen jährlich die internationale öffentliche Meinung über den jüdischen Holocaust zermürben, während in verschiedenen europäischen Ländern Forscher, die die auferlegte Version in Frage stellen und versuchen, die Zahlen zu revidieren, wegen Gedankenverbrechen inhaftiert werden, während in Deutschland Nicht-Agearianer verfolgt und für das schreckliche Verbrechen, Wächter in Konzentrations- oder Arbeitslagern gewesen zu sein, inhaftiert werden, findet Herr Feldman es lächerlich, dass Herr Feldman für die Verbrechen der Nazis und der Nazis verantwortlich gemacht wird. Herr Feldman findet es lächerlich, dass diejenigen, die an einem beispiellosen Massenmord schuldig sind, herausgegriffen werden.

Für den ukrainischen Völkermord und die Gräueltaten des Kommunismus muss Stalin, einer der größten Verbrecher der Geschichte, verantwortlich gemacht werden; es ist jedoch festzustellen, dass es eine große Anzahl von Büchern gibt, die seit Lenins Tod alle Verbrechen des Kommunismus auf Stalins Schultern legen, als ob er allein dafür verantwortlich wäre. Die meisten von ihnen sind von Trotzkisten oder bezahlten Propagandisten geschrieben, die versuchen, moralische Unterschiede zwischen Stalin und den unantastbaren Lenin und Trotzki, Märtyrern des Internationalismus, die seit jeher auf den Altären der Linken verehrt werden, herzustellen. Der Völkermord an der ukrainischen Bauernschaft ist eines dieser Verbrechen, das in der Regel ausschließlich Stalin zugeschrieben wird, obwohl der Haupttäter in Wirklichkeit Lazar Kaganóvich war, der, nachdem er Stalin geholfen hatte, der Krupskaja den Mund zu stopfen und durch sie das Geld zurückzubekommen, das Lenin in der Schweiz deponiert hatte, zur grauen Eminenz wurde und maßgeblich am Kampf gegen Trotzki beteiligt war.

Neben der Heirat mit Rosa Kaganóvich verstärkte Stalin Jahre später seine familiären Beziehungen zu dieser jüdischen Familie, indem er seine Tochter Svetlana mit Mikhail Kaganóvich, dem Sohn von Lazar Kaganóvich, verheiratete. Am 15. Juli 1951 berichteten der *Londoner Sunday Express* und andere Londoner Zeitungen über diese Nachricht und zitierten die internationale Associated Press als Quelle. „Die Hochzeit der Tochter des Diktators kostete angeblich 900.000 Dollar", lautete eine der Schlagzeilen. Neben Kaganóvich spielten zwei weitere Juden eine Schlüsselrolle bei der Organisation der Hungersnot. Der erste war Jakow Jakowlew (Epstein), der 1922/23 Leiter der Abteilung Agitation und Propaganda (Agit-Prop) des russischen Zentralkomitees gewesen war. Jakowlew war ab 1929 Kommissar für Landwirtschaft und förderte in dieser Funktion die Zwangskollektivierung. Der zweite, Grigorij Kaminskij, ein Ukrainer wie Kaganowitsch, wurde 1930 Sekretär des Moskauer Staatskomitees.

Bevor wir mit der Schilderung der Ereignisse beginnen, ist es notwendig, den Hintergrund der anti-ukrainischen Feindseligkeit in Erinnerung zu rufen. Die Angriffe auf die Ukraine und ihre nationale Kultur wurden in Fußnote 6 dieses Kapitels kurz erörtert. Die Tatsache, dass die Rada (das ukrainische Parlament) am 28. Januar 1918 die Unabhängigkeit erklärte, provozierte eine Konfrontation zwischen den bolschewistischen Internationalisten und den ukrainischen Nationalisten. Schon damals beschlagnahmte Lenin das gesamte Getreide und schickte es nach Russland. Wie in der Notiz erläutert wird, führte die Unterdrückung von Sprache und Kultur dazu, dass die Bolschewiki Schulen und Kultureinrichtungen schlossen, und sogar der Chef der Tscheka, der Jude Latsis, ging so weit, Menschen zu erschießen, weil sie Ukrainisch sprachen. Der ständige Wechsel der politischen Farben während des Bürgerkriegs führte zu einer ständigen Unterdrückung in der Ukraine, die die leidende ukrainische Bevölkerung in ständigen Terror stürzte.

Lenins und Trotzkis Phobie gegenüber der Ukraine wurde von Stalin und Kaganowitsch vollständig übernommen, die bereits im April 1929 über die OGPU eine Kampagne gegen nationalistische Akademiker und Intellektuelle starteten. Im Juli wurden etwa 5.000 Mitglieder der geheimen Ukrainischen Befreiungsunion verhaftet, und zwischen dem 9. März und dem 20. April 1930 fand im Opernhaus von Charkow ein öffentlicher Prozess gegen 40 angebliche Mitglieder der Organisation statt. Der Linguist und Lexikograf Serhij Jefremow, ein föderalistischer Sozialist, der in den letzten Tagen des Zarismus die ukrainische Identität für sich beansprucht hatte, war die führende Persönlichkeit unter den Angeklagten. Im Februar 1931 kam es zu einer neuen Verhaftungswelle gegen Intellektuelle, zumeist ehemalige revolutionäre Sozialisten, die beschuldigt wurden, das Ukrainische Nationale Zentrum gegründet zu haben. Diesmal gab es keinen Prozess, und fast alle wurden in Gefangenenlager gesteckt. Einige Autoren betrachten diese Maßnahmen zur Zerschlagung der ukrainischen Intelligenz als den ersten Angriff, der dem Generalangriff auf die Bauernschaft vorausging.

Es wurde offiziell anerkannt, dass eines der Ziele der Kollektivierung in der Ukraine die „Zerstörung der sozialen Basis des ukrainischen Nationalismus" war. Die „Union zur Befreiung der Ukraine" war in den Dörfern weit verbreitet, und viele Lehrer und Professoren wurden wegen ihrer Verbindungen zu dieser Organisation erschossen. Auch Ärzte und sogar einige Bauern wurden hingerichtet, weil sie beschuldigt wurden, der Organisation anzugehören. Stanislas Kossior, der 1939 erschossene angebliche Trotzkist, der im Juli 1928 Lazar Kaganóvich an der Spitze der ukrainischen kommunistischen Partei abgelöst hatte, erklärte nach dem Völkermord, dass „die nationalistische Abweichung in der Partei eine außergewöhnliche Rolle bei der Entstehung und Verschärfung der Krise in der Landwirtschaft gespielt hat". In ähnlicher Weise erklärte der Leiter der politischen Polizei von Kossior, Wsewolod Balizki, ein weiterer Trotzkist, der ebenfalls im Rahmen der Großen Säuberung am 27. November 1937 hingerichtet wurde, 1933, dass „die Faust der OGPU in zwei Richtungen zuschlug. Erstens auf die kulakischen Elemente in den Dörfern und zweitens auf die wichtigsten Zentren des Nationalismus". Die Tatsache, dass der Widerstand gegen die Kollektivierung in der Ukraine größer war als in Russland, wurde darauf zurückgeführt, dass den Kulaken nationalistisches Gedankengut eingeimpft worden war.

Um zu verstehen, wie der Hunger von so vielen Millionen Menschen organisiert werden konnte, muss man sich vor Augen halten, dass die Zwangskollektivierung neue Beziehungen zwischen der Bauernschaft und dem kommunistischen Staat schuf. Im Rahmen der NEP durften die Bauern nur maximal 20% ihrer Ernte vermarkten. Sie konnten bis zu 15% für Saatgut und bis zu 30% für die Viehzucht zurücklegen. Der Rest war für den Eigenverbrauch bestimmt. Die Kolchosen sollten die Lieferung von landwirtschaftlichen Erzeugnissen an den Staat sicherstellen, die jeden Herbst beschlagnahmt wurden. Jede Saison wurde zu einem Kampf zwischen dem Staat und den Bauern, die mit allen Mitteln versuchten, ihr Überleben zu sichern, indem sie einen angemessenen Anteil der Ernte für sich behielten. Im Jahr 1930 forderte der Staat 30% der ukrainischen Produktion, 38% der Ernte aus der Kuban-Ebene im Nordkaukasus und 33% aus Kasachstan. Im Jahr 1931 war die Saison viel schlechter und die Produktion ging zurück, aber die geforderten Prozentsätze stiegen auf 41,5%, 47% bzw. 39,5%. Wenn man bedenkt, wie die Landwirte die Ernte zu Zeiten der NEP verteilten, ist es leicht zu verstehen, dass die exorbitanten Forderungen des Staates im Jahr 1931 den gesamten Produktionszyklus durcheinander bringen würden. Im Jahr 1932 begannen die Kolchosbauern angesichts der drohenden Hungersnot, einen Teil der Ernte zu verstecken. In *Ein Staat gegen sein Volk* schreibt Nicolas Werth: „Es bildete sich eine regelrechte 'passive Widerstandsfront', die durch die stillschweigende und gegenseitige Zustimmung gestärkt wurde, die oft von der Kolchose zum Brigadekommandeur, vom Brigadekommandeur zum Buchhalter, vom Buchhalter zum Kolchosleiter und vom Kolchosleiter zum örtlichen Parteisekretär ging. Die Zentralbehörden mussten 'Schockbrigaden' entsenden, die in der Stadt rekrutiert wurden, um das Getreide zu beschlagnahmen."

Am 7. August 1932 wurde trotz der Tatsache, dass der Kreml bereits von einer „realen Gefahr einer Hungersnot selbst in den Bezirken, in denen die Ernte hervorragend ausgefallen war", berichtet hatte, ein Gesetz verkündet, das dem Volk unglücklich in Erinnerung blieb und das es „Gesetz der Ähren" nannte. Es sah die Todesstrafe oder Strafen von bis zu zehn Jahren in Arbeitslagern „für jeden Diebstahl oder jede Verschwendung von sozialistischem Eigentum" vor. Es ist kaum zu glauben, dass diejenigen, die versprochen hatten, das russische Volk von der Sklaverei zu befreien, bereit waren, einen Menschen zum Tode zu verurteilen, der ein paar Ähren von einem Feld in der Kolchose gestohlen hatte. Dieses Gesetz legte fest, dass das gesamte Eigentum der Kolchose, wie Vieh und Getreide, als „heiliges und unverletzliches" Eigentum des Staates galt. In Anwendung dieses Gesetzes wurden von August 1932 bis Dezember 1933 mehr als 125.000 Personen verurteilt, von denen 5.400 die Todesstrafe erhielten.

In *The Harvest of Sorrow*, einem bahnbrechenden Werk für eine eingehende Untersuchung des Holodomor, verweist R. Conquest auf Berichte in der ukrainischen Presse über Hinrichtungen von Kulaken, die „systematisch Getreide rationierten". In der Provinz Charkow verhandelten fünf Gerichte fünfzig solcher Fälle, und in der Provinz Odessa geschah dasselbe. Hier sind einige Fälle in Kurzform aufgeführt: Im Dorf Kopani in der Provinz Dniepropetrowsk schnitt eine Bande von Kulaken und Subkulaken ein Loch in den Boden eines Getreidespeichers und stahl Weizen: zwei von ihnen wurden hingerichtet, die übrigen inhaftiert. In Verbka, einem anderen Dorf in derselben Provinz, wurden der Vorsitzende des örtlichen Sowjets und ein Abgeordneter sowie drei Vorsitzende von Kolchosen und acht Kulaken vor Gericht gestellt: Drei Kulaken wurden zum Tode verurteilt. Ein Bauer aus Novoseltytsya (Provinz Zhytomyr) wurde erschossen, weil er im Besitz von zwölf Kilo Weizen war, die seine zehnjährige Tochter auf dem Feld geerntet hatte. Eine Frau, deren Mann zwei Wochen zuvor verhungert war, wurde zu zehn Jahren Haft verurteilt, weil sie 100 Ähren von ihrem eigenen Feld geschnitten hatte. Ein Vater von vier Kindern erhielt die gleiche Strafe für dasselbe Vergehen. Eine andere Frau wurde ebenfalls zu zehn Jahren verurteilt, weil sie zehn Zwiebeln von kollektivem Land gepflückt hatte. Eine weitere zehnjährige Strafe wurde mit dem „Stehlen" von Kartoffeln begründet.

Trotz des Terrors erhielt der Staat nicht die geforderten Getreidemengen, so dass am 22. Oktober 1932 Wjatscheslaw Molotow in die Ukraine und Lazar Kaganowitsch in den Kaukasus entsandt wurden. Beide leiteten zwei außerordentliche Kommissionen, deren Ziel es war, die Ernte zu beschleunigen. Kaganóvich traf am 2. November in Rostow am Don ein. Seiner Kommission gehörte Gendrij Yagoda (Hirsh Yehuda) an, der de facto die Kontrolle über die Geheimpolizei (OGPU) ausübte. Yagoda, vom 10. Juli 1934 bis zum 26. September 1936 Volkskommissar für innere Angelegenheiten, etablierte sich an der Spitze der OGPU/NKVD als einer der größten Verbrecher des 20. Kaganóvich berief alle Bezirkssekretäre der Partei in der Nordkaukasusregion ein. Es wurde beschlossen, die örtlichen Parteiorganisationen zu zwingen, gegen die „konterrevolutionären Kulaken" vorzugehen und „den Widerstand der örtlichen Kommunisten und Kolchosvorsitzenden, die sich an die Spitze der Sabotage gestellt hatten, zu vernichten".

Für die Bezirke, die auf der „schwarzen Liste" stehen, nennt N. Werth folgende Maßnahmen: „Rücknahme aller Produkte aus den Lagern, totale Unterdrückung des Handels, sofortige Rückzahlung aller laufenden Kredite, außerordentliche Verhängung und Verhaftung aller 'Saboteure', 'fremden Elemente' und 'Konterrevolutionäre' nach einem beschleunigten Verfahren unter Leitung der GPU. Im Falle weiterer 'Sabotage' würde die Bevölkerung der Massendeportation unterliegen." Allein im November 1932 wurden bereits fünftausend Landkommunisten, die der „Kollaboration mit der Sabotage" beschuldigt wurden, und fünfzehntausend Kolchosianer verhaftet. Im Dezember begannen die Massendeportationen von Kulaken und ganzen Kosakenpopulationen, deren Dörfer, „stanitsas", bereits 1920-21 von den gleichen Maßnahmen betroffen waren. Auch in der Ukraine erstellte die Molotow-Kommission eine „schwarze Liste" von Bezirken, die die geforderten Getreidequoten nicht ablieferten, und es wurden die gleichen Maßnahmen ergriffen.

Aufgrund des Handelsverbots und der von Kaganóvich angeordneten Beschlagnahmung von Waren aus den Lagern, darunter auch Getreide, das als Reserve für Saatgut aufbewahrt wurde, ging die Versorgung in der Ukraine zur Neige. Im November 1932 kam es zu Bauernaufständen und Auflösungen der Kolchosen. Nicht das gesamte Getreide wurde ins Ausland exportiert oder in die Städte bzw. an die Armee geliefert. In den lokalen Getreidespeichern gab es Vorräte, staatliche Reserven für Notfälle wie den Krieg. Es war jedoch klar, dass die Hungersnot nicht als Notfall angesehen wurde. Die Bauern waren wütend, als sie erfuhren, dass es Getreide gab, das für ihren Lebensunterhalt verwendet werden konnte, obwohl sie hungerten. In der Provinz Poltawa zum Beispiel waren die Lagerhäuser bekanntlich zum Bersten voll. In Fabriken in der Nähe von Dörfern, in denen die Menschen verhungerten, wurde Milch zu Butter verarbeitet. Die Butter wurde verpackt, und auf dem Papier stand in englischer Sprache: „USSR butter for export".

Es gab immer noch Bauern, die sich an die Hungersnöte aus der Zeit von Nikolaus II. erinnerten. Die Behörden hatten ihnen damals geholfen. Die Bauern gingen in die Städte und baten „im Namen Gottes" um Hilfe. Sie hatten Küchen eingerichtet, in denen heiße Suppe serviert wurde, und die Studenten steuerten Spenden bei, die sie durch Sammlungen erhielten. Es war unverständlich, dass die selbst ernannte Regierung der Arbeiter und Bauern die Möglichkeit hatte, den Hungernden zu helfen, und dies nicht tat. Natürlich gab es Bauern, die fünfundzwanzig Jahre zuvor von dem Bodenreformdekret vom November 1906 wussten, mit dem Stolypin den Bauern das Eigentum an den von ihnen bearbeiteten Grundstücken in den Gemeinden übertragen hatte. Dieses historische Dekret war im Juni 1910 in Kraft getreten.

Die Tatsache, dass die ukrainisch-russische Grenze blockiert wurde, um zu verhindern, dass Lebensmittel in die Ukraine gelangen, ist ein unwiderlegbarer Beweis dafür, dass der Holodomor eine geplante kriminelle Entscheidung war. Entlang der Grenze wurden Truppen stationiert, um die Ukrainer am Übertritt nach Russland zu hindern. Auf Bahnhöfen und in Zügen kontrollierten OGPU-Männer die Passagiere und ihre Reisegenehmigungen. Mikhaylivka, der letzte Bahnhof zwischen Kiew und der Grenze, wurde von bewaffneten OGPU-Kommandos übernommen. Diejenigen, die keine Sonderausweise hatten, wurden festgenommen und in Güterzügen zurück nach Kiew geschickt. Jeder in der Ukraine wusste, dass die Dinge in Russland anders waren, und so riskierten einige Menschen ihr Leben, um die Grenze zu überqueren. Diejenigen, denen es gelang, die Blockade zu umgehen und durchzukommen, versuchten, Teppiche, Leinen oder ihre Pelzmäntel zu verkaufen oder zu tauschen, um Lebensmittel für ihre hungernden Familien zu bekommen. Besonders grausam war die Rückkehr nach so vielen Opfern, da Getreide und Lebensmittel von denjenigen beschlagnahmt wurden, die versuchten, sie in die Ukraine zu bringen.

Robert Conquest führt das Beispiel eines ukrainischen Bauern an, der als Arbeiter bei den Moskauer Eisenbahnen angestellt war. Als er von der Notlage seiner Verwandten erfuhr, verließ er die russische Hauptstadt mit etwa fünfunddreißig Kilo Brot. In Bachmatsch, an der Grenze, wurden 32 Kilo konfisziert, und dank der Tatsache, dass er als russischer Arbeiter registriert war, durfte er den Rest behalten. Zwei ukrainische Bäuerinnen, die ebenfalls versuchten, Brot in ihr Land zu schmuggeln, wurden jedoch verhaftet und alles wurde beschlagnahmt. Manchmal versteckten sich Menschen mit Brot in leeren Waggons, die in die Ukraine zurückkehrten, nachdem sie ukrainisches Getreide in Russland abgeladen hatten; aber auch diese Züge wurden kontrolliert, entweder durch Beamte, die beschlagnahmten und verhafteten, oder durch

Angestellte, die die Unglücklichen, die entdeckt worden waren, oft erpressten. Conquest zieht daraus folgende Schlussfolgerung: „Unterm Strich gab es tatsächlich klare Befehle, die Bauern an der Einreise nach Russland zu hindern, wo Lebensmittel vorhanden waren, und die Lebensmittel derjenigen zu konfiszieren, denen es gelungen war, die Kontrollen zu umgehen und mit ihnen zurückzukehren. Dies kann nur ein Befehl von oben gewesen sein: und es kann nur ein Motiv gehabt haben." Es gab hungrige Bauern, die versuchten, in die Gebiete nahe der polnischen und rumänischen Grenze zu gelangen, aber auch ihnen wurde dies von der Polizei verwehrt. Einige der Verzweifeltsten, die versuchten, den Fluss Dnjestr nach Rumänien zu überqueren, wurden von Mitgliedern der OGPU erschossen.

Als der Winter nahte, wurden die Dinge immer schlimmer. Am 20. November 1932 stoppte ein Erlass der ukrainischen Regierung jede Getreidelieferung an die Kolchosbauern als Lohn für ihre Arbeit, bis die erforderliche Quote an Getreide geliefert worden war. Am 6. Dezember wählten das Zentralkomitee der Kommunistischen Partei der Ukraine und die ukrainische Sowjetregierung per Dekret sechs Dörfer in drei Provinzen (zwei in Odessa, zwei in Charkow und zwei in Dnipropetrowsk) wegen Sabotage von Getreidelieferungen aus. Sie wurden sofort mit der Aussetzung der Lieferungen, der Einstellung jeglichen Handels mit dem Staat und der Beschlagnahmung aller Lieferungen aus den Genossenschafts- und Staatslagern bestraft. Darüber hinaus wurden die als feindlich und konterrevolutionär eingestuften Elemente aus allen Kolchosen in den oben genannten Dörfern entfernt. Der nächste Schritt war die Blockade der Dörfer, die nicht in der Lage waren, die Quoten abzuliefern, um zu verhindern, dass Produkte aus den Städten dorthin gelangen. Am 15. Dezember 1932 wurde sogar eine Liste aller Bezirke veröffentlicht, die mit der Unterbrechung der Lieferung von Handelsprodukten bestraft worden waren, bis sie eine wesentliche Verbesserung bei der Erfüllung der Getreideerfassungspläne erreicht hatten. Von dreihundertachtundfünfzig Bezirken in der gesamten Ukraine wurden achtundachtzig bestraft, und viele ihrer Bewohner wurden massenhaft in den Norden deportiert. Trotz all dieser Maßnahmen wurden bis Ende 1932 nur siebzig Prozent der geplanten Getreidelieferungen erreicht.

In verschiedenen Quellen ist von großen Wanderungsbewegungen von bis zu drei Millionen Menschen die Rede, die bereits zu Beginn des Sommers 1932 versuchten, in wohlhabendere Gebiete zu ziehen. Die Bahnhöfe waren überfüllt mit Menschen, die vom Lande in die Städte wollten. Victor Serge gibt diese Beschreibung:

„Grimmige Menschenmassen füllen die Bahnhöfe, Männer, Frauen und Kinder drängen sich zusammen und warten auf Gott weiß was für Züge. Sie werden weggescheucht und versuchen es erneut ohne Geld oder Fahrkarten. Sie steigen in den erstbesten Zug ein und bleiben drinnen, bis sie herausgezogen werden. Sie sind still und passiv. Wohin gehen sie? Nur auf der Suche nach Brot, Kartoffeln oder Arbeit in den Fabriken, wo die Arbeiter besser ernährt werden? Das Brot ist der große Mobilisator dieser Massen. Was soll ich zu den Raubüberfällen sagen? Überall wird gestohlen, überall...".

Die Einreise der hungernden Bauern in die Städte wurde nach dem 27. Dezember 1932 fast unmöglich, als die Regierung den internen Pass und die Meldepflicht für die Einwohner der Städte einführte, um „das soziale Schmarotzertum zu beseitigen" und „das Eindringen kulakischer Elemente in die Städte zu bekämpfen". Die eigentliche Absicht des internen Passes bestand darin, den Exodus der hungernden Bauern zu verhindern, die versuchten, ihr Leben zu retten, indem sie in die Großstädte gingen.

Zu Beginn des Jahres 1933 wurden neue Abgaben angekündigt und ein neuer unmenschlicher Angriff auf die ohnehin nicht vorhandenen ukrainischen Reserven unternommen. Am 7. Januar 1933 erklärte ein Leitartikel in der Tageszeitung *Pravda*, dass die Getreidelieferungen in der Ukraine gescheitert seien, weil die ukrainische Kommunistische Partei die Organisation des Klassenfeindes in der Ukraine zugelassen habe. Auf einem Plenum des Zentralen Exekutivkomitees im Januar desselben Jahres erklärte Stalin, dass die Ursachen für die Schwierigkeiten bei der Getreideerfassung in der Partei selbst zu suchen seien. Kaganowitsch legte einen Bericht vor, in dem er darauf hinwies, dass es in den Dörfern immer noch Vertreter der Kulakenklasse gab, die nicht deportiert worden waren, und Kulaken, die aus dem Exil geflohen waren und von ihren Verwandten und gelegentlich von „sympathisierenden Parteimitgliedern, die sich in Wirklichkeit wie Verräter an den Interessen der Arbeiter verhielten", geschützt wurden. Er prangerte auch an, dass es noch „Vertreter der weißen Bourgeoisie, der Kosaken und der ländlichen Intelligenz" gebe. In Bezug auf letztere nannte er Lehrer, Agraringenieure und -experten, Ärzte usw. als Ziele einer antisowjetischen Säuberung. Erneut rief Kaganóvich zum Kampf gegen den Klassenfeind auf. Besonderes Augenmerk legte er auf die Kulaken, die er beschuldigte, „die Aussaat und die Getreidelieferungen zu sabotieren". Seinem Bericht zufolge hatten die Kulaken die „kleinbürgerlichen Tendenzen der Bauern" ausgenutzt, und er beschuldigte sie, „die ehrlichen Arbeiter der Kolchosen zu terrorisieren".

Am 22. Januar 1933 wurde ein von Stalin und Molotow unterzeichnetes Rundschreiben herausgegeben, das Millionen von hungernden Menschen den Todesstoß versetzte. Darin wurden die örtlichen Behörden und die OGPU aufgefordert, „die Massenaufmärsche der Bauern aus der Ukraine und dem Nordkaukasus in die Städte mit allen Mitteln zu unterbinden". Sie ordnete außerdem an, konterrevolutionäre Elemente zu verhaften und die anderen Flüchtlinge an ihre Wohnorte zu bringen. Nicolas Werth, der den Text teilweise transkribiert hat, zitiert die Formulierungen des Rundschreibens: „Das Zentralkomitee und die Regierung haben Beweise dafür, dass dieser Massenexodus von Bauern von Feinden der Sowjetmacht, Konterrevolutionären und polnischen Agenten zum Zweck der Propaganda gegen das Kolchossystem im Besonderen und die Sowjetmacht im Allgemeinen organisiert wird. In Anwendung des Rundschreibens wurde der Verkauf von Eisenbahnfahrkarten sofort eingestellt und von der OGPU kontrollierte Polizeikordons eingerichtet, um die Bauern am Verlassen ihrer Bezirke zu hindern.

Die Sterblichkeit war während des gesamten Winters sehr hoch, aber ab März 1933 war die Sterblichkeit in den Lagern besonders hoch. Neben der Hungersnot trat auch Typhus auf, so dass es Dörfer mit Tausenden von Einwohnern gab, in denen nur einige zehn Personen überlebten. Es liegen zahlreiche Zeugenaussagen vor. Der italienische Historiker Andrea Graziosi veröffentlichte 1989 in den *Cahiers du Monde Russe et Sovietique* eine Reihe von Briefen, die italienische Diplomaten in Charkow geschrieben hatten. Es handelt sich um Berichte aus den Jahren 1932-1934. Der folgende Bericht des italienischen Konsuls erscheint in *The Black Book of Communism*:

„Seit einer Woche gibt es einen Aufnahmedienst für verlassene Kinder. In der Tat gibt es immer mehr Bauern, die in die Stadt strömen, weil sie auf dem Land keine Überlebenschance haben, es gibt Kinder, die hierher gebracht wurden und sofort von ihren Eltern verlassen werden, die in ihr Dorf zurückkehren, um dort zu sterben. Letztere hoffen, dass sich in der Stadt jemand um ihre Kinder kümmern wird. [...] Seit einer Woche werden die 'dvorniki' (Türsteher) in weißen Kitteln mobilisiert, um in der Stadt zu patrouillieren und die Kinder zur nächsten Polizeistation zu bringen. [Gegen Mitternacht werden sie dann mit Lastwagen zum Güterbahnhof Severo Donetz gebracht. Hier werden auch die Kinder, die auf den Bahnhöfen oder in den Zügen gefunden wurden, die Familien der Bauern und die isolierten älteren Menschen gesammelt. [...] Es gibt medizinisches Personal, das die 'Selektion' vornimmt. Diejenigen, die nicht angeschwollen sind und eine Überlebenschance haben, werden in die Kaserne Golodnaja Gora gebracht, wo in Hangars auf Stroh eine Bevölkerung von etwa 8.000 Seelen, hauptsächlich Kinder, qualvoll stirbt. [...] Die aufgedunsenen Menschen werden per Güterzug aufs Land transportiert und fünfzig bis sechzig Kilometer von der Stadt entfernt ausgesetzt, damit sie ungesehen sterben. [...] Bei der Ankunft an den Entladestellen werden große Gruben ausgehoben und die Toten aus den Waggons entfernt."

Während die lokalen Partei- und OGPU-Eliten die Hungersnot wohlgenährt überstanden, weisen Berichte aus der OGPU selbst auf Fälle von Kannibalismus hin, von denen einige in Conquests Werk geschildert werden, z. B. Familien, die sich von ihren eigenen Toten ernährten, oder hungernde Menschen, die Kinder fingen oder Fremden auflauerten. Ein Parteiaktivist, der an der Kollektivierungskampagne in Sibirien teilgenommen hatte, kehrte 1933 in die Ukraine zurück und musste feststellen, dass die Bevölkerung seines Dorfes fast ausgestorben war. Ihr jüngerer Bruder erzählte ihr, dass sie sich von Rinde und Gras ernährten, aber dass ihre Mutter ihnen gesagt hatte, sie müssten es essen, wenn sie sterben würde. Diese Fälle von Kannibalismus werden auch von italienischen Diplomaten berichtet, die in Charkow Dienst taten:

„Jede Nacht werden etwa 250 Leichen von Menschen, die an Hunger oder Typhus gestorben sind, nach Charkow gebracht. Es fällt auf, dass viele von ihnen keine Leber mehr haben: sie scheint durch einen breiten Schnitt entfernt worden zu sein. Die Polizei erwischt schließlich einige der mysteriösen 'Amputierten', die gestehen, dass sie dieses Fleisch als Ersatz für 'pirozhki' (Knödel) verwendet haben, die sie sofort auf dem Markt verkaufen".

Das geografische Gebiet der Hungersnot, in das ausländische Pressekorrespondenten bis zum Herbst 1933 nicht reisen durften, umfasste die Ukraine, die fruchtbaren Ebenen des Don, den Kuban und den Nordkaukasus sowie einen Teil Kasachstans. Wie bereits in der Kurzübersicht im vorigen Kapitel erwähnt, wurden im Frühjahr 1933 täglich bis zu fünfundzwanzigtausend Menschen getötet. Das Verrückteste daran ist, dass die sowjetische Regierung in jenem Jahr, in dem Millionen von Bauern verhungerten, weiterhin achtzehn Millionen Doppelzentner Weizen für den „Bedarf der Industrialisierung" ins Ausland exportierte.

In der Ostukraine waren die Ebenen der Flüsse Don und Kuban von Kosaken und ukrainischen Bauern bewohnt. Die Donkosaken waren russisch, die Kuban-Kosaken hingegen ukrainischer Herkunft. Wie bereits erwähnt, hatten die Kosaken während des Bürgerkriegs hauptsächlich gegen die Bolschewiki gekämpft. In den Jahren 1922 und 1928 kam es dann zu Aufständen. Bereits im November 1929 wurden mehrere Divisionen zur Verstärkung des Militärbezirks Nordkaukasus in den Don verlegt. Im Gegensatz zu den Bauerndörfern handelte es sich bei den „stanitsas" der Kosaken um Siedlungen mit bis zu 40.000 Einwohnern, die nicht von einer Handvoll Polizisten kontrolliert werden konnten. Der Kampf der Kosaken gegen die Kollektivierung war erbittert, und die Auswirkungen der Hungersnot waren dort später zu spüren als in anderen Gebieten. Nach dem Besuch der Kaganowitsch- und Jagoda-Kommission im November 1932 wurden der Don und der Kuban zu besonderen militärischen Notstandsgebieten erklärt.

In Poltawskaja, einer Staniza im Kuban-Delta, die wegen Sabotage auf die schwarze Liste gesetzt worden war, brach ein Aufstand aus. Die Aufständischen ermordeten Parteiaktivisten und Mitglieder des NKWD (der Teil der OGPU war) und kontrollierten vorübergehend die Stadt, die erst nach schweren Kämpfen zurückerobert werden konnte. Im Januar 1933 wurde eine Sonderkommission eingesetzt, die befugt war, Zwangsarbeit zu verhängen und diejenigen, die sich widersetzten, zu vertreiben, zu deportieren und sogar hinzurichten. Es wurde bekannt gegeben, dass Poltawskaja in die Hände der Kulaken gefallen war und dass alle bis auf einige wenige Getreue ins Exil gehen würden. Nachdem der Kriegszustand ausgerufen worden war, wurde eine beispielhafte Operation durchgeführt und bekannt gemacht, damit jeder wusste, was ihn erwartete. Ähnliche Aktionen wurden in Umanskaja, Urupskaja, Medwedizkaja, Mischativskaja und so weiter durchgeführt. Etwa 200.000 Einwohner von sechzehn Staniza wurden in den hohen Norden deportiert, aber das Schicksal derjenigen, die nicht deportiert wurden, war noch schlimmer, denn sie waren dem Hungertod ausgesetzt. Verschiedene Zeugenaussagen berichten, dass es im Kuban so viele Tote gab, dass sie nicht mehr begraben werden konnten. Ein Zeuge berichtet von Gruppen von Kindern, die an Straßenecken kauerten, vor Hunger und Kälte zitterten und schließlich auf der Straße starben. Die Schilderung eines Ingenieurs, der bei der Eisenbahn arbeitete, vermittelt eine Vorstellung vom Ausmaß des Gemetzels in diesem Gebiet:

„Anfang 1933 fuhren jeden Morgen vor Sonnenaufgang zwei geheimnisvolle Züge vom Bahnhof Kavkaz im Nordkaukasus in Richtung Mineralny Vodi und

Rostow. Die Züge waren leer und hatten jeweils fünf bis zehn Waggons. Zwei bis vier Stunden später kehrten die Züge zurück. Sie hielten eine Weile an einem Schattenbahnhof und fuhren dann weiter über eine Sackgasse zu einer alten Ausgrabungsstätte. Während die Züge in Kavkazka oder auf einem Nebengleis hielten, waren alle Waggons verschlossen, sahen beladen aus und wurden von NKWD-Agenten streng bewacht. Zunächst schenkte niemand den geheimnisvollen Zügen Beachtung, auch ich nicht. Ich war noch Student am Institut. Ich war immer noch Student am Moskauer Verkehrsinstitut und arbeitete dort vorübergehend. Aber eines Tages rief mich der Schaffner Kh., der Kommunist war, leise zu sich, führte mich zu den Zügen und sagte: „Ich möchte Ihnen zeigen, was in den Waggons ist. Er öffnete die Tür eines der Waggons einen Spalt breit, ich schaute hinein und wurde fast ohnmächtig vor dem Grauen, das ich sah. Er war voll mit Leichen, die auf alle möglichen Arten aufgestapelt waren. Später erzählte mir der Lokführer die Geschichte: „Der Bahnhofsvorsteher hatte von seinen Vorgesetzten den geheimen Befehl, den Anforderungen des NKWD nachzukommen und jeden Morgen zwei Züge mit leeren Güterwagen bereitzuhalten. Die Besatzungen der Züge wurden von NKWD-Agenten bewacht. Die Züge fuhren ab, um die Leichen von Bauern abzuholen, die an der Hungersnot gestorben waren und zu Bahnhöfen in der Nähe der Dörfer gebracht worden waren. Die Leichen wurden in abgelegenen Gebieten außerhalb der Ausgrabungen begraben. Das gesamte Gebiet wurde vom NKWD bewacht, und niemand durfte es betreten."

Die Städte des Nordkaukasus litten schwer unter den Folgen der Hungersnot. Für Stawropol, eine Stadt mit 140.000 Einwohnern, wird die Zahl der Todesopfer mit 50.000 angegeben. In Krasnodar, einer Stadt mit 140.000 Einwohnern, lag die Zahl der Toten bei 40.000. In Starokorsunska, einer Staniza mit 14.000 Einwohnern, lebten nach der Hungersnot nur noch eintausend Menschen. Zwei andere Stanizas, Voronizka und Dinska, wiesen ähnliche Zahlen auf. Eine Depesche der britischen Botschaft vom 27. Oktober 1933 fasste die Situation mit folgenden Worten zusammen: „Das kosakische Element ist weitgehend eliminiert worden, entweder durch Tod oder Deportation".

In dem Werk von R. Conquest, das eine der Hauptquellen für diesen Abschnitt über den Völkermord in der Ukraine darstellt, ist ein Kapitel mit dem Titel *Kinder* einer Studie über die Auswirkungen der Hungersnot auf Kinder gewidmet. Es wird von Müttern berichtet, die mit ihren Kindern auf der Brust auf der Straße starben, oder von Sieben-, Acht- und Neunjährigen, die den Tod ihrer Eltern miterlebten und nun versuchen mussten, allein zu überleben. Das Gegenteil war jedoch die Regel, d. h. die Kinder starben zuerst. 1933 prangerte der litauische Botschafter in Moskau in einem Bericht an, dass in der Ukraine keine Kinderleichen gefunden werden konnten, weil „die Bauern selbst zugaben, dass sie das Fleisch toter Kinder aßen". M. Maskudov, ein regimekritischer sowjetischer Demograph, schätzt, dass nicht weniger als drei Millionen Kinder, die zwischen 1932 und 1934 geboren wurden, während der Hungersnot starben. Die ersten, die starben, waren meist Neugeborene.

Auf der Grundlage der Volkszählung von 1970 weist Conquest auf signifikante Zahlen hin. Im Jahr 1970 wurden 12,4 Millionen Menschen zwischen 1929 und 31 geboren, aber nur 8,4 Millionen zwischen 1932 und 34. Die Daten aus den Gebieten, in denen die Not am größten war, zeigen, welche verheerenden Folgen die Hungersnot für die Kinder hatte: In einigen Dörfern überlebte nur eines von zehn Kindern. Konkrete Zahlen aus einem Bezirk der Provinz Poltawa zeigen, dass von den 7.113 Menschen, die starben, 3.549 Kinder unter achtzehn Jahren, 2.163 Männer und 1.401 Frauen waren. Conquest geht zweifelsfrei von drei Millionen toten Kindern aus und rechnet eine weitere Million hinzu, die durch die unmenschlichen Bedingungen der Deskulakisierung ums Leben kamen, so dass nach seinen Schätzungen insgesamt mehr als vier Millionen Kinder starben. Er stellt außerdem fest, dass in dieser Zahl viele Kinder nicht enthalten sind, deren Leben ruiniert wurde und die jahrelang überlebten, so gut es ging.

Viele dieser verlassenen Kinder („bezprizornii") bildeten Banden von Kleinkriminellen. Einige Quellen bestätigen, dass bereits 1932 vertrauliche Befehle erteilt wurden, diejenigen zu erschießen, die aus vorbeifahrenden und auf Bahnhöfen haltenden Zügen stahlen. Das Problem der verwilderten Kinderscharen nahm auch nach der Hungersnot nicht ab, so dass ab 1934 weiterhin die Möglichkeit bestand, sie physisch zu beseitigen, manchmal auch durch Erschießen. Am 7. April 1935 wurde schließlich durch einen von Kalinin und Molotow unterzeichneten Erlass die Hinrichtung von Kindern ab zwölf Jahren legalisiert, eine weitere Brutalität der in Moskau regierenden kommunistischen Verbrecher. Manchmal durften sogar noch jüngere Kinder hingerichtet werden. In den Waisenhäusern, in denen die kleinen Verbrecher interniert waren, konnten einige Ärzte bescheinigen, dass die Elfjährigen tatsächlich älter waren, als es ihre angeblich gefälschten Papiere aussagten, weshalb sie zum Tode verurteilt werden konnten. In seinem Eifer, Stalin zu verunglimpfen, beschuldigt der Trotzkist Walter Krivitsky ihn, auch Kinder zu säubern, und bestätigt, dass die Überschrift des Dekrets auf „Maßnahmen zur Bekämpfung der Kriminalität unter Minderjährigen" anspielt. Krivitsky prangert an, dass Stalin, während Tausende von Kindern und Jugendlichen zu Zwangsarbeit und oft zur Todesstrafe verurteilt wurden, beschloss, Fotos mit Kindern zu machen, um sich „als Pate der Kinder Russlands" zu präsentieren.

Conquests Gesamtzahlen für den Völkermord lauten wie folgt: 11 Millionen Bauern starben zwischen 1930 und 1937, zu denen er 3,5 Millionen Menschen hinzurechnet, die in diesen Jahren verhaftet wurden und später in Arbeitslagern starben. Er schlüsselt die Umstände des Todes dieser 14,5 Millionen Menschen wie folgt auf: 6,5 Millionen starben durch die Brutalität, mit der die Deskulakisierung durchgeführt wurde. 1 Million Menschen starben bei der Deskulakisierung und Kollektivierung Kasachstans sowie bei der anschließenden Hungersnot. Hungertote in den Jahren 1932-33: 5 Millionen in der Ukraine; 1 Million im Nordkaukasus; 1 Million anderswo. Nach Ansicht des Autors handelt es sich hierbei um eine konservative Schätzung, d. h. eine niedrige Schätzung, die sicherlich nicht der Wahrheit entspricht. Diese Zahlen stammen aus verschiedenen Werken sowjetischer Wissenschaftler und Schriftsteller, denn 1986, als *„Die Ernte des Kummers"* veröffentlicht wurde, erlaubte Moskau noch immer keine Untersuchung der Verbrechen, die an Millionen von Menschen begangen worden waren.

Die Sowjets, die sich ihrer Verbrechen bewusst waren, versuchten, das von ihnen verübte Gemetzel vor den westlichen Ländern zu verbergen, und leugneten es sogar, sobald es stattgefunden hatte. Trotz der Tatsache, dass potenzielle Zeugen aus den Hungergebieten ausgesperrt wurden, sprach sich das Geschehen in der UdSSR sowohl in Europa als auch in Amerika herum. Zeitungen wie die *New York Herald Tribune, der Manchester Guardian, der Daily Telegraph, Le Matin, Le Figaro, die Neue Züriche Zeitung, die Gazette de Laussana, La Stampa* und andere weniger renommierte Zeitungen veröffentlichten mehr oder weniger angemessene Berichte. Es gab jedoch viele Komplizen, die bewusst oder unbewusst an der Verschleierung der Wahrheit mitwirkten. Ein solcher Fall ist der von Édouard Herriot, einem radikalen Sozialisten, der drei Amtszeiten als französischer Premierminister verbrachte. Im August und September 1933 besuchte Herriot die UdSSR und verbrachte fünf Tage in der Ukraine, wo er mit Banketten und anderen Unterhaltungsangeboten verwöhnt wurde. Er erhielt eine Führung durch die zuvor „aufgeräumten" Gebiete. Er kam zu dem Schluss, dass es in der Ukraine keine Hungersnot gegeben habe, und führte die in Frankreich erhobenen Vorwürfe auf antisowjetische Propaganda zurück. Am 13. Dezember veröffentlichte die *Prawda* seine Aussagen, wonach Herriot „die Lügen der bürgerlichen Presse über die Hungersnot in der Sowjetunion kategorisch zurückweist".

Das skandalöse Vorgehen von Walter Duranty, dem Moskau-Korrespondenten der *New York Times*, verdient einen eigenen Absatz: In seinem Eifer, die Wahrheit zu verbergen, hat er in seinen Berichten aus Moskau immer wieder bewusst gelogen und sich damit zum Komplizen des Völkermords gemacht. Warum er das tat, liegt auf der Hand. Die Rolle der *New York Times*, deren Eigentümer, Adolph Simon Ochs, ein zionistischer Jude im Dienste der Bankiers, die die Federal Reserve durchsetzten, seine Tochter mit Arthur Hans Sulzberger verheiratet hatte, einem anderen Juden, der inzwischen die Zeitung kontrolliert, wurde bereits mehrfach angesprochen. Da die Bankiers, die die Federal Reserve erdacht hatten, dieselben waren, die die bolschewistische Revolution finanziert hatten, ist es leicht zu verstehen, dass Walter Duranty im Dienste der Verschwörer stand, die gerade Franklin Delano Roosevelt ins Weiße Haus gebracht hatten und zu ihren Prioritäten zählten, dass der neue Präsident die Sowjetunion so bald wie möglich anerkennen sollte.

Ein anderer Journalist, der den Mut hatte, die Wahrheit zu berichten, Malcolm Muggeridge, Korrespondent des *Manchester Guardian*, beschuldigte Duranty, „der größte Lügner unter allen Journalisten zu sein, die ich in fünfzig Jahren Journalismus kennen gelernt habe". Die Auswirkungen der Berichterstattung von Walter Duranty auf die öffentliche Meinung in den USA Durantys Berichten konnte nicht widersprochen werden. Um Durantys Ansehen zu sichern, wurde er 1932 für seine lobenden Artikel über die Sowjetunion mit dem Pullitzer-Preis ausgezeichnet. Im November 1932 berichtete er, dass „es weder eine Hungersnot gab noch Anzeichen dafür, dass es eine geben würde". Am 23. August 1933 schrieb er: „Jede Information über eine Hungersnot im heutigen Russland ist entweder eine Übertreibung oder böswillige Propaganda". Duranty zufolge waren es Emigranten, die, ermutigt durch Hitlers

Machtübernahme, „falsche Geschichten über Hungersnöte erzählten, die in Berlin, Riga, Wien und anderen Orten in Umlauf gebracht wurden, wo die Feinde der Sowjetunion, die die UdSSR als ein Land des Ruins und der Verzweiflung beschrieben, in letzter Minute versuchten, die Anerkennung durch die Vereinigten Staaten zu vermeiden".

Das Kuriose am Fall Walter Duranty ist, dass er privat keine Skrupel hatte, die Wahrheit zuzugeben. Laut Conquest gestand Duranty dem jüdischen Journalisten Eugene Lyons, einem Korrespondenten von UPI (United Press International), dass er die Zahl der Hungeropfer auf etwa sieben Millionen schätzte. Lyons, ein Kommunist, der ursprünglich für die sowjetische Agentur TASS arbeitete, verschwieg zunächst ebenfalls die Schrecken der Hungersnot, konnte aber Jahre später, desillusioniert, die Situation bereinigen und gab die Fakten zu. Walter Duranty schrieb also genau das Gegenteil von dem, was er wusste, was die Chuzpe und Doppelzüngigkeit des extravaganten Pulitzer-Preisträgers beweist. Conquest zitiert wörtlich diese Worte des britischen Geschäftsträgers in Moskau vom 30. September 1933: „Nach Angaben von Herrn Duranty ist die Bevölkerung des Nordkaukasus und der unteren Wolga im letzten Jahr um etwa drei Millionen und die Bevölkerung der Ukraine um vier oder fünf Millionen zurückgegangen.... Herr Duranty hält es für möglich, dass im vergangenen Jahr bis zu zehn Millionen Menschen direkt oder indirekt an den Folgen der Nahrungsmittelknappheit in der Sowjetunion gestorben sind".

Franklin Delano Roosevelt, der Illuminaten-Freimaurer, der 1935 die Einführung der mit Freimaurersymbolen versehenen Ein-Dollar-Note genehmigte, nahm am 16. November 1933, kurz nach dem Völkermord, diplomatische Beziehungen zur UdSSR auf, als ob nichts geschehen wäre, obwohl er genau wusste, dass der Holodomor ein geplantes Ereignis war und dass die Verbrecher, die die Sowjetunion regierten, absichtlich Millionen von Menschen vernichtet hatten.

TEIL 6
DIE MOSKAUER PROZESSE UND
DIE SÄUBERUNG DES TROTZKISMUS

Während die Nürnberger Prozesse als notwendiges Ereignis in die Geschichte eingegangen sind und ein peinliches Prestige genießen, sind die Moskauer Prozesse heute völlig diskreditiert. Die Notwendigkeit, alle Gräueltaten des Kommunismus Stalin in die Schuhe zu schieben, hat Historiker und Propagandisten aller Couleur dazu veranlasst, die Prozesse als „Show" zu bezeichnen, als ein von Stalin inszeniertes makabres Spektakel. Dies erklärt sich aus dem Ziel, zu verschleiern, wer Trotzki war, und aus der Notwendigkeit, in den Augen der neuen internationalen Linken den Heiligenschein der Figuren Lenin und Trotzki selbst aufrechtzuerhalten, der durch seine unehrlichen Schriften naiven oder blinden Sozialisten seine Version der Revolution aufzwingen konnte.

In Wirklichkeit fand der „Schauprozess" in Nürnberg statt, wo sich die Sieger, darunter der inzwischen geschmähte Stalin, eine moralische Überlegenheit anmaßten, die sie nicht hatten, um über die Besiegten zu urteilen: Dresden, Hamburg, Hiroshima, Nagasaki sind eklatante Beispiele für Kriegsverbrechen, die in der Geschichte ohne Beispiel sind und für die niemand je zur Rechenschaft gezogen wurde. In Nürnberg wurden Beweise massiv gefälscht und die Arbeit der Anwälte auf Schritt und Tritt behindert. Die Anklage setzte sich größtenteils aus aus Deutschland emigrierten Juden zusammen, und Zeugen, die die Angeklagten hätten begünstigen und die Ankläger hätten kompromittieren können, wurden daran gehindert, sich zu melden. Die Anwälte konnten die Beweismittel der Staatsanwaltschaft nicht prüfen und mussten ihre Unterlagen an die Staatsanwaltschaft übergeben. 1948 erklärte der britische Chefankläger Sir Hartley Shawcross: „Der Nürnberger Prozess ist zu einer Farce geworden, ich schäme mich, als Kollege dieser Männer, der Russen, in Nürnberg als Ankläger aufgetreten zu sein." Der amerikanische Richter Wennerstrum, der von seinem Amt zurücktrat, erklärte, seine Teilnahme an der Nürnberger Infamie sei eine Schande für ihn und die amerikanische Justiz. Die Folterung der Angeklagten, die bei den Moskauer Prozessen immer wieder angeführt wird, um sie zu diskreditieren, wurde bei dem deutschen Prozess routinemäßig praktiziert.

Viele jüdische Schriftsteller haben es sich zur Aufgabe gemacht, die Unschuld der in den Moskauer Prozessen Verurteilten zu verkünden. Andererseits ignorieren trotzkistische Historiker wie Pierre Broué und viele andere, wofür Trotzki wirklich stand, oder ziehen es vor, dies zu ignorieren. Auch Robert Conquest, der Sowjetologe, den wir weiterhin zitieren werden, macht nicht die geringste Anspielung auf die Finanziers von Trotzki und der bolschewistischen Revolution. In seiner Darstellung und Analyse der Fakten berücksichtigt Conquest nicht die Tatsache, dass die Sowjetunion ein Werk des internationalen Judentums war. Das ist ein ernstes Problem, denn nur wenn man bedenkt, wer hinter Trotzki stand, kann man sich ein richtiges Bild von der Bedeutung der Stalinschen Säuberungen und anderer kapitalistischer Ereignisse machen, die schließlich den Zweiten Weltkrieg auslösten. Wir können diesen grundlegenden Umstand, den wir während unserer gesamten Arbeit angeprangert haben, nicht außer Acht lassen und werden ihn deshalb auf den folgenden Seiten weiter betrachten. Mit anderen Worten, es darf nicht vergessen werden, dass Trotzki die internationalen Verschwörer vertrat, die eine Weltregierung anstrebten, und dass Stalin, der sich für den Nationalkommunismus entschieden hatte, zu einem Hindernis geworden war, das zunächst um jeden Preis beseitigt werden musste.

Da die Sowjetunion das Werk des internationalen Judentums war, besetzten, wie wir wissen, Tausende von Juden die führenden Positionen. Viele von ihnen, vor allem im Finanzwesen, in der Diplomatie, der Polizei und der Armee, waren Trotzkisten, die Stalin kontrollieren musste, da sie eine Bedrohung für ihn darstellten: Solange Trotzki lebte, war seine Wiederherstellung der Macht das wichtigste Ziel. Dass es eine von Trotzki koordinierte Opposition im Ausland gab, wird von den Historikern zugegeben und kann nicht geleugnet werden. Mord und Terror waren die Gegenmittel, mit denen Stalin die trotzkistischen Gegner bekämpfte, denen er die gleiche Medizin verabreichte, die Lenin und Trotzki zuvor den als „Volksfeinde" betrachteten Klassenfeinden verschrieben hatten. Stalin erwies sich, wie wir sehen werden, als ein machiavellistischer, grausamer Politiker von unvergleichlicher Gerissenheit, der das Gewaltmonopol ohne Skrupel und Rücksicht absolut rücksichtslos ausübte.

Die Tatsache, dass die stalinistischen Säuberungen nach und nach die Juden verdrängten und mehr Russen an die Macht brachten, führte zu Vorwürfen des Antisemitismus, aber in Wirklichkeit hatte Stalin kein Problem damit, sich mit Juden zu umgeben, solange sie ihm im Kampf gegen seine politischen Feinde halfen. 1946, kurz nach Kriegsende, legten die Vereinigten Staaten Stalin einen neuen Plan für eine Weltregierung vor, der von zwei Juden, David Lilienthal und dem berühmten Bernard Baruch, entworfen worden war. Dieser Vorschlag, der in *der Zeitschrift The Bulletin of Atomic Scientists* veröffentlicht wurde, basierte auf dem Monopol der atomaren Gewalt. Die jüdischen Wissenschaftler, die die Weltregierung unterstützten: Albert Einstein, Robert Oppenheimer, Leo Szilard, Walter Lippman, Niels Bohr, James Franck, Eugene Rabinovitch, Hy Goldsmith, Hans Bethe und Harold Urey kamen aus dem internationalen Sozialismus und Zionismus. Stalin weigerte sich erneut, sich zu fügen, und zum dritten Mal in seiner dreißigjährigen Diktatur wurde er erneut des Antisemitismus beschuldigt. Schließlich wurde er, wie wir in einem anderen Kapitel sehen werden, 1953 ermordet.

Zu Beginn der Schilderung der Ereignisse, die zu den Moskauer Prozessen führten, sei zunächst daran erinnert, dass sich die trotzkistische Opposition nach dem Scheitern der Versuche, Stalin zu stürzen, aus taktischen Gründen zersplitterte und es zu verschiedenen Abspaltungen kam. Wir haben bereits gesehen, dass der im parteiinternen Kampf unterlegene Block um Trotzki und Sinowjew im Herbst 1927 versuchte, die Massen zu mobilisieren, was eine Herausforderung für Stalin darstellte, der sich erst zufrieden gab, als es ihm gelang, sie aus der Partei auszuschließen. Sinowjew wurde später wieder aufgenommen, doch Trotzki wurde schließlich mit seinen treuesten Anhängern deportiert. Erst 1930 wurde ein weiterer Versuch unternommen, Stalin herauszufordern. Damals wurde Martemjan Rjutin, ein Mann aus Bucharins Umfeld, beschuldigt, ein Dokument von etwa 200 Seiten verfasst zu haben, das in der Gorbatschow-Ära wiederentdeckt und gedruckt wurde. Der Text bestand aus dreizehn Kapiteln, von denen vier Stalin angriffen, der, wie schon Trotzki Jahre zuvor, als „Totengräber der Revolution" beschuldigt wurde.

Es wurde vermutet, dass sich um Rjutin eine Gruppe („Rjutin-Plattform") gebildet hatte, die ein Komplott gegen Stalin schmiedete. Am 30. September wurde Rjutin aus der Partei ausgeschlossen und kurz darauf verhaftet. Am 17. Januar 1931 wurde er jedoch freigesprochen, und anschließend wurde beschlossen, dass er wieder in die Partei aufgenommen werden sollte. Auf einer Politbürositzung im Frühjahr 1931 forderte Stalin die Anwendung der Todesstrafe auf Parteimitglieder. Bis dahin waren alle Arten von Gegnern nach Belieben getötet worden, aber die Bolschewiki verhängten die Todesstrafe nicht unter sich. Offenbar um zu verhindern, dass die Revolution ihre Kinder verschlingt, wie es bei der Französischen Revolution der Fall war, hatte Lenin gefordert, dass Parteimitglieder nicht hingerichtet werden sollten.

Anstatt die Niederlage ihrer Thesen zu akzeptieren, beriefen Rjutin und eine Gruppe ermutigter Funktionäre im Juni 1932 eine Konferenz der Union der Marxisten-Leninisten ein. In diesem neuen Dokument wurde darauf hingewiesen, dass Stalin und seine Clique nicht freiwillig aufgeben würden und so schnell wie möglich mit Gewalt beseitigt werden sollten. Stalin interpretierte diese Worte als Aufruf zu seiner Ermordung, und am 23. September 1932 wurde Rjutin erneut verhaftet. Stalin hätte diesen erklärten Gegner gerne ohne weiteres Nachdenken beseitigt, aber die Angelegenheit wurde im Politbüro diskutiert, wo sich Sergej Kirow gegen sein Todesurteil aussprach und von Ordzhonikidse, Kúibyshev, Kossior, Kalinin und Rudzutak unterstützt wurde. Molotow zögerte, und nur Kaganowitsch unterstützte Stalins Forderungen, der sich der Mehrheitsentscheidung fügen musste. Dennoch beschloss die Kontrollkommission des Zentralkomitees, die zwischen dem 28. September und dem 2. Oktober tagte, den Ausschluss von Rjutins Gruppe aus der Partei. Sie wurden beschuldigt, „Degenerierte zu sein, die zu Feinden des Kommunismus und des Sowjetregimes geworden sind, Verräter an der Partei und der Arbeiterklasse". Rjutin wurde zu zehn Jahren Gefängnis verurteilt, neunundzwanzig Mitglieder seiner Plattform erhielten geringere Strafen.

Ein weiterer Beschluss des Plenums war der Ausschluss derjenigen aus der Partei, die von der Existenz der konterrevolutionären Gruppe wussten und sie nicht unter gemeldet hatten, darunter Sinowjew und Kamenjew, die erneut ausgeschlossen und in den Ural deportiert wurden. Kurz darauf wurde auch Iwan Smirnow, der kurz zuvor wieder in die Partei aufgenommen worden war, verhaftet und zu zehn Jahren Haft verurteilt. Der trotzkistische Professor Vadim Rogovin, Autor mehrerer Bücher über Stalin, gab in einer Vorlesung an der Universität von Melbourne am 28. Mai 1996 zu, dass Smirnow 1931 in Berlin Kontakte zu Trotzkis Sohn Leon Sedov geknüpft hatte, mit dem er sich über die Notwendigkeit einer Koordinierung der Bemühungen verständigt hatte. Zwei weitere Personen, die zu fünfjährigen Haftstrafen verurteilt wurden, waren Ivar Smilga und Sergei Mrachkovsky. Am 12. Januar 1933 beschloss das Plenum des Zentralkomitees eine strenge Säuberungsaktion innerhalb der Partei, was darauf hindeutet, dass die Auswirkungen der Rjutin-Affäre schwerwiegend waren und Stalin weiterhin beschäftigten. Im Laufe des Jahres 1933 wurden mehr als achthunderttausend Mitglieder ausgeschlossen, und weitere dreihundertvierzigtausend wurden im Laufe des Jahres 1934 ausgeschlossen.

Beweise dafür, dass die trotzkistische Opposition in dieses Komplott zum Sturz Stalins verwickelt war, finden sich in dem Buch von General Walter Krivitsky, Leiter des Militärgeheimdienstes in Westeuropa, der vor seiner Ermordung 1941 in New York das Buch *In Stalins Geheimdienst* (1939) veröffentlichte, das in Spanien von NOS unter dem Titel *Yo, jefe del Servicio Secreto Militar soviético* (1945) herausgegeben wurde. Krivitsky, ein jüdischer Trotzkist, der eigentlich Samuel Gérshevich Ginsberg hieß, schreibt in dem genannten Werk, dass der Sekretär der Parteizelle innerhalb des Militärischen Geheimdienstes (natürlich ein Trotzkist) ihn zu „einer geheimen Sitzung einlud, auf der unser Chef, General Berzin, über die Ryutin-Affäre berichten sollte". Krivitsky weist darauf hin, dass andere Mitglieder der Zelle (offensichtlich Nicht-Trotzkisten) nicht an der Sitzung teilnahmen, da es sich um eine streng vertrauliche Angelegenheit handelte. Krivitsky gibt zu, dass Berzin, der 1938 gesäubert werden sollte, ihnen Auszüge aus Rjutins Untergrundprogramm vorlas, „in dem Stalin als großer Agent provocateur, als Zerstörer der Partei und als Totengräber der Revolution in Russland bezeichnet wurde". Berzin bestätigte ihnen bei diesem Treffen, dass „Rjutins Gruppe beabsichtigte, für den Sturz Stalins als Partei- und Regierungschef zu kämpfen"[13].

Das Kirow-Attentat

Es ist eine allgemein anerkannte Tatsache, dass die Ermordung von Sergej Mironowitsch Kostrowitsch, alias Kirow, der Auslöser für Stalins Säuberungsaktionen gegen die Trotzkisten war. Auch hier ist Robert Conquest der Hauptverantwortliche für die Untersuchung der Geschehnisse und damit eine unverzichtbare, wenn auch nicht immer überzeugende Informationsquelle. Conquest legte seine Schlussfolgerungen in *Stalin and the Kirov Murder* (1989) vor; aber auch in *The Great Terror. A Reassessment* (1990) widmet er ein

---

[13] Krivistky selbst räumt in seinem Buch ein, dass es ihm Ende 1938 dank der Hilfe von Léon Blum, Präsident des französischen Ministerrats, und seines Innenministers Max Dormoy, beides Juden wie er selbst, gelang, aus Frankreich zu fliehen, wo er vom NKWD schikaniert wurde. In den Vereinigten Staaten angekommen, veröffentlichte er mit Hilfe eines anderen Juden, des Journalisten Isaac Don Levine, das Buch, über das wir gerade gesprochen haben. Im Oktober 1939 reiste er unter dem falschen Namen Walter Thomas nach London und soll im Januar 1940 dem MI5 Geheimnisse von großem Interesse verraten haben. Es wird vermutet, dass er die Identität von zwei berüchtigten sowjetischen Agenten, Donald Maclean und Kim Philby, preisgegeben haben könnte. Nach der Ermordung Trotzkis kehrte Krivitsky im November 1940 nach New York zurück, wo er schließlich am 10. Februar 1941 von stalinistischen Agenten hingerichtet wurde.

Kapitel der Analyse des berühmten Attentats, das seiner Meinung nach „die Bezeichnung Jahrhundertverbrechen verdient", da in den folgenden vier Jahren die auffälligsten Führer der Revolution wegen ihrer Verantwortung für das Verbrechen erschossen wurden und „mehrere Millionen Menschen", so Conquest, „wegen ihrer Komplizenschaft in der großen Verschwörung hinter dem Kirow-Attentat verurteilt wurden".

Der 17. Kongress der Kommunistischen Partei der Sowjetunion fand vom 26. Januar bis 16. Februar 1934 in Moskau statt. Offenbar wurde Kirow von vielen als Favorit angesehen, und einige Delegierte sprachen sich dafür aus, ihn zum Generalsekretär zu ernennen, doch er trat mit der Begründung zurück, dies würde die Politik der Partei in Frage stellen. Diese Haltung Kirows zeugt offenbar von seiner Loyalität gegenüber Stalin. Darüber hinaus stimmten zwischen einhundertfünfzig und dreihundert der fast zweitausend Delegierten gegen Stalins Mitgliedschaft im Zentralkomitee, was sich jedoch in der offiziellen Auszählung nicht widerspiegelte, nach der es nur drei Stimmen gegen Stalin und vier gegen Kirow gab. Kirow, der als der beste Redner der Partei galt, beherrschte die Leningrader Organisation, doch am Ende wurde Stalin als Parteiführer anerkannt. Das Zentralkomitee, dem Juri Pjatakow angehörte, setzte sich fast ausschließlich aus altgedienten Stalinisten zusammen, obwohl auch Trotzkisten wie Sokolnikow, Bucharin, Rykow und Tomski unter den Kandidaten waren. Kirow wurde nicht nur in das Politbüro, sondern auch in das Sekretariat gewählt, dem Stalin, Kaganowitsch und Schdanow angehörten.

Laut Conquest war Kirow der Ansicht, dass die trotzkistischen Gegner ihre Niederlage eingestanden und die Situation endgültig akzeptiert hätten, weshalb er gegenüber Stalin argumentierte, dass der beste Weg, sie zu zersetzen, darin bestünde, eine Versöhnung innerhalb der Partei herbeizuführen. In der Tat hatten auf dem 17. Parteitag Bucharin und Rykow, die als Rechtsradikale galten, das Wort ergriffen. Sinowjew, Kamenew, Pjatakow und Radek, die letzten beiden vermeintlichen Ex-Trotzkisten, hatten ebenfalls vor dem Kongress gesprochen. Alle hatten die Bereitschaft zur Einstimmigkeit gezeigt. Sogar einer der prominentesten Trotzkisten, Christian Rakovsky, ein internationalistischer Jude, der wie Trotzki die Theorie des Sozialismus in einem Land für opportunistisch und sehr schädlich hielt, kündigte in einem am 23. Februar 1934 in der *Iswestija* veröffentlichten Telegramm seinen Beitritt zur Partei an. Daraufhin durfte er nach Moskau zurückkehren und wurde im März von Kaganóvich am Bahnhof empfangen. In einem im April 1934 in der *Prawda* veröffentlichten Brief mit dem Titel „Es sollte keine Gnade geben" gab er öffentlich seine Fehler zu und stellte Trotzki und seine Anhänger überraschenderweise als „Agenten der Gestapo" dar. Im Jahr 1935 wurde Rakovsky sogar zum Botschafter in Japan ernannt.

Kongresses hatte Stalin anscheinend Kirows Vorschläge akzeptiert, obwohl es sehr wahrscheinlich ist, dass dies in Wirklichkeit nur ein Trick war, da seine Geheimpolizei die Entourage Trotzkis und seines Sohnes Sedow infiltriert hatte und ihm regelmäßig kompromittierende Berichte für die Oppositionellen aus Berlin und Paris übermittelt wurden. Im Juli 1934 wurde die OGPU in eine neue Behörde, das NKVD (Volkskommissariat für Innere

Angelegenheiten), eingegliedert, das von Génrij Yagoda geleitet wurde, der eigentlich Enokh Gershevich Yehuda hieß, der wiederum einen anderen Juden zu seinem stellvertretenden Direktor ernannte, Jakow Saulowitsch Agranow (Jankel Schmajewitsch), einen Tschekisten der alten Schule, der 1921 Trotzkis brutale Unterdrückung der Kronstädter Aufständischen geleitet hatte.

Im September 1934 war Kirow in Kasachstan in einen Autounfall verwickelt, der einigen Quellen zufolge als Attentat auf ihn gewertet wurde. Zwei Monate später, am Nachmittag/Abend des 1. Dezember um 16.30 Uhr, wurde Sergej Kirow in der Parteizentrale in Leningrad, die sich im alten Smolny-Institut befand, ermordet. In diesen Breitengraden hat der Tag im Winter nur wenige Stunden Tageslicht, und als Kirow um vier Uhr nachmittags eintraf, kontrastierte der fallende Schnee mit der Dunkelheit der Nacht. Bevor er sich in sein Quartier begab, verweilte er noch bei Michail Tschudow, dem zweiten Sekretär des Leningrader Provinzparteikomitees, und seinen engsten Mitarbeitern, die er wegen eines Berichts konsultierte. Der Attentäter, Leonid Nikolajew, hatte sich, nachdem er den draußen postierten Wachen seinen Ausweis gezeigt hatte, zuvor problemlos Zutritt verschafft und wartete auf ihn versteckt in den Toiletten im dritten Stock, von wo aus er seine Ankunft mit dem Auto beobachtet hatte. Nikolajew hatte dort gearbeitet und kannte das Gebäude gut genug. Theoretisch hätte Juri Borissow, der Leibwächter, der ihn zum Haupteingang begleitet hatte, mit seinem Chef nach oben ins Büro gehen müssen, aber er tat es nicht. Auch die Wachen, die normalerweise in den Korridoren postiert waren, waren nicht vor Ort. Als Kirow allein durch die Gänge zu seinem Büro ging, fand Nikolajew die Gelegenheit, hinter ihm aufzutauchen und schoss ihm mit einem Nagant-Revolver in den Hals. Einige Versionen deuten darauf hin, dass der Verbrecher versucht hat, Selbstmord zu begehen, da entdeckt wurde, dass ein zweiter Schuss in der Decke steckte. In jedem Fall fiel Nikolajew ohnmächtig neben seinem Opfer zu Boden und wurde bald darauf verhaftet.

Natürlich wurde Borisov, der als sehr loyal gegenüber Kirow galt, sofort zum Verhör vorgeladen. Am Morgen des 2. Dezember rief Agranow von Moskau aus das Leningrader NKWD an und wies Wolowitsch an, Borisow nach Smolny fahren zu lassen. Die Fahrt fand in einem Lastwagen statt. Neben dem Fahrer saß ein NKVD-Agent, und auf dem Rücksitz befand sich Borisov mit einem weiteren Polizisten. Nach der Version von Conquest wich der Mann neben dem Fahrer aus, als der Lkw die Voinov-Straße entlangfuhr, und prallte mit dem Fahrzeug gegen die Wand eines Lagerhauses. Später wurde berichtet, dass Borissow an den Folgen des Unfalls starb, doch in Wirklichkeit wurde er nach dieser Version von Eisenstangen getroffen, die von den beiden ihn begleitenden Beamten geschwungen wurden, die ihrerseits später liquidiert wurden.

In Europa kursierten verschiedene Versionen der Ermordung Kirows, und bis heute ist nicht mit Sicherheit geklärt, wie es zu den Ereignissen kam und wer dahinter steckte bzw. stecken könnte. Die offizielle Version, die damals von den westlichen Ländern akzeptiert wurde, besagt, dass Nikolajew auf Befehl von Sinowjew und Kamenjew gehandelt hat. Im ersten von drei Prozessen, die zwischen August 1936 und 1938 in Moskau stattfanden, wurden diese alten Bolschewiki der Beteiligung an dem Verbrechen beschuldigt. Der dritte Prozess, der zwischen dem 2. und 13. März 1938 stattfand und als „Prozess der Einundzwanzig" bekannt wurde, legte die Version fest, die bis 1956 Bestand haben sollte, wonach Sinowjew und Kamenew in Absprache mit Trotzki das Attentat geplant hatten. Der Prozess bewies, dass Jagoda, der Chef des NKWD, Iwan Saporoschet, den stellvertretenden Leiter des Leningrader NKWD, angewiesen hatte, das Verbrechen durch die Beseitigung von Hindernissen zu erleichtern.

Ab 1956 begann in der UdSSR und in der ganzen Welt die Kampagne zur Diskreditierung Stalins, die unter anderem zur Rehabilitierung zahlreicher Trotzkisten führen sollte, die während der Säuberungen verurteilt worden waren. Nikita Chruschtschow hielt am 25. Februar 1956 eine Rede, die als „geheim" galt, weil sie an den 20. Kongress der KPdSU in geschlossener Sitzung gerichtet war, und die den Beginn der Rückschau auf die dreißigjährige stalinistische Periode markierte. Der vollständige Text wurde in der UdSSR erst 1988 veröffentlicht, aber Kopien wurden an regionale Parteimitglieder und mehrere ausländische Regierungen verteilt. Seitdem neue Dokumente zum Fall Kirow aufgetaucht sind, hat sich eine andere Version durchgesetzt, nach der Stalin die Beseitigung Kirows veranlasst hat. Conquest, unsere Hauptquelle zu diesem Thema, vertritt die These, dass Stalin nach der offensichtlichen Unterstützung des XVII. Kongresses für die Figur Kirow einen absolut machiavellistischen Plan von außerordentlicher Gerissenheit entwickelte, der es ihm ermöglichte, sowohl seinen Hauptgegner als auch die trotzkistische Opposition gleichzeitig zu beseitigen. Wenn dem so war, dann ist seine Fähigkeit zur Intrige, seine Fähigkeit, die Situation und die Personen zu steuern und zu kontrollieren, beispiellos, und Stalin muss daher als Genie der Perversion in die Geschichte eingehen.

Eine dritte Möglichkeit, die nach der bescheidenen Meinung dieses Verfassers die plausibelste ist, wäre eine Synthese der beiden vorhergehenden Möglichkeiten. Das heißt, Kirow wäre das Opfer zweier Verschwörungen gewesen: Einerseits sah die trotzkistische Opposition in ihm einen stalintreuen Mann, der ein Hindernis auf dem Weg zur Wiedererlangung der Macht in Russland sein könnte, weshalb sie ein Interesse daran hatte, ihn zu liquidieren; andererseits hätte Stalin in Kenntnis der Absichten seiner Gegner beschlossen, sie handeln zu lassen, das Verbrechen zu erleichtern, ihnen zu erlauben, den Führer zu ermorden, der ihm rechtmäßig die Macht streitig machen konnte, um sie später anzuklagen und eine rücksichtslose Säuberung gegen sie einzuleiten. Für die Durchführung dieses Plans war Stalin zweifellos auf die Zusammenarbeit mit Yagoda angewiesen, der notwendigerweise seine geheimen Befehle befolgen musste. In seiner Rede vom Februar 1956 stellte Chruschtschow fest, dass die Umstände der Ermordung Kirows „noch viele unerklärliche und rätselhafte Dinge verbergen, die eine sorgfältige Untersuchung erfordern". Fünf Jahre später, anlässlich des 22. Parteitages im Oktober 1961, kam Chruschtschow auf das Thema zurück und sagte diesmal öffentlich: „Es bedarf noch großer Anstrengungen, um herauszufinden, wer die

Schuld am Tod Kirows trägt. Je gründlicher wir die mit seinem Tod zusammenhängenden Materialien untersuchen, desto mehr Fragen tauchen auf.... Eine umfassende Untersuchung der Umstände dieses komplizierten Falles ist im Gange. Erst 1988 wurde Yagoda offiziell beschuldigt. Die Verantwortung Stalins wurde damals angedeutet. Im offiziellen Bericht hieß es dazu: „Stalins Beteiligung an dem Attentat ist sehr wahrscheinlich, aber es gibt keine Dokumente, die dies bestätigen.

Matthew E. Lenoe gibt in *The Kirov Murder and Soviet History* den Text der Konfrontationen zwischen Nikolayev und vier der Verhafteten wieder: Shatsky, Kotolynov, Yuskin und Sokolov, die vom NKVD zwischen dem 18. und 20. Dezember 1934 organisiert wurden. Es folgt ein Fragment der Konfrontation zwischen dem Attentäter Nikolajew und Kotolynow, nachdem sie bestätigt hatten, dass sie sich persönlich kannten:

„Frage an Kotolynov: Bestätigen Sie, dass Sie Mitglied einer konterrevolutionären zinovistisch-trotzkistischen Organisation waren?
Antwort: Ja, ich bestätige, dass es so war. [...]
Frage an Nikolajew: Gehörten Sie einer konterrevolutionären sinowjewitisch-trotzkistischen revolutionären Organisation an und wer hat Sie rekrutiert?
Antwort: Ich gehörte einer konterrevolutionären Sinowjewitsch-Trotzkistischen konterrevolutionären Organisation an. Ich wurde von Kotolynow rekrutiert; das war im September 1934 im Gebäude des Polytechnischen Instituts, wo Kotolynow studierte.
Frage an Kotolynov: Bestätigen Sie, dass Sie Nikolayev für die Zinovievist-Trotskyist Organisation rekrutiert haben?
Antwort: Nein, ich bestreite es.
Frage an Nikolajew: Hat Kotolynow Ihnen im Namen der sinowjetisch-trotzkistischen Organisation vorgeschlagen, den Genossen Kirow zu töten, haben Sie den Vorschlag angenommen und unter welchen Umständen hat er stattgefunden?
Antwort: Ja, Kotolynow hat mir im Namen der konterrevolutionären Organisation Sinowjewitsch-Trotzki den Vorschlag gemacht, Kirow zu töten. Ich habe den Vorschlag im September 1934 angenommen, der Vorschlag wurde im Polytechnischen Institut gemacht, wo ich Kotolynow getroffen habe.
Frage an Kotolynow: Bestätigen Sie die Aussage von Nikolajew, dass er Kirow auf Ihren Befehl hin getötet hat?
Antwort: Nein, ich leugne es. [...]"

Bei der Verhandlung räumte Kotolynow seine Kontakte zur konterrevolutionären Sinowjewit-Trotzki-Opposition ein, leugnete aber weiterhin eine Beteiligung an der Ermordung Kirows. Diese Konfrontation wurde von den beiden ukrainischen Juden Lew G. Mironow und Genrij Samojlowitsch Ljuschkow überwacht, begleitet von einem dritten Tschekisten russischer Herkunft namens Dmitrij Dmitriew. Sowohl Mironow, dessen richtiger Name Kagan war, als auch Ljuschkow wurden Opfer Stalins. Ersterer, der laut Conquest deprimiert war, weil er die alten Bolschewiki verfolgen musste, war Leiter der Wirtschaftsabteilung der Lubjanka und wurde schließlich 1938 von Jeschow liquidiert. Der zweite, ein Tyrann mit dem Ruf des Sadismus, der seit 1920 als Chekist tätig war, wurde im Juli 1937 zum Chef des NKWD im

Fernen Osten Russlands ernannt, wo er etwa 30.000 Elitetruppen befehligte. Als die große Säuberungsaktion ihren Höhepunkt erreichte, befahl Jeschow ihm, nach Moskau zurückzukehren, doch er lief im Juni 1938 mit wertvollen Geheimdokumenten über und ging nach Japan, wo er gegenüber japanischen Beamten zugab, Trotzkist zu sein. Ljuschkow organisierte mit japanischer Unterstützung ein ernsthaftes Attentatskomplott auf Stalin, wurde aber entdeckt. Im Jahr 1945 verschwand er schließlich spurlos.

Was die jüdischen Tschekisten betrifft, so wissen wir, dass die große Mehrheit der Tschekisten seit Lenins Zeit Bolschewiki jüdischer Herkunft waren. Das Gleiche gilt für die wichtigsten Chefs des NKWD, die die stalinistischen Säuberungen unter Jagoda durchführten. Viele von ihnen waren Trotzkisten, die gezwungen waren, ein doppeltes Spiel zu spielen. Hier sind einige von ihnen. Der Leiter der Abteilung für Sondereinsätze des NKWD war Karl V. Pauker, ein Jude, dessen richtiger Name nie mit Sicherheit festgestellt werden konnte. Pauker, der im Dezember 1934 auf Befehl Jagodas Kamenjew verhaftete, wurde schließlich denunziert und 1937 erschossen. An die Spitze der Sonderabteilung der OGPU, die für die Armee zuständig war, setzte Jagoda einen anderen Juden, Mark Isajewitsch (Isaakowitsch) Gay (Shpoklyand), der nach Jagodas Sturz in Ungnade von Jeschow hingerichtet wurde. Der Leiter des wichtigen Außenministeriums war Abram Aronowitsch Slutski, der im Februar 1938 auf Befehl von Jeschow vergiftet wurde. Slutskys zwei vertrauenswürdigste Offiziere, Boris Davydovich Berman und Mikhail Spiegelglass, waren ebenfalls Juden. Georgi A. Moltschanow, Leiter der Abteilung für Geheimpolitik der Lubjanka, war einer der wenigen Russen, die in Jagodas NKVD wichtige Positionen innehatten. Weitere bemerkenswerte hochrangige jüdische NKVD-Beamte waren Lev N. Belsky (Abram M. Levin), Lev Borisovich Zalin (Zelman Markovich Levin), Grigory (Izrail) Moiseyevich Leplevsky, Zinovi Borisovich Katsnelson und Pyotr Gavrilovich Rud. Fast alle von ihnen wurden aus dem einen oder anderen Grund Opfer Stalins, nachdem sie ihm bei den Säuberungen gedient hatten.

Bereits am 21. Dezember 1934, nach mehrtägigen Konfrontationen und Verhören, wies der NKWD darauf hin, dass es neben dem Mörder Nikolajew ein „Leningrader Zentrum" gab, das mit Sinowjew in Verbindung stand, der bereits mehrfach aus der Partei ausgeschlossen und nach einem Bekenntnis zur offiziellen Linie wieder aufgenommen worden war. An der Spitze dieser Gruppe stand Iwan I. Kotolynow. Am nächsten Tag wurde eine Liste der Verhafteten veröffentlicht, deren prominenteste Namen Sinowjew und Kamenew waren, gefolgt von G.E. Evdokimov, der dem Sekretariat angehört hatte, Zalutsky, Fedorov, Kuklin und Safarov. Am 29. Dezember wurden Nikolajew, Kotolynow, Schatski, Juskin, Sokolow und andere Komplizen zum Tode verurteilt und hingerichtet. Es wurde öffentlich bekannt gegeben, dass sie in der Verhandlung zugegeben hatten, dass das Motiv für die Ermordung Kirows seine Ersetzung durch Sinowjew und Kamenew war. Am 15. und 16. Januar 1935 wurden Sinowjew, Kamenew, Jewdokimow, Bakajew, Kuklin und vierzehn weitere Personen in Leningrad angeklagt, das „Moskauer Zentrum" gebildet zu haben, von dem aus Kotolynows „Leningrader Zentrum" politisch unterstützt worden war. Das Gericht unter dem Vorsitz von W.W. Ulrich, dessen Ankläger Andrej Wyschinskij war, der zwei Jahre später durch seine Arbeit an den Moskauer Prozessen international bekannt wurde, verurteilte Sinowjew zu zehn Jahren Haft. Evdokimov erhielt acht Jahre und Kamenev fünf Jahre. Die übrigen Urteile reichten von fünf bis zehn Jahren.

Diese Überzeugungen waren nur der Auftakt zu einer Tragödie, die als „Großer Terror" in die Geschichte eingegangen ist. Stalins Manöver zur Vorbereitung der vollständigen Säuberung der Trotzkisten im ganzen Land begannen sofort. Am 1. Februar 1935 wählt das Plenum des Zentralkomitees Mikojan und Tschubar auf die Plätze im Politbüro, die durch den Tod von Kirow und Kuibyschew frei geworden waren. In den Schlüsselpositionen der Partei setzt Stalin die Männer ein, die während der Säuberungen seine wichtigsten Mitarbeiter sein sollten: Nikolai Jezhov wird Mitglied des Sekretariats und am 23. Februar wird er auch zum Leiter der Kontrollkommission der Partei ernannt. Wenige Tage später wird der junge Stalinist Nikita Chruschtschow, ein Protegé von Kaganowitsch, zum ersten Organisationssekretär der Partei in Moskau ernannt. Im Juni wurde Andrei Wyschinski in die Generalstaatsanwaltschaft berufen. Am 8. Juli 1935 wurde Georgi Malenkow zum wichtigsten Stellvertreter Jeschows und stellvertretenden Leiter der Kaderabteilung des Zentralkomitees ernannt. Im Kaukasus befand sich Lawrenti Beria, ein Verbrecher der schlimmsten Sorte, der es verstand, seine Karten bis zum Schluss zu verbergen, wie wir später noch sehen werden.

Während sich diese Bewegungen entwickelten, gab es von Juli 1935 bis August 1936 eine Periode relativer Ruhe, die darauf hinzudeuten schien, dass sich die Wogen glätten würden, obwohl es in Wirklichkeit einen Aufschwung gab. Im Februar 1935 wird eine Kommission zur Ausarbeitung einer neuen Verfassung eingesetzt, an der Bucharin und Radek teilnehmen. Der Text war im Juni 1936 fertig. Rede- und Pressefreiheit, Unverletzlichkeit der Wohnung und des Briefgeheimnisses, Versammlungs- und Demonstrationsfreiheit, Verhinderung ungerechtfertigter Verhaftungen waren einige der Garantien, die in dem Dokument enthalten waren, das sich jedoch als toter Buchstabe erwies, sobald der Wirbelsturm von Verhaftungen und Morden einsetzte. Diese Fassade der scheinbaren Normalität ermöglichte es Stalin, die Kontrolle über die Geheimpolizei und andere Machtmechanismen zu übernehmen. Bereits am 31. März erteilte er Anweisungen an Jagoda und Wyschinski, die ihm etwa achtzig Namen nannten. Stalin befahl ihnen, einen Prozess gegen die Trotzkisten vorzubereiten und ihm den konkreten Vorschlag zu unterbreiten. Im April begannen die Verhöre von Smirnow, Mrachkowski und Ter-Waganjan, den Führern des so genannten „trotzkistisch-sinowjewistischen Zentrums".

Die Verhaftungen, die dem ersten der Moskauer Prozesse vorausgingen, begannen Anfang 1936. Valentin Olberg, ein Jude lettischer Herkunft, und mehrere Lehrer des Pädagogischen Instituts von Gorki wurden im Januar verhaftet. Eine Gruppe von Studenten der Kommunistischen Jugend (Konsomol) in der Stadt Gorki hatte Ende 1935 zugegeben, dass es eine Verschwörung zur Ermordung Stalins gab. Der NKWD beschuldigte Olberg, Lehrer und Studenten zu rekrutieren. Drei Tage lang, zwischen dem 25. und 28. Januar, wurde Olberg verhört und unterschrieb schließlich eine Erklärung, in der er zugab, dass er von Trotzki beauftragt worden war, das Attentat zu organisieren. In *The Great Terror. A Reassessment* Conquest gibt er die Version von Alexander Orlov in *Secret History of Stalin's Crimes* (1955) wieder, wonach Olberg ein Agent provocateur für das NKWD selbst war.

Orlow erzählt, dass Olberg unter Berufung auf die Parteidisziplin vom NKWD aufgefordert wurde, zu gestehen, dass er eine Verbindung zwischen Trotzki und Gorkis Gruppe sei. Ihm wurde gesagt, dass es sich nur um einen Auftrag handele und dass er ungeachtet des Gerichtsurteils anschließend freigelassen würde und eine Anstellung im Fernen Osten erhalten würde. Nach dieser These unterschrieb Olberg alles, was von ihm verlangt wurde; Valentin Olberg erlangte seine Freiheit jedoch nie wieder und wurde am 24. August 1936 zusammen mit anderen Trotzkisten zum Tode verurteilt und hingerichtet. Unserer Meinung nach ist es wahrscheinlich, dass Olberg ein Doppelagent war, und es erscheint nicht logisch, dass ein Mann mit seiner Erfahrung so naiv sein würde, eine Erklärung zu unterschreiben, die ihm das Todesurteil hätte einbringen können.

Sicherlich gelang es Stalin immer wieder, die Entourage Trotzkis und seines Sohnes zu infiltrieren. Der beste Beweis dafür ist, dass es ihm gelang, die beiden zu ermorden. Wir werden später sehen, dass Lew Sedows engster Vertrauter der NKWD-Agent Mark Zborowski war, ein Jude, der sich Etienne nannte und sogar mit der Redaktion des berühmten *Oppositionsbulletins* betraut war. Auch Valentin Olberg gelang es, in die Entourage Trotzkis und seines Sohnes Sedow zu gelangen. Die Behauptung, er sei ein trotzkistischer Agent gewesen, der für den NKWD gearbeitet habe, stammt jedoch stets aus trotzkistischen Quellen[14]. Die Tatsache, dass Conquest der These von Alexander Orlov volle Gültigkeit einräumt, hindert uns nicht daran, sie in Frage zu stellen, da sie keinerlei Glaubwürdigkeit verdient. Es ist eine Übung in schamlosem Zynismus, wenn ein Verbrecher wie Orlow, der selbst ein rücksichtsloser Vollstrecker der von Stalin angeordneten Morde war, ein Werk über Stalins Verbrechen schreibt.

The Secret History of Stalin's Crimes, das oben erwähnte Werk von Alexander Orlov, wurde 1953 in den Vereinigten Staaten veröffentlicht, um Geld zu verdienen. In Spanien wurde es zwei Jahre später, 1955, in Barcelona

---

[14] In einem 1972 in *Studies in Intelligence* veröffentlichten Artikel berichtet Rita T. Kronenbitter, ein Pseudonym, unter dem sich vielleicht ein Trotzkist verbirgt, über die Aktivitäten von Valentin Olberg in Trotzkis Umfeld. Kronenbitter verortet Olberg bereits 1927 in Deutschland, wo er für *Inprekor* (Internationale Pressekorrespondenz), eine Publikation der Komintern, arbeitet. In Briefen, die er 1929 an Trotzki schreibt, der sich in der Türkei aufhält, teilt Olberg ihm mit, dass er die Agentur verlassen hat, weil er gegen den Stalinismus ist und sich Trotzkis Bewegung in Berlin angeschlossen hat. Obwohl einige von Trotzkis Freunden ein gewisses Misstrauen gegenüber Olberg äußern, vertrauen ihm sowohl Trotzki als auch sein Sohn Sedow bereits im Mai 1930 die Namen und Adressen ihrer wichtigsten Unterstützer in Moskau, in den baltischen Ländern und anderswo an. Kronenbitter räumt ein, dass Trotzkis Briefe, die in den Archiven von Harvard gefunden wurden, zeigen, dass er volles Vertrauen in den lettischen Juden und seine Frau hat, die sich ebenfalls der Bewegung angeschlossen hatte.

veröffentlicht. Die Geschichten, die Orlov erzählt, sind ihm meist aus zweiter Hand bekannt. Eine seiner Hauptquellen war der Jude Abram Slutsky, ein angeblicher Trotzkist, der in die Auslandsabteilung des NKWD eingeschleust war. Orlov war ebenfalls Jude, geboren in Weißrussland, und sein richtiger Name war Leiba Lazarevich Felbing. Er beging in Spanien auf Befehl Stalins zahlreiche Verbrechen. Er war für die Säuberung der POUM-Führer verantwortlich und leitete selbst die Entführung und Ermordung von Andreu Nin. Er war auch einer der Hauptverantwortlichen für den Diebstahl von Gold aus der Bank von Spanien. Diese Tatsachen werden Gegenstand des nächsten Kapitels sein. 1939 warnte er Trotzki in einem nicht unterzeichneten Brief, dass ein Agent namens „Mark", in Wirklichkeit Zborowski, seine Organisation in Paris infiltriert hatte. Alexander Orlov, Walter Krivitsky, Max Shachtman, Pierre Broué sind Beispiele für Autoren, die in ihren Werken eine ethische Kluft zwischen Stalin und Trotzki aufzeigen. Ersterer ist immer ein Diktator, ein skrupelloser Verbrecher, was unbestreitbar ist; letzterer hingegen wird als integerer Mann dargestellt, den sie als Messias der internationalen Arbeiterklasse hinstellen.

Im Februar 1936 wurde Isak Reingold, ein weiterer Jude, der Vorsitzender der Baumwollgewerkschaft und ein Freund von Sokolnikov (Brilliant) war, verhaftet. Er wurde beschuldigt, ein Trotzkist zu sein und mit Kamenew in Verbindung zu stehen. Um ihn zu einem Geständnis zu zwingen, so Orlow, wurde angeordnet, seine Familie in seiner Gegenwart zu verhaften. Es sei daran erinnert, dass die Verhaftung von Familienmitgliedern zu Trotzkis bevorzugten Methoden gehörte: Im März 1921 ließ er die Frauen und Kinder der Kronstädter Matrosen als Geiseln nehmen und drohte den Meuterern mit Mord. Im Juni kam es zu weiteren Verhaftungen: Moissei Lurje, Nathan Lurje, Fritz David und Berman-Yurin wurden verhaftet. Die beiden Letztgenannten gaben zu, dass sie Trotzki besucht und den Befehl erhalten hatten, Stalin zu töten. Alle wurden schließlich erschossen, aber Robert Conquest, der sich wiederum auf Orlow als Hauptquelle beruft und seinen Behauptungen Glaubwürdigkeit verleiht, nimmt an, dass die beiden letztgenannten NKWD-Agenten waren. In *Secret History of Stalin's Crimes* gibt Orlov Mironovs (Kagan) Bericht an einen vertrauenswürdigen Gesprächspartner (angeblich Abram Slutsky, Orlovs Hauptquelle) über sein Gespräch mit Stalin bezüglich Kamenews Weigerung zu gestehen, wieder:

> Glauben Sie, dass Kamenjew nicht gestehen wird?", fragte Stalin mit einem verärgerten Gesichtsausdruck.
> Ich weiß es nicht", antwortete Mironov. Er lässt sich nicht überreden".
> Wissen Sie das nicht?", fragte Stalin mit gespielter Überraschung und starrte Mironow an. Wissen Sie, wie viel unser Staat wiegt, mit all den Fabriken, Maschinen, der Armee, mit allen Rüstungsgütern und der Flotte?
> Mironow und alle Anwesenden sahen Stalin überrascht an.
> Denken Sie darüber nach und sagen Sie es mir", bat Stalin. Mironow lächelte und dachte, Stalin wolle einen Witz erzählen. Aber Stalin hatte nicht die Absicht zu scherzen. Er sah Stalin ziemlich ernst an. Ich frage Sie: Wie viel wiegt das alles?", beharrte er.

Mironow war verwirrt. Er wartete, immer noch zuversichtlich, dass Stalin das Ganze in einen Scherz verwandeln würde, aber Stalin starrte ihn weiter an und erwartete eine Antwort. Mironow zuckte mit den Schultern und sagte mit zögerlicher Stimme, wie ein Schuljunge vor einer Prüfung: „Das kann niemand wissen, Jossif Wissarionowitsch. Es liegt im Bereich der astronomischen Zahlen".

Nun, kann jemand dem Druck eines astronomischen Gewichts widerstehen?", fragte Stalin streng.

Nein", antwortete Mironov.

Dann sagen Sie mir nicht noch einmal, dass Kamenjew oder dieser oder jener Gefangene in der Lage ist, diesem Druck zu widerstehen. Kommen Sie nicht zurück, um mich zu informieren", sagte Stalin zu Mironow, „bis Sie Kamenews Geständnis in diesem Fall haben.

Schließlich stellten sich sowohl Sinowjew als auch Kamenjew, sagten aus und akzeptierten den Prozess. Conquest berichtet, dass Jagoda sie in Zellen einsperrte und dass Sinowjews körperlicher Zustand sehr schlecht war. Was Kamenjew betrifft, so erklärt er, dass die Drohungen gegen seinen Sohn, dessen Verhaftung in seinem Beisein angeordnet wurde, ihn zu schwächen begannen. Wiederum Orlow zitierend, schreibt Conquest: „Im Juli bat Sinowjew nach einem nächtlichen Verhör um ein Gespräch mit Kamenjew, und als sie die Angelegenheit besprachen, erklärten sie sich bereit, vor Gericht zu gehen, unter der Bedingung, dass Stalin ihnen vor dem Politbüro sein Versprechen bestätigen würde, dass weder sie noch ihre Anhänger hingerichtet würden. Als sie jedoch vor das so genannte Politbüro gebracht wurden, waren nur Stalin, Woroschilow und Jezhov anwesend. Stalin erklärte ihnen, dass sie eine vom Politbüro beauftragte Kommission bildeten, um den Fall zu verhandeln". Obwohl die Häftlinge durch die Abwesenheit der anderen Mitglieder beunruhigt waren, akzeptierten sie offenbar die Bedingungen Stalins und erhielten eine Garantie für ihr eigenes Leben und das ihrer Familien. Die Quelle für diese Information ist ein anderer jüdischer Trotzkist, Walter Krivitsky, der behauptet, ein Mitglied von Sinowjews Familie habe ihm gesagt, dass Sinowjew kapituliert habe, um seine Familie zu retten.

Der Prozess gegen die Sechzehn

Bevor wir uns dem ersten Prozess gegen die trotzkistische Opposition zuwenden, kann es hilfreich sein, die Struktur der Opposition im Voraus zusammenzufassen. Das kombinierte Oberkommando der Opposition, der „Block der Rechten und Trotzkisten", bestand aus drei verschiedenen Schichten oder Ebenen. Der Grund dafür war die Überzeugung, dass die anderen im Untergrund weiterarbeiten konnten, wenn eine von ihnen entdeckt wurde. Die erste dieser Ebenen war das von Sinowjew geleitete „Trotzkistisch-Sinowjewitische Terroristische Zentrum", das für die Organisation und Leitung der terroristischen Aktivitäten zuständig war. Auf der zweiten Ebene befand sich das „Trotzkistische Parallelzentrum", dessen oberster Vertreter Pjatakow war. Die Organisation und Leitung von Sabotageaktionen lag in den Händen dieses

Parallelzentrums. Die dritte und vielleicht wichtigste Schicht war der „rechte und trotzkistische Block". Seine Hauptfiguren waren Bucharin und Krestinski, und ihm gehörten die meisten hochrangigen Mitglieder der kombinierten Oppositionskräfte an.

Am 19. August 1936 um 12:10 Uhr begann der erste der Prozesse, der „Prozess der Sechzehn". Ein umfassender Bericht über die Sitzungen vor dem Militärkollegium des Obersten Gerichtshofs der UdSSR wurde noch im selben Jahr vom Volkskommissariat für Justiz veröffentlicht und ist heute im Internet verfügbar. Den Vorsitz des Gerichts führte Vassili Ulrich, ein Militärjurist. Der Generalstaatsanwalt der UdSSR, Andrej Wyschinski, fungierte als Ankläger. Die Angeklagten wurden in zwei Gruppen aufgeteilt. Die erste Gruppe bestand aus elf führenden Bolschewiki, die bereits 1926-27, als Trotzki und Sinowjew aus der Partei ausgeschlossen wurden, den „vereinigten Oppositionsblock" gebildet hatten. Die zweite Gruppe bestand aus fünf Mitgliedern der Kommunistischen Partei Deutschlands, die in die UdSSR emigriert waren. In diesem ersten Prozess waren zehn der sechzehn Angeklagten Juden, weshalb Trotzki Stalin des Antisemitismus bezichtigte.

Der vorsitzende Richter fragte die Angeklagten, ob sie irgendwelche Einwände gegen die Zusammensetzung des Gerichts oder den Staatsanwalt hätten. Nach einer Ablehnung gab er bekannt, dass die Angeklagten die Beauftragung von Anwälten zu ihrer Verteidigung abgelehnt hatten, so dass ihnen persönlich alle Rechte zugestanden wurden, d.h. das Recht, Fragen an Zeugen und andere Angeklagte zu stellen, das Gericht um Klärung des Verfahrens zu bitten, Reden zu ihrer Verteidigung zu halten.... Sie behielten auch das Recht, Rechtsmittel einzulegen. Der Gerichtsschreiber A. F. Kostjuschko verlas dann die Anklagepunkte gegen die Angeklagten, die er in dieser Reihenfolge nannte: G. E. Sinowjew, L. B. Kamenew, G. E. Ewdokimow, I. N. Smirnow, I. P. Bakajew, W. A. Ter-Waganjan, S. W. Mrachkowski, E. A. Mrachkowski und E. A. K. K. Khamenev. A. Dreitzer. E. S. Holtzman, I. I. I. Reingold, R. V. Pickel, V. P. Olberg, K. B. Berman-Yurin, Fritz David, (I. I. Kruglyanski), M. Lurje und N. Lurje.

Nachdem er daran erinnert hatte, dass einige von ihnen bereits im Januar 1935 zu Gefängnisstrafen verurteilt worden waren, verwies Sekretär Kostjuschko auf die seither festgestellten neuen Umstände und erläuterte die Aussagen der Angeklagten. In Bezug auf Sinowjew sagte er, dass er aufgrund der von den Behörden vorgelegten Beweise zugegeben habe, dass „...das Hauptziel des trotzkistisch-sinowjewistischen Zentrums die Ermordung der Führer der KPdSU und in erster Linie von Stalin und Kirow war. Was Reingold betrifft, so sagte er, dass er im Juli 1936 erklärt habe, dass das Hauptziel darin bestehe, „...die Führung der KPdSU und der Sowjetunion durch Gewalt zu verändern". Die Geständnisse der Angeklagten wurden nacheinander vorgelegt, um zu behaupten, es sei erwiesen, dass das trotzkistisch-sinowjewistische Zentrum eine terroristische Organisation sei, die um jeden Preis die Macht ergreifen wolle. Es folgten neue Aussagen der Angeklagten zum Mord an Kirow, die zu dem Schluss führten, dass dasselbe trotzkistisch-sinowjetische Zentrum für das Verbrechen verantwortlich war. Die Ausführungen des Sekretärs endeten mit der Verlesung eines weiteren Blocks von Aussagen, die zu dem Schluss führten, dass das vereinigte trotzkistisch-sinowjewistische Zentrum auch an der Ermordung anderer Parteimitglieder wie Woroschilow, Schdanow und Kaganowitsch beteiligt war.

1) Dass zwischen 1932-36 ein vereinigtes trotzkistisch-sinowjewistisches Zentrum, das in Moskau organisiert war, versuchte, durch die Ermordung der Führer der KPdSU und der Regierung die Macht zu übernehmen. 2) Sinowjew, Kamenew, Jewdokimow und Bakajew hatten sich mit den Trotzkisten Smirnow, Ter-Waganjan und Mrachkowski zusammengeschlossen und bildeten so das vereinigte trotzkistisch-sinowjewistische Zentrum. 3) Dass das vereinigte Zentrum in den Jahren 1932-36 terroristische Gruppen organisiert und Attentate auf die Genossen Stalin, Woroschilow, Schdanow, Kaganowitsch, Kirow usw. vorbereitet hat. 4) Eine dieser Gruppen, die auf Anweisung von Sinowjew und Trotzki unter der Leitung von Bakajew operierten, hatte am 1. Dezember 1934 den Genossen Kirow ermordet.

Bereits am Ende seiner Ausführungen fügte der Gerichtsschreiber hinzu: „L. Trotzki und sein Sohn L. L. Sedow, die sich beide im Ausland aufhalten, werden, nachdem sie durch das Material des vorliegenden Verfahrens als unmittelbare Vorbereiter und persönliche Anführer der Organisation von Terroranschlägen gegen führende Persönlichkeiten der KPdSU und des Sowjetstaates in der UdSSR entlarvt worden sind, für den Fall, dass sie auf dem Territorium der UdSSR angetroffen werden, unverzüglich verhaftet und vor das Militärkollegium des Obersten Gerichts der UdSSR gestellt". Schließlich nannte Kostjuschko die Namen einiger künftiger Angeklagter: Gertik, Grinberg, Y. Gaven, Karew, Kusmitschew, Konstant, Matorin, Paul Olberg, Radin, Safonowa (Ehefrau von Iwan Smirnow), Faivilowitsch, D. Shmidt und Estermann, die, da die Ermittlungen gegen sie noch andauerten, im Hinblick auf ein gesondertes Verfahren zurückgestellt worden waren.

Der vorsitzende Richter fragte dann die Angeklagten, ob sie die Anklagepunkte akzeptierten, was sie alle bejahten. Nur zwei von ihnen, Smirnow und Holtzman, machten einige Einschränkungen. Ersterer räumte seine Mitgliedschaft im vereinigten Zentrum und seine Kontakte zu Trotzki ein. Er räumte ein, Anweisungen zur Organisation von Anschlägen erhalten zu haben und für die Aktionen des Vereinigten Zentrums verantwortlich zu sein, weigerte sich jedoch, seine persönliche Beteiligung an der Vorbereitung und Durchführung von Terroranschlägen zuzugeben. Der zweite Angeklagte akzeptierte die gleichen Vorwürfe wie Smirnow, bestritt aber ebenfalls die persönliche Beteiligung an terroristischen Handlungen. Nach der Anhörung dieser beiden Angeklagten schlug der Vorsitzende eine kurze Unterbrechung von fünfzehn Minuten vor und vertagte die Sitzung vorübergehend bis 13.45 Uhr.

Sergei V. Mrachkovsky, Trotzkis enger Mitarbeiter seit der Gründung der Roten Armee,, war der erste, der aussagte. Er schilderte die Entstehungsgeschichte des trotzkistisch-sinowjewistischen Zentrums und gab zu, dass er nach seiner Rückkehr aus dem Exil im Jahr 1929 die offizielle Parteilinie zu akzeptieren schien, obwohl er den Kampf mit anderen

Oppositionellen fortsetzen wollte. Auf die Frage des Staatsanwalts, auf wen er sich beziehe, nannte Mrachkovsky die Namen Smirnov und Ter-Vaganyan. Er gab auch zu, dass die Gruppe bereits 1931 offen terroristische Aktionen in Erwägung zog, und wies darauf hin, dass Smirnow nach einer Reise nach Berlin Anweisungen von Trotzkis Sohn, L. Sedow, mitgebracht hatte, der gesagt hatte: „Solange wir Stalin nicht beseitigt haben, gibt es keine Möglichkeit, die Macht wiederzuerlangen". Wyschinski bat ihn daraufhin, diesen Satz zu präzisieren: „Was meinen Sie mit dem Ausdruck 'bis wir Stalin nicht beseitigt haben'? Mrachkowski antwortete: „Bis wir Stalin töten. Bei diesem Treffen wurde ich in Anwesenheit von Smirnow, Ter-Waganjan und Safonowa beauftragt, eine Terrorgruppe zu bilden, d.h. zuverlässige Leute auszuwählen. Derselbe Auftrag wurde Dreitzer erteilt. Diese Zeit, 1931 und 1932, wurde damit verbracht, Leute dazu zu bewegen und vorzubereiten, terroristische Handlungen zu begehen". Mrachkovsky präzisierte, dass Trotzki einen Abgesandten namens Gaven schickte, der die Notwendigkeit der Bildung eines vereinigten Zentrums für die Organisation terroristischer Handlungen übermittelte. Der Staatsanwalt unterbrach diese Befragung und wandte sich an Smirnow:

> „Wyschinski: Eine Frage an Smirnow: Bestätigen Sie, dass Sie 1932 über Gaven eine Nachricht von Trotzki erhalten haben?
> Smirnow: Ich habe über Gaven eine Nachricht von Trotzki erhalten.
> Vyshinsky: Haben Sie auch mündliche Informationen aus dem Gespräch mit Trotzki erhalten?
> Smirnov: Ja, auch mündliche Gespräche.
> Wyschinski: Bestätigen Sie, Smirnow, vor dem Obersten Gerichtshof, dass Sie 1932 von Trotzki den Befehl von Gaven erhalten haben, Terrorakte zu begehen?
> Smirnov: Ja.
> Vyshinsky: Gegen wen?
> Smirnov: Gegen die Führenden.
> Vyshinsky: Gegen welche?
> Smirnow: Stalin und andere".

Mrachkowski bestätigte, dass der Block der Trotzkisten und Sinowjewisten Ende 1932 bereits gebildet war, und bezog Isak Isajewitsch Reingold mit ein. Er erklärte, er sei 1932 nach Moskau gereist, wo er auf Anweisung von Smirnow mit Reingold, dem Anführer der Moskauer Terrorgruppe, Kontakt aufnahm, um mit ihm eine Vereinbarung über den Zusammenschluss der Kräfte zu treffen. Im Dezember 1934, als er sich in Kasachstan aufhielt, erhielt er von Dreitzer einen mit unsichtbarer Tinte geschriebenen Brief Trotzkis, in dem es hieß, dass die Ermordung Stalins und Woroschilows beschleunigt werden müsse und dass im Falle eines Krieges eine defätistische Position eingenommen und die Verwirrung ausgenutzt werden solle. Der Brief war mit „Starik" (der alte Mann) unterzeichnet. Mrachkowski behauptete, Trotzkis Handschrift sehr gut zu kennen, so dass er keine Zweifel an der Urheberschaft des Briefes hegte. Da Smirnow seine persönliche Beteiligung an der Vorbereitung und Durchführung der Terrorakte bestritt, erkundigte sich der Staatsanwalt nach Smirnows Rolle im Terroristenzentrum, woraufhin Mrachkowski wiederholte, dass alles mit Smirnows Wissen geschah.

Mrachkowski bestätigte auch, dass Sinowjew, Kamenew, Lominadse (der im Jahr zuvor Selbstmord begangen hatte), Ter-Waganjan und andere dem vereinigten Zentrum angehörten, was den Staatsanwalt veranlasste, eine Bestätigung von Sinowjew einzuholen:

„Vyshinsky: Wann wurde das vereinigte Zentrum organisiert?
Sinowjew: Im Sommer 1932.
Vyshinsky: Für welchen Zeitraum hat das funktioniert?
Sinowjew: In der Tat bis 1936.
Vyshinsky: Was waren ihre Aktivitäten?
Sinowjew: Seine Haupttätigkeit bestand in der Vorbereitung von Terroranschlägen.
Vyshinsky: Gegen wen?
Sinowjew: Gegen die Führer.
Wyschinski: Gegen die Genossen Stalin, Woroschilow und Kaganowitsch, war es Ihr Zentrum, das die Ermordung des Genossen Kirow organisiert hat, wurde die Ermordung von Sergej Mironowitsch Kirow von Ihrem Zentrum oder von einer anderen Organisation organisiert?
Zinoviev: Ja, für unser Zentrum.
Wyschinski: In diesem Zentrum waren Sie, Kamenew, Smirnow, Mrachkowski und Ter-Waganjan?
Zinoviev. Ja.
Vyshinsky: Sie alle haben also das Attentat auf Kirow organisiert?
Zinoviev: Ja.
Vyshinsky: Habt ihr so den Genossen Kirov ermordet?
Zinoviev: Ja
Vyshinsky: Setzen Sie sich".

Der nächste Zeuge war Grigori E. Evdokimov, der gestand, Mitglied des Vereinigten Zentrums zu sein und die Morde persönlich gebilligt zu haben. Da er bereits zu acht Jahren Haft verurteilt worden war, erinnerte ihn der Staatsanwalt daran, dass er bei seinem Prozess am 15. und 16. Januar 1935 geleugnet hatte, etwas mit der Ermordung Kirows zu tun zu haben: „Haben Sie damals gelogen?", fragte Wyschinski. „Ich habe das Gericht in die Irre geführt", antwortete Evdokimov. Der Angeklagte bestätigte, dass die Anweisungen von Trotzki stammten und dass er und Smirnow, Mrachkowski und Ter-Waganjan sich im Sommer 1932 geeinigt hätten. Er fügte hinzu, dass in der Stadt Iljinskaja, wo Sinowjew und Kamenjew in jenem Sommer lebten, eine Konferenz stattfand, an der auch Bakajew und Karew teilnahmen. Auf dieser Konferenz wurde beschlossen, die Zentren Moskau und Leningrad zu bilden, um die terroristischen Gruppen zu vereinen. Evdokimov erklärte, dass Bakayev auf Vorschlag von Zinoviev mit der Organisation der terroristischen Aktionen betraut wurde.

„Vyshinsky: Angeklagter Bakayev, bestätigen Sie dies?
Bakajew: Auf dieser Konferenz sagte Sinowjew, dass die Trotzkisten auf Vorschlag Trotzkis beschlossen hätten, an der Organisation der Ermordung Stalins zu arbeiten, und dass wir die Initiative selbst in die Hand nehmen sollten.
Vyshinsky: Zinoviev hat das gesagt?

Bakajew: Ja.
Wyschinski: Hat Sinowjew gesagt, dass Sie die Initiative ergreifen sollen?
Bakajew: Auf dieser Konferenz wurde mir befohlen, eine terroristische Aktion gegen Stalin zu organisieren.
Vyshinsky: Und Sie haben mit den Vorbereitungen begonnen, ja?
Bakajew: Ja.

Der Name von Grigorij Sokolnikow (Girsh Jankelowitsch Brillant), dem jüdischen Trotzkisten, der im Dezember 1917 zum Direktor der Staatsbank ernannt wurde und die Plünderung aller Einlagen in die Wege leitete, wurde zum ersten Mal erwähnt. Evdokimov erklärte, dass Sokolnikov im Sommer 1934 an einem Treffen in Kamenews Moskauer Wohnung teilnahm, bei dem außer ihm und Kamenew auch Sinowjew, Ter-Waganjan, Reingold und Bakajew anwesend waren. Evdokimov gab zu, dass auf dieser Konferenz beschlossen wurde, die Ermordung von Kirov zu beschleunigen. Die Vormittagssitzung am 19. August endete mit diesem Verhör:

„Wyschinski: Wurde der Mord an Kirow vom Zentrum vorbereitet?
Evdokimov: Ja.
Vyshinsky: Waren Sie direkt an den Vorbereitungen beteiligt?
Evdokimov: Ja.
Wyschinski: Haben Sinowjew und Kamenjew mit Ihnen an den Vorbereitungen teilgenommen?
Evdokimov: Ja.
Wyschinski: Auf Anweisung des Zentrums fuhr Bakajew nach Leningrad, um sich über den Stand der Vorbereitungen zu informieren, ist das richtig?
Evdokimov: Ja.
Vyshinsky (zu Bakayev): Haben Sie Nikolayev in Leningrad getroffen?
Bakajew: Ja.
Vyshinsky: Haben Sie über die Notwendigkeit einer Vereinbarung zur Ermordung Kirows nachgedacht?
Bakajew: Es bestand keine Notwendigkeit, sich mit ihm zu verständigen, da die Anweisungen für das Attentat bereits von Sinowjew und Kamenjew erteilt worden waren.
Wyschinski: Aber Nikolajew hat Ihnen doch gesagt, dass er beschlossen hat, Kirow zu ermorden, oder?
Bakajew: Das hat er gesagt, und das haben auch andere Terroristen gesagt. Levin, Maldelstamm, Kotolynov, Rumyantsev.
Vyshinsky: Haben sie den Mord an Kirov besprochen?
Bakajew: Ja.
Vyshinsky: Er bestätigte Ihre Entschlossenheit, wie war Ihre Haltung dazu?
Bakajew: Ich habe sie ermutigt.

In der Nachmittagssitzung wurden vier Angeklagte befragt: Dreitzer, Reingold, Bakajew und Pickel. Der erste, Ephraim A. Dreitzer, Leiter der Leibwache Trotzkis, war einer der Organisatoren der Demonstrationen von 1927 gewesen. Als Trotzki nach Alma Ata verbannt wurde, organisierte Dreitzer die Kommunikation mit dem trotzkistischen Zentrum in Moskau. Im Herbst 1931 nutzte er eine offizielle Dienstreise nach Berlin, um Kontakt zu Trotzkis Sohn aufzunehmen, den er zweimal in einem Café in der Leipziger Straße traf.

Dreitzer wies wiederholt auf Smirnow als „Dirigent des Orchesters „ hin und zeigte sich überrascht, dass dieser die Beweise leugnete. Der Staatsanwalt forderte Sinowjew daher auf, Smirnovs Rolle zu bestätigen, was dieser ausführlich tat: „Smirnov hat meiner Meinung nach mehr Aktivitäten durchgeführt als jeder andere, und wir hatten ihn als unbestrittenen Kopf des trotzkistischen Blocks, als den Mann, der am besten über Trotzkis Ansichten informiert war". Sinowjew bekräftigt, dass er zwei oder drei Mal persönlich mit ihm verhandelt habe. Im Oktober 1934 brachte ihm Dreitzers Schwester aus Warschau ein deutsches Filmmagazin, in dem sich, wie mit Lew Sedow vereinbart, eine mit unsichtbarer Tinte geschriebene Botschaft Trotzkis befand, mit der Anweisung, terroristische Aktionen gegen Stalin und Woroschilow vorzubereiten.

Das bemerkenswerteste und neuartigste Merkmal des Verhörs von Isak Isajewitsch Reingold war die Erwähnung von Rykow, Bucharin und Tomski, die er in die Verschwörung verwickelte. Er sagte, man habe mit ihnen als Vertretern der „Rechtsabweichung" verhandelt. Wie Evdokimov in der Vormittagssitzung zitierte Reingold Sokolnikov als Mitglied des trotzkistisch-sinowjewistischen Zentrums. Zur Enttäuschung von Bucharin und Co. fügte Reingold hinzu, dass es zwei terroristische Gruppen gebe, die von zwei „Rechten", Slepkow und Eismont, angeführt würden. Eine weitere interessante Enthüllung dieses Angeklagten war, dass Sinowjew und Kamenew einen Plan hatten, Bakajew zum Leiter des NKWD zu ernennen, wenn sie an die Macht kämen. Nach der Machtergreifung, so Reingold, sollte Trotzki aus dem Ausland zurückgeholt werden und mit seiner Hilfe sollten alle Stalinisten aus der Partei und der Regierung entfernt werden. Es folgten die Verhöre von Iwan Petrowitsch Bakajew und Richard Witoldowitsch Pickel, die nichts Wesentliches hinzufügten, da beide bestätigten, was im Laufe des Tages gesagt worden war.

Die Vormittagssitzung am 20. August begann mit Lew Kamenew (Leiba Rosenfeld), einem der beiden Hauptakteure dieses ersten Prozesses, der zugab, dass die terroristische Verschwörung von ihm, Sinowjew und Trotzki organisiert wurde. Kamenew, der laut R. Conquest „seine Aussage mit einer gewissen Würde begann, aber im Laufe des Verhörs sank", bestätigte nicht nur die Beteiligung von Sokolnikow (Brilliant), dessen Name von Reingold erwähnt worden war, sondern beschuldigte auch Radek und Serebrjakow:

> „... Unter den Anführern der Verschwörung muss eine weitere Person genannt werden, die zwar zu den Anführern gehörte, aber angesichts der besonderen Pläne, die wir im Zusammenhang mit der Verschwörung gemacht haben, nicht mit praktischen Arbeiten beschäftigt war. Ich meine Sokolnikow.
> Vyshinsky: Wer war Mitglied des Zentrums, dessen Teilnahme jedoch streng geheim gehalten wurde?
> Kamenew: Ja, da wir wussten, dass wir entdeckt werden könnten, ernannten wir eine kleine Gruppe, um unsere terroristischen Aktivitäten fortzusetzen. Zu diesem Zweck ernannten wir Sokolnikow. Es schien uns, dass diese Arbeit auf Seiten der Trotzkisten von Serebrjakow und Radek zufriedenstellend ausgeführt werden konnte."

Was das Verhältnis der Sinowjewisten zu anderen revolutionären Gruppen betrifft, so gehörten zu ihnen die so genannten „Rechten", auf die Reingold in der Nachmittagssitzung des Vortages hingewiesen hatte und deren oberster Führer Bucharin war. Kamenew sagte, und ich zitiere:

„1932 führte ich persönlich Verhandlungen mit der sogenannten 'linken' Gruppe von Lominadse und Schatski. In dieser Gruppe fand ich Feinde der Parteiführung, die bereit waren, gegen sie zu den entschlossensten Kampfmaßnahmen zu greifen. Gleichzeitig unterhielten Sinowjew und ich selbst Kontakte mit der ehemaligen Gruppe der „Arbeiteropposition" von Schljapnikow und Medwedjew. In den Jahren 1932, 1933 und 1934 unterhielt ich persönlich Beziehungen zu Tomski und Bucharin und lotete ihre politischen Gefühle aus. Sie sympathisierten mit uns. Als ich Tomski nach Rykows Geisteszustand fragte, antwortete er: „Er denkt genauso wie ich". Auf meine Frage, was Bucharin denke, antwortete er: „Bucharin denkt genauso wie ich, aber er verfolgt eine etwas andere Taktik: Er stimmt nicht mit der Parteilinie überein, sondern verfolgt das Strategem, sich beharrlich in der Partei zu verwurzeln, um das Vertrauen der Führung zu gewinnen."

Auf Antrag des Staatsanwalts vernahm das Gericht Professor Jakowlew, einen Zeugen, der die Aussage Kamenews bestätigte und hinzufügte, dass er 1934 ein Gespräch mit ihm hatte, in dessen Verlauf er ihn bat, eine terroristische Gruppe an der Akademie der Wissenschaften zu organisieren. Jakowlew gab zu, dass er den Auftrag angenommen hatte, und sagte, Kamenew habe ihm damals gesagt, dass es andere Gruppen gebe, die den Auftrag hätten, Terroranschläge zu verüben, und zwar in Moskau gegen Stalin und in Leningrad gegen Kirow. Jakowlew sagte, die Gruppe Rumjanzew-Kotolynow sei mit der Ermordung Kirows beauftragt worden.

Als nächstes war Grigori Zinoviev (Gerson Radomylsky), der andere große Fisch der Verschwörung, an der Reihe. Auch hier spielt Conquest auf den Geisteszustand des Angeklagten an: „Er wirkte eingeschüchtert. Der wortgewandte Redner war kaum in der Lage zu sprechen. Er sah aufgedunsen und grau aus und atmete wie ein Asthmatiker". Sinowjew betonte, dass es in Wirklichkeit nie wesentliche Unterschiede zwischen Trotzkisten und Sinowjewisten gegeben habe. In seiner Erklärung beschuldigte er Tomski und Moissei Lurje (alias Alexander Emel), einen Gesandten Trotzkis. Er erwähnte auch Ivar Smilga, einen Veteranen, der zu Lenins Zeiten Mitglied des Zentralkomitees gewesen war. Sinowjew wies, wie andere Angeklagte auch, auf Smirnow als Schlüsselfigur hin. Es folgt eine wichtige Passage aus seiner Aussage:

„... Wir waren überzeugt, dass die Führung um jeden Preis ersetzt werden musste, dass sie durch uns und durch Trotzki ersetzt werden musste. In dieser Situation hatte ich mehrere Treffen mit Smirnow, der mich hier beschuldigt hat, oft Unwahrheiten zu erzählen. Ja, ich habe oft die Unwahrheit gesagt. Ich begann damit in dem Moment, als ich den Kampf gegen die bolschewistische Partei aufnahm. Während Smirnow den Weg des Kampfes gegen die Partei eingeschlagen hat, erzählt auch er Lügen. Aber der Unterschied zwischen mir und ihm scheint darin zu bestehen, dass ich mich in diesem späten Stadium fest und unwiderruflich entschlossen habe, die Wahrheit zu sagen, während er anscheinend eine andere Entscheidung getroffen hat."

Der Staatsanwalt bat Sinowjew zu bestätigen, dass Smirnow seit 1931 Trotzkis Hauptvertreter in der UdSSR war, was dieser bestätigte, und er erklärte weiter, dass, als er und Kamenew nach dem Fall Ryutin ins Exil gingen, Bakajew und Smirnow mit den terroristischen Aktivitäten betraut wurden. Sinowjew, der Evdokimov bestätigte, erklärte, er habe Bakajew 1934 nach Leningrad geschickt, um herauszufinden, wie die Vorbereitungen für die Ermordung Kirows liefen: „Ich habe Bakajew als eine Person unseres Vertrauens nach Leningrad geschickt.... Bei seiner Rückkehr bestätigte er, dass alles gut läuft". Bereits am Ende der Aussage erkundigte sich der vorsitzende Richter Ulrich nach der Rolle, die Sinowjew persönlich bei der Vorbereitung von Terroranschlägen gegen den Genossen Stalin gespielt hatte: Er gab zu, dass er von zwei Anschlägen auf Stalin wusste, an denen Reingold, Dreitzer und Pickel beteiligt gewesen waren.

Die ehemalige Ehefrau von Smirnow, Aleksandra Safonova, wurde daraufhin als Zeugin vernommen und gab zu, dass sie Mitglied des trotzkistischen Zentrums war. Sie sagte, dass Smirnow Trotzkis Anweisungen zum Terrorismus weitergegeben und sie unterstützt habe. Safonowa sagte, dass Mrachkowski eines Tages nach einem Gespräch mit Stalin ihnen beiden von ihrem Gespräch erzählte und sagte, der einzige Ausweg sei, ihn zu ermorden. Safonowa bestätigte, dass Smirnow diese Schlussfolgerung unterstützte. Nach dieser Aussage bestritt Smirnow, dass er Ter-Waganjan, Mrachkowski und Safonowa Anweisungen zum Terrorismus gegeben habe, und trotz der diesbezüglichen Aussagen aller drei bestritt er auch, dass Mrachkowski nach seinem Gespräch mit Stalin von der Notwendigkeit eines Attentats auf Stalin gesprochen habe. Um zu beweisen, dass es keine Feindschaft zwischen Safonowa und Smirnow gab, und um ihre persönliche Beziehung vor Gericht eindeutig festzustellen, stellte der Staatsanwalt diese Fragen:

> „Vyshinsky: Wie sahen Ihre Beziehungen zu Safonova aus?
> Smirnov: Guten Morgen.
> Vyshinsky: Sonst noch etwas?
> Smirnov: Wir waren eng miteinander verwandt.
> Vyshinsky: Waren sie Mann und Frau?
> Smirnov: Ja.
> Vyshinsky: Gab es persönliche Ressentiments zwischen Ihnen?
> Smirnow: Nein."

Während der Nachmittagssitzung wurden die Aussagen von drei weiteren Angeklagten aufgenommen: Smirnow, Olberg und Borman-Yurin. Der erste, obwohl ein persönlicher Freund Trotzkis und einer der Führer der Organisation seit ihrer Gründung, weigerte sich, seine direkte Beteiligung an terroristischen Aktivitäten zuzugeben. Auf die Gefahr hin, zu lang zu werden, geben wir im Folgenden einen interessanten und ausführlichen Austausch von Fragen und Antworten zwischen dem Staatsanwalt und mehreren Angeklagten wieder:

„Vyshinsky: Hatten Sie direkten Kontakt zu Trotzki?

Smirnov: Ich hatte zwei Adressen.

Vyshinsky: Ich frage Sie, ob es eine Kommunikation gab?

Smirnov: Ich hatte zwei Adressen.

Vyshinsky: Antwort: Gab es eine Kommunikation?

Smirnov: Wenn man zwei Adressen hat, nennt man das Kommunikation?

Vyshinsky: Wie nennen Sie ihn?

Smirnov: Ich sagte, ich habe zwei Adressen.

Wyschinski: Hatten Sie Kontakt zu Trotzki?

Smirnov: Ich hatte zwei Adressen.

Vyshinsky: Hatten Sie persönlichen Kontakt?

Smirnov: Keine persönliche Mitteilung.

Vyshinsky: Gab es Postverkehr mit Trotzki?

Smirnow: Es gab einen Briefwechsel mit Trotzkis Sohn.

Wyschinski: Wurde der Brief, den Sie über Gaven erhielten, von Sedow oder von Trotzki geschickt?

Smirnow: Gaven hat einen Brief von Trotzki mitgebracht.

Vyshinsky: Ich frage Sie: Hatten Sie Kontakt zu Trotzki, ja oder nein?

Smirnov: Ich sage, dass ich einen Brief an Trotzki geschrieben und eine Antwort von ihm erhalten habe.

Vyshinsky: Ist das Kommunikation oder nicht?

Smirnow: Das ist sie.

Vyshinsky: Es gab also eine Kommunikation?

Smirnov: Das war so.

Vyshinsky: Haben Sie der Gruppe Anweisungen gegeben?

Smirnov: Nein, das habe ich nicht.

Vyshinsky (zu Mrachkovsky): Mrachkovsky, hat Smirnov Ihnen Anweisungen gegeben?

Mrachkovsky: Ja, die Anweisungen wurden mir Anfang 1931, nach seiner Rückkehr aus dem Ausland, gegeben.

Vyshinsky: Was hat er gesagt?

Mrachkovsky: Dass es notwendig sei, zuverlässige Leute auszuwählen, dass wir eine sehr ernste Aufgabe vor uns hätten, dass die Ausgewählten entschlossene Leute sein müssten. Er sagte dies in seiner Wohnung.

Smirnov: War es in meiner Wohnung? Wo ist meine Wohnung?

Mrachkovsky: Das war im Jahr 1931 in Pressnya.

Vyshinsky: Hat er Sie in Pressnya besucht?

Smirnov: Nicht in Pressnya selbst, aber in diesem Bezirk.

Vyshinsky (zu Zinoviev): Angeklagter Zinoviev, Sie sagten, dass Smirnov mit Ihnen bei mehr als einer Gelegenheit über Terrorismus gesprochen hat. Haben Sie über die Notwendigkeit gesprochen, terroristische Akte zu begehen?

Zinoviev: Richtig.

Vyshinsky: Es stimmt also, was Mrachkovsky über die Terrorgruppe gesagt hat?

Zinoviev: Ja.

Vyshinsky: Angeklagter Smirnov, glauben Sie, dass Ter-Vaganyan, Mrachkovsky und Evdokimov lügen?

Smirnow: (antwortet nicht.)

Vyshinsky: Was erkennen Sie?

Smirnow: Ich gebe zu, dass ich der trotzkistischen Untergrundorganisation angehöre, dass ich 1931 in Berlin mit Sedow zusammentraf, mir seine Ansichten über den Terrorismus anhörte und diese Ansichten nach Moskau weitergab. Ich gebe zu, dass ich Trotzkis Anweisungen zum Terrorismus über Gaven erhalten habe und dass ich sie, obwohl ich ihnen nicht zustimmte, über Ter-Vaganyan an die Sinowjewiten weitergegeben habe.

Vyshinsky: Und trotz Ihrer Meinungsverschiedenheiten blieben Sie Mitglied des Blocks und arbeiteten im Block?

Smirnov: Ich habe den Block nicht offiziell verlassen, aber ich habe tatsächlich nicht gearbeitet.

Vyshinsky: Als Sie die Anweisungen weitergaben, haben Sie also nicht gearbeitet?

Smirnow (keine Antwort).

Vyshinsky: Was denken Sie, wenn ein Organisator Anweisungen übermittelt, ist das Arbeit?

Smirnov: Natürlich.

Vyshinsky: Haben Sie an dem Block teilgenommen?

Smirnov: Ja.

Vyshinsky: Und Sie geben zu, dass der Block terroristische Positionen vertrat?

Smirnov: Ja.

Wyschinski: Geben Sie auch zu, dass Sie diese Position aufgrund von Anweisungen von Trotzki innehatten?

Smirnov: Ja.

Vyshinsky: Und Sie waren es, der diese Anweisungen erhalten hat?

Smirnov: Ja.

Vyshinsky: Sie waren es also, der den Block davon überzeugt hat, den Terrorismus zu übernehmen?

Smirnov: Ich habe die Anweisungen zum Terrorismus weitergegeben.

Wyschinski: Wenn Sie bestätigen, dass die Position des Blocks nach Erhalt der Anweisungen von Trotzki die des Terrorismus war, sollte man dann sagen, dass der Block die Position des Terrorismus einnahm, nachdem Sie die Anweisungen von Trotzki erhalten und an die Mitglieder des Blocks weitergegeben hatten?

Smirnow: Ich erhielt diese Anweisungen, teilte sie den Trotzkisten und Sinowjewisten mit, und sie bildeten das Zentrum. Obwohl ich nicht damit einverstanden war, habe ich den Block nicht offiziell verlassen, aber ich war tatsächlich kein Mitglied des Blocks.

Vyshinsky (zu Ter-Vaganyan): Ter-Vaganyan, hat Smirnov den Block verlassen?

Ter-Vaganyan: Nein.

Vyshinsky (zu Mrackovsky): Mrachkovsky, hat Smirnov den Block verlassen?

Mrachkovsky: Nein.

Vyshinsky (zu Dreitzer): Dreitzer, wussten Sie, dass Smirnow den Block verlassen hat?

Dreitzer. Wenn die Erteilung von Anweisungen zur Organisation von Terrorgruppen ein Verlassen des Blocks ist, dann ja.

Wyschinski (an Evdokimov): Evdokimov, haben Sie gehört, dass Smirnow den Block verlassen hat?

Evdokimov: Nein, im Gegenteil, er blieb Mitglied der Gruppe und arbeitete aktiv in ihr mit.

Vyshinsky: Haben Sie terroristische Ansichten geteilt?

Evdokimov: Ja, er hat sie geteilt.

Wyschinski (zu Kamenjew): Angeklagter Kamenjew, was wissen Sie darüber, dass Smirnow den Block verlassen hat?

Kamenjew: Ich bestätige, dass Smirnow die ganze Zeit Mitglied des Blocks war.

Vyshinsky: Angeklagter Smirnov, damit schließt sich der Kreis".

Als sie alle gegen ihn erklärten, dass er der Kopf der Trotzkisten in der Verschwörung gewesen sei, wandte sich Smirnow sarkastisch an sie und sagte: „Ihr wollt einen Führer? Gut, nehmt mich!"

Valentin P. Olberg, der in trotzkistischen Quellen als Agent provocateur bezeichnet wird, war der nächste, der aussagte. Wyschinski fragte ihn, wie lange er schon mit dem Trotzkismus in Verbindung stehe, und Olberg gab zu, dass er seit 1927 Mitglied der Organisation sei und dass er 1930 über Anton Grilewitsch, den Herausgeber von Trotzkis deutschsprachigen Pamphleten, Kontakt zu Trotzkis Sohn aufgenommen habe. Er gab an, dass sie sich von Mai 1931 bis Ende 1932 wöchentlich, manchmal sogar zweimal pro Woche trafen. Die Treffpunkte waren ein Café am Nürnbergerplatz oder die Wohnung von Sedov. Olberg erklärte, dass Sedovs Frau Susanna einen an seinen Sohn gerichteten Brief von Trotzki aus Kopenhagen mitbrachte, in dem Olbergs Reise in die UdSSR genehmigt wurde. Auf die Frage des Staatsanwalts, was er über einen gewissen Friedmann wisse, antwortete Olberg, dass dieser ein Trotzkist sei, der ebenfalls in die UdSSR entsandt worden sei.

„Vyshinsky: Wissen Sie, dass Friedmann mit der deutschen Polizei in Verbindung stand?
Olberg: Ich habe davon gehört.
Vyshinsky: War die Verbindung zur deutschen Polizei systematisch?
Olberg. Ja, das war systematisch. Trotzki wusste davon und hatte seine Zustimmung.
Wyschinski: Woher wissen Sie, dass Trotzki davon wusste und zustimmte?
Olberg: Eine der Verbindungslinien wurde von mir selbst unterhalten und ich habe sie mit Trotzkis Zustimmung eingerichtet".

Der Angeklagte erläuterte dann die drei Reisen, die er in die UdSSR unternommen hatte. Beim ersten Mal, im März 1933, reiste er mit einem falschen Pass auf den Namen Freudigmann ein und blieb bis Juli im Lande. Er gab zu, dass der Zweck der Reise darin bestand, das Attentat auf Stalin vorzubereiten und auszuführen. Olberg lebte sechs Wochen lang heimlich in Moskau und ging dann nach Stalinabad, wo er Geschichte unterrichtete. Da er keine Dokumente zum Nachweis seines Militärdienstes vorlegen konnte, war er gezwungen, ins Ausland zurückzukehren und ging nach Prag, wo sein jüngerer Bruder Paul Olberg lebte. Von der tschechischen Hauptstadt aus berichtete er Sedov, was geschehen war, und dieser versprach, ihm einen besseren Pass zu besorgen. In Prag, so die offizielle Version, hatte Paul Olberg Verbindungen zu einem gewissen Tukalevsky, einem Gestapo-Agenten, der als Leiter der slawischen Buchhandlung des tschechoslowakischen Außenministeriums arbeitete. Valentin Olberg gab an, dass Tukalevsky ihm für 13.000 tschechoslowakische Kronen einen Pass auf den Namen von Lucas Parades, Generalkonsul der Republik Honduras in Berlin, der in Prag eingetroffen war, angeboten habe. Das Geld wurde von Trotzkis Sohn an ihn weitergeleitet, und Olberg erhielt so einen neuen Reisepass. Wyschinski legte den Pass vor Gericht vor und forderte Olberg auf, zu bestätigen, dass es sich um dasselbe Dokument handelte, was er auch tat. Olberg reiste also im März 1935 wieder in die UdSSR ein, konnte sich dort aber nicht so lange aufhalten, wie er wollte, da er mit einem Touristenvisum gereist war. Er kehrte nach Deutschland zurück und blieb dort drei Monate lang, bis es ihm gelang, eine Verlängerung seines honduranischen Passes zu erhalten. Im Juli desselben Jahres versuchte er es erneut. Nach einem kurzen Aufenthalt in Minsk ging er nach Gorki, wo er Kontakt zu den Trotzkisten Jelin und Fedotow aufnahm und eine Stelle am Pädagogischen Institut in Gorki erhielt. Dort arbeitete er an der Vorbereitung des Attentats auf Stalin mit, das am 1. Mai 1936 verübt werden sollte.

> „Vyshinsky: Was hat Sie daran gehindert, den Plan umzusetzen?
> Olberg: Die Verhaftung.
> Vyshinsky: Haben Sie Sedov über die Vorbereitungen der terroristischen Aktion informiert?
> Olberg: Ja, ich habe mehrmals an die Slomovitz-Leitung geschrieben und einen Brief erhalten, in dem mir mitgeteilt wurde, dass unser alter Freund darauf besteht, dass die Diplomarbeit am 1. Mai eingereicht wird.
> Vyshinsky: Diplomarbeit? Was ist das?
> Olberg: Das Attentat auf Stalin.
> Vyshinsky: Und wer ist der alte Freund?
> Olberg: Der alte Freund ist Trotzki".

Der letzte Angeklagte des Tages war Konon Borisovich Berman-Yurin (alias Alexander Fomich), der vom vorsitzenden Richter aufgefordert wurde, die Anweisungen zu schildern, die er im Ausland erhalten hatte, bevor er in die UdSSR reiste. Berman-Yurin gab an, dass er 1932 persönlich Trotzki in Kopenhagen besucht und von ihm direkte Anweisungen zum Angriff auf Stalin erhalten habe. Der erste Kontakt mit Sedov wurde ebenfalls, wie im Fall von Olberg, durch Anton Grilevich hergestellt. Die Aussagen dieses Angeklagten verdienen Aufmerksamkeit, da er die Umstände des Treffens und des Gesprächs mit Trotzki in Kopenhagen detailliert erläuterte. Er sagte, dass er Ende November 1932 in Kopenhagen eintraf, wo er am Bahnhof von Grilevich empfangen wurde, der ihn zu Trotzki führte. Auf Ersuchen des Führers rechtfertigte Berman-Yurin ausführlich seine trotzkistische Militanz, woraufhin er über die Lage in der UdSSR sprach. Trotzki, so der Angeklagte, habe gesagt, dass Stalin physisch vernichtet werden müsse, dass andere Methoden des Kampfes nicht mehr wirksam seien, dass Menschen, die zu allem bereit seien, die zu persönlichen Opfern bereit seien, erforderlich seien, um diese historische Aufgabe zu erfüllen. Berman-Yurin erklärte, dass das erste Gespräch endete, weil Trotzki das Haus verließ und er in der Wohnung blieb, um auf seine Rückkehr zu warten, die am Abend erfolgte. Das Gespräch wurde dann fortgesetzt, und Trotzki äußerte die Notwendigkeit, auch Kaganowitsch und Woroschilow zu töten.

> „Vyshinsky: Welche anderen Themen haben Sie neben dem Terrorismus angesprochen?
> Berman-Yurin: Trotzki äußerte sich zur Lage angesichts einer möglichen Intervention gegen die Sowjetunion. Er nahm eindeutig eine defätistische Haltung

ein. Er sagte, dass die Trotzkisten der Armee beitreten sollten, aber dass sie die Sowjetunion nicht verteidigen würden.

Vyshinsky: Hat er Sie überzeugt?

Berman-Yurin: Während des Gesprächs schritt er nervös von einer Seite des Raumes zur anderen und sprach mit außergewöhnlichem Hass über Stalin.

Vyshinsky: Haben Sie Ihre Zustimmung gegeben?

Berman-Yurin: Ja.

Vyshinsky: Ist Ihr Gespräch so verlaufen?

Berman-Yurin: Ich habe mit Trotzki auch über Folgendes gesprochen. Nachdem ich ihm meine Zustimmung gegeben hatte, sagte er, ich solle mich darauf vorbereiten, nach Moskau zu gehen, und da ich Kontakt mit der Komintern haben würde, sollte ich die terroristische Aktion vorbereiten, indem ich diesen Kontakt ausnutze.

Wyschinski: Hat Trotzki Ihnen nicht nur allgemeine Anweisungen gegeben, sondern Ihre Aufgabe konkret formuliert?

Berman-Yurin: Er sagte, dass die terroristische Aktion, wenn möglich, zeitlich so gelegt werden sollte, dass sie auf dem Plenum der Komintern oder dem Kongress stattfindet.... Dies würde enorme internationale Auswirkungen haben und eine Massenbewegung in der ganzen Welt auslösen. Es wäre ein historisches politisches Ereignis von weltweiter Bedeutung. Trotzki sagte, ich solle keinen Kontakt zu den Trotzkisten in Moskau aufnehmen und die Arbeit unabhängig machen. Ich erwiderte, dass ich niemanden in Moskau kenne und dass ich mir nur schwer vorstellen könne, wie ich unter diesen Umständen handeln könnte. Ich sagte, dass ich einen Bekannten namens Fritz David habe und fragte, ob ich mich nicht mit ihm in Verbindung setzen solle. Trotzki antwortete, dass er Sedov anweisen würde, diese Angelegenheit zu klären, und dass er mir diesbezügliche Anweisungen geben würde."

Berman-Yurin reiste im März 1933 nach Moskau. Sedov beauftragte ihn, mit Fritz David Kontakt aufzunehmen, um den Anschlag vorzubereiten. Beide hielten es für möglich, den Anschlag während des 13. Plenums der Kommunistischen Internationale (Komintern) zu verüben. Plenums der Kommunistischen Internationale (Komintern) zu verüben. Fritz David sollte Berman-Yurin einen Eingang verschaffen und Berman-Yurin sollte Stalin erschießen. Der Plan scheiterte, weil der Eingang nicht verschafft wurde. Man beschloss, das Attentat bis zum Kongress der Internationale, der für September 1934 angesetzt war, zu verschieben: „Ich", erklärte Berman-Yurin, „gab Fritz David eine Browning-Pistole und Kugeln. Vor der Eröffnung des Kongresses teilte er mir mit, dass er keine Eintrittskarte für mich besorgt habe, aber dass er auf dem Kongress sein werde. Wir beschlossen, dass er derjenige sein sollte, der die terroristische Aktion durchführt." Der Plan scheiterte erneut, denn obwohl Fritz David in einer Loge saß, konnte er nicht nahe genug an Stalin herankommen, um ihn zu erschießen.

Mehrere Quellen deuten darauf hin, dass Stalin 1936 schon seit Jahren von Berman-Yurins Interviews mit Trotzki wusste. Rita T. Kronenbitter (siehe Anmerkung 14) veröffentlichte in *Studies in Intelligence* einen Artikel mit dem Titel „Leon Trotsky, Dupe of the NKVD", *ein* geheimes Dokument, das Jahre später im Rahmen des „Historical Review Program" der CIA freigegeben wurde. Darin wird deutlich, wie sehr sowjetische Agenten Trotzki zu jeder Zeit unter ihrer Kontrolle hatten. „Alles, was sie über meine Bewegungen wissen, ist das, was sie aus den Zeitungen erfahren", hatte Trotzki 1932 törichterweise erklärt. Tatsache ist, dass die OGPU bereits 1931 über die Brüder Sobolevicius, zwei litauische Juden, in Trotzkis Umfeld eingedrungen war. Die Tatsache, dass die Agenten, die Stalin zu Trotzki schickte, Juden waren, lässt darauf schließen, dass er ihnen vertraute, was die Annäherung erleichterte. Die Brüder Sobolevicius, Jack Soble und Dr. Robert Soblen, unter Trotzkisten als Adolph Senin bzw. Roman Well bekannt, besuchten Trotzki zwischen 1929 und 1932 in der Türkei, wo sie sein Vertrauen gewannen. Trotzki betrachtete sie als loyale Unterstützer und wusste wahrscheinlich nicht einmal, dass sie Brüder waren. Im Dezember 1932 sah Jack Soble Trotzki zum letzten Mal in Kopenhagen. Nachdem Senin-Soble alle Informationen über Trotzkis Bewegungen in der dänischen Hauptstadt, wo er eine Reihe von Vorträgen gehalten hatte, an den NKWD weitergegeben hatte, verließ er die trotzkistische Bewegung und verschwand. [15]

Die Vormittagssitzung am 21. begann mit Edouard Solomonovich Holtzman, der bereits 1926 der trotzkistischen Organisation beigetreten war und eine besondere Beziehung zu Smirnov hatte, den er seit 1918 kannte. Der Staatsanwalt wollte feststellen, dass die Treffen zwischen Smirnow und Holtzman regelmäßig in der Wohnung von Smirnows Mutter stattfanden. Holtzman gab zu, dass er nach Berlin gereist war, wo er Sedov angerufen und ein Treffen mit ihm im Zoologischen Garten vereinbart hatte. Da sie sich nicht kannten, vereinbarten sie, dass sie Kopien des *Berliner Tageblatts* und des *Vorwärts* in den Händen halten würden. Trotzkis Sohn brachte ihn mit dem Auto zu einer Wohnung, wo Holtzman ihm einen Bericht und den Geheimcode übergab. In den Monaten, die er in Berlin verbrachte, wurden die Treffen fortgesetzt, bis sie sich schließlich in Kopenhagen trafen, wohin sie aus Sicherheitsgründen getrennt reisten. In der dänischen Hauptstadt traf er Trotzki, der ihn bat, ihn über die Gefühle und die Haltung der Parteimitglieder gegenüber Stalin zu informieren. Auch dieser Angeklagte bestätigte, dass Trotzki während des Gesprächs mit ihm über die Notwendigkeit gesprochen habe, Stalin loszuwerden. Holtzman versuchte vor Gericht zu argumentieren, dass er Trotzkis Ansichten über den Terrorismus nicht teilte; der Staatsanwalt zwang ihn jedoch zu dem Eingeständnis, dass er dennoch weiterhin der trotzkistischen Organisation angehörte, da er wusste, dass terroristische Aktionen beschlossen worden waren.

Dann kamen die beiden Lurjes an die Reihe, deren Beziehung ungewiss ist, da sie offenbar keine Brüder waren. Nathan Lurje ( ), der als erster aussagte und seit 1927 Trotzkist war, gab zu, dass er aus Berlin in die UdSSR gekommen

---

[15] Die Brüder Sobolevicius waren auch unter den Namen Sobolev und Sobol bekannt. Der Älteste, Robert Soblen (Roman Well), war 1927 Redakteur der *Arbeiter Zeitung* und später der *Bolschewistischen Einheit*, eines linksextremen Organs in Deutschland. Die Namen Jack Soble und Robert Soblen, unter denen diese jüdischen Brüder bekannt sind, waren die Namen, die sie in den Vereinigten Staaten annahmen, wo sie in den Nachkriegsjahren weiterhin als sowjetische Agenten arbeiteten. 1957 wurden Jack Soble und seine Frau Myra verhaftet, weil sie beschuldigt wurden, Teil eines als „Mocase" bekannten Spionagenetzes zu sein. Beide wurden vor Gericht gestellt und inhaftiert.

war, um Terroranschläge zu verüben. Nathan Lurje erklärte, dass der Hass auf Stalin und die Führer der KPdSU ein zentraler Bestandteil der Ausbildung gewesen sei, die er von der Organisation in Deutschland erhalten habe. Während des Prozesses wurde festgestellt, dass Nathan nach seiner Ankunft in Moskau im Jahr 1932 mit Konstant und Lipschitz, zwei Trotzkisten, die er in Deutschland kennengelernt hatte, Kontakt aufnahm, denen er die Anweisungen, die er von der Organisation über Moisei Lurje erhalten hatte, weitergab. Konstant teilte ihm mit, dass es bereits eine Terrorgruppe gab, an der ein deutscher Ingenieur und Architekt namens Franz Weitz beteiligt war, der laut Konstant Mitglied der NSDAP war und ihn im August 1932 über die Möglichkeit eines Anschlags auf den Kommissar für Verteidigung der UdSSR, Genosse Woroschilow, informierte. Von September 1932 bis März 1933 wurde das Fahrzeug, in dem Woroschilow unterwegs war, beim Kommen und Gehen beobachtet, aber die Möglichkeit, ihn durch Schüsse zu ermorden, wurde schließlich verworfen, da das Auto schnell fuhr. Später wurde eine Bombe in Erwägung gezogen, aber auch dieser Anschlag blieb erfolglos. Nathan Lurje sagte vor Gericht aus, dass er anschließend nach Tscheljabinsk geschickt wurde, wo er als Chirurg arbeitete, bis er im Januar 1936 zu einer wissenschaftlichen Mission nach Leningrad ging. In Moskau traf er Moisei Lurje, der ihm den Auftrag gab, den Genossen Zhdanov anzugreifen. Moisei Lurje (Michael Larin), ein jüdischer Wirtschaftswissenschaftler und Mitstreiter der Komintern, dessen Tochter Anna Larina 1934 Bucharin heiratete, bestätigte in seiner Erklärung, dass er von April 1933 bis Januar 1936 mit Nathan in Kontakt stand und dass beide Trotzkisten waren, die mit der Ermordung der stalinistischen Führung beauftragt worden waren. Die Vormittagssitzung des 21. August endete mit Wagarschak Arutjanowitsch Ter-Waganjan, der nicht nur Smirnow erneut belastete und einräumte, dass er Anweisungen von Sinowjew und Kamenjew erhalten habe, sondern auch zwei neue Namen nannte, nämlich die trotzkistischen Historiker Zeidel und Friedland.

Der letzte Angeklagte, Fritz David (Ilya-David Israilevich) alias Kruglyansky, wurde in der Nachmittagssitzung am 21. August vernommen. Er reiste in die UdSSR ein und erhielt von Trotzki den Auftrag, ein Attentat auf Stalin zu verüben. Fritz David nahm nur mit Berman-Yurin Kontakt auf, der ebenfalls Anweisungen von Trotzki direkt ausführte. Die beiden entwarfen konkrete Pläne zur Ermordung Stalins. Als erstes Szenario wurde das 13. Plenum des Exekutivkomitees der Internationale gewählt, als zweites der 7. Beide scheiterten. Im ersten Fall nahm Stalin nicht am Plenum teil. Im anderen Fall, wie bei der Prüfung der Aussage von Berman-Yurin, Fritz David, gesagt wurde, konnte in den Kongress gelangen, war aber nicht in der Lage, sich Stalin zu nähern. Vyshinsky fasst die Aussage des Angeklagten so zusammen: „Wir können also zusammenfassen. Sie waren Mitglied der trotzkistischen Organisation und haben Trotzki persönlich getroffen. Trotzki selbst wies Sie an, in die UdSSR zu gehen, um terroristische Akte zu begehen, und ermahnte Sie zu strikter Geheimhaltung. Das erklärt, warum er mit niemandem außer Berman-Yurin Kontakt aufgenommen hat. Zusammen mit Berman-Yurin, der ähnliche Anweisungen erhalten hatte, bereitete er ein Attentat auf den Genossen Stalin vor und wählte den Siebten Kongress 1935 als günstigen Zeitpunkt. Dank seiner Kontakte in der Komintern gelang es ihm, in den Kongress einzudringen, um das Attentat zu begehen, aber er konnte es aufgrund von Umständen, die sich Ihrer Kontrolle entzogen, nicht tun."

Am Ende der Verhöre gab Staatsanwalt Vishinsky einen Bericht heraus, in dem er ankündigte, dass weitere Verfahren eingeleitet werden sollten:

> „In den vorangegangenen Sitzungen haben einige der Angeklagten (Kamenew, Sinowjew und Reingold) in ihren Aussagen Tomskij, Bucharin, Rykow, Uglanow, Radek, Pjatakow, Serebrjakow und Sokolnikow als mehr oder weniger stark in die kriminellen konterrevolutionären Aktivitäten verwickelt bezeichnet, für die die Beteiligten im vorliegenden Fall vor Gericht stehen. Ich halte es für notwendig, dem Gericht mitzuteilen, dass ich gestern die Einleitung einer Untersuchung der Informationen der Angeklagten über Tomski, Rikow, Bucharin, Uglanow, Radek und Pjatakow angeordnet habe und dass die Generalstaatsanwaltschaft entsprechend den Ergebnissen dieser Untersuchung ein Gerichtsverfahren in dieser Sache einleiten wird. In Bezug auf Serebrjakow und Sokolnikow sind die Behörden bereits im Besitz von Material, das diese Personen in konterrevolutionäre Verbrechen verwickelt, und angesichts dessen werden Strafverfahren gegen Sokolnikow und Serebrjakow eingeleitet."

Am nächsten Tag, dem 22. August, wurde diese Erklärung gedruckt. Nachdem er sie gelesen hatte, schrieb Michail Tomski (eigentlich Honigberg) noch am selben Tag einen Brief an Stalin, in dem er alle Vorwürfe bestritt, und beging kurz darauf Selbstmord. Das Zentralkomitee, für das Tomskij kandidierte, verurteilte seinen Selbstmord einen Tag später und führte ihn darauf zurück, dass man ihn hereingelegt habe.

Der 22. Tag bestand ebenfalls aus einer Vormittags- und einer Nachmittagssitzung. Die Vormittagssitzung gehörte ganz der Staatsanwaltschaft. In einem langen Plädoyer bezeichnete der Ankläger das trotzkistisch-sinowjewistische Zentrum als eine Bande verachtenswerter Terroristen und beschuldigte Trotzki, Sinowjew und Kamenew, eingeschworene Feinde der Sowjetunion zu sein, deren Hauptmethoden Doppelzüngigkeit, Täuschung und Provokation seien. Wyschinski ist der Ansicht, dass die konterrevolutionären terroristischen Aktivitäten, unter denen er besonders die Ermordung des Genossen Kirow hervorhebt, vollständig bewiesen sind. Nachdem er die Masken der Angeklagten fallen ließ, schloss er mit den Worten: „Ich fordere, dass diese verrückten Hunde erschossen werden - jeder einzelne von ihnen." Die Nachmittagssitzung am 22. und die beiden Sitzungen am 23. waren ganz der Anhörung der Plädoyers der sechzehn Angeklagten gewidmet. Als Fritz David als letzter das Wort ergriff, war es bereits 19.00 Uhr und das Gericht zog sich zur Urteilsfindung zurück. Am 24. August um 14.30 Uhr verlas der vorsitzende Richter Vassili Ulrich das Urteil, das alle Angeklagten zur Höchststrafe verurteilte, d.h. zur Erschießung und zur Beschlagnahmung des gesamten Vermögens.

Wenn es stimmt, wie Orlov und Krivitsky behaupten, dass Stalin Sinowjew und Kamenew versprochen hat, sie nicht hinzurichten, hat er sein Versprechen offensichtlich gebrochen, denn vierundzwanzig Stunden nach der

Bekanntgabe des Urteils wurde die Hinrichtung angekündigt. In *The Great Terror* bezieht sich Robert Conquest erneut auf Alexander Orlovs Bericht über die letzten Momente von Sinowjew. Demnach gab Stalin am 20. Dezember 1936 anlässlich des Jahrestags der Gründung der Tscheka ein kleines Bankett für die Chefs des NKWD. Als alle bereits betrunken waren, parodierte der Jude Karl V. Pauker, der für die Sicherheit des Kremls, des Politbüros und Stalins selbst verantwortlich war und im März 1937 verhaftet und am 14. August desselben Jahres hingerichtet werden sollte, sklavisch die Bitten Sinowjews, bevor er zu Stalins Belustigung erschossen wurde. Mit zwei Offizieren als Wachen spielte er die Rolle von Sinowjew, als dieser zur Hinrichtung geschleift wurde. An den Armen der Wachen hängend, stöhnend und flehend, fiel Pauker/Zinowjew auf die Knie, klammerte sich an die Stiefel eines der Wachen und rief: „Bitte, um Himmels willen, Genosse, ruf Josif Wissarionowitsch an!". Stalin lachte und Pauker wiederholte seinen Auftritt. Während Stalin sich kaputtlachte, bot Pauker/Zinowjew eine neue Szene an, hob die Hände und rief: „Hör zu, Israel, unser Gott ist der einzige Gott!" Stalin erstickte vor Lachen und gab Pauker das Zeichen, seinen Auftritt zu beenden. Es ist auf jeden Fall bezeichnend, dass Sinowjew, angeblich ein Atheist wie seine jüdisch-bolschewistischen Kollegen, die an der Zerstörung christlicher Kirchen und der Ermordung von Gläubigen dieses Glaubens beteiligt waren, den Gott Israels anrief, bevor er starb.

Die Behauptung, dass die gegen die Angeklagten erhobenen Vorwürfe erfunden wurden und die ganze Sache eine Farce war, ist unserer Meinung nach nicht stichhaltig. Die Vorwürfe wurden von verschiedenen britischen Anwälten sorgfältig geprüft und für überzeugend befunden. Auch internationale Journalisten, die bei dem Prozess anwesend waren, schenkten dem Verfahren volle Glaubwürdigkeit. Erst später begannen antistalinistische oder trotzkistische Autoren, sich große Mühe zu geben, um die Moskauer Prozesse zu diskreditieren. Trotzki selbst schrieb, dass „die Trotzkisten in der UdSSR genau die gleiche Rolle spielten wie die Juden und die Kommunisten in Deutschland". Darüber hinaus wurden in den Archiven von Harvard Dokumente gefunden, die zweifelsfrei belegen, dass Trotzki und sein Sohn Sedow mit dem antistalinistischen Block verbunden waren, als dieser sich formierte. Der trotzkistische Schriftsteller Wadim Rogowin räumt in seinem Buch *1937: Stalins Jahr des Terrors* ein, dass der antistalinistische Block bereits im Juni 1932 gebildet wurde. Die Kontakte Trotzkis und seines Sohnes mit Vertretern der Führer des trotzkistisch-sinowjewistischen Zentrums und die Existenz der Verschwörung sind somit unbestreitbare Fakten. Die Infiltration der Entourage Trotzkis und seines Sohnes Sedow ist vollständig bewiesen und war so tiefgreifend, dass sogar die Ausgabe des berühmten *Oppositionsbulletins* in die Hände von Mark Zborowski, Etienne, dem NKWD-Agenten, gelangte, der Sylvia Ageloff Ramon Mercader vorstellte, der diesen Trotzkisten verführte und so in der Lage war, in Trotzkis Haus zu gelangen und ihn zu ermorden.

Der Pjatakow-Prozess

Die Vorbereitungen für den von Wyschinski angekündigten zweiten Prozess begannen sofort. Sokolnikow wurde am 26. August verhaftet. Zwei Wochen nach den Hinrichtungen, am 8. September 1936, wurden Bucharin und Rykow im Beisein von Kaganowitsch, Jeschow und Wyschinski mit Sokolnikow konfrontiert; doch am 10. September berichtete *die Prawda* in einem kleinen Absatz, dass die Anklage gegen Bucharin und Rykow aus Mangel an Beweisen fallen gelassen worden war. Somit behielt Bucharin seine Position als Herausgeber der *Iswestija* und beide blieben Kandidaten für das Zentralkomitee. Einigen Quellen zufolge war die Weigerung, das Verfahren gegen sie fortzusetzen, auf den Druck verschiedener Mitglieder des Politbüros zurückzuführen. Am 12. September wurde Georgi Pjatakow verhaftet, und am 22. September war Radek an der Reihe. Während dieser Verhaftungen geriet Yagodas Position ins Wanken. Orlow zufolge war Jagoda, der davon überzeugt war, dass Sinowjew und Kamenew nicht hingerichtet werden würden, von Stalin getäuscht worden. In der Folge wurde er beschuldigt, einige der Angeklagten geschützt und die Verhöre behindert zu haben. Am 25. September schickten Stalin und Andrej Schdanow von Sotschi aus ein Telegramm an Kaganowitsch und Molotow, in dem sie es für dringend notwendig hielten, Jeschow zum Leiter des Kommissariats für innere Angelegenheiten zu machen, da man Jagoda misstraute. Am 26. September wurde Nikolai Jezhov neuer Kommissar für innere Angelegenheiten und Mitglied des Zentralkomitees.

Die Tatsache, dass Jeschow Russe war, bedeutete jedoch nicht, dass die Vorherrschaft der jüdischen Führungskräfte im NKWD beendet war. Am 30. September wurde der Jude Matvei Davydovich Berman, der als einer der Väter des Gulag gilt, da er seit 1932 für die Verwaltung der Arbeitslager zuständig war, zum stellvertretenden Direktor des NKVD ernannt. Berman, der 1938 aus der Partei ausgeschlossen wurde, wurde am 7. März 1939 hingerichtet. Sein Bruder Boris Dawydowitsch bekleidete ebenfalls eine wichtige Position in der Auslandsabteilung der Lubjanka. Vier weitere Juden, Michail Iosifowitsch Litwin, Isaak Ilich Schapiro, Wladimir Jefimowitsch Tsesarski und Semen Borissowitsch Schukowski, gehörten zu Jeschows ersten Mitarbeitern. Sein Sekretär Yakob Deych war ebenfalls Jude, ebenso wie Yakov Saulovich Agranov, einer von Yagodas Männern, der in der NVKD blieb und das Verhörteam leitete, das die Wiederaufnahme des Prozesses vorbereitete. Er selbst wurde schließlich am 1. August 1938 erschossen, weil man ihn beschuldigte, ein Trotzkist und Volksfeind zu sein.

Von den siebzehn Personen, die vor Gericht erschienen und beschuldigt wurden, dem so genannten Antisowjetischen Trotzkistischen Zentrum anzugehören, waren Pjatakow, Sokolnikow und Radek die prominentesten Figuren. Letzterer war von Trotzki beschuldigt worden, den jüdischen Terroristen Jakow Blumkin verraten zu haben, der am 16. Juni 1918 auf Trotzkis Anweisung den deutschen Botschafter Wilhelm Mirbach ermordet hatte. Blumkin, der Trotzkis Sekretär gewesen war, hielt sich 1929 in der Türkei auf und verkaufte hebräische Inkunabeln, die aus Synagogen in der Ukraine, Südrussland und staatlichen Museen gestohlen worden waren. Ein Teil des Geldes wurde seinem Chef zur Finanzierung eines Spionagenetzes im Nahen

Osten übergeben. Trotzki übergab ihm daraufhin eine geheime Nachricht für Radek. Die GPU bekam Wind von dem Gespräch und stellte ihm eine Falle. Elisabeth Zarubina (eigentlich Lisa Rozensweig), eine Agentin jüdischer Herkunft, die in den Vereinigten Staaten den Namen Lisa Gorskaya angenommen hatte, hatte seit Wochen eine Affäre mit Blumkin, der mit ihr in einem Auto verhaftet und anschließend hingerichtet wurde. Yagoda, der zusammen mit Menzhinsky die Operation leitete, warnte Radek höchstwahrscheinlich, dass die GPU davon wusste. Trotzki beschuldigte Radek des Verrats, aber es ist fast sicher, dass Radek Blumkin als Maßnahme des Selbstschutzes denunzierte. Was Sokolnikow betrifft, so berichtet Orlow in der *Geheimen Geschichte von Stalins Verbrechen* von einem Gespräch mit Stalin, in dem dieser ihm angeblich versprach, sein Leben im Gegenzug für seine Mitarbeit zu retten. Robert Conquest hält diese Version nicht für sehr glaubwürdig, da Sokolnikow wusste, was mit Sinowjew und Kamenew geschehen war. Über den dritten Mann, Pjatakow, schreibt der trotzkistische Schriftsteller Pierre Broué, dass er die Opposition 1928 verlassen hatte und als Deserteur galt. In *Les Procès de Moscou* schreibt Broué: „Er war den Leuten der trotzkistischen Opposition so verhasst geworden, dass Sedov ihn bei einem Treffen Unter den Linden in Berlin öffentlich zurechtgewiesen hatte. Broué hält daher alles, was Pjatakow während des Prozesses sagte, für irrelevant.

Im Dezember 1936 begannen die Häftlinge zu kollaborieren. Conquest schreibt, dass Stalin Radek persönlich in der Lubjanka aufsuchte und im Beisein von Jeschow ein langes Gespräch mit ihm führte. Wiederum unter Berufung auf Orlow erklärt Conquest, dass Radek nach dem Gespräch mit Stalin zum wertvollsten Mitarbeiter der Vernehmungsbeamten wurde. Ende Dezember erhielt Bucharin Kopien von Radeks Aussagen, die ihn terroristischer Handlungen und anderer Verbrechen beschuldigten. Von da an sah sich Bucharin aufgrund der gegen ihn erhobenen Vorwürfe ständigen Konfrontationen mit Radek, Pjatakow, Sokolnikow und anderen Angeklagten ausgesetzt. Am 16. Januar 1937 erschien sein Name nicht mehr als Herausgeber der *Iswestija*. Anfang Januar verfügte die Staatsanwaltschaft bereits über Hunderte von Seiten an Beweisen für die Schwere des Komplotts, so dass am 23. Januar 1937 der Prozess gegen die neue Gruppe von Trotzkisten, die als „Antisowjetisches Trotzkistisches Zentrum" bezeichnet wurde, beginnen konnte und bis zum 30. Januar dauerte.

Acht der siebzehn Angeklagten waren wiederum Juden. Knjasew, Puschin und Arnold wurden von Anwälten unterstützt. Die anderen - Pjatakow, Radek, Sokolnikow, Serebrjakow, Livschitz, Muralow, Drobnis, Bogulawski, Rataichak, Norkin, Schestow, Stroilow, Turok und Hrasche - entschieden sich, ihre Verteidigung selbst zu übernehmen. Die Verlesung der Anklageschrift nahm die erste Stunde der Eröffnungssitzung in Anspruch. In seinem Resümee erinnerte Staatsanwalt Wyschinski daran, dass im vorangegangenen Prozess durch die Aussagen von Sinowjew, Kamenew und anderen Angeklagten die Existenz eines „Reservezentrums" um Pjatakow, Radek, Sokolnikow und Serebrjakow, das auf direkte Anweisung Trotzkis arbeitete, nachgewiesen worden war. Der Staatsanwalt behauptete, dass die Hauptaufgabe dieses

Zentrums darin bestand, die Regierung der UdSSR zu stürzen, und dass sie dabei von ausländischen Staaten, nämlich Deutschland und Japan, unterstützt wurden. Die Ermittlungen hätten ergeben, so Wyschinski, dass L. D. Trotzki Verhandlungen mit Führern der NSDAP aufgenommen habe, um einen Krieg gegen die Sowjetunion zu entfesseln. Alle Angeklagten bekannten sich schuldig.

Der US-Botschafter in Moskau, Joseph E. Davies, der Jurist war, nahm an allen Sitzungen der Moskauer Prozesse teil. In seinem Werk *Mission To Moscow* ist *er* vollkommen von der Schuld der Angeklagten überzeugt. Am 17. Februar 1937 schrieb er in einem vertraulichen Bericht an Außenminister Cordel Hull: „Zu vermuten, dass dieser Prozess als ein Projekt dramatischer politischer Fiktion erdacht und inszeniert wurde, würde das schöpferische Genie eines Shakespeare und das Inszenierungsgenie eines Belasco voraussetzen". In demselben Bericht teilte Botschafter Davies mit, dass er mit fast allen Mitgliedern des diplomatischen Korps gesprochen habe und dass diese, mit einer Ausnahme, der Meinung seien, „dass das Verfahren eindeutig die Existenz eines politischen Komplotts und einer Verschwörung zum Sturz der Regierung beweise".

Der erste, der dies bezeugte, war Georgi (Juri) Pjatakow. Zu dem berühmten Streit von 1928, der von P. Broué als endgültig betrachtet wurde, erwähnte Pjatakow diesen im Rahmen eines Gesprächs mit Sedow im Jahr 1931 und erklärte: „Sedow sagte, dass Trotzki trotz unseres Streits Anfang 1928 nie daran gezweifelt habe, dass er in mir einen zuverlässigen Mitstreiter habe". Der Staatsanwalt wollte nachweisen, dass das Treffen mit Trotzkis Sohn 1931 stattgefunden hatte, und führte mit dem Angeklagten Schestow folgenden Dialog:

„Wyschinski: Haben Sie Pjatakow 1931 in Berlin getroffen?
Schestow: Ja.
Vyshinsky: Hat der Angeklagte Pjatakov Sie über sein Treffen mit Sedov informiert?
Schestow: Ja, das hat er.
Vyshinsky: Können Sie bestätigen, was Pjatakov gerade über Ihr Interview mit Sedov gesagt hat?
Shestov: Ja, das kann ich bestätigen.

Pjatakow informierte dann das Gericht über den Erhalt eines persönlichen Briefes von Trotzki Ende November 1931, der in deutscher Sprache verfasst und mit den Initialen „L. T." Der Brief, so erinnerte sich der Angeklagte, begann mit den folgenden Worten: „Lieber Freund, ich bin sehr froh, dass Sie meine Anweisungen befolgt haben..." In dem Schreiben wurde auf die Notwendigkeit hingewiesen, Stalin und seine Kollaborateure mit allen Mitteln zu beseitigen, und auf die Dringlichkeit, alle antistalinistischen Kräfte im Kampf zu vereinen. Pjatakow verwies dann auf eine zweite Reise nach Berlin Mitte 1932. Wieder traf er Trotzkis Sohn, der die Ungeduld seines Vaters darüber zum Ausdruck brachte, dass alles zu langsam gehe. Er erinnerte sich insbesondere an die Worte Sedows: „Sie wissen, was für ein Mensch Lew Dawydowitsch ist, er tobt und brennt vor Ungeduld, seine Anweisungen so schnell wie möglich ausgeführt zu sehen, und ich kann ihm nichts Konkretes aus Ihrem Bericht anbieten. Pjatakow erklärt, dass er Kamenjew Ende 1932 sein Einverständnis gegeben habe, sich dem Reservezentrum anzuschließen, das 1933 seine Arbeit aufnahm. Wyschinski fragte dann, unter wessen Führung das Parallel- oder Reservezentrum arbeitete. „Von Trotzki", antwortete der Angeklagte.

„Vyshinsky: Welche praktischen Maßnahmen hat das Zentrum in den Jahren 1933 und 1934 durchgeführt?
Pjatakow: In den Jahren 1933-34 entwickelte sich die organisatorische Arbeit in der Ukraine und in Westsibirien. Später wurde die Moskauer Gruppe gebildet. Im Ural wurde gearbeitet, und all diese Arbeit begann, in Erfüllung der Anweisungen Trotzkis Gestalt anzunehmen.... In der Ukraine wurde die Arbeit von Loginov und einer Gruppe von Personen, die mit ihm verbunden waren, durchgeführt und entwickelte sich hauptsächlich in der Kohleindustrie. Ihre Arbeit bestand hauptsächlich in der Inbetriebnahme von Kohleöfen, die noch nicht betriebsfähig waren, und in der Verzögerung des Baus sehr wichtiger und kostspieliger Teile der Kohle- und Chemieindustrie...."

Dabei ist zu berücksichtigen, dass der Angeklagte 1933-34 der engste Vertraute von Serge Ordschonikidse war, einem georgischen Freund Stalins, der das Amt des Volkskommissars für Schwerindustrie innehatte. Pjatakow befand sich daher in einer privilegierten Position, um Sabotageaktionen in der Industrie und anderen Produktionsbereichen zu organisieren. Auf Antrag des Staatsanwalts berichtete der Angeklagte dann über Sabotageaktivitäten in der gesamten UdSSR, von denen er Kenntnis erlangt hatte und die im Bergbau, in der chemischen Industrie, in Kraftwerken, im Bauwesen usw. stattfanden. Im weiteren Verlauf der Erzählung tauchten die Namen der direkt beteiligten Personen auf: Drobnis, Schestow, Muralow, Bogulawski, Rataitschak, Norkin. In Kemerowo, der Stadt, durch die die Transsibirische Eisenbahn auf ihrem Weg nach Wladiwostok führte, hatte sich eine bedeutende Chemie-, Düngemittel- und Fertigungsindustrie entwickelt. Norkin wurde auf Befehl von Piatakow dorthin geschickt.

„Vyshinsky: Genosse Vorsitzender, lassen Sie mich Norkin eine Frage stellen.
Der Präsident: Angeklagter Norkin.
Vyshinky: Angeklagter Norkin, erinnern Sie sich an das Gespräch mit Pjatakow über die Einstellung der Arbeit in der chemischen Industrie im Falle eines Krieges?
Norkin: Es wurde ganz klar gesagt, dass Vorbereitungen getroffen werden müssen, damit die Unternehmen der Rüstungsindustrie durch Explosionen und Brände lahmgelegt werden können.
Vyshinsky: Erinnern Sie sich, wann Pjatakov Ihnen das gesagt hat?
Norkin: Im Jahr 1936, im Büro von Pjatakow im Volkskommissariat.
Vyshinsky: Erinnern Sie sich an die Einzelheiten, gab es einen Hinweis auf die Kosten von Menschenleben?
Norkin: Ich erinnere mich, dass es hieß, dass der Verlust von Menschenleben im Allgemeinen unvermeidlich sei und dass bestimmte Maßnahmen den Tod von Arbeitern nicht verhindern könnten. Dieser Befehl wurde gegeben.

Wyschinski: Angeklagter Pjatakow, erinnern Sie sich, ob Sie dies zu Norkin gesagt haben?
Pjatakow: Das ist richtig. Ich erinnere mich nicht mehr an die genauen Worte, aber das war die Idee. Die Idee war, den Industriekomplex von Kemerowo im Kriegsfall lahmzulegen; vielleicht sprachen wir über konkrete Möglichkeiten, dies zu tun, und natürlich wurde der Verlust von Menschenleben in Betracht gezogen. Ich sagte Norkin, dass es einen Preis in Form von Menschenleben geben würde, mit dem man rechnen müsse.
Vyshinsky: Hielten Sie dies für unvermeidlich?
Pjatakow: Natürlich.

Es folgen einige wichtige Passagen in Bezug auf einen sehr wichtigen Abschnitt dieses Kapitels: den der Finanzierung Hitlers. Wie aus den Aussagen der Angeklagten in diesem zweiten Prozess hervorgeht, dienten Trotzkis Kontakte zu den Naziführern einem begrenzten Krieg gegen die UdSSR, der theoretisch mit einem Unentschieden enden sollte: Er sollte dazu dienen, Stalin zu stürzen und ihn wieder an die Macht zu bringen. In Wirklichkeit war diese Taktik nicht neu: Bereits 1905 hatten Trotzki, Parvus und Co. auf eine Niederlage Russlands gegen Japan hingearbeitet, um die Macht zu ergreifen; und auch Lenin hatte sich während des Weltkriegs für den Defätismus entschieden. Stalin und der Nationalkommunismus durchkreuzen die Pläne für eine Weltregierung; aber diesmal, da der Kommunismus in Russland bereits etabliert ist, muss die UdSSR nicht besiegt werden: Es geht nur darum, die Situation neu zu gestalten. Die internationalen jüdischen Bankiers, die von Anfang an Trotzki und den Kommunismus finanziert hatten, konnten nicht akzeptieren, dass Stalin, ein Fremder, von heute auf morgen den Plan durcheinanderbrachte, dessen ursprüngliche Konturen auf die Gründung der Illuminaten von Adam Weishaupt zurückgingen. Die Finanziers der Wall Street waren übereingekommen, dass Hitler selbst die verborgenen Absichten hinter seiner finanziellen Unterstützung für die NSDAP entdecken müsse. Als „Sidney Warburg" über seine Interviews berichtete, interessierte sich Rockefeller besonders für Hitlers Aussagen über die Kommunisten. Warburg selbst befragte Hitler mehrmals über seine Absichten in der internationalen Politik. Bei einer Gelegenheit sagte der künftige Führer zu dem jungen Warburg: „Ihre Freunde in Amerika haben ein unzweifelhaftes Interesse daran, dass unsere Partei in Deutschland an die Macht kommt.... Es ist mir gleichgültig, welche Motive sie veranlassen, mir zu helfen; aber sie müssen wissen, dass ich ohne ausreichende finanzielle Mittel nichts tun kann." Wenn man dies bedenkt, kann man Pjatakows Aussage besser verstehen:

„Vyshinsky: Hatten Mitglieder Ihrer Organisation Verbindungen zu ausländischen Geheimdiensten?
Pjatakow: Ja, das waren sie. Ich muss auf die von Trotzki entworfene Linie zurückgehen, um sie zu verdeutlichen ...
Was hat Trotzki damals gefordert?
Pjatakow: Er forderte eindeutige Terror- und Sabotageakte. Ich muss sagen, dass es unter Trotzkis Anhängern beträchtlichen Widerstand gegen die Anweisungen zu Sabotageaktivitäten gab..... Wir informierten Trotzki über das Vorhandensein dieser Ansichten; aber er antwortete in einem scharf formulierten Brief, dass die

Anweisungen zu Terrorismus und Sabotage nicht zufällig seien, nicht nur eine der von ihm vorgeschlagenen intensiven Kampfmethoden seien, sondern ein wesentlicher Bestandteil seiner Politik und seiner gegenwärtigen Aktionslinie. In der gleichen Leitlinie brachte er zum Ausdruck - das war Mitte 1934 -, dass nun, da Hitler an die Macht gekommen war, es ganz klar war, dass seine Vorstellung von der Unmöglichkeit, den Sozialismus in einem Land aufzubauen, völlig gerechtfertigt war, dass der Krieg unvermeidlich war und dass wir Trotzkisten, wenn wir uns als politische Kraft erhalten wollten, im Voraus, nachdem wir eine defätistische Position eingenommen hatten, die Umstände für diese Niederlage nicht nur passiv beobachten und betrachten, sondern aktiv vorbereiten mussten. Aber dazu mussten Kader gebildet werden, und die konnte man nicht einfach durch Reden schaffen. Folglich mussten die notwendigen Sabotageaktionen durchgeführt werden."

Auf Seite 53 des *Berichts über das Gerichtsverfahren* im Fall des antisowjetischen trotzkistischen Zentrums, der 1937 in Moskau von der Militärischen Hochschule des Obersten Gerichtshofs der UdSSR veröffentlicht wurde, findet sich die folgende Passage aus der Erklärung:

„Pjatakow: Ich erinnere mich, dass Trotzki in seiner Direktive sagte, dass eine Blockregierung ohne die notwendige Hilfe ausländischer Staaten niemals an die Macht kommen oder sie ergreifen könne. Es sei daher notwendig, mit den aggressiveren Staaten wie Deutschland und Japan Vorabsprachen zu treffen, und er, Trotzki, habe seinerseits bereits die notwendigen Schritte unternommen, um Kontakte mit der deutschen und japanischen Regierung herzustellen."

Später, auf Seite 55 des *Protokolls des Tribunals*, bestätigen Pjatakows verblüffende Enthüllungen einen Ansatz, der der Vergangenheit und der Zukunft, die noch folgen sollte, einen Sinn gibt:

„...Trotzki hatte mir in einem Gespräch gesagt, dass er es für absolut notwendig halte, terroristische und andere Aktionen zu organisieren, dass er sich aber mit seinen Genossen Rykow und Bucharin beraten müsse, was er dann auch tat und mir dann eine Antwort im Namen aller drei.... gab. Ende 1935 erhielt Radek einen langen Brief mit Anweisungen von Trotzki. Darin schlug Trotzki zwei mögliche Varianten vor, um an die Macht zu kommen. Die erste war die Möglichkeit, die Macht vor dem Krieg zu erlangen, die zweite während des Krieges. Trotzki stellte sich die erste Variante als Ergebnis eines konzentrierten Ausbruchs terroristischer Aktionen vor, wie er es ausdrückte. Ihm schwebte eine gleichzeitige Kette von terroristischen Anschlägen gegen eine Reihe von Führern der KPdSU und der Regierung vor, in erster Linie natürlich gegen Stalin und seine engsten Mitarbeiter. Die zweite Variante, die nach Trotzkis Meinung die wahrscheinlichste war, war eine militärische Niederlage. Da, wie er sagte, ein Krieg unvermeidlich war und zudem in sehr naher Zukunft - ein Krieg vor allem mit Deutschland und möglicherweise mit Japan -, bestand die Idee darin, sich mit den Regierungen dieser Länder zu einigen und so sicherzustellen, dass sie die Machtübernahme des Blocks wohlwollend betrachten würden. Dies bedeutete, diesen Ländern eine Reihe von Zugeständnissen zu im Voraus vereinbarten Bedingungen zu machen, um ihre Unterstützung für unseren Machterhalt zu gewinnen. Da uns jedoch die Frage des Defätismus, der Sabotagetätigkeit im

Hinterland und in der Armee während des Krieges, unverblümt gestellt wurde, waren Radek und ich sehr beunruhigt und besorgt. Uns schien, dass die Gründe für Trotzkis Wetten auf die Unvermeidlichkeit der Niederlage in seiner Isolation und seiner Unkenntnis der realen Bedingungen lagen, in seiner Unkenntnis dessen, was hier vor sich ging, in seiner Unkenntnis dessen, wie die Rote Armee aussah; und deshalb hatte er solche Illusionen. Radek und ich beschlossen daher, dass ein Treffen mit Trotzki versucht werden muss."

Dieses Treffen soll im Dezember 1935 in Norwegen stattgefunden haben; da Trotzki dies jedoch leugnete, haben eine Vielzahl trotzkistischer und antistalinistischer Autoren, darunter Robert Conquest, theoretisch eine relativ objektive Quelle, die Glaubwürdigkeit von Pjatakows Aussage über sein Gespräch mit Trotzki in Oslo untergraben, die sieben Seiten des *Verfahrensberichts des Tribunals* einnimmt. Es steht fest, dass es Pjatakow gelang, im Dezember 1935 nach Berlin zu reisen, wo er Geschäfte der sowjetischen Regierung erledigen sollte. Seiner Aussage zufolge besorgte er sich einen deutschen Pass und flog nach Norwegen, nachdem er im Berliner Tiergarten mit einem Agenten Trotzkis, Buchartsev, Kontakt aufgenommen hatte. Er startete am Morgen des 12. Dezember in Tempelhof und landete um 15.00 Uhr auf dem Osloer Flughafen Kjeller, wo ein Auto auf ihn wartete: „Die Fahrt dauerte wahrscheinlich etwa dreißig Minuten, und wir kamen am Stadtrand an. Wir stiegen aus dem Auto aus und gingen in ein kleines, gut eingerichtetes Haus, und dort sah ich Trotzki, den ich seit 1928 nicht mehr gesehen hatte". Während des etwa zweistündigen Treffens teilte Trotzki ihm mit, dass er Gespräche mit dem Naziführer Rudolf Heß geführt und Vereinbarungen über eine Zusammenarbeit getroffen habe.

Conquest, der sich wie üblich auf den opportunistischen und unzuverlässigen Alexander Orlow stützt, beschuldigt Stalin, diese Geschichte persönlich in das Drehbuch aufgenommen zu haben. Abgesehen von Trotzkis Wort, das logischerweise wertlos ist, sind die Beweise, die angeführt werden, um Pjatakows Reise zu leugnen, zwei Zeitungsberichte, die in aller Eile, auf Geheiß von Gott weiß wem, ein Jahr nach den Ereignissen, d.h. während des Prozesses, veröffentlicht wurden, nämlich am 25. und 29. Januar 1937. Im ersten Bericht, der in der Zeitung *Aftenposten* erschien, hieß es, dass im Dezember 1935 keine zivilen Flugzeuge auf dem Flughafen gelandet seien. In der zweiten, die im *Arbeiderbladet*, Zeitung der Sozialdemokratischen Partei Norwegens, veröffentlicht wurde, hieß es, dass zwischen September 1935 und Mai 1936 kein Flugzeug den Flughafen benutzt habe. Trotzki seinerseits intervenierte persönlich von Mexiko aus und forderte Stalin auf, seine Auslieferung an ein norwegisches Gericht zu beantragen, „wo die Wahrheit gerichtlich festgestellt werden könnte". Offensichtlich war ein paralleler Prozess im Ausland das Einzige, worauf Trotzki hoffen konnte. Um den Informationen in *Aftenposten* entgegenzuwirken, bat der Staatsanwalt am Ende der Sitzung vom 27. Januar das Gericht um die Erlaubnis, Folgendes zu sagen:

„Vyshinsky: Ich habe eine Bitte an das Gericht. Ich habe mich für diese Angelegenheit (den Flug nach Oslo) interessiert und das Kommissariat für

Auswärtige Angelegenheiten gebeten, eine Untersuchung durchzuführen, da ich die Aussage von Pjatakow auch von dieser Seite aus überprüfen wollte. Ich habe eine offizielle Mitteilung erhalten, die ich zu den Gerichtsakten zu nehmen bitte. (Lesen Sie) „Die Konsularabteilung des Volkskommissariats für Auswärtige Angelegenheiten teilt dem Staatsanwalt der UdSSR mit, dass nach Informationen, die die Botschaft der UdSSR in Norwegen erhalten hat, der Flugplatz Kjeller in der Nähe von Oslo das ganze Jahr über in Übereinstimmung mit den internationalen Vorschriften Flugzeuge aus anderen Ländern aufnimmt und dass der An- und Abflug von Flugzeugen auch in den Wintermonaten möglich ist".

Es ist nicht genug Platz für eine ausführliche Besprechung der Erklärung Pjatakows über sein Gespräch mit Trotzki in Oslo, in dem die Notwendigkeit eines Staatsstreichs nachdrücklich zum Ausdruck gebracht wurde; wir können jedoch nicht umhin, einige Passagen wörtlich zu zitieren, unter denen der berühmte Kontakt mit Rudolf Hess hervorsticht:

„Pjatakow:...Er teilte mir mit, dass er mit der deutschen faschistischen Regierung und der japanischen Regierung eine absolut eindeutige Vereinbarung getroffen habe und dass beide eine positive Haltung einnehmen würden, falls der trotzkistisch-sinowjewistische Block an die Macht käme..... Er erzählte mir, dass er ausführliche Verhandlungen mit dem stellvertretenden Vorsitzenden der Nationalsozialistischen Partei Deutschlands, Hess, geführt habe. Ich kann zwar nicht sagen, ob es eine unterzeichnete Vereinbarung gibt oder ob es sich nur um eine Übereinkunft handelt, aber Trotzki stellte es mir so dar, als ob die Vereinbarung existiere..... Worauf läuft die Vereinbarung hinaus, wenn sie kurz erklärt werden soll? In erster Linie versprechen die deutschen Faschisten dem trotzkistisch-sinowjewistischen Block eine günstige Haltung und ihre Unterstützung im Falle seiner Machtübernahme. Im Gegenzug sollen die Faschisten folgende Gegenleistungen erhalten: eine allgemein günstige Haltung gegenüber deutschen Interessen und gegenüber der deutschen Regierung in allen Fragen der internationalen Politik; einige territoriale Zugeständnisse, insbesondere war verschleiert von territorialen Zugeständnissen die Rede, die mit dem Verzicht auf Widerstand gegen die ukrainischen bürgerlich-nationalistischen Kräfte im Falle ihrer Selbstbestimmung zu tun hätten.
Vyshinsky: Was soll das bedeuten?
Pjatakow: Es bedeutet in verschleierter Form das, was Radek hier gesagt hat: Wenn die Deutschen eine Regierung einsetzen würden - nicht eine Regierung mit einem deutschen Generalgouverneur an der Spitze, sondern eine Regierung, die vielleicht von einem Hetman (ukrainischer Militärchef) angeführt wird -, dann würden sie auf jeden Fall die Selbstbestimmung übernehmen, und der trotzkistisch-sinowjewistische Block würde sich dem nicht widersetzen. Dies würde im Grunde den Beginn des Zerfalls der Sowjetunion bedeuten. Der nächste Punkt des Abkommens betraf die Art und Weise, wie das deutsche Kapital in die Lage versetzt werden sollte, die von ihm benötigten Rohstoffressourcen aus der UdSSR auszubeuten. Es ging um die Ausbeutung von Gold-, Erdöl- und Manganminen, Wäldern und so weiter. Mit einem Wort, es war zwischen Trotzki und Heß prinzipiell vereinbart worden, dass deutsches Kapital zugelassen werden und die notwendige wirtschaftliche Ergänzung erhalten sollte, obwohl die konkreten Formen dieser Beteiligung zu einem späteren Zeitpunkt Gegenstand weiterer Untersuchungen sein würden".
Vyshinsky: Was ist mit den Fällen der Umleitung im Kriegsfall?

Pjatakow: Das war der letzte Punkt. Ich erinnere mich gut daran. Am Ende war es der schmerzhafteste Punkt, der im Großen und Ganzen unser wahres Gesicht zeigt. Er war auch in der Vereinbarung zwischen Trotzki und Hess angesprochen worden.... Im Falle eines militärischen Angriffs war es notwendig, alle zerstörerischen Kräfte der trotzkistischen Organisationen zu koordinieren, die im Lande unter der Führung des deutschen Faschismus agieren würden. Die Ablenkungs- und Sabotagearbeit der trotzkistischen Organisation innerhalb der Sowjetunion sollte nach den Anweisungen Trotzkis durchgeführt werden, der sich mit dem deutschen Generalstab abstimmen würde.....''

Bereits im letzten Teil des Verhörs forderte der Staatsanwalt den Angeklagten auf, über seine Beteiligung an der Organisation der terroristischen Handlungen zu berichten. Pjatakow verhielt sich weiterhin ruhig und kooperativ und nannte die Orte, an denen die Aktionen durchgeführt wurden, sowie die zu ermordenden Führer, darunter Stalin, Molotow, Jezhov und andere. Die Namen der Trotzkisten, die an der Konzeption, Planung und Durchführung der Aktionen beteiligt waren: Radek, Sokolnikow und Serebrjakow, Norkin, Livshitz, Rataichak usw. tauchen in der Erklärung immer wieder auf, und es kommt zu einer Konfrontation zwischen den Angeklagten nach der anderen. Nach Pjatakow war Karl Radek an der Reihe.

Die Aussagen des ersten Angeklagten konnten bei der Vernehmung von Radek, der sich als einer der überzeugendsten und kooperativsten Angeklagten erwies, kontrastiert und bestätigt werden. Er gab zu, drei Briefe von Trotzki erhalten zu haben: einen im April 1934, einen im Dezember 1935 und einen dritten im Januar 1936, deren Inhalt mit den Aussagen Pjatakows übereinstimmte. Wladimir Romm, ein Korrespondent von TASS und *Iswestija* in den Vereinigten Staaten, der ohne Anklage zum Prozess erschien, fügte jedoch hinzu, dass er Radek im August 1933 in seiner Moskauer Wohnung einen Brief von Trotzki übergeben habe, der im Schutzumschlag eines Buches, eines sehr populären Romans mit dem Titel *Zusima*, versteckt war. Während des Prozesses gab Radek zu, dass Romm als geheimer Verbindungsmann benutzt worden war. Zum Inhalt des Briefes aus dem Jahr 1934 erklärte der Angeklagte, Trotzki sei der Ansicht gewesen, dass die Machtübernahme des Faschismus in Deutschland die gesamte Situation verändert habe, da dies einen zukünftigen, unvermeidlichen Krieg bedeute. Trotzki'', erklärte Radek, „hatte keinen Zweifel daran, dass dieser Krieg zur Niederlage der Sowjetunion führen würde. Diese Niederlage, so schrieb er, sollte günstige Bedingungen für die Machtübernahme des Blocks schaffen.'' Der Staatsanwalt suchte die Redundanz, um die Ernsthaftigkeit von Radeks Konzepten und seiner Verantwortung zu unterstreichen. Hier ist das Zitat:

„Wyschinski: Sie waren also an einer Beschleunigung des Krieges interessiert und wollten, dass die UdSSR in diesem Krieg besiegt wird? Wie wurde das in Trotzkis Brief ausgedrückt?
Radek: Die Niederlage ist unvermeidlich und wird die Voraussetzungen für unsere Machtübernahme schaffen, deshalb sind wir daran interessiert, den Krieg zu entfesseln. Die Schlussfolgerung ist: Wir sind an einer Niederlage interessiert.

Wyschinski:...In dem Brief, den Sie von Trotzki im April 1934 erhielten, war vom Krieg die Rede, davon, dass der Krieg unvermeidlich sei, dass die UdSSR in diesem Krieg nach Trotzkis Meinung eine Niederlage erleiden würde, dass als Folge dieses Krieges und dieser Niederlage der Block an die Macht kommen würde. Und jetzt frage ich Sie: Waren Sie unter diesen Umständen für die Niederlage der UdSSR oder für den Sieg der UdSSR?
Rádek: Alle meine Leistungen in diesen Jahren zeigen, dass ich für die Niederlage gearbeitet habe.
Vyshinsky: Waren ihre Handlungen vorsätzlich?
Rádek: Abgesehen vom Schlafen habe ich in meinem Leben noch nie eine ungewollte Handlung begangen.
Vyshinsky: Und war das nicht leider ein Traum?
Rádek: Leider war das kein Traum.
Vyshinsky: War das eine Realität?
Rádek: Es war eine traurige Realität".

Der Staatsanwalt fragte, ob Pjatakow, Sokolnikow und Serebrjakow über Trotzkis Brief informiert waren. Radek bejahte die Frage, woraufhin Wyschinski die oben genannten Angeklagten aufforderte, dies zu bestätigen, was sie auch taten. Der Staatsanwalt bat ihn um eine Zusammenfassung des Briefes von 1935, und Radek sagte unter anderem, dass die unvermeidliche Niederlage im Krieg bedeute, die Sowjetmacht durch eine, wie Trotzki es nannte, „bonapartistische Regierung" zu ersetzen, was nach Ansicht des Angeklagten bedeute, dem ausländischen Finanzkapital zu dienen. Radek erklärte, dass Trotzki in diesem Brief neben der Anerkennung der Bedingungen für die Ukraine auch die Abtretung des Amurgebiets und der Seeprovinz an Japan ins Auge fasste. Auch die Notwendigkeit, Japan mit Öl aus Sachalin zu versorgen, wurde erwähnt. Radek gestand vor Gericht sogar, dass er manchmal das Gefühl gehabt habe, dass seine Organisation zum direkten Vertreter ausländischer Geheimdienste werde. „Wir sind überhaupt nicht mehr Herr unseres Handelns", sagte er.

Die Reise nach Oslo wurde auch von Radek bestätigt, der die Aussage Pjatakows bestätigte, dass man sich über die Notwendigkeit eines Besuchs bei Trotzki einig gewesen sei. Pjatakow begründete dies", so Radek, „damit, dass Trotzki völlig den Sinn für die Realität verloren habe und uns Aufgaben stelle, die wir nicht erfüllen könnten, so dass es notwendig sei, ihn mit allen Mitteln aufzusuchen und die Dinge mit ihm zu besprechen". Radek erzählte dem Gericht, dass er Pjatakow nach seiner Rückkehr aus Oslo eine Reihe von Fragen zur Außenpolitik stellte. Pjatakow antwortete, Trotzki habe ihm versichert, dass der Krieg keine Frage von fünf Jahren sei, sondern dass es sich um einen Krieg im Jahr 1937 handele, eine Schlussfolgerung, zu der er durch seine Gespräche mit Hess und anderen halboffiziellen Personen in Deutschland, mit denen er zu tun hatte, gekommen sei. Laut Radek sagte Trotzki zu Pjatakow, dass „die militärischen Vorbereitungen abgeschlossen seien und es nun darum ginge, Deutschland diplomatische Mittel zu sichern, wofür ein Jahr benötigt würde. Das Ziel dieser diplomatischen Bemühungen war in erster Linie, die Neutralität Großbritanniens zu sichern".

Alles, was die terroristischen Aktivitäten betraf, einschließlich der Ermordung Kirows, wurde ebenfalls eingeräumt. Staatsanwalt Wyschsky, der zweifellos bereits an den dritten und letzten Prozess, den Prozess der Einundzwanzig, dachte, der schließlich im März 1938 stattfand, bat ihn, das Gericht über die Gespräche mit Bucharin zu informieren, der die Hauptperson in diesem Prozess sein sollte. „Wenn Sie die Gespräche über den Terrorismus meinen", antwortete Radek, „kann ich sie konkret aufzählen. Das erste fand im Juni oder Juli 1934 statt, nachdem Bucharin von seiner Arbeit bei der *Iswestija* zurückgekehrt war. Damals unterhielten Bucharin und ich uns als Mitglieder zweier Zentren, die miteinander in Kontakt standen. Ich fragte ihn, ob er den Weg des Terrorismus eingeschlagen habe, und er antwortete mir, dass dies der Fall sei. Ich fragte ihn, wer diese Aktivitäten leitete, und er antwortete, dass es er selbst und Uglanow waren".

Bevor ich diesen Angeklagten verlasse, muss eine entscheidende Tatsache in seiner Aussage hervorgehoben werden: die Erwähnung der Namen von zwei Militärs. Im Laufe seiner Aussage sagte Radek, dass der Korpskommandant Vitovt Putna, der sowjetische Militärattaché in Großbritannien, der einige Monate zuvor verhaftet worden war, auf Wunsch von Marschall Tukhachevsky zu ihm gekommen war. Putna war zuvor vorgeladen worden, nicht aber Tuchatschewski. Während der Nachmittagssitzung versuchte Radek in einem langen Gespräch mit Wyschinski, den Marschall vollständig zu entlasten und erklärte, dass Tuchatschewski „weder von Putnas kriminellen Aktivitäten noch von meinen kriminellen Aktivitäten" gewusst habe. Radek bezeichnete Tuchatschewski als einen Mann, der der Partei und der Regierung absolut treu ergeben war; der Schaden war jedoch bereits angerichtet und wurde von den Prozessbeteiligten auch so verstanden.

Es ist nicht möglich, ausführlich auf die Aussagen der Angeklagten in diesem zweiten Prozess einzugehen, da wir uns kurz fassen müssen. Dennoch verzichten wir unter nicht darauf, einige weitere Passagen auszuwählen, die vielleicht etwas Neues bieten. Zur Aussage von Jakow Livschitz, der als nächster aussagte, ist zu sagen, dass er nicht nur neue Details über die Beziehungen von Pjatakow, Radek und Smirnow zu Trotzki lieferte, sondern auch konkrete Angaben zu terroristischen Aktionen in Zusammenarbeit mit Serebrjakow, Knjasew und Turok machte. Hauptziele waren die Ölverteilung und die Eisenbahnen. Livshitz enthüllte, dass er wusste, dass Knyazev und Turok mit den japanischen Geheimdiensten in Verbindung standen. Letzterer gab gegenüber Staatsanwalt Wyschinski zu, dass er im Januar 1935 vom japanischen Geheimdienst 35.000 Rubel erhalten hatte, von denen er 20.000 für seine Organisation behielt und den Rest im Mai 1935 persönlich an Knjasew übergab. „Angeklagter Knjasew, ist das richtig?" - Fragte der Staatsanwalt. „Ja, ich habe es erhalten", antwortete er. In *The Great Conspiracy Against Russia* stellen Michael Sayers und Albert E. Kahn fest, dass Livshitz selbst ein Agent des japanischen Militärgeheimdienstes war und regelmäßig Informationen über die sowjetischen Eisenbahnen an Japan weitergab.

Das Auttauchen von Grigorij Jakowlewitsch Sokolnikow (Brillant) brachte nichts Neues, obwohl es dazu diente, neue Gruppen zu identifizieren, die an terroristischen Aktivitäten beteiligt waren. Sokolnikow, Finanzkommissar von 1923-26, war von Stalin abgesetzt und zum Botschafter in London ernannt worden, ein Amt, das er von 1929-32 innehatte. Er gab zu, dass er im Herbst 1934 von Kamenjew erfahren hatte, dass es einen Plan zur Ermordung von Stalin und Kirow gab, und dass Kamenjew selbst ihm Trotzkis defätistische Positionen erklärt hatte. Er berichtete über ein Gespräch mit Pjatakow im Januar 1936, in dessen Verlauf Pjatakow ihm Einzelheiten über Trotzkis Treffen mit Heß mitteilte, bei dem die defätistische Position als Gegenleistung für deutsche Hilfe angeboten wurde. Betrachten wir zwei konkrete Fragen zu Themen, die mit dem sozio-politischen und wirtschaftlichen System zusammenhängen:

> „Wyschinski: Hatte ich Recht, als ich in der Formulierung der Anklage folgendes schrieb: 'Die Hauptaufgabe des parallelen Zentrums war es, den Sturz der Sowjetregierung zu erzwingen, mit dem Ziel, das bestehende soziale und politische System in der UdSSR zu verändern...' Ist diese Formulierung richtig?
> Sokolnikov: Ja, richtig.
> Wyschinski: Weiter sage ich in der Unterstellung: 'L. D. Trotzki und mit seinen Anweisungen das parallele trotzkistische Zentrum wollten mit Hilfe ausländischer Staaten die Macht erlangen, um das kapitalistische System der gesellschaftlichen Beziehungen in der UdSSR wiederherzustellen...' Ist diese Formulierung richtig?
> Sokolnikov: Genau..."

Der nächste war Alexej Schestow, ein Bergbauingenieur, der bis 1927 mit dem Druck und der Verbreitung trotzkistischer Propaganda befasst war. Im Jahr 1931 wurde er zum Direktor der Kuznets-Kohlebergwerke ernannt, die zu den größten der Welt zählten, eine Position, die es ihm ermöglichte, im selben Jahr im Rahmen einer von Pjatakow geleiteten Handelsmission nach Berlin zu reisen. Dort traf er Trotzkis Sohn, der ihn darüber informierte, dass über H. Dahlmann vom multinationalen Unternehmen Frölich-Klüpfel-Dahlmann, das nicht nur Trotzki finanzierte, sondern auch an Bergbauprojekten im Ural und in Sibirien arbeitete, Propaganda in der UdSSR betrieben wurde. Auf Anraten von Sedov trifft Schestow in Berlin mit Dahlmann zusammen, der ihm vorschlägt, seine Zusammenarbeit mit den Trotzkisten auszuweiten und Sabotageakte zu begehen. Shestov wurde unter dem Decknamen Alyosha Mitglied des deutschen Geheimdienstes. In seinem Bestreben, die Prozesse zu diskreditieren und ihre Glaubwürdigkeit zu untergraben, behauptet R. Conquest jedoch, dieser Trotzkist sei ein Agent des NKWD gewesen.

Auf die Frage von Wyschinski erklärte Schestow, dass er für die Durchführung von Sabotageaktionen den Ingenieur Stroilow rekrutierte, der sich bereit erklärte, der Organisation beizutreten, und ihm einen Plan vorlegte: Ziel war es, den Bau neuer und den Wiederaufbau alter Bergwerke zu unterbrechen, die Produktion zu verringern und durch Unfälle, Explosionen und Brände Verluste zu verursachen, die Zerstörung von Maschinen zu intensivieren usw. Schestow fügte hinzu, dass sie Dynamit gestohlen und in einem geheimen Depot aufbewahrt hätten, um eine eigene Reserve zu haben. Auf die Frage, was sie vorhatten, antwortete der Angeklagte: „Explosionen in den Minen zu verursachen". Schestow erinnerte daran, dass 1934 in diesem Bergwerk eine Explosion stattfand, bei der mehrere Kinder ums Leben kamen, Kinder von Bergleuten, die in der Nähe spielten. Stroilow bestätigte alles. Bereits am Ende des Verhörs gab der Angeklagte auch zu, dass er Anweisungen für die Begehung eines Banküberfalls in Anzherka gegeben hatte, an dem er beteiligt war. Die Beute belief sich auf 164.000 Rubel und er selbst verwaltete dieses Geld.

In der Erklärung von Leonid Serebrjakow, dem stellvertretenden Direktor der Eisenbahnverwaltung, wurde insbesondere erläutert, wie der Güterzugverkehr unterbrochen wurde, um die tägliche Auslieferung von Waren zu stören. Auf eine Frage des vorsitzenden Richters räumte er ein, dass man mit Livshitz sogar die Möglichkeit erörtert habe, die wichtigsten Eisenbahnknotenpunkte in den ersten Tagen einer hypothetischen Mobilisierung zu blockieren. Der Präsident selbst bat Livshitz, diese Aussage zu bestätigen und anzugeben, wann das Gespräch stattgefunden habe. Livshitz bestätigte die Aussage von Serebrjakow und gab das Jahr 1935 an. Beide Angeklagten gaben zu, dass die Befehle von Pjatakow kamen.

Die Aussagen von Yakov Drobnis, M.S. Bogulavsky, Mikhail Stroilov und Nikolai Muralov wiederholten und präzisierten die Aussagen anderer Angeklagter. Der Chemiekomplex in Kemerowo war das Hauptziel der Aktionen von Drobnis, Stroilow und Norkin. Stroilow gab zu, dass mehrere Trotzkisten, darunter auch er selbst, mit dem deutschen Geheimdienst kollaborierten, und räumte vor Gericht ein, dass er sein Land verraten habe. Muralow, der von Anfang an ein führendes Mitglied von Trotzkis militärischer Fraktion war, betrachtete sich während des Prozesses als treuer Soldat Trotzkis. Vermutlich deshalb war er durch Klementi Woroschilow an der Spitze der strategischen Moskauer Militärgarnison ersetzt worden. Muralow gab zu, dass er in Zusammenarbeit mit Schestow versucht hatte, Molotow 1934 zu ermorden, indem er einen Autounfall verursachte; der Versuch scheiterte jedoch, weil Valentine Arnold, der Trotzkist, der das Fahrzeug lenkte und sein Leben für die Sache geben sollte, gekniffen hatte und langsamer wurde, als er in einen Graben fahren sollte.

Was die Aussagen von Ivan Knyazev und Yosif Turok betrifft, zwei Trotzkisten, die, wie oben erwähnt, mit Livshitz mit dem japanischen Geheimdienst zusammenarbeiteten, so waren die wichtigsten ihre Informationen über die Sabotage des Eisenbahnsystems im Ural, wo Knyazev der Leiter war. Er sagte dem Staatsanwalt, dass er im September 1934 als japanischer Agent angeworben worden sei, und bestätigte, dass sie in Gesprächen mit Livshitz übereingekommen seien, dass es notwendig sei, alle der Regierung und der Partei feindlich gesinnten Kräfte zu bündeln, und dass sie entschlossen seien, sich gegenseitig „in den Rücken zu fallen", um im Falle eines Krieges die Niederlage ihres Landes herbeizuführen. Vyshinsky zwang ihn, sich an konkrete Unfälle zu erinnern, die sie verursacht hatten. Der Angeklagte erzählte mehrere und erinnerte sich sogar an die Zugnummern. Er verwies auf eine provozierte Entgleisung, bei der neunundzwanzig Rotarmisten ihr Leben verloren und ebenso viele verwundet wurden, von denen fünfzehn schwer verstümmelt waren. Der Staatsanwalt verwies auf zwei weitere konkrete Unfälle: den ersten am 7. Februar 1936 auf der Strecke Jedinover-Berdiusch und den zweiten am 27. Februar auf dem Bahnhof Christaja Tschumljak. Für die Organisation beider Unfälle war Knyasew verantwortlich. Yosif Turok, der ebenfalls eine wichtige

Position in der Verkehrsabteilung in Perm und bei der Uralbahn innehatte, sagte aus, dass er direkte Befehle von Livshitz erhielt, Entgleisungen zu verursachen, und bestätigte die Aussagen seines Kollegen.

Ivan Hrashe, Gavril Pushin und Stanislav Rataichak, drei Trotzkisten, die mit der deutschen Spionage in Verbindung standen, waren leitende Angestellte in der chemischen Industrie und begingen ihre Untaten in diesem Bereich. Hrashe war 1919 als russischer Kriegsgefangener getarnt nach Russland eingereist und arbeitete zunächst als Spion für die Tschechoslowakei, wechselte aber später zum deutschen Nachrichtendienst. Puschin, seit 1935 deutscher Agent, arbeitete im Chemiekomplex Gorlova, von wo aus er sensible Informationen über Chemieunternehmen und insbesondere über die Arbeit mit Stickstoff weitergab. Stanislav Rataichak war der Leiter der Zentralverwaltung der chemischen Industrie. Es folgt eine Passage, in der der Staatsanwalt die drei zur Klärung ihrer Spionagetätigkeit konfrontiert:

„Vyshinsky: Hatten Sie mit Spionage zu tun?
Rataichak: Ja, das war ich.
Vyshinsky: Durch wen?
Rataichak: Durch Pushin und Hrashe.
Vyshinsky: Angeklagter Pushin, ist es richtig, dass Rataichak durch Sie mit einer Spionageorganisation in Verbindung stand?
Pushin: Durch mich und auch direkt.
Vyshinsky: Angeklagter Hrashe, war Rataichak durch Sie mit Agenten des deutschen Geheimdienstes verbunden?
Hrashe: Ja, er stand in Verbindung mit Agenten des deutschen Geheimdienstes.
Vyshinsky: Und Sie waren mit ihnen verbunden?
Hrashe: Ja.
Vyshinsky: Als Agent?
Hrashe: Ja.
Vyshinsky: Worin bestand Ihre Tätigkeit?
Hrashe: Bei der Übermittlung von geheimen Informationen im Zusammenhang mit der chemischen Industrie.
Vyshinsky: War dies Rataichak bekannt?
Hrashe: Ja, er war mein Chef.
Vyshinsky (zu Rataichak): Haben Sie dem deutschen Nachrichtendienst immer wieder Materialien zur Verfügung gestellt, die Sie aufgrund Ihrer Position besaßen?
Rataichak: Ja, ich war der Leiter der Zentralverwaltung für chemische Industrie.
Vyshinsky: Gab es Sabotageaktivitäten?
Rataichak: Ja.
Vyshinsky: Gab es Spionage?
Rataichak: Ja.
Vyshinsky: Haben Sie sich an terroristischen Organisationen beteiligt?
Rataichak: Nein.
Vyshinsky: Wussten Sie von der Existenz terroristischer Organisationen?
Rataichak: Ich kannte Trotzkis Linie durch Pjatakow".

Um vier Uhr nachmittags am 28. Januar 1937 begann das unfreundliche Plädoyer der Staatsanwaltschaft. Wyschinski erinnerte daran, dass die Verbindungen der Trotzkisten zur Gestapo bereits während des letztjährigen

Prozesses aufgedeckt worden waren, dass sie aber im jetzigen Prozess in vollem Umfang ans Licht gekommen seien. Er beschuldigte die Trotzkisten, „die Grenze, die letzte Grenze der politischen Fäulnis und den Abgrund der Erniedrigung" erreicht zu haben. Der Staatsanwalt sagte, dass „man nicht von einer politischen Partei sprechen könne, sondern von einer Bande von Kriminellen, die einfach die Agentur ausländischer Geheimdienste sei". In seiner zunehmenden Empörung behauptete Wyschinski, die Trotzkisten seien schlimmer als die Weißen und „tiefer gesunken als die schlimmsten Anhänger von Denikin und Koltschak". Der Staatsanwalt verwendete das Syntagma „trotzkistischer Judas".

Neben Bucharin und Rykow hatte der Angeklagte Drobnis auch Christian Rakovsky, einen weiteren wichtigen Trotzkistenführer jüdischer Herkunft, belastet. Unter Bezugnahme auf die Ereignisse von 1918, die in dem versuchten Attentat auf Lenin gipfelten, das im vorherigen Kapitel im Zusammenhang mit den Meinungsverschiedenheiten über den Vertrag von Brest-Litowsk beschrieben wurde, sagte der Staatsanwalt Folgendes:

> „.... Es waren Pjatakow und Co., die 1918, in einer Zeit äußerster Gefahr für das Land der Sowjets, Verhandlungen mit den revolutionären Sozialisten führten, um einen konterrevolutionären Staatsstreich zu verüben und Lenin zu verhaften, um Pjatakow als Regierungschef und Vorsitzenden des Rates der Volkskommissare einzusetzen. Durch die Verhaftung von Lenin, durch einen Staatsstreich, wollten sich diese politischen Abenteurer den Weg zur Macht bahnen".

Der Staatsanwalt schloss mit der Feststellung, dass die Aussagen der Angeklagten von Sachverständigen überprüft worden seien. Außerdem seien die Beweise durch Vorverhöre, Geständnisse und Zeugenaussagen erbracht worden, so dass es keinen Raum für Zweifel gebe. Wyschinski erklärte, dass etwaige Unzulänglichkeiten oder Fehler im Prozess darauf zurückzuführen seien, dass die Angeklagten nicht den vollen Umfang ihres Wissens oder alle von ihnen begangenen Verbrechen angegeben hätten: „Ich bin überzeugt", sagte er, „dass sie nicht einmal die halbe Wahrheit über die schreckliche Geschichte der furchtbaren Verbrechen gegen unser Land gesagt haben. Nachdem er die schwersten Verbrechen aufgezählt hatte, schloss er mit den Worten: „Sie, Herr Richter, die Hauptanklage in diesem Prozess ist Hochverrat".

Es folgten die Anwälte derjenigen, die Rechtsbeistand beantragt hatten, und die Schlussplädoyers der übrigen Angeklagten. Pjatakow beendete seine Rede mit diesen Worten:

> „Bürgerliche Richter, ich bedaure nur zutiefst, dass der Hauptverbrecher, der widerspenstige und hartnäckige Verbrecher Trotzki, nicht mit uns auf dieser Anklagebank sitzt. Ich bin mir meines Verbrechens zutiefst bewusst und wage es nicht, um Gnade zu hitten, ich werde nicht einmal die Unverfrorenheit besitzen, um Gnade zu bitten. In ein paar Stunden werden Sie das Urteil fällen. Hier stehe ich vor Ihnen im Dreck, zermalmt durch meine eigenen Verbrechen, durch meine eigene Schuld von allem beraubt, ein Mann, der seine Partei verloren hat, der keine Freunde hat, der seine Familie verloren hat, der sogar sich selbst verloren hat. Nehmt mir eines nicht, Bürgerrichter, nehmt mir nicht das Recht, zu fühlen,

dass ich in euren Augen die Kraft gefunden habe, wenn auch zu spät, mit meiner verbrecherischen Vergangenheit zu brechen."

Die Urteilsverkündung erfolgte am 30. Januar 1937 um 3 Uhr morgens. Mit Ausnahme von Sokolnikow, Radek, Arnold und Stroilow wurden die übrigen Angeklagten zum Tode verurteilt. Am 31. Januar berichtete die *Prawda*, dass nach der Urteilsverkündung 200.000 Menschen auf dem Roten Platz gegen die Angeklagten demonstrierten, wo sie bei Temperaturen von minus 27 Grad Celsius von Chruschtschow und Schvernik bejubelt wurden. Nach einer neueren Version wurden Radek und Sokolnikov im Mai 1939 von Zellengenossen getötet. Stroilow und Arnold wurden schließlich 1941 erschossen.

Bleibt noch ein letzter Todesfall zu erwähnen, nämlich der von Serge Ordschonikidse, dem Kommissar für Schwerindustrie, mit dem Pjatakow der engste Mitarbeiter war. Einigen Quellen zufolge hatte sich Ordschonikidse bei seinem Freund Stalin darüber beschwert, dass der NKWD seine Männer verhaftete, ohne sie darüber zu informieren. Am 17. Februar 1937 hatte er ein mehrstündiges Gespräch mit Stalin. Am nächsten Tag, um 17.30 Uhr, war er tot. Einige Quellen sprechen von Selbstmord, andere von Mord. Ein offizieller medizinischer Bericht, unterzeichnet von G. Kaminsky, Kommissar für Gesundheit, I. Chodorowski, Leiter der medizinisch-sanitären Verwaltung des Kremls, L. Levin, Berater der genannten Verwaltung, und S. Mets, Arzt an der Kremlklinik, führt als Todesursache eine Herzlähmung an.

Die Säuberungen im NKWD und in der Roten Armee

Am 9. Januar 1937 traf Trotzki, der durch die Ereignisse in der UdSSR und die Aussicht auf den bevorstehenden Prozess stark beeinträchtigt war, in Begleitung seiner engsten Mitarbeiter in Mexiko ein. Er hatte eine Einladung von einem der Gründer der Kommunistischen Partei Mexikos, dem Maler Diego Rivera, erhalten, der Mitglied des Zentralkomitees war. Am 9. Februar organisiert das Amerikanische Komitee zur Verteidigung Trotzkis eine Kundgebung in New York, an der etwa siebentausend Menschen teilnehmen. Es war geplant, dass Trotzki eine Rede per Telefon hält, aber die Verbindungen zwischen Mexiko und New York fielen aus, so dass der Text von dem Trotzkisten Max Shachtman, einem jüdischen Schriftsteller, vorgetragen werden musste. Später stellte sich heraus, dass der Ausfall der Telefonleitung von einem stalinistischen Telefonisten verursacht worden war. In der Rede forderte Trotzki eine internationale Kommission, die die Anschuldigungen gegen ihn in den Moskauer Prozessen untersuchen sollte.

Wir haben in diesem Werk wiederholt angeprangert, woher die Macht Trotzkis kam. Natürlich wurde sofort eine internationale Kampagne in Gang gesetzt, um die Prozesse zu diskreditieren und seine angeschlagene Figur zu rehabilitieren. Eine Flut von Erklärungen, Flugblättern, Pamphleten und Zeitungsartikeln begann in Europa und Amerika zu fließen. Die bekanntesten amerikanischen Medien, die sich zumeist in den Händen wohlhabender Juden befanden, veröffentlichten auf ihren Seiten Berichte und Beiträge von Trotzkis Freunden und Bewunderern, die hauptsächlich die These verbreiteten, dass alles nur Stalins Rache an Trotzki, dem wahren Vertreter der internationalen Arbeiterklasse, gewesen sei. Neben den Radiosendern standen auch *Foreign Affairs Quarterly, Reader's Digest, The Saturday Evening Post, der American Mercury, die New York Times* und andere wichtige Publikationen in Trotzkis Diensten.

Im Zusammenhang mit dieser internationalen Kampagne schrieb Botschafter Davies am 11. März 1937 in sein Tagebuch: „...Ein anderer Diplomat, Minister --- (er lehnt es ab, seinen Namen zu nennen), gab gestern eine klärende Erklärung gegenüber mir ab. Im Gespräch über den Prozess sagte er, dass die Angeklagten zweifellos schuldig seien, dass diejenigen von uns, die dem Prozess beigewohnt hätten, sich darüber einig seien; dass die Außenwelt jedoch durch die Berichte in der Presse zu glauben scheine, dass der Prozess ein Schwindel sei (eine Fassade, in seinen Worten), dass, obwohl wir wüssten, dass es nicht so sei, es wahrscheinlich genauso gut sei, dass die Welt dies glaube". Mit anderen Worten, bekannte mächtige Kräfte arbeiteten daran, die Wahrheit über die Fünfte Kolonne in der Sowjetunion zu verbergen.

Obwohl Stalin die Verschwörer und alle, die sich ihm entgegenstellen könnten, rücksichtslos dezimiert, ist das Komplott nicht vollständig zerschlagen und schlummert weiter. Zwischen Ende Februar und Anfang März fanden die Sitzungen des siebzigköpfigen Plenums des Zentralkomitees statt. Jezhov berichtete über polizeiliche Angelegenheiten, Zhdanov über die Parteiorganisation, Molotov über wirtschaftliche Fragen und Stalin hielt den politischen Bericht. Stalin beklagte, dass es „Mängel in den Arbeitsmethoden der Partei zur Liquidierung von Trotzkisten und anderen Doppelgängern" gebe. Zu den zentralen Tagesordnungspunkten gehörte das Schicksal von Rykow, Lenins Nachfolger als sowjetischer Ministerpräsident, und Bucharin, der den Vorsitz der Internationalen (Komintern) innehatte. Jeschow bezichtigte sie der Verwicklung in die Sinowjew- und Pjatakow-Verschwörung. Beide erschienen vor dem Plenum und versuchten, ihre Unschuld zu verteidigen. Am 26. Februar bestritten sie zum x-ten Mal alle gegen sie erhobenen Vorwürfe. Bucharin wagte es sogar, eine Rede zu halten, in der er Stalin und Jeschow beschuldigte, die einzigen Verschwörer zu sein und ein NKWD-Regime zu errichten, das Stalin uneingeschränkte Macht verleihen sollte. Beide wurden beschimpft und ausgebuht. Ein Unterausschuss, dem Stalin, Molotow, Woroschilow, Kaganowitsch, Mikojan und Jezhov angehörten, bereitete eine Resolution vor, in der es hieß, der NKWD habe bewiesen, dass beide von den konterrevolutionären Aktivitäten des Trotzkistischen Zentrums und anderer Rechter in ihren eigenen Kreisen wussten. Sie wurden auf der Stelle verhaftet und in die Lubjanka überführt. In einer weiteren Sitzung kritisierte Stalin Yagoda scharf und unterzog ihn einem strengen Verhör durch die Mitglieder des Ausschusses. Unter anderem wurde er gefragt, warum er trotzkistische Verräter geschützt habe. Das Plenum des Zentralkomitees vertrat die Auffassung, dass die Fakten gezeigt hätten, dass „das Kommissariat für Innere Angelegenheiten

mindestens vier Jahre lang versäumt hatte, die Feinde des Volkes zu entlarven".
Am 5. März schloss Stalin das Plenum mit einer Abschlussrede.

Von diesem Zeitpunkt an überstürzten sich die Ereignisse. Am 18. März 1937 rief Jeschow alle Leiter der NVKD in die Lubjanka und hielt eine vernichtende Rede gegen Jagoda. Tage zuvor waren fast alle Abteilungsleiter entlassen oder verhaftet worden, manchmal in ihren eigenen Büros, manchmal nachts in ihren Wohnungen oder auf den Bahnhöfen, wenn sie Moskau verließen. Nur Abram Aronowitsch Slutski, ein trotzkistischer Freund und Vertrauter von Krivitsky und Orlov, blieb vorübergehend im Außenministerium. Walter Krivitsky berichtet von einer der Szenen dieses berühmten Treffens am 18. März, bei dem Artur Christjanowitsch Artusow und sein Freund Slutsky sich eine Schlacht der Anschuldigungen lieferten, um sich vor Jeschow zu retten. Artusow beschuldigte Slutski, Yagodas Mann zu sein. Die Quelle von Krivitsky ist offensichtlich Slutsky selbst. Das etwas langatmige Zitat vermittelt einen Eindruck von der Atmosphäre des Treffens:

„Nachdem er seinen Kameraden den wilden Tieren zum Fraß vorgeworfen hatte, stieg Artusow triumphierend von der Tribüne herab.

Slutsky, der Leiter der Auslandsabteilung, stand auf, um sich zu verteidigen. Auch er wusste, was auf dem Spiel stand. Er begann ganz ruhig und war sich bewusst, dass alles gegen ihn sprach.

- Artusow hat versucht, mich als Yagodas engsten Mitarbeiter darzustellen. Ich, Genossen, war natürlich Sekretär der Parteiorganisation innerhalb der OGPU; aber war Artuzov oder ich Mitglied des OGPU-Präsidiums? Ich frage Sie: Konnte jemand zu dieser Zeit Mitglied des höchsten Organs der OGPU sein, ohne das volle Vertrauen und die Zustimmung von Yagoda zu genießen? Artusow behauptet, dass ich für meine guten Dienste unter Yagoda und als Organisationssekretär eine Sondervergütung erhalten habe. Laut Artusow habe ich diese Zulage dazu verwendet, um Kontakte zwischen Yagodas Organisation und seinen Führern im Ausland herzustellen. Ich behaupte jedoch, dass mir diese Sondervergütung auf Drängen von Artuzov selbst gewährt wurde. Artuzov unterhält seit vielen Jahren freundschaftliche Beziehungen zu Yagoda.

Und dann holte Slutsky zum großen Schlag aus:

-Ich frage Sie, Artussow, wo haben Sie gewohnt? Wer wohnte neben Ihnen? Bulanow? War er nicht einer der ersten, die verhaftet wurden? Und wer wohnte direkt unter Ihnen? Ostrowski. Und wer wohnte direkt neben Ihnen, Artussow? Jagoda! Und nun frage ich euch, Genossen, wer hätte unter den damaligen Umständen im selben Haus wie Jagoda wohnen können, ohne sein absolutes Vertrauen zu genießen?"

Conquest bietet weitere Beispiele für die Säuberung, die im NKWD unter Jeschow stattfand. Chertok", schreibt er, „Kamenews Vernehmungsbeamter, stürzte sich aus seiner Wohnung im zwölften Stock. Einige Offiziere erschossen sich oder begingen Selbstmord, indem sie aus dem Fenster ihres Büros sprangen. Andere gingen teilnahmslos weg, unter ihnen Bulanow, Jagodas Sekretär, der Ende März verhaftet wurde". Conquest gibt an, dass im Jahr 1937 dreitausend NKWD-Agenten von Jagoda hingerichtet wurden. Molchanow, Mironow (Kagan) und Schanin, die unter Jagoda Abteilungsleiter gewesen waren, wurden als rechte Verschwörer denunziert. Zwei weitere Abteilungsleiter, Pauker und

Gay, beide Juden, wurden später wegen Spionage angeklagt. Am 3. April wurde bekannt gegeben, dass Yagoda selbst, der nach seinem Ausscheiden aus dem Kommissariat für innere Angelegenheiten zum Kommissar für Post und Kommunikation ernannt worden war, verhaftet worden war.

Die Tscheka war von Anfang an von einer jüdischen Mafia geleitet worden. Als ihr Gründer, der polnische Jude Felix Dserschinski (Rufin), 1926 starb, nahm Wjatscheslaw Menzinski, ebenfalls Pole, aber aristokratischer Herkunft, seinen Platz ein. Trotzki schrieb in seinen Memoiren, Menzhinsky sei „der Schatten eines Mannes" gewesen, und stellt ihn als schwachen Mann, einen „Niemand" unter Stalin dar. Offiziell starb er im Mai 1934 an einem Herzinfarkt, doch in Wirklichkeit war er auf Befehl seines Vertrauten Jagoda ermordet worden, der sich 1929 der Verschwörung angeschlossen hatte und heimlich Mitglied des rechten und trotzkistischen Blocks war.

In *The Great Conspiracy Against Russia (Die große Verschwörung gegen Russland)* erläutern Michael Sayers und Albert E. Kahn detailliert, wie das Attentat ablief. Diesen Autoren zufolge „war Yagodas Rolle in der Verschwörung zunächst nur den drei Führern des rechten Blocks bekannt: Bucharin, Rykow und Tomski. Im Jahr 1932, als der rechte und trotzkistische Block gebildet wurde, war Jagodas Rolle auch Pjatakow und Krestinski bekannt". Von seinem Posten als stellvertretender Vorsitzender der OGPU aus schützte Yagoda die Verschwörer, indem er trotzkistische Juden als Sonderagenten einsetzte, was er selbst im Prozess 1938 bestätigte. Yagoda erklärte, dass der Staatsstreich mit dem Ausbruch des Krieges zusammenfallen musste. Es gibt Zeiten", gestand er gegenüber Bulanow, „in denen man langsam und mit äußerster Vorsicht handeln muss, und es gibt Zeiten, in denen man schnell und plötzlich handeln muss". Zu seinen bevorzugten Methoden gehörten Gifte. Sein wichtigster Mitarbeiter war Leo Levin, ein jüdischer Arzt, der 1953 zu der Gruppe jüdischer Ärzte gehörte, die Stalin vor seiner Ermordung verhaftet hatte. Von Yagoda über die Existenz der Verschwörung informiert, warnte Levin auf Anweisung seines Chefs Ignati N. Kazakov, den Arzt, der Menzhinskys Bronchialasthma behandelte, dass sein Patient ein lebender Toter sei, dass er seine Zeit mit ihm verschwende und dass er ihm nicht erlauben solle, zur Arbeit zurückzukehren. Kazakov berichtete über dieses Gespräch im Prozess 1938. Levins Worte, die von Sayers und Kahn zitiert werden, lauteten wie folgt: „...Indem Sie ihm erlauben, wieder zu arbeiten, machen Sie sich Yagoda zum Feind. Menzhinsky steht Yagoda im Weg und Yagoda hat ein Interesse daran, ihn so schnell wie möglich aus dem Weg zu räumen. Yagoda ist ein Mann, der vor nichts zurückschreckt". Kurzum, Kazakov gab nach und sagte Levin, dass er die Befehle ausführen würde. Am 10. Mai 1934 starb Menzhynsky und wurde an der Spitze der OGPU durch den Juden Génrij Yagoda ersetzt, der im Prozess erklärte: „Ich bestreite, dass ich aus persönlichen Motiven gehandelt habe, als ich den Tod von Menzhinsky verursachte.... Ich habe den Posten des Leiters der OGPU im Interesse der konspirativen Organisation angestrebt". Dies erklärt, warum es 1937 so viele trotzkistische und jüdische Agenten im NKWD gab.

Die ersten Verhaftungen in der Roten Armee hatten bereits 1936 stattgefunden. Am 5. Juli wurde Dimitri Shmidt, ein jüdischer Kommandant einer Panzereinheit im Militärbezirk Kiew, vom NKWD verhaftet, ohne seinen Vorgesetzten, den trotzkistischen General Iona Emmanuilovich Yakir, der ebenfalls Jude war, zu konsultieren oder zu informieren. Yakir ging nach Moskau, um zu protestieren, und Yezhov zeigte ihm Material, vermutlich Geständnisse von Mrachkovsky, Dreitzer und Reingold, die Shmidt und B. Kuzmichev, den Leiter einer Luftwaffeneinheit, in einen Attentatsversuch auf den Verteidigungskommissar Kliment Woroschilow verwickelten. Shmidt und Kusmitschew gehörten zu den Personen, die im Sinowjew-Prozess genannt worden waren und die im Laufe der Ermittlungen zurückgestellt wurden. Während des Prozesses wurden sie sowohl von Reingold als auch von Mrachkowski mit einer trotzkistischen Militärgruppe in Verbindung gebracht. Beide bewegten sich im Umfeld von General Yakir. Am 14. August wurde ein weiterer Korpskommandeur, Vitaly Primakov, verhaftet, und sechs Tage später, am 20. August, wurde Vitovt Putna verhaftet, der aus London, wo er als Militärattaché stationiert war, in Moskau eingetroffen war. Putna gab zu, dass es mehrere trotzkistische Gruppen gab. Im Herbst 1936 gab es sogar Gerüchte, dass ein Prozess gegen trotzkistische Armeekommandeure stattfinden sollte.

Es ist jedoch sicher, dass Stalin bereits bei der Beendigung des Plenums des Zentralkomitees am 5. März 1937 wusste, dass die Verschwörung von einem Teil der Armee unterstützt wurde, in dem viele Militärs saßen, die ihre Karriere Trotzki verdankten und ihm gegenüber loyal waren. Der Geheime Militärinformationsdienst hatte seine Unabhängigkeit seit Trotzkis Zeit als Kriegskommissar bewahren können und war, so Krivitsky, „eines der letzten Instrumente, die in die Hände der Geheimpolizei fielen". Die Generäle der Roten Armee waren der Säuberung der politischen Opposition seit der Machtübernahme Stalins entgangen, doch nach der Verhaftung Jagodas am 3. April begann sich alles zu überstürzen. Anatoli Gekker, ein weiterer jüdischer Trotzkist, der 1924 politischer Kommissar für die kommunistischen Regionen Chinas und Kommandeur eines Armeekorps gewesen war, wurde im April verhaftet (und am 1. Juli erschossen). Die chinesische Rote Armee wurde von zwei anderen Juden, W. Lewitschew und Jakow (Yan) Gamarnik, geführt. Zum Zeitpunkt seiner Verhaftung hatte Gekker wichtige Positionen in der Spionage inne und war Leiter der Auslandsverbindung der Roten Armee. Im April desselben Jahres wurde ein weiterer Korpskommandeur, Ilia Garkavi, Befehlshaber des Militärbezirks Ural, ebenfalls verhaftet. Zufälligerweise waren sowohl Gekker als auch Garkavi mit zwei Schwestern der Frau des jüdischen Generals Iona E. Yakir. Jakir und ihre jüdischen Kollegen Boris Feldman und Yan Gamarnik gehörten zu den führenden trotzkistischen Generälen der Verschwörung. Yakir ging zu Woroschilow und erkundigte sich nach der Lage seiner Schwager. Er wurde auch von Stalin empfangen, der ihm mitteilte, dass andere Verhaftete schwere Anschuldigungen gegen sie erhoben hätten; wenn sie jedoch unschuldig seien, würden sie freigelassen.

Zwischen dem 22. und 25. April wurden Mark Isajewitsch (Isaakovich) Gay (Shpoklyand) und Georgi Prokofyev gezwungen, über die Verbindungen von Marschall Tukhachevsky und anderen Offizieren zu Yagoda, ihrem ehemaligen Chef, auszusagen, der zu diesem Zeitpunkt die Anschuldigungen zurückwies. Gay, ehemaliger Leiter der NKVD-Sonderabteilung, hatte Dmitri Shmidt verhört. Der zweite, Prokofjew, ehemaliger stellvertretender Leiter des NKWD, Jeschow war durch Matvei Berman, einen weiteren jüdischen Tschekisten, ersetzt worden. Am 27. April wurde A. I. Volovich von der Operativen Abteilung Tukhachevsky ebenfalls in ein Komplott zur Machtergreifung verwickelt. Den Vernehmungsbeamten von Jeschow gelang es auch, Putna und Primakow dazu zu bringen, gegen Tuchatschewski, Jakir, Feldman und andere Militärs auszusagen. Am 28. April 1937 veröffentlichte *die Prawda* einen vernichtenden Aufruf an die Rote Armee, gegen innere und äußere Feinde zu kämpfen. Diese voreingenommene Warnung wurde offensichtlich von denen verstanden, die wussten, was sie bedeutete: Die Säuberung begann.

Walter Krivitsky (Samuel Gérshevich Ginsberg), der jüdische Trotzkist, der noch Leiter des Militärgeheimdienstes in Westeuropa war und der nach seinen eigenen Worten „einer der ausführenden Arme von Stalins Intervention in Spanien" war, war von Jeschow nach Moskau berufen worden. Dort erlebte er die Ereignisse von Anfang März bis zum 22. Mai 1937 in Angst und Schrecken, da er davon überzeugt war, dass er verhaftet werden und nicht nach Den Haag zurückkehren würde, wo er mit seiner Familie lebte. Obwohl er seine Mitgliedschaft in der Opposition zynisch verleugnet, ist sein Werk *Ich, Chef des sowjetischen Militärgeheimdienstes* eine Apologie für den Trotzkismus und die Trotzkisten, „Idealisten, die die letzte Hoffnung für eine bessere Welt sind". Es enthält Berichte aus erster Hand über die Atmosphäre bei der Parade auf dem Roten Platz am 1. Mai, dem Tag, an dem er Marschall Tuchatschewski zum letzten Mal sah. Von allen beobachtet", schreibt Krivitsky, „traf Tuchatschewski als erster auf der Tribüne ein, auf der die Militärs Platz genommen hatten. Als zweiter kam Marschall Jegorow, der es nicht wagte, ihn zu begrüßen, und neben ihm Platz nahm. Gamarnik, der stellvertretende Kriegskommissar, kam später und sah sie nicht einmal an.... Als die Militärparade zu Ende war, sollten die Soldaten auf ihren Plätzen bleiben, um die zivile Parade zu beobachten, aber Tukhachevsky ging ohne ein Wort, mit den Händen in den Taschen".

Tukhachevsky, ein Offizier des Zaren, der seit seinem achtzehnten Lebensjahr Freimaurer war, geriet 1915 in deutsche Gefangenschaft. Offiziell gelang ihm kurz vor Ausbruch der Revolution die Flucht, doch es besteht die Möglichkeit, dass er absichtlich freigelassen wurde, da er sofort die Seiten wechselte. 1918 schloss er sich der bolschewistischen Partei an und war bald bei den abenteuerlichen um den Kriegskommissar Trotzki, der ihn im Alter von 25 Jahren zum Oberbefehlshaber einer Armee machte. Dank seiner militärischen Ausbildung stach er unter den unerfahrenen Kommandeuren der Roten Armee sofort hervor. Im März 1921 führte er, der bereits als Bürgerkriegsheld bekannt war, zusammen mit Trotzki das Massaker an den Matrosen in Kronstadt an. Angesichts des erbitterten Widerstands der Meuterer musste „jedes Haus in die Luft gesprengt werden", wie Tuchatschewski selbst erklärte. Die anschließende Repression wurde rücksichtslos durchgeführt und es kam zu Massenerschießungen. 1922 übertrug Trotzki Tuchatschewski die Leitung der Militärakademie der Roten Armee. Im selben Jahr nahm er an den Verhandlungen mit der Weimarer Republik teil, die zur Unterzeichnung des

Vertrags von Rapallo führten. Tuchatschewski unterhielt also eine Reihe von Beziehungen zu deutschen Militärs. Da Trotzki zunehmend an Einfluss verlor, waren die Marschälle Budyenny und Woroschilow Stalins neue Männer. Die Gruppe der Tuchatschewski nahestehenden Generäle, darunter Jakir, Kork, Feldman Uborewitsch und Gamarnik, letzterer ein persönlicher Freund der deutschen Generäle Seeckt und Hammerstein, spürte den Machtwechsel. Ein weiterer der Gruppe nahestehender Mann war Vitovt Putna, Militärattaché in Berlin, Tokio und London.

M. Sayers und A. Kahn schreiben in *The Great Conspiracy Against Russia (Die große Verschwörung gegen Russland)* unter Berufung auf die Enthüllungen des Prozesses von Einundzwanzig, die im nächsten Abschnitt erörtert werden, dass Trotzki von der Organisation des rechten und trotzkistischen Blocks an „Tukhachevsky als die beste Karte in der ganzen Verschwörung angesehen hatte, die nur im letzten strategischen Moment ausgespielt werden sollte". Nach den Aussagen der Angeklagten und Zeugen im Prozess unterhielt Trotzki seine Beziehungen zu Tuchatschewski hauptsächlich über Krestinski und den Militärattaché Putna. Während des Prozesses kam ein Gespräch zwischen Bucharin und Tomski ans Licht, in dem Ersterer fragte: „Wie stellt sich Tuchatschewski den Mechanismus des Staatsstreichs vor? Darauf antwortet Tomski: „Das ist Sache der militärischen Organisation". Im Idealfall hätte der Staatsstreich mit dem Beginn des lang ersehnten deutschen Angriffs zusammenfallen sollen. Offenbar hatte man sogar die Möglichkeit in Betracht gezogen, dass Tuchatschewski mit Hilfe der Politiker als Sündenböcke die Unterstützung des Volkes suchen und eine Militärdiktatur errichten könnte. In diesem Zusammenhang sagte Bucharin zu Tomski: „Es könnte sich als notwendig erweisen, ein Verfahren auszuarbeiten, das sie als Schuldige an der Niederlage an der Front hinstellt, das es uns ermöglicht, die Massen durch patriotische Parolen zu gewinnen.

Anfang 1936 hatte Tuchatschewski, bevor er als Vertreter seines Landes zur Beerdigung Georgs V. nach London reiste, den begehrten Titel eines Marschalls der Sowjetunion erhalten. Auf seinem Weg nach Großbritannien machte er selbstbewusst Halt in Warschau und Berlin, wo er Kontakte zu polnischen und deutschen Militärs knüpfte. Im August begannen die Dinge mit dem Prozess gegen den trotzkistisch-sinowjewistischen Terrorblock und noch mehr mit den anschließenden Verhaftungen von Pjatakow und Radek kompliziert zu werden. Beunruhigt wandte sich Tuchatschewski an Krestinski. Beide erkannten, dass die Beschleunigung der Ereignisse eine Anpassung des Plans an die neuen und veränderten Umstände erforderte, und dass es notwendig sein könnte, zuerst den Staatsstreich durchzuführen. Krestinski versprach, er werde Trotzki dringend eine Nachricht zukommen lassen. Der Text wurde im Oktober verschickt und lautete: „.... Eine große Anzahl von Trotzkisten ist verhaftet worden, aber dennoch sind die Hauptkräfte des Blocks noch nicht betroffen. Es können Maßnahmen ergriffen werden, aber dazu ist es für das Zentrum unerlässlich, dass die ausländische Intervention beschleunigt wird.

Im November 1936, im Rahmen des Achten Außerordentlichen Sowjetkongresses, konnten Tuchatschewski und Krestinski sich treffen und miteinander sprechen. Beide sehen, dass die Verhaftungen weitergehen und der Marschall sehr beunruhigt ist: Die Verhaftung von Putna, der Sturz von Jagoda und seine Ersetzung durch Jeschow zeigen, dass Stalin dem Komplott auf den Grund geht. Tuchatschewski sprach sich dafür aus, die Ereignisse unverzüglich zu beschleunigen, bevor es zu spät war. Krestinskij traf sich mit Rosengoltz und beide waren sich einig, dass Tuchatschewski Recht hatte. Daher wurde eine weitere Nachricht an Trotzki gesandt, in der erklärt wurde, dass Tuchatschewski vorschlug, zu handeln, ohne den Ausbruch des Krieges abzuwarten. Die Antwort Trotzkis traf Ende Dezember ein, in der er zustimmte. Tatsächlich war Trotzki nach der Verhaftung von Pjatakow zu demselben Schluss gekommen und hatte dies in einem Brief an Rosengoltz geschrieben, der sich mit dem erhaltenen Brief überschnitt. Mit dem Einverständnis des alten Führers im Exil wurde Tuchatschewski also ein Freibrief ausgestellt.

Aus den Aussagen der Angeklagten im Prozess vom März 1938 geht hervor, dass die Vorbereitungen für den Staatsstreich in den Monaten März und April 1937 beschleunigt wurden. Sayers und Kahn, die den Prozess als Hauptinformationsquelle nutzen, geben an, dass Ende März in der Moskauer Wohnung von Krestinskij, Tuchatschewski und Rosengoltz ein Treffen stattfand. Der Marschall soll damals verkündet haben, dass die Aktion Mitte Mai stattfinden könnte und dass die Putschisten an einer Reihe von möglichen Vorgehensweisen arbeiteten. Rosengoltz zufolge bestand eine der Möglichkeiten darin, dass eine Gruppe von Soldaten die Telefonzentrale des Kremls übernehmen und die Führer der Partei und der Regierung töten sollte. Nach diesem Plan sollte Gamarnik das Hauptquartier des Kommissariats für innere Angelegenheiten besetzen und es wäre seine Aufgabe, Woroschilow und Molotow zu liquidieren.

Gerade noch rechtzeitig ergreift die Regierung Maßnahmen, die es ihr ermöglichen, das Komplott zu stoppen. Am 8. Mai 1937 wurde durch ein Dekret das alte System der doppelten oder geteilten Befehlsgewalt wieder eingeführt, das den politischen Kommissaren enorme Macht verlieh. Dieses System war während des Bürgerkriegs eingeführt worden, um Offiziere zu kontrollieren, denen man nicht traute, weil sie in der zaristischen Armee gedient hatten. Am 9. Mai wurden diese Kommissare angewiesen, ihre Wachsamkeit zu erhöhen. In der Zwischenzeit wurde Tuchatschewski Anfang Mai von Woroschilow vorgeladen. Diejenigen, die ihn nach dem Gespräch mit dem Verteidigungskommissar gesehen haben, beschreiben ihn als ungewöhnlich düster und deprimiert. Einige Tage später wurde er erneut von Woroschilow vorgeladen, der ihn kühl über seine Entlassung als Stellvertreter des Verteidigungskommissars und seine Versetzung in den Militärbezirk Wolga informierte. Zwischen dem 10. und 11. Mai wurden diese und andere Versetzungen offiziell bekannt gegeben. Jakir, der in der Ukraine eine überragende Stellung einnehmen sollte, wurde von Kiew nach Leningrad versetzt. Am 14. Mai denunzierte W. Primakow, der seit August letzten Jahres inhaftiert war, nach Schlägen und Schlafentzug schließlich Jakir und später Tuchatschewski und andere. Auch Putna, die gefoltert worden war, zeigte am 14. Mai Tukhachevsky an. Am 15. Mai wurde Boris Feldman verhaftet und bestritt zunächst die Vorwürfe. Nach schweren Verhören unterschrieb er ein umfassendes Geständnis über die Verschwörung und beschuldigte Tuchatschewski, Jakir, Eideman und andere. Am 16. Mai wurde August Iwanowitsch Kork, ein General, der den Moskauer Militärbezirk befehligt hatte und seit 1935 Leiter der Militärakademie Frunze war, verhaftet. Obwohl er die Vorwürfe zunächst bestritt, unterzeichnete er schließlich am 18. Mai ein Geständnis, in dem er zugab, dass Avel Yenukidze ihn für die rechte Verschwörung rekrutiert hatte, die mit Putna und Primakovs trotzkistischer Gruppe verbunden war.

Schließlich ordnete Stalin um den 24. Mai nach Rücksprache mit Molotow, Woroschilow und Jeschow die Verhaftung und den Ausschluss Tuchatschewskis aus dem Zentralkomitee an. Am 28. Mai wurde in der Armee bekannt, dass der Fall an die „Untersuchungsorgane" übergeben worden war. Das Verhör von Tukhachevsky wurde von Yezhov persönlich durchgeführt, unterstützt von Z. M. Uschakow, einem Tschekisten mit dem Ruf des Sadismus, und von Grigorij (Izrail) Moisejewitsch Leplewski, einem weiteren Juden, der der neue Leiter der Sonderabteilung der Hauptverwaltung für Staatssicherheit (GUGB) des NKWD war. Am 29. akzeptierte der Marschall den Vorwurf der Spionage, der Verbindungen zu den Deutschen und der Anwerbung durch Jenukidse für die Verschwörung. Am selben Tag wurde General Ieronim P. Uborevich, der sich in Minsk aufhielt, nach Moskau beordert und ebenfalls verhaftet. Von Kork damit konfrontiert, leugnete er die Anschuldigungen, gestand aber schließlich, nachdem er gefoltert worden war. Der Tod von General Yan Gamarnik ereignete sich am 31. Juli, und über sein Schicksal gibt es verschiedene Berichte. Einigen Berichten zufolge wurde Gamarnik gefoltert und getötet; andere behaupten, er habe sich erschossen. Am selben Tag, dem 31. Mai, wurde Iona Yakir, der letzte der Verschwörer, verhaftet. Conquest enthüllt, dass er aus der Lubjanka an das Politbüro schrieb und seine sofortige Freilassung oder ein Gespräch mit Stalin verlangte, dem er schriftlich seine Unschuld beteuerte. Conquest transkribiert einen Auszug aus seinem Brief: „.... Mein ganzes bewusstes Leben habe ich damit verbracht, selbstlos und ehrlich im Sinne der Partei und ihrer Führer zu arbeiten...... Jedes Wort, das ich sage, ist unschuldig, und ich werde mit Worten der Liebe zu Euch, der Partei und dem Land sterben, mit unbegrenztem Glauben an den Sieg des Kommunismus". Der Sowjetologe fügt hinzu, dass Stalin über diesen Brief schrieb: „Schurke und Prostituierte". Woroschilow fügte hinzu: „eine absolut zutreffende Beschreibung". Molotow unterschrieb diese Bemerkung und Kaganowitsch fügte hinzu: „für Verräter und Abschaum, eine Strafe: die Todesstrafe". Nach neun Tagen harter Verhöre erhielt Uschakow schließlich ein detailliertes Geständnis von Jakir.

Am 11. Juni 1937 um elf Uhr vormittags wurden die Angeklagten vor ein Sondermilitärgericht des Obersten Gerichtshofs der UdSSR gebracht. In einer hinter verschlossenen Türen abgehaltenen Sitzung wurden alle an dem Komplott beteiligten Militärs zum Tode verurteilt. Das Urteil wurde am 12. Dezember verkündet und noch am selben Tag vollstreckt. Im offiziellen Kommuniqué, das am 11. Mai in der *Prawda* veröffentlicht wurde, hieß es: „Sie wurden beschuldigt, ihre militärischen Pflichten und ihr Treuegelöbnis gebrochen zu haben, Verrat an ihrem Land, Verrat an den Völkern der UdSSR und Verrat an den Arbeitern, Bauern und der Roten Armee begangen zu haben". In Woroschilows Bericht, der ebenfalls am 15. Juni in der *Prawda* veröffentlicht wurde, wurden die hingerichteten Soldaten mit Trotzki in Verbindung gebracht und beschuldigt, die Ermordung der Partei- und Regierungsführer vorbereitet und Spionage betrieben zu haben.

Die Repressionen, die in den folgenden Monaten gegen die Verwandten der Verschwörer und gegen alles, was in der Roten Armee den Anschein von Trotzkismus erweckte, eingesetzt wurden, hatten ein enormes Ausmaß. Ehefrauen, Kinder, Brüder, Schwestern und Verwandte der verurteilten Soldaten wurden verhaftet und in Konzentrationslagern interniert. Robert Conquest behauptet, dass die Ehefrauen von Jakir, Kork, Gamarnik und Tuchatschewski ebenso wie die Angehörigen anderer hingerichteter Soldaten später eliminiert wurden. In den Tagen und Wochen nach dem Prozess wurden etwa 20 Generäle aus der Moskauer Kaserne hingerichtet. Mehr als fünfzig Korps- und Divisionskommandeure und etwa tausend Offiziere wurden verhaftet. Die Säuberungen an der Kreml-Militärschule und der Frunze-Akademie waren rigoros. Im Kiewer Militärbezirk, der als „Jakir-Nest" gilt, wurden zwischen sechs- und siebenhundert Offiziere verhaftet. Beeindruckend sind auch die Daten von Conquest für die Marine: Von den neun Flottenadmirälen überlebte nur einer (Galler) die Säuberung. Auch seine Familienangehörigen und zahlreiche unterstellte Offiziere litten unter den Folgen der vom NKWD organisierten Säuberungsaktionen. Diesem Historiker zufolge dauerte die Säuberung das ganze Jahr 1938 über an. Eine zweite Säuberung der Armee begann im Januar mit einer neuen Runde von Verhaftungen, die hochrangige Kommandeure und Offiziere, darunter Marschall Jegorow, betraf. Eine zweite Welle erfolgte Ende Juli, als mehr als ein Dutzend Generäle des Heeres, der Luftwaffe und der Marine gesäubert wurden.

In Anbetracht der Fakten bleibt die Frage nach der Rolle Deutschlands in dieser Angelegenheit zu klären. Das ist eine heikle Aufgabe, denn einige Historiker scheinen mehr daran interessiert zu sein, die Wahrheit zu verbergen, als sie zu suchen. Leider ist Robert Conquest, ein Schulmeister, einer von ihnen. Conquest betrachtet die Moskauer Prozesse als „Schauprozesse". Obwohl er über eine beeindruckende Fülle von Informationen verfügt, besteht er darauf, aus verunreinigten Quellen zu schöpfen, denen er Glaubwürdigkeit verleiht, wenn sie ihm erlauben, seine These aufrechtzuerhalten, dass Stalin alles erfunden hat und dass es keine trotzkistische Verschwörung gab. Andrew Roberts in „*The Holy Fox" A Life of Lord Halifax*, ein Werk, auf das wir in einem anderen Kapitel zurückkommen werden, liquidiert die Säuberung von Trotzkisten in der Roten Armee mit folgenden Worten: „Stalins Säuberungen vom Juni 1937 hatten praktisch das gesamte Offizierskorps der Armee enthauptet. Fünf der sieben Marschälle und ein Großteil der Generäle und Obersten wurden in einem paranoiden stalinistischen Blutrausch erschossen". Mit anderen Worten: Trotz der Beweise, dass Trotzki der Schöpfer der Roten Armee war und seine Vertrauten, hauptsächlich Juden, in Schlüsselpositionen eingesetzt hatte; trotz des Wissens, dass der interne Machtkampf nach Trotzkis Absetzung durch Stalin entfesselt worden war, ziehen es die offiziellen Historiker vor, dies alles zu ignorieren und natürlich auch die jüdischen Bankiers zu verschweigen, die Trotzki finanzierten, dessen Bild sie unbefleckt lassen. So wird das Thema auf „stalinistische Paranoia", „Blutrausch" und „Schauprozesse" reduziert. Sehr akademische und professionelle Erklärungen.

Bezüglich der Beziehungen der Verschwörer zu den Deutschen akzeptiert Conquest als wahrscheinlichste Version die von Walter Hagen in einem 1950 in Linz erschienenen Buch mit dem deutschen Titel *Die geheime Front. Organisation, Personen und Aktionen des deutschen Geheimdienstes* (*The Secret Front. Organisation, Personen und Aktionen des deutschen Geheimdienstes*). Dieses Werk wurde 1952 unter dem *Titel Le Front Secret* ins Französische übersetzt, und ein Jahr später wurde *The Secret Front* auf Englisch veröffentlicht. Die von Conquest übernommene Version Hagens lautet in Kurzform wie folgt: Reinhard Heydrich schlug Hitler und Himmler Ende 1936 vor, ein gefälschtes Dossier über die Kontakte Tuchatschewskis zum deutschen Militär vorzulegen, um die Säuberung zu provozieren und das Potenzial der Roten Armee zu schädigen.

Zunächst muss, da es sich um eine Frage der Wertschätzung der Quelle handelt, gesagt werden, dass Walter Hagen das Pseudonym von Wilhelm Höttl ist, einer lügnerischen und unehrlichen Person, die nach der Niederlage Deutschlands alles tat, was die Feinde seines Landes von ihm verlangten. Mark Weber, Direktor des Institute for Historical Review, liefert in seinem Artikel „Wilhelm Höttl and the Elusive Six Million" eine Fülle interessanter Informationen über diese Person. Als Mitglied der NSDAP war Höttl ab 1939 im Reichssicherheitshauptamt (RSHA) tätig. 1945 wurde er von den Amerikanern in Österreich verhaftet und arbeitete mehrere Jahre lang als Geheimagent für die Vereinigten Staaten. Im April 2001 veröffentlichte die CIA die umfangreiche Akte Höttl, die einen detaillierten Bericht über ihn enthielt. Der Bericht mit dem Titel „Analysis of the Name File of Wilhelm Höttl" wurde von Miriam Kleiman und Robery Skwirot, zwei Regierungsermittlern der IWG (Interagency Working Group), erstellt. Diese Dokumente belegen, dass Höttl ein völlig unzuverlässiger Informant war, der routinemäßig Informationen fabrizierte, um diejenigen zufrieden zu stellen, die bereit waren, ihn zu bezahlen. In ihrem Bericht schreiben die beiden staatlichen Ermittler: „Höttls Akte umfasst etwa sechshundert Seiten und ist damit eine der umfangreichsten, die jemals ans Licht gekommen sind. Der Umfang der Akte ist auf Höttls Karriere als Nachkriegsgeheimdiensthändler zurückzuführen, der gute und schlechte Informationen an jeden weitergab, der bereit war, ihn zu bezahlen. In den Berichten wird Höttl mit zwölf verschiedenen Geheimdiensten in Verbindung gebracht: Vereinigte Staaten, Israel, Sowjetunion, Großbritannien, Frankreich, Jugoslawien, Österreich, Rumänien, Vatikan, Schweiz, Westdeutschland und Ungarn."

Unmittelbar nach seiner Gefangennahme begann Höttl für das OSS (Office of Strategic Services), den Vorgänger der CIA, zu arbeiten. Nach den Worten der beiden Forscher „diente Höttl den Interessen seiner Entführer". Zu diesem Zeitpunkt machte Höttl im Dienste des US-Geheimdienstes auf Ersuchen des amerikanischen Staatsanwalts vor dem Nürnberger Tribunal eine eidesstattliche Erklärung, dass Adolf Eichmann ihm gesagt habe, die Nazis hätten sechs Millionen Juden umgebracht. 1949 warnte ein Offizier des US-Geheimdienstes vor dem routinemäßigen Einsatz von Höttl für jegliche Zwecke und bezeichnete ihn als „einen Mann mit niedrigem Charakter und schlechter politischer Bilanz, dessen Einsatz bei nachrichtendienstlichen Aktivitäten, so profitabel sie auch sein mögen, eine kurzsichtige US-Politik darstellt". Im Jahr 1950 wurde Höttl in einer neuen CIA-Mitteilung als „berüchtigter Geheimdienstfälscher" bezeichnet. Im April 1952 wurden seine Berichte als „wertlos und möglicherweise maßlos oder falsch" bezeichnet.

Zahlreiche Geheimdienstberichte, die ihn mit Simon Wiesenthal, dem berühmten Nazi-Jäger, in Verbindung bringen, vervollständigen das Bild dieser undarstellbaren Quelle. In einem Bericht des Counter Intelligence Corps (CIC) der US-Armee vom Januar 1950 heißt es, Wiesenthal habe „die Dienste von Wilhelm Höttl in Anspruch genommen". Im Juli 1952 schließlich brach die in Österreich stationierte US-Armee die Beziehungen zu Höttl vollständig ab und warnte in einem Schreiben: „Dr. Höttl ist diesem Hauptquartier und anderen alliierten militärischen Organisationen in Österreich seit langem als Produzent von Geheimdienstinformationen bekannt. Seine Berichte bestehen in der Regel aus einem feinen Geflecht von Tatsachen, die mit Lügen, Täuschungen, Mutmaßungen und anderen falschen Informationen übertrieben werden. Diese Organisation wird absolut nichts mit Dr. Höttl oder einem anderen Mitglied seiner derzeitigen Entourage zu tun haben. Er ist eine Persona non grata für das amerikanische, französische und britische Personal in Österreich."

In aller Bescheidenheit sind wir ehrlich der Meinung, dass die Annahme historischer Fakten, die aus solchen Quellen stammen, eine Diskreditierung derjenigen darstellt, die dies tun. Unter Berufung auf Höttl/Hagen schreibt Conquest, die Erstellung der Dokumente, die Hitler an Stalin schickte, sei „ein zeitraubendes Kunstwerk" gewesen. Seiner Version zufolge leiteten Heydrich und Behrens im März 1937 die Fälschung eines 32-seitigen Dossiers mit Briefen, die über ein Jahr hinweg zwischen dem deutschen Oberkommando und Tuchatschewski ausgetauscht wurden. Der Graveur Franz Putzig, ein Spezialist für Passfälschungen, führte die Arbeit aus, der ein Foto Trotzkis mit deutschen Offizieren beigefügt war. Der deutsche Geheimdienst soll sich eine Unterschrift Tuchatschewskis aus dem Jahr 1926 beschafft haben, die, von Graphologen bequem nachgeahmt, zum Fälschen von Briefen verwendet wurde. Das Dossier wurde angeblich Anfang Mai Hitler und Himmler vorgelegt, die die Operation genehmigten. Conquest zufolge wurde eine Fotokopie dieses gefälschten Dokuments nach Prag geschickt, und Präsident Edvard Benes bestätigte dem sowjetischen Botschafter die Existenz des Komplotts. Außerdem, so Conquest weiter, „wurde ein Geheimagent von Heydrich mit einem Beamten der sowjetischen Botschaft in Verbindung gesetzt, zeigte ihm zwei Seiten und verlangte Geld für die Übergabe der übrigen. Der Beamte flog sofort nach Moskau und kehrte mit der Vollmacht zurück, das gesamte Dossier zu übergeben. Es wurde eine halbe Million Mark gezahlt (obwohl sich später herausstellte, dass es sich um Fälschungen handelte). Mitte Mai befanden sich die Dokumente in Stalins Händen". Mit anderen Worten: Die ganze Sache war ein Schwindel Hitlers, eine Falle, in die Stalin und seine Handlanger naiv hineinfielen.

Da die Angelegenheit es erforderte, konnten wir ein Exemplar einer der Ausgaben des Werks von Hagen/Höttl erwerben, um diese Quelle direkt zu prüfen. So haben wir *Le Front Secret*, 1952 in Paris erschienen, aus dem Deutschen übersetzt von Albert Thuman. Unter der Überschrift „Heydrichs größter Coup: Er übergibt Stalin das Dossier gegen Tukhachevsky" erzählt Höttl, der Produzent von Geheimdienstgeschichten, die bizarre Geschichte des gefälschten Dossiers über Tukhachevsky. Er beginnt mit der Enthüllung, dass Heydrich an den Diensten des weißen Generals N. Skoblin interessiert war, obwohl er wusste, dass dieser ein Doppelagent war, der als Mitglied der im Ausland lebenden Allrussischen Militärunion (ROVS) auch für die Sowjets tätig war. Damit wäre Skoblin, der später die Entführung von General Miller, dem Anführer der Weißen, ermöglichte, ein Dreifachagent geworden. An einer Stelle des Berichts schreibt Höttl: „Ihm (Skoblin) ist es zu verdanken, dass Heydrich ab Ende 1936 von einem angeblichen Plan Tuchatschewskis erfuhr, mit Hilfe der Roten Armee die Macht in Russland zu übernehmen und Stalin durch die Unterdrückung des gesamten sowjetischen Systems zu beseitigen". Die Idee, dass der Dreifachagent Skoblin die Gestapo und das NKWD mit Informationen über Tuchatschewski versorgte, ist nicht originell: Höttl/Hagen übernehmen sie von dem Trotzkisten Krivitsky, der sie bereits 1939 in *In Stalins Geheimdienst* dargelegt hatte. Auf jeden Fall implizierten diese Worte über Tuchatschewski, dass der Plan existierte. Höttl, der dies erkennt, beweist sofort sein Können und fügt hinzu: „War diese Information fundiert? Es ist besser, die Frage offen zu lassen. Und es besteht wenig Hoffnung, dass sie jemals beantwortet werden kann, da der Chef der GPU, Nicolai Yezhov, der die Elemente der Affäre an Vyshinsky lieferte, später einer ähnlichen Anschuldigung ausgesetzt war und dem Roten Napoleon vor dem Hinrichtungskommando folgte. Mit anderen Worten, um die ganze Sache noch verworrener zu machen, unterstellt Höttl/Hagen, dass der einzige, der die Wahrheit hätte enthüllen können, nämlich Jeschow, erschossen wurde.

Dann, weil sich die Fakten hartnäckig halten, räumt Höttl/Hagen erneut ein, dass es eine Spaltung innerhalb der Roten Armee gab, und schreibt, dass Hitler, bevor Heydrich ihm seinen Plan vorlegte, „die innere Spaltung, die das sowjetische Regime zu zerbrechen drohte, bereits als Chance für Deutschland erkannt hatte. Es gab die Möglichkeit, die Sowjetunion entscheidend zu schwächen, und zwei Wege, dies zu erreichen: entweder Tuchatschewski gegen Stalin zu unterstützen und damit zur Beseitigung des Bolschewismus beizutragen oder Tuchatschewski der Rache Stalins auszuliefern und damit die sowjetische Militärmacht zu lähmen. Für Deutschland war es zweifellos einfacher, zur Liquidierung Tuchatschewskis beizutragen, als ihn bei einem Staatsstreich gegen die Herren im Kreml zu unterstützen". Dieser Ansatz passt perfekt zu dem, was wir gesagt haben, d.h. die Trotzkisten setzten auf die Armee, um die Macht zu ergreifen, und strebten an, dass Hitler ihnen dabei hilft.

Es sind jedoch einige Einschränkungen angebracht. Zunächst einmal muss gesagt werden, dass es nicht stimmt, dass die „Beseitigung des Bolschewismus" beabsichtigt war. Es waren die alten Bolschewiki, die den Putsch unterstützten, die alte Garde der jüdischen Revolutionäre, die sich um Trotzki geschart hatten, seit dieser nach seiner Freilassung durch die Kanadier dank seines Freundes Bernard Baruch von New York aus nach Russland gekommen war. Es war der von Trotzki vertretene Kommunismus, der die internationale Finanzwelt interessierte. Die großen Finanziers wollten den Triumph der Opposition, und der Beweis dafür war, wie wir gesehen haben, die Rolle, die die Presse in den Vereinigten Staaten und in Europa spielte. Es sei daran erinnert, dass Radek im Prozess aussagte, Trotzki habe Pjatakow gesagt, dass die militärischen Vorbereitungen abgeschlossen seien und dass es nun darum gehe, „Deutschland durch diplomatische Bemühungen die Neutralität Großbritanniens zuzusichern". Wie ungeduldig die Trotzkisten auch gewesen sein mögen, es ist nur natürlich, dass Deutschland ohne diese Zusicherung kein Risiko eingehen würde.

In den Plänen der Verschwörung ging es darum, sowohl Stalin als auch Hitler loszuwerden, der unter anderem finanziert worden war, um Stalin anzugreifen. Trotzki und seine Anhänger dachten an einen Krieg, der dazu dienen sollte, beide zu Fall zu bringen. Der französische Botschafter in Moskau, R. Coulondre, warnte Hitler Berichten zufolge am 25. August 1939, dass im Falle eines Krieges Trotzki der eigentliche Gewinner sein würde. Es ist sehr wahrscheinlich, dass, wenn Hitler die UdSSR 1937 angegriffen hätte, die Vereinigten Staaten, Großbritannien und Frankreich unter dem Dach des Völkerbundes Deutschland den Krieg erklärt hätten, weil es einen Angriffskrieg begonnen hatte. So geschah es dann auch zwei Jahre später: Als Deutschland und Russland 1939 Polen teilten, erklärten London und Paris bekanntlich Deutschland den Krieg, nicht aber der UdSSR. Das wirklich Skandalöse daran ist, dass Stalin nicht nur seinen Anteil an Polen einnahm, sondern auch Estland, Lettland und Litauen annektierte, in Finnland einmarschierte und dann Bessarabien und die nördliche Bukowina besetzte. Alles ungestraft. Es war also logisch - und da haben Höttl/Hagen recht -, dass Deutschland sich für die weniger riskante Variante entschied.

Es ist eine ganz andere Frage, ob er es nötig hatte, Beweise durch eine spektakuläre Inszenierung zu fälschen, wie diejenigen behaupten, die darauf bestehen, dass das Militär nicht Teil der trotzkistischen Verschwörung war. Um unsere Widerlegung dieser Quelle abzuschließen, wollen wir uns zusammenfassend die Fakten ansehen, die Höttl/Hagen berichtet, der schreibt, dass die Fälschung im April 1937 begann und dass die Gestapo von NKWD-Agenten unterstützt wurde. Höttl/Hagen fügt hinzu, dass Hermann Behrens, Heydrichs Assistent, sie für Werkzeuge der sowjetischen Geheimpolizei hielt. In einem Keller in der Prinz-Albrecht Straße, so Höttl/Hagen, „wurde über Jahre hinweg Korrespondenz aller Art produziert und gestapelt". So wurden Quittungen von sowjetischen Generälen, Briefe und andere Dokumente mit den entsprechenden Stempeln der deutschen Generäle versehen. Interessanterweise wird Wilhelm Canaris, der Chef des deutschen Nachrichtendienstes (Abwehr), ein britischer Agent, ein Verräter, wie bekannt ist, aus der Operation herausgehalten. Höttl/Hagen behauptet, dass Heydrich in seinem Eifer, Canaris zu belasten, „Briefe fabriziert hat, in denen man den Dank des Abwehrchefs an Tuchatschewski und mehrere sowjetische Generäle für die von der Roten Armee erhaltenen Informationen lesen konnte". Conquest, der sich nur dann auf Höttl/Hagen beruft, wenn es ihm gerade in den Kram passt, behauptet, dass eine Kopie des Dossiers an die Tschechen übergeben wurde. Höttl/Hagen behauptet jedoch genau das Gegenteil. Er räumt ein, dass sie zunächst in Erwägung gezogen wurden, die Option aber verworfen wurde. Nach seiner Version „reiste Behrens unter falschem Namen in die Tschechoslowakei und führte ein Vorgespräch in Prag; aber dieser Weg erschien Heydrich letztlich zu unsicher. Die Tschechen weigerten sich nämlich, genau zu sagen, welche Etappen die Dokumente bei ihrer Übermittlung durchlaufen würden; es gab keine Garantie dafür, dass die Sendung nicht von einem Anhänger Tuktschewskis abgefangen werden würde. Heydrich entschied sich daher für einen direkten Weg über die sowjetische Botschaft in Berlin.

Wir können uns nicht länger mit dieser bizarren Geschichte aufhalten. Bernard Fay, ein in Harvard ausgebildeter französischer Historiker, der während der deutschen Besatzung Frankreichs (1940-1944) Direktor der Nationalbibliothek war, stellt kategorisch fest, dass Hitler Stalin Dokumente zur Verfügung stellte, die es ihm ermöglichten, die große militärische Säuberung durchzuführen. Fays Interesse als Quelle liegt in der Tatsache, dass er im Auftrag der Vichy-Regierung und mit Genehmigung der Gestapo die Geheimarchive des Grand Orient in Paris und der Freimaurerlogen in ganz Frankreich beschlagnahmte. Präsident Petain selbst beauftragte ihn mit dieser Arbeit, die es ihm ermöglichte, eine monatliche Publikation, *Les Documents Maçonniques*, herauszugeben. So erfuhr Fay beispielsweise, dass Admiral Canaris den britischen Generalstab gewarnt hatte, bevor Hitler im Mai 1940 die Offensive in Frankreich startete. Robert Conquest selbst stellt fest, dass der *Prawda-Korrespondent* in Berlin, W. Klimow, im Januar 1937 berichtete, dass in deutschen Armeekreisen von Verbindungen zur Roten Armee die Rede war, insbesondere zu Tuchatschewski. Am 16. März 1937 schickte die sowjetische Botschaft in Paris ein Telegramm nach Moskau, in dem sie vor Plänen in der deutschen Armee warnte, „einen Staatsstreich in der Sowjetunion zu fördern, indem sie Personen im Oberkommando der Roten Armee benutzt". Unserer Meinung nach scheint es klar zu sein, dass die Gestapo von dem Komplott der Generäle wusste und ein Interesse daran hatte, Stalin vor einer echten Verschwörung zu warnen.

Außerdem erfuhr Stalin kurz vor Beginn der Säuberung der Roten Armee, dass Deutschland die UdSSR nicht angreifen würde. Sehr zum Leidwesen der Trotzkisten und derjenigen, die sie ermutigten, insbesondere in den Vereinigten Staaten und in Großbritannien, gelang es Stalin und Hitler, ein Handelsabkommen zu schließen, das im Geheimen geschmiedet worden war. Trotz aller Versuche der Trotzkisten, den Erfolg der Bemühungen zu verhindern, glaubte Stalin an ein Abkommen mit Deutschland und hatte David Kandelaki als Handelsattaché an die Berliner Botschaft entsandt. Im Dezember 1936 nahm

Kandelaki auf eigenes Risiko Kontakt zu Dr. Schacht auf und sondierte die Möglichkeiten des Abkommens. Schacht machte Berichten zufolge zur Bedingung, dass Moskau die Aktivitäten der Kommunisten in Deutschland, das von Trotzkisten verseucht war, die nachts in den Straßen Berlins Plakate mit den Parolen „Nieder mit Hitler und Stalin" und „Es lebe Trotzki" aufhängten, nicht weiter unterstützen dürfe. Kandelaki reiste nach Moskau und beriet sich mit Stalin. Am 29. Januar 1937 trifft Kandelaki erneut mit Schacht zusammen und formuliert ihm gegenüber mündlich den Vorschlag Stalins und Molotows, direkte Verhandlungen aufzunehmen.

Ein Beweis dafür, wie schlecht das Abkommen gelaufen ist, lieferte einst der Leiter des Militärgeheimdienstes in Europa, Krivitsky. Seine Worte, als er davon erfuhr, sind es wert, zitiert zu werden: „... Eine Bombe schlug bei mir ein. Es war die streng geheime Nachricht, die mir Slutsky über die Unterzeichnung eines Abkommens zwischen Stalin und Hitler übermittelte, das von Kandelaki überbracht wurde". Krivitsky fügt hinzu, dass David Kandelaki im April in Moskau in Begleitung von „Rudolf" eingetroffen war, einem Untergebenen Slutskys, der neben Kandelaki als geheimer Vertreter des NKWD fungierte (zu diesem „Rudolf" muss gesagt werden, dass es sich um einen Juden namens Viliam Guenrijovich Fisher, alias Abel Rudolf, handelte, der bis zu seiner Festnahme durch das FBI im Juni 1957 im Geheimdienst blieb). Kandelakis Erfolg war so wichtig, dass er direkt von Stalin empfangen wurde. Ein Beweis für den Wert, den auch die Nazis dem Abkommen beimaßen, ist, dass Hitler Kandelaki ebenfalls persönlich empfangen hatte. Natürlich waren die ausländischen Mächte und die Mächte, die im Verborgenen arbeiteten, um Stalin zu stürzen, gegen dieses deutsch-sowjetische Abkommen.[16]

Bevor wir uns dem Prozess der Einundzwanzig zuwenden, können wir daher feststellen, dass nach dem Prozess gegen Pjatakow und Radek kein Zweifel daran bestehen kann, dass das Ziel darin bestand, einen Krieg zu provozieren, um Stalin zu beseitigen und Trotzki an die Macht in der UdSSR zu bringen. Die Erklärungen, die Sokolnikow und Radek während des Prozesses über den „Faschismus als die am besten organisierte Form des Kapitalismus" abgaben, waren zweifellos Zugeständnisse an die Strategie Stalins, dessen Machiavellismus und politische Gerissenheit den höchsten Grad erreichen. Es ist offensichtlich, dass Stalin wusste, dass die Verschwörung ihren Ursprung in

---

[16] Zu Kandelakis Mission in Berlin erklärt Burnett Bolloten in seinem monumentalen Werk *The Spanish Civil War: Revolution and Counterrevolution* in einer ausführlichen Notiz, dass Kandelaki neben dem Handelsabkommen auch ein politisches Abkommen vorschlug, das Hitler ablehnte. Das Dokument „Kandelaki-Mission" des deutschen Außenministeriums gelangte in die Hände der Alliierten. Das Dokument vom 11. Februar 1937, das schließlich 1983 veröffentlicht wurde, enthält die Worte von Jewgeni Gnedin, einem Mitglied der sowjetischen Botschaft in Berlin, der bei all Laute der Verhandlungen sein „Bedauern darüber zum Ausdruck brachte, dass die beiden Länder... nicht zu einer besseren Verständigung kommen konnten". Gnedin behauptete, er sei mit dem ausdrücklichen Auftrag nach Deutschland gereist, „die Möglichkeiten einer Verbesserung" der Beziehungen zu prüfen. In einer weiteren wichtigen Bemerkung sagte Gnedin, dass „obwohl die Komintern und die Sowjetunion dieselbe Ideologie hatten, die „Realpolitik" der UdSSR nichts mit der Komintern zu tun hatte".

der internationalen Hochfinanz hatte, dem Hauptnutznießer der Ausplünderung Russlands, der Zugeständnisse bei den Ressourcen und der Investitionen im Lande. All dies wurde durch seine Agenten erreicht, die genau die Männer waren, die versuchten, die Macht wiederzuerlangen, indem sie einen Krieg mit Hitlerdeutschland provozierten, das zu diesem Zweck aufrüsten durfte. Stalin schaltete nach und nach seine Gegner aus, indem er sie als deutsche und japanische Spione darstellte, obwohl sie in Wirklichkeit anderen Interessen dienten.

Die Behauptung, der Faschismus sei die am besten organisierte Form des Kapitalismus, ist ein Trugschluss, der nicht haltbar ist. Heute ist es eine unbestreitbare Tatsache, dass die „Demokratien" die Fassade des internationalen Kapitalismus sind, der sich des Neoliberalismus und der Globalisierung bedient, um die Souveränität der Länder vollständig aufzuheben. Der Zweite Weltkrieg diente dazu, den Nationalismus von Staaten, die sich als souverän bezeichneten und sich der Vorherrschaft des internationalen jüdischen Bankwesens widersetzten, für immer zu kriminalisieren. In Wirklichkeit wollten sich Deutschland, Japan, Italien und Spanien nicht an den Markt verkaufen, sie weigerten sich, sich mit Krediten zu versorgen, und versuchten, ihre Volkswirtschaften, ihre Industrie und ihre Ressourcen vor dem Raub und der Ausplünderung durch die „Bankster" zu schützen, die danach strebten und streben, alles zu besitzen. Gestern wie heute basiert die fortschrittlichste Form des Kapitalismus auf der Manipulation von Krediten durch die kreditgebenden Bankiers, die Schirmherren der so genannten Demokratien, in denen sie das System des Wuchers und der Verschuldung als ideales Paradies für ihre Geschäfte etabliert haben.

Der Prozess gegen die Einundzwanzig

Kurz bevor der Prozess der Einundzwanzig in Moskau begann, streckte Stalin in Paris seine lange Hand nach Lew Sedow aus, dem Sohn Trotzkis und Natalia Sedowas, seiner zweiten Frau. Ein ukrainischer Jude, der für den NKWD arbeitete, Mark Zborowski, hatte sein volles Vertrauen gewonnen und verriet Sedow in letzter Sekunde. Laut John J. Dziak, Autor von *Chekisty: A History of the KGB* und renommierter Experte für Verteidigung und Nachrichtendienst, wurde Zborowski 1933 rekrutiert und gehörte zu einer Gruppe von Agenten, die wichtige Gegner Stalins ermordeten, darunter Ignace Reiss (1937), ein trotzkistischer Jude und Freund von Walter Krivitsky, Andreu Nin (1937) und Krivistky selbst (1941). Um in die Kreise von Sedov in Paris zu gelangen, freundet sich Zborowski, genannt „Etienne", mit Jeanne Martin, der Frau von Sedov, an. Er erweckte so viel Vertrauen, dass er Sekretär von Trotzkis Sohn wurde und sogar einen Teil von Trotzkis Archiv in seinem eigenen Haus aufbewahrte. Daraus kann man sich leicht vorstellen, in welchem Umfang der NKWD über genaue Informationen verfügte.

In seinen Berichten verwendete Zborowski Decknamen: „Alter Mann" (Trotzki), „Sonny" (Sedow), „Iltis" (Trotzkisten). In einem Bericht des NKWD vom Januar 1937 schrieb Etienne: „Sonny erklärte während unseres Gesprächs in seiner Wohnung über den zweiten Prozess und die Rolle der Angeklagten: 'Jetzt dürfen wir nicht zögern. Stalin muss getötet werden. Am 8. Februar 1938 erlitt Lew Sedow einen Anfall von Blinddarmentzündung, und Etienne überredete ihn, sich in eine kleine, von russischen Emigranten betriebene Klinik in Paris zu begeben. Er informierte sofort den NKWD über den Aufenthaltsort von Trotzkis Sohn, der trotz einer erfolgreichen Operation am Tag seiner Einlieferung am 16. Februar unter großen Schmerzen starb. Nach dem Tod seines Sohnes leitete Trotzki eine Untersuchung ein. In der Zwischenzeit übernahm Etienne die Leitung der Organisation in Paris und redigierte weiterhin das *Oppositionsbulletin* zusammen mit der jüdischen Trotzkistin Lilia Estrin Dallin (Lilya Ginzberg), die den Decknamen „Neighbour" trug. Einige Historiker halten Mark Zborowski für den imposantesten sowjetischen Spion aller Zeiten.

Um sich ein vollständiges Bild von der trotzkistischen Verschwörung zu machen, muss der berühmte Prozess der Einundzwanzig, der letzte der Moskauer Prozesse, der offiziell als „Prozess des trotzkistisch-rechten Blocks" bezeichnet wurde, wiederholt werden. Das neue Jeschow-Team verbrachte fast ein Jahr mit der Vorbereitung. Abram A. Slutsky, der Trotzkist des Außenministeriums, „kollaborierte" bis zum 17. Februar 1938, als er liquidiert wurde. Sein Henker, Michail Frinowski, erklärte vor seiner Hinrichtung 1940, dass Jeschow ihm befohlen habe, „ihn in aller Stille zu beseitigen". Frinovsky rief Slutsky in sein Büro, und während sie sich unterhielten, trat ein Beamter ein und legte ihm eine Chloroformmaske an. Dann wurde ihm Gift injiziert, und anschließend wurde bekannt gegeben, dass er an einem Herzinfarkt gestorben sei. Neben dem bereits erwähnten Frinovsky war der Jude Isaak Illich Shapiro, Leiter des Sekretariats von Jeschow und der neuen Abteilung für die Untersuchung besonders wichtiger Fälle, die rechte Hand von Jeschow. Der dritte Assistent von Jeschow war Leonid Michailowitsch Sakowski (Genrij E. Stubis), ein grausamer Lette, der die Peitsche benutzte.

Der Prozess begann am 2. März 1938 und endete am 13. März. Den Vorsitz des Tribunals hatte erneut V. V. Ulrich den Vorsitz und der Ankläger war Wyschinski. Der *„Report of Court Proceedings in the Case of the Anti Soviet Bloc of Rights and Trotskyites"* (*Bericht über das Gerichtsverfahren im Fall des antisowjetischen Rechtsblocks und der Trotzkisten*), der eine englische Übersetzung des vollständigen Textes des Verfahrens enthält und 1938 vom Justizkommissariat veröffentlicht wurde, ist auf „Internet Achive" für Leser verfügbar, die unsere kurze Zusammenfassung lesen möchten. Die Anklage gegen den „Rechten Trotzkistischen Block" lautete: Beziehungen zu ausländischen Staaten mit dem Ziel, bewaffneten Beistand zu erhalten; Spionagetätigkeit zugunsten dieser Staaten; Sabotageakte in Industrie, Eisenbahn, Landwirtschaft, Finanzwesen und anderen Bereichen des sozialistischen Staates; Terrorakte gegen Partei- und Regierungsführer. Die Angeklagten waren: Nikolai Bucharin, Alexej Rykow, Nikolai Krestinskij, Christian Rakowskij, Génrij Jagoda, Arkadi Rosengoltz, Wladimir Iwanow, Michail Tschernow, Grigori Grinko, Isaak Zelenskij, Sergei Bessonov, Akmal Ikramov, Fayzulla Khodzhayev, Vasily Sharangovich, Pavel Bulanov, Prokopy

Zubarev, Lev Levin, Dmitry Pletnev, Ignaty Kazakov, Venyamin Maximov und Peotr Kryuchkov. Mit Ausnahme von Rykow waren die wichtigsten Führer des Blocks: Bucharin, Krestinski, Rakowski, Jagoda und Rosengoltz Juden. Bukharin, der den Block zusammen mit Rykow anführte, wurde beschuldigt, 1918 die Machtergreifung zu planen und Lenin töten zu wollen.

Der Ende Mai 1937 verhaftete Nikolai Krestinskij, ein jüdischer Konvertit, wie W. Molotow selbst verriet, war eine Überraschung, denn er bestätigte das in der ersten Aussage gemachte Geständnis nicht und bekannte sich nicht schuldig. Präsident Ulrich wiederholte die Frage: „Bekennen Sie sich schuldig?", worauf der Angeklagte antwortete: „Vor meiner Verhaftung war ich Mitglied der Kommunistischen Partei der Sowjetunion und bin es immer noch". Ulrich verlas erneut die Anklage, doch Krestinsky beharrte: „Ich war nie ein Trotzkist. Ich habe nie dem Block der Trotzkisten und der Rechten angehört und ich habe nie ein einziges Verbrechen begangen." Nach dieser Intervention des Angeklagten wurde eine kurze Pause eingelegt.

Dieser Krestinski war bekanntlich von 1918 bis 1922 Finanzkommissar, bis er von Grigori Sokolnikow (Brilliant) abgelöst wurde. Während ihrer Zeit als Finanzkommissare arbeiteten diese beiden Trotzkisten zusammen mit dem ebenfalls jüdischen Leonid Krasin (Goldgelb), der 1926 in London starb, Seite an Seite mit dem Spitzenvertreter der jüdischen Finanzinternationale, Olof Aschberg, dem Bankier der Revolution, der in Moskau eine Bank eröffnete, um Überweisungen abzuwickeln, und später die Ruskombank gründete, deren leitender Angestellter Max May von J.P. Morgan's Guaranty Trust war. Krestinsky wurde zum Botschafter in Deutschland ernannt, ein sehr wichtiger Posten, wenn man bedenkt, dass der Sieg des Kommunismus in Deutschland von dem Triumph von Trotzkis internationalistischen Thesen abhing. Wie wir wissen, war Krestinsky Direktor des „Gokhran" (Staatliche Schatzkammer für die Lagerung von Wertgegenständen), von wo aus er die Logistik der größten Plünderung der Geschichte organisierte. Die gesamte beschlagnahmte Beute kam in den Gokhran und wurde dort für die spätere Ausfuhr sortiert. An diesem Punkt war der allgegenwärtige Olof Aschberg, der zwischen 1921 und 1924 riesige Mengen an Gold, Platin und Diamanten aus dem Gokhran verarbeitete, wieder beteiligt.

Nach einer zwanzigminütigen Unterbrechung wird die Sitzung mit der Erklärung von Bessonow fortgesetzt, einem revolutionären Sozialisten, der sich 1918 wie Trotzki und Bucharin gegen den Frieden von Brest-Litowsk ausgesprochen hatte. Von seinem Posten als Botschaftsrat in der Berliner Botschaft aus fungierte er als Verbindungsmann zwischen Sedow und Trotzki. Bessonow, der am 28. Februar 1937 verhaftet worden war, gab eine detaillierte und präzise Erklärung ab. Unter anderem verwies er auf ein Treffen zwischen Trotzki und Krestinski im Oktober 1933. Als er von Wyschinski zu Krestinskijs Weigerung, sich als Trotzkist zu bekennen, befragt wurde, lächelte er: „Warum lächeln Sie", fragte ihn der Staatsanwalt. Er antwortete: „Ich lächle, weil der Grund, warum ich hier bin, der ist, dass Nikolai Nikolajewitsch Krestinskij mich als Verbindungsperson zu Trotzki ernannt hat. Abgesehen von ihm und Pjatakow wusste niemand davon. Hätte mir Krestinski im Dezember 1933 nichts davon erzählt, säße ich jetzt nicht auf der Anklagebank." Wyschinski befragte Krestinski sofort zu diesen Aussagen, der darauf bestand, dass er kein Trotzkist sei und nie mit Bessonow über Trotzki gesprochen habe.

> „Vyshinsky: Das bedeutet, dass Bessonov nicht die Wahrheit sagt und dass Sie die Wahrheit sagen. Sagen Sie immer die Wahrheit?
> Krestinsky: Nein.
> Vyshinsky: Nicht immer. Angeklagter Krestinsky, Sie und ich werden ernste Fragen zu prüfen haben, und es gibt keinen Grund, die Beherrschung zu verlieren. Sagt Bessonov also nicht die Wahrheit?
> Krestinsky: Nein.
> Vyshinsky: Aber Sie sagen auch nicht immer die Wahrheit, oder?
> Krestinsky: Ich habe bei den Ermittlungen nicht immer die Wahrheit gesagt.
> Vyshinsky: Aber in anderen Fällen sagen Sie immer die Wahrheit?
> Krestinsky: Ich sage die Wahrheit.
> Vyshinsky: Warum diese Respektlosigkeit gegenüber den Ermittlungen? Warum haben Sie während der Ermittlungen Unwahrheiten erzählt? Erklären Sie.
> Krestinsky: (Keine Antwort.)
> Vyshinsky: Ich höre Ihre Antwort nicht. Ich habe keine weiteren Fragen.

Als der Angeklagte darauf beharrte, dass Bessonow lüge und die Wahrheit sage, bat der Staatsanwalt Bessonow um weitere Einzelheiten. Er bezog sich auf ein anderes Gespräch mit Krestinskij, das im Mai 1933 in Moskau stattfand: „Unter welchen Umständen?", fragte Wyschinskij. Bessonow antwortete: „Nachdem ich mit der gesamten Handelsdelegation aus England nach Moskau zurückgekehrt war, wurde ich zum Botschaftsrat der Botschaft in Deutschland ernannt. Bevor ich diesen Posten antrat, hatte ich ein langes Gespräch mit Pjatakow und Krestinskij". Der Staatsanwalt forderte Krestinsky erneut auf, diese Aussage zu bestätigen, aber er wiederholte erneut, dass er nie dem trotzkistischen Block angehört habe. Aus dem Werk „Le Procès de Moscou" des Trotzkisten Pierre Broué, dessen Umschreibungen dazu einladen, davon auszugehen, dass alle lügen und dass der einzige, der die Wahrheit sagt, solange er seine widerspenstige Position aufrechterhalten kann, Krestinsky ist, geben wir ein ungekürztes Fragment des Verhörs wieder, das uns erlaubt, die Sachkenntnis des Staatsanwalts Vishinsky zu schätzen:

> „Krestinsky: Ich war nicht Teil des trotzkistischen Zentrums, weil ich kein Trotzkist war.
> Vyshinsky: War er nicht Trotzkist?
> Krestinsky: Nein.
> Vyshinsky: War das nicht schon immer so?
> Krestinsky: Ja, ich war bis 1927 ein Trotzkist.
> Der Präsident: Zu Beginn der Anhörung haben Sie auf eine meiner Fragen geantwortet, dass Sie nie ein Trotzkist gewesen sind. Das haben Sie erklärt.
> Krestinsky: Ich habe erklärt, dass ich kein Trotzkist bin.
> Vyshinsky: Sie waren also bis 1927 Trotzkist.
> Krestinsky: Ja.
> Vyshinsky: Und wann haben Sie 1927 aufgehört, Trotzkist zu sein?
> Krestinsky: Vor dem 15. Parteitag.

Vyshinsky: Erinnern Sie mich an das Datum.

Krestinski: Mein Bruch mit Trotzki und den Trotzkisten erfolgte am 27. November 1927, als ich über Serebrjakow, der aus Amerika zurückgekehrt war und sich in Moskau aufhielt, einen heftigen Brief mit einer scharfen Kritik schickte.

Vyshinsky: Wir haben diesen Brief nicht in unserem Register. Wir haben einen anderen Brief. Ihren Brief an Trotzki.

Krestinsky: Der Brief, auf den ich mich beziehe, befindet sich im Besitz des Untersuchungsrichters, da er bei der Durchsuchung meiner Wohnung beschlagnahmt wurde, und ich bitte darum, dass dieser Brief der Akte beigefügt wird.

Vyshinsky: In der Akte befindet sich ein Brief vom 11. Juli 1927, der bei der Durchsuchung in seinem Haus gefunden wurde.

Krestinsky: Aber es gibt noch eine andere vom 27. November...

Vyshinsky: Es gibt kein solches Schreiben.

Krestinsky: Das kann nicht sein.

Vyshinsky: Wir sind hier bei der Gerichtsverhandlung, und Sie haben während der Ermittlungen nicht die Wahrheit gesagt. Sie haben in der Voruntersuchung angegeben, dass Sie nicht formell Teil des Zentrums waren, aber dass Sie in allgemeiner Weise Teil des Zentrums waren. Haben Sie dies während der Untersuchung zugegeben?

Krestinsky: Nein, ich habe ihn nicht erkannt.

Vyshinsky: In Ihren Erklärungen (ff. 9 und 10) sagten Sie: „Formal war ich nicht Teil von..." Kann man also davon ausgehen, dass Sie auf nicht-formale Weise daran beteiligt waren? Ist das richtig?

Krestinsky: Er war keineswegs Teil des trotzkistischen Zentrums.

Vyshinsky: Kann man sagen, dass Sie falsche Aussagen gemacht haben?

Krestinsky: Ich habe soeben erklärt, dass die von mir gemachte Aussage nicht korrekt war.

Vyshinsky: Als ich ihn während der Voruntersuchung befragt habe, hat er nicht die Wahrheit gesagt?

Krestinsky: Nein.

Vyshinsky: Warum haben Sie mir nicht die Wahrheit gesagt? Habe ich Sie gebeten, nicht die Wahrheit zu sagen?

Krestinsky: Nein.

Vyshinsky: Habe ich Sie gebeten, die Wahrheit zu sagen?

Krestinsky: Ja.

Wyschinski: Warum haben Sie dann, obwohl ich Sie gebeten habe, die Wahrheit zu sagen, auf Ihren Lügen beharrt, sie vom Untersuchungsrichter aufzeichnen lassen und sofort unterschrieben? Warum?

Krestinsky: Ich habe im Vorfeld, bevor Sie mich befragt haben, in der Voruntersuchung falsche Angaben gemacht.

Vyshinsky: Und haben Sie sie behalten?

Krestinsky:... dann habe ich sie aufbewahrt, weil ich aus eigener Erfahrung davon überzeugt war, dass ich bis zur Gerichtsverhandlung, wenn es zu einem Prozess kommt, die Aussagen, die ich gemacht habe, nicht mehr entkräften kann.

Vyshinsky: Und Sie glauben, dass es Ihnen jetzt gelungen ist, sie zu entkräften?

Krestinsky: Nein, das ist nicht mehr das Wichtigste. Wichtig ist, dass ich erkläre, dass ich mich nicht als Trotzkist anerkenne. Ich bin kein Trotzkist.

Vyshinsky: Sie sagten, Sie befänden sich in einer besonderen konspirativen Situation. Was meinen Sie mit „besonderer konspirativer Situation"?

Krestynsky: Sie wissen sehr wohl, dass...

Vyshinsky: Rufen Sie mich nicht als Zeugen in dieser Angelegenheit auf. Ich frage Sie, was „besondere konspirative Situation" bedeutet.

Krestinsky: Das habe ich in meiner Erklärung gesagt.

Vyshinsky: Wollen Sie nicht auf meine Fragen antworten?

Krestinsky: Dieser Satz, in dem ich sage, dass ich mich in einer besonderen konspirativen Situation befinde, steht in meiner Erklärung vom 5. oder 9. Juni, die von Anfang bis Ende falsch ist.

Vyshinsky: Das frage ich Sie nicht, und ich bitte Sie, nicht voreilig zu sein mit Ihren Antworten. Ich frage Sie, was es bedeutet: Ich befinde mich in einer besonderen konspirativen Situation.

Krestinsky: Das entspricht nicht der Realität.

Vyshinsky: Das werden wir gleich sehen. Ich möchte auf die Bedeutung Ihrer Aussage eingehen, dass Sie sich in einer besonderen konspirativen Situation befanden.

Krestinsky: Wenn es wahr wäre, würde ich sagen, dass ich als echter Trotzkist alle Vorkehrungen treffe, um meine Mitgliedschaft im Trotzkismus zu verbergen.

Vyshinsky: Perfekt, und um es zu verbergen, muss man seinen Trotzkismus leugnen.

Krestinsky: Ja.

Vyshinsky: Nun, Sie behaupten, kein Trotzkist zu sein, aber ist das nicht, um die Tatsache zu verbergen, dass Sie Trotzkist sind?

Krestinsky (nach einer Pause): Nein, ich erkläre, dass ich kein Trotzkist bin".

Der Staatsanwalt rief daraufhin Arkadi Rosengoltz auf, einen weiteren Juden, der während des Bürgerkriegs Offizier bei Trotzki gewesen war. Er durchlief dann die Kommissariate für Verkehr und Finanzen. Als Botschafter in Großbritannien zwischen 1925 und 1927 überwachte er die sowjetische Spionage. Als Mitglied des Zentralkomitees der Kommunistischen Partei der Sowjetunion wurde er 1930 zum Kommissar für Außenhandel ernannt, ein Amt, das er bis Juni 1937 innehatte. Am 7. Oktober wurde er verhaftet. Krestinskij, der sich nicht wohl fühlte, brach zusammen. Wyschinski bat ihn, zuzuhören, und er antwortete, dass es ihm nach der Einnahme einer Tablette besser gehen würde, bat aber darum, einige Minuten lang nicht befragt zu werden.

„Wyschinski (an Rosengoltz gewandt): Angeklagter Rosengoltz, wussten Sie, dass Bessonow ein Trotzkist war?

Rosengoltz: Nein, das habe ich nicht gewusst.

Vyshinsky: Hat Pjatakov es Ihnen empfohlen?

Rosengoltz: Ich habe mich mit ihm nicht über dieses Thema unterhalten.

Vyshinsky: Aber wussten Sie, dass Bessonov ein Trotzkist war?

Rosengoltz. Ich habe es von Krestinsky erfahren.

Vyshinsky: Was hat Ihnen Krestinsky über Bessonov erzählt?

Rosengoltz: Dass er ein Trotzkist war und dass er ihm bei seiner trotzkistischen Tätigkeit geholfen hat.

Vyshinsky: Wer hat Ihnen das gesagt?

Rosengoltz: Ich habe es von Krestinsky erfahren.

Vyshinsky: Krestinsky persönlich?

Rosengoltz: Ja, Krestinsky persönlich.

Vyshinsky: Wissen Sie noch, welches Jahr das war?

Rosengoltz: Das kann ich nicht genau sagen.

Vyshinsky: Etwa 1933?

Rosengoltz: Ja, ungefähr.

Vyshinsky: Unter welchen Umständen und bei welcher Gelegenheit hat er das zu Ihnen gesagt?

Rosengoltz: Er sprach von den Mitarbeitern des Volkskommissariats für Auswärtige Angelegenheiten, die ihm bei dieser Arbeit geholfen haben, und erwähnte unter anderem Bessonow.

Vyshinsky (zu Krestinsky): Angeklagter Krestinsky, haben Sie diese Aussage gehört?

Krestinsky: Ich bestreite es.

Vyshinsky: Leugnen?

Krestinsky: Ich verneine.

Vyshinsky: Habe ich richtig gehört?

Krestinsky: Sie haben richtig gehört.

Vyshinsky: Ich habe keine weiteren Fragen".

Wiederum lieferten Rosengoltz und später Grigori F. Grinko Beweise für Krestinskijs Schuld, aber er blieb bei seiner Position. Grinko wurde am 13. August 1937 verhaftet, als er Finanzkommissar war, ein Amt, das er von 1930 bis 1937 innehatte. Am 5. Februar 1937 hatte Grinko seine Unterschrift unter die unbedeutende und nutzlose Quittung gesetzt, die die Sowjets für die 7.800 Kisten Gold aus den Reserven der Banco de España ausgestellt hatten. Nach der Vormittagssitzung und einer zweistündigen Unterbrechung begann die Nachmittagssitzung. Ein neuer Angeklagter, Rykov, bestätigte die Schuld von Krestinsky, der wiederum kategorisch jede Kenntnis von illegalen Aktivitäten bestritt. Die Sitzung endete am 2. März mit der Aussage von Mikhail A. Chernov, dem ehemaligen Kommissar des Innenministeriums der Russischen Föderation. Tschernow, ehemaliger Kommissar für Landwirtschaft, dessen Kontaktmann innerhalb des Blocks Rykow war, bestätigte im Wesentlichen die Aussage von Tschernow.

Der nächste Tag, der 3. März, begann mit der Aussage von Vladimir Ivanov, dem ehemaligen Kommissar für die Holzindustrie, dessen Aussage von großer Bedeutung ist. Zu Beginn seiner Vernehmung gab Iwanow an, dass er zwischen 1913 und 1916 unter dem Decknamen „Samarin" und der Spionennummer 163 Agent der Ojrana, der zaristischen Geheimpolizei, gewesen sei und dass er 1915 den Auftrag erhalten habe, die Bolschewiki zu infiltrieren. Nach dem Triumph der Revolution nahm Iwanow seinen Platz bei den linken Kommunisten ein und knüpfte Kontakte zu Bucharin, der ihm bei einer Gelegenheit mitteilte, dass er in grundlegenden Fragen Differenzen mit Lenin habe und daran arbeite, Kader zu organisieren, die bereit sein könnten, gegen Lenin vorzugehen. Die nächsten Fragen des Staatsanwalts lauteten:

„Wyschinski: Wie wollte Bucharin gegen Lenin vorgehen, wie bereitete er sich auf sein Vorgehen vor?

Ivanov: Ich war in einer ziemlich aggressiven Stimmung. Er hat nur auf den richtigen Moment gewartet. Er wollte seine eigenen Bilder haben.

Vyshinsky: Wozu?

Iwanow: Umsturz von Lenin

Vyshinsky: Wie wollten Sie ihn stürzen?

Ivanov: Sogar mit physikalischen Methoden''.

So gab Iwanow zu, an den Aktivitäten der Linkskommunisten gegen Lenin beteiligt gewesen zu sein, die zum Teil, wie er erklärte, auf Anweisung britischer Agenten arbeiteten, was Bucharin, als er von Iwanow zur Rede gestellt wurde, bestritt. Im Zusammenhang mit dieser Aussage Iwanows sei daran erinnert, dass das vorangegangene Kapitel den Abschnitt „Trotzki und das versuchte Attentat auf Lenin" enthält, in dem die angebliche Verwicklung von Bruce Lockhart, Lord Milners Mann, und Sidney Reilly, dem berühmten britischen Spion, in den versuchten Staatsstreich von 1918 erörtert wurde. Nach dem Kreuzverhör von Iwanow und Bucharin ging das Gericht zum Kreuzverhör von Prokopy Subarew über, das die Vormittagssitzung des 3. März abschloss.

Schließlich, um sechs Uhr abends, schlägt der Vorsitzende vor, mit der Aussage Krestinskijs fortzufahren, doch Wyschinskij meldet sich zu Wort und kündigt an, er wolle zunächst einige Fragen an Christian Rakowskij stellen, den bulgarischen Juden, der bis Juli 1923 Vorsitzender des Rates der Kommissare der Ukraine und später Botschafter in London und Paris gewesen war. Als überzeugter Internationalist lehnt Rakovsky wie Trotzki den Aufbau des Sozialismus in einem einzigen Land ab. Nach dem Selbstmord von Adolph Joffe, dem hartnäckigen jüdischen Trotzkisten, der die Revolution in Deutschland organisiert hatte, im November 1927 und nach der Niederlage der trotzkistischen Opposition im Dezember desselben Jahres ging Rakovsky ins Exil, nachdem er aus der Komintern, dem Zentralkomitee und der KPdSU ausgeschlossen worden war. Der Staatsanwalt forderte ihn sofort auf, den Inhalt eines Briefes zu erklären, den Krestinsky 1929 an ihn geschrieben hatte. Rakovsky antwortete, dass er ihn zur Rückkehr aufforderte, um die trotzkistischen Kader innerhalb der Partei zu erhalten und die Aktivitäten fortzusetzen. Daraufhin kam es zu einer unerwarteten Entwicklung, denn Wyschinski gab zu, dass Krestinsky Recht hatte und dass er unter den Dokumenten den Brief vom 27. November 1927 gefunden hatte, auf den sich der Angeklagte bezogen hatte. Der Staatsanwalt bat das Gericht um die Erlaubnis, Krestinsky und Rakovsky je eine Kopie des Schreibens zu übergeben. „Das ist der Brief", nickte Krestinky. Auch Rakovsky erinnerte sich, nachdem er ihn geprüft hatte. Wyschinski las einige Auszüge vor, und Rakowski stimmte dem Staatsanwalt zu, dass der Brief Kritik an der falschen Führung, der politischen Linie und der angewandten Taktik enthielt. All dies, so heißt es in dem Text, müsse korrigiert werden, um das Vertrauen der Massen und den Einfluss auf die Massen wiederherzustellen und zurückzugewinnen.

„Vyshinsky:...Was finden wir hier? Für mich sieht es aus wie eine Bewertung der taktischen Linie der Trotzkisten unter dem Gesichtspunkt der Interessen des trotzkistischen politischen Kampfes innerhalb der Partei und nicht wie ein Bruch mit dem Trotzkismus.
Rakovsky: Ja, das ist richtig, das kann ich voll und ganz bestätigen.
Vyshinsky (An Krestinsky): Haben Sie Rakovskys ausführliche Erklärung dessen, was Sie die Aufgabe des Trotzkismus nennen, gehört? Halten Sie Rakovskys Erklärung für richtig?

Krestinsky: Was Sie sagen, ist richtig.

Der Präsident: Können Sie bestätigen, was Rakovsky gesagt hat?

Krestinsky: Ja, das kann ich bestätigen.

Vyshinsky: Wenn das, was Rakovsky sagt, wahr ist, werden Sie dann weiterhin das Gericht in die Irre führen und leugnen, dass die Aussage, die Sie bei der Voruntersuchung gemacht haben, wahr ist?

Krestinsky: Ich bestätige voll und ganz die Aussage, die ich bei der Voruntersuchung gemacht habe.

Vyshinsky: Keine weiteren Fragen an Rakovsky. Ich habe eine Frage an Krestinsky: Was bedeutet denn seine gestrige Erklärung, die nur als trotzkistische Provokation vor dem Gericht angesehen werden kann?

Krestinsky: Gestern, unter dem Einfluss eines ängstlichen Gefühls falscher Scham, wegen der Atmosphäre und der Tatsache, dass ich auf der Anklagebank sitze, und auch wegen des schmerzhaften Eindrucks, den die Verlesung der Anklageschrift auf mich gemacht hat, was alles durch meinen ungesunden Zustand noch verschlimmert wurde, konnte ich nicht die Wahrheit sagen, ich konnte nicht sagen, dass ich schuldig bin. Und anstatt zu sagen: Ja, ich bin schuldig, sagte ich fast mechanisch: Nein, ich bin nicht schuldig.

Vyshinsky: Mechanisch?

Krestynsky: Ich hatte nicht den Mut, vor der Weltöffentlichkeit zuzugeben, dass ich die ganze Zeit einen trotzkistischen Kampf geführt habe. Ich bitte das Gericht, zu Protokoll zu nehmen, dass ich mich absolut und vorbehaltlos aller schweren Anschuldigungen gegen mich für schuldig erkläre und dass ich meine volle Verantwortung für den von mir begangenen Verrat und das Verbrechen anerkenne.

Vyshinsky: Vorläufig keine weiteren Fragen an den Angeklagten Krestinsky".

Aus der Aussage von Alexej Rykow, einem ehemaligen Ministerpräsidenten, der Alkoholiker war, stechen seine Informationen über die Ryutin-Plattform hervor. Er sagte, dass Tomski, Bucharin, Wassili Schmidt und Uglanow verantwortlich gewesen seien, dass Rjutin sich nur für sie eingesetzt habe und dass Yagodas Schutz die Hauptschuldigen gerettet habe. Der Staatsanwalt forderte ihn auf, seine Beziehung zu Yagoda näher zu erläutern, und konfrontierte die beiden während des Verhörs. Bei der Überprüfung dieser Aussage ist festzustellen, dass Rykow, Iwanow und Bucharin vor Gericht zugaben, dass sie die Aufstände der Kulaken organisiert und gefördert hatten. Nach einer Anspielung Rykows auf Bucharin erklärte dieser auf Anfrage des Staatsanwalts, dass er einen gewissen Slepkow in den Nordkaukasus geschickt habe, „um Aufstände anzuzetteln". Die Aufgabe bestand damals darin, die Unzufriedenheit der Kulaken mit der Sowjetmacht mit allen Mitteln zu schärfen, diese Unzufriedenheit zu schüren, Kader zu organisieren und Aktionen, einschließlich bewaffneter Aufstände, zu organisieren." Sowohl Rykow als auch Bucharin fügten hinzu, dass sie auch in Sibirien einen Agitator, Jakowenko, hatten, der die gleiche Arbeit der Agitation und des Aufstands mit Hilfe von Partisanen in der Region ausführte. Die Hauptrolle bei den Verhören spielte an vielen Stellen Bucharin, der eigentliche Führer des Blocks, der während der Verhandlungstage immer wieder von den Angeklagten mit seiner Person konfrontiert wurde. Vyshinky fragte Rykov, ob er den Terroristen Semyonov kenne, und er gab zu: „Eines Tages besuchte ich Bucharin in seiner Wohnung und fand dort einen Fremden sitzen, der sofort nach meiner Ankunft ging". Auf die Frage des Staatsanwalts, ob es sich bei dem Mann um Semjonow gehandelt habe, antwortete dieser mit Ja. Auf Drängen von Wyschinski gab Bucharin zu, dass er mit Semjonow in Verbindung stand und dass Semjonow auf seine Anweisung hin 1932 mit anderen revolutionären Sozialisten Anschläge auf das Leben von Stalin und Kaganowitsch vorbereitete. Um mit Rykow abzuschließen, bleibt noch hinzuzufügen, dass er, unterstützt von Krestinski und Rosengoltz, ausführlich die Beteiligung von Tuchatschewski und anderen Generälen an dem Block bestätigte. Aus diesen Erklärungen ergeben sich die Einzelheiten der Treffen in Moskau und der Briefkontakte mit Trotzki über die Notwendigkeit, den Staatsstreich zu beschleunigen, über die bereits berichtet wurde.

Der erste, der am nächsten Tag, dem 4. März, aussagte, war Wassili Scharangowitsch, ehemaliger Erster Sekretär in Belarus. In seiner Aussage gab er Einzelheiten zu Sabotageakten in ländlichen Gebieten an. Er sprach von einer absichtlich herbeigeführten Blutarmut in Weißrussland, um Tausende von Pferden zu beseitigen, die für Verteidigungszwecke benötigt wurden. Der Angeklagte gab die Zahl von dreißigtausend Pferden an, die infolge dieser Sabotageakte in der Landwirtschaft getötet wurden. Nach Sharangovich war der usbekische Führer Fayzulla Khodzhayev an der Reihe. Sein Geständnis, 1936 den Befehl erhalten zu haben, mit den Briten für die Abspaltung Usbekistans, das ein „britisches Protektorat" werden sollte, zusammenzuarbeiten, ist in seiner Neuartigkeit bemerkenswert:

> „Chodschajew:... Aber im Verhältnis zu den zentralasiatischen Republiken war das nächste mächtige Land England. Wir mussten eine Vereinbarung mit ihr treffen. Wir Rechten, sagte er (Bucharin), werden uns daran beteiligen, aber ihr seid näher an der Grenze, deshalb müsst ihr selbst Beziehungen aufbauen.
> Vyshinsky: In der Nähe welcher Grenze?
> Khodzhayev: Afghanistan. Dort gibt es eine britische Vertretung. Bucharin sagte, da es darum geht, dass die kapitalistischen Nationen uns helfen, die Macht zu erlangen, und ihr eure Unabhängigkeit gewinnt, müssen wir etwas versprechen, etwas geben.
> Vyshinsky: Was geben? Was versprechen?
> Chodschajew: Geben bedeutet, zumindest ein britisches Protektorat zu akzeptieren. Die wirtschaftlichen Aspekte brauchen wir natürlich nicht zu erwähnen. Usbekistan mit seinen fünf Millionen Einwohnern kann nicht ein unabhängiger Staat zwischen zwei Giganten werden, der UdSSR auf der einen und Großbritannien auf der anderen Seite. Wir sollten uns entweder der einen oder der anderen Seite annähern. Wenn man sich von einem Ufer entfernt, muss man sich auf ein anderes zubewegen.
> Vyshinsky: Hat Bucharin das gesagt?
> Khodzhayev: So habe ich es verstanden.
> Wyschinski: Und Bucharin wies auf England als das neue Ufer hin?
> Khodzhayev: So habe ich es verstanden".

Nach dieser Erklärung vertagte der Vorsitzende die Sitzung auf 18.00 Uhr. Der Staatsanwalt befragte dann Arkadi Rosengoltz, den ehemaligen Kommissar für Außenhandel. Der Staatsanwalt befragte anschließend Arkadi

Rosengoltz, den ehemaligen Kommissar für Außenhandel, dessen Aussage ständig mit der von Krestinskij verglichen wurde. Rosengoltz enthüllte, dass er Trotzki 1925 aufgefordert hatte, zuzugeben, dass die Theorie der „permanenten Revolution" falsch sei, dieser sich aber kategorisch geweigert hatte, dies zuzugeben. Nach Berichten über Treffen mit Lew Sedow 1933 in Felden und 1934 in Karlsbad erwähnte Rosengoltz sofort Krestinsky als Überbringer von Anweisungen. Diesem Angeklagten zufolge war Trotzki zunächst überzeugt, dass der Krieg 1935 oder 1936 ausbrechen würde. Als klar wurde, dass dies nicht der Fall sein würde, entschied man sich für den Staatsstreich. Rosengoltz spielte auf das Treffen in seiner Wohnung mit Tuchatschewski und Krestinski Ende März 1937 an, das bereits oben im Zusammenhang mit der Säuberung in der Armee erwähnt wurde. Rosengoltz wies auf Krestinsky als den Politiker hin, der mit dem Marschall verhandelte. Sehen wir uns einen Auszug aus diesen Beziehungen an.

> „Wyschinski: Angeklagter Krestinski, stimmt es, dass Sie Tuchatschewski systematisch dazu gedrängt haben, den Staatsstreich durchzuführen?
> Krestinsky: Schon im November 1936 war ich sehr dafür, den Staatsstreich zu beschleunigen. Ich brauchte Tuchatschewski nicht zu drängen, denn er war der gleichen Meinung und hatte sie selbst den Rechten, mir, Rosengoltz und Rudzutak erklärt und uns um die Erlaubnis gebeten, die Aktion durchzuführen, ohne einen bewaffneten Angriff abzuwarten. Es bestand also keine Notwendigkeit, ihn zu drängen. Wir waren uns in der Frage des Staatsstreichs völlig einig."

Wyschinski bat Rosengoltz, seine vorläufige Aussage über die Rolle Gamarniks zu präzisieren. Der Angeklagte bestätigte, dass sie ein Gespräch geführt hatten, in dem sich der General seines politischen Ansehens innerhalb der Armee sicher war und seine Überzeugung zum Ausdruck brachte, dass er während des Staatsstreichs mit Hilfe einiger wagemutiger Befehlshaber, zu denen er auch Gorjatschow zählte, das Kommissariat für innere Angelegenheiten übernehmen konnte. Dank seiner Position als Kommissar für Außenhandel habe Rosengoltz die trotzkistische Bewegung mit diplomatischer Post finanziert. Als eine der wichtigsten Operationen nannte er die von Krajewski, der Trotzki 300.000 Dollar aus den Mitteln des Kommissariats gestohlen hatte. Zu diesem Thema der Finanzierung der trotzkistischen Organisation wurde Krestinsky vom Staatsanwalt um weitere Informationen gebeten.

> „Krestinsky: Wir Trotzkisten hatten uns inzwischen daran gewöhnt, regelmäßig Beträge in harter Währung zu erhalten.
> Vyshinsky: Waren sie es gewohnt, Geld von ausländischen Geheimdiensten zu erhalten?
> Krestinsky: Ja, dieses Geld war für die Arbeit der Organisation in verschiedenen Ländern im Ausland, für die Veröffentlichung von Literatur und so weiter.
> Vyshinsky: Was ist das etcetera?
> Krestinsky: Für Reisekosten, für Agitatoren, für den Unterhalt von bestimmten Fachleuten in verschiedenen Ländern...".

Im Zuge dieser neuen Intervention enthüllte Krestinsky, der Botschafter in Berlin, dass sie zwischen 1923 und 1930 jährlich 250.000 Goldmark erhalten hatten. Er gab zu, dass er 1928 über das Reich einen Brief von Trotzki aus Alma Ata, wo er im Exil lebte, erhalten hatte, in dem er ihn anwies, Geld von den Deutschen zu erhalten. Krestinsky gab an, dass er mit General Seeckt in Verbindung stand, der zu diesem Zeitpunkt zurücktrat, so dass er den Kontakt zu seinem Nachfolger herstellen musste. Es war Seeckt selbst, der ihn mit Hammerstein, dem Stabschef der Reichswehr, in Verbindung brachte. Da die Verbindung mit dem deutschen Heer und nicht mit der Regierung als Ganzes hergestellt wurde, „als Hitler an die Macht kam", so Krestinsky, „und Hitler sich bemühte, das Heer unterzuordnen, und ein gewisses Misstrauen seitens einiger Heereschefs gegenüber Hitlers Versuchen, die Reichswehr zu durchdringen, konnte die deutsche Regierung nicht mehr mit dem Heer identifiziert werden, und es wurde notwendig, darüber nachzudenken, dass nicht nur die Reichswehr, sondern die deutsche Regierung als Ganzes die andere Partei unserer Vereinbarung wurde". Krestinsky führte weiter aus, dass die Deutschen im Austausch gegen Geld Spionageinformationen erhielten, die sie bei einem bewaffneten Angriff benötigen könnten.

Die Abendsitzung endete mit der Erklärung von Christian Rakovsky, für dessen Ausführungen kein Platz mehr zur Verfügung steht. Rakovsky bat um die Erlaubnis, einige einleitende Bemerkungen zu machen, die sich zu einer Rede voller relevanter Informationen entwickelten. Seine erste Bemerkung lautete: „Trotzki ist sozusagen das Leitmotiv in all diesen Verschwörungen, in all diesen Verbrechen und Verrat gegen die Sowjetunion, gegen die Führer der Regierung und der Partei". In diesem Sinne unterteilt er seine illoyalen Aktivitäten in zwei Perioden, in deren Mitte sein Exil liegt. Rakovsky bekennt sich zu seiner Mitgliedschaft im britischen Geheimdienst und erklärt, dass Trotzki seit 1926 mit dem britischen Geheimdienst in Verbindung gestanden habe. Er erinnerte daran, dass er im September 1934 als Leiter einer Delegation des Roten Kreuzes nach Japan gereist war, und verwies auf wichtige Kontakte mit Botschafter Jurjew, einem lebenslangen Trotzkisten, im Zusammenhang mit Verhandlungen über den Verkauf der Ostchinesischen Eisenbahngesellschaft, einem Geschäft, bei dem die Trotzkisten zu gewinnen hatten. An dieser Stelle beantragte der Vorsitzende Ulrich die Vertagung der Sitzung auf elf Uhr am nächsten Morgen.

Am 5. März bat der Vorsitzende Rakovsky, seine einleitenden Bemerkungen zu beenden, und er beendete sie, indem er von einem Gespräch berichtete, in dem eine Person, deren Namen er nicht nannte, ihr Unbehagen über Trotzkis Einmischung in die chinesische Frage zum Ausdruck brachte. Diese Person begann das Gespräch mit den Worten: „Wir wissen, dass Sie ein Unterstützer und enger Freund Trotzkis sind. Ich muss Sie bitten, ihm mitzuteilen, dass eine bestimmte Regierung mit Ihren Artikeln zur chinesischen Frage und auch mit dem Verhalten der chinesischen Trotzkisten unzufrieden ist. Wir haben das Recht, von Herrn Trotzki ein anderes Verhalten zu erwarten. Herr Trotzki sollte verstehen, was für eine solche Regierung notwendig ist." Wir verstehen, dass die chinesische Frage die Feindschaft zwischen Japan und Großbritannien schürte. Rakovsky wies darauf hin, ohne ins Detail zu gehen, dass ein provozierter Zwischenfall als gewünschter Vorwand für eine Intervention in China genutzt werden könnte, und schrieb in diesem Sinne an Trotzki, da die Trotzkisten mit beiden Geheimdiensten in Verbindung standen. Der Staatsanwalt wies in diesem Zusammenhang darauf hin, dass Krestinsky mit dem deutschen Geheimdienst in Verbindung stand, während Rakovsky von Verbindungen zum japanischen und britischen Geheimdienst sprach. Auf Anfrage von Wyschinski erklärte der Angeklagte ausführlich, wie er vom britischen SIS (Secret Intelligence Service) angeworben worden war. Wyschinski bat ihn, dem Gericht auch mitzuteilen, was er über Trotzkis eigene Verbindung zum SIS wusste.

> „Rakovsky: Es war kurz vor Trotzkis Verbannung nach Alma Ata. Zuerst sollte er nach Astrachan geschickt werden, aber es gelang ihm, dies in Alma Ata zu ändern. Als ich ihn in seiner Wohnung in der Granovsky-Straße besuchte, war er sehr zufrieden mit der Änderung. Ich war überrascht. Schließlich war es eine mehrtägige Reise von Frunze nach Alma Ata (damals gab es dort noch keine Eisenbahn). Er erwiderte: „Aber es ist näher an der chinesischen Grenze", und zeigte auf einige Karten. Er gab mir zu verstehen, dass er die Absicht hatte, zu fliehen. Ich fragte ihn, wie er die Flucht durch den Westen Chinas, durch Wüsten und Berge, ohne Hilfsmittel organisieren könne. „Der Geheimdienst wird mir helfen", antwortete Trotzki. Dann erzählte er mir streng vertraulich, dass er 1926 einen kriminellen Kontakt mit dem SIS hergestellt hatte.
> Vyshinsky: Durch wen?
> Rakovsky: Über einen der Vertreter der Lena-Goldabbaukonzession.
> Vyshinsky: Hatte er etwas mit der konzessionierten Firma zu tun?
> Rakovsky: Zu dieser Zeit war er Vorsitzender des Hauptausschusses der Händler.
> Wyschinski: Als er Vorsitzender des Konzessionsrates war, nahm er also über einen Vertreter der Lena-Goldminen Kontakt zum britischen Geheimdienst auf.
> Rakovsky: Völlig richtig....".

Rakoksky erklärte, er habe Trotzki 1903 kennengelernt und die Freundschaft sei gewachsen, bis er sein enger Freund geworden sei, sowohl persönlich als auch politisch. An einem Punkt des Verhörs gab Rakovsky zu verstehen, dass Deutschland und Japan nur Instrumente seien. Für jeden, der das verstehen konnte, deutete Rakovsky mehr an, als er sagte. Die Frage, die dieses Thema einleitete, lautete: „Zu wessen Nutzen führt ihr Trotzkisten diesen Kampf gegen den Sowjetstaat? Die Antwort lautete: „Um die Macht zu ergreifen". Als der Staatsanwalt ihn aufforderte, zuzugeben, dass sie beabsichtigten, die sozialistische Ordnung zu zerstören, widersprach Rakovsky und wies darauf hin, dass er nicht offen sagen könne, dass sie zum kapitalistischen System zurückkehren wollten, dass dies nicht das Ziel sei, das sie verfolgten. „Auf welcher Grundlage und mit welcher historischen Prognose handelten sie?", fragte Wyschinski. „Eine sehr unbestimmte Prognose, das war ein Abenteuer, wenn man die Macht ergreifen konnte, sehr gut, wenn nicht..." Der Staatsanwalt ließ ihn nicht zum Schluss kommen und gab vor, dass er in einer Weise aussagen würde, die seine These begünstigte, aber Rakovsky bestand darauf:

> „Rakovsky: Es gab überhaupt keine ideologische Prämisse.

Vyshinsky: Es gab überhaupt keine ideologische Prämisse?

Rakovsky: Nein.

Vyshinsky: Und das Ziel war ein erbitterter Kampf gegen den sozialistischen Staat mit dem Ziel der Machtergreifung? Und auf lange Sicht in wessen Interesse?

Rakovsky: Herr Staatsanwalt, wenn ich Ihnen sagen würde, dass wir die Macht ergreifen wollten, um sie den Faschisten zu übergeben, wären wir nicht nur die Verbrecher, die wir sind, wir wären auch verrückt. Aber...

Vyshinsky: Aber?

Rakovsky: Aber als wir dachten, es sei möglich, die Macht zu übernehmen und sie zu behalten, ohne sie den Faschisten zu überlassen, war das eine Torheit, eine Utopie.

Wyschinski: Wenn es Ihnen also gelungen wäre, die Macht zu ergreifen, wäre sie dann unweigerlich in die Hände der Faschisten gefallen?

Rakovsky: Ich teile diese Ansicht voll und ganz.

Vyshinsky: Sie wollten also mit Hilfe der Faschisten die Macht ergreifen?

Rakovsky: Mit Hilfe der Faschisten.

Vyshinsky: Wenn die Faschisten für Sie die Macht übernommen hätten, in wessen Händen wäre sie dann gewesen?

Rakovsky: Die Geschichte weiß es.

Vyshinsky: Nein, lass die Geschichte in Ruhe".

Dieses Fragment ist unserer Meinung nach absolut bedeutsam. Rakovsky konnte in seinen Unterstellungen nicht weiter gehen, denn er hätte sagen müssen, dass der Einsatz der Faschisten ein Mechanismus zur Wiedererlangung der Macht war, dass sie zu diesem Zweck Hitler finanzierten und die Wiederaufrüstung Hitlerdeutschlands ermöglichten, und dass sie auf lange Sicht beabsichtigten, wieder den Interessen der jüdischen Finanzinternationale zu dienen, die den Kommunismus unterstützt hatte, um sich die Ressourcen Russlands durch die Arbeit seiner „Revolutionäre" anzueignen. Als der Staatsanwalt sagte, dass er keine weiteren Fragen habe, bat Rakovsky um die Erlaubnis, einige Worte zu sagen, und erinnerte daran, dass er acht Monate lang die Aussage verweigert habe und dass er, als er sich entschloss, sich schuldig zu bekennen, „eine vollständige, umfassende und offene Erklärung" abgeben wollte. Der Vorsitzende kündigte eine zwanzigminütige Vertagung an.

Zum nächsten Angeklagten, Isaac Abramovich Zelensky, der seit 1931 dem Zentralverband der Konsumvereine (Tsentrosoyud) vorstand, sei nur gesagt, dass er behauptete, an der Förderung der Agitation unter den Kulaken und an Sabotageaktionen beteiligt gewesen zu sein, die darauf abzielten, Unzufriedenheit in der Bevölkerung zu erzeugen. Zu diesem Zweck arbeitete er daran, die Läden und den Markt mit dem Nötigsten zu versorgen: Salz, Butter, Eier, Zucker, Getreide und andere grundlegende Konsumgüter. Am Ende des Verhörs unterbrach der Vorsitzende die Sitzung, die um 18.00 Uhr mit der Aussage eines usbekischen Führers, Akmal Ikramov, der seit 1920 erster Sekretär des Zentralkomitees der Partei in Usbekistan war, fortgesetzt wurde. Dieser Angeklagte wurde mit Bucharin, Zelenski und Chodschajew wegen Sabotage und terroristischer Aktivitäten konfrontiert, aber wir ersparen uns seine Aussage, da sie nichts Neues hinzufügt und wir Nikolai Bucharin, dem wichtigsten Angeklagten des Prozesses, mehr Raum widmen müssen.

Abgesehen von Bucharins (Dolgolewskis) Führung des trotzkistisch-rechtsgerichteten Blocks ist es von Interesse, was im Prozess über seine Beteiligung an dem Komplott zur Ermordung Lenins enthüllt wurde. In dieser Arbeit wurde seinerzeit behauptet, dass Trotzki, der mit Lenins Entscheidung, den Vertrag von Brest-Litowsk zu unterzeichnen, nicht einverstanden war, hinter den Ereignissen steckte. Schauen wir uns also einige Momente aus Bucharins sehr langer Erklärung an. Nachdem der Angeklagte die Anschuldigungen akzeptiert hatte, begann Wischinski mit dem Verhör. Der Staatsanwalt ging zunächst auf Aspekte ein, die bereits in den vorangegangenen Prozessen festgestellt worden waren, z. B. die Bereitschaft der Trotzkisten, Gebiete der UdSSR an Deutschland und Japan abzutreten, oder die Beteiligung des Blocks an aufrührerischen Aktivitäten. Auf die Frage nach seiner Beteiligung an der Ermordung Kirows leugnete Bucharin, ebenso wie Rykow, als er mit dem ersteren konfrontiert wurde.

Wyschinski bat sie, sich zu setzen und fragte Yagoda. Sowohl Rykow als auch Bucharin", so der ehemalige NKWD-Chef, „lügen. Rykow und Jenukidse waren bei dem Treffen anwesend, bei dem die Ermordung von S.M. Kirow besprochen wurde". Der Staatsanwalt gab daraufhin eine lakonische Antwort vor und bestand auf der Frage: „Hatten die Angeklagten Rykow und Bucharin irgendeine Verbindung zu dem Attentat?" Die Antwort lautete: „Direkte Verbindung". Wyschinski nutzte die Gelegenheit, um Yagoda zu fragen: „Hatten Sie als Mitglied des trotzkistischen und rechten Blocks irgendeine Verbindung zu dem Mord?" Yagoda antwortete: „Ich hatte. Der Staatsanwalt ließ das Thema Terrorismus nicht ruhen und erkundigte sich weiter nach den von Trotzki ausgehenden Leitlinien im Zusammenhang mit der Ermordung führender Persönlichkeiten. Auf die Frage, ob er als Mitglied des rechten und trotzkistischen Blocks terroristische Handlungen befürworte, bejahte Bucharin dies. Plötzlich erkundigte sich Wyschinski:

„Wyschinski: Waren Sie nicht für die Ermordung unserer Partei- und Regierungsführer im Jahr 1918?
Bucharin: Nein, das war ich nicht.
Wyschinski: Waren Sie für die Verhaftung von Lenin?
Bukharin: Seine Verhaftung? Es gab zwei Pläne. Über einen habe ich Lenin selbst informiert. Über den zweiten habe ich aus Gründen der Diskretion geschwiegen, über den ich, wenn Sie wollen, Einzelheiten nennen kann. Sie fand statt.
Vyshinsky: Hat es stattgefunden?
Bukharin. Ja.
Vyshinsky: Was ist mit der Ermordung von Wladimir Iljitsch?
Bucharin: Beim ersten Mal wurde vorgeschlagen, ihn für vierundzwanzig Stunden unter Arrest zu stellen. Es gab diese Formel. Aber im zweiten Fall...
Vyshinsky: Und wenn Wladimir Ilich sich der Verhaftung widersetzt?
Bucharin: Wladimir Iljitsch hat sich, wie Sie wissen, nie an bewaffneten Konflikten beteiligt. Er war kein Kämpfer.
Vyshinsky: Sie hofften also, dass Wladimir Ilich bei seiner Verhaftung keinen Widerstand leisten würde?

Bucharin: Sehen Sie, ich kann einen anderen Fall nennen. Als die linken sozialistischen Revolutionäre Dserschinski verhafteten, leistete auch er keinen bewaffneten Widerstand.

Vyshinsky: Das hängt immer von den Umständen ab, also haben Sie in diesem Fall damit gerechnet, dass es keinen Widerstand geben würde?

Bukharin: Ja.

Der Staatsanwalt wollte wissen, ob es 1918 auch Pläne gab, Stalin zu verhaften. Der Angeklagte stellte klar, dass es Gespräche über die Verhaftung von Stalin und Sverdlov gegeben habe. Wyschinski unterbrach die Befragung an dieser Stelle und kündigte an, dass er am Ende der Sitzung oder in der Verhandlung am nächsten Tag das Gericht bitten werde, eine Reihe von Zeugen im Zusammenhang mit dem Plan zur Verhaftung und Ermordung Lenins zu benennen. Er nannte Jakowlewa, Ossinski und Manzew, Mitglieder der so genannten „Linkskommunisten", sowie Karelin und Kamkow, Mitglieder des Zentralkomitees der Sozialistischen Revolutionäre. Nach eingehender Beratung beschloss das Gericht, den Vorladungen dieser Zeugen stattzugeben.

Bucharin hatte zu Beginn seines Verhörs darum gebeten, wie bei Rachowski, bestimmte Umstände berücksichtigen zu dürfen. Der Vorsitzende gab seinem Antrag statt, nachdem er ihn darauf hingewiesen hatte, dass er die Gelegenheit nicht nutzen solle, um sich zu verteidigen, da er die Möglichkeit haben werde, das letzte Plädoyer zu halten. Der Angeklagte ging auf die Anfänge seiner konterrevolutionären Tätigkeit zurück, sprach über die Entwicklung der Kampfmethoden und die Bildung von Gruppen und Kadern. Im Zusammenhang mit der Hierarchie der Opposition, an deren Spitze er stand, erläuterte er seine Beziehung zu Tomski (Honigberg), der im August 1936 Selbstmord begangen hatte, und zu Rykow, als beide, wie er selbst, Mitglieder des Politbüros und des Zentralkomitees waren. Anschließend erläuterte er auf seine Kontakte zu Sinowjew, Kamenew und Pjatakow und ging auf die Reichweite der so genannten Ryutin-Plattform ein. Sowohl der Staatsanwalt als auch der Vorsitzende unterbrachen ihn und sagten ihm, dass er „um den heißen Brei herumrede" und zum Punkt kommen solle. Dann berichtete Bucharin von einer illegalen Konferenz, die 1932 in Moskau stattfand und an der über das ganze Land verstreute Agitatoren und Saboteure wie Slepkow oder Jakowenko teilnahmen, um über ihre Aktivitäten zu berichten. Die Sitzung endete, ohne dass Bucharin seinen Vortrag beendet hatte.

Um elf Uhr am Morgen des 7. März nahm Bucharin seinen Bericht wieder auf. Er bezog sich auf die Bildung konspirativer Gruppen innerhalb der Armee und erwähnte die Rolle von Jenukidse, der ihm 1932 sagte, dass sich „in den höheren Rängen der Roten Armee bereits Rechtsradikale, Sinowjewisten und Trotzkisten zusammengeschlossen hatten". Unter den von Jenukidse genannten Personen nannte der Angeklagte Tuchatschewski, Korlt, Primakow und Putna. Im Zusammenhang mit dem Staatsstreich räumte er ein, dass die Rechten bereits 1929-30 einen „Palastputsch" geplant hatten, da die Verschwörer im Kreml saßen. Im weiteren Verlauf der Aussage fragte Wyschinski: „Angeklagter Bucharin, haben Sie mit Radek Verhandlungen über die Ukraine geführt? Der Angeklagte stellte klar, dass es sich nicht um Verhandlungen, sondern um

Gespräche handelte. Bucharin erklärte, Radek habe ihn „über Trotzkis Verhandlungen mit den Deutschen informiert, die territoriale Zugeständnisse im Gegenzug für Hilfe an die konterrevolutionären Organisationen vorsahen". Bucharin wies schnell darauf hin, dass er gegen territoriale Zugeständnisse sei und sich nicht an Trotzkis Anweisungen gebunden fühle. Der Staatsanwalt akzeptierte diese Distanzierung nicht und begann eine Reihe von Konfrontationen mit Rykow, um dessen Verantwortung für die Verhandlungen zu beweisen. Der Unterhändler war der jüdische Freimaurer Lev M. Karakhan (Karakhanyan), einer der führenden bolschewistischen Astrologen, der zusammen mit Trotzki und Joffe der sowjetischen Delegation in Brest-Litowsk als deren Sekretär angehörte. Karakhan war 1921 Botschafter in Polen, 1923-26 in China und ab 1934 in der Türkei, bis er am 20. September 1937 zusammen mit Jenukidse und anderen verhaftet und hingerichtet wurde, weshalb er dem Prozess nicht beiwohnen konnte. Zwischen 1927 und 1934 war Karakhan stellvertretender Kommissar für auswärtige Angelegenheiten. Der Kommissar war ebenfalls ein Jude und Freimaurer, Maksim Litvinov (Meyer Hennokh Wallakh), theoretisch ein Trotzkist, der überraschenderweise neun Jahre lang an der Spitze des Kommissariats blieb. Nach dieser kurzen Zusammenfassung folgt eine Passage aus dem Verhör, in dem Bucharin von Rykow konfrontiert wurde:

„Vyshinsky: Angeklagter Rykov, hat Karakhan die Verhandlungen auf eigene Initiative aufgenommen?

Rykow: Er hat sie auf Anweisung und Initiative von Tomski unternommen, aber Bucharin und ich haben diese Initiative unterstützt, als wir von den Verhandlungen erfuhren.

Vyshinsky: Sie unterstützten nicht nur die Verhandlungen, sondern auch die Initiative, d.h. die ganze Sache.

Rykov: Keiner von uns ist ein Kind. Wenn man diese Dinge nicht unterstützt, muss man sie bekämpfen. Man kann bei solchen Dingen nicht mit Neutralität spielen.

Wyschinski: Es kann also festgestellt werden, dass Karachan mit Wissen Bucharins Verhandlungen mit den deutschen Faschisten führte. Angeklagter Rykow, können Sie das bestätigen?

Rykov: Ja.

Bucharin: Was meinen Sie mit Bucharins Wissen? Es ist nicht wahr, dass ich wusste, dass er dorthin gehen würde.

Vyshinsky: Ich spreche nicht davon, dorthin zu gehen. Wissen Sie, was Initiative bedeutet?

Bukharin: Ich kann es mir denken.

Vyshinsky: Aus der Ferne? Ich sehe, dass Ihre Position Sie dazu zwingt, entfernte Annahmen zu treffen, die sehr klar sind.

Bucharin: Das ist möglich.

Wyschinski: Der Angeklagte Rykow hat soeben vor Ihnen ausgesagt, dass Karachan die Verhandlungen mit den Deutschen nicht auf seine eigene Initiative, sondern auf die von Tomski aufgenommen hat.

Bucharin: Aber weder Rykow noch ich wussten das.

Vyshinsky: Aber Sie haben ihn später unterstützt, als Sie davon erfuhren?

Bucharin: Rykow hat bereits erklärt, dass es in solchen Fällen keine Neutralität geben kann. Wenn ich die Verhandlungen nicht abgebrochen habe, dann habe ich sie unterstützt. Aber das ist eine Umschreibung dessen, was ich gesagt habe: Wenn ich sie nicht missbilligt habe, habe ich sie gebilligt.

Vyshinsky: Also, Angeklagter Bucharin, übernehmen Sie die Verantwortung für die Karachan-Verhandlungen mit den Deutschen?

Bucharin: Zweifelsohne.

Später erklärte Bucharin, er habe Radek im Sommer 1934 gebeten, an Trotzki zu schreiben und ihm mitzuteilen, dass er bei den Verhandlungen zu weit gegangen sei. Er äußerte die Befürchtung, dass die Deutschen am Ende von einem Vorvertrag zurücktreten könnten. Er äußerte auch Zweifel an Tukhachevsky. Er befürchtete, dass er bonapartistische Tendenzen haben könnte: „In meinen Gesprächen habe ich Tukhachevsky immer als einen potentiellen kleinen Napoleon bezeichnet. Und Sie wissen ja, wie sich Napoleon gegenüber so genannten Idealisten verhielt. Wyschinski erwiderte: „Und Sie halten sich für einen Idealisten?" Im weiteren Verlauf der Verhandlungen und Staatsstreichpläne berichtete der Angeklagte von drei Gesprächen, die 1935 nach Karachans Ankunft in Moskau aus der Türkei geführt wurden: das erste mit Tomski, das zweite mit Jenukidse und das dritte mit Karachan selbst. Im ersten Gespräch habe er Tomsky gefragt, „wie er sich den Mechanismus der Intervention vorstellt". Die Antwort lautete: „Das ist eine Frage der militärischen Organisation, die die Front für die Deutschen öffnen wird". Diese Aussage löste einen Austausch von Fragen mit dem Staatsanwalt aus, der wissen wollte, was genau mit „Öffnung der Front" gemeint war.

In diesem Zusammenhang kam die Frage auf, ob man dem Militär die Schuld an der Niederlage geben sollte, was den Politikern die Möglichkeit eröffnete, eine Kampagne mit patriotischen Slogans zu starten, um die Massen für sich zu gewinnen. Vishinsky empörte sich: „Sie spielen mit patriotischen Slogans, spekulieren mit ihnen, tun so, als hätte jemand Verrat begangen, aber Sie seien Patrioten...". Der Staatsanwalt fragte ihn dann, ob er das Thema in den Gesprächen mit Jenukidse und Karachan angesprochen habe. Der Angeklagte sagte, die Deutschen hätten Karachan um ein Militärbündnis und die Aufhebung der Beistandspakte der UdSSR mit der Tschechoslowakei und Frankreich gebeten. Karachan, so Bucharin, habe der zweiten Forderung zugestimmt. Wyschinski beharrte auf dem Konzept der „Frontöffnung" und fragte, ob dies mit Karachan in Erwägung gezogen worden sei. Der Staatsanwalt beschuldigte Bucharin, der Urheber dieser Idee zu sein, und Rykow bestätigte: „Ich habe die Idee der Frontöffnung zum ersten Mal aus dem Mund Bucharins gehört.

Schließlich waren die vom Staatsanwalt geforderten Zeugen an der Reihe. Varvara Nikolaevna Yakovleva war die erste, die sich meldete. Jakowlewa war im März 1918 in der Moskauer Tscheka tätig. Als erstes akzeptierte sie die Teilnahme an der Gruppe der „Linkskommunisten", deren Organisator und Führer Bucharin war. Wyschinski bat sie, über die wichtigsten antisowjetischen Aktivitäten der Gruppe zu berichten, und sie erklärte, dass in Moskau ein kleiner Rat gebildet wurde, dessen Sekretärin sie war, bis sie durch Manzew ersetzt wurde, als dieser nach Leningrad ging. Sie räumte ein, dass in den Diskussionen des Moskauer Rates beschlossen wurde, gegen die Befürworter des Friedens mit Deutschland zu kämpfen. Sie verwies auf eine

Rede von Stukow, die im Protokollbuch des Moskauer Regionalrats festgehalten ist und in der Stukow sagte, man dürfe nicht zurückschrecken, und bereits auf die Möglichkeit hinwies, bis zur physischen Beseitigung von Lenin, Stalin und Swerdlow zu gehen. Sie fügte hinzu, dass sie und Mantsev erkannten, dass die Gruppe durch die schriftliche Aufzeichnung illegaler Aktivitäten kompromittiert war, und beschlossen, aus dem Protokollbuch die Seiten zu entfernen, auf denen die Intervention von Stukov aufgezeichnet war, der ihnen später mitteilte, dass seine Intervention von Bucharin genehmigt worden war. Jakowlewa sagte vor Gericht aus, dass Bucharin selbst ihr gegenüber bestätigt habe, dass er Stukow unterstützt habe. Da die Aussage dieser Zeugin nicht zu übersehen ist, erteilen wir ihr das Wort:

> „Jakowlewa:... Gleichzeitig erzählte mir Bucharin, dass er (Stukow) nicht der einzige war, der so dachte, dass Bucharin ein offenes Gespräch mit Trotzki über dieses Thema geführt hatte und dass Trotzki ebenfalls der Meinung war, dass der politische Kampf über die Frage von Krieg und Frieden gerade erst begonnen hatte, dass die linken Kommunisten die Möglichkeit in Betracht ziehen sollten, dass der Kampf über die Grenzen der Partei hinausgehen könnte, und dass Verbündete gesucht werden sollten, denen man vertrauen konnte. Trotzki hatte Bucharin gesagt, dass die Linken Sozialistischen Revolutionäre, deren Position in dieser Frage ganz klar war, solche Verbündeten sein könnten. Bucharin sagte auch, dass Trotzki der Meinung sei, dass der Kampf aggressivere Formen annehmen sollte, die nicht nur die Ablösung der Regierung, sondern ihren Sturz und die physische Beseitigung der Partei- und Regierungsführer beinhalten. Er erwähnte sofort Lenin, Sverdlov und Stalin. Bucharin teilte mir mit, dass Trotzki ihm im Laufe des Gesprächs offen gesagt habe, dass seine Zwischenposition in der Frage der Friedensunterzeichnung nur ein taktisches Manöver sei, dass er sich einfach nicht traue, sich aktiv für die Linkskommunisten, d.h. gegen die Unterzeichnung des Friedens, auszusprechen, weil er ein neuer Mann in der Partei sei, und wenn er öffentlich die Position der Linkskommunisten einnehme, würde man sagen, er sei in die Partei eingetreten, um Lenin zu bekämpfen. Während dieses Gesprächs, als er mit mir über Trotzkis Position und mögliche Verbündete sprach, erwähnte Bucharin auch Sinowjew und Kamenjew. Er sagte, dass beide in der Frage von Krieg und Frieden eine schwankende Haltung einnahmen und dass sie während der Diskussion über diese Frage ihm gegenüber in privaten Gesprächen wiederholt zum Ausdruck gebracht hatten, dass sie den Ansatz der Linkskommunisten befürworteten. Bucharin sagte, dass Sinowjew und Kamenjew es nicht wagten, sich offen gegen Lenin auszusprechen, da sie ihre Position in dieser Frage während der Oktobertage kompromittiert hatten.... Er sagte, dass Sinowjew und Kamenew, wie Bucharin und Trotzki, der Meinung waren, dass der politische Kampf in der Frage von Krieg und Frieden über die Grenzen der Partei hinausgeht...".

Jakowlewa fuhr fort, die Ereignisse von 1918 genau zu schildern, wie z. B. ein Gespräch mit Sinowjew im Hotel Astoria, zu dem sie von Bucharin mitgenommen wurde, um die Meinung des bolschewistischen Führers selbst zu hören. Sie spielte auch auf den Austritt der Linkssozialistischen Revolutionäre aus der Regierung an, weil diese gegen die Unterzeichnung des Friedensvertrags waren. Im Februar 1918 seien Bucharin und Pjatakow an die

Linkssozialistischen Revolutionäre herangetreten, um sie zur Bildung einer alternativen Regierung mit den Linkskommunisten zu bewegen. Letztendlich führten die Linkssozialistischen Revolutionäre den Juli-Aufstand mit ihren eigenen Kräften durch, da die Linkskommunisten als Organisation praktisch nicht mehr existierten. Nach Jakowlewas Ausführungen begann der Staatsanwalt, Bucharin einige Behauptungen des Zeugen entgegenzusetzen:

> Wyschinski: Angeklagter Bucharin, waren Sie 1918 der Organisator und Leiter der Gruppe „Linke Kommunisten"?
> Bukharin: Ich war einer der Organisatoren.
> Vyshinsky: Haben Sie offen über die Verhaftung von Lenin, Sverdlov und Stalin gesprochen?
> Bucharin: Es gab Gespräche über Verhaftung, aber nicht über physische Vernichtung. Das war nicht in der Zeit vor Brest-Litowsk, sondern danach. Vor dem Frieden von Brest-Litowsk bestand die Hauptorientierung der linken Kommunisten darin, die Mehrheit in der Partei mit legitimen Mitteln zu erreichen.
> Vyshinsky: Welche rechtlichen Mittel?
> Bucharin: Debatten, Abstimmungen auf Versammlungen und all das.
> Vyshinsky: Und wann ist diese Hoffnung verschwunden?
> Bucharin: Nach dem Frieden von Brest-Litowsk. Ich möchte dies klarstellen, um Jakowlews Aussage zu widerlegen. Sie spricht von einer Zeit vor Brest-Litowsk, was keinen Sinn macht, denn damals hatten wir und die Trotzkisten eine Mehrheit im Zentralkomitee und waren zuversichtlich, eine Mehrheit innerhalb der Partei zu erreichen. Zu dieser Zeit von konspirativen Aktivitäten zu sprechen, macht keinen Sinn. Damals habe ich mit Pjatakow gesprochen, als Karelin und Kamkow vorschlugen, eine neue Regierung zu bilden.
> Vyshinsky: Wann war das?
> Bucharin: Das war vor dem Frieden von Brest-Litowsk. Sie schlugen vor, eine Regierung zu bilden, indem sie Lenin für vierundzwanzig Stunden verhafteten."

Diese Antwort ermöglichte es dem Staatsanwalt festzustellen, dass es vor dem Frieden von Brest-Litowsk Gespräche zum Sturz der Regierung Lenin gegeben hatte, auch wenn Bucharin dies zu leugnen vorgab.

> „Wyschinski: Ich frage Sie, gab es vor dem Abschluss von Brest-Litowsk Verhandlungen mit den revolutionären Sozialisten, um Lenin zu verhaften?
> Bukharin: Ja.
> Vyshinsky: Und gab es auch Verhandlungen nach dem Frieden von Brest-Litowsk?
> Bucharin: Nach dem Frieden von Brest-Litowsk gab es Verhandlungen".

Nachdem die Pläne zur Verhaftung Lenins gegenüber Swerdlow und Stalin bestätigt worden waren, ging Wyschinski noch einen Schritt weiter und begann mit der Befragung zum Thema der physischen Beseitigung Lenins, wozu er Bucharin mit Jakowlewa konfrontierte, die erklärte, Bucharin habe ihr gesagt, dass eine physische Beseitigung nicht ausgeschlossen sei. Bucharin bat daraufhin um die Erlaubnis, Fragen an den Zeugen stellen zu dürfen, was der Vorsitzende gewährte, die Sitzung aber sofort unterbrach. Als die Verhandlung am Nachmittag wieder aufgenommen wurde, vereitelte Ulrich schließlich

Bucharins Befragung von Jakowlewa, da seine Fragen in keinem Zusammenhang mit dem Fall standen und der Angeklagte gegen Artikel 257 der Strafprozessordnung verstieß, dessen Wortlaut vom Vorsitzenden Ulrich verlesen wurde. Der Angeklagte argumentierte, dass er, da er seine eigene Verteidigung durchführe, bestimmte Fragen stellen müsse. Nach und nach wurden der Vorsitzende Richter und der Staatsanwalt nachsichtiger, und Bucharin konnte schließlich alle Zeugen ohne Probleme befragen. Walerian W. Ossinskij war der nächste Zeuge und bestätigte Jakowlews Aussagen über die Pläne der Linken Sozialistischen Revolutionäre, die Macht durch bewaffnete Aktionen zu ergreifen. Ossinsky bestätigte, dass es Pläne zur Ermordung von Lenin, Sverdlov und Stalin gab.

> „Wyschinski: Woher wussten Sie, dass der Block der Verschwörer 1918 ein Attentat auf Lenin, Swerdlow und Stalin plante?
> Ossinsky: Zuerst von Jakowlewa und dann von Bucharin.
> Wyschinski: Hat Bucharin diese Absicht persönlich bekräftigt?
> Ossinsky: Ja.
> Vyshinsky: Und wie war Ihre Haltung dazu?
> Ossinsky: Was war meine Haltung? Wollen Sie meine politische Haltung oder meine subjektive Haltung wissen? Wie auch immer, ich lasse meine subjektive Einstellung beiseite. Da ich nicht dagegen war, habe ich folglich zugestimmt.
> Vyshinsky: Und Sie haben niemanden darüber informiert?
> Ossinsky: Ich habe niemanden informiert.
> Vyshinsky: Keine weiteren Fragen".

Vasily Nikolayevich Mantsev, der dritte Zeuge der Gruppe der Linkskommunisten, der einer ihrer Führer war, trat dann ein. Manzew erklärte, dass Bucharin der Ansicht war, dass die Sowjetregierung Lenins die Interessen der proletarischen Revolution verriet, und bestätigte die Aussagen seiner Kollegen. Zur Vernichtung des Protokolls des Moskauer Rates, das die Rede enthielt, in der Stukow die Ermordung Lenins befürwortete, sagte er, er und Jawowlewa hätten sie auf Anweisung Bucharins aus dem Protokollbuch herausgerissen: „Er schlug vor, diese Protokolle aus dem Buch herauszunehmen, um die konspirativen Aktivitäten der Linkskommunisten zu verbergen. Bucharin weigerte sich, die Aussagen der drei Zeugen zu akzeptieren, die ihn in das Komplott zur Ermordung Lenins verwickelt hatten, und bezichtigte sie der Lüge. Es folgt ein Auszug aus diesem Verhör:

> „Wyschinski: Hatten Sie Gelegenheit, Trotzki zu besuchen und mit ihm über diese Angelegenheit zu sprechen?
> Mantsev: Ja, ich habe Trotzki besucht und ihm davon erzählt.
> Wyschinski: Hat Trotzki mit Ihnen über die Notwendigkeit der Ermordung von Lenin, Stalin und Swerdlow gesprochen?
> Mantsev: Ja, Trotzki hat darüber gesprochen.
> Wyschinski: Wenn Bucharin also erklärt, dass die Initiative auch von Trotzki ausging, sagt er dann die Wahrheit?
> Mantsev: Ja, in diesem Fall sagt er die Wahrheit.
> Wyschinski: Heißt das, man kann sagen, dass Trotzki zusammen mit Bucharin plante, Lenin, Stalin und Swerdlow zu töten?

Mantsev: Ja, das ist richtig.

Vyshinsky: Wie haben Sie von diesem Plan erfahren?

Mantsev: Ich habe es persönlich von Jakowlewa, von Trotzki und anderen erfahren.

Vyshinsky: Hat Trotzki über die Notwendigkeit gesprochen, Lenin und Stalin zu ermorden?

Mantsev: Ja, das hat er.

Wyschinski: Hat Bucharin Ihnen gesagt, dass er selbst zur Ermordung von Lenin und Stalin angestiftet hat?

Mantsev: Das war eine Entscheidung".

Boris Dawidowitsch Kamkow, ein jüdisches Mitglied des Zentralkomitees der Revolutionären Sozialisten von 1918, war der nächste Zeuge. Vielleicht erinnert sich der Leser daran, dass dieser Kamkow, der zu den revolutionären Sozialisten gehörte, die die Sitzungen des Fünften Sowjetkongresses im Juli 1918 leiteten, dafür verantwortlich war, den deutschen Botschafter während einer der Sitzungen des Kongresses öffentlich zurechtzuweisen. Zwei Tage später wurde Mirbach von dem Juden Jakow Blumkin ermordet. Kamkow begann seine Erklärung mit einem Hinweis auf ein Treffen mit Bucharin im Smolny-Institut, bei dem er ihm mitteilte, dass die Position der bolschewistischen Partei infolge der Haltung zum Frieden von Brest-Litowsk kompliziert geworden sei und ein sehr ernstes Niveau erreicht habe: „Er sagte, dass sie die Möglichkeit der Bildung einer Anti-Brest-Regierung aus linken Kommunisten und linken sozialistischen Revolutionären unter dem Vorsitz von Pjatakow diskutierten". Für die revolutionären Sozialisten, so dieser Zeuge, sei der Frieden inakzeptabel und sie seien bereit, ihn mit allen Mitteln zu verhindern. Er bestätigte, dass sie die Unterstützung der Linkskommunisten für die Ermordung des Botschafters Mirbach hatten, die direkt von Blumkin, Trotzkis engstem Vertrauten, ausgeführt wurde, um den Frieden von Brest-Litowsk zu vereiteln. Hier ist ein Auszug aus dem Verhör:

„Vyshinsky: Waren Sie übrigens als Mitglied der Linken Sozialistischen Revolutionäre direkt an der Ermordung von Mirbach beteiligt?

Kamkow: Das habe ich.

Vyshinsky: Wussten die linken Kommunisten von den Vorbereitungen für das Mirbach-Attentat und den Juli-Aufstand?

Kamkov: Ja.

Vyshinsky: Vollständig?

Kamkov: Vollständig, nach den Informationen, die ich von Karelin erhalten habe, wie ich in der Voruntersuchung erklärt habe.

Vyshinsky: Ja, natürlich, nach der einen oder anderen Information.

Kamkov: Genau das wollte ich sagen.

Wyschinski: Das ist ganz klar. Ich frage Sie: War sich insbesondere Bucharin als Führer der Linkskommunisten - bewusst, dass die revolutionären Sozialisten einen Aufstand vorbereiteten, der im Juli 1918 tatsächlich ausbrach?

Kamkov: Nach dem, was Karelin mir erzählt hat, war ich mir dessen bewusst.

Vyshinsky: Waren Sie sich dessen voll bewusst?

Kamkov: Höchstwahrscheinlich nicht teilweise, aber vollständig".

Wladimir Alexandrowitsch Karelin, der wie Kamkow ebenfalls Jude war, wie Bruce Lockhart in *Memoirs of a British Agent* mit absoluter Sicherheit feststellt, war der letzte der vom Staatsanwalt aufgerufenen Zeugen. Er war 1918 ebenfalls Mitglied des Zentralkomitees der Linken Sozialistischen Revolutionären Partei und betrat auf Bitten des Vorsitzenden Ulrich den Gerichtssaal. Karelin gab zu, dass er sowie Kamkow und Proschjan mit Bucharin als Führer der Linkskommunisten verhandelt hatten. Diesem Zeugen zufolge bestand im Dezember 1917 die Hoffnung, dass Bucharins Gruppe schließlich das Zentralkomitee der Kommunistischen Partei kontrollieren könnte. Er erwähnte Trotzkis berühmten Satz: „Weder Krieg noch Frieden", der das Scheitern der Verhandlungen von Brest-Litowsk andeutete. Karelin sagte, dass im Dezember/Januar 1918 die sowjetische Vertretung erweitert wurde und dass er selbst Mitglied der Delegation war. Er erwähnte Marc Nathanson (Isaac Sternberg), einen jüdischen Führer der revolutionären Sozialisten, der der Regierung Lenins angehörte. Nathanson war auch Mitglied des Zentralkomitees seiner Partei, und laut Karelin war er es, der sie darüber informierte, dass mit Bucharin vereinbart worden war, dass die Verhandlungen scheitern und zu einem Revolutionskrieg führen würden. Karelin behauptete, er selbst habe zusammen mit Nathanson und Proschjan die Verhandlungen mit der Gruppe um Bucharin, Radek und Pjatakow geführt, deren Ergebnis nach dem Sturz der Regierung Lenin zu einer Koalitionsregierung führen sollte. Dieser Zeuge bestätigte auch, dass die Ermordung der Partei- und Regierungsführer in Erwägung gezogen wurde. Dieser Teil des Verhörs ist es wert, zitiert zu werden.

„Wyschinski: Bucharin sagte, dass die Ermordung des Botschafters...
Karelin: Dass die terroristische Aktion gegen den deutschen Botschafter Mirbach ein schockierender und effektiver Schritt zum Bruch des Friedens von Brest-Litowsk wäre.
Wyschinski: Hatte das Attentat auf W. I. Lenin am 30. August 1918 durch den revolutionären Sozialisten Kaplan mit dem Plan zu tun, Lenin, Stalin und Swerdlow zu ermorden?
Karelin: Ja, der Juli-Aufstand der Linken Sozialistischen Revolutionäre sollte sofortige Kontakte mit den Rechten Sozialistischen Revolutionären nach sich ziehen.... Proschjan, der für die Kampforganisation der Linken Sozialistischen Revolutionäre zuständig war, erstattete dem Zentralkomitee einen Bericht, in dem er sagte, dass Bucharin auf einem terroristischen Akt bestanden habe. Und ich muss sagen, dass das Zentralkomitee der Linken Sozialistischen Revolutionäre über diese Entwicklungen informiert war, obwohl dies zwanzig Jahre lang verheimlicht und vertuscht wurde.
Vyshinsky: Über was informiert?
Karelin: Dass die rechten revolutionären Sozialisten durch ihre Kampforganisation einen Anschlag auf Wladimir Ilich Lenin vorbereiteten.
Wyschinski: Heißt das, dass das Zentralkomitee der Partei der linken sozialistischen Revolutionäre Informationen über die Vorbereitungen zur Ermordung Lenins hatte?
Karelin: Ja
Vyshinsky: Und was hatte Bucharin damit zu tun?
Karelin: Nach Angaben von Proschjan, der mit Bucharin verhandelte, drängte Bucharin darauf, die terroristische Aktion zu beschleunigen...

Wyschinski: Bestätigen Sie, dass die Vorbereitungen der rechten revolutionären Sozialisten für ein Attentat auf Lenin in Zusammenarbeit mit Bucharin durchgeführt wurden?
Karelin: Mit den Linkskommunisten. Wir betrachteten Bucharin als den Führer der Linkskommunisten".

Diese schwerwiegenden Anschuldigungen zwangen den Staatsanwalt natürlich, Bucharin zu Karelins Aussage zu befragen. „Antwort: „Ich bestreite kategorisch jede Verbindung". Wyschinski antwortete: „Außerdem bezeugt Jakowlewa, dass Sie 1918 dem Plan zur Verhaftung und Ermordung der Genossen Lenin, Stalin und Swerdlow zugestimmt haben. Karelin bezeugt dasselbe. Ossinsky bezeugt dasselbe, und Mantsev bezeugt dasselbe. Ich frage Sie: Wer hat Ihnen die Anweisung gegeben, dieses Verbrechen zu organisieren; welcher Geheimdienst hat Ihnen diese Anweisungen gegeben?" Bucharin beharrte: „Ich bestreite diese Tatsache vollständig." Der Staatsanwalt sagte, er habe keine weiteren Fragen und bat Karelin, sich zu setzen, aber Bucharin bat darum, ihn zu befragen. In seinem Bestreben, die Gruppe der Linkskommunisten von dem Komplott vom Juli 1918 zu distanzieren, stellt er die folgende Frage:

„Bucharin: Weiß der Bürger Karelin, dass während des Moskauer Aufstandes der linken sozialistischen Revolutionäre eine der wichtigsten Personen, die an den praktischen Operationen gegen die linken sozialistischen Revolutionäre kampftechnisch teilnahmen, der linke Kommunist Bela Kun war?
Karelin: Ich habe es persönlich von linken Kommunisten gehört. Was Bela Kun betrifft, so weiß ich, dass er damals ein linker Kommunist war, ein Mitglied dieser Gruppe, die an der Niederschlagung des Aufstandes der linken sozialistischen Revolutionäre teilnahm, und insbesondere schickte Bela Kun eine Abteilung, die in der Nähe des Telegrafenamtes kämpfte, das von einer Abteilung der sozialistischen Revolutionäre übernommen worden war. Aber das war bereits zu einem Zeitpunkt, als das Scheitern des Aufstandes klar war. Wir haben das als Aufgabe des sinkenden Schiffes interpretiert".

Diese Anspielungen auf Bela Kun sind eine Entdeckung. Aus dieser Aussage geht also hervor, dass er, bevor er im Herbst 1918 nach Ungarn ging, wo er behauptete, Lenins Mann für Mittel- und Westeuropa zu sein, im Sommer an der von Trotzki im Verborgenen geführten Verschwörung teilgenommen hatte, deren Ziel es war, Lenins Regierung zu stürzen. Die Tatsache, dass er die Seiten wechselte, als er merkte, dass der Putsch gescheitert war, zeigt einmal mehr, was für ein Verbrecher er war. Wir sollten uns daran erinnern, dass Trotzki selbst etwas Ähnliches getan hat. In den *Memoiren eines britischen Agenten* berichtet Bruce Lockhart mit kalkulierter Zweideutigkeit, dass Leiba Bronstein (Trotzki) in den Vororten Moskaus mit zwei Regimentern Letten und gepanzerten Fahrzeugen wartete.

In Kenntnis der Aussagen dieser fünf Zeugen ist es notwendig, eine Schlussfolgerung über Fakten zu ziehen, die die offizielle Geschichtsschreibung absichtlich auslässt. Im siebten Kapitel dieser Arbeit wurde festgestellt, dass Trotzki und seine Anhänger am 24. Februar 1918 eine Abstimmung im Zentralen Exekutivkomitee verloren, das die deutschen Bedingungen für den Frieden von

Brest-Litowsk akzeptierte. Dank Jakowlews Ausführungen ist es nun vollkommen verständlich, warum Trotzki sich in seinem Zimmer einschloss und sogar nicht an der Abstimmung teilnahm: „Er wagte es nicht, aktiv für die Linkskommunisten einzutreten... weil er ein neuer Mann in der Partei war... und man würde sagen, dass er ihr beigetreten war, um Lenin zu bekämpfen". Unter diesen Umständen war es praktisch, einen oder mehrere Frontmänner einzusetzen. Lenins Kritik an Trotzkis Haltung, an seinem Mangel an Prinzipien, an seinen „ständigen Ausweichmanövern", wurde von vielen in der Partei geteilt. In Wirklichkeit verstand Trotzki, der „Parteilose", den Marxismus als eine Verschwörung zur permanenten Revolution, um nicht die Diktatur des Proletariats, sondern die Diktatur über das Proletariat und über alle sozialen Klassen zu erreichen. Er diente denen, die ihn während seiner gesamten Karriere als Berufsrevolutionär finanziert hatten. Sein Ziel war das seiner Geldgeber: die Weltregierung, die in den *Protokollen der Weisen von Zion* angekündigt wurde. Trotzki, der seit 1897 Freimaurer, Mitglied des Ordens der B'nai B'rith und ein hochrangiger Illuminat war, erwies sich als fähig, Tausende von Juden um sich zu scharen, wie die Tatsache beweist, dass er bei Bedarf auf den Bund und seine SR-Mitreligiösen zählen konnte. Die Hauptakteure des Putschversuchs von 1918 und des Attentats auf Lenin waren fast ausschließlich Juden, die für Trotzki arbeiteten, einen Schwindler, der für einige seiner Bewunderer „der größte Jude nach Christus" war.

Nach den Sitzungen vom 7. März, einem wichtigen Tag, der es ermöglichte, die tiefe Bedeutung historischer Tatsachen festzustellen, die verborgen oder verschwiegen bleiben, wurde die Verhandlung am 8. März mit dem Verhör der Giftärzte fortgesetzt. Sie wurden wegen folgender Verbrechen angeklagt: Das erste, bereits erwähnte, war das an Menzhinsky, dem Vorgänger von Yagoda, das im Mai 1934 von Kamkov auf Anweisung von Levin verübt wurde. Im selben Monat ermordeten Levin und Pletnev den Sohn von Gorki, Maxim Peshkov. Später töteten die beiden Ärzte auch Walerian W. Kuibyschew und schließlich den Schriftsteller Maxim Gorki selbst, einen der Begründer des sozialistischen Realismus, der sich die persönliche Feindschaft Trotzkis erworben hatte. Dr. Levin gestand in einer langen Erklärung, dass er und Jagoda die Organisatoren dieser Todesfälle gewesen seien. Jagoda versuchte, sich von bestimmten Ereignissen zu distanzieren, aber sein Widerstand wurde immer schwächer.

Die Nachmittagssitzung begann mit der Aussage von Pavel P. Bulanov, Yagodas Privatsekretär, der seit 1929 mit ihm zusammengearbeitet hatte. Der Angeklagte sagte aus, er habe seit 1931 gewusst, dass sein Chef mit den Rechten und Trotzkisten in Verbindung stand. Alles, was in der Vormittagssitzung über Yagodas Beteiligung an den Vergiftungsverbrechen gesagt wurde, wurde von seinem ehemaligen Sekretär bestätigt. Der Staatsanwalt forderte ihn auf, Einzelheiten über Geldsendungen an Trotzki zu nennen, und Bulanow erwähnte, dass er 1934 auf Jagodas Anweisung 20.000 Dollar an einen von Trotzki gesandten Mann geliefert habe und dass es bis 1936 vier oder fünf Geldlieferungen an dieselbe Person gegeben habe. Die von Dr. Levin und

Bulanow enthüllten Einzelheiten sind umfangreich, aber hier ist kein Platz für eine ausführlichere Darstellung.

„Mit dieser Frage eröffnete der vorsitzende Richter die langen Ausführungen des abgesetzten NKWD-Chefs, der zunächst einräumte, dass seine Mitgliedschaft im Bucharin-Rykow-Block auf das Jahr 1928 zurückging und dass nur sehr wenige Menschen davon wussten. Seine Hauptaufgabe bestand darin, die Geheimhaltung des Blocks vor Rechten und Trotzkisten zu schützen, die ihn baten, aktive Mitglieder der Organisation in führende Positionen der OGPU zu bringen. Yagoda bestätigte, dass sie die Kulaken benutzten und ihre Aufstände förderten. In Bezug auf den so genannten „Palastputsch" räumte er ein, dass dieser bis zur Machtergreifung Hitlers als die beste Option angesehen wurde und dass seine Position als Vizepräsident der OGPU von entscheidender Bedeutung war, da er über die technischen Mittel zur Durchführung des Putsches verfügte, d. h. über die Kremlwache und die militärischen Einheiten, die im Mittelpunkt des Interesses standen. Später sagte er: „1933 wurde das Zentrum, der Block der Trotzkisten und Sinowjewisten, organisiert und nahm Gestalt an. Durch Rykow erfuhr ich, dass der Block mit den Menschewiki und durch Bucharin mit den revolutionären Sozialisten verbunden war. Jenukidse hielt mich über die Entscheidungen des Zentrums auf dem Laufenden. Dank ihm erfuhr ich im Januar 1934, dass ein Staatsstreich vorbereitet wurde, der die Verhaftung des 17. Parteitags, der gerade tagte, zur Folge hatte. Yagoda gab zu, dass er eine Gruppe seiner Anhänger schützte, die für ausländische Nachrichtendienste arbeiteten, und dass Karakhan ihn 1935 über seine Verhandlungen mit deutschen faschistischen Kreisen informierte, die auf Anweisung des rechten und trotzkistischen Blocks geführt wurden. In seiner Aussage vor Gericht räumte er auch seine Beteiligung an der Vertuschung von terroristischen Aktionen ein, zu denen er auch die Ermordung Kirows zählte. Zur Ernennung von Jeschow zum Leiter des NKWD äußerte er sich wie folgt:

> „... Als Jeschow zum Kommissar für innere Angelegenheiten ernannt wurde, war klar, dass die gesamte Tätigkeit unserer Gruppe und des Blocks der Rechten und Trotzkisten aufgedeckt werden würde. Jeschow hatte bereits damit begonnen, die Kader der Verschwörer zu zerlegen, und natürlich konnte er das Zentrum des Blocks und mich persönlich erreichen. Um unsere Organisation zu retten, um Rykow, Bucharin und andere zu retten, beschlossen wir daher, Jeschow zu ermorden. Der Giftanschlag wurde von Bulanow ausgeführt, wie er selbst vor Gericht gestanden hat. Ich bestreite einiges von dem, was er gesagt hat, aber das ändert nichts an den Tatsachen und am Kern der Sache."

Die Sitzung am 8. Mai endete mit der Aussage des Angeklagten Peotr Kryuchkov, dem Sekretär von Gorki. Kryuchkov bestätigte in vollem Umfang seine vorläufige Aussage und gestand, Maxim Gorki und seinen Sohn Maxim Peshkov auf Befehl Jagodas heimtückisch ermordet zu haben, der ihm sagte, dass die großen Köpfe der Verschwörung Kamenew, Sinowjew, Bucharin und Rykow es für „notwendig hielten, Gorkis Aktivität zu verringern". Der Angeklagte erzählte, wie er dafür gesorgt hatte, dass Gorki und sein Sohn an schweren Atemwegserkrankungen erkrankten, die, von den Ärzten Levin und Pletnev ordnungsgemäß behandelt, zum Tod der beiden führten.

Am 9. März fuhr das Gericht mit den Aussagen der übrigen getöteten Ärzte fort. Als erster Angeklagter sprach der 66-jährige Dmitri Pletnev, ein Kardiologe von hohem Ansehen, der als eine Koryphäe seines Fachs galt. Ignaty Kazakov sagte nach seinem Kollegen aus. Beide Ärzte erläuterten vor Gericht ausführlich die Methoden und Techniken, mit denen sie ihre Verbrechen begingen. Besonders relevant war die Aussage des letzteren zum Mord an Menzhynsky. Schließlich war der letzte Angeklagte, Venyamin Maximov-Dikovsky, an der Reihe, der zugab, dass er von Yenukidze zum Sekretär von Kuibyshev ernannt worden war und dass er in dieser Position den Ärzten geholfen hatte. Die Aussagen von Zeugen und mehreren Wissenschaftlern und Ärzten, die einer von der Staatsanwaltschaft eingesetzten Expertenkommission angehörten, brachten schließlich Licht ins Dunkel der Taten der vergiftenden Ärzte.

Als es so aussah, als würde sich das Gericht zurückziehen, bat Staatsanwalt Vyshinsky um die Erlaubnis, Rosengoltz, der zum Zeitpunkt seiner Verhaftung ein Stück Papier mit Gebeten in einem Stück Brot versteckt in seiner Gesäßtasche trug, einige Fragen zu stellen. Der Staatsanwalt bat das Gericht um die Erlaubnis, den Text vorzulesen, um den Angeklagten um eine Erklärung zu bitten. Bei den Versen handelte es sich um Verse aus den Psalmen LXVIII und XCI. Der erste lautete: „Lass Gott erscheinen, lass seine Feinde zerstreut werden; lass die, die ihn hassen, vor ihm fliehen. Wie Rauch, der sich verzieht, so treibe sie fort; und wie Wachs im Feuer schmilzt, so sollen die Gottlosen vor dem Angesicht Gottes vergehen". Hier der zweite Psalm: „Wer in der verborgenen Stätte des Höchsten wohnt, wird unter dem Schatten des Allmächtigen bleiben. Ich will zum Herrn sagen: Du bist meine Zuflucht und meine Burg; auf ihn will ich vertrauen. Er wird dich beschützen vor den Schlingen der Jäger und vor der Pestilenz. Er wird dich unter seinen Flügeln schützen, und du wirst unter seinen Federn sicher sein. Seine Treue und seine Wahrheit werden deine Rüstung und dein Schild sein. Du sollst dich nicht fürchten vor dem Schrecken der Nacht, noch vor dem Pfeil, der am Tag fliegt. Auch nicht vor der Pest, die in der Finsternis wütet, noch vor der Krankheit, die am Mittag über uns kommt".

„Vyshinsky: Wie ist das in Ihre Tasche gekommen?
Rosengoltz: Meine Frau steckte ihn mir eines Tages in die Tasche, bevor ich zur Arbeit ging. Sie sagte, es würde Glück bringen.
Vyshinsky: Und wann war das?
Rosengoltz: Einige Monate vor meiner Verhaftung.
Vyshinsky: Und Sie hatten dieses „Glück" mehrere Monate lang in Ihrer Tasche?
Rosegoltz: Ich habe nicht einmal darauf geachtet.
Vyshinsky: Aber haben Sie gesehen, was Ihre Frau getan hat?
Rosengoltz: Ich war in Eile.
Vyshinsky: Hat er Ihnen gesagt, dass dies ein Talisman der Familie ist, der Glück bringen soll?
Rosengoltz: Etwas Ähnliches.
Vyshinsky: Und Sie haben sich freiwillig als Hüter eines Talismans zur Verfügung gestellt? Keine weiteren Fragen.

Der Staatsanwalt schaute die Anwesenden an, von denen einige in höhnisches Gelächter ausbrachen. Es ist natürlich nichts Verwerfliches daran, an Gott zu glauben und auf ihn zu hoffen. Verwerflich ist, dass Rosengoltz und seine Frau weiterhin zum Gott Israels beten,, der sie aus allen Völkern der Erde auserwählt hat, während ihre jüdisch-bolschewistischen Kollegen Atheismus predigen, Christen verfolgen und Kirchen zerstören. Nach diesem schockierenden Vorfall unterbrach Präsident Ulrich die Sitzung für eine Stunde und kündigte an, dass sie hinter verschlossenen Türen fortgesetzt werden würde. In dieser Sitzung sagten Rakovsky, Krestinsky, Rosengoltz und Grinko über ihre Beziehungen zum Ausland aus und nannten die Namen offizieller Vertreter, mit denen sie in Kontakt standen und die auf Anweisung des vorsitzenden Richters in öffentlicher Sitzung nicht bekannt gegeben worden waren.

Der Tag des 11. März war den Schlussreden und Plädoyers gewidmet. Wyschinski verbrachte den ganzen Vormittag mit einer sehr strengen Rede, in der er verschiedene Verfahren seit der Zeit Lenins Revue passieren ließ und die bewiesenen Tatsachen untersuchte. Er zeigte deutlich seine Verachtung für die Angeklagten, die er mit den schlimmsten Schimpfwörtern nicht verschonte. Mit Ausnahme von Rakowski und Bessonow forderte er die Todesstrafe für die übrigen Angeklagten, die es „verdienten, wie dreckige Hunde erschossen zu werden". Am Nachmittag versuchten die Anwälte der Ärzte, alle Schuld für die Verbrechen ihrer Angeklagten auf Yagoda abzuwälzen. Dann folgten die Plädoyers der anderen Angeklagten, die bis 21:25 Uhr am folgenden Tag, dem 12. März, dauerten. Einer nach dem anderen räumte nach einem Rückblick auf seine revolutionäre Vergangenheit die Schwere seiner Verbrechen ein. Am 13. März um 4.30 Uhr verkündete das Gericht nach siebenstündigen Beratungen das Urteil. Alle Angeklagten wurden zum Tode verurteilt, außer Pletnev, der 25 Jahre bekam, Rakovsky, der zu 20 Jahren verurteilt wurde, und Bessonov, der 15 Jahre bekam. Alle drei wurden schließlich im September 1941 hingerichtet.

Wie wir gesehen haben, wurde in den Jahren, in denen die Moskauer Prozesse stattfanden, eine Kampagne zum Schutz der Figur Trotzkis, einer historischen Figur, deren Unwürdigkeit außer Zweifel steht, inszeniert, die bis zum heutigen Tag anhält. In zahlreichen Artikeln der berühmten Wikipedia wird in dem Bemühen, die Geschichte zu verfälschen, alles als Erfindung dargestellt und den Moskauer Prozessen jegliche Glaubwürdigkeit abgesprochen. Diplomaten, Journalisten und Schriftsteller nahmen jedoch an den Sitzungen teil, die im Oktobersaal des Hauses der Gewerkschaften stattfanden, in dem etwa 300 Personen Platz fanden, und bestätigten in ihren Berichten, dass die Existenz des Komplotts nicht angezweifelt werden konnte. Die Internationale Liga für Menschenrechte und die International Law Association unterstützten die Prozesse öffentlich. Botschafter und Parlamentarier aus mehreren Ländern bestätigten in ihren Schreiben die Plausibilität der Prozesse. Denis Nowell Pritt zum Beispiel, ein Abgeordneter des britischen Unterhauses, der Richter war und sich mit dem Prozessrecht gut auskannte, reiste als Korrespondent für *den News Chronicle* in London nach Moskau. In seinen Artikeln verteidigte er die Glaubwürdigkeit der Prozesse und brachte seine Überzeugung zum Ausdruck, dass die Schuld der Angeklagten vollständig erwiesen sei. Es wurde bereits erwähnt, dass Joseph E. Davies, der US-Botschafter, in seinen vertraulichen Berichten immer wieder schrieb, dass die Echtheit der Verschwörung bewiesen sei. Auch der tschechische Botschafter Zdanek Firlinger hat gegenüber seiner Regierung auf Strenge und Einhaltung der Verfahrensregeln bestanden. Alles in allem muss man zu dem Schluss kommen, dass die Behauptung, das Ganze sei eine Show gewesen, unhaltbar ist und diejenigen entlarvt, die sie aufrechterhalten.

Jezhovschina

Der Terror, der in der Sowjetunion infolge der brutalen Unterdrückung nach jedem der Prozesse entfesselt wurde, ist als „Jeschowschina", d. h. die Jeschow-Ära, bekannt. Robert Conquest und seine Anhänger schätzen, dass es rund sechs Millionen Verhaftungen und etwa drei Millionen Hinrichtungen gab. Andere Historiker halten diese Zahlen für übertrieben und weit von der Realität entfernt. Es wurde bereits gesagt, dass einer der Gründe für die Zweifel an Conquests Zahlen für diesen Zeitraum die fortgesetzte Verwendung trotzkistischer Quellen ist, oft jüdischer Autoren, die offensichtlich daran interessiert sind, die Repression zu vergrößern. Alexander Orlow zum Beispiel schreibt, dass Stalin eine Woche nach der Hinrichtung von Sinowjew, Kamenew und Co. Jagoda befahl, fünftausend in den Lagern internierte Gegner auszuwählen und zu erschießen. Unabhängig davon, ob dies der Wahrheit entspricht oder nicht, wurde der Terror, der bereits seit den ersten Tagen der Revolution in den Gewohnheiten des Kommunismus verankert war, in großem Umfang vor und nach der Zeit von Jeschow eingesetzt.

In Anbetracht der Dauer der trotzkistischen Verschwörung, ihrer verbrecherischen Methoden, der eingesetzten Mittel und des Ausmaßes ihrer Organisation erscheint es wie ein Wunder, dass Stalin überleben und an der Macht bleiben konnte. Es besteht kein Zweifel daran, dass die Verschwörer auf ihre Rechnung kamen, denn nur indem er seine Feinde austrickste, überlistete und überlistete, gelang es dem Georgier, diejenigen zu besiegen, die ihn töten wollten. Säuberungen, Terror und massive Repressionen waren die wichtigsten Maßnahmen, um jegliche Opposition auszuschalten. Am 30. Juli 1937 genehmigte das Politbüro den Operativen Befehl 00447, mit dem Quoten für die Verhaftung und Erschießung von Personen festgelegt wurden. Nach Angaben der Autoren des *Schwarzbuchs des Kommunismus* verhaftete der NKWD in den Jahren 1937 und 1938 1.575.000 Personen, von denen 84% im Laufe dieser Jahre verurteilt wurden. Von diesen Verurteilten wurden 51%, d. h. 681.692, hingerichtet. Diese Zahlen sind, wie man sieht, deutlich niedriger als die von Conquest angegebenen. Da sie im Allgemeinen auf offiziellen Daten beruhen, dürften die tatsächlichen Zahlen irgendwo dazwischen liegen.

Die Säuberung der Parteikader wurde dank des „Geheimberichts" von Chruschtschow bekannt. Demnach schickte Jeschow in den Jahren 1937 und 1938 dreihundertdreiundachtzig Listen mit Tausenden von Namen mehr oder weniger wichtiger Parteifiguren an Stalin, deren Hinrichtung seiner Zustimmung bedurfte. In einem am 10. Januar 1989 in der *Moskauer Prawda* veröffentlichten Artikel wurde behauptet, dass Stalin und Molotow allein am 12. Dezember 1937 3.167 Todesurteile genehmigt hätten. Dem Bericht Chruschtschows zufolge betraf die Säuberung in der Partei 98 der 139 Mitglieder des Zentralkomitees. Eine andere Zahl bezieht sich auf die Delegierten, die am 17. Parteitag 1934 teilnahmen: von den 1.966 Teilnehmern wurden 1.108 gesäubert. Auch die Kader der Kommunistischen Jugend (Komsomol) waren schweren Repressionen ausgesetzt: von den dreiundneunzig Mitgliedern ihres Zentralkomitees wurden zweiundsiebzig verhaftet. Generell wurden die regionalen und lokalen Partei- und Komsomol-Apparate umgestaltet. Regierungsvertreter, die von NKWD-Agenten begleitet wurden, kamen in die Provinzen, um, wie die *Prawda* es ausdrückte, „die Nester der trotzkistisch-faschistischen Wanzen auszuräuchern und zu zerstören" In der Ukraine erreichte die Säuberung ein sehr hohes Niveau. Unter Chruschtschow als Führer der ukrainischen kommunistischen Partei wurden 1938 mehr als 100.000 Menschen verhaftet und die große Mehrheit von ihnen hingerichtet. Von den zweihundert Mitgliedern des Zentralkomitees der Partei in der Ukraine überlebten nur drei.

Auch an der kulturellen Front wurden Schriftsteller, Journalisten, Schauspieler, Theaterleute und andere Intellektuelle gesäubert: Etwa 2.000 Mitglieder des Schriftstellerverbandes wurden verhaftet und deportiert, wenn nicht gar hingerichtet. Die Repressionen erstreckten sich auch auf die religiösen Überzeugungen, und es wurde beschlossen, auch gegen die „letzten klerikalen Überbleibsel" vorzugehen. Die Volkszählung vom Januar 1937 ergab, dass 70% der Bevölkerung trotz aller Widrigkeiten gläubig blieben. Von den zwanzigtausend Kirchen und Moscheen, die 1936 noch mehr oder weniger aktiv waren, waren 1941 nur noch tausend für Gottesdienste geöffnet. Tausende von Priestern und fast alle Bischöfe wurden in Konzentrationslagern eingesperrt und in großer Zahl hingerichtet.

KAPITEL IX

REPUBLIK, REVOLUTION
UND BÜRGERKRIEG IN SPANIEN

TEIL 1
RELIGION UND KIRCHE IN SPANIEN

Die religiöse Verfolgung, die in Spanien zwischen 1931-39 stattfand, ist nur mit derjenigen der Bolschewiki in Russland vergleichbar. Bevor wir uns mit den konkreten Ereignissen während der Zweiten Republik und des Bürgerkriegs befassen, ist daher eine kurze Vorbemerkung über die Rolle der Religion und der Kirche in der Geschichte Spaniens notwendig, einer Nation, die jahrhundertelang misshandelt und von ihren zahlreichen Feinden mit allen möglichen Schandtaten und Verleumdungen angegriffen wurde, eben weil sie eine Rolle bei der Verteidigung des Katholizismus spielte. Wir wissen, dass der Antiklerikalismus in Europa und in der Welt ein wesentlicher Teil der großen Verschwörung war, die von den Freimaurern und Illuminaten gegen alle Religionen geplant wurde. Es wurde bereits erwähnt, dass Intellektuelle wie John Robison und Abbé Augustin Barruel angegriffen und diskreditiert wurden, weil sie das Komplott in ihren Werken anprangerten. Die neue, auf dem wirtschaftlichen und politischen Liberalismus basierende Ordnung, die nach der Französischen Revolution von 1789 geschaffen wurde, sollte nicht nur die Macht der Nationen verpfänden und die Vorherrschaft der internationalen Bankiers festigen, sondern auch der ideale Nährboden für Angriffe auf alles sein, was mit traditionellen Werten zu tun hatte. Die Auswirkungen dieser neuen Ordnung sollten für Spanien verheerend sein.

Die christliche Zivilisation in Europa hatte ihren größten Verfechter in Spanien. Der Kampf der Kulturen, der sich im Mittelalter auf der Halbinsel abspielte, war entscheidend dafür, Europa vor der Ausbreitung des Islam zu bewahren. Der grundlegende Impuls und die Kraft, die allen Königreichen während der Jahrhunderte der Rückeroberung zugrunde lagen, war der Glaube an Christus, aber auch die Idee von Spanien, eine Tatsache, die von einigen undokumentierten und/oder böswilligen Separatisten ignoriert wird. Die beiden waren eng miteinander verbunden. Hispania, das Toponym, mit dem Rom die Gesamtheit seiner Halbinselprovinzen bezeichnete, war ein Bezugspunkt für die Goten und blieb es auch für die späteren christlichen Könige, wie aus zahlreichen mittelalterlichen Texten und Dokumenten hervorgeht.

Isidoro von Sevilla betrachtet in seinem Geschichtswerk *Varones ilustres de España (Erlauchte Männer Spaniens)* alle Bewohner der Halbinsel als Hispanoamerikaner. Die Romane, die sich mit dem letzten gotischen König befassen, spielen auf ihn als König von Spanien an: „Don Rodrigo rey de España/ por la su corona honrar/ un torneo en Toledo/ ha mandado pregonar"

(Don Rodrigo king of Spain/ for the honour of his crown/ a tournament in Toledo/ has ordered a proclamation). Im *Gedicht von Mío Cid* heißt es, dass die Einnahme von Castellón „in ganz Spanien von sich reden machen wird". Der Graf von Barcelona, Gefangener des Cid, lehnt das ihm angebotene Essen ab und versichert, dass er keinen Bissen essen werde, „wegen dem, was er in ganz Spanien hat". Die katalanischen Chronisten zollen der Idee Spaniens einen nach dem anderen Tribut. Pere I. von Katalonien-Aragon erklärt den ausländischen Kreuzfahrern, die in der Schlacht von Navas de Tolosa den christlichen Glauben verteidigen wollen, dass sie zu spät kommen, weil „die Könige von Spanien" die Muslime bereits besiegt haben. Im Jahr 1283 forderte Pere II. einen katalanischen Ritter auf, mit ihm in Bordeaux zu einem Duell gegen die Franzosen anzutreten, und beschwor „die Ehre von uns, von Euch und von ganz Spanien". Bernat Desclot, der Verfasser der ältesten der vier katalanischen Chroniken, appelliert angesichts der Invasion Kataloniens durch die Franzosen im Jahr 1285 an die Bedeutung der symbolischen Anwesenheit „totes les osts d'Aspanya hi fossen" (aller Truppen Spaniens) zur Verteidigung Kataloniens. Ramon Muntaner, der patriotischste aller katalanischen Chronisten, schrieb: „Si aquests reys d'Espanya (Kastilien, Aragon, Mallorca und Portugal) qui son una carn e una sanch, se tenguessen ensemps, poc duptaren tot l'altre poder del mon" (Wenn diese vier Könige Spaniens, die ein Fleisch und Blut sind, sich vereinigen würden, bräuchten sie keine andere Macht der Welt zu fürchten). Jaume I. der Eroberer erklärt in seinem *Llibre dels feyts* die Gründe, warum er seinem Schwiegersohn Alfons X. dem Weisen half, den Aufstand der Mauren von Murcia niederzuschlagen: „La primera cosa per Deu, la segona per salvar Espanya" (Die erste Sache für Gott, die zweite, um Spanien zu retten). Sein Enkel Jaume II. wies 1304 auf den Schaden hin, den der Krieg zwischen Kastilien und Aragonien für „tota Espanya" bedeuten würde. In seiner *Estoria de Espanna oder Ersten Allgemeinen Chronik* spricht Alfons X. der Weise von seiner „Estoria de las Españas... de todos los reyes dellas" (Geschichte Spaniens... von allen Königen Spaniens). Die berühmte *Lobrede auf Spanien*, die der weise König verfasst hat, ist unter Hispanisten sehr bekannt und schließt mit den Worten: „¡Ay Espanna! non ha lengua nin ingenno que pueda contar tu bien" (O Spanien! no ha lengua nin ingenno que pueda contar tu bien). Im Jahr 1446 kam Alfons el Magnànin in Neapel an. Zwischen den beiden Türmen des Castel Nuovo, eines prächtigen Militär- und Wohngebäudes, das auf seinen Befehl hin errichtet wurde, erinnert ein Bogen an seinen großen Einzug in die Stadt, in den er die Inschrift „Alfonsus Rex Hispanus" eingravieren ließ, obwohl er für die Neapolitaner immer der König von Aragonien war.

Mit den Katholischen Königen und der Entdeckung Amerikas tritt Spanien mit einer neuen Dimension in die moderne Geschichte ein: Die Idee Spaniens, die jahrhundertelang von den bedeutendsten Männern herbeigeschnt wurde, ist Wirklichkeit geworden, aber darüber hinaus haben die Söhne der Rückeroberung, die sich in Eroberer verwandelt haben, mit einer in der Geschichte beispiellosen Energie und Vitalität den amerikanischen Kontinent kolonisiert und das Christentum in ihm verbreitet. Die Gründung von Städten gibt eine Vorstellung von der immensen Arbeit, die die Spanier geleistet haben.

Nur Rom hat im Laufe der Geschichte mehr gebaut als Spanien. Die prächtigen Gebäude der Kolonialarchitektur in so vielen Städten Lateinamerikas sind ein unauslöschliches Beispiel für die Bauanstrengungen der Konquistadoren. Die Indianer galten als freie Bürger, und die Spanier vermischten sich mit ihnen, wodurch das wesentliche Merkmal der spanischen Kolonisierung entstand: die Mestizisierung (gemischte Ethnie).

Betrachtet man beispielsweise die britische Kolonialisierung, so stellt man fest, dass die australischen Aborigines, die seit Tausenden von Jahren in Ozeanien lebten, ausgerottet wurden. Der Völkermord wurde auf der ideologischen Grundlage des Darwinismus durchgeführt: Man kam zu dem Schluss, dass die australischen Ureinwohner Wilde und evolutionär minderwertig waren. Während es im britisch kolonisierten Amerika praktisch keine Indianer mehr gibt, machten die Indianer im spanischen Amerika Ende des 18. Jahrhunderts 63% der Bevölkerung aus. In Peru, Guatemala und Bolivien stellen die Indianer auch heute noch eine große Mehrheit. Spanien hat jedoch jahrhundertelang unter einer endlosen Kampagne von Angriffen gelitten und eine „Schwarze Legende" mit sich herumgeschleppt. Hollywood hingegen hat die Ausrottung der nordamerikanischen Indianer als logische Tatsache dargestellt: Die Siebte Kavallerie erscheint immer als ein legendäres Regiment, dessen Soldaten die Indianer natürlich liquidierten, weil sie Wilde waren.

Die Gründung des Tribunals des Heiligen Offiziums der Inquisition ist zweifellos mit der Entstehung der schwarzen Legende verbunden. Die Vertreibung der Juden aus Spanien und die Religionskriege gegen den Protestantismus in Europa waren die entscheidenden Ereignisse, die eine gut geplante Propagandakampagne auslösten, um die spanische Inquisition zu diskreditieren und den Verfechter des Katholizismus zu bekämpfen. Da nützte es wenig, dass Karl V. und Philipp II. erneut die Hauptverteidiger Europas gegen die Bedrohung durch die Türken und den Islam waren: Der Sieg von Lepanto beendete die türkische Expansion im Mittelmeerraum und bedeutete einen Sieg für die gesamte Christenheit. 1567 erschien ein Pamphlet in französischer, deutscher, englischer und flämischer Übersetzung, das die Kampagne gegen Spanien im Allgemeinen und die Inquisition im Besonderen auslöste. Der Autor, der mit dem Pseudonym Montanus unterzeichnete, behauptete, ein Opfer des Tribunals des Heiligen Offiziums gewesen zu sein, und beschrieb eine Reihe von Folterungen und okkulten Praktiken. Heute ist bekannt, dass Montanus ein Fälscher war. Für jeden Fall, den die Inquisition in den dreihundertfünfzig Jahren ihres Bestehens bearbeitet hat, gibt es ein eigenes Register, dessen Einzelheiten auf Tonbändern aufgezeichnet wurden und heute in der Bibliothek der Universität Salamanca für Forscher zugänglich sind.

1994 entlarvten vier international renommierte Historiker vor den Kameras der BBC öffentlich den Mythos der spanischen Inquisition: Henry Kamen, Professor an Universitäten in Spanien, Großbritannien und den Vereinigten Staaten und Mitglied der Royal Historical Society; Jaime Contreras, Professor für Neuere Geschichte an der Universität von Alcalá de Henares, ein weltweiter Spezialist für die Inquisition und die Gegenreformation; José Álvarez-Junco, Professor an der Universität Complutense in Madrid, der das

Seminar für Iberische Studien am Center for European Studies der Universität Harvard leitet; und Stephen Haliczer, ein amerikanischer Historiker jüdischer Herkunft, Professor an der Universität von Illinois, der sich auf Spanien, Italien und die katholische Kirche spezialisiert hat, spielte die Hauptrolle in dem Dokumentarfilm *The Myth of the Spanish Inquisition*, der für alle Interessierten online verfügbar ist.

Haliczer stellt Folgendes fest: „In Wirklichkeit hat die spanische Inquisition nur selten gefoltert. In Valencia zum Beispiel habe ich herausgefunden, dass von 7.000 Fällen nur 2% in irgendeiner Form gefoltert wurden, und zwar im Allgemeinen nicht länger als fünfzehn Minuten, und weniger als 1% wurde ein zweites Mal gefoltert, d. h. mehr als einmal. Ich habe niemanden gefunden, der mehr als zweimal gefoltert wurde". Henry Kamen bestätigt, dass die spanische Inquisition weniger gefoltert hat als andere europäische Gerichte und prangert an, dass die meisten der hundertfach reproduzierten Bilder ihrer Foltermethoden falsch sind. Das Verhalten der Vernehmungsbeamten war in ihren „Anweisungen" genau festgelegt, und wer sich nicht an die Verfahren hielt, wurde entlassen. Im gesamten 16. Jahrhundert habe die Inquisition in den nicht-peninsularen Gebieten des spanischen Reiches, einschließlich Amerika, zwischen 40 und 50 Menschen hingerichtet. Im gleichen Zeitraum wurden in England, wo die Beschädigung öffentlicher Gärten mit der Todesstrafe geahndet werden konnte, mehr als 400 Menschen hingerichtet. Kamen stellt fest, dass die Gefängnisse der Inquisition in Spanien die anständigsten waren, eine Behauptung, die von Professor Haliczer bestätigt wird: „Ich habe Beispiele dafür gefunden, dass Gefangene in weltlichen Gefängnissen Gotteslästerungen begangen haben, um in Inquisitionsgefängnisse verlegt zu werden und so den Misshandlungen zu entgehen, denen sie in weltlichen Gefängnissen ausgesetzt waren". Die Professoren Contreras und Kamen weisen übereinstimmend auf die Strenge hin, mit der die spanische Inquisition das Thema Hexerei untersuchte. Während zwischen 1450 und 1750 in Europa Tausende von Menschen, die der Hexerei beschuldigt wurden, verbrannt wurden, suchte die Inquisition in Spanien nach Beweisen: „Denken Sie daran", so Kamen, „dass die Inquisitoren oft Universitätsjuristen waren, und Juristen verlangen Beweise. Wenn keine Beweise gefunden wurden, betrachtete die Inquisition die Hexerei als ein imaginäres Verbrechen, einen Scherz, für den sie nicht belangt werden konnte. Kamen stellt fest, dass die Zahl der in Spanien wegen Ketzerei hingerichteten Menschen, einschließlich der falschen Konvertiten, im Vergleich zu anderen nicht-katholischen Ländern minimal ist. Schließlich liefern sowohl Contreras als auch Kamen verheerende Zahlen für die Fälscher von Realität und Geschichte: Die Zahl der Opfer des Tribunals des Heiligen Offiziums schwankte in den 350 Jahren seiner Tätigkeit zwischen 3.000 und 5.000. Im gleichen Zeitraum wurden in Europa mehr als 150.000 Hexen verbrannt, eine Tatsache, über die selten berichtet wird. Da wir uns mit dem Spanischen Bürgerkrieg befassen werden, bietet sich ein weiterer Vergleich an: Allein im November 1936 hat die Madrider Verteidigungsjunta mehr Menschen ohne Gerichtsverfahren hingerichtet als die spanische Inquisition in ihrer gesamten Geschichte.

Bis zum 19. Jahrhundert spielte die Kirche in Spanien eine einigende Rolle, die in gewisser Weise ein Erbe des Mittelalters war. Die Eroberung und Kolonisierung der Neuen Welt wurde als evangelisierende Mission verstanden, und die Rolle der Kirche in Amerika und Spanien war in allen Bereichen relevant. In *The Spanish Labyrinth* erkennt Gerald Brenan die positive Einstellung der Kirche zu sozialen Fragen an und spricht sogar von ihren sozialistischen Tendenzen im Spanien des 17. Brenan schreibt, dass „alle Ärzte und Theologen darin übereinstimmten, dass der Hungernde das Recht hatte, den Reichen zu berauben, wenn ihm die Nächstenliebe verweigert worden war", und zitiert den großen Theologen Domingo de Soto, der 1545 predigte, dass „die Reichen unter Androhung der Todsünde verpflichtet sind, das, was sie nicht unbedingt brauchen, als Almosen zu geben". Pater Mariana, einer der großen Theologen und Historiker seiner Zeit, erklärte, dass der Staat die Reichen verpflichten sollte, ihr überschüssiges Land zu verteilen oder, falls dies nicht möglich war, es zu pachten, damit es ordnungsgemäß bewirtschaftet werden konnte. Mit anderen Worten: Sobald die katholische Kirche mit dem Staat verschmolzen war, versuchte sie, ihre moralischen Vorstellungen durchzusetzen.

Viele der Missionare in Amerika waren begeistert von der Tatsache, dass die Indianer die christlichen Lehren leicht assimilierten. Es scheint, dass die Indianer in Peru das Land kollektiv bewirtschafteten, und dies wurde von einigen Missionaren als gültiges Modell für Spanien angesehen. In seiner *Historia natural y moral de las Indias* (Sevilla 1590) beschreibt der Jesuit José de Acosta das Wirtschaftssystem der Inkas und hält es für besser als das System von Wettbewerb und Privateigentum, das in Europa eingeführt wurde. Gerald Brenan räumt ein, dass die viel geschmähten und verhassten Jesuiten in ihren dreißig Missionen oder „Reduktionen"[17] in Paraguay, Argentinien und Brasilien mit den Guarani-Indianern die Ideen der Kollektivierung des Landes in die Praxis umsetzten, die, so Brenan, „das erste historische Beispiel für die Organisation eines kommunistischen Staates durch Europäer sind". Ein weiterer Ordensmann mit sozialistischen Ideen, den Brenan lobt, ist der Franziskaner Francisco Martínez de la Mata, der als sozialer Agitator im 17. Seine *Discursos* wurden 1659 veröffentlicht und 1775 von den aufgeklärten Campomanes in seinem *Discurso sobre la educación popular de los artesanos y su fomento (Diskurs über die Volksbildung der Handwerker und ihre Förderung)* neu aufgelegt. Martínez de la Mata bezeichnete sich selbst als „Diener der bedrängten Armen und Bevollmächtigter der Galeerensklaven". Auf der Suche nach Lösungen für die Krise und Dekadenz des Jahrhunderts schlug er sogar die

---

[17] Eineinhalb Jahrhunderte lang wurden etwa fünfzigtausend Indianer von fünfzig Jesuiten in diesen „reducciones" geführt, Gemeinschaften, in denen es Gemeinschafts- und Privatbesitz gab. Die Indianer hatten ein Familienleben und durften Privateigentum besitzen. Waisen und Witwen wurden in einer „casa de resguardo" untergebracht. Während in Europa die Todesstrafe in allen Ländern üblich war, schafften die Jesuiten sie in ihren Missionen ab und verboten den Kannibalismus. Die von Karl III. 1768 verfügte Ausweisung der Jesuiten führte zur allmählichen Auflösung dieser Gemeinschaften.

Gründung einer Kreditanstalt für die Landwirtschaft mit Filialen in jeder Stadt vor.

Die Debatte über Landbesitz und Produktivität hatte also im sechzehnten Jahrhundert begonnen und verschärfte sich im achtzehnten Jahrhundert. Über die Rolle der Kirche im 16. und 17. Jahrhundert schreibt Gerald Brenan Folgendes:

„Die spanische Kirche war eine nivellierende Institution. Ihre engen Beziehungen zum Staat inspirierten sie zu einem Interesse an sozialen und politischen Fragen, wie es keine andere Kirche in der Christenheit je hatte, und ihrem Einfluss ist der erstaunliche Erfolg der Kolonisierung in Amerika und die Menschlichkeit in den Methoden zu verdanken, mit denen nach der ersten Gewalt der Eroberung Konflikte zwischen den Kolonisatoren und den Eingeborenen beigelegt wurden. Ihre Missionare kehrten mit großer praktischer Erfahrung mit sozialen Problemen nach Spanien zurück. Andererseits führte der ausgeprägte Idealismus der Mönchsorden dazu, dass sie sich im Allgemeinen für die Armen (in Amerika für die Indianer, in Spanien für die Arbeiter) und gegen die Mächtigen und Reichen einsetzten. Es ist daher nicht verwunderlich, dass die spanische Kirche weiter als alle protestantischen Kirchen ihrer Zeit ging, indem sie eine Plattform für die freie Diskussion sozialer Theorien mit einem gewissen kommunistischen Charakter bot".

Doch trotz der guten Absichten und Ideen einiger aufgeklärter Geister war die Landwirtschaft in Spanien unproduktiv und rückständig. Der größte Teil des Bodens befand sich in den Händen der Kirche und des Adels. Die Bauern bewirtschafteten Land, das ihnen nicht gehörte und das aufgrund seiner Bindung an das Eigentum nicht frei gekauft und verkauft werden konnte. Die Ländereien der Kirche waren vollständig abgeschrieben; die Ländereien des Adels unterlagen größtenteils dem Regime der Lehnsgüter. Drittens waren die Ländereien der Gemeinden Gemeineigentum, das an die Nachbarn verpachtet werden konnte. Die Pächter stützten ihren Reichtum also auf die Pacht, die sie von den Bauern einnahmen, die ihr Land bewirtschafteten.

Seit dem Mittelalter schützte die Zivilgesetzgebung das Eigentum der Kirche, indem sie vorschrieb, dass „alles, was der Kirche von Königen oder anderen christlichen Gläubigen geschenkt wird oder wurde, stets im Besitz der Kirche verbleiben und aufbewahrt werden muss". Die Geistlichen nutzten ihre Besitztümer durch direkten Anbau oder durch die Übertragung des Anbaus auf andere Personen mit verschiedenen Arten von Verträgen. In Galicien gab es eine Art von Pacht, die „foro" genannt wurde und eine Form der Erbpacht darstellte, da der Bauer nicht vertrieben werden konnte. Diese Form des Besitzes wurde im 14. Jahrhundert auch in Kastilien eingeführt und als „censo" bezeichnet. In Asturien, dem Baskenland und Navarra herrschte das System des „sharecropping" vor. In den baskischen Provinzen wurden die Verträge manchmal mündlich geschlossen und vom Vater auf den Sohn übertragen. Im 17. und 18. Jahrhundert verpachteten einige Siedler, die Land von der Kirche gepachtet hatten, dieses mit hohem Gewinn weiter: Manchmal erhielten sie bis zum Zwanzigfachen dessen, was sie bezahlt hatten. Auf diese Weise entstanden die „subforados".

Im 18. Jahrhundert wurden in einigen Provinzen Kastiliens etwa 75% des Grundbesitzes abgetreten. Um die Produktivität zu verbessern, interessierten sich viele Geistliche für die Agronomie, um unter den Bauern Wissen zu verbreiten, das die landwirtschaftliche Entwicklung anregen sollte. Die Aufklärer, die sich der Rückständigkeit der spanischen Landwirtschaft bewusst waren, richteten ihr Augenmerk jedoch auf den verfallenen Grundbesitz, der nicht verkauft, verpfändet oder übertragen werden konnte, da er der Kirche und den Gemeinden gehörte. Die größten Produktivitätsprobleme gab es in den großen Ländereien der Extremadura, Andalusiens und Südkastiliens. Aufgeklärte Männer wie Campomanes, Carrasco, Olavide, Floridablanca und Jovellanos legten verschiedene Agrarberichte vor, die auf die Amortisierung des Grund und Bodens in den Händen der Kirche einwirken sollten. Jovellanos war im *Bericht der Wirtschaftsgesellschaft* davon überzeugt, dass, wenn der König die Prälaten seiner Kirchen aufforderte, „von sich aus die Veräußerung ihrer territorialen Besitztümer voranzutreiben, um sie dem Volk zurückzugeben, indem sie sie entweder verkaufen und den Erlös in Zensusabgaben oder öffentliche Gelder umwandeln oder sie in Foren oder Emphyteusis geben, sie sich eifrig bemühen würden, diesen Dienst am Vaterland zu leisten".

Die nationale Rolle, die die Kirche in Spanien seit jeher gespielt hatte, wurde im Unabhängigkeitskrieg erneut deutlich. Als das spanische Volk gegen die Franzosen zu den Waffen griff, tat es dies in Gemeinschaft mit den Priestern und Ordensbrüdern, die die Partidas de Cruzada anführten, so nannte man die Gruppen von klerikalen Guerillas, die den Kampf gegen die Invasoren aufnahmen. Das Reglement dieser Partidas wurde von dem Karmeliten Manuel de Santo Tomás verfasst. Es war der gesamte Klerus, der den Krieg führte und ihn mit seinen Besitztümern unterstützte. Die Liste der Priester und Ordensleute des regulären und des weltlichen Klerus, die gegen Napoleon zu den Waffen griffen, ist so zahlreich, dass es von Galicien bis Katalonien und von Andalusien bis Navarra keine spanische Region gab, in der es keine Guerilla gab, die nicht von Kanonikern, Priestern oder Ordensleuten angeführt wurde. Während viele wohlhabende Adlige und das Bürgertum französisiert wurden, wurde das Volk von der Kirche angeführt, deren Vertreter in den Provinz- und Lokaljuntas vertreten waren. Die Provinzjuntas von Sevilla, Toledo, Cuenca, Zamora und Santander wurden von ihren Bischöfen geleitet. In Valencia, Cádiz, Huesca, Murcia und Galicien waren die Bischöfe ebenfalls Mitglieder der Vorstände. Drei Bischöfe waren Mitglieder der Zentraljunta und zwei Kardinäle waren Vorsitzende der Regentschaft.

Die Probleme für die Kirche und der Beginn ihrer Entfremdung von der Bevölkerung und den Armen ergaben sich aus der katastrophalen Agrarpolitik der Liberalen und insbesondere aus der berühmten Mendizábal-Entziehung von 1836. Dieses antiklerikale und antikarlistische Gesetz löste die Ordensgemeinschaften auf und beschlagnahmte die landwirtschaftlichen Güter der Kirche. Brenan zufolge „wurden die Geistlichen und Ordensbrüder durch den Entzug des Landbesitzes vom Volk abgeschnitten, so dass sie gezwungen waren, sich nach anderen Möglichkeiten der Bereicherung umzusehen, und in die Arme der wohlhabenden Klassen getrieben wurden". Mendizábal, seit 1817

Kommissar für Versorgung, sollte 1819 den Nachschub für die Flotte organisieren, die Cádiz verlassen sollte, um den Unabhängigkeitsaufstand in Amerika niederzuschlagen; stattdessen widmete er sich der Vorbereitung der Revolution von 1820 mit Rafael de Riego, seinem Freimaurerbruder. Wie wir wissen, taucht Mendizabal in *Coningsby* auf, dem Roman von Disraeli, dessen Hauptfigur Lionel Rothschild ist. Juan de Dios Álvarez Mendizábal, der als Sohn eines Marranen aus Aragonien beschrieben wird, war ein Rothschild-Mann, ein jüdischer Freimaurer, der einen baskischen Nachnamen annahm, um seine Herkunft zu verbergen, und der dank seiner Freundschaft mit Nathan Rothschild in London durch Spekulationen mit Schuldverschreibungen reich wurde. Als die spanische Regierung 1835 Lionel Rothschild, Nathans Sohn,, mit dem Orden Isabellas der Katholischen auszeichnete, wurde Mendizabal zum Finanzminister ernannt. Der Herzog von Wellington sagte damals, Mendizabal sei nichts anderes als „ein Vorposten der Rothschilds".

Die Liberalen hielten die kollektivistischen Ideen des 16. und 17. Jahrhunderts, die staatliches Eigentum und ein gewisses Maß an kommunaler Verwaltung befürworteten, für überholt. Sie verurteilten natürlich Lösungen, die auf nationalem Landbesitz basierten. Einer der wenigen, die sich dem Gesetz von Mendizábal widersetzten, war Flórez Estrada, der vorschlug, die Latifundien und die kommunalen Besitztümer zu verstaatlichen und denjenigen zu übergeben, die sie bewirtschafteten, was, wie er sagte, „eine kollektivistische Lösung des Agrarproblems in Übereinstimmung mit der spanischen Tradition fördern würde". Die Folgen der Enteignung waren verheerend und verursachten schwere Schäden für die Bauern, die der kirchlichen Ländereien beraubt wurden, die sie seit Jahrhunderten bewirtschaftet hatten. Viele von ihnen stürzten, ruiniert, in Not und Elend. Der kirchliche Besitz wurde zu Spottpreisen verkauft, ebenso wie der kommunale Grundbesitz in den Gemeinden, wodurch den Bauern Weideland, Wild, Brennholz und Holzkohle entzogen wurden. Das Ergebnis der Entmachtung war eine Zunahme der Zahl und Größe der Großgrundbesitze, die in den Besitz der Neureichen, des wohlhabenden Bürgertums, übergingen, die nur an ihrem eigenen finanziellen Vorteil interessiert waren. Natürlich ging die landwirtschaftliche Produktion zurück, da die neuen Eigentümer, die als abwesende Grundbesitzer in den Städten lebten, kein Interesse an Verbesserungen hatten und im Allgemeinen nur daran interessiert waren, neue Pachtverträge abzuschließen. Die Bauern waren somit dieser neuen Klasse von Grundbesitzern ausgeliefert, die als einzige durch die Anwendung liberaler Lehren begünstigt worden waren, die den Bedingungen und Interessen des Landes völlig unangemessen waren. Dies war der Nährboden für anarchistische und marxistische Doktrinen, die Jahre später in der spanischen Bauernschaft Fuß fassten.

Die ersten, die erkannten, dass der Liberalismus den wirtschaftlichen Interessen der internationalen Bankiers gehorchte, waren die Carlisten, die sich radikal gegen eine neue Doktrin wandten, deren Hauptprediger die Freimaurer waren. Für sie war die Agrarpolitik der Liberalen ein Angriff auf die traditionellen und weltlichen Werte der Nation. Die Bauern Nordspaniens verstanden dies und erhoben sich einstimmig zugunsten von Don Carlos. 1833 waren die religiöse Frage und die Landfrage miteinander verbunden: Während sich die Liberalen auf die Freimaurer stützten, stützten sich die Carlisten auf die Jesuiten. Die Freimaurerei, deren Rolle in der Französischen Revolution bereits untersucht wurde, drang über aufgeklärte Kreise nach Spanien ein: Der Graf von Aranda wurde Großmeister. Von da an wurde sie schrittweise eingeführt, und man kann sagen, dass sie im Laufe des 19. Jahrhunderts zu einer revolutionären Internationale des Bürgertums wurde, obwohl ab 1848 bereits von der Roten Freimaurerei die Rede war.

Viele Mitglieder des Militärs gehörten diesen Geheimbünden an, weshalb die meisten Komplotte und Pronunciamientos in den Logen ausgeheckt wurden, die sich während des liberalen Trienniums enorm ausbreiteten. Nach dem Tod Ferdinands VII. gelang es den Liberalen, die Carlisten durch freimaurerische Soldaten und Politiker wie Espoz y Mina, Espartero, Álava, Toreno, Alcalá Galiano, Argüelles, Mendizábal, Istúriz und andere zu besiegen. Die Machenschaften der Rothschilds, die von Toreno die Ausbeutung der Quecksilberminen von Almadén erhalten hatten, waren entscheidend für die Niederlage der Carlisten. Die Rothschilds wussten, dass sie die Schürfrechte nicht behalten hätten, wenn Don Carlos in Spanien regiert hätte[18]. Doch die Rothschilds erlangten nicht nur die Kontrolle über Almadén: Die Liberalen übernahmen auch die Kontrolle über die Minen Río Tinto und Peñarroya, in denen Kupfer, Blei, Zink und andere für die Industrialisierung Europas notwendige Rohstoffe abgebaut wurden.

Als 1873 die Erste Republik ausgerufen wurde, die die Freimaurer selbst als „Freimaurerische Republik" bezeichneten, hatten die Karlisten bereits im Mai 1872 zu den Waffen gegriffen. Für sie trug die Republik eine Schürze. Wie der Großmeister Miguel Morayta in *Masonería Española* bestätigte, gehörten Figueras und Pi i Margall dem Orden der Carbonarii an, Salmerón sympathisierte mit der Freimaurerei, und Castelar gehörte dem Orden an. Die wichtigsten Generäle, die 1868 aufbegehrten, waren ebenfalls Freimaurer: Domingo Dulce, Ramón Nouvillas, Francisco Serrano und Admiral Bautista Topete, unter dessen Kommando die Flotte in Cádiz aufgestiegen war. Serrano, „der schöne General", der die Schlacht an der Brücke von Alcolea gewonnen hatte, bildete die provisorische Regierung und war Regent des Königreichs bis

---

[18] Henry Coston prangert in *The Europe of the Bankers* an, dass die spanischen liberalen Freimaurer die natürlichen Ressourcen Spaniens an die Familie Rothschild übergeben haben. Laut Coston waren Almadén und Indria (Österreich) die einzigen Quecksilbervorkommen in Europa, ein Mineral, das benötigt wird, um Silber von Verunreinigungen zu befreien. Die Rothschilds wussten, dass derjenige, der sie kontrollierte, ein Monopol auf dem Quecksilbermarkt haben würde. Nathan Rothschild schickte seinen Sohn Lionel nach Madrid, um die Minen zu übernehmen. Die Bieter hatten versiegelte Angebote beim Finanzministerium eingereicht. Ohne dass wir es wussten, erfuhr Lionel, dass das beste Angebot von der Banca Zulueta stammte, und mit nur fünf Reales mehr erhielt er den Zuschlag. So unterzeichneten Lionel Rothschild und der Graf von Toreno am 21. Februar 1835 den Vertrag, der ein Darlehen zur Bekämpfung der Carlisten vorsah.

zur Ankunft von Amadeo I. von Savoyen,, dem Freimaurerkönig, der von General Prim, der ebenfalls Freimaurer war, nach Spanien gebracht worden war. Die Carlisten sahen hinter den Liberalen die Hand von Ketzern, Freimaurern und Juden. Wie schon im Unabhängigkeitskrieg kehrten 1872 Tausende von jungen Männern und Bauern aus dem Baskenland und Navarra mit einer romantischen und quixotischen Sentimentalität, die bis zu einem gewissen Grad in der spanischen Seele verwurzelt war, in den von Priestern und Ordensleuten geführten Kampf zurück. Berühmt ist der Fall des Pfarrers von Hernialde, des berühmten Priesters Santa Cruz, den Pío Baroja in seinem Roman *Zalacaín der Abenteurer* beschreibt, dessen Grausamkeit und Tapferkeit Hand in Hand gingen. Es gibt die These, dass die Freimaurerei angesichts der Möglichkeit, dass die herrschende Anarchie die Ausrufung von Karl VII. erleichtern würde, beschloss, den Staatsstreich von Pavia gegen die Republik zu unterstützen, um ein größeres Übel zu verhindern. Tatsächlich erklärte General Pavía am 17. März 1875 vor den Cortes: „Ah Señores diputados! Wenn ich diesen Akt nicht vollzogen hätte, wäre der Januar vielleicht nicht zu Ende gegangen, ohne dass Don Carlos de Borbón Madrid betreten hätte".

Apostel des Atheismus bringen die Internationale nach Spanien

Die Meinungsverschiedenheiten mit Marx über die Organisation der Internationale hatten Bakunin dazu veranlasst, im September 1868 eine revolutionäre Geheimgesellschaft zu gründen, die er „Allianz der Sozialdemokratie" nannte und an deren Spitze die „Hundert Brüder der Internationale" standen, eine andere Geheimgesellschaft, die er zuvor in Neapel gegründet hatte. Im Oktober schickte Bakunin, der wie Marx, Trotzki und Lenin hochgradiger Freimaurer war, einen italienischen Ingenieur namens Giuseppe Fanelli, einen weiteren Freimaurer, den er 1866 auf Ischia kennengelernt hatte und der seiner Internationalen Bruderschaft angehörte, mit einer Evangelisierungsmission nach Spanien. Als im Dezember desselben Jahres die Allianz der Sozialdemokratie die Aufnahme in die Internationale beantragt, wird ihr Antrag vom Generalrat abgelehnt. Bakunin erkannte daraufhin, dass Marx ihn loswerden wollte und dass deutsche Juden, die der Internationale angehörten, versuchten, ihn zu diskreditieren. 1869 schrieb er seine *Polemik gegen die Juden*, in der er anprangerte, dass Marx von jüdischen Bankiers finanziert wurde.

Fanelli, der unter Garibaldi gegen den Papst gekämpft hatte und eng mit Mazzini befreundet war, beide Freimaurer 33. Grades, kam in Barcelona an und begann von dort aus seine Mission in Spanien. Einer der ersten spanischen Anarchisten war Tomás González Morago, dessen Vater ein Karlist war. Anselmo Lorenzo, der ebenfalls Freimaurer war, sagt, González Morago habe sich dem Anarchismus angeschlossen, weil er ihm die Lehren des Evangeliums zu verwirklichen schien. Im Frühjahr 1870 wurde die Allianz der spanischen Sozialdemokratie gegründet, deren erster Kongress im Juni im Ateneo Obrero in Barcelona stattfand. An diesem Kongress nahmen neunzig Delegierte teil, die sechsunddreißig Ortschaften vertraten. Die spanische Regionalföderation der

Internationale war geboren, die später die von Bakunin entworfenen Statuten der jurassischen Föderation der Internationale übernehmen sollte.

Die Anhänger von Marx in Spanien, die als „Autoritäre" bezeichnet wurden, waren in der Minderheit und nahmen den Namen „Kommunisten" an, während sich die Bakuninisten „Kollektivisten" nannten. Bakunins Kampf mit Marx wurde somit nach Spanien verlegt, und im Dezember 1871 schickte er seinen Schwiegersohn Paul Lafargue, der perfekt Spanisch sprach, da er in Kuba ausgebildet worden war. Lafargue griff die Allianz der Sozialdemokratie sofort an und beschuldigte sie, ein Geheimbund zu sein. Am 12. und 13. September hatte die Internationale in London eine Konferenz abgehalten, die dem von Marx kontrollierten Generalrat neue Befugnisse verlieh. Dieser Rat diktierte das Recht auf Aufnahme in die Internationale und hatte die Existenz von Geheimgesellschaften innerhalb der Internationale verboten. Um die spanische Polizei zu veranlassen, die anarchistischen Führer zu verhaften, veröffentlicht Lafarge die Namen der wichtigsten spanischen Führer der Internationale in der Zeitung „La Emancipation", die den Marxisten in Madrid gehört. Die Bakuninisten reagierten mit dem Ausschluss der „Autoritären". Auf dem Haager Kongress im September 1872 gelang es Marx schließlich, Bakunin aus der Internationale auszuschließen und den Generalrat nach New York zu verlegen, um zu verhindern, dass seine Feinde ihm die Kontrolle über die Organisation entrissen. González Morago und Farga Pellicer beriefen einen Kongress ein, der am 26. Dezember 1872 im Theater Moratín in Córdoba stattfand und auf dem die spanischen Bakuninisten die Ziele der anarchistischen Internationale bekräftigten.

Von diesen Jahren an begannen die „Apostel" des Anarchismus, deren Antiklerikalismus eines ihrer Markenzeichen war, die neue Doktrin von Freiheit, Gleichheit und Gerechtigkeit zu verbreiten. Der erste Generalstreik in Spanien fand 1873 in Alcoy statt, wo achttausend Arbeiter in Papierfabriken beschäftigt waren. Mit dieser revolutionären Aktion wollten die Anarchisten den Achtstundentag durchsetzen. Der Bürgermeister, der zu vermitteln versuchte, stellte sich auf die Seite der Bosse, und so versammelten sich Gruppen von Arbeitern vor dem Rathaus. Die Polizei rückte aus und ein ganztägiger Kampf begann. Den Sieg errangen die Arbeiter, die den Bürgermeister erschossen, ihm und den Wachleuten, die bei den Kämpfen starben, den Kopf abschlugen und sie durch Alcoy paradierten. Man kann sagen, dass von diesem Moment an Gewalt und fanatischer Hass auf die Kirche ein konstantes Merkmal der anarchistischen Bewegung wurden. Im Oktober 1910 wurde in Sevilla die CNT gegründet, die zur wichtigsten Kampfkraft des spanischen Syndikalismus werden sollte.

Wie Bakunin zu Recht anprangerte, führte die Tatsache, dass die Marxisten von der internationalen jüdischen Bank unterstützt wurden, zum Sieg des Kommunismus in Russland, der die Führung der internationalen revolutionären Bewegungen in die Hände der Judenbolschewiki legte. Im März 1919 wurde in Petrograd die Dritte Internationale gegründet. Trotzkis erstes Ziel war, wie wir gesehen haben, die Ausbreitung der Revolution auf Deutschland, Ungarn und Österreich. Aber auch die sozialen Verhältnisse in Spanien gerieten in sein Visier. Die Kommunistische Partei Spaniens wurde am 15. April 1920 gegründet. Zwischen dem 19. Juli und dem 7. August desselben Jahres fand in Moskau der Zweite Kongress der Kommunistischen Internationale statt. Dort prophezeite Lenin, dass die zweite proletarische Revolution in Spanien stattfinden und vom Proletariat mit Waffen unterstützt werden würde. Nach dieser Ankündigung begannen die internationalen Revolutionäre, den Ereignissen auf der Halbinsel ihre Aufmerksamkeit zu widmen. Der erste Kongress der PCE trat am 15. März 1922 in Madrid zusammen und billigte bereits die Politik der Einheitsfront mit den Sozialisten und Anarchisten, die Isidoro Acevedo, der spanische Vertreter auf dem Vierten Kongress der Internationale, an dem einundsechzig Länder teilnahmen, in seiner Rede auf den Kongresssitzungen im November 1922 ankündigte. Jules Humbert-Droz, der Schweizer Vertreter, spricht am 4. Dezember und betont die Notwendigkeit der Zusammenarbeit der PCE mit den anarchosyndikalistischen Organisationen und der UGT.

Die Anarchisten, die von der bolschewistischen Revolution beeindruckt waren, waren 1921 bereit, mit den Kommunisten zusammenzuarbeiten. Andreu Nin und Joaquín Maurín reisten nach Russland und schlossen ohne Genehmigung die CNT mit der Dritten Internationale zusammen. Es wird angenommen, dass sie damals nichts von dem Massaker an den Anarchisten im April 1918 und von Trotzkis Verantwortung für die verbrecherische Unterdrückung der Kronstädter Matrosen im März 1921 gewusst haben müssen. Bald darauf bringt Ángel Pestaña, der ebenfalls nach Russland gereist war, Beweise für die Geschehnisse in Kronstadt und für den Vernichtungskrieg gegen die russischen Anarchisten mit, so dass die Aktion von Nin und Maurín geleugnet wird. Im Juni 1922 fand in Zaragoza ein Kongress unter dem Vorsitz von Juan Peiró statt. Die CNT bekräftigt ihren Willen, den Weg des libertären Kommunismus zu gehen, lehnt jede Verbindung mit der Moskauer Internationale ab und nimmt am Kongress der Internationalen Syndikalistischen Internationale (IWA) in Berlin teil. In den Jahren der Diktatur von Primo de Rivera organisieren Nin und Maurín im Exil eine kleine kommunistische Partei. Die Anarchisten ihrerseits gründeten 1927 die Iberische Anarchistische Föderation (FAI), eine mächtige Geheimorganisation, deren Führer eine geheimnisvolle politische Elite bildeten, die Teil der Führung der anarchosyndikalistischen Zentrale wurde.

TEIL 2
SCHIKANEN GEGEN DIE MONARCHIE UND IHR STURZ

Nach dem Sturz dreier großer europäischer Monarchien infolge des Ersten Weltkriegs und der Revolution in Russland blieb nur noch die Aufgabe, die Arbeit in Spanien zu Ende zu bringen, einem Land, dessen Katholizismus seit dem 16. Spanien hatte nicht nur die Juden vertrieben, sondern auch Amerika kolonisiert und christianisiert und war über Jahrhunderte hinweg der Verteidiger des katholischen Glaubens in Europa gewesen. Bei all dem hatte es sich mehr als verdient gemacht, dass die weltrevolutionäre Bewegung den Kampf gegen es vorbereitete, um der Monarchie und der Religion ein für alle Mal ein Ende zu setzen. Wie bereits dargelegt, erforderte der Prozess der Entchristlichung der Arbeiterklasse deren Loslösung von der Kirche, ihrem traditionellen Verbündeten. Der Schaden, der durch die Enteignung des kirchlichen Eigentums verursacht wurde, war irreparabel, denn er führte zu einer Trennung, die durch die Dummheit und Heuchelei der kirchlichen Führung noch verstärkt wurde. Die vorbildliche Haltung vieler Priester und Brüder, die in Demut weiterhin die Armen unterstützten, nützte nichts, da die Hierarchie unter Missachtung der Lehren Jesu Christi beschloss, sich mit den Reichen zu verbinden, um ihre Privilegien zu verteidigen. So wuchsen Skepsis und Verachtung unter den Armen und dem Bürgertum. Schon vor der Republik hatte die Entfremdung von allem, was mit der Kirche zu tun hatte, auch die Gläubigen erfasst, was sich darin zeigte, dass der Prozentsatz der Kirchenbesucher zurückging.

Ein intelligenter Jesuit, Pater Vicente Andrade, organisierte 1861 die ersten katholischen Arbeitergewerkschaften, die der Internationalen Katholischen Arbeiterbewegung angeschlossen waren, aber leider konnten weder Bischöfe noch Arbeitgeber diese Initiative unterstützen. Das Pontifikat von Leo XIII. (1878-1903) ermöglichte es jedoch, dass die Initiativen von Pater Andrade die Anerkennung erhielten, die sie verdienten. Im Jahr 1891 prangerte die Enzyklika *Rerum novarum* die Unterdrückung und Unterwerfung der Armen durch „eine Handvoll sehr reicher Leute" an. Die Enzyklika forderte nicht nur gerechte Löhne, sondern erkannte auch das Recht auf gewerkschaftliche Organisierung an und befürwortete die Gründung katholischer Gewerkschaften. Die spanische Hierarchie wurde angewiesen, katholische Zentren und Hilfsvereine einzurichten, die sich um Fälle von Krankheit und erzwungener Arbeitslosigkeit kümmern sollten. Der Großteil der Kosten sollte von den Arbeitgebern übernommen werden. Im Norden der Halbinsel nahmen diese katholischen Gewerkschaften ihre Arbeit auf und schlossen sich zu einem Nationalen Rat der katholischen Arbeiterkorporationen zusammen, dem der Erzbischof von Toledo vorstand. Diese Organisationen unterstützten Kranke, Arbeitslose und ältere Menschen und vergaben in ländlichen Gebieten zinslose Darlehen an Bauern. Andere katholische Gewerkschaften schlossen sich in der Federación Nacional de Sindicatos Católicos Libres zusammen, die 1912 von zwei Dominikanern gegründet wurde. Im Süden und Osten Spaniens, wo sich eine antireligiöse Stimmung breit gemacht hatte und die katholische Bewegung fast nicht existierte, sah es anders aus.

Diese katholischen Gewerkschaften wurden natürlich auch während der Diktatur von Primo de Rivera unterstützt. Darüber hinaus sicherte sich der General die Mitarbeit der UGT, deren Sekretär Francisco Largo Caballero Indalecio Prieto für sich gewinnen konnte und das Angebot des Diktators annahm. Largo wurde Staatsrat, ein Posten, von dem aus er versuchte, seine Basis zum Nachteil der verfolgten CNT zu verbreitern. Caballero war bis zu seinem 24. Lebensjahr Analphabet und war bereits Mitglied der Gewerkschaft, als er 1893 lesen und schreiben lernte. Erst 1934, als er wegen seiner Teilnahme an der asturischen Revolution im Gefängnis saß, begann er im Alter von siebenundsechzig Jahren Marx, Engels, Trotzki, Lenin und Bucharin zu lesen. Es scheint, dass Largo Caballero sich damals für die russische Revolution begeisterte, obwohl sie zu einem Bürgerkrieg, dem Untergang des Landes und fast zwanzig Millionen Toten geführt hatte.

Mit Unterstützung der Sozialisten der UGT verlängerte Primo de Rivera die Arbeitsgesetzgebung, die 1919 den Achtstundentag eingeführt hatte, und schuf paritätische Ausschüsse zur Anpassung der Löhne, was der Arbeiterklasse zugute kam. Auf diese Weise versuchte er, die Arbeiter vom Anarcho-Syndikalismus fernzuhalten. Die Arbeitslosigkeit wurde durch eine Politik der öffentlichen Arbeiten praktisch beseitigt, aber die Verschuldung stieg. Hätte der Diktator es gewagt, die großen Ländereien, die den ländlichen Anarchismus unterstützten, zu enteignen und zu parzellieren, hätte er vielleicht die Stärke der CNT im Süden der Halbinsel entschärfen können; aber die Kosten für die Enteignung mussten getragen werden, und das hätte mehr öffentliche Schulden bedeutet. Andererseits erlaubte es die Abhängigkeit von der Grundbesitzerklasse und der Armee nicht, diese Frage zu lösen.

Die Diktatur hatte auf die Unterstützung des katalanischen Bürgertums gezählt, das durch die in Barcelona herrschende Anarchie verängstigt war. Puig i Cadafalch, Präsident der Mancomunitat, und andere Mitglieder der Lliga Regionalista von Cambó boten Primo de Rivera ihre Unterstützung im Austausch für die Autonomie Kataloniens an. Obwohl die konservative Bourgeoisie von der Entwicklung der katalanischen Industrie und des Finanzwesens profitierte, war die Nichteinhaltung des Versprechens ein Fehler, der die Spannungen verschärfte und ernste Folgen für die Lliga hatte. Der General wollte die Realität nicht sehen und behauptete wiederholt, das katalanische Problem existiere nicht. Der Diktator weigerte sich nicht nur, die Idee der Autonomie voranzutreiben, sondern verbot auch den Gebrauch des Katalanischen in Schulen und in der offiziellen Kommunikation. Es war auch nicht erlaubt, in der Öffentlichkeit die Senyera zu schwingen oder die Sardana zu tanzen. All dies bescherte den linken Parteien, die für die Republik[19] eintraten, einen haushohen Sieg

---

[19] Miguel Primo de Rivera starb am 15. März 1930 in Paris unter ungeklärten Umständen, da der spanische Botschaftsarzt, der Jude Alberto Bandelac de Pariente, Mitglied der

Vierzehn Monate ohne Atempause

Unmittelbar nach dem Sturz der Diktatur begann eine ungezügelte Kampagne von Angriffen auf die Monarchie und den König. Und obwohl der Kommunismus in Spanien noch keine nennenswerten Wurzeln geschlagen hatte, kam in den Kinos eine heimtückische Propaganda auf, die die russische Revolution als Triumph der Arbeiterklasse darstellte. Unter diesen Umständen übergab Alfonso XIII. die Macht an General Dámaso Berenguer, der am 30. Januar 1930 als Präsident des Rates vereidigt wurde und auch das Kriegsressort übernahm. Sein Hauptziel war es, so schnell wie möglich Parlamentswahlen zu organisieren. Die Junta Central del Censo (Zentrale Volkszählungskommission) richtete sofort ein Schreiben an die Regierung, in dem sie eine Korrektur der Volkszählung für unerlässlich hielt. Niceto Alcalá Zamora und Ángel Ossorio y Gallardo unterstützten die Forderung des Rates mit ihrer Unterschrift. Die Notwendigkeit, diese Aktualisierung vorzunehmen, verzögerte die Einberufung um einige Monate, was Antimonarchisten und Revolutionäre dazu veranlasste, die Tatsache anzuprangern, dass das Land immer noch unter einem illegalen Diktaturregime stand.

Die von Kommunisten, Anarchisten und Sozialisten angestoßene gewerkschaftliche Agitation wurde immer ausgeprägter. Im April 1930 traf ein Enkel von Karl Marx, Jean Longuet, ein französischer Sozialist mit dem Spitznamen „Johnny", der die Zeitung *Le Populaire* gegründet hatte, in Madrid ein. Er kam mit dem Auftrag, den spanischen Revolutionären Handlungsanweisungen zu übermitteln. Diese Figur, ein Experte für Verschwörungen, war der Sohn von Jenny Marx und Charles Longuet, dem zuverlässigsten Agenten von Marx in der Pariser Kommune, der schließlich seine Tochter heiratete. Jean Longuet (Johnny), ein dreister Mann, der, obwohl er sich selbst als Pazifist bezeichnete, die Gewährung von Kriegskrediten während des Ersten Weltkriegs unterstützt hatte, war bereits ein überzeugter Zionist, als er nach Spanien reiste: Vier Monate später, am 6. August, unterstützte er zusammen mit dem Juden Léon Blum zionistische Positionen auf dem Kongress der Sozialistischen Internationale in Brüssel, wo die britische

---

Universal Israelite Alliance, keine Autopsie an seinem Körper zuließ. Der unerwartete und plötzliche Tod überraschte ihn in seinem Hotelzimmer, während er spanische Briefe und Zeitungen las, da er nicht krank war und seine Diabetes behandelt und unter Kontrolle hatte. Der spanische Botschafter in der französischen Hauptstadt, Quiñones de León, ein bekannter Freimaurer, stand in häufigem Kontakt mit ihm. Nach Angaben von José Luis Jerez Riesco aß Primo de Rivera am Abend vor seinem Tod mit einem jüdischen Freimaurer sephardischer Herkunft, dessen Identität er nicht nennt. Bandelac de Pariente, ein in Tanger geborener sephardischer Jude, war der erste Mensch in Spanien, der Salvarsan injizierte, ein Präparat aus organischem Arsen, das zur Behandlung von Syphilis und Rückfallfieber verwendet wurde und auch 606 genannt wurde (weil es das Ergebnis von 606 Experimenten war). Sein Entdecker, der deutschstämmige Jude Paul Ehrlich, bezeichnete diese Präparate als „magische Kugeln". Es scheint, dass die Logen in einem internen Kommuniqué den Tod des ehemaligen Diktators als „angemessen" erachteten.

Regierung aufgefordert wurde, die jüdische Einwanderung und die Kolonisierung Palästinas zu unterstützen.

Nach und nach kam es zu sozialen und arbeitsrechtlichen Unruhen. Am 23. Juni brach in Sevilla ein Generalstreik aus, der einige Tage später von in Málaga unterstützt wurde. Im selben Monat kam es in mehreren Hauptstädten zu Streiks und Arbeitsniederlegungen im Baugewerbe. Im Juli wurden auch in Santander, Gerona, Langreo, Málaga und anderen Städten Streiks ausgerufen; das wichtigste Ereignis fand jedoch am 17. August in San Sebastián statt: Vertreter aller republikanischen Parteien trafen sich im Republikanischen Kreis und schlossen den „Pakt von San Sebastián", eine Vereinbarung zum Sturz Alfons XIII. und zur Ausrufung der Republik. Über die besprochenen Themen und die getroffenen Vereinbarungen wurde kein schriftliches Protokoll geführt, aber aus einer inoffiziellen Notiz, die in der Zeitung *El Sol* veröffentlicht wurde, erfuhr man, dass die angenommenen Beschlüsse „einstimmig" waren. Der Vorsitzende der Sozialisten, Indalecio Prieto, hatte persönlich an dem Treffen teilgenommen, und in dem Vermerk wurden die PSOE und die UGT aufgefordert, „die Aktion, die die Kräfte, die gegen das gegenwärtige politische Regime sind, gemeinsam durchführen wollen, nachdrücklich zu unterstützen". Beide Organisationen bestätigten ihre Unterstützung im Oktober.

Ángel Rizo Bayona, Großmeister des spanischen Großorient, war derjenige, der die Idee für den Pakt zum Sturz der Monarchie hatte. Dies berichten César Vidal und José A. Ayala Pérez, der Biograph von Rizo. Alejandro Lerroux selbst bestätigte, dass Rizo der Ideologe des Paktes von San Sebastián gewesen sei. Dieser Freimaurer, der 1929 Kapitänleutnant war, hatte auch die Idee der „schwimmenden Logen", um die Kontrolle über die Marine zu erlangen. Großmeister Diego Martínez Barrio ermächtigte ihn persönlich, unter dem Marinepersonal zu missionieren. 1930 wurde Rizo in den 32. Rang befördert und damit beauftragt, jegliche Reaktion gegen die Ausrufung der Republik zu verhindern. Um seine Wirksamkeit zu beweisen, genügt es zu sagen, dass am 14. April mehr als dreitausend Angehörige des Geschwaders Ferrol, die sich in Cartagena aufhielten, auf den Straßen für die Republik demonstrierten. Alejandro Lerroux, Manuel Azaña, Álvaro Albornoz, Marcelino Domingo, Ángel Galarza, Santiago Casares Quiroga, Eduardo Ortega y Gasset (der Bruder des Philosophen) und Niceto Alcalá Zamora, die alle in San Sebastián anwesend waren, waren ebenfalls Freimaurer. Zu ihnen gesellten sich drei katalanische Vertreter: Jaume Aiguader, der ebenfalls Freimaurer war, Macià Mallol und Manuel Carrasco, denen eine angemessene Behandlung der katalanischen Frage zugesagt wurde.

In den 1932 und 1933 veröffentlichten *Memorias de mi paso por mi paso por la Dirección General de Seguridad (Erinnerungen an meinen Weg durch die Generaldirektion für Sicherheit)* erzählt General Emilio Mola, der bis zur Ausrufung der Republik die Generaldirektion für Sicherheit leitete, wie er diese Zeit der permanenten Verschwörung von innen heraus erlebte, über die die Polizei durch ihre Agenten sehr viele Informationen hatte. In den Monaten September und Oktober braute sich der Sturm zusammen. Die republikanischen Parteien, die Teil der revolutionären Bewegung waren, waren so besessen, dass sie glaubten, Anarchisten und Kommunisten würden mit ihnen zusammenarbeiten, wenn sie nur anerkannt würden, und so benutzten sie sie rücksichtslos als Instrumente auf ihrem Weg zur Macht. Am 3. Oktober schickte Mola ein langes Rundschreiben an alle Gouverneure, in dem er sie prophetisch vor den Gefahren dieser Haltung warnte:

> Die Masse der Arbeiter und insbesondere die Organisationen der Anarchisten, der Anarchosyndikalisten, sind das geeignete Material für die Revolte und die Aktion, nicht weil sie an einem Wechsel des „monarchistisch-bürgerlichen" Regimes zu einem „republikanisch-bürgerlichen" interessiert sind, sondern weil sie genau wissen, wie schwierig es sein wird, die Massen wieder zur Disziplin zu bringen, sobald die Deiche, die den gegenwärtigen sozialen Zustand aufrechterhalten, gebrochen sind und die Nation in das Chaos der Revolution gestürzt wird. Und da andererseits durch die Krise nur die Arbeiterorganisationen an Stärke und Ansehen gewonnen hätten, wäre die Zeit reif, ein proletarisches Regime zu errichten.... Es scheint wirklich unglaublich, dass Männer mit Erfahrung und Kultur der Versuchung erlegen sind, die Unterstützung der CNT zu suchen, um die Revolution zu machen; aber leider ist dies der Fall."

In *Lo que yo* supe, *dem* ersten der drei Bücher, aus denen sich Molas *Memoiren* zusammensetzen, bestätigt der Generaldirektor der Sicherheitsbehörde, dass er Ende November 1930 erfuhr, dass die Vorbereitungen für einen revolutionären Umsturz bereits weit fortgeschritten waren: Waffen waren verteilt worden und es gab engagierte Militärs, darunter Generäle, in Madrid, Valencia, Logroño, Huesca und Jaca. Die UGT und einige Kommunisten hatten ihre Teilnahme zugesagt. Die Namen und Ressorts der Mitglieder der künftigen provisorischen Regierung, die im Revolutionskomitee vereinbart worden waren, waren ebenfalls bekannt. Neben anderen Details zu den Aktionsplänen erfuhr man, dass Hauptmann Fermín Galán in Jaca mit bewaffneten Bauern und Truppen agieren würde, woraufhin Mola, der ihn persönlich kannte, am 27. November beschloss, ihm einen Brief zu schreiben, in dem er ihn aufforderte, davon abzusehen. „Mein verehrter Hauptmann und Freund" waren die liebevollen Worte, mit denen er ihn ansprach. In einer wichtigen Passage erklärt er, dass das Komplott aufgedeckt worden sei: „Die Regierung weiß und ich weiß von Ihren revolutionären Aktivitäten und Ihren Plänen, sich mit Truppen dieser Garnison aufzulehnen: die Angelegenheit ist ernst und könnte Ihnen irreparablen Schaden zufügen". Neben anderen Warnungen erinnerte Mola ihn auch daran, dass der Kodex der Militärjustiz auf ihn angewendet werden könnte. Was Mola nicht wusste, war, dass Fermín Galán Monate zuvor, Mitte September, mit seiner rechten Hand „auf dem Evangelium des Lichts" vor seinen Brüdern in der Iberischen Loge einen Eid abgelegt hatte. Juan -Simeón Vidarte, stellvertretender Sekretär der PSOE zwischen 1932 und 1939, ein Freimaurer 33. Grades, dessen Initiationsname „Erasmo" war, gibt Galáns Eid in *No queríamos al Rey* wieder: „Ich schwöre feierlich vor dem großen Architekten des Universums und vor euch, meinen Brüdern, dass ich an dem Tag, an dem ich den Befehl des Revolutionskomitees erhalte, die Republik in Jaca ausrufen und für sie kämpfen werde, auch wenn es mich mein Leben kostet".

Niemand in der Generaldirektion für Sicherheit glaubte, dass Galán weitermachen würde, nachdem er erfahren hatte, dass die Verschwörung aufgedeckt worden war; aber der junge Hauptmann wollte die Realität nicht sehen und glaubte, er könne Spanien die Republik aufzwingen. In den frühen Morgenstunden des Freitags, 12. Dezember 1930, revoltierte Galán in Begleitung mehrerer Hauptmänner, darunter Ángel García Hernández und Salvador Sediles, sowie von Landsleuten, die von lokalen republikanischen Führern angeführt wurden, gegen die Garnison von Jaca. Der Militärgouverneur, General Urruela, und die Häuptlinge und Offiziere, die nicht mitmachten, wurden inhaftiert. Zwei Carabineros, die sich weigerten, sich entwaffnen zu lassen, wurden erschossen. Der Feldwebel, der den Posten der Guardia Civil befehligte, wurde ebenfalls getötet. Die Rebellen machten sich in zwei Kolonnen auf den Weg nach Huesca: Die eine bestieg einen Militärzug, die andere marschierte auf der Straße mit Lastwagen und Autos. Ein kleiner Trupp unter dem Kommando von General Las Heras versuchte, den Vormarsch zu verhindern, und es gab weitere Opfer, darunter Hauptmann Mínguez von der Guardia Civil. Der General wurde bei dem Handgemenge ebenfalls verwundet. In Cillas schließlich endete das Gefecht mit den Regierungstruppen, und die Rebellen lösten sich auf.

Die Polizei erfuhr, dass sich neben anderen revolutionären Elementen auch zwei Kommunisten, ein Ingenieur namens Cárdenas und der Student Pinillos, in Jaca aufhielten. Es scheint, dass Casares Quiroga am Donnerstag, den 11. Mai, in Saragossa auf dem Weg nach Jaca war. Er sollte Galán mitteilen, dass das Revolutionskomitee beschlossen hatte, die Aktion auf den 15. zu verschieben, aber die Mitteilung kam zu spät. Das Zögern der UGT in Saragossa und die Meinungsverschiedenheiten innerhalb der CNT in Madrid trugen ebenfalls zum Scheitern des Putschversuchs bei. Am Sonntag, dem 14., verurteilte ein Kriegsgericht in Anwendung des Militärgesetzbuches die Hauptleute Fermín Galán Rodríguez und Ángel García Hernández zum Tode, die noch am selben Tag erschossen wurden.

Wie sehr Hauptmann Fermín Galán unter Halluzinationen litt, geht aus Schriften in seiner eigenen Handschrift hervor, die in Jaca gefunden wurden. General Mola veröffentlichte Fotokopien davon in *Tempestad, calma, intriga y crisis, dem* zweiten Band seiner *Memorias*. Auf hastig geschriebenen Seiten voller Durchstreichungen skizzierte der junge Hauptmann mehrere Erlasse und Befehle. Hier ein kleiner Auszug aus einigen seiner Torheiten:

> „In Anbetracht der gegenwärtigen Umstände, die eine feste und sichere Befehlseinheit erfordern, ohne Unterteilungen, die die Einheit der Lehre stören könnten, die uns in der rationalen Entwicklung der Dinge inspirieren, mit der klaren Vision, die wir von ihnen haben, komme ich zur Disposition:
> Artikel 1 Alle Befugnisse der Revolution sind in meiner Behörde konzentriert".

In anderen Artikeln, die separat verfasst wurden, erklärte Hauptmann Fermín Galán in einer unwiderlegbaren Demonstration seiner höchsten Dummheit Folgendes:

„Artikel 1: Die Todesstrafe wird ohne Grund verhängt:
a) jeder, der das entstehende Regime in irgendeiner Weise behindert, sich gegen es verschwört oder es bewaffnet.
b) wer versucht, die bestehende Ordnung selbst zu ändern, indem er das Leben von Personen und die Sicherheit von Sachen bedroht.
(c) jeder, der Silber, Gold oder Reichtümer jeglicher Art, einschließlich besonderer oder künstlerischer Werte, ins Ausland bringt.
Artikel 2 Die Revolutionsjuntas errichten unter ihrer obersten Leitung ein Revolutionstribunal, das mit Hilfe der Nationalgarde alle im vorstehenden Artikel genannten Vergehen verhandelt und ahndet.
Artikel 3° Ich werde jede Nachlässigkeit oder Nachsicht, die ich bei der Erfüllung dieses Dekrets seitens der revolutionären Behörden feststelle, mit aller Härte bestrafen".

Die Unbesonnenheit Galáns, der offensichtlich ein junger Größenwahnsinniger war, der bereit war, jeden zu liquidieren, der seine Bedingungen oder die „bestehende Ordnung" nicht akzeptierte, führte zum Scheitern des Putsches von Cuatro Vientos, der am Montag, dem 15. Hätte der junge Kapitän Geduld gehabt, wären die beiden Aufstände zusammengefallen, wie es das Revolutionskomitee sicherlich beabsichtigt hatte. Eine der Hauptfiguren des Abenteuers auf dem Flugplatz war Ramón Franco, der Bruder von General Franco, einer der schillerndsten und rücksichtslosesten Figuren der revolutionären Bewegung, der im Januar 1926 durch seinen Flug im Wasserflugzeug *Plus Ultra* von Palos de la Frontera nach Buenos Aires zum Nationalhelden geworden war. Ramón Franco war auch Freimaurer und war in die Loge Plus Ultra eingeweiht worden, daher der Name des Flugzeugs.

Mola, der ständig über seine Wanderschaft informiert war, hatte ihn im Oktober verhaftet, nachdem er entdeckt hatte, dass er in Eibar und Saint-Etienne versuchte, Waffen zu kaufen, aber Franco gelang es, zu entkommen und am Staatsstreich teilzunehmen. Um sechs Uhr morgens trafen General Queipo de Llano, die Kommandanten Hidalgo de Cisneros, Pastor und Roa, Hauptmann González Gil, ein Freimaurer, der der PSOE angehörte, und weitere Offiziere in zwei Wagen in Cuatro Vientos ein. Ramón Franco traf kurz darauf ein. Die Wache leistete keinen Widerstand, und die Truppen wurden mit der Nachricht geweckt, dass die Republik ausgerufen worden war. Der Telegrafist schickte folgende Nachricht an alle Flugplätze: „Die Republik ist in Madrid ausgerufen worden, Weckruf". Ein Leutnant marschierte mit zwei Lastwagen und Truppen zum Pulvermagazin von Retamares, wo sich zwei Kompanien von Pionieren dem Aufstand anschlossen und die Verlegung von Bomben nach Cuatro Vientos ermöglichten. Inzwischen hatte Major Roa die Proklamationen gedruckt, die auf Madrid abgeworfen werden sollten. Ramón Franco sollte den Königspalast bombardieren und hob mit dieser Absicht vom Stützpunkt ab. Als er jedoch über Madrid flog und sah, dass die Plätze Oriente und Armería voller spielender Kinder waren, gab er auf und kehrte zum Flugplatz zurück.

Als die Regierung nach den Ereignissen in Jaca in den frühen Morgenstunden erfuhr, dass sich die Flieger in Cuatro Vientos erhoben hatten, beschloss sie, in Madrid den Kriegszustand zu erklären. Als später bekannt wurde, dass in zahlreichen Städten Generalstreiks und Gewaltakte begonnen hatten, wurde die Erklärung auf ganz Spanien ausgedehnt. Für Madrid war ein Generalstreik geplant, der jedoch aufgrund von Uneinigkeit unter den Sozialisten der UGT scheiterte. Die Truppen erhielten sofort den Befehl, auf den Luftwaffenstützpunkt zu marschieren. Die Rädelsführer des Versuchs erkannten daraufhin, dass ihr waghalsiges Abenteuer gescheitert war, und flohen nach Portugal, ohne die Soldaten zu warnen, die eine von General Orgaz entsandte Kavalleriepatrouille zurückschossen. Da die Rebellen ihre Haltung nicht aufgaben, wurden Kanonenschüsse über dem Flugplatz abgefeuert. Angesichts dieser Maßnahme flohen die Bauern, und die Rebellen hissten die weiße Flagge und ergaben sich, ohne weiteren Widerstand zu leisten. Das Revolutionskomitee hatte sogar ein Manifest verfasst, das mit den Rufen „Es lebe das ehrenvolle Spanien, es lebe die Republik" endete und von Niceto Alcalá Zamora, Alejandro Lerroux, Fernando de los Ríos, Manuel Azaña, Santiago Casares Quiroga, Indalecio Prieto, Miguel Maura, Francisco Largo Caballero, Marcelino Domingo, Luis Nicolau d'Olwer, Álvaro de Albornoz und Diego Martínez Barrio unterzeichnet war, die alle die Funktionen der provisorischen Regierung übernahmen.

Trotz der ständigen Schikanen, denen er ausgesetzt war, bestätigte die Regierung Berenguer im Januar 1931 ihren Beschluss, allgemeine Wahlen einzuberufen, und setzte den Termin für den 1. März fest. Der General, ein überzeugter Konstitutionalist, war der festen Überzeugung, dass eine Rückkehr zur Legalität die Unruhen und die Instabilität, die die Feinde der Monarchie unablässig schürten, beseitigen würde. Die Regierung war bereit, den Kriegszustand aufzuheben, die verfassungsmäßigen Garantien wiederherzustellen, die Pressezensur abzuschaffen und Wahlpropaganda zuzulassen. Die Ankündigung der republikanischen Parteien, sich der Stimme zu enthalten, bedeutete einen weiteren Rückschlag für die Regierung, die sich in einer Pressemitteilung an die Öffentlichkeit wandte, in der sie sich weigerte, „in die Hintergründe der Motive für die Stimmenthaltungskampagne einzudringen" und „erneut ihre Unparteilichkeit im Wahlkampf" bekräftigte, während sie gleichzeitig ihren „sehnlichen Wunsch zum Ausdruck brachte, eine Wahl mit freier Abstimmung und einem korrekten Ergebnis zu gewährleisten". Am 7. Februar 1931 veröffentlichte die Regierung das Einberufungsdekret, in dem der 1. März für die Abgeordnetenwahlen und der 15. März für die Senatswahlen festgelegt wurde. Außerdem wurde der 25. März als Termin für die Sitzung der Cortes in Madrid festgelegt.

Viele Republikaner erhielten die Nachricht im Ausland. Nach den Aufständen von Jaca und Cuatro Vientos gingen die nicht verhafteten Revolutionsführer ins Exil. Da Paris eines der Zentren der Emigration war, gab es dort spanische Spione, die sie im Auge behielten. Zu den vielen anderen, die sich in der französischen Hauptstadt aufhielten, gehörten Ramón Franco, der sich über französische Freimaurer dem Großorient anschloss, Indalecio Prieto, Queipo de Llano, Marcelino Domingo und Martínez Barrio. Letzterer traf im Februar aus Gibraltar ein. General Mola erfuhr durch seine Agenten, dass sie über die französische Freimaurerei Kontakt mit dem russischen Kommunismus aufgenommen hatten und mit der sowjetischen Delegation in Wien verhandelten, wo sie über einen Kredit von vier Millionen Peseten verhandelten. Sie wollten anderthalb Millionen Peseten in einer Bank als Garantiefonds hinterlegen, um den Sold der Soldaten zu sichern: „Sie riskieren ihr Leben, aber nicht ihren Eintopf", soll Franco gesagt haben. Die anderen zweieinhalb Millionen sollten für den Kauf von Waffen verwendet werden. Cárdenas und Pinillos, die beiden unzertrennlichen Kommunisten, tauchten im Februar ebenfalls dort auf. Spanischen Polizeiberichten zufolge hatten sie im Wiener Hotel Wien Back Gespräche mit Vertretern der Zentralen Revolutionären Junta geführt und sich auf eine Aktion am Tag der Wahlen vorbereitet.

Das war der Stand der Dinge am Nachmittag des 13. Februar, als Álvaro de Figueroa y Torres, Graf Romanones, und Manuel García Prieto, Marquis von Alhucemas, zwei monarchistische Liberale, die Krise auslösten, die zum Sturz der Regierung führte. Beide beabsichtigten, eine Presseerklärung abzugeben, in der sie die Enthaltung der republikanischen Parteien als verhängnisvollen Präzedenzfall betrachteten, da sie den Tod des parlamentarischen Systems bedeuten könnte. Sie kündigten an, dass sie an den Wahlen im März teilnehmen würden, um die Auflösung der Cortes und die Einberufung neuer verfassungsgebender Versammlungen zu fordern. Über den Grafen von Romanones enthüllte Juan -Simeón Vidarte in *No queríamos al rey*, dass er ein Freimaurer war, der heimlich von Sagasta, Großmeister des Großorient von Spanien und Großkommandant des Obersten Rates des 33. In Anbetracht dieser Situation rief Berenguer Cambó an, um seine Haltung in Erfahrung zu bringen. Der Führer der Lliga teilte ihm mit, dass er sich der Stimme enthalten wolle. Als Cambó vom Grafen von Romanones vor dem Schritt gewarnt wurde, den er und sein Kollege zu tun gedachten, veröffentlichte er dieses Kommuniqué in der Presse von Barcelona:

„Die ständige Unterstützung, die ich und diejenigen, die mit mir die Führung einer wichtigen politischen Kraft teilen, der Regierung gewährt haben, ist allgemein bekannt. Angesichts der seit langem angekündigten Parlamentswahlen haben wir uns darauf beschränkt, eine Forderung nach Garantien für die Aufrichtigkeit der Wahlen zu formulieren, die in ihren Grundzügen akzeptiert wurden. Trotz der Gewährung dieser Garantien, und fast zeitgleich mit ihnen, begannen die Erklärungen der Wahlenthaltung, die, nachdem sie alle revolutionären Gruppen erreicht hatten, sich auf berüchtigte monarchische und staatliche Persönlichkeiten erstreckten. Selbst nachdem eine so heikle Situation entstanden war, verstanden wir, wie wir heute verstehen, dass wir uns nicht der Teilnahme an den Wahlen enthalten sollten, aber angesichts der Erklärung der Führer der einzigen beiden Kräfte der liberalen Partei, die sich nicht als Enthaltung erklärt hatten, scheint es klar, dass das einberufene Parlament nur für die wenigen Tage bestehen wird, die der Graf von Romanones und der Marquis von Alhucemas brauchen, um die Absicht, die sie in ihrer Notiz zum Ausdruck bringen, in die Tat umzusetzen. Und in einer solchen Situation ist es meiner Meinung nach besser, das politische Problem von jetzt an entschlossen anzugehen und die Unannehmlichkeiten und notorischen Gefahren des Übergangsregimes zu vermeiden, zu denen ein Aufschub führen würde".

Niemand verstand, warum die liberalen Führer bis zum letzten Moment gewartet hatten, um eine Entscheidung zu verkünden, über die sie sicherlich schon seit einiger Zeit nachgedacht hatten. Ihre Haltung sollte in den kommenden Tagen zu einer heftigen Pressekampagne führen, die einmal mehr darauf abzielte, den König und die monarchische Institution in Misskredit zu bringen. Am 14. März war die Krise beendet. Die Regierung trat zurück, und um seine Nachfolger nicht zu gefährden, schlug General Berenguer dem König vor, ein Dekret zu unterzeichnen, mit dem die Fristen für die Wahlen der Abgeordneten und Senatoren und die Einberufung der Cortes ausgesetzt wurden. Als Alternative zu den Wahlen für eine verfassungsgebende Cortes schlugen die Verursacher der Krise eine Regierung der monarchischen Konzentration unter dem Vorsitz von Admiral Juan Bautista Aznar vor, der drei von Cambó vorgeschlagene katalanische Minister angehören sollten. Vor seiner Abreise nach Madrid definierte Francesc Cambó die Situation genau. Seiner Analyse zufolge befand sich Spanien in einer vorrevolutionären Situation, in der „alle Elemente der politischen und sozialen Auflösung mit ungebremster Aktivität agierten". Für den Führer der Lliga hatte die Regierung von General Berenguer immer mehr den Eindruck erweckt, „dass sie die Ereignisse nicht voraussah und lenkte, sondern lediglich der Spielball derjenigen war, die sie provozierten und verwalteten".

Am 15. traf Cambó mit dem König und Berenguer zusammen. Am selben Tag bot der Monarch Santiago Alba die Macht an, was dieser jedoch ablehnte. Der Graf von Romanones kündigte seinerseits in Gesprächen mit Journalisten an, dass er versuchen werde, eine Regierung von „klarer und eindeutiger linker Bedeutung" zu bilden, die eine „erzkonstituierende" Cortes einberufen würde. Die Exekutivausschüsse der UGT und der PSOE bekräftigten am 15. die Notwendigkeit eines Bruchs mit der Vergangenheit und riefen die Republik aus. Am 16. wurden die Beratungen fortgesetzt und José Sánchez Guerra, ein altgedienter Politiker, nahm den Auftrag des Königs an. Sánchez Guerra besuchte unter anderem das Gefängnis von Modelo, in dem die Führer der revolutionären Bewegung inhaftiert waren. Offiziell hieß es, er habe sie um ihre Unterstützung gebeten und ihnen Posten in der von ihm geplanten Regierung angeboten.

Eine ganz andere Version gibt der damalige Generaldirektor für Sicherheit in *Calma, tempestad, intriga y crisis* wieder. Emilio Mola behauptet, dass der Sohn von Sánchez Guerra, Rafael, nicht nur Mitglied der Republikanischen Partei, sondern auch ein führendes Mitglied der Verschwörung war. Rafael Sánchez Guerra saß mit seinem Vater im Auto, als dieser zum Modelo fuhr. Er war es, der ihn warnte, dass die Führer der revolutionären Bewegung für den nächsten Morgen einen Staatsstreich vorbereiteten. In Wirklichkeit diente der Besuch im Gefängnis also dazu, sie zu bitten, die Aktion aus Patriotismus zu verschieben. Die öffentliche Meinung akzeptierte die erste Version und teilte sich in diejenigen, die dagegen protestierten, dass sie „den König seinen Feinden auslieferten", und diejenigen, die der Initiative Beifall zollten, auch wenn die politischen Gefangenen die Initiative von Sánchez Guerra abgelehnt haben sollen. In seinen *Memoiren* gibt

General Mola die dem Geheimdienst bekannten Einzelheiten über die Durchführung der revolutionären Bewegung in der Nacht von Montag, dem 16. auf Dienstag, dem 17. an.

Die Dauer der Krise war logischerweise sehr gefährlich, wie General Berenguer und seine engsten Mitarbeiter wussten. Am 17. gegen Mittag traf Sánchez Guerra im Palast ein, angeblich mit der Liste der neuen Regierung, die er dem König vorschlagen wollte. Eine halbe Stunde später teilte er den Journalisten mit, dass er den Auftrag ablehne, obwohl er bei der Einberufung der verfassungsgebenden Cortes auf keine Schwierigkeiten gestoßen war. Ich habe Seiner Majestät geraten", erklärte er, „Herrn Melquiades Álvarez anzurufen, für den Fall, dass er die Unterstützung der Linken findet, die ich nicht gefunden habe. Stunden später sah sich auch dieser nicht in der Lage, eine tragfähige Regierung zu bilden, und lehnte den Vorschlag von Alfons XIII. ab. In dieser verwirrenden Situation beschloss Innenminister Leopoldo Matos noch am selben Tag, die Vorzensur der Presse wieder einzuführen. Am Nachmittag hielten die führenden Royalisten im Heeresministerium eine Versammlung ab, bei der die Verantwortlichen der Krise ihre Kriterien durchsetzten. Unter den Diskussionspunkten war die Frage der Wahlen ein entscheidender. Entgegen der Meinung von General Berenguer, der argumentierte, dass Wahlen zu den Cortes der Regierung nicht nur eine verfassungsmäßige Legitimation, sondern auch eine monarchistische Mehrheit verschaffen würden, setzte sich die Meinung derjenigen durch, die zunächst Kommunalwahlen vorschlugen.

Wiederum dank Mola, der die Krise aus der ersten Reihe miterlebte, erfahren wir, dass Berenguer den Herzog von Alba für das Amt des Regierungspräsidenten vorschlug, doch die Liberalen waren dagegen: „Der Graf von Romanones", schreibt Mola, „unterstützt vom Marquis von Alhucemas, verteidigte die Kandidatur des Generalkapitäns der Marine, Herrn Aznar. Es handelte sich um einen politisch unbedeutenden Mann mit hohem Repräsentationswert. Was der Graf nicht sagte, obwohl er es wahrscheinlich dachte, war, dass Aznar in Ermangelung eigener Kriterien und aufgrund seiner Zuneigung zu ihm sein Spielball sein würde". Berenguer versuchte mit allen Mitteln, sich von der Regierung zu distanzieren, aber er ließ sich schließlich dazu überreden, als Heeresminister in der Konzentrationsregierung zu bleiben.

Admiral Aznar traf am Mittwoch, den 18. Mai, gegen 10 Uhr im Palast ein und wurde mit der Regierungsbildung beauftragt. Es handelte sich nur um einen protokollarischen Besuch, da alles bereits am Nachmittag zuvor beschlossen worden war. Noch vor Mittag trafen die Minister ein, um den Amtseid abzulegen. Der Graf von Romanones wurde zum Staatsminister und der Markgraf von Alhucemas zum Justizminister ernannt. Am 19. fand der erste Ministerrat statt, der eine Erklärung abgab, in der die vollständige Erneuerung der Stadt- und Provinzräte als Vorstufe zu allgemeinen Wahlen angekündigt wurde. Die Regierung bot maximale Loyalitätsgarantien für die Wahlen an und erklärte sich entschlossen, „nicht die geringste Störung der öffentlichen Ordnung zu dulden oder ungestraft zu lassen".

Als die durch die Krise hervorgerufene Instabilität noch in der Luft lag, begann am 13. März in Jaca das Kriegsgericht gegen die übrigen Teilnehmer des

Dezemberaufstands, insgesamt dreiundsechzig. Die Freimaurer und Revolutionäre aller Art nutzten diesen Anlass für eine landesweite Hetzkampagne. Natürlich waren die hingerichteten Hauptleute Galán und García Hernández bereits zu Märtyrern für die Freiheit geworden. Nach drei Verhandlungstagen und zweiunddreißig Stunden Beratung verkündete das Gericht sechzehn Urteile, die von sechs Monaten bis zu zwanzig Jahren Gefängnis reichten, ein lebenslängliches Urteil und ein Todesurteil für Hauptmann Salvador Sediles, der nach Frankreich geflohen war und „in Abwesenheit" verurteilt wurde. Die Vorstände der Sozialistischen Partei und der UGT veröffentlichten ein Manifest, in dem sie eine Amnestie forderten. Der Stadtrat von Madrid, der Nationale Studentenverband, das Ateneo Científico und andere Institutionen baten die Regierung, die Begnadigung zu empfehlen. Die Medizinstudenten marschierten zur Puerta del Sol und riefen „vivas" für die Republik und „mueras" für den König. Die Regierung machte sich nicht einmal die Mühe, den Heeresminister, General Berenguer, zu konsultieren, und schlug dem König vor, von seinem Begnadigungsrecht Gebrauch zu machen.

Genau eine Woche später, mitten im Kommunalwahlkampf, begann das Kriegsgericht gegen die sechs Unterzeichner des Dezembermanifests, die nicht geflohen waren: Niceto Alcalá Zamora, Miguel Maura, Fernando de los Ríos, Álvaro de Albornoz, Francisco Largo Caballero und Santiago Casares Quiroga. Die Regierung Aznar hatte in beispielloser politischer Dummheit den 20. März als Termin für den Prozess festgelegt. Der Versuch, die Verhandlung vor dem Obersten Gerichtshof abzuhalten, war eine weitere Dummheit, denn der Prozess entwickelte sich zu einer Demonstration republikanischer Verherrlichung. Der Staatsanwalt beschuldigte die Angeklagten der Verschwörung zur militärischen Rebellion. Das Spektakel, das sich während der Verhandlungstage abspielte, war delirierend: Die Angeklagten nutzten ihre Aussagen, um Kundgebungen abzuhalten, die von der Öffentlichkeit mit tosendem Beifall begrüßt wurden. Gelegentlich kam es zu subversiven Rufen, und der Präsident des Tribunals, General Burguete, war nicht in der Lage, auch nur den geringsten Anstand durchzusetzen.

Am 23. wurde schließlich das Urteil verkündet, und obwohl fünfzehn und acht Jahre Haft beantragt worden waren, wurden sie alle wegen „Aufwiegelung zur Rebellion" zu sechs Monaten und einem Tag Militärgefängnis verurteilt. Das Gesetz über die Strafaussetzung wurde auf sie angewandt, und sie wurden am folgenden Tag um fünf Uhr nachmittags entlassen. Seit dem Morgen wartete eine Menschenmenge auf der Straße auf die Freilassung der republikanischen Führer, die wie Stierkämpfer auf den Schultern getragen und als Helden gefeiert wurden. Um den Monat März gebührend abzuschließen, riefen die Medizinstudenten des Spanischen Universitätsverbandes für den 25. März zu einer Demonstration auf. Unter den Studenten befanden sich auch bewaffnete Arbeiter, und es kam zu schweren Zusammenstößen zwischen den Demonstranten und den Ordnungskräften, die in ein Feuergefecht ausarteten: zwei Menschen starben, ein Student und ein Zivilgardist. Der Studentenstreik breitete sich bald auf das ganze Land aus.

Der unblutige Staatsstreich

Sonntag, der 12. April 1931, war ein sonniger und ruhiger Tag. Die Kommunalwahlen fanden normal statt. Da die Zeitungen sonntags nicht arbeiteten, gab es am Montag keine Zeitungen auf den Straßen. Um zwei Uhr nachmittags gab das Innenministerium bekannt, dass die Monarchisten 22.150 Gemeinderäte und die Republikaner 5.875 gewonnen hatten. Obwohl diese Zahlen unvollständig waren, deutete alles darauf hin, dass in den ländlichen Gebieten, in den Dörfern und mittelgroßen Städten die monarchistischen Kandidaten mit großem Vorsprung gewonnen hatten. Im Laufe des Tages trafen jedoch die Zahlen aus den Großstädten ein, wo die Republikaner eindeutig gewonnen hatten. Als Präsident Aznar am Nachmittag im Castellana-Palast zur Ministerratssitzung eintraf, wurde er von Journalisten angesprochen, die ihn fragten, ob eine Krise bevorstehe. Seine Antwort lautete: „Krise? Was will man mehr als ein Land, das als Monarchist zu Bett geht und als Republikaner aufwacht?" Diese völlig unverständliche und unvorsichtige Äußerung, die unzulässig ist, da sie vom Regierungspräsidenten getätigt wurde, bevor er sich überhaupt mit seiner Regierung getroffen hatte, zeigt, dass sofort eine defätistische Haltung eingenommen wurde.

Bei der Regierungssitzung gab es offenbar unterschiedliche Meinungen. Einige Minister beriefen sich auf die erhaltenen Informationen und sprachen sich dafür aus, die Situation bis zur Ausrufung der allgemeinen Wahlen zu regeln. Schließlich beschloss der Rat, ohne zu berücksichtigen, dass es sich um unpolitische Wahlen handelte, dem König eine Note zu überreichen, in der der Rücktritt der Regierung angekündigt wurde, damit der Monarch eine Entscheidung treffen konnte. Don Alfonso seinerseits hatte bereits am Morgen den Grafen von Romanones und den Markgrafen von Alhucemas empfangen. Es wäre zweifellos von großem Interesse, den Inhalt dieser Gespräche zu erfahren, denn laut Juan -Simeón Vidarte war Romanones der Anstifter der Kapitulation des Königs. General Mola enthüllt, dass Alfonso XIII. ohne Wissen der Regierung einen Abgesandten zum Herzog von Maura schickte, um beim Revolutionskomitee vorstellig zu werden. Worin bestanden diese Vorstelllungen? In Madrid kursierten nämlich schon bald Gerüchte, dass der König abdanken würde.

Bereits am Montagabend, als die ersten Abendzeitungen auf den Straßen erschienen, informierte der Nachrichtendienst General Mola darüber, dass das Revolutionskomitee seine Glaubensgenossen in den Provinzen gebeten hatte, das Volk auf die Straße zu bringen, um die Regierung in Angst und Schrecken zu versetzen und den König zu zwingen, so schnell wie möglich zu gehen. Derselbe Agent fügte seiner Notiz zwei kurze Informationen hinzu: Der Minister für das öffentliche Unterrichtswesen, José Gascón y Marín, stehe mit den Republikanern in Verbindung. Die zweite Information war, dass ein anderer Minister, dessen Namen der Informant nicht herausfinden konnte, das Komitee aufgefordert hatte, seine revolutionäre Haltung aufzugeben. Noch in derselben Nacht, während die Exilanten nach Spanien zurückeilten, trafen sich die Mitglieder des Revolutionskomitees im Haus von Alcalá Zamora und verfassten ein Manifest, das wie folgt beginnt. „Die Vertretung der republikanischen und sozialistischen Kräfte, die sich zu einer gemeinsamen Aktion zusammengeschlossen haben, hält es für unvermeidlich, sich an Spanien zu wenden, um die historische Bedeutung des Sonntags, des 12. April, zu unterstreichen. In unserer Vergangenheit hat es noch nie eine Tat gegeben, die mit der dieses Tages vergleichbar ist...". Sie rief die staatlichen Institutionen, die Regierung und die Streitkräfte auf, sich „dem nationalen Willen zu unterwerfen" und verachtete „das ländliche Votum der Lehnsherren". Das Manifest schloss mit der Erklärung, man sei bereit, mit Energie und Schnelligkeit zu handeln, um „die Republik zu errichten". Unterzeichnet wurde der Text von Niceto Alcalá Zamora, Fernando de los Ríos, Santiago Casares Quiroga, Miguel Maura, Álvaro de Albornoz, Francisco Largo Caballero und Alejandro Lerroux. Im Laufe der Nacht wuchs die Spannung in Madrid und eine lautstarke Menge, die die Republik forderte, füllte die Puerta del Sol vollständig.

Am Dienstag, dem 14. April, erschien das Wort „Republik" auf den Seiten aller Zeitungen. Der Druck nahm zu, als sich bestätigte, dass die Republikaner in praktisch allen größeren Städten gewonnen hatten. In Eibar marschierten die gewählten Stadträte zum Rathaus, hissten vor einer zehntausendköpfigen Menschenmenge die Trikolore und riefen die Republik aus. Über die Ausrufung in Barcelona gibt es einen ausführlicheren Bericht. Das Nationalarchiv von Katalonien (Arxiu Nacional de Catalunya) hat kürzlich unveröffentlichte Notizen von Joan Alavedra, dem Sekretär von Francesc Macià und Lluís Companys, entdeckt, die neue Informationen liefern. Am Abend des 13. traf sich die ERC-Führung auf der Terrasse des Hotels Colón. Neben Companys und Macià waren Joan Lluhí, Pere Comes, Jaume Aiguader, Joan Casanelles, Joan Casanovas, Josep Dencàs und Ventura Gassol anwesend. Sie diskutierten stundenlang über die zu verfolgende Strategie. Macià sprach sich nicht dafür aus, die Parlamentswahlen abzuwarten, wie einige Politiker in Madrid, sondern zu handeln.

Am nächsten Tag beschlossen Companys, Nicolau Battestini, Josep Bertran de Quintana, Ricard Opisso und Amadeu Aragay, die sich in der Buchhandlung Ariel, deren Inhaber Casanellas war, getroffen hatten, zum Rathaus zu gehen, wo sie sich mit Macià verabredet hatten. An der Tür wurden sie von Puigdomènech, einem Zeremonienmeister, gefragt, wohin sie gingen. „Drinnen angekommen, befahl Companys dem Zeremonienmeister Ribé, die Stadtwache zu rufen. „Auf Ihren Befehl, Herr Bürgermeister", antwortete der Beamte ironisch. „Das finde ich sehr kalt", kommentiert Companys. Dann sagte Battestini: „Mal sehen, ob wir es aufwärmen können", und begann zu rufen: „Es lebe das freie Katalonien, nieder mit der Monarchie, es lebe die Republik". Sie gingen die Treppe hinauf und betraten das Büro des Bürgermeisters Antonio Martínez Domingo. Amadeu Aragay i Daví, der wie Companys ein prominentes Mitglied der Freimaurer war, nahm den Stock und gab ihn Companys mit den Worten: „Hier, Lluís, du bist jetzt Bürgermeister!" Dann gingen sie los, um eine republikanische Fahne zu holen, und um etwa halb zwei Uhr nachmittags ging Companys auf den Balkon, um vor einigen Passanten die Republik auszurufen.

Josep Tarradellas zufolge war Companys voreilig, weil er Angst hatte, dass Aragay ihm zuvorkommen und die Republik ausrufen würde. Mit anderen Worten: Der Wunsch nach Relevanz und Prominenz lenkte die Schritte dieses Abenteurers, dessen politisches Handeln fast immer eher vom Rausch (rauxa) als von Klugheit und Vernunft (seny) geprägt war. Der Historiker Hilari Raguer erzählt, dass Companys 1917, als er zum Stadtrat von Raval gewählt wurde, Carrasco i Formiguera, der ebenfalls zum Stadtrat von Barcelona gewählt wurde, beschuldigte, ein Separatist zu sein, und von ihm verlangte, dass er „Es lebe Spanien" rufe. In seinem Bestreben, Lluis Companys zu diskreditieren, erinnert auch Azaña in seinen *Memorias políticas y de guerra (Politische und Kriegserinnerungen)* an diese Tatsache.

Laut Alavedra war Macià sehr aufgebracht, als er erfuhr, dass Companys ihm das Rampenlicht weggenommen hatte, das auch er gesucht hatte. Eine Stunde später traf Macià im Rathaus ein und sagte zu ihm, ich zitiere: „Companys, das werde ich Ihnen nie verzeihen". Dann blickte er vom selben Balkon auf die immer voller werdende Plaça de Sant Jaume und proklamierte den katalanischen Staat mit folgenden Worten: „Im Namen des Volkes von Katalonien proklamiere ich den katalanischen Staat, den wir in aller Herzlichkeit in die Föderation der Iberischen Republiken integrieren werden...". Auf dem Platz brach Jubel aus und die Marseillaise wurde gesungen. Dann überquerte Macià den Platz und betrat die Diputació Provincial, den heutigen Palast der Generalitat, und wandte sich vom Balkon aus erneut an die Menge: „Im Namen des katalanischen Volkes verkünde ich den katalanischen Staat unter dem Regime einer katalanischen Republik, die frei und herzlich die Zusammenarbeit mit den anderen Brudervölkern Spaniens bei der Schaffung einer Konföderation der iberischen Völker wünscht und erbittet und ihnen anbietet, sich von der Bourbonenmonarchie zu befreien. Hier und heute erheben wir unsere Stimme zu allen freien Staaten der Welt, im Namen der Freiheit, der Gerechtigkeit und des Friedens der Völker". All dies war natürlich eine weitere Demonstration von politischem Abenteurertum, denn sie hatten niemanden konsultiert und es hatte nichts mit dem zu tun, was im Pakt von San Sebastian vereinbart worden war, wo der Bundesstaat nicht einmal in Erwägung gezogen worden war. Der Aufbau eines Bundesstaates war eine Idee, die Jahrzehnte brauchte, um zu reifen: Wieder einmal kennzeichnete die „rauxa" das Handeln eines weiteren katalanischen Politikers.

In Madrid war die Ausrufung der Republik immer noch nicht erfolgt, obwohl im Laufe des Vormittags sehr wichtige Schritte unternommen worden waren. Der König beauftragte den Herzog von Maura mit der Abfassung eines Manifests, in dem er erklärte, dass er Spanien verlassen und das Ergebnis der Beratungen einer verfassungsgebenden Cortes abwarten werde, was darauf hindeutete, dass er die Hoffnung auf eine Rückkehr noch nicht aufgegeben hatte. Der Monarch bat den Grafen von Romanones, die Absichten von Alcalá Zamora zu erkunden und um einen Waffenstillstand zu bitten. Die Antwort lautete, dass der König vor Sonnenuntergang abreisen müsse, da er sich nach diesem Zeitpunkt nicht mehr vor den Massen verantworten könne. Während diese Schritte unternommen wurden, war Admiral Aznar, wie üblich, nicht im Spiel.

General Berenguer, der Heeresminister, versuchte herauszufinden, wie die Lage in den Hauptgarnisonen aussah.

Gegen halb vier Uhr nachmittags traf sich General Sanjurjo, der Generaldirektor der Guardia Civil, im Haus von Miguel Maura mit verschiedenen Mitgliedern des Revolutionskomitees, was ein untrügliches Zeichen dafür war, dass er die Unterstützung der Guardia Civil wollte, die ihm von Sanjurjo garantiert wurde. Das Schicksal der Monarchie war besiegelt. Scharen von Madrilenen strömten bereits durch die Straßen der Hauptstadt und jubelten der Republik zu. Plakate mit den Porträts von Galán und García Hernández, den „Märtyrern der Freiheit", waren in Hülle und Fülle vorhanden. Vom Kommunikationspalast wehten große republikanische Fahnen. Gegen vier Uhr nachmittags trafen sich die Minister im Innenministerium und erfuhren, dass dem König ein Ultimatum gestellt worden war, und eine der Hauptsorgen einiger von ihnen war die Notwendigkeit, das Leben von Alfonso XIII. und seiner Familie zu garantieren. Der Graf von Romanones sagte, dass er persönlich dafür verantwortlich sei. Und er könne dies verantworten, da er bereits mit dem Komitee vereinbart habe, wie der Monarch Madrid verlassen würde.

Bei der Verabschiedung der Minister verlas der König das Manifest, das er am Morgen beim Herzog von Maura in Auftrag gegeben hatte und in dem er einige handschriftliche Korrekturen vornahm. Vor fünf Uhr nachmittags beendete die Regierung die Sitzung, und zu diesem Zeitpunkt wurden die Ereignisse in Barcelona bekannt. Die Worte, die Alfons XIII. an das spanische Volk richtete und die die provisorische Regierung überraschenderweise am 16. Januar veröffentlichen ließ, lauteten wie folgt:

„Die Wahlen vom Sonntag haben mir deutlich gezeigt, dass ich nicht die Liebe meines Volkes genieße. Mein Gewissen sagt mir, dass diese Abweichung nicht endgültig sein wird, denn ich habe immer versucht, Spanien zu dienen, indem ich meinen einzigen Eifer auch in den kritischsten Situationen auf das öffentliche Interesse gerichtet habe. Ein König kann Fehler machen, und zweifellos habe ich mich auch manchmal geirrt; aber ich weiß sehr wohl, dass sich unser Land immer großzügig gezeigt hat, wenn es um Schuld ging, ohne Bosheit.
Ich bin der König aller Spanier und auch ein Spanier. Ich würde genügend Mittel finden, um meine königlichen Vorrechte aufrechtzuerhalten, im wirksamen Kampf mit denen, die sie bekämpfen. Aber ich möchte mich entschlossen von allem distanzieren, was darauf hinausläuft, einen Landsmann gegen einen anderen in einen brudermörderischen Bürgerkrieg zu hetzen. Ich verzichte auf keines meiner Rechte, denn sie sind mehr als mein Eigentum, sie sind ein von der Geschichte angehäufter Schatz, über den sie mich eines Tages zur Rechenschaft ziehen wird.
Um den authentischen und adäquaten Ausdruck des kollektiven Gewissens zu erfahren, beauftrage ich eine Regierung, es zu befragen, und berufe verfassunggebende Gerichte ein. Während das Volk spricht, setze ich bewusst die Ausübung der königlichen Macht aus, trenne mich von Spanien und erkenne es als alleinige Herrin seines Schicksals an.
Ich glaube jetzt auch, dass ich die Pflicht erfülle, die mir die Liebe zu meinem Land auferlegt. Ich bete zu Gott, dass andere Spanier diese Pflicht ebenso tief empfinden wie ich und sie erfüllen".
„Alfonso R. H."

Der König hätte in seiner Abschiedsrede erwähnen können, dass es sich bei den Wahlen um Kommunalwahlen gehandelt hat, und er hätte auch auf den breiten Sieg der monarchistischen Kandidaturen anspielen können; aber er hat es nicht getan. In Wirklichkeit war er von den Monarchisten selbst im Stich gelassen worden, die nach ihrem Wahlsieg in einen Staatsstreich gegen sich selbst eingewilligt hatten. Das Hauptziel seiner Abreise aus Spanien, einen „brudermörderischen Bürgerkrieg" zu vermeiden, war vorerst erreicht. Vor Sonnenuntergang verließ König Alfonso Madrid mit dem Auto in Richtung Cartagena, wo er noch vor Sonnenaufgang eintraf. Dort schiffte er sich nach Marseille ein. Die Königin und die Prinzen, mit Ausnahme von Don Juan, der an der Marineakademie von San Fernando studierte, reisten am nächsten Tag mit dem Zug von El Escorial ab.

Um sieben Uhr abends feierte Eduardo Ortega y Gasset bereits mit den Massen auf dem Balkon des Innenministeriums und verkündete, dass die Ausrufung der Republik unmittelbar bevorstehe. Etwa zur gleichen Zeit verließen Alcalá Zamora, Azaña, Largo Caballero, Albornoz, Lerroux und Co. das Haus von Miguel Maura und begaben sich zur Puerta del Sol, um die Macht zu übernehmen. Immer mehr rote und republikanische Fahnen tauchten in den Straßen auf, geschwenkt von Gruppen, die die Marseillaise sangen und „vivas" für die Republik und „mueras" für König Alfonso riefen. „Que no se ha idoo, que lo hemos echao" und „un, dos, tres, muera Berenguer" waren einige der am häufigsten gesungenen Sätze. Als die Mitglieder des Revolutionskomitees das Innenministerium betraten, wurden sie als Regierung begrüßt, obwohl die Machtübernahme in Wirklichkeit am nächsten Tag ohne Verhandlungen und ohne jegliche Opposition stattfand. Nach mehreren Versuchen der gewaltsamen Machtübernahme hatte in Spanien ein unblutiger Staatsstreich gesiegt.

Die provisorische Regierung setzt sich wie folgt zusammen: Regierungspräsident Niceto Alcalá Zamora; Außenminister Alejandro Lerroux; Justizminister Fernando de los Ríos; Innenminister Miguel Maura; Finanzminister Indalecio Prieto; Minister für öffentliche Arbeiten Álvaro de Albornoz; Bildungsminister Marcelino Domingo; Heeresminister Manuel Azaña; Marineminister Santiago Casares Quiroga; Wirtschaftsminister Luis Nicolau d'Olwer; Arbeitsminister Francisco Largo Caballero. Alle waren Freimaurer, mit Ausnahme von Indalecio Prieto und Miguel Maura. Nicolau d'Olwer, der normalerweise als Nicht-Freimaurer durchgeht, gehörte der Großloge von England an. Die Tatsache, dass Alcalá Zamora Katholik war, wurde benutzt, um seine Mitgliedschaft in der Freimaurerei zu leugnen. In Wirklichkeit war er ein Freimaurer, der einer ausländischen Loge gehorchte, vielleicht der Großloge von England oder B'nai B'rith. Sowohl Léon de Poncins in *Histoire secrète de la Revolution Espagnole* als auch die jüdische Zeitschrift *Kipá* in einem Bericht vom 16. Mai 1931 enthüllen, dass drei Mitglieder der provisorischen Regierung, Alcalá Zamora, Miguel Maura und Fernando de los Ríos, Marranos waren. Am 12. Juni 1931 berichtete *L'Universe Israelite* über einen Empfang mit allen Ehren, den Präsident Alcalá Zamora zwei Juden gab: Dr. Kibrik und Dr. J. Jaén, dem großen Schabbat-Rabbiner von Buenos Aires, dem er ein Gesetz zugunsten der Juden versprach, die die spanische Staatsbürgerschaft erhalten sollten. Der Rabbiner wagte es sogar, ihn um die Übergabe der Santa María in Toledo zu bitten, um sie wieder in eine Synagoge umzuwandeln.

Bleibt noch eine Bemerkung zur Abreise der königlichen Familie aus Spanien hinzuzufügen. Nachdem die Könige von Frankreich geköpft und die Romanows massakriert worden waren, war es für die Freimaurer eine schwer zu widerstehende Versuchung, der ältesten Monarchie Europas, die durch ihre Geschichte zu einer der meistgehassten geworden war, für immer ein Ende zu setzen. Als man dem Grafen de Romanones mitteilte, dass er, wenn er Spanien nicht vor Sonnenuntergang verlasse, nicht „für die Massen einstehen" könne, war dies ein deutlicher Hinweis darauf, dass es Personen gab, die bereit waren, revolutionäre Fanatiker für die Ermordung der Könige einzusetzen. Ein für die Generaldirektion für Sicherheit arbeitender Geheimagent, Mauricio Carlavilla, hatte jedoch im Januar 1931 Informationen an General Mola weitergegeben, in denen es wörtlich hieß: „Die englische Freimaurerei hat der spanischen Freimaurerei auferlegt, das Leben des Königs im Falle des Triumphs der Revolution zu achten. Diese Auflage hat in den unteren Schichten der spanischen Freimaurerei großen Unmut hervorgerufen und musste durch die Entwürfe der hohen Grade durchgesetzt werden".

Als die Cortes am 19. November 1931 dem König „in Abwesenheit" den Prozess machten, wobei der Graf von Romanones als Verteidiger auftrat, sagte der Abgeordnete José Antonio Balbontín in seiner Rede, dass „es eine weit verbreitete Meinung war, dass die Flucht oder der Abgang von D. Alfonso de Borbón von der provisorischen Regierung der Republik gebilligt, vorbereitet und erleichtert worden war". Alcalá Zamora, der nicht mehr Präsident der Regierung war, meldete sich von seinem Platz aus zu Wort und beanspruchte die alleinige Verantwortung dafür, das Leben des Monarchen gerettet zu haben: „Ich konnte nicht zustimmen und konnte nicht wollen, dass die Republik entehrt geboren wird, indem sie im Schatten der Nacht die Macht ergreift, in der der Pöbel, gleich welcher Herkunft oder Tendenz, mit Verwüstung, mit Demütigung, mit Tragödie kommen würde, um den ersten Morgen der spanischen Republik zu beflecken". Die blumige Rede Alcalá Zamoras endete damit, dass er die Verantwortung dafür übernahm, König Alfonso die Flucht ermöglicht zu haben: „...für diese Auswirkungen, wie für alles, was Schuld, Vorwurf oder Verschulden ist, bin ich allein verantwortlich". Als sich abzeichnete, dass es dabei bleiben würde, meldete sich Manuel Azaña, der zu diesem Zeitpunkt bereits Regierungspräsident war, zu Wort, um auch für sich und die anderen Mitglieder des Revolutionskomitees die Entscheidung zu reklamieren, das Leben Alfons XIII. zu verschonen:

> „Sehr liebenswürdig, Herr Alcalá Zamora, sehr gentlemanlike, sehr aufopferungsvoll, was Sie gerade gesagt haben, indem Sie für sich die alleinige Verantwortung für das, was am 14. April in Bezug auf den König geschehen ist, beanspruchen; aber es wäre eine offensichtliche Ungerechtigkeit und ein Mangel an Loyalität gegenüber Ihrer Lordschaft, wenn diese Regierung nicht feierlich erklären würde, dass alles, was an jenem Nachmittag und in jener Nacht

geschehen ist, im gemeinsamen Einvernehmen geschehen ist, wobei alle die Verantwortung teilen.

... Und ich möchte auch darauf hinweisen, dass, als wir noch ein Revolutionskomitee waren und die Mittel und Handlungen erörterten, die die Revolution herbeiführen könnten, das Revolutionskomitee, jetzt die Regierung, einstimmig der Meinung war, dass die königlichen Personen nicht angetastet werden sollten, dass die gesamte königliche Familie verschont werden sollte und dass wir die Reinheit unserer Absichten nicht mit dem widerwärtigen Akt des Blutvergießens beflecken sollten, der, sobald die Monarchie gestürzt war, für uns keinen Nutzen mehr hatte".

TEIL 3
DIE ZWEITE REPUBLIK

Die Schritte, die in Spanien unternommen wurden, um die Monarchie zu stürzen, waren denen in Russland sehr ähnlich, wo im Februar 1917 ein Provisorisches Revolutionskomitee über Nacht zur Provisorischen Regierung wurde. Vor dem ersten Staatsstreich der Judenbolschewiken gab es den Putsch der freimaurerischen Provisorischen Regierung Kerenskis, die den Zaren stürzte und seine Abdankung erzwang. Wie in Spanien waren fast alle Mitglieder der russischen provisorischen Regierung Freimaurer, und auch sie verpflichteten sich zu Wahlen für eine verfassungsgebende Versammlung, die eine Verfassung ausarbeiten sollte. Die versprochenen Wahlen fanden in Russland im November statt, achtzehn Tage nach dem Putsch von Lenin, Trotzki und ihren Kumpanen. Als die neue Versammlung im Januar 1918 zusammentrat, waren die Bolschewiki in der Minderheit, so dass Lenin erklärte, die Sowjets seien demokratischer als das Parlament. Daraufhin erschossen sie die gewählten Parlamentarier und inszenierten einen weiteren Staatsstreich, der die verfassungsgebende Versammlung beendete. Auch in Spanien versuchten Sozialisten, Anarchisten und Kommunisten 1934 die Demokratie durch einen revolutionären Staatsstreich zu stürzen, als die Wahlergebnisse gegen sie ausfielen, wie weiter unten gezeigt wird.

Die Freimaurerlogen in aller Welt begrüßten den Beginn der Zweiten Spanischen Republik mit Euphorie. *Im offiziellen Bulletin der spanischen Großloge* erschien ein Artikel mit dem Titel „Gruß an die Republik", in dem es heißt: „...Als Spanier und Freimaurer, die die liberale Struktur eines neuen Staates als Gesetz betrachten, der aus den unsterblichen Prinzipien geboren wurde, die im Osten leuchten (Anspielung auf den Tempel Salomons), müssen wir zufrieden sein.... Den Freimaurern, die die provisorische Regierung bilden, und den leitenden Angestellten, von denen die meisten ebenfalls Brüder sind, gilt unsere Ermutigung". In einem anderen Leitartikel mit der Überschrift „Unser Gruß an die Republik", der in der Ausgabe Nr. 19 des *Offiziellen Bulletins des Spanischen Großorientes* erschien, heißt es wörtlich: „...Durch die Kraft der freimaurerischen Ideale sind die führenden Nationen unserer Zeit geschmiedet worden; nur mit der intensiven Liebe zu diesen Ideen, die in unseren Werkstätten gelehrt werden, kann ein neues Spanien aufgebaut werden, das zu einer hohen historischen Bestimmung fähig ist". Im Juni 1931 veröffentlichte *das Offizielle Bulletin des Obersten Rates der Klasse 33* für Spanien und seine Dependenzen einen Artikel mit dem Titel „Das neue Regime. Die Republik ist unser Erbe", in dem es in Anspielung auf die Republik heißt: „... ein vollkommenes, von genialer Hand geformtes Abbild all unserer Lehren und Grundsätze. Kein anderes Phänomen der bolschen Revolution könnte vollkommener freimaurerisch sein als die spanische". In Mexiko veröffentlichte die Zeitschrift *Cronos*, das Sprachrohr der Logen, einen von José L. Oliveros unterzeichneten Artikel, in dem es heißt: „Spanien ist bereits eine Freimaurerloge, die vier Fünftel der iberischen Halbinsel umfasst. Es handelt sich um einen Tempel der

Freiheit, des Guten und der Tugend, der am denkwürdigen 14. April 1931 unter dem Vorsitz des Ehrwürdigen Meisters Alcalá Zamora errichtet wurde".

Auch in den europäischen Ländern feierten verschiedene Publikationen den freimaurerischen Triumph in Spanien. So bestätigte die Wiener *Freimaurer Zeitung*: „Ein lang gehegter Wunsch der Brüder des spanischen Großorient ist soeben in Erfüllung gegangen.... Diejenigen von uns, die die hohe Führung der spanischen Freimaurerei kennen, haben keinen Zweifel daran, dass sie das Beste aus diesen außergewöhnlichen Umständen machen werden". *Das Bulletin de l'Association Maçonnique Internationale* teilte in seiner vierteljährlichen Ausgabe Juli-September 1931 unmissverständlich mit, dass die Versammlung des spanischen Großorient am 5. und 6. Juli „ihre hohen Würdenträger gewählt hat, unter denen die Namen von drei Ministern, einem Zivilgouverneur, einem Staatsrat, einem Bürgermeister, vier hohen Beamten und zehn Abgeordneten der Cortes vermerkt sind."

Die spanische Großloge wünschte sich ihrerseits mehr Macht für die Brüder und bedauerte in Nummer 8 ihres *Offiziellen Bulletins* für das erste Halbjahr 1931, dass die Posten im diplomatischen Korps noch nicht monopolisiert worden waren: „...Es ist kein Geheimnis, dass die Freimaurerei in der provisorischen Regierung und in den hohen Ämtern fast vollständig dominiert. Es schien vernünftig, dass bei der Mobilisierung des Botschaftspersonals unter den gegebenen Umständen Freimaurer ausgewählt wurden. Dies hätte die Verwaltung wesentlich geglättet; und doch ist es nicht so verständlich.... Sehen Sie also den Staatsminister, der weiß, dass die Freimaurerei in Europa und Amerika vorherrscht, ob es nicht im Interesse der Republik wäre, in diesem Sinne einen Beschluss zum Wohle des Landes zu fassen."

Die Flut der Freimaurer strömt heran.

Eine Veröffentlichung des Consejo Superior de Investigaciones Científicas, *La apostasía de las masas y la persecución religiosa en la provincia de Huelva 1931-1936*, verfasst von Juan Ordóñez Márquez, lieferte 1968 überraschende Daten über die freimaurerische Zugehörigkeit der Männer der Republik. Ein Teil der folgenden Informationen stammt aus diesem Werk. Um die Fülle der Namen und Ämter zu verstehen, muss man wissen, dass es in der Zweiten Republik bis zu sechsundzwanzig Regierungen gab. Es gab nur einen Regierungspräsidenten, der kein Freimaurer war: Joaquín Chapaprieta, ein Unabhängiger, der von September bis Dezember 1935 den Vorsitz im Ministerrat innehatte und zwei Regierungen leitete.

Elf Freimaurer waren die Präsidenten des Ministerrats, die fünfundzwanzig Regierungen leiteten. Der erste, Niceto Alcalá Zamora, war von April bis Oktober 1931 im Amt und wurde später zum Präsidenten der Republik ernannt. Sein Nachfolger wurde Manuel Azaña, der laut Mauricio Carlavilla einer irregulären Loge für politische Aktionen angehörte, deren Vorsitzender Marcelino Domingo war, wie aus dem „cuadro lógico" hervorgeht, den die Polizei im Círculo Mercantil, dem Sitz der irregulären Loge, beschlagnahmte.

Azaña, der am 5. März 1932 unter dem symbolischen Namen „Plutarco" offiziell in die Freimaurerei eingeweiht wurde, war von Oktober 1931 bis September 1933 Präsident von drei Regierungen und von Februar bis Mai 1936 von zwei weiteren. Nach seinem Ausscheiden aus dem Amt des Regierungspräsidenten löste er Alcalá Zamora als Präsident der Republik ab. Der nächste war Alejandro Lerroux, dessen symbolischer Name „Giordano Bruno" lautete. Er trat die Nachfolge Azañas an und stand sechs Regierungen vor: von September bis Oktober 1933, von Dezember 1933 bis März 1934, von März bis April 1934, von Oktober 1934 bis April 1935, von April bis Mai 1935 und von Mai bis September 1935 war er Präsident des Rates. Ricardo Samper Ibáñez, Mitglied des Rotary Clubs, ersetzte Lerroux von April bis Oktober 1934. Diego Martínez Barrio, Freimaurer 33. Grades und Großmeister des spanischen Großorient, war in der einen oder anderen Funktion in allen republikanischen Kabinetten vertreten und war von Oktober bis Dezember 1933 Präsident der Regierung. Als der Bürgerkrieg ausbrach, stand er am 19. Juli einem Kabinett vor, das kaum länger als eine Stunde dauerte. Es war die kürzeste Regierungszeit in der spanischen Geschichte. Manuel Portela Valladares, ein Freimaurer 33. Grades, sein symbolischer Name war „Voluntad", stand zwei Regierungen vor: die erste dauerte fünfzehn Tage, vom 14. bis 30. Dezember 1935, die zweite von Dezember bis Februar 1936. Augusto Barcia, ein Freimaurer des 33. Grades mit dem symbolischen Namen „Lasalle", führte vom 10. bis 13. Mai 1936 den Vorsitz im Rat. Santiago Casares Quiroga, dessen symbolischer Name „Sain Just" war und der 1929 bereits Freimaurer des 18. Grades war, führte den Vorsitz der Regierung vom 13. Mai bis zum 19. Juli 1936.

Alle Präsidenten der Regierung während des Bürgerkriegs waren ebenfalls Freimaurer. Der erste von ihnen, José Giral, „Nobel", war vom 19. Juli bis zum 4. September 1936 im Amt, als er von Francisco Largo Caballero abgelöst wurde, der dem Grand Orient de France angehörte: Aus diesem Grund zählen ihn einige Quellen, die ihn nicht in den spanischen Logen verorten, nicht als Freimaurer. Largo Caballero stand zwei Regierungen vor: die erste vom 4. September bis zum 4. November 1936, die zweite vom 4. November 1936 bis zum 16. Mai 1937. Schließlich gibt es noch Juan Negrín. In *Juan Negrín* schreibt Gabriel Jackson, dass sein Name im *Diccionario de la Masonería* von Lorenzo Frau auftaucht, und zitiert Aurelio Martín, der in seiner Studie *La Segunda República, Grupo Parlamentario Socialista* behauptet, dass Negrín während seiner Studienzeit in Deutschland eingeweiht wurde, was von Juan-Simeón Vidarte in *Todos fuimos culpables* bestätigt wird. Dieser Sozialist behauptet, dass Negrín ihm selbst gestanden habe, dass er in Deutschland initiiert worden sei und dass er seine Situation geregelt habe, als er in die Cortes der Republik gewählt wurde. Dr. Negrín leitete während der letzten beiden Regierungen der Republik: vom 17. Mai 1937 bis zum 5. April 1938 und vom 5. April 1938 bis zum 6. März 1939.

Die Präsidenten der Generalitat de Catalunya, Francesc Macià, Lluís Companys, Josep Irla und Josep Tarradellas, waren alle vier ebenfalls Freimaurer. Der erste, Francesc Macià, reiste Ende 1925 in die UdSSR, um die Dritte Internationale um Hilfe zu bitten. Da er überhaupt nicht verstand, was dort nach Lenins Tod geschah, traf er die Trotzkisten Bucharin und Sinowjew. In einem Brief an einen kubanischen Freund, datiert auf den 15. Januar 1926 in Bois-Colombes, schreibt Macià, dass sie sich beide verpflichteten, „alle Kosten für die Organisation, Vorbereitung und Propaganda der Revolution in Katalonien und ganz Spanien finanziell zu übernehmen". Macià starb am Weihnachtstag 1933, und in einem seltsamen freimaurerischen Ritual wurde ihm das Herz entnommen, das von Tarradelllas im Exil bewacht wurde, um es der Familie zu übergeben.

Die Freimaurerbrüder übernahmen alle Ministerien. In den ersten beiden Jahren der Linksregierung wurde das Justizministerium ununterbrochen von Fernando de los Ríos, der im Juni 1931 von der Freimaurerei in den 33. Grad erhoben worden war, Álvaro de Albornoz, der zuvor Minister für öffentliche Arbeiten gewesen war, Casares Quiroga und Juan Botella Asensi besetzt. Nach den zwei Jahren des rechten Bienniums eroberten die Freimaurer im Mai 1936 das wichtige Justizministerium zurück, und zwar in der Person von Manuel Blasco Garzón, dessen symbolischer Name in der Loge Fe „Proudhon" war. Blasco Garzón war seit dem Triumph der Volksfront im Februar Minister für Kommunikation und Handelsmarine. Das Kriegsministerium wurde während des sozialistischen Azaña-Bienniums von Freimaurern kontrolliert. Azaña, der den Regierungsvorsitz mit dem Kriegsressort verband, wurde von Juan José Rocha García abgelöst, einem Freimaurer im 33. Grades, dessen symbolischer Name „Pi y Margall" war. In der Folge war Rocha auch Marineminister, Staatsminister und Minister für das öffentliche Unterrichtswesen. Der nächste freimaurerische Kriegsminister war Vicente Iranzo Enguita, der auch als Marineminister und Minister für Industrie und Handel tätig war. Sein Nachfolger wurde der Großmeister des spanischen Großorient, Martínez Barrio. In der Folgezeit bekleideten zwei weitere Freimaurer, Lerroux und Casares Quiroga, dieses Amt. Das Marineministerium war in den fünf Jahren der republikanischen Periode nur ein halbes Jahr lang in den Händen von Nicht-Freimaurern. Es bestand aus Casares Quiroga, Giral, Companys, einem Mitglied der Loge Lealtad in Barcelona, Iranzo, dem bereits erwähnten Rocha und Gerardo Abad Conde, einem Freimaurer der Loge 33, der den symbolischen Namen „Justicia" (Gerechtigkeit) annahm. Abad Conde war Vorsitzender des Kuratoriums, das das Eigentum der Jesuiten beschlagnahmte. Im Innenministerium waren alle Minister Freimaurer, mit Ausnahme von Maura. Wir zitieren nur einige der Innenminister, deren Namen noch nicht in dieser Übersicht erschienen sind: Manuel Rico Avelló, der den symbolischen Namen „Roma" annahm und zwischen dem 30. Dezember 1935 und Februar 1936 kurzzeitig auch Finanzminister war; Rafael Salazar Alonso, der nicht nur Minister, sondern auch Bürgermeister und Präsident des Provinzialrats von Madrid war; Eloy Vaquero Cantillo, alias „Cavour", der auch Minister für Arbeit, Gesundheit und Wohlfahrt wurde; Juan Moles Ormella, Innenminister vom 13. Mai bis 18. Juli 1936. Das Staatsressort lag in den Händen von mindestens fünf freimaurerischen Ministern: Lerroux, Samper, Rocha, Barcia und Fernando de los Ríos.

Da sich die freimaurerischen Minister mit Freimaurerbrüdern umgaben, kann man sagen, dass es dem Orden gelang, die Staatsverwaltung zu kontrollieren, die von einer unaufhaltsamen Flut überschwemmt wurde. Auf die Gefahr hin, den Leser zu ermüden, seien abschließend einige Namen aus einer unendlich langen Liste von hochrangigen freimaurerischen Funktionären der Republik genannt: Emilio Pardo Aguado, aus dem Danton-Dreieck der Intellektuellen, Freimaurer im 33. Grad und Mitglied des Souveränen Rates des Spanischen Groß-Orientes, von den Brüdern „Desmoulins" genannt, war Zivilgouverneur von Madrid und Unterstaatssekretär für Kommunikation, ein Ministerium, in dem er für einige Monate Minister wurde; Pedro Rico López, 33. Grad, Symbol „Madrid", war Bürgermeister der spanischen Hauptstadt; Jaume Aiguader Miró, von der Loge Rectitud de Barcelona, Bürgermeister von Barcelona; Rodolfo Llopis Ferrándiz von der Loge Ibérica de Madrid, war Generaldirektor für Grundschulbildung, extrem sektiererisch; Mateo Hernández Barroso, 33. Grad, „Newton", Generaldirektor der Telegrafen; Eduardo Ortega y Gasset, symbolisch „León", erster ziviler Gouverneur von Madrid; José Salmerón García, symbolisch „d'Alembert", Generaldirektor der öffentlichen Arbeiten; Pedro Armansa Briales, von der Loge Pitágoras in Málaga, Staatsrat; Dionisio Carreras Fernández, „Sócrates", von der Loge Ibérica, Minister für Kultur; Antonio Pérez Torreblanca, „Diógenes", Generaldirektor für Landwirtschaft; Benito Artigas Arpón, „Juliano", Generaldirektor für Handel und Tarifpolitik; José Domínguez Barbero, „Henri", Minister des Rechnungshofs; José Jorge Vinaixa, „Vergniaud", Staatsrat; Casimiro Giral Bullich, 18. Klasse, „Platón", Ratsmitglied der Generalitat de Catalunya; Manuel Torres Campañá, „Juvenal", Unterstaatssekretär für Inneres und für die Präsidentschaft des Rates; José Moreno Galvache, „Lucrecio", nacheinander Unterstaatssekretär für Landwirtschaft, Industrie und öffentliche Bildung; Nicolás Sánchez Balástegui, „Pestalozzi", Regierungsbeauftragter für die Wasserversorgung des Guadalquivir; Ramón Carrera Pons, Generalkommissar von Katalonien; Fernando Valera Aparicio, „Plotino", Generaldirektor für Landwirtschaft und Unterstaatssekretär für Justiz; Pedro Vargas Gurendiaín, „Pi", 18. Klasse, Unterstaatssekretär für Kommunikation; Sidonio Pintado Arroyo, „Juvenal", Minister für Kultur; Gabriel González Taltavull, „Schopenhauer", 18. Klasse, Mitglied des Gerichtshofs für Garantien; Rafael Blasco García, „Sigfredo", 13. Klasse, stellvertretendes Mitglied des Tribunal de Garantías; Luis Doporto Machori, „Teruel", Zivilgouverneur von Valencia und Kulturminister; Clara Campoamor Rodríguez, Generaldirektorin der Beneficencia. Wir haben viele Namen unerwähnt gelassen, da es müßig wäre, sie weiter zu nennen.

Anti-Klerikalismus

Seit dem Aufkommen des Liberalismus im 19. Jahrhundert hatte der Antiklerikalismus, der von Anfang an mit der Freimaurerei in Verbindung gebracht wurde, in Spanien zugenommen. Niemand hätte jedoch erwartet, dass die Verbrennung von Kirchen und Klöstern nur einen Monat nach dem freimaurerisch-republikanischen Staatsstreich wieder auftauchen würde. Am 5. Mai erschien eine Erklärung des Königs in der monarchistischen Zeitung ABC, die zur Sensation des Tages wurde. Der Herausgeber der Zeitung, Luca de Tena, war nach London gereist, um den Monarchen zu interviewen, mit dem ihn eine persönliche Freundschaft verband. Die Äußerungen Alfons XIII. waren keineswegs provokativ oder aufrührerisch, ganz im Gegenteil: „Ich werde der republikanischen Regierung nicht die geringste Schwierigkeit bereiten", sagte der König mit lobenswerter Zurückhaltung. Hier ein Zitat aus diesem Interview aus dem Buch *The Spanish Tragedy 1930-1936* des Hispanisten Edgar Allison Peers:

> „Monarchisten, die meinem Rat folgen wollen, werden nicht nur davon absehen, der Regierung Hindernisse in den Weg zu legen, sondern sie in all ihren patriotischen Initiativen unterstützen.... Über den formalen Ideen über Republik oder Monarchie steht Spanien.... Ich mag Fehler gemacht haben, aber ich habe nur an das Wohl Spaniens gedacht.... Ich habe die Angebote, die mir gemacht wurden, um mich selbst zu erhalten und mit Gewalt zu regieren, abgelehnt.... Für Spanien habe ich das größte Opfer meines Lebens erbracht, als ich feststellte, dass es mich nicht mehr wollte".

Allison Peers ist der Ansicht, dass nicht die in dem Interview geäußerten Gefühle die republikanische Meinung beunruhigten, sondern die Tatsache, dass der Redakteur nach London gereist war, um es zu erhalten, und dass Luca de Tena seine Loyalität gegenüber der parlamentarischen Monarchie zum Ausdruck brachte. Als nur wenige Tage später, am 7. Mai, die Presse einen kriegerischen und nach Meinung mancher provokativen und regierungsfeindlichen Hirtenbrief des Erzbischofs von Toledo, Kardinal Segura, veröffentlichte, verschärften sich die antiklerikalen Gefühle und Stimmungen weiter. Der Kardinalprimas von Spanien, der sich durch seine humanitäre Arbeit in Las Hurdes ein gewisses gesellschaftliches Ansehen erworben hatte, scheute sich nicht, die Rolle König Alfonsos als Verteidiger des Glaubens und der Tradition zu loben und warnte die Gläubigen, dass „die Feinde des Reiches Christi auf dem Vormarsch sind":

> „Wenn wir schweigen und untätig bleiben, wenn wir es zulassen, in Apathie und Furchtsamkeit zu verfallen, wenn wir denen den Weg offen lassen, die die Religion zerstören wollen oder von unseren Feinden Wohlwollen erwarten, um den Triumph unserer Ideale zu erreichen, werden wir kein Recht haben, es zu bedauern, wenn die bittere Realität uns zeigt, dass wir den Sieg in unseren Händen hatten, aber nicht wussten, wie tapfere Krieger zu kämpfen, die bereit waren, glorreich unterzugehen."

Die Zeitung *ABC* bezeichnete den Hirtenbrief als tadellos, der Justizminister, der Sozialist Fernando de los Ríos, verurteilte ihn scharf, und die Regierung forderte den Heiligen Stuhl auf, Kardinal Segura aus der Erzdiözese zu entfernen. Tage später heizte sich die Atmosphäre weiter auf. Am Sonntag, dem 10. Mai, hielten die Mitglieder des neu gegründeten Círculo Monárquico Independiente in einer Wohnung in der Calle de Alcalá ihre erste Versammlung ab, um ihren Ausschuss zu wählen. Jemand hatte es auf sich genommen, die Nachricht zu verbreiten, dass eine Verschwörung gegen die Republik im Gange sei. Nach einer Version waren die Passanten empört, als sie die Klänge des königlichen Marsches hörten; nach einer anderen Version provozierten die Royalisten von einem Balkon des Gebäudes aus. Das Ergebnis war, dass ein Mob begann, die Bewohner des Hauses anzuschreien und trotz des Eintreffens der Guardia Civil die Autos der Mitglieder des Círculo in Brand zu setzen. Als die Monarchisten versuchten, auf die Straße zu gehen, begannen die Buhrufe, Beleidigungen und Aggressionen, und sie wurden im Haus eingeschlossen. Die Situation spitzte sich so zu, dass der Innenminister Miguel Maura vor Ort erschien und versuchte, den Mob zu beruhigen. Das Ergebnis war unerwartet, und die Beschimpfungen richteten sich gegen ihn: „Erledigen wir ihn! Erledigen wir den Sohn seines Vaters! Nieder mit dem Sohn des Monarchisten!

Die Menschenmassen versammelten sich weiterhin in und um die Calle de Alcalá. Plötzlich wies jemand die Menschen an, zu den *ABC-Büros* in der Calle Serrano zu marschieren. Tausende Menschen kamen zusammen und schlossen sich der Demonstration an. Auf dem Weg dorthin zündeten sie den Kiosk der katholischen Zeitung *El Debate* an. Dann erkannten sie Leopoldo Matos, den Innenminister der Regierung Berenguer, stürzten sich auf ihn, zerrissen seine Kleidung und schlugen ihn. Der Lynchmord wurde durch den Begleitservice, den er noch hatte, verhindert. Vor dem Sitz der Zeitung warfen Hunderte von Menschen Steine gegen die Fenster, und einige übergossen die Wände mit Benzin, um die Zeitung in Brand zu setzen. Die Zivilgardisten gingen im Gebäude in Deckung und feuerten von dort aus in die Luft, was dazu diente, die Menschenmenge zu zerstreuen. Unverständlicherweise verkündete das Innenministerium am Abend, um die immer noch sehr erregte Bevölkerung zu beruhigen, dass die Zeitung *ABC* suspendiert, ihre Büros durchsucht und ihr Herausgeber inhaftiert worden sei. Dies war ein Vorgeschmack auf die Unfähigkeit oder den Unwillen der Regierung, zu handeln.

Am nächsten Tag, dem 11. Mai, begannen die Angriffe auf die Kirche. Um halb elf Uhr morgens setzte eine Gruppe von Männern die Jesuitenkirche in der Calle de la Flor im Zentrum der Hauptstadt in Brand. Als die Feuerwehr eintraf, hinderte die Menschenmenge, die das Feuer beobachtete, sie daran, es zu löschen, bis die Kirche dem Erdboden gleichgemacht war. Eine mit roten Fahnen ausgerüstete Menge setzte daraufhin die Kirche und das Kloster der Karmeliten an der Plaza de España, die Jesuitenresidenz in der Calle Alberto Aguilera, das Kloster der Mercedarier in Bravo Murillo, die Schule der Maravillas in Cuatro Caminos, die Schule des Heiligen Herzens in Chamartín und andere Gebäude in Brand, die mehr oder weniger zerstört wurden. Die Angriffe auf die Kirche weiteten sich bald auf das ganze Land aus: In Valencia, Alicante, Murcia, Granada, Sevilla, Huelva, Córdoba, Cádiz, Málaga und anderen Städten Spaniens brannten Kirchen, Klöster, Schulen, Priesterseminare, Asyle und Reformatorien nieder. In Málaga dauerten die Brände zwei Tage lang ununterbrochen an. Dort wurden der Bischofspalast, die Jesuitenresidenz und die Klöster der Augustiner, Karmeliter und Maristen in Brand gesetzt. Mehrere Kirchen mit wertvollen Kunstwerken wurden ebenfalls zerstört. Auch Geschäfte und öffentliche Gebäude gingen in Flammen auf. Es ist schwer vorstellbar, dass all diese Ereignisse gleichzeitig an so weit entfernten Orten stattfinden konnten, ohne dass eine versteckte Hand im Spiel war. Gerald Brenan stellt in *Das spanische Labyrinth* fest, dass allein in den sechs großen Städten Madrid, Sevilla, Valencia, Málaga, Granada und Murcia 122 Kirchen und Klöster vollständig zerstört wurden. Insgesamt wurden landesweit über 200 Kirchengebäude angegriffen.

All diese Äußerungen von Hass und Intoleranz waren äußerst beunruhigend, aber noch schlimmer war die Reaktion der Regierung, die nicht nur nicht in der Lage war, wirksame Maßnahmen zu ergreifen, um dem Terror des manipulierten und gesteuerten Mobs Einhalt zu gebieten, sondern alles den Royalisten anlastete: „Diese Reaktionäre", so der offizielle Bericht, „haben sich bewusst dafür entschieden, Unruhen zu provozieren und sich dem Volk zu widersetzen. Obwohl die loyalsten und der Republik ergebensten Zeitungen in ihren Berichten den Anschuldigungen der Regierung widersprachen, kam es zu keiner Richtigstellung, ganz im Gegenteil: Die Verhängung des Kriegsrechts diente dazu, *ABC* und die katholische Tageszeitung *El Debate* zu suspendieren, was für die antiklerikalen Massen einen Anreiz darstellte, in ihrer Haltung zu verharren.

Um den Antiklerikalismus weiter zu ermutigen, wurde der Bischof von Oviedo, Dr. Múgica, am 18. Mai zurückhaltend aufgefordert, Spanien zu verlassen, „wegen des eminent politischen Charakters, den der Bischof seinen Besuchen in den Städten seiner Diözese gab". Doch damit nicht genug: Unter Missachtung eines von den spanischen Metropoliten an den Premierminister gerichteten Schreibens vom 3. Juni in Rom, in dem die erlittenen Ärgernisse festgehalten wurden, wurde die Ausweisung des Kardinalprimas Pedro Segura angeordnet. Am 14. Juni, zwei Wochen vor den Wahlen, wurde Kardinal Segura bei einer Visite in den Klöstern und Pfarreien von Guadalajara verhaftet. Er wurde auf das Polizeirevier der Zivilregierung gebracht, wo ihn der Gouverneur León Trejo „auf Anordnung der provisorischen Regierung der Republik" des Landes verwies. Man gab ihm zehn Minuten Zeit, um einen Protestbrief an Alcalá Zamora zu schreiben, und er wurde in Einzelhaft im Kloster der Vinzentinerpatres in untergebracht. Am folgenden Tag wurde er an die Grenze nach Irún gebracht.

Die Verfassung der Zweiten Republik

Mit einem Dekret vom 3. Juni 1931 wurden allgemeine Wahlen für die Abgeordneten der verfassungsgebenden Cortes angesetzt, die am 28. desselben Monats stattfanden. Das Mindestwahlalter wurde auf 23 Jahre festgesetzt. Trotz der Ereignisse im Mai führte die Begeisterung für die Republik, in die so viele Spanier ihre Hoffnungen gesetzt hatten, zu Ergebnissen, die die republikanischen Parteien begünstigten und für die Monarchisten eine Katastrophe darstellten. Die UGT und die Sozialisten hatten 117 Abgeordnete im Parlament, aber die Linksrepublikaner bildeten mit 145 Sitzen die größte Fraktion in der Cortes. Zu den Parteien gehörten die Esquerra Catalana unter der Führung von Macià und Companys, die Acción Republicana unter der Führung von Azaña, die Radikal-Sozialistische Partei mit Marcelino Domingo und Álvaro de Albornoz sowie die Republikaner Galiciens unter der Führung von

Casares Quiroga. Unter den rechtsgerichteten Republikanern war die Radikale Partei von Lerroux mit 93 Abgeordneten die wichtigste. Die Parteien, die die Republik nicht wollten, erhielten etwa 50 Abgeordnete, von denen nur 19 Monarchisten waren. Die Freimaurer, die in verschiedenen Parteien aktiv waren und manchmal scheinbar nicht übereinstimmten, waren durch ihren Antiklerikalismus und ihre Feindseligkeit gegenüber der katholischen Kirche geeint. María Dolores Gómez Molleda stellt fest, dass in der ersten Cortes einhunderteinundfünfzig der vierhundertsiebzig Abgeordneten Freimaurer waren.

Im Juni desselben Jahres hielt die CNT einen Kongress in Madrid ab, und kaum hatte sich das Parlament konstituiert, brach ein wochenlanger Streik der Telefonarbeiter aus, der das ganze Land lahm legte. Außerdem stürmten die Gewerkschafter die Telefonzentrale auf der Gran Vía mit Gewehren. Die berittene Polizei griff die Angreifer an, und der Versuch, das Gebäude zu stürmen, scheiterte. Angestellte, die der CNT angehörten, wechselten aufgrund der drohenden Entlassung zur UGT. Eine Woche später brachen in Sevilla schwere Unruhen aus. Am 20. Juli wurde ein Generalstreik ausgerufen, und ein Mann kam bei den Zusammenstößen ums Leben. Während der Beerdigung kam es zu weiteren Schießereien: drei weitere Menschen wurden getötet und viele verletzt. Die Behörden schlossen die Zentren der Gewerkschafter und Kommunisten und verhafteten ihre Führer, was zu weiteren Zusammenstößen führte. Ein Gewerkschaftshaus, in dem bewaffnete Männer eine Festung errichtet hatten, wurde durch Artilleriebeschuss zerstört. Das Kriegsrecht wurde verhängt und die Stadt wurde sogar von bewaffneten Flugzeugen bewacht. Schließlich beruhigte sich die Lage, aber bis zum Ende des Monats stieg die Zahl der Toten auf dreißig und die der Verwundeten auf mehr als zweihundert. Diese Ereignisse zeigten, dass eine bürgerliche Republik nicht das Ziel der Anarchosyndikalisten und Kommunisten war, sondern eine Etappe auf dem Weg zum Triumph der Revolution.

Vor der Wahl des neuen Parlaments veröffentlichte die Übergangsregierung einen vorläufigen Verfassungsentwurf, der als Grundlage für die parlamentarische Diskussion dienen sollte. Von Juli bis Dezember beschäftigte die Debatte über die Magna Carta die gewählten Abgeordneten. Als der Präsident der Cortes, Julián Besteiro, am 9. Dezember 1931 die Verfassung der Zweiten Republik verkündete, muss die Regierung eine große Genugtuung empfunden haben; es war jedoch klar, dass dies nicht die Verfassung aller Spanier sein konnte. Es gab zu viele Freimaurer, und den Gesetzgebern fehlte der Mut zur Vision, der Wille zum Konsens und zur Harmonie sowie die Intelligenz, um zu begreifen, dass es zwischen dem von der Freimaurerei gewünschten Spanien und dem von der katholischen Kirche gewünschten Spanien ein drittes gab, in dem Millionen von Bürgern lebten, die darauf warteten, dass aus den Verhandlungen ein Pakt hervorging. Die ersten fünfundzwanzig Artikel wurden nach vernünftigen Diskussionen angenommen, aber als es an die Ausarbeitung des sechsundzwanzigsten ging, der die Situation der Kirche im neuen Staat regelte, kam es zu der Krise, die die Regierung zu Fall brachte. Die provisorische Regierung hatte eine juristische Kommission eingesetzt, die einen Artikel ausarbeitete, in dem die Kirche als vom Staat getrennt erklärt wurde; sie wurde jedoch als eine besondere Körperschaft des öffentlichen Rechts betrachtet, die ihre eigenen Schulen haben und unter bestimmten Bedingungen in den staatlichen Schulen Religionsunterricht erteilen durfte. Die kirchliche Eheschließung wäre legal, und öffentliche kirchliche Funktionen könnten unter dem Treueeid auf die Republik ausgeübt werden. Die meisten Katholiken hätten dies akzeptiert. Leider hielten die Cortes diese Zugeständnisse für zu weitgehend.

José Ortega y Gasset hatte davor gewarnt, die traditionelle Bedeutung der Kirche und die Rolle, die sie in der spanischen Geschichte gespielt hatte, angemessen zu würdigen: „Im Umgang mit einer historischen und internationalen Körperschaft wie der Kirche müssen wir angesichts der Kräfte der Vergangenheit, die sie repräsentiert, großzügig sein, aber wir müssen auch mit Vorsicht handeln". Der Philosoph schloss mit der Feststellung, dass die Verfassung von 1931 „bedauernswert und ohne Füße oder Kopf oder den Rest der organischen Substanz, die normalerweise zwischen den Füßen und dem Kopf liegt" sei. Es gab noch mehr republikanische Intellektuelle, die vor diesem Fehler warnten. Gregorio Marañón zum Beispiel, einer der engagiertesten Anhänger der Republik, hielt die Verfassung für „undurchführbar". Die Abgeordneten der Freimaurer handelten einheitlich und befolgten die Anweisungen der Logen, über die es eine Fülle von veröffentlichten Dokumenten gibt. Die Freimaurer forderten die Auflösung der religiösen Orden und die Verstaatlichung ihres Vermögens. Als ein Beispiel von vielen, die in diesem Zusammenhang angeführt werden können, sei hier ein Auszug aus der Sitzung vom 11. Oktober 1931 aus dem *Bulletin der Großloge von Spanien* angeführt:

> „Der Großmeister (Francisco Esteva) legte dem Rat die Notwendigkeit dar, dass die Großloge durch ihr Handeln dazu beiträgt, dass die religiöse Frage in Spanien für immer gelüftet wird, wozu er vorschlug, ein Telegramm an den Präsidenten des Rates zu senden, in dem die freimaurerischen Abgeordneten aufgefordert werden, ihre Pflicht zu erfüllen..... Der Vorschlag wurde einstimmig angenommen, und es wurde vereinbart, das Telegramm zur Veröffentlichung an die Tagespresse in ganz Spanien zu senden. Es wurde auch vereinbart, sich an die Logen zu wenden, sie über diese Vereinbarung zu informieren und sie zu bitten, diese Arbeit zu unterstützen, ebenfalls Telegramme in diesem Sinne zu versenden und eine starke antiklerikale Aktion im weltlichen Leben zu fördern".

Die Forderung nach der Auflösung der religiösen Orden wurde von einer weiteren irrationalen Forderung begleitet: der Schließung aller religiösen Schulen. Hätte man den Bildungsbedürfnissen des Landes wirklich Vorrang vor dem Antiklerikalismus eingeräumt, hätte man bedacht, dass der Staat nicht von heute auf morgen Schulen mit Hunderttausenden von Schülern abschaffen kann. Die Schließung religiöser Schulen wäre gleichbedeutend damit gewesen, dem Land die Hälfte seiner weiterführenden Schulen zu entziehen. Gerald Brenan nennt Zahlen zum Stand der Grundschulbildung allein in der Hauptstadt: „In Madrid zum Beispiel wurden 37.000 Kinder in staatlichen Schulen unterrichtet, 44.000 in öffentlichen Schulen, von denen die meisten von religiösen Orden geführt wurden, und 45.000 hatten überhaupt keinen Unterricht. Um die Lücke in den religiösen Schulen zu schließen, wurden 2.700 neue staatliche Schulen benötigt. In *Anarquía y Jeraquía* beschrieb Salvador de Madariaga die katastrophalen Folgen der Unterbindung der religiösen Orden im Bildungswesen. Jeder konnte voraussehen, dass die Umsetzung der Forderungen der antiklerikalen Freimaurerei viel Geld und jahrelange Planung erfordern würde. Trotz der Propaganda der republikanischen Parteien waren die Errungenschaften im Bildungswesen am Ende des sozial-azharistischen oder freimaurerischen Bienniums 1933 immer noch sehr dürftig und es fehlte dem Land an den notwendigen Schulen. Es scheint klar zu sein, dass die Freimaurer-Republik einen Kampf suchte, indem sie die Kirche so unverhohlen angriff; aber gleichzeitig schaufelte sie leichtsinnig und unklug ihr eigenes Grab, denn sie verlor die Unterstützung der Mittelschichten, die sie unbedingt brauchte, um ihren eigenen Zusammenbruch zu verhindern.

Im Oktober 1931 fand in den Cortes die Debatte statt, die Manuel Azaña zum Mann der Stunde machte. Die Diskussion drehte sich um Artikel 26 der Verfassung, der die Auflösung aller religiösen Orden und die Verstaatlichung ihres Vermögens vorsah. Am 8. Mai ergriff der Justizminister Fernando de los Ríos das Wort und bat, seinem Status als Marrano entsprechend, um „eine Ehrerbietung und einen Tribut an die Juden in dieser ersten Stunde, die der Diskussion über das religiöse Problem gewidmet ist". Gil Robles warnte, dass er bei der ersten Gelegenheit eine Verfassungsreform vorschlagen würde, wenn der Artikel angenommen würde. In seiner Rede am 10. Mai forderte Alcalá Zamora, der Tatsache Rechnung zu tragen, dass die Katholiken in Spanien die Mehrheit bilden, und keine Gesetze gegen sie zu erlassen, sondern sie zu berücksichtigen. Er drohte auch mit einer Revision der Verfassung, sollte der Text angenommen werden. Die Sozialisten legten durch Jiménez de Asúa am 13. eine Gegenstimme vor, die das dauerhafte Verbot aller religiösen Orden auf spanischem Gebiet, die Auflösung der bestehenden Orden und die Verstaatlichung ihres Vermögens vorschlug.

Am 13. hielt Azaña, ein erklärter Gegner der Orden, eine der spektakulärsten Reden in der Geschichte der Zweiten Republik. Seiner Meinung nach war es kein religiöses, sondern ein politisches Problem. „Spanien hat aufgehört, katholisch zu sein", sagte er mit britischem Phlegma, obwohl er sofort einräumte, dass es Millionen praktizierender Katholiken im Lande gebe. Er muss sich der politischen und emotionalen Ladung bewusst gewesen sein, die in diesen Worten steckte, die, wie er sagte, den Schutz der Republik bedeuteten. Für Azaña kam das Verbot der religiösen Orden der Beseitigung einer Angst gleich. Mit einem gewissen Zynismus verglich er die Reform der Orden mit einer chirurgischen Operation: „Stellen Sie sich vor, wir führen eine chirurgische Operation an einem Kranken durch, der nicht betäubt ist und der unter dem Ansturm seiner eigenen Schmerzen die Operation verkomplizieren und tödlich machen kann; ich weiß nicht für wen, aber tödlich für jemanden". Er wies dann direkt auf die Jesuiten als den Orden hin, der unverzüglich sterben sollte. Am Ende seiner Rede äußerte er sich mit kristalliner Klarheit zur Frage der Bildung: „Zu keiner Zeit, unter keinen Umständen werden meine Partei oder ich eine

Gesetzesklausel unterschreiben, die den Dienst der Bildung weiterhin den religiösen Orden überlässt. Niemals. Es tut mir sehr leid, aber das ist die wahre Verteidigung der Republik. Kommen Sie nicht und sagen Sie mir, dass dies gegen die Freiheit verstößt, denn dies ist eine Frage der öffentlichen Gesundheit". Die Diskussion über den Artikel dauerte die ganze Nacht, und mit etwas mehr als der Hälfte der Abgeordneten im Plenarsaal wurde er am 14. um sieben Uhr morgens mit 178 Ja-Stimmen und 59 Nein-Stimmen angenommen.

Wie bereits erwähnt, löste die Affäre eine Regierungskrise aus: Alcalá Zamora und Miguel Maura verließen die Regierung und Azaña wurde neuer Präsident der zweiten Regierung der Republik, die bis zur Verabschiedung der Verfassung im Dezember amtieren sollte. Kaum eine Woche nach seinem Amtsantritt legte Azaña den Cortes das Gesetz zur Verteidigung der Republik vor, das am 21. Oktober verabschiedet wurde. Dieses Gesetz stand im Widerspruch zu den Grundrechten, die die Verfassung anerkennen und garantieren sollte, und wurde zur Grundregel für die öffentlichen Freiheiten, bis es am 29. August 1933 durch die Verabschiedung des Gesetzes über die öffentliche Ordnung außer Kraft gesetzt wurde. Das Gesetz erlaubte dem Innenminister, Demonstrationen oder öffentliche Handlungen zu verbieten und Vereinigungen zu unterdrücken. Jede Aktivität, die als antirepublikanisch angesehen wurde, konnte unterdrückt, mit einer Geldstrafe belegt oder mit Verbannung bestraft werden. So konnte zum Beispiel die Verteidigung der Monarchie als Angriff auf die Republik gewertet werden. Das Gesetz konnte nicht nur Streiks, Aufstände oder Gewalttaten unterdrücken, sondern auch die Verbreitung von subversiven Informationen oder Gerüchten, was zum Verbot aller Medien führen konnte. Natürlich konnte die Regierung unter dem Schutz dieses abscheulichen und antidemokratischen Gesetzes, das von allen Seiten heftig angegriffen wurde, alle möglichen Missbräuche begehen, denn es war klar, dass die Maßnahmen denen der Diktatur glichen.

Vor der Verkündung der Verfassung inszenierten die Cortes Constituyentes einen spektakulären Prozess „in absentia" gegen Alfons XIII, der zur Sensation des Herbstes wurde. Die Travestie eines Prozesses begann in der Abenddämmerung des 19. November und dauerte bis 4 Uhr morgens des folgenden Tages. Eine Kommission, die mit der Untersuchung der angeblichen Schuld des Monarchen beauftragt war, legte ihren Bericht vor, demzufolge sich der König des Hochverrats am spanischen Volk schuldig gemacht hatte, ein Verbrechen, für das er die Todesstrafe verdiente. Da die Todesstrafe grundsätzlich ausgeschlossen war, wurde den Cortes empfohlen, den König im Falle seiner Rückkehr nach Spanien lebenslänglich zu inhaftieren und ihn zum Tode zu verurteilen, wenn er „seine rebellischen Handlungen" fortsetzte. Die Hauptvorwürfe gegen König Alfonso lauteten: 1. die Vernachlässigung seiner Pflichten als konstitutioneller Monarch. 2. die Akzeptanz des Staatsstreichs von 1923. 3) Majestätsbeleidigung gegenüber dem Volk. Mittäterschaft bei der Korruption in der Verwaltung. Vielleicht sollte die Anklage, die von der monarchistischen *ABC* als „bösartiger und unnötiger Akt der Verfolgung" bezeichnet wurde, die antimonarchistische Stimmung weiter anheizen. Die Zeitung wurde für drei Tage gesperrt und mit einer Geldstrafe von tausend

Peseten belegt, weil sie diese Meinung geäußert hatte. Gegen die Meinung der „Times", die sich in ihrer Ausgabe vom 27. November folgendermaßen äußerte, konnte nichts unternommen werden:

„Von seiner Thronbesteigung im Jahr 1902 bis 1923 kann dem König das erste Vergehen nicht vorgeworfen werden, da alle Dekrete dieser Zeit von den zuständigen Ministern unterzeichnet wurden. Was das zweite Vergehen betrifft, so zeigt das vom Grafen de Romanones vorgelegte Dokument, dass im September 1923 die Abdankung - die eine Fahnenflucht gewesen wäre, da der König durch einen Eid verpflichtet war, dem Land als Soldat zu dienen - die einzige Alternative zur Akzeptanz der Militärdiktatur war, die im Übrigen - und das ist so offensichtlich, dass es nicht bestritten werden kann - zu diesem Zeitpunkt die Sympathie der Mehrheit des Landes hatte. Was das Verbrechen der Majestätsbeleidigung gegenüber dem Volk betrifft, so scheint niemand zu verstehen, was damit gemeint ist, und diese Anschuldigung wurde nicht einmal vor Gericht aufrechterhalten. Es wurde auch nicht versucht, Beweise für eine Komplizenschaft bei der Korruption in der Verwaltung zu erbringen.

Das sozial-azharistische oder freimaurerische Biennium

Nachdem die Verfassung am 9. Dezember 1931 angenommen worden war, wählten die Cortes den Präsidenten der Republik. Zwei große Intellektuelle, Manuel Bartolomé Cossío und Rafael Altamira, Autor der *Historia de España y de la civilización española*, einem Werk von internationalem Ruf, wurden vorgeschlagen. Die Wahl fiel schließlich auf Niceto Alcalá Zamora, der sein Amt am 11. Dezember antrat. Zwei Tage später wurde das diplomatische Korps empfangen. Der Dekan war der Nuntius des Papstes, und sarkastischerweise fiel ihm die Aufgabe zu, die offizielle Rede zu halten. Die Situation hätte nicht erbärmlicher sein können: Die Regierung hatte den Kardinalprimas ausgewiesen und abgesetzt, und der Vatikan hatte dem spanischen Botschafter beim Heiligen Stuhl die Erlaubnis verweigert. Die Kirche wurde vom Staat getrennt, ihre Institutionen wurden angegriffen, die Orden aufgelöst und die Ausweisung der Gesellschaft Jesu angekündigt.

Mit Dekret vom 23. Januar 1932 wurde die Gesellschaft Jesu aufgelöst und ihr Eigentum vom Staat beschlagnahmt. Der lang gehegte Traum der Freimaurerei war wahr geworden. Wenige Tage zuvor war *El Debate*, „eine Zeitung", so Azaña, „die der Republik durch ihre Absicht, ihre Organisation und den Katechismus, der sie umgibt, großen Schaden zufügt", auf Nimmerwiedersehen geschlossen worden, was der übrigen Presse als Warnung diente, ihre Kritik zu mäßigen, was sie auch tat. Salvador de Madariaga, ein Intellektueller, der keineswegs im Verdacht stand, mit der Kirche zu sympathisieren, schrieb 1935 in seinem Essay *Anarchie und Hierarchie* über die Auflösung der Jesuiten: „Die Zweite Republik hat eine großartige Gelegenheit vertan, das Problem der höheren Bildung einer zufriedenstellenden Lösung zuzuführen. Besessen von ihrem Antiklerikalismus hat sie schamlos den einzigen Schultypus geschlossen, der trotz seiner Unvollkommenheit eine gewisse Ähnlichkeit mit einem Gymnasium aufwies". Zum Zeitpunkt ihrer

Auflösung unterhielt die Gesellschaft etwa siebzig Residenzen und dreißig Kollegs in ganz Spanien. Das Kolleg von Sarriá verfügte in der Nähe von Barcelona über eine Schule für kirchliche Studien, ein Institut für Chemie und Laboratorien für Biologie und experimentelle Psychologie. Bemerkenswert waren auch die theologischen Studien am Colegio de Comillas und die astronomischen Studien in Granada. Die Herz-Jesu-Kirche in Barcelona unterhielt fünf Arbeiterpatronate und unterrichtete etwa 1 200 Kinder. In Burgos gab es ebenfalls ein Patronat mit 1.500 Mitgliedern, das Unterkünfte, Rentenversicherungen, ein Wohlfahrtssystem, eine Sparkasse sowie Tages- und Abendkurse umfasste. Im ganzen Land hatten die Jesuiten Bildungs- und Sozialsysteme eingerichtet.

Am 20. Februar desselben Jahres findet in Madrid die außerordentliche Generalversammlung des spanischen Großorient statt. Léon de Poncins, Autor mehrerer Bücher, in denen er die Instrumentalisierung der Freimaurerei durch das Judentum und den Kommunismus, die treibenden Kräfte der weltrevolutionären Bewegung, anprangert, veröffentlicht 1938 die *Histoire secrète de la révolution espagnole*. Darin gab er den Bericht oder das Protokoll des berühmten außerordentlichen Konvents vollständig wieder, der zu einer Zeit abgehalten wurde, als der Würgegriff der republikanischen Regierung auf seinem Höhepunkt war. Es folgen bedeutsame Auszüge, von denen sich mehrere auf die strenge freimaurerische Disziplin der Brüder in politischen Ämtern beziehen.

„Der Ehrwürdige Meister jeder Loge soll die Freimaurerbrüder warnen, dass sie ein mündliches oder schriftliches Versprechen erneuern müssen, jederzeit bereit zu sein, vor ihren jeweiligen Richtern zu erscheinen, um die Aufrichtigkeit ihres freimaurerischen Gewissens in allen Handlungen ihres freimaurerischen oder weltlichen Lebens zu erklären und zu rechtfertigen..... Freimaurerbrüder, die sich weigern, solche Versprechen zu erneuern, oder die sich nicht innerhalb der festgesetzten Frist melden, werden aus dem Orden ausgeschlossen.... Die Ehrwürdigen Meister sollen über den Eid, den ihre Brüder vor dem Altar ablegen, mit aller Feierlichkeit wachen...".

„Die Logen und Dreiecke legen für alle Freimaurerbrüder Akten an, in denen ihr üblicher Beruf, die Stellen, die sie im Staat oder in privaten Unternehmen bekleiden oder bekleidet haben, und die Gründe für ihr Ausscheiden sowie ihr Dienstzeugnis mit den Verdiensten ihrer freimaurerischen Tätigkeit aufgeführt sind. Diese Aufzeichnungen sind besonders vollständig und detailliert für diejenigen Freimaurer, die durch Volkswahl oder durch Ernennung durch die Regierung ein politisches Amt bekleiden.

„Die freimaurerischen Autoritäten sind verpflichtet, die den Freimaurern, die ein öffentliches Amt bekleiden, auferlegte Pflicht, den Eid zu wiederholen und ihr öffentliches Verhalten gegenüber ihren Vorgesetzten freimaurerisch zu erklären und zu rechtfertigen, mit der notwendigen Häufigkeit durchzusetzen. Und da in öffentlichen Ämtern die freimaurerischen Pflichten sowohl durch Handlungen als auch durch Unterlassungen verletzt werden können, bedeutet dies, dass der Freimaurer, der ein solches Amt bekleidet, nicht nur verpflichtet ist, jede Handlung, die verwerflich oder zweifelhaft erscheinen mag, zu erklären und zu rechtfertigen, sondern auch freimaurerische Weisungen entgegenzunehmen und sie zu berücksichtigen."

„Die Freimaurerbrüder, die öffentliche Ämter bekleiden, sollen an ihre Pflicht zu brüderlicher Liebe und Toleranz erinnert werden, und sie sollen darauf bedacht sein, diese freimaurerische Brüderlichkeit über alle Unterschiede zu stellen, die sie in politischen Kämpfen trennen könnten.

In diesem Kontext fand die erste Karwoche unter republikanischer Herrschaft statt. Die meisten der traditionellen Prozessionen wurden abgesagt. Sevilla, wo die berühmtesten Prozessionen stattfanden, erlebte diese Tage mit Traurigkeit, aber mit Gelassenheit. Die Kampagne zur Entfernung des Kruzifixes aus Schulen, Krankenhäusern, Wohltätigkeitsorganisationen und allen offiziellen Einrichtungen war bereits angelaufen, und es war kaum ein Kreuz zu sehen. In den Kiosken und Buchhandlungen dagegen war eine Fülle von pornografischer Literatur und marxistischen Texten zu sehen. Letztere wurden oft vor Kirchen verkauft. Ein weiteres wichtiges Merkmal des gesellschaftlichen Lebens am ersten Jahrestag der Republik war die starke Zunahme der Bettelei. Der Korrespondent *der Times* berichtete am 22. März 1932 für die englischen Leser: „Die Straßen Madrids und vieler anderer Städte sind so von Bettlern bevölkert, dass es fast unmöglich ist, hundert Meter zu gehen, ohne nicht nur von den üblichen Blinden und Krüppeln angesprochen zu werden, sondern von Gruppen von zwei oder drei Männern, die mit Decken oder großen Taschentüchern um Almosen betteln".

Es sei daran erinnert, dass 1929 der berühmte Börsenkrach in New York stattfand und 1932 die Weltwirtschaftskrise ihren Höhepunkt erreichte. In Spanien waren die Preise für landwirtschaftliche Erzeugnisse infolge der Krise gefallen, und ein großer Teil des Landes wurde nicht mehr bewirtschaftet. Dies war einer der Gründe für einen noch nie dagewesenen Anstieg der Arbeitslosigkeit. Zwischen 1931 und 1932 schuf der Anarcho-Konsidikalismus eine revolutionäre Situation auf dem Lande. Endlich wurde in den Cortes die viel gepriesene Agrarreform diskutiert, die seit der Entdeckung des Problems durch die Aufklärer auf sich warten ließ. Sie wurde in zwei Teilen, im Juli und September 1932, verabschiedet. Ausgestattet mit jährlichen Krediten des Staates wurde ein Institut für Agrarreform geschaffen, das die Möglichkeit vorsah, jeden Hof mit mehr als 22 Hektar zu enteignen, der nicht bewirtschaftet wurde. Die Adligen verloren ihre Ländereien ohne Anspruch auf Entschädigung, obwohl sie gemäß ihrer Einkommenserklärung entschädigt wurden; da diese jedoch gefälscht worden war... *Das spanische Labyrinth* führt die Verzögerung bei der Behandlung der Agrarfrage auf die unterschiedlichen Ansätze von Sozialisten und Republikanern zurück. Erstere traten dafür ein, dass das enteignete Land kollektiv bewirtschaftet werden sollte. Letztere wollten das Land in einzelne Parzellen aufteilen. Der Unterschied", schreibt Brenan, „war mehr als ein abstraktes Prinzip: Es ging um die Zukunft des spanischen Sozialismus und des bürgerlichen Republikanismus". In der Zwischenzeit verhinderte die revolutionäre Atmosphäre auf dem Lande die Umsetzung der Projekte in die Praxis.

Am 10. August kam es gleichzeitig zu zwei Ausbrüchen. In Madrid versuchte eine Gruppe von Aristokraten und pensionierten königstreuen Offizieren am frühen Morgen, das Postgebäude auf der Plaza de la Cibeles zu erobern. Sie waren sich nicht bewusst, dass sie verraten worden waren und auf sie warteten. Es kam zu einem kurzen Handgemenge in der Calle Alcalá, das Azaña von einem Balkon des Kriegsministeriums aus beobachtete, und die Aufständischen wurden verhaftet. Am selben Tag fand in Sevilla die Sanjurjada statt, die ebenfalls im Voraus bekannt war. Es handelte sich um einen verpfuschten Militäraufstand, der nur von einer Minderheit des rechten monarchistischen Flügels unterstützt wurde. General Sanjurjo, der Generaldirektor der Guardia Civil, der sich ein Jahr zuvor geweigert hatte, den König zu unterstützen, veröffentlichte sogar ein Manifest, in dem er seine Loyalität gegenüber der Republik bereute und sich selbst zum Generalkapitän ernannte. Anarchisten und Kommunisten riefen einen Generalstreik aus und setzten zahlreiche Häuser von Adeligen und verschiedene Clubs in Brand. Die Büros der Zeitung *ABC* wurden erneut in Brand gesteckt. Der Aufstand scheiterte mit Getöse und forderte zehn Todesopfer, fast alle auf Seiten der Aufständischen. Sanjurjo versuchte, nach Portugal zu fliehen, wurde aber in Ayamonte verhaftet.

Das durch den Putschversuch entfachte Feuer breitete sich in ganz Andalusien aus. Sozialisten, Kommunisten und Gewerkschafter riefen in den großen Städten schnell zu Proteststreiks auf. In Granada waren die Unruhen besonders heftig, und in Albaicín wurde die Kirche San Nicolás dem Erdboden gleichgemacht. Manche versuchen, die Sanjurjada mit den Ereignissen in Asturien und Katalonien im Oktober 1934 gleichzusetzen, aber der Vergleich hinkt. In Wirklichkeit ging die Linke nach dem Putsch gestärkt hervor, der dazu diente, rechte Organisationen zu unterdrücken und zu zerschlagen und Dutzende von Publikationen zu schließen: Allein in Madrid wurden acht Zeitungen auf unbestimmte Zeit eingestellt, darunter *ABC*, *El Debate* und *Informaciones*. Als Primo de Rivera die Zeitungen verbot, wurde er von den Republikanern beschuldigt, die Pressefreiheit nicht zu respektieren. General Sanjurjo wurde später zum Tode verurteilt, aber auf Initiative von Alcalá Zamora begnadigt und zu einer lebenslangen Haftstrafe verurteilt. Die Sanjurjada war vor allem ein Protest gegen die Landreform und gegen das katalanische Statut, das von den Cortes verabschiedet werden sollte.

Das Autonomiestatut von Katalonien könnte angesichts der Bedeutung der katalanischen Frage in der Geschichte Spaniens ausführlicher erörtert werden, wenn wir mehr Platz hätten. Nach der Ausrufung des katalanischen Staates am 14. April 1931, der in eine Föderation der iberischen Republiken eingegliedert werden sollte, wurde Macià von Madrid gewarnt, dass er seine Position korrigieren müsse, wenn er wolle, dass die Republik in Spanien lebensfähig sei. Einige Tage später reisten die Minister Marcelino Domingo, Luis Nicolau d'Olwer und Fernando de los Ríos nach Barcelona und überzeugten Macià, dass er auf die katalanische Republik verzichten und den Cortes einen Entwurf für ein Statut Kataloniens vorlegen müsse. Der Regierungsrat der Katalanischen Republik sollte den historischen Namen der Regierung der Generalitat annehmen. Doch am 14. Juli hallten die Rufe „Visca Macià! Mori Cambó!" durch die Straßen von Barcelona. In der Nacht wurden die Fenster von Cambós Haus eingeworfen. Der Führer der Lliga, der mit Fieber im Bett lag, wachte verängstigt auf und beschloss, einen Zug zu nehmen und nach Paris ins Exil zu gehen, wo er zweieinhalb Jahre lang bleiben sollte. Allison Peers, eine in die Literatur, Geschichte und Kultur Kataloniens verliebte Hispanistin und Übersetzerin zahlreicher Werke von Ramon Llull, darunter *Blanquerna*, ins Englische, stellt in ihrem Buch *Catalonia Infelix* folgende Frage: „Konnten sie jetzt nicht die persönlichen und politischen Differenzen zwischen ihnen vergessen und eine Koalitionsregierung Macià-Cambó bilden, die die besten Köpfe Kataloniens vereinigt hätte? Offenbar nicht, aber es war schade". Wäre der Rat von Professor Allison Peers in die Tat umgesetzt worden, hätte die Katastrophe von 1934 vielleicht vermieden werden können; aber die Zeit der Gemäßigten war vorbei.

Die Arbeiter- und revolutionären Bewegungen in Katalonien waren die stärksten des Landes. Lenins Vorhersage über Spanien wird von den Anarchisten und Kommunisten, die für die Revolution und nicht für eine bürgerliche Republik kämpfen, nicht ignoriert. Doch all dies beunruhigt die katalanischen Nationalisten nicht, die mit großem Eifer an der Ausarbeitung des Autonomiestatuts arbeiten. Am 24. Mai fanden Wahlen unter allen katalanischen Abgeordneten statt, und es wurde eine provisorische Deputation der Generalitat gebildet, aus der die elf Abgeordneten hervorgingen, die das Komitee zur Ausarbeitung des Statuts bilden sollten. Am 20. Juni, acht Tage vor den allgemeinen Wahlen zu den Cortes, war der Vorentwurf des Statuts von Núria fertig. Am 2. August wurde er einem Referendum unterzogen und bei einer Wahlbeteiligung von 75% mit 99% der Stimmen angenommen. Vierhunderttausend Frauen, die damals nicht wahlberechtigt waren, unterstützten es mit ihrer Unterschrift. Am 14. August brachte Maciá den Entwurf persönlich nach Madrid, doch die Cortes, die in Debatten über den Verfassungstext verwickelt waren, legten ihn bis zum 6. Mai 1932 auf Eis, als die Bearbeitung begann.

In den neun Monaten, in denen das Statut in Madrid auf Eis lag, heizten die revolutionären Parteien und Gewerkschaften ihre Motoren an. Die Parlamentswahlen vom Juni 1931 bestätigen die Esquerra von Macià und Companys als führende politische Kraft in Barcelona und Katalonien. Die Tatsache, dass Companys, der das Amt des Bürgermeisters von Barcelona aufgab, um Zivilgouverneur zu werden, ein Fürsprecher von Dieben, Bewaffneten und anderen Kriminellen war, Elementen, die keiner Partei oder Arbeitergewerkschaft hätten beitreten können, die aber in der CNT akzeptiert wurden, hatte ihm geholfen, sehr gute Beziehungen zu den Anarchisten aufzubauen. Von seiner Position als Gouverneur aus hielt er die Stadt relativ ruhig: „Da ihr", sagte er zynisch zu seinen alten Freunden, „nicht bereit seid, eure Revolution zu machen, warum lasst ihr uns nicht unsere machen und nutzt die Freiheit, die euch das neue Regime gibt, um eure Propaganda zu machen?" Er vergaß dabei, dass die Propaganda durch Taten das Lieblingsmittel der Anarchisten war. Im Laufe des Sommers kommt es zu Streiks, Sabotageakten und Zusammenstößen mit der Polizei, die in einer Art Guerillakrieg aus Fenstern und an Straßenecken angegriffen wird. Der Zivilgouverneur wurde sogar aufgefordert, die Polizei zu entwaffnen und die Bevölkerung zu bewaffnen. Im

September 1931 wurde ein zweitägiger Generalstreik ausgerufen, der die Stadt völlig zum Stillstand brachte.

Monate später, im Januar 1932, kam es in Katalonien zu einem Aufstand von Gewerkschaftern, Kommunisten und Anarchisten, der sich auf ganz Spanien ausbreiten sollte. Die Bewegung wurde von der FAI organisiert und von einer trotzkistischen Partei, der Kommunistischen Linken, unterstützt, die sich von der offiziellen Kommunistischen Partei abgespalten und die meisten katalanischen Kommunisten mitgerissen hatte. Ihre Führer waren Andreu Nin, Joaquín Maurín und Juan Andrade. Die FAI proklamiert den freiheitlichen Kommunismus am oberen Llobregat, und in Berga und Manresa werden öffentliche Gebäude besetzt. In einigen Orten wurden landwirtschaftliche Grundstücke aufgeteilt. Der Aufstand wurde mit viel Blutvergießen niedergeschlagen. Azaña prangerte kategorisch an, dass die revolutionäre Bewegung aus dem Ausland subventioniert worden sei. Tatsächlich waren seit einiger Zeit sowjetische Propaganda und ausländisches Geld über Barcelona nach Spanien geflossen. Mehr als hundert der revolutionären Führer wurden verhaftet, darunter Durruti und Ascaso, und ohne Gerichtsverfahren nach Spanisch-Guinea deportiert.

Doch kommen wir nun zum Statut. In dem Text, der den Cortes vorgelegt wurde, wurde Katalonien als autonomer Staat innerhalb der Spanischen Republik definiert. Die Amtssprache sollte Katalanisch sein, obwohl die Verwendung des Spanischen als Verkehrssprache mit Madrid vorgesehen war. Das Statut legte die legislativen und exekutiven Befugnisse im Bereich der Bildung fest. Die Generalitat beanspruchte für sich die Befugnis, die territoriale Aufteilung Kataloniens festzulegen und die Freiheit der Gemeinderäte. Außerdem wurde festgelegt, dass junge Katalanen in Friedenszeiten ihren Militärdienst in Katalonien ableisten sollten. Im Mittelpunkt der Debatte, die bis September 1932 andauern sollte, standen die Themen Sprache und Bildung. Der erste Streit drehte sich um den ko-offiziellen Status des Kastilischen. Am Ende mussten die katalanischen Abgeordneten folgende Formulierung akzeptieren: „Die katalanische Sprache sowie die kastilische Sprache sind Amtssprachen in Katalonien".

Die Debatte über die Bildung nahm den ganzen Juli in Anspruch und gab Anlass zu hitzigen Reden. Der betreffende Artikel wurde stark abgeändert. Der endgültige Wortlaut übertrug der Generalitat die Kontrolle über die Dienste der bildenden Künste, die Museen, die Buchhandlungen, die Denkmäler und die Archive, mit Ausnahme des Archivs der Krone von Aragonien; ihr größtes Anliegen, die ausschließliche Zuständigkeit für die Universität, wurde jedoch nicht gewährt. Die Autonomie der Universität wurde akzeptiert, aber da sie die einzige Universität in Katalonien war, musste sie von einem Gremium geleitet werden, das die Gleichberechtigung der Professoren und Studenten beider Sprachen und Kulturen sicherstellte. Die Katalanen argumentierten, dass dies gegen den Geist des Statuts verstoße, da es die Einheit des Bildungssystems zerstöre und Rassenunterschiede fördere, die zu Feindseligkeiten führten. Azaña stimmte ihnen zu und versuchte, den gegnerischen Sektor zu einer Änderung seines Ansatzes zu bewegen, was ihm jedoch nicht gelang. Dies waren die Diskussionen zur Zeit der Sanjurjada. In der zweiten Augusthälfte schritt die

Verabschiedung der Artikel zügig voran, und die Bestimmungen über die kommunale und administrative Organisation wurden angenommen. Auch die Wiederherstellung des alten katalanischen Zivilgesetzbuches wurde zur großen Zufriedenheit der katalanischen Abgeordneten angenommen. Die Abstimmung fand am 9. September statt und das Autonomiestatut Kataloniens wurde mit großer Mehrheit angenommen. Am 11. September, einem historisch bedeutsamen Datum, kehrten die Katalanen zurück. Am 25. September wurde Präsident Azaña in Barcelona bejubelt, wo er das Statut offiziell an die katalanischen Behörden übergab. Am 20. November 1932 fanden die ersten Wahlen zum neuen katalanischen Parlament statt, die von der Esquerra Republicana gewonnen wurden. Der historische Name Corts wurde wegen seiner monarchistischen Konnotationen vermieden.

Während die Nationalisten versuchten, beim Aufbau ihrer neu gewonnenen Autonomie voranzukommen, war die revolutionäre Bewegung weiterhin entschlossen, den sozialen Frieden zu verhindern. Im Januar 1933 führte García Oliver, der Führer der FAI, einen neuen bewaffneten Aufstand in Barcelona, Lérida und Valencia an. Er forderte unter anderem die Freilassung der ein Jahr zuvor nach Afrika deportierten Personen. Wie damals wurde versucht, wichtige öffentliche Gebäude zu besetzen, aber auch diesmal scheiterte und die Anführer der Anarchisten, bei denen zahlreiche Waffen beschlagnahmt wurden, wurden erneut verhaftet. In Barcelona wurden große Mengen an Bomben entdeckt, und die Regierung erklärte die CNT für illegal und schloss ihre Räumlichkeiten, obwohl ihr die Kraft fehlte, die Illegalisierung aufrechtzuerhalten.

Doch das Ereignis, das die Regierung nachhaltig prägen sollte, fand in einem armseligen Dorf, Casas Viejas, in der Nähe von Jerez de la Frontera statt. Die andalusischen Anarchisten hatten zu einem Generalstreik in Andalusien aufgerufen, um den Aufstand in Katalonien zu unterstützen, der jedoch nicht zustande kam. Am 11. Januar beschloss ein alter Anarchist mit dem Spitznamen Seisdedos, der von den Plänen für einen Generalstreik wusste, auf eigene Faust zu handeln. Nachdem er seine Freunde und seine Familie ermutigt hatte, nahmen sie alle an einem Umzug durch die Straßen der Stadt teil, bewaffnet mit Gewehren und Knüppeln. Im anarchosyndikalistischen Zentrum verkündeten sie den libertären Kommunismus und belagerten dann, nachdem sie den Bürgermeister eingeschüchtert hatten, die Kaserne der Guardia Civil und forderten deren Abzug. Der Wachtmeister kontaktierte Cádiz und Medina Sidonia, um Verstärkung anzufordern. Die Regierung, die über die Pläne in Andalusien und Katalonien informiert war, war bereit und ordnete die Entsendung von Truppen an. In der Zwischenzeit begannen die Rebellen von Casas Viejas, die sich mit Pistolen, Munition und Sprengstoff eingedeckt hatten, den Kampf und verwundeten drei Gardisten tödlich. Kurz nach Mittag traf Verstärkung ein und die Stadt wurde sogar von Flugzeugen überflogen. Als sie das Ausmaß der Vorrichtung erkannten. Seisdedos und seine Männer zogen sich in ihre Häuser zurück. Es begann eine Hausdurchsuchung, aber einige Häuser weigerten sich, sich zu ergeben. Der Kern des Widerstands organisierte sich im Haus von Seisdedos, dessen Tochter Libertaria die Gewehre ihres Vaters nachlud, während dieser weiter schoss. Die angreifenden Truppen erlitten schwere Verluste und die Dunkelheit brach herein, ohne dass sich die Anarchisten ergaben. Die Ordnungskräfte lagerten in der Nacht Bomben und Maschinengewehre, um den Aufständischen den Garaus zu machen, aber sie handelten erst, als sie die Erlaubnis des Innenministeriums erhielten, dessen Minister Casares Quiroga war. Das Haus wurde gnadenlos dem Erdboden gleichgemacht: Nach der Bombardierung wurde es mit Benzin übergossen und in Brand gesetzt. Seisdedos, Libertaria und sechs weitere Personen wurden getötet. Die anderen Häuser, die sich wehrten, erlitten das gleiche Schicksal, und weitere zwanzig Menschen verloren ihr Leben. Um sieben Uhr morgens war alles vorbei.

Als Einzelheiten über die Geschehnisse in Casas Viejas bekannt wurden, machte sich im ganzen Land Empörung breit. Die Republik wurde beschuldigt, genauso gut oder schlimmer als die Diktatur zu handeln. Das Ansehen der Regierung sank und erholte sich nie wieder. Auch die Sozialisten, die Partner in der Regierung Azaña waren, wurden schwer getroffen. Im Frühjahr kehrte die CNT nach Barcelona zurück und rief einen massiven Baustreik aus, der achtzehn Wochen lang andauerte. In Solidarität mit den katalanischen Genossen wurden in Zaragoza, La Coruña, Oviedo und Sevilla Generalstreiks ausgerufen. In den Stahlgießereien von La Felguera (Asturien) begannen zweitausendachthundert CNT-Arbeiter, praktisch die gesamte Bevölkerung, im Frühjahr 1933 einen heroischen Streik in Solidarität mit der Entlassung älterer Genossen ohne Entschädigung. Neun Monate lang leisteten sie Widerstand, bis die Unternehmer angesichts der schweren Verluste, die sie durch ihre Hartnäckigkeit erlitten, schließlich nachgaben.

Azaña hatte angekündigt, im April mit der neuen Volkszählung, bei der auch die Frauen erfasst wurden, Kommunalwahlen einzuberufen, doch angesichts seiner schwindenden Popularität hielt er sein Versprechen nicht ein und berief am 23. April nur Nachwahlen in rund 2.500 ländlichen Bezirken ein, die im April 1931 monarchistisch gewesen waren, so dass ihre Vertretung gestrichen worden war. Azaña, der diese Städte als „verfaulte Dörfer" bezeichnete, befürchtete, dass die Ergebnisse als Misstrauensvotum gegen seine Regierung verstanden werden könnten. Und so war es auch, denn von den sechzehntausend Abgeordneten, die zur Wahl standen, gingen nur etwa fünftausend an die Kandidaten der Regierung. Von da an spitzte sich die politische Krise zu, und die Rufe nach dem Rücktritt der Regierung wurden immer häufiger in den Cortes laut, wo im Mai das Gesetz über religiöse Versammlungen und Konfessionen debattiert wurde, mit dem die antiklerikalen Artikel der Verfassung umgesetzt wurden.

Am 12. Juni nahm Azaña eine Regierungsumbildung vor, bei der Companys zum Marineminister ernannt wurde. Es sollte die letzte Regierung der Cortes Constituyentes sein: Im September trat er zurück. Das bemerkenswerteste Ereignis dieser Monate war die Einsetzung des Tribunals für Verfassungsgarantien. Ansonsten nahm die Unbeliebtheit der Regierung nur noch zu. Die Streiks dauern an, die Arbeitslosigkeit bleibt unverändert hoch, und die Gefängnisse sind weitaus überfüllter als während der Diktatur: Allein die

CNT hält rund 9.000 Gefangene fest. Die Republik hatte es nicht geschafft, die Probleme der Bauern und Arbeiter zu lösen, und darüber hinaus hatte sie das Bürgertum, einschließlich der Monarchisten, völlig enttäuscht, die sich allen möglichen Übergriffen ausgesetzt sahen: Sogar die Briefträger waren angewiesen worden, den Aristokraten die Post nicht zuzustellen, die sie weiterhin unter dem abgeschafften Adelstitel erhielten. Die jüngste Demonstration sektiererischer Intoleranz war eine umfangreiche Säuberung innerhalb der zivilen Staatsverwaltung wegen des Verbrechens der „Unvereinbarkeit mit dem Regime".

Mitte-Rechts regiert ohne CEDA

Der Sturz von Azaña im September führte zu einer kurzlebigen Regierung unter dem Vorsitz von Lerroux, die vom 12. September bis zum 8. Oktober 1933 dauerte. Sie wurde durch einen am 2. September von Indalecio Prieto eingebrachten Vertrauensantrag gestürzt. Der Großmeister des spanischen Großorient, Diego Martínez Barrio, stand der Regierung vor, die nach der vom Präsidenten der Republik, Alcalá Zamora, verkündeten Auflösung der Cortes für die Durchführung der Wahlen zuständig war.

Am 19. November 1933 fanden die allgemeinen Wahlen zu den ersten ordentlichen Cortes der Republik statt, die ersten, an denen auch Frauen teilnehmen durften. Sechsundzwanzig politische Parteien erhielten eine parlamentarische Vertretung. Die Partei mit den meisten Stimmen war die CEDA von José Mª Gil Robles mit 115 Abgeordneten, gefolgt von der Radikalen Republikanischen Partei (PRR) von Lerroux mit 102 Abgeordneten. Die republikanische Linke war ein eklatanter Misserfolg: nur ein halbes Dutzend Abgeordnete wurden gewählt. Wie durch ein Wunder konnte Azaña seinen Sitz behalten, da er in Bilbao für den Wahlkreis von Indalecio Prieto kandidierte, der entgegen den Anweisungen seiner Partei die Koalition mit den Republikanern von Azaña aufrechterhielt. In Katalonien ging die Esquerra Republicana von 46 auf 17 Stimmen zurück, ein Großteil der Stimmen ging an die Lliga Regionalista, die nach der Rückkehr von Cambó zur Lliga Catalana wurde und 24 Abgeordnete erhielt. Es schien klar, dass die spanische Gesellschaft sich für Mäßigung und Stabilität entschied. Andere rechte Parteien mit bemerkenswerten Ergebnissen waren die Spanische Agrarpartei (PAE) mit 30 Sitzen, die Traditionalistische Gemeinschaft (CT) mit 20 Sitzen, die Konservative Republikanische Partei (PRC) mit 17 Sitzen, die Spanische Erneuerung (RE) mit 14 Sitzen und die Baskische Nationalistische Partei (PNV) mit 11 Sitzen. Die Kommunistische Partei Spaniens (PCE) und die Spanische Falange (FE) gewannen jeweils einen Abgeordneten und zogen erstmals in die Cortes ein. Die CNT hatte sich für eine Stimmenthaltung ausgesprochen.

Vor der Veröffentlichung der Wahlergebnisse hatte ein Verkehrsstreik die Stimmung in Barcelona aufgeheizt. Am 8. Dezember geht er in einen Aufstand über, und die Polizei geht so weit, dass sie auf einigen Plätzen Maschinengewehre aufstellt. Anarcho-syndikalistische Aufstände brachen in verschiedenen Teilen des Landes aus. In La Coruña, Zaragoza und Huesca wurden Generalstreiks ausgerufen. In vielen Städten Aragons und in den Weinbergen von La Rioja wurde der libertäre Kommunismus proklamiert. In Barbastro und anderen Städten der Region wurden Barrikaden errichtet und Versuche unternommen, öffentliche Gebäude zu besetzen, was zu Zusammenstößen mit der Guardia Civil führte. In Calatayud und Granada wurden Klöster und Kirchen in Brand gesetzt. Mutmaßliche Revolutionäre verursachten ein Zugunglück zwischen Barcelona und Sevilla, bei dem 19 Menschen durch Sabotage ums Leben kamen. Die Regierung rief den Alarmzustand aus, so dass sich die Lage innerhalb von drei oder vier Tagen wieder beruhigte. Dies war der Hintergrund für die Bildung der ersten Regierung von Lerroux.

Es wäre logisch gewesen, dass die siegreiche Partei, d.h. die CEDA, versucht, eine Regierung zu bilden. Eine Koalition zwischen der Radikalen Partei von Lerroux und der Partei von Gil Robles hätte von Beginn der Legislaturperiode an für Stabilität sorgen können, aber der Präsident der Republik übertrug Lerroux die Regierungsbildung. Man darf nicht vergessen, dass Gil Robles ein junger Anwalt von fünfunddreißig Jahren mit sehr wenig politischer Erfahrung war, während Lerroux ein alter Hund war, der schon tausend Schlachten hinter sich hatte. Die Tatsache, dass Gil Robles ein katholischer Führer war, alarmierte zudem die Freimaurer, die sofort eine Kampagne gegen ihn starteten. Von Anfang an waren es die Logen, die ihn als Faschisten brandmarkten. Schon während des Wahlkampfs befürchtete die Freimaurerei, dass ihre antiklerikalen Siege gefährdet sein könnten. Die spanische Großloge mahnte die „lieben Brüder" zur Wachsamkeit: „...In diesem Kampf steht das Leben unseres Ordens auf dem Spiel. Es sind unsere bedrohten Ideale, die wir verteidigen müssen. In ihrem Namen schlagen wir unseren Schwesterlogen vor, sich mit lokalen Organisationen zusammenzuschließen und Bündnisse zu schließen, um, wo immer nötig, gegen die uns bedrohende Reaktion zu kämpfen". In einem Rundschreiben vom 22. März 1934 betrachtete der spanische Großorient den Sieg cedista als Triumph des Faschismus:

> „Kraft der Grundprinzipien unserer Institution sind wir verpflichtet, uns gegen alles zu wehren, was Diktatur bedeutet, und da zur Zeit die schwerste und unmittelbarste Gefahr in diesem Orden die des Faschismus ist, müssen alle Freimaurer, individuell und kollektiv, dafür sorgen, die Entwicklung dieser Kraft zu verhindern, die unter ihrem modernen Namen in Spanien unsere traditionellen Feinde verdeckt."

Der Sieg der CEDA bedeutete jedoch weder eine Diktatur, noch war Gil Robles ein Faschist, da er bei zahlreichen Gelegenheiten erklärt hatte, dass er das republikanische Regime akzeptiere. Vielmehr war der junge rechte Führer davon überzeugt, dass es im Rahmen der Republik möglich sei, sich auf eine Konsensverfassung zu einigen, die von allen Katholiken akzeptiert werden würde. Die Anhänger von Gil Robles kritisierten Alcalá Zamora dafür, dass er anfangs nicht mit ihm gerechnet hatte, und warfen ihm vor, ihn rücksichtslos zu behandeln, weil er eine persönliche Abneigung gegen ihn hegte; Gil Robles erklärte sich jedoch bereit, mit den Zentristen von Lerroux zusammenzuarbeiten, der am 16. Dezember einer fast einfarbigen Regierung vorstand, der kein einziger Minister der Cedista angehörte. Die Unterstützung der CEDA hatte jedoch ihren Preis: Die Regierung Lerroux stoppte die Ersetzung religiöser durch laizistische Schulen, obwohl die PRR sich durch ihren Antiklerikalismus auszeichnete und für die Säkularisierung des Bildungswesens gestimmt hatte. Auch die Enteignungsverfahren wurden überprüft, und willkürlich enteignete Grundbesitzer erhielten ihre Ländereien zurück. Dies führte dazu, dass etwa zehntausend Bauern, die Land erhalten hatten, ihre Siedlungen verloren.

Im Februar 1934 begann Francisco Largo Caballero, Präsident der UGT, einer Gewerkschaft, die mit der Diktatur von Primo de Rivera kollaboriert hatte, radikale Positionen zu vertreten, die ihn zum Mann der Massen machen sollten: „Die einzige Hoffnung der Massen", sagte er im Februar, „ist die soziale Revolution. Nur sie kann Spanien vor dem Faschismus retten". In vier Jahren war die UGT von 300.000 auf 1.250.000 Mitglieder angewachsen und war die einzige Gewerkschaft, die mit der CNT konkurrieren konnte. Aus dieser Position der gewerkschaftlichen Stärke heraus versuchte Largo Caballero, eine Organisation zu schaffen, in der alle Parteien der Arbeiterklasse zusammenkommen konnten: die Alianza Obrera (Arbeiterallianz).. Die CNT verweigerte den Beitritt, und auch die Kommunisten, die sich damals als wütende Revolutionäre gebärdeten, lehnten eine Beteiligung ab. Mit diesen Ansätzen war die Position der Sozialisten gegenüber der Regierung Lerroux eine der frontalen Konfrontation.

Anfang März begannen die Regierungskrisen, die aufgrund der Hartnäckigkeit von Alcalá Zamora, der den Wahlsieger weiterhin ignorierte, eine nach der anderen folgen sollten. Am 23. Januar 1934 trat Großmeister Martínez Barrio, der Mitglied der PRR war, als Kriegsminister zurück und wurde Innenminister; aber am 3. März trat er gemäß den Anweisungen der Logen aus Protest gegen das Abdriften der Regierung zurück, die die Unterstützung der CEDA-Abgeordneten benötigte. Sein Rücktritt führt zum Sturz der Regierung. Erneut wurde Lerroux vom Präsidenten der Republik aufgefordert, einen neuen Ministerrat zu bilden. Gil Robles äußerte damals seine Skepsis: „Ich bezweifle, dass er einen Monat überleben kann". Er hatte nicht ganz unrecht, denn die Regierung wurde am 3. März gebildet und stürzte am 28. April.

Die CNT begrüßte ihn mit einem vierwöchigen Generalstreik in Saragossa, der die aragonesische Hauptstadt lahmlegte. Ein weiterer Streik wurde in Valencia ausgerufen, aber dort gingen die Streikmittel der CNT zur Neige und der Streik konnte nicht fortgesetzt werden. Es waren jedoch nicht die Streiks, die den Sturz der neuen Regierung herbeiführten, sondern der Versuch, im April ein Gesetz zur Wiedereinführung der Todesstrafe zu erlassen. Der Justizminister Ramón Álvarez Valdés von der republikanischen Liberaldemokratischen Partei verteidigte den Gesetzesentwurf mit dem Argument, dass die Wiedereinführung der Todesstrafe die einzige Möglichkeit sei, den Verbrechen, die in den Großstädten des Landes immer wieder vorkamen, ein Ende zu setzen. Anlässlich des 300. Jahrestages der Republik erdreistete sich der Minister, einen Angriff auf die „Märtyrer der Republik", die „Helden von Jaca", zu starten. Daraufhin brach in der Kammer ein großer

Skandal aus, der sich im ganzen Land verbreitete und zum Rücktritt von Álvarez Valdés führte. An seine Stelle trat Salvador de Madariaga, ein Unabhängiger, der als Minister für das öffentliche Unterrichtswesen in die Regierung eingetreten war und den Posten unverständlicherweise annahm. Der letzte Strohhalm für die Regierung war der Entwurf eines Amnestiegesetzes, das die Begnadigung derjenigen vorsah, die vor Dezember 1933 Verbrechen begangen hatten, darunter auch General Sanjurjo und seine Mitaufständischen in Sevilla. Das Gesetz wurde zwar verabschiedet, aber Ende April machten Gerüchte die Runde, dass der Präsident der Republik sich weigerte, es zu akzeptieren. Er unterzeichnete es schließlich, veröffentlichte jedoch umgehend einen Brief, in dem er seine Ablehnung ausführlich erläuterte. Lerroux fühlte sich desavouiert und trat am 28. April zurück. Nur fünf Monate waren seit den Wahlen vergangen, und die Linke beeilte sich, Neuwahlen zu fordern. Auch dieses Mal wollte Alcalá Zamora nicht zu Gil Robles gehen und übertrug die Regierungsbildung Ricardo Samper, ebenfalls von der PRR,. Salvador de Madariaga beeilte sich, die Exekutive zu verlassen.

Mit dem Beginn des Sommers verlagerten sich die Spannungen nach Katalonien, wo Oberst Maciá am Weihnachtstag 1933 gestorben war und Lluís Companys seit dem 31. Dezember Präsident der Generalitat und neuer starker Mann der Esquerra war. Da das Autonomiestatut der Generalitat die Zuständigkeit für die Kommunalwahlen verlieh, fanden dort am 14. Januar Kommunalwahlen statt, die von der Esquerra Republicana gewonnen wurden. Im April 1934 verabschiedete das katalanische Parlament ein neues Agrargesetz, das „Llei de Contractes de Conreu", in Madrid als „Ley de Cultivos" bekannt. Die Grundbesitzer protestierten vehement und wandten sich an die Staatsregierung, die die Angelegenheit an das neu geschaffene Tribunal de Garanties Constitucionals (Gericht für Verfassungsgarantien) weiterleitete. Dieses Gericht, das sich aus Politikern aller Parteien zusammensetzt, entschied im Juni, dass das katalanische Parlament nicht befugt sei, in dieser Angelegenheit Gesetze zu erlassen, und erklärte das Anbaugesetz für unanwendbar. Daraufhin begann eine Krise, die in der Katastrophe vom 6. Oktober endete. Das katalanische Parlament widersetzte sich der Regierung in Madrid und ratifizierte das Gesetz. Die linksgerichteten republikanischen Parteien in den Cortes stellten sich auf die Seite der Esquerra Republicana, aber die Lliga Catalana unterstützte die Regierung. Präsident Companys erklärte, dass „kein einziges Komma" des Gesetzes geändert werden würde. Präsident Samper forderte ihn auf, es anzuwenden. Die Cortes gingen daraufhin in die Sommerpause.

Damit der Leser die Angelegenheit verstehen kann, muss erklärt werden, dass der größte Teil des Bodens in Katalonien in den Händen von Kleingrundbesitzern lag, die ihr Land an Bauern, die „rabassaires" genannt wurden, abtraten. In den Pachtverträgen wurden die Kosten und Gewinne zwischen dem Eigentümer und dem Pächter geteilt. Der größte Teil des gepachteten Landes war dem Weinanbau gewidmet, so dass die Laufzeit der Verträge an die Lebensdauer der Rebstöcke gekoppelt war. Wenn drei Viertel der Rebstöcke keinen Ertrag mehr erbrachten, „rabassa morta", fiel das Land an den Eigentümer zurück, der den Vertrag verlängern konnte oder nicht. Eine Nichtverlängerung bedeutete die Enteignung des Bodens. Die rabassaires hatten gelernt, die Lebensdauer der Rebstöcke zu verlängern, und in der Vergangenheit konnten sie sie fünfzig Jahre lang halten. Die Reblausplage im 19. Jahrhundert tötete die alten Rebstöcke und es wurde eine neue Sorte eingeführt, deren Lebensdauer etwa fünfundzwanzig Jahre betrug und mehr Pflege erforderte. Während des europäischen Krieges waren die Preise so hoch, dass es keine Streitigkeiten um die Erneuerung der Verträge gab; aber als die schlechten Ernten kamen und der Weinpreis zu fallen begann, konnten einige Rabassaires die Verträge nicht erfüllen und wurden enteignet. Sie organisierten sich in einem Syndikat, zu dessen Gründern Companys gehörte. Unter dem Schutz der Esquerra Republicana verpflichteten sie sich, bei den Wahlen für diese zu stimmen. Da alles seinen Preis hat, hatte Macià vor seinem Tod an Ostern im Jahr 1933 eine Kundgebung vor fünfzehntausend Bauern abgehalten und ihnen Gesetze versprochen, die zur Lösung des Problems beitragen sollten. Im Juni kam es zu Unruhen auf dem Land, und die Grundbesitzer sahen sich bewaffneten Gruppen von Unzufriedenen gegenüber, die ihr Eigentum angriffen. Einen Monat später, im Juli 1933, kam der Gesetzesentwurf, der im April 1934 verabschiedet werden sollte, ins Parlament. Das Gesetz, das die Landwirte mehr erfreute als die Grundbesitzer, obwohl unparteiische Beobachter zugaben, dass es eine Ungerechtigkeit beseitigen sollte, sah Schiedsgerichte vor und erleichterte den Pächtern den Erwerb von Land, das sie fünfzehn Jahre lang bearbeitet hatten.

Die Entscheidung des Gerichtshofs für Verfassungsgarantien verdeutlichte die Konfrontation zwischen der Esquerra Republicana und der Lliga Catalana von Cambó, die im Januar 1934 das Parlament in Uneinigkeit mit der Art und Weise verlassen hatte, in der Companys zum Präsidenten der Generalitat gewählt worden war. Die Lliga akzeptierte zwar, dass eine Reform des bestehenden Gesetzes notwendig war, war aber mit der Art und Weise, wie Pächter Land erwerben konnten, nicht einverstanden. Anstatt die Lliga um Vermittlung mit den Grundbesitzern zu bitten, beschuldigte die Esquerra Republicana sie, Präsident Samper ermutigt zu haben, das Anbaugesetz vor den Gerichtshof zu bringen, und brandmarkte ihre Haltung als reaktionär und unpatriotisch. Ein politischer Sieg verwandelte sich so in einen Prestigeverlust in der öffentlichen Meinung, insbesondere als der Präsident der Generalitat das Urteil des Gerichtshofs als Angriff auf die Autonomie Kataloniens bezeichnete.

Noch vor Ende des Sommers waren die entfesselten Leidenschaften mehr als genug, um die Vernunft zu überwinden. Companys ließ keine Gelegenheit aus, die Regierung der Republik heftig anzugreifen. Auf einer Kundgebung in Gerona am 2. September äußert er sich folgendermaßen: „Diese Regierung, die die spanischen Völker führen soll, ist der Verfassung nicht mehr treu. Sie kann den Mantel des Imperialismus und die Erziehung, die sie von der Monarchie erhalten hat, nicht abschütteln. Diese Männer sind keine Liberalen, sie können die föderale Idee nicht verstehen. Wenn es ihnen in Madrid nicht gelingt, das spanische Ideal zu verwirklichen, werden wir die katalanische Nationalität schaffen". Artikel 13 der Verfassung, an den sich Companys halten musste, besagt in aller Deutlichkeit: „In keinem Fall wird die Föderation der autonomen Regionen zugelassen". Es ist also klar, dass der Präsident der Generalitat nicht verfassungstreu war. Schlimmer noch, Companys war nicht allein, denn einige Sozialisten drohten zunehmend damit, die Spielregeln nicht zu respektieren. Monate zuvor hatte Largo Caballero in einer deutlichen Anspielung auf die Diktatur des Proletariats die berühmte Frage Lenins formuliert: „Freiheit wofür? Azaña selbst bezeichnete sich in seinen Reden zunehmend als Revolutionär. Für Azaña war die Esquerra-Regierung in Katalonien „die einzige republikanische Macht" im ganzen Land und die einzige „Bastion" gegen die Rückkehr der Tyrannei. Sie alle vergaßen oder verachteten die Stimmen, die an der Wahlurne abgegeben hatte. Nachdem sie zweieinhalb Jahre lang Gesetze erlassen und regiert hatten, neun Monate nach dem Triumph ihrer politischen Gegner, akzeptierten die „Demokraten" der Linken das parlamentarische Spiel nicht und wollten die Macht durch eine Revolution ergreifen.

Als ob es nicht schon genug Probleme gäbe, warfen die Basken auch noch ihre eigenen auf. Die baskischen Nationalisten, die über die antiklerikale Haltung der Verfassung empört waren, hatten die Cortes verlassen, kehrten aber mit der neuen Legislaturperiode zurück. Sie wollten die religiöse Kontrolle in ihrer Gemeinschaft und strebten nach eigenen Vertretern im Vatikan, weshalb viele für die CEDA gestimmt hatten. Als sie jedoch feststellten, dass die Mitte-Rechts-Regierung ihre Autonomieansprüche nicht unterstützte, wechselten sie auf die linke Seite. Die Basken beschlossen, Wahlen zu ihren Gemeinderäten abzuhalten, um gegen eine wirtschaftliche Zumutung zu protestieren, die ihren Forderungen nach einem Wirtschaftsabkommen zuwiderlief. Die Madrider Regierung verbot die Wahlen und versuchte, sie mit Gewalt zu verhindern, als sie stattfanden. Alle baskischen Gemeinderäte traten zurück, und im Baskenland häuften sich die Demonstrationen für die Autonomie. Schließlich folgten die baskischen Abgeordneten im Parlament dem Beispiel der Esquerra Republicana und verließen die Cortes. Dies war der Stand der Dinge im September 1934.

Die sozialistischen Führer ihrerseits waren sich uneins über die zu verfolgende Strategie. Die Anhänger von Largo Caballero waren bereit, eine Revolution gegen die Regierung der Republik zu entfesseln, aber Indalecio Prieto teilte diese Ansicht nicht, da er nicht sah, wie dies gelingen könnte. Die Kontrolle, die Largo Caballero über die UGT ausübte, gab den Ausschlag zu seinen Gunsten. Der revolutionäre Ansatz des UGT-Führers wurde auch von Companys, dem Präsidenten der Generalitat, geteilt, der bereit war, den Aufstand in Katalonien anzuführen. Im Zusammenhang mit diesen Gerüchten wurde bekannt, dass siebzig Kisten mit Waffen in Asturien gelandet waren, und die Regierung meldete Verhaftungen im Zusammenhang mit dem Fund großer Mengen von Munition[20]. In Anbetracht der Situation wurde in ganz Spanien der

---

[20] Was die Waffen anbelangt, so scheinen sie aus staatlichen Waffenlagern zu stammen. Echevarrieta, ein baskischer Finanzier und Freund von Indalecio Prieto, hatte die Bestellung 1932 beim Konsortium der Militärfabriken aufgegeben, um sie in die Hände der portugiesischen Revolutionäre zu geben. Die Lieferung wurde vereitelt und sie blieben bis 1934 in Cádiz versteckt, als sie mit Genehmigung des Kriegsministers, bei dem es sich mit ziemlicher Sicherheit um den ehrwürdigen Bruder Martínez Barrio

Alarmzustand ausgerufen. Die für den Herbst anberaumten Kommunalwahlen wurden erneut abgesagt.

Gil Robles, der seinen Anhängern mehr als einmal gesagt hatte, dass seine Machtübernahme nur noch eine Frage der Zeit sei, war der Meinung, dass der Moment für die Regierungsübernahme gekommen sei. Am 11. September veröffentlichte die Tageszeitung *El Sol* diese Worte des katholischen Führers: „Der Weg ist frei, keinen Augenblick länger! Wir wollen nichts für uns selbst, aber wir werden die Fortsetzung dieses Zustandes nicht länger dulden". Es schien klar, dass Gil Robles seine Unterstützung für Samper zurückziehen würde, um die Regierung zurückzuerobern. Dies war die Auffassung des asturischen Proletariats, das sich auf einen Generalstreik vorbereitete. Am 1. Oktober hielt der CEDA-Vorsitzende im Parlament eine Rede, in der er die aufeinanderfolgenden Regierungen der letzten elf Monate verurteilte, die es versäumt hatten, den Willen des Volkes zu interpretieren: „Wir haben sie unterstützt", erklärte er, „aber wir spüren, dass wir das nicht länger tun können. Wir sind bereit, unsere Pflicht zu erfüllen". Dieser Satz, den die Zeitung *El Sol* in ihrer Ausgabe vom 2. Oktober hervorhob, konnte von der Regierung nur auf eine Weise verstanden werden: Sie trat zurück. Der Präsident der Republik nahm erneut Konsultationen auf und lehnte es erneut ab, Gil Robles mit der Regierungsbildung zu betrauen. Die Kritik der Cedistas an Alcalá Zamora war laut und die Empörung groß: Ihr Anführer sollte nicht nur nicht Präsident werden, sondern nicht einmal an der Regierung teilnehmen. Die von Alcalá Zamora gewählte Person war wieder einmal der scheinbar unverzichtbare Alejandro Lerroux, „Don Ale", der drei CEDA-Ministern einen Platz in der Regierung verschaffte. Gerald Brenan findet in *Das spanische Labyrinth* eine Rechtfertigung für Alcalá Zamoras Entscheidung. Brenan zufolge „haben die linken Parteien den Präsidenten der Republik gewarnt, dass sie den Eintritt eines CEDA-Mitglieds in die Regierung als eine Kriegserklärung gegen sie betrachten würden". Dem britischen Hispanisten zufolge übten die linken Parteien Druck auf Alcalá Zamora aus, die Cortes aufzulösen.

Die Linke reagierte, als ob es einen Staatsstreich gegeben hätte, aber in Wirklichkeit war es nur so, dass die Partei, die die Wahlen gewonnen hatte, mit drei Ministern in die Regierung kam, und das war alles. Kein demokratisches Land der Welt hätte eine Zensur der Partei, die die meisten Stimmen erhalten hat, akzeptiert. Das war unverständlich und inakzeptabel. In *The Spanish Tragedy* bezieht sich Allison Peers mit Worten des Erstaunens auf diesen Umstand: „Die Linken wären die ersten gewesen, die sich beschwert hätten,

---

handelte, an Bord der *La Turquesa* verladen wurden, die angeblich nach Bordeaux unterwegs war. Auf dem Weg dorthin machte das Schiff vor der asturischen Küste Halt und schiffte sie aus. Die Polizei bekam davon Wind und konnte zumindest einen Teil der Waffen, vor allem Patronen, beschlagnahmen. Diese Waffen sollten eigentlich nach Madrid gebracht werden, aber aufgrund der Überwachung wurde beschlossen, sie in Asturien zu verteilen. Darunter befanden sich fünfhundert Mauser-Gewehre, vierundzwanzig Maschinengewehre und Tausende von Handgranaten. Da die Patronen in den Händen der Polizei gelandet waren, wurde ein Zug mit Munition gefälscht und vom Arsenal in Toledo nach Asturien geschickt, um den Verlust auszugleichen.

wenn sie als Mehrheitsfraktion von der Macht ausgeschlossen worden wären. Warum also sollten sie, die im Prinzip Demokraten sind und von den Wählern abgelehnt wurden, Feuer und Blutvergießen anzetteln und verlangen, dass das, was sie mit legalen Mitteln nicht erringen konnten, mit widerwärtigen Mitteln erlangt werden sollte?" In Wirklichkeit akzeptierte niemand die Entscheidung des Präsidenten der Republik, dessen Feinde auf der Linken und auf der Rechten zunahmen. Miguel Maura, ehemaliger Innenminister, veröffentlichte im April 1931 ein Schreiben, in dem er Alcalá Zamora als „Verräter" anprangerte. Andere ehemalige Kollegen kritisierten sein Vorgehen scharf und kündigten an, die Beziehungen zu ihm abzubrechen. Auch Azaña beschloss, das Parlament aus Protest gegen das Vorgehen des Präsidenten der Republik zu verlassen, doch seine Motive waren alles andere als klar.

Am 5. Oktober wurde im ganzen Land ein Generalstreik ausgerufen, zu dem die UGT aufgerufen hatte; in Asturien erreichte er eine solche Intensität, dass das Kriegsrecht ausgerufen und die Armee zur Verstärkung der Guardia Civil herangezogen wurde. In allen großen Städten war der Streik deutlich zu spüren. In Madrid ließ das Militär einige Züge, Straßenbahnen und Busse fahren, aber die gesamte Kommunikation war unterbrochen. Nur *El Debate* und *ABC* konnten veröffentlichen, da sie nicht von den Gewerkschaften kontrolliert wurden. Die Bürger wurden gewarnt, zwischen 20.00 Uhr und Sonnenaufgang nicht auf die Straße zu gehen. In Madrid kam es vorerst nicht zu Gewalttaten.

Companys' Staatsstreich in Katalonien

Der Generalstreik in Barcelona verlief ohne Gewalt und mit uneinheitlicher Beteiligung. In der Nacht zum 4. Mai fand eine Sitzung der städtischen und regionalen Behörden statt, und Präsident Companys gab bekannt, dass er von Madrid die Zusicherung erhalten habe, dass in Katalonien nicht das Kriegsrecht verhängt werde. Die Generalitat hatte die Verantwortung für die Aufrechterhaltung der öffentlichen Ordnung übernommen. Der 5. verging ohne nennenswerte Zwischenfälle in Barcelona, und am Nachmittag schien es, als würde der Streik langsam abebben, da die CNT den Aufruf der Sozialisten nicht unterstützt hatte. Am 6. wird jedoch in den frühen Morgenstunden eine verdächtige Proklamation mit dem Titel „Die katalanische Republik" verteilt. Darin wird das katalanische Volk aufgefordert, sich bereit zu halten. Das Pamphlet endete mit den Worten: „Zu den Waffen für die katalanische Republik!" Ein weiteres Ereignis, das nichts Gutes verhieß, war die Besetzung des Fomento de Trabajo Nacional an der Puerta del Angel, die von der Alianza Obrera angeführt wurde. Die Alianza Obrera war ein Zusammenschluss von Sozialisten, Trotzkisten und Nationalisten. Dort wurde eine Proklamation verfasst und in den Straßen des Stadtzentrums ausgehängt. Der Text beginnt wie folgt: „Die Aufstandsbewegung des spanischen Proletariats gegen den Staatsstreich hat ein außergewöhnliches Ausmaß und eine außergewöhnliche Intensität angenommen...". Wieder einmal wurde der Eintritt von drei katholischen Ministern in die Regierung unverhohlen als Staatsstreich bezeichnet. Die Proklamation kündigte an: „Die Ausrufung der katalanischen

Republik wird zweifellos einen enormen Einfluss haben, die Begeisterung der arbeitenden Massen im ganzen Land wecken und ihren Kampfgeist stärken". Der Text endete mit den Ausrufen „Es lebe der revolutionäre Generalstreik! Es lebe die katalanische Republik!"

Am Morgen des 6. Septembers um 9 Uhr hatte der Präsident der Generalitat bereits beschlossen, die Republik zu verraten, als er Josep Dencàs, Innenminister, zwei Texte vorlegte, mit denen er sich an das katalanische Volk wenden konnte: der eine war von Joan Lluhí, einem Freimaurer und Justizminister, verfasst worden, den anderen hatte er selbst geschrieben. Dencàs entschied sich für den zweiten und fragte Companys, ob er den Befehl zur Mobilisierung und Verteilung der Waffen geben solle. Nachdem er die Erlaubnis des Präsidenten erhalten hatte, wies er Miquel Badia an, die Waffen an die „Escamots" zu verteilen. Dencàs, ein weiterer Freimaurer, der der Loge der Unsterblichkeit in Barcelona angehörte, hatte 1931 an der Gründung der Esquerra Republicana de Catalunya teilgenommen. Er und Badia waren die Anführer von Estat Català, der von Macià gegründeten Jugendbewegung der Esquerra Republicana. Estat Català verfügte über eine militärische Organisation von etwa 3 500 Mann, die Escamots, die grüne Uniformen trugen und einen fanatischen Nationalismus vertraten. Badia, der auch Freimaurer war und 1925 an einem Attentat auf Alfons XIII. beteiligt gewesen war, leitete das Generalkommissariat für öffentliche Ordnung der Generalitat, d. h. er war der Chef der Polizei. Seine Gefolgsleute nannten ihn „capitá collons" (Hauptmann Schwachsinn). Diese beiden Männer waren die engsten Mitarbeiter von Companys.

Einem Bericht von General Domingo Batet zufolge wurden „Kurz- und Langwaffen öffentlich verteilt und bewaffnete Gruppen begannen zu zirkulieren". Der Innenminister ordnete die Konzentration von etwa vierhundert Einsatzkräften in der Generalitat an. Miquel Badia wurde mit den Eskamots betraut, und Generalkommissar Coll i Llach verfügte über dreitausendzweihundert Sturmwachen, die ihm im Bedarfsfall zur Verfügung standen. Überall in Katalonien wurden Abgesandte mit Mobilisierungsbefehlen ausgesandt, die sich vor allem an die Rabbassaires richteten. Um fünf Uhr nachmittags fand eine Versammlung im Palast der Generalitat statt, und um halb sieben waren die Minister in ihren Büros. Zur gleichen Zeit erschienen Gruppen von Escamots und militanten Nationalisten auf der Plaça de Catalunya. Bald darauf wurde eine Demonstration organisiert, die zur Plaça de Sant Jaume führte, wo sich eine große Menschenmenge versammelte und in die angrenzenden Straßen ausbreitete. Unter Rufen und begeistertem Jubel erschien Präsident Companys auf dem Balkon und sprach diese Worte:

> „Katalanen!
> Die monarchistischen und faschistischen Kräfte, die seit einiger Zeit versuchen, die Republik zu verraten, haben ihr Ziel erreicht und die Macht ergriffen. Die Parteien und Männer, die öffentlich gegen die knappen Freiheiten unseres Landes demonstriert haben, die politischen Kerne, die ständig Hass und Krieg gegen Katalonien predigen, werden heute von den derzeitigen Institutionen unterstützt. Die eingetretenen Ereignisse haben allen Bürgern den klaren Eindruck vermittelt,

dass die Republik in ihren demokratischen Grundprinzipien in höchster Gefahr ist. Alle wirklich republikanischen Kräfte Spaniens und die fortschrittlichen sozialistischen Sektoren haben sich ohne Unterschied und ohne Ausnahme gegen diesen kühnen Schritt der Faschisten gewandt.

Das liberale, demokratische und republikanische Katalonien kann sich dem Protest, der im ganzen Land triumphiert, nicht entziehen, und es kann auch nicht seine Stimme der Solidarität mit denjenigen verstummen lassen, die wie es selbst in den hispanischen Ländern, manchmal bis zum Tod, für Freiheit und Rechte kämpfen. Katalonien hält seine Fahne hoch und ruft alle dazu auf, ihre Pflicht zu erfüllen und der Regierung der Generalitat absoluten Gehorsam zu leisten, die von diesem Moment an alle Beziehungen zu den verfälschten Institutionen abbricht. In dieser feierlichen Stunde übernimmt die Regierung, der ich vorstehe, im Namen des Volkes und des Parlaments alle Machtbefugnisse in Katalonien, proklamiert den katalanischen Staat der Spanischen Föderativen Republik und lädt durch die Wiederherstellung und Verstärkung der Beziehungen zu denjenigen, die diesen allgemeinen Protest gegen den Faschismus anführen, dazu ein, in Katalonien die Provisorische Regierung der Republik zu errichten, die in unserem katalanischen Volk den großzügigsten Impuls der Brüderlichkeit in der gemeinsamen Sehnsucht nach dem Aufbau einer freien und großartigen Föderativen Republik finden wird.

Wir fühlen uns stark und unbesiegbar. Wir werden jeden in Schach halten, aber jeder muss sich zurückhalten und sich der Disziplin und den Anweisungen der Führer unterwerfen. Die Regierung wird von nun an mit unnachgiebiger Energie handeln, um sicherzustellen, dass niemand versucht, ihre patriotischen Ziele zu stören oder zu gefährden.

Katalanen! Der Moment ist ernst und glorreich. Der Geist von Präsident Macià, dem Erneuerer der Generalitat, begleitet uns. Jeder an seinem Platz und Katalonien und die Republik in den Herzen aller.

Es lebe die Republik, es lebe die Freiheit!"

Nach der Rede forderte der Kulturminister Ventura Gassol, ein weiterer Anführer der Esquerra Republicana, alle auf, die Proklamation in ganz Katalonien im Namen der Regierung der Generalitat zu verkünden. Anschließend wurde die katalanische Flagge unter Beifall gehisst. Eine Gruppe des Estat Català protestierte und forderte ihre Flagge, die vierfarbige Flagge mit dem Stern. Vom Balkon aus wurden sie zur Disziplin aufgerufen und aufgefordert, die Anordnungen des Präsidenten zu befolgen. In seiner Wut rief Companys General Batet an und teilte ihm mit, dass er soeben den katalanischen Staat ausgerufen habe. Batet antwortete: „Als Katalane, als Spanier und als Mann der Menschlichkeit tut es mir sehr leid, was geschehen ist, denn es ist ein Schlag gegen meinen Kopf. Ich kann eine so ernste Angelegenheit nicht in einem Augenblick lösen...". Nachdem er dies gesagt hatte, bat er um Bedenkzeit und verlangte, dass ihm die Vereinbarung schriftlich mitgeteilt wird, woraufhin Companys ihm über den Arbeitsdirektor Joan Tauler folgendes Kommuniqué zukommen ließ: „Eure Exzellenz, als Präsident der Regierung von Katalonien bitte ich Sie, sich mir zur Verfügung zu stellen, um der von mir soeben ausgerufenen Bundesrepublik zu dienen. Palast der Generalitat, 6. Oktober 1934". Tauler fragt ihn, ob es eine Antwort gebe, und Batet antwortet: „Im Moment nicht. Auf jeden Fall später."

Wie auch immer man es betrachtet, Companys zeigte, wie schon 1931, dass Vernunft, Verstand und Besonnenheit (seny) keine Eigenschaften waren, die seine Person auszeichneten. Es waren eindeutig Dummheit und Begeisterung (rauxa), die sein opportunistisches und abenteuerliches Handeln beherrschten[21]. 1931 war er nur ein gewählter Abgeordneter, aber 1934 war Lluís Companys nicht nur der Führer der Esquerra Republicana, sondern der Präsident des gesamten katalanischen Volkes, das es zweifellos verdient hatte, besser vertreten zu werden. Companys hatte nicht nur die Republik verraten, deren größter Vertreter er in Katalonien war, sondern mit seinem dummen Akt der Rebellion auch all jene Katalanen, die für die Achtung der Rechtmäßigkeit der Republik und der Statuten eintraten. Eine Analyse des Inhalts des Textes zeigt, dass er voller Lügen war: Es gab keinen anderen Verrat an der Republik als seinen eigenen. Die Ankündigung, dass „fortgeschrittene sozialistische Sektoren, ohne Unterschied oder Ausnahme, zu den Waffen gegriffen haben", deutet darauf hin, dass Companys von dem von den Sozialisten geplanten Staatsstreich wusste und sich mit seiner Rebellion daran beteiligte. Sehr bezeichnend ist die Aufforderung

---

[21] Es ist allgemein anerkannt, dass der „seny" die beste Eigenschaft der Katalanen ist. Paradoxerweise haben sie jedoch in entscheidenden Momenten ihrer Geschichte unter Führern gelitten, die sich von der „rauxa" haben mitreißen lassen. Man denke nur an den Kanoniker Pau Clarís, den Oberkonsul der Generalitat, der sich in die Arme des Kardinals Richelieu warf und Frankreich alles erlaubte, was Spanien nicht wollte. Am 16. Januar 1641 rief dieser Unglücksrabe die katalanische Republik unter dem Schutz Frankreichs aus; doch nur eine Woche später ernannte derselbe Pau Clarís Ludwig XIII. zum Grafen von Barcelona und zum Herrscher von Katalonien. Ludwig XIII. besetzte das Land militärisch und die Franzosen übernahmen die politische und administrative Kontrolle. Die Katalanen zahlten auch die Kosten für die Invasionsarmee. Der Verräter Pau Clarís starb einen Monat später, im Februar 1641, doch sein Mangel an Senilität fügte Katalonien irreparablen Schaden zu.
Auch die Geschichte des viel gescholtenen Philipp V. verdient einen kurzen Kommentar. Als der erste Bourbon über Irún nach Spanien kam, beeilte er sich natürlich, einen Vizekönig für Katalonien zu ernennen. Er wurde sofort gewarnt, dass sein Vorgehen illegal sei, da er erst die katalanischen Gesetze vereidigen müsse. Der König beeilte sich daraufhin, seinen Fehler wiedergutzumachen, indem er das Parlament von Katalonien einberief, und in weniger als einem Jahr erschien er in Barcelona, um die katalanischen Verfassungen zu vereidigen, ein Akt, der am 14. Oktober 1701 im Saló del Tinell stattfand. Die Sitzungen der Cortes dauerten bis zum 14. Januar 1702, und die Katalanen akzeptierten gemäß Gesetz und Brauch ihren Herrscher. Philipp V. vereidigte sie nicht nur, sondern gewährte ihnen auch neue Privilegien, darunter einen Vertragsgerichtshof, an dem königliche Entscheidungen beurteilt wurden, bevor sie in Katalonien angewandt wurden, und eine begrenzte Erlaubnis für den Handel mit Amerika. Der Minister Melchor de Macanaz schrieb: „Die Katalanen haben erreicht, was sie wollten, denn sie hatten nichts mehr zu verlangen und dem König nichts Besonderes zu geben, und so wurden sie unabhängiger vom König als das englische Parlament" 1704 scheiterte ein Versuch, englisch niederländische Truppen in Barcelona zu landen, weil sich keine Katalanen den Invasoren anschlossen. Als 1705 die Landung von Erzherzog Karl erfolgreich war und Barcelona am 9. Oktober kapitulierte, wechselten die katalanischen Eliten unter den Bajonetten der Besatzungstruppen die Seiten, verrieten ihren Eid und erklärten sich zu Austraciaten. Die Folgen dieses leichtsinnigen Akts der Illoyalität waren für die Zukunft Kataloniens und ganz Spaniens katastrophal.

„an diejenigen, die diesen allgemeinen Protest gegen den Faschismus anführen, in Katalonien die provisorische Regierung der Republik zu errichten", denn Manuel Azaña befand sich in Barcelona und viele dachten damals, er sei die von den Verschwörern für den Vorsitz der Bundesrepublik vorgesehene Person. Tatsächlich war er einer der Personen, die nach dem Scheitern des Putsches in ganz Spanien verhaftet wurden.

Gegen 22 Uhr gab General Batet dem Präsidenten der Generalitat bekannt, dass er für die Legalität sei und erklärte den Kriegszustand. Angesichts der Weigerung von Companys, die Forderung nach Kapitulation zu akzeptieren, begannen die Bewegungen. Der große Platz von Katalonien wurde von Batets Truppen besetzt, die bald die Plaça de Sant Jaume erreichten. Dort trafen zwei Artilleriegeschütze, eine Infanteriekompanie und eine Maschinengewehrkompanie zusammen. Pérez Farràs, der Kommandant der Mozos de Escuadra, gab den Befehl zum Feuern. Bei diesem ersten Gefecht wurden ein Kommandant und ein Soldat getötet und sechs weitere Soldaten und ein Hauptmann verwundet. Die katalanischen Anführer verschanzten sich im Palast der Generalitat, der mit Maschinengewehren verstärkt worden war, und versuchten, die Situation auszuhalten und auf Verstärkung zu warten. Josep Dencàs richtete einen allgemeinen Appell an die Bevölkerung und wandte sich über Radio Barcelona insbesondere an die Rabbassaires, doch die von ihm angeforderte Hilfe kam nie an. Um vier Uhr morgens wurde der Flugplatz der Generalitat von republiktreuen Kräften besetzt. Den größten Widerstand leisteten das Centro Autonomista de Dependientes de Comercio und die Comandancia General de Somatenes, wo Artillerie eingesetzt wurde, um die Aufständischen zurückzudrängen. Kurz nach 6 Uhr morgens am 7. Oktober beschlossen Companys und die Minister, die ihn begleiteten, mit Ausnahme von Dencàs, der sich mit Geld durch die Kanalisation ins Ausland retten konnte, angesichts der Tatsache, dass die Bevölkerung nicht hinter ihnen stand, zu kapitulieren. Der Präsident der Generalitat wandte sich an die Katalanen und verkündete ihre Kapitulation. Bei den Zusammenstößen in Barcelona wurden sechsundvierzig Menschen getötet und 117 verwundet.

Infolgedessen wurde die Autonomie ausgesetzt. Die Einsprüche von Francesc Cambó, der argumentierte, dass nicht das gesamte katalanische Volk gegen das Statut verstoßen habe, sondern die Esquerra Republicana, blieben erfolglos. Cambó wiederholte, dass man der Lliga zutrauen könne, die katalanischen Befugnisse loyal zu verwalten, und erinnerte an die Feindschaft zwischen den beiden Parteien mit folgenden Worten: „Drei Jahre lang haben sie uns gedemütigt und beleidigt. Als die Polizei die Papiere von Herrn Dencàs untersuchte, fand man eine Liste, auf der achtundzwanzig Personen standen, die im Falle eines Sieges der Rebellion erschossen werden sollten. Ich war einer von ihnen. Diese Enthüllungen von Cambó verdeutlichen zweifellos den totalitären Charakter der Putschisten.

Blutiger Staatsstreich und Bürgerkrieg in Asturien

Weitaus katastrophaler war die Revolution, die gleichzeitig in Asturien ausbrach, wo ein von organisierter Staatsstreich von Sozialisten, Kommunisten und Anarchisten in einen zweiwöchigen Bürgerkrieg mündete. Der Generalstreik der UGT wurde am 6. Mai in ganz Spanien fortgesetzt. Während in Madrid auf den Straßen gekämpft wurde, bereiteten sich die Bergarbeiter in Asturien auf die Einnahme von Oviedo vor. Das Hauptquartier der Oktoberrevolution befand sich in Madrid, wo Largo Caballero die Operationen leitete. Die Ausgänge und Eingänge der Hauptstadt wurden streng kontrolliert, und die erwarteten Waffen konnten nicht eintreffen. Viele von ihnen waren bereits Wochen zuvor entdeckt und beschlagnahmt worden. Es gab Pläne, das Innenministerium in die Luft zu sprengen und auch das Regierungspräsidium und andere Machtzentren zu übernehmen, aber der Aufstand in Madrid scheiterte. Auch in den Provinzen wurden die Ziele nicht erreicht, obwohl es in einigen Provinzen zu schweren Kämpfen kam. In Kantabrien zum Beispiel dauerte der Streik der Aufständischen bis zum 16. Es kam zu schweren Zusammenstößen mit elf Toten in der Region. Im Norden von Kastilien-León kam es in den Bergbaugebieten zu heftigen Kämpfen, bei denen auch Artillerie eingesetzt wurde. Nach Asturien und Katalonien war der Oktoberaufstand im Baskenland am heftigsten. Dort dauerte der Aufstand eine Woche und forderte 40 Opfer, die meisten von ihnen unter den Aufständischen. Am 5. Oktober wurden der Industrielle Dagoberto Rezusta und der traditionalistische Abgeordnete Marcelino Oreja Elósegui in Eibar ermordet, Verbrechen, die große Empörung auslösten. Am selben Tag wurde auch Carlos Larrañaga, ein bekannter Karlist, in Mondragón ermordet.

In Asturien nahmen die Aktionen ein solches Ausmaß an, dass man von einem Bürgerkrieg sprechen muss. Gerald Brenan betrachtet die asturische Revolution als die erste Schlacht des Bürgerkriegs. „Die Oktoberrevolution, das habe ich schon oft gesagt und geschrieben, beendete die Republik". Diese Worte, die Claudio Sánchez Albornoz, einer der großen spanischen Historiker und Präsident der Exilregierung der Republik zwischen 1962 und 1971, in *meinem historisch-politischen Testament* niedergeschrieben hat, erlauben es uns, die historische Bedeutung des revolutionären Aufstandes richtig einzuschätzen. Seit 1912 waren die Bergarbeiter in Oviedo, Gijón und den umliegenden Städten in der UGT und der CNT organisiert. Sie waren gut organisiert: Sie hatten ihre eigenen Zeitungen und Genossenschaften sowie andere Freizeitvereine. In Gijón und La Felguera mit seiner bedeutenden Eisengießerei dominierte die CNT, während in Oviedo und Sama die Sozialisten der UGT in der Mehrheit waren. Den Kommunisten gelang es, eine der CNT-Gewerkschaften zu erobern und sich auch in Asturien zu etablieren. Als Largo Caballero die Alianza Obrera gründete, schloss sich die asturische CNT, anders als in Katalonien und anderen Regionen, dieser an. Außerdem ermutigte die Komintern die Kommunistische Partei Spaniens, sich mit anderen Parteien zu verbünden, um eine Einheitsfront zu bilden. All dies trug dazu bei, dass die Alianza Obrera in Asturien zur Frente Único wurde, dem Prototyp der Volksfront.

Nach Brenans Angaben beteiligten sich in ganz Asturien etwa 70.000 Arbeiter auf die eine oder andere Weise an der Revolution, von denen 40.000

der UGT, 20.000 der CNT und 9.000 Kommunisten angehörten. In La Felguera (Gemeinde Langreo) und in den ärmsten Vierteln von Gijón wurden Experimente mit dem freiheitlichen Kommunismus durchgeführt. Der Aufstand begann am 5. Mai in Mieres, in dessen Rathaus die Sozialistische Republik ausgerufen wurde, und in Sama de Langreo, wo sozialistische Milizionäre unter dem Befehl von Belarmino Tomás am 5. Mai die Kaserne der Guardia Civil stürmten und etwa siebzig Gardisten, die sie verteidigten, getötet wurden. Von diesen Städten aus koordinierten die Anführer des Aufstandes die Aktionen. Ein Stromausfall in Oviedo in den frühen Morgenstunden des 5. Mai war das vereinbarte Signal für den Sozialisten Ramón González Peña, den Vorsitzenden des ersten Revolutionskomitees, an der Spitze der Aufständischen in die Stadt zu gehen. Da etwas schief ging und die Verdunkelung nicht stattfand, verzögerte sich die Einnahme von Oviedo. Am 6. Juni begann der bewaffnete Aufstand mit gleichzeitigen Angriffen auf einunddreißig Kasernen der Guardia Civil. Die Telefon- und Telegrafenverbindungen wurden unterbrochen und Tausende von Männern, die zu allem bereit waren, machten sich auf den Weg nach Oviedo. Auf ihrem Marsch breiteten sie sich aus und besetzten alle Städte, durch die sie kamen. In Trubia, zwölf Kilometer von der Hauptstadt entfernt, besetzten die Revolutionäre eine Waffenfabrik und beschlagnahmten dreißigtausend Gewehre, zahlreiche Maschinengewehre und einige Kanonen.

Drei Tage lang war Oviedo Schauplatz ständiger Kämpfe. Sobald die loyalistischen Truppen aus den Gebäuden, die sie schützten, vertrieben worden waren, wurden diese in Brand gesetzt. Die Banco Asturiano, das Theater von Campoamor, das Instituto de Enseñanaza Secundaria und die Universität wurden in Brand gesetzt und erlitten erhebliche Schäden. Die Universität wurde fast vollständig zerstört: Die Bibliothek, die wertvolle bibliografische Sammlungen enthielt, und das Naturkundemuseum verbrannten. Zahlreiche Gemälde und Kunstwerke gingen verloren. Die Mauern und die nüchternen Renaissance-Fassaden blieben stehen. Interessanterweise blieb die Statue des Asturiers Fernando de Valdés Salas, des berühmten Generalinquisitors von Philipp II. und Gründers der Universität, erhalten, obwohl der Kreuzgang, dem sie vorsteht, dem Erdboden gleichgemacht wurde. Auch die Kathedrale wurde schwer beschädigt: Die berühmte Heilige Kammer, ein prächtiges romanisches Werk aus dem 9. Jahrhundert, wurde gesprengt und wichtige Reliquien verschwanden. Am 9. September wurde die Stadt von den Angreifern eingenommen. Nur im Gouverneurspalast, in den sich etwa tausend Soldaten und Polizisten geflüchtet hatten, gab es noch Widerstand. Man konnte ihnen nicht helfen, denn aus den Fenstern der Privathäuser schossen Scharfschützen auf jeden, der sich näherte, um die Lage der Belagerten zu erleichtern, was zeigt, dass es, anders als in Barcelona, Unterstützung aus der Bevölkerung gab.

General Eduardo López Ochoa, der die loyalistischen Truppen in Asturien befehligte, lieferte sich mit 400 Mann eine erbitterte Schlacht bei Avilés. Nachdem der Aufstand dort unter Kontrolle war, versuchte er, nach Oviedo zu gehen, um seinen Männern zu helfen, aber die Zerstörung der Brücken und die Blockierung der Straßen durch Bäume machten es ihm unmöglich zu helfen. Die von der Regierung entsandte Verstärkung - reguläre

Soldaten und Truppen der Fremdenlegion unter dem Kommando von Oberst Yagüe - landete in der Nähe von Gijón, einer Stadt, die am 10. Januar in die Hände der Regierungstruppen fiel. López Ochoa erhielt auch andere Verstärkungen, die aus allen Himmelsrichtungen massenhaft in Asturien eintrafen. Am 12. trafen die Truppen von General López Ochoa, die von Westen her in Oviedo einmarschierten, am Rande der Stadt auf die Truppen von Yagüe. Der Kampf um die Kontrolle der asturischen Hauptstadt war heftig und die Kämpfe in den Straßen dauerten drei Tage lang an.

Es wurden drei Revolutionskomitees gebildet, die die zahlreichen Komitees, die in den verschiedenen Ortschaften gebildet worden waren, koordinierten. Das erste wurde von dem Sozialisten Ramón González Peña geleitet und setzte sich aus vier Sozialisten, zwei Anarchisten und zwei Kommunisten zusammen. González Peña sprengte am 9. Oktober die Tresore der Bank von Spanien, und als die Lage unübersichtlich wurde, flohen er und die anderen Mitglieder des Komitees und nahmen vierzehn Millionen Peseten mit, die von der Bank beschlagnahmt worden waren. Daraufhin wird ein zweites Revolutionskomitee unter dem Vorsitz von Teodomiro Menéndez, ebenfalls ein Sozialist, gebildet, obwohl die meisten seiner Mitglieder der PCE angehören. Diese Kommunisten prangerten die defätistische Haltung der Sozialisten an und gaben einen Bericht heraus, in dem sie anprangerten, dass diese sie im Stich gelassen hätten und dass sie geflohen seien, um „Millionen zu verdienen". Zu diesem Thema enthält das bereits erwähnte Werk von Juan Ordóñez Márquez die Worte von Ángel Valverde, einem radikalen Abgeordneten, der nach der Revolution zum Generalgouverneur von Asturien ernannt wurde. Während eines Banketts, das ihm seine Partei am 13. Februar 1936 gab, sagte Valverde über González Peña: „... es ist sicher, dass er von den vierzehn Millionen, die er erbeutet hatte, nur fünf Millionen an die Revolutionskomitees übergab und mit dem Rest zu fliehen versuchte, bis er von denselben Aufständischen verhaftet wurde, die das Geld, das er bei sich trug, an sich nahmen. Hinzu kommt, dass fast das gesamte von den staatlichen Kräften sichergestellte Geld den Familien der Anführer - Graciano Antuña, Amador Fernández usw. - abgenommen wurde. Noch schmutziger war das Vorgehen eines anderen Anführers, Largo Caballero, der aus Feigheit jegliche Beteiligung an der Bewegung leugnete". Das Komitee mit der kommunistischen Mehrheit hatte nur am 12. Oktober das Sagen, da die Sozialisten sofort das dritte Revolutionskomitee unter dem Vorsitz von Belarmino Tomás bildeten. Zurück in ihren Kasernen in den Bergbaugebieten von Mieres und Sama erkannten diese Führer, dass der Aufstand niedergeschlagen war, und am 18. Oktober traf sich Belarmino Tomás mit López Ochoa, um die Kapitulation zu vereinbaren, die am 19. Oktober erfolgte. Der General selbst berichtet in seinen *Memorias de un soldado (Erinnerungen eines Soldaten)* über die Einzelheiten der Vereinbarungen. Belarmino Tomás verlangte, dass „die einheimischen maurischen Truppen auf keinen Fall in die Städte eindringen durften, da sie wegen ihrer Sitten und wegen der Gerüchte, die über sie verbreitet wurden, wirklich Angst vor ihnen hatten".

Dieser General wurde von der Propaganda „der Henker von Asturien" genannt. Die Tatsache, dass er ein Freimaurer war, gab Anlass zu allerlei

Kommentaren. Ordóñez Márquez stellt in *La apostasía de las masas y la persecución religiosa en la provincia de Huelva 1931-1936* fest, dass er an der Spitze der antirevolutionären Kräfte vor dem Siebenerrat der Internationalen Freimaurervereinigung in Brüssel Rechenschaft über seine Handlungen ablegen musste, wo er wahrscheinlich verstrahlt wurde. Nach dem Sieg der Volksfront im März angeklagt und inhaftiert, wurde er wegen eines Leidens ins Militärkrankenhaus von Carabanchel verlegt. Dort wurde er von linksgerichteten Patienten und Ärzten beschimpft und bedroht. Am 3. April 1936 schrieb Teresa León, Rafaels Lebensgefährtin Alberti, in *Ayuda*, der Zeitung des Socorrro Rojo Internacional: „López Ochoa, ein skrupelloser Abenteurer, seine Grausamkeit war wohlbekannt... verantwortlich für die Jagd auf Flüchtlinge, die Vergewaltigung von Frauen, die Zerschlagung von Kindern.... Abscheuliche Gestalt... Krank in Carabanchel? Vielleicht aus Angst, von den Massen hingerichtet zu werden? Am 16. August 1936 suchten sie nach ihm, holten ihn im Schlafanzug heraus und durchlöcherten ihn auf dem Hügel von Almodovar mit Kugeln. Dann schlugen sie ihm mit einem großen Messer den Kopf ab und steckten ihn auf das Bajonett des Gewehrs einer Milizionärin. Anschließend zogen die Verbrecher im Stil der Französischen Revolution durch die Straßen Madrids und hielten den aufgespießten Kopf des Generals in die Höhe, der zu ihrem Gespött Beleidigungen und Bespuckung ausgesetzt war. Seine Ermordung wird als Racheakt der Freimaurer angesehen. Die offizielle Version der republikanischen Behörden, die nicht in der Lage waren, die Henker zu verhaften, lautete, dass er im Militärkrankenhaus von Carabanchel „an den Folgen eines alten Leidens" gestorben sei.

Die Niederlage des von den Sozialisten angeführten Staatsstreichs führte nicht zum Zusammenbruch der Linken, sondern stärkte sie dank der Kampagne, die Sozialisten und Kommunisten, unterstützt von der Freimaurerei, innerhalb und außerhalb Spaniens organisierten. Der Regierung wurde unendliche Grausamkeit bei der Unterdrückung vorgeworfen, und wie üblich wurden die abgedroschenen Anschuldigungen des inquisitorischen und intoleranten Spaniens verwendet. Juan -Simeón Vidarte bestätigt einmal mehr die Tatsachen: „Die Freimaurerei, die Zweite Internationale, die Liga für die Rechte des Menschen (eine Schöpfung der Freimaurer) informierten die Welt über die Verbrechen des spanischen Faschismus. Die sozialistischen und kommunistischen Parteien der ganzen Welt übermittelten der spanischen Regierung ihre schärfsten Proteste. Der französische sozialistische Abgeordnete Vincent Auriol organisierte zusammen mit dem Vorsitzenden der Sozialistischen Partei Belgiens, Émile Vandervelde, eine internationale Kampagne." Sowohl der Franzose Auriol als auch der Belgier Vandervelde waren Freimaurer.

Es lässt sich nicht leugnen, dass es nach den Verbrechen der Revolutionäre zu brutalen Repressionen kam. Die historische Feindschaft zwischen den Bergarbeitern und der Guardia Civil führte zu Hassausbrüchen auf beiden Seiten. Die Tatsache, dass die Guardia Civil, die in ihrer Kaserne Widerstand leistete, bei ihrer Kapitulation getötet wurde, weckte bei den Mitgliedern der Benemérita den Wunsch nach Rache. Es kam zu zahlreichen

Hinrichtungen im Schnellverfahren. Hugh Thomas prangert insbesondere die Methoden von Lisardo Doval Bravo an, einem Offizier der Guardia Civil, der vom Kriegsministerium zum Beauftragten für die öffentliche Ordnung in den Provinzen Asturien und León ernannt wurde. Seine Aufgabe war die „Verfolgung der für die Verbrechen des Aufstandes verantwortlichen Elemente". Die Regierung erlaubte, dass seine Handlungen außerhalb der gerichtlichen Kontrolle blieben, da er ein Dokument erhielt, das ihm die notwendige Autonomie und besondere Zuständigkeit gewährte, damit er seine Aufgaben ungehindert ausführen konnte. Anfang Dezember wurde er entlassen, nicht weil er seine Befugnisse überschritten hatte, sondern weil er Kopien der Befehle gezeigt hatte, die er den monarchistischen Führern gegeben hatte, um sich von der Repression zurückzuhalten.

In *The Spanish Holocaust* berichtet Paul Preston über ein Gespräch zwischen General López Ochoa und dem Sozialisten Juan-Simeón Vidarte, zwei Freimaurerbrüdern, in dem ersterer erklärt, dass er die Erschießung von Legionären anordnete, die Gefangene, über die sie wütend waren, enthaupteten und erhängten, was zu einer Auseinandersetzung mit Oberst Yagüe führte. In demselben von Paul Preston wiedergegebenen Gespräch erklärt López Ochoa, dass er die Erschießung von sechs geplünderten, vergewaltigten und ermordeten Mauren anordnete, was ihm Probleme mit dem Kriegsminister einbrachte, der ihn um Erklärungen bat: „Wie können Sie es wagen, jemanden zu erschießen, ohne einen Kriegsrat zu bilden?" Darauf antwortete er: „Ich habe sie demselben Kriegsgericht unterworfen, dem sie ihre Opfer unterworfen haben." Vielleicht besteht der Unterschied zwischen der einen und der anderen Brutalität darin, dass die Behörden normalerweise diejenigen ausfindig machten oder verfolgten, die zuvor Verbrechen begangen hatten.

Dann gab es die absolut grundlose antiklerikale Gewalt, die immer wieder in den Aktionen der Revolutionäre auftauchte, bis sie in der unsäglichen Orgie von Blutvergießen und Hass während des Bürgerkriegs endete. Von den ersten Tagen des Aufstands in Asturien an wurden alle Arten von Ordensleuten grundlos getötet: Die Priester von Rebollada und Valdecuna wurden am 5. Januar durch Schüsse getötet. Am selben Tag töteten die Revolutionäre in Mieres zwei Studenten und zwei Novizen der Passionisten. Auch ein Pfarrer wurde am 5. Mai in Mieres ermordet. Ein weiterer Pfarrer in Mieres, der Pfarrer von San Esteban, wurde verhaftet und am 6. erschossen. Am selben Tag wurde in Mieres das Kloster der Passionisten angegriffen und in Brand gesteckt, wobei zwei von ihnen durch die Hand der Milizionäre starben. Die Verbrechen in Mieres waren noch nicht zu Ende, denn am 7. wurde das Kloster Santo Domingo, das am Vortag besetzt worden war, in Brand gesteckt. Sechs Seminaristen, die vor dem Feuer geflohen waren und sich versteckt hielten, wurden entdeckt und erschossen. Am 8. wurden sechs entführte Mönche in Turón getötet. Am selben Tag töteten die Milizionäre den Generalvikar, Juan Puertas, und den Kammersekretär des Bistums, Aurelio Gago. In Santullano wurden am 8. Mai ein Jesuit und ein weiterer Ordensbruder ermordet. Die Liste am 9. beginnt mit den so genannten Märtyrern von Turón, der wichtigsten kommunistischen Hochburg in Asturien, wo die auf der Diktatur des Proletariats beruhende

Arbeiter- und Bauernrepublik ausgerufen wurde. Dort wurden neun Priester von La Salle neben dem Friedhof erschossen, und ein weiterer Passionist starb mit ihnen. Weitere Opfer am 9. Mai waren der Pfarrer von Santa María la Real und drei weitere Ordensleute in Santullano, darunter ein Jesuit. Am 10. wurde der Pfarrer von Olloniego ermordet. Am 12. wurde der Obere des Karmeliterklosters in Oviedo erschossen. Insgesamt starben in Asturien vierunddreißig Priester und Ordensleute, zu denen jedoch noch diejenigen hinzukommen, die während des Oktoberaufstands anderswo getötet wurden. In der Provinz Palencia wurde am 6. Oktober ein Maristenbruder in Barruelo erstochen; in Muñecas wurde der Gemeindepfarrer getötet. Alle diese Ordensleute sind identifiziert worden, aber ihre Namen wurden zurückgehalten, um den Leser nicht zu ermüden.

Die Zahl der Opfer des Staatsstreichs und des anschließenden Krieges war landesweit sehr hoch. Monate später gab die Regierung die offiziellen Zahlen für Asturien bekannt, die von verschiedenen Historikern revidiert und leicht verändert wurden. Die Zahlen lauten wie folgt: 1.335 Menschen verloren ihr Leben, davon 1.051 Zivilisten, 100 Offiziere und Angehörige der Guardia Civil, 98 Soldaten und 86 Polizisten. Die Zahl der Verwundeten belief sich auf 2.961, zwei Drittel davon waren Zivilisten. 730 öffentliche und private Gebäude wurden zerstört oder schwer beschädigt, dazu kommen noch 58 Kirchen und 58 Brücken. Die erbeuteten Waffen lassen sich wie folgt beziffern: 89.354 Gewehre, 33.211 Revolver, 41 Kanonen, 10.824 kg Dynamit, 31.345 Bomben, 97.322 Patronen, 50.585 Dynamitpatronen, 255.375 Revolverpatronen. Die Zahl von dreißigtausend Gefangenen gibt einen guten Eindruck von der massiven Unterstützung des Aufstandes. Die Gefängnisse waren überfüllt, und da es unmöglich war, so viele Gefangene unterzubringen, wurden Internierungslager errichtet.

Zum Abschluss dieser ruchlosen Episode in der Geschichte der Zweiten Republik erteilen wir dem Republikaner Salvador de Madariaga das Wort, dessen Worte, die er in seinem Werk *España. Ensayo de historia contemporánea niedergeschrieben sind*, in vollem Umfang zustimmen:

> „Der Aufstand von 1934 ist unverzeihlich. Die Entscheidung des Präsidenten, die CEDA an die Macht zu rufen, war unanfechtbar, unvermeidlich und sogar längst überfällig. Das Argument, José Mª Gil Robles habe versucht, die Verfassung zu zerstören, um den Faschismus zu etablieren, war sowohl heuchlerisch als auch falsch. Heuchlerisch, weil jeder wusste, dass die Sozialisten von Largo Caballero die anderen in eine Rebellion gegen die Verfassung von 1931 hineinzogen, ohne Rücksicht darauf, was Gil Robles tat oder nicht tat; und andererseits ist es offensichtlich, dass Präsident Companys und die gesamte Generalitat ebenfalls gegen die Verfassung verstießen. Mit welchem Glauben sollen wir diejenigen als heldenhafte Verteidiger der Republik von 1931 gegen ihre mehr oder weniger illusorischen Feinde auf der Rechten akzeptieren, die sie zerstörten, um sie zu verteidigen? (...) Mit der Rebellion von 1934 verlor die spanische Linke auch nur den Schatten einer moralischen Autorität, um die Rebellion von 1936 zu verurteilen".

Von Krise zu Krise zur Volksfront

Es ist unbestreitbar, dass die PSOE und die ERC versucht hatten, die Macht durch einen Staatsstreich und unter Ausnutzung der Massen zu übernehmen. Man könnte argumentieren, dass nicht alle Sozialisten die Strategie von Largo Caballero teilten, was auch stimmt. Indalecio Prieto, dessen Position eher undurchsichtig war, bekannte sich 1942 in Mexiko zu seiner Mitverantwortung: „Ich bekenne mich vor meinem Gewissen, vor der Sozialistischen Partei und vor ganz Spanien für meine Teilnahme an der revolutionären Bewegung vom Oktober schuldig". Es gab auch einen vernünftigen und legalistischen Teil in der PSOE, verkörpert durch Julián Besteiro, der seinen Genossen vorwarf, „die Arbeiter mit falscher und hasserfüllter Propaganda zu vergiften". Doch Fakten sagen mehr als Worte, und sie beweisen, dass ein Staatsstreich gegen die Republik versucht wurde, auch wenn die Beteiligten ihre Verantwortung schamlos leugnen und den Aufstand den Massen zuschreiben, die „spontan" ausgebrochen seien.

Largo Caballero, Companys, Azaña und die anderen an dem Staatsstreich beteiligten Führer wurden verhaftet. Zwei Monate lang blieb Spanien unter Kriegsrecht. Katalonien verlor vorübergehend die Befugnisse, die ihm durch das Statut verliehen worden waren. Der Winter verlief ungewöhnlich ruhig: Die Streiks gingen deutlich zurück und eine Art Erschöpfung legte sich über die Atmosphäre. Der erste der Verhafteten, der auf die Straße gesetzt wurde, war Azaña, da seine Beteiligung an der Organisation des Aufstands nicht bewiesen werden konnte. Kurz darauf wurde er erneut verhaftet, aber wieder freigelassen. Largo Caballero, der vorsichtshalber zu Hause geblieben war, während in den Straßen Madrids gekämpft wurde, wurde später ebenfalls freigesprochen. Als im Februar 1935 die Kriegsgerichte gegen Ramón González Peña und Teodomiro Menéndez zusammentraten, hatte die internationale Kampagne bereits begonnen, und französische Freimaurer-Sozialisten besuchten ihren Freimaurerbruder Alejandro Lerroux, den Präsidenten der Regierung, um ihm Tausende von in ganz Europa gesammelten Unterschriften mit der Forderung nach einer Begnadigung der Angeklagten zu überreichen. Am 16. Februar verurteilten die Militärgerichte Peña und Menéndez zum Tode, und in den folgenden Tagen erhielten siebzehn weitere Mitglieder der Revolutionskomitees die gleiche Strafe.

Am Tag vor der Verurteilung, am 15. Februar, hatte der Abgeordnete der Konservativen Republikanischen Partei, Dionisio Cano López, in den Cortes einen Gesetzentwurf eingebracht, der von zwanzig Abgeordneten, darunter Calvo Sotelo, Fuentes Pila, Sainz Rodríguez und Ramiro de Maeztu, unterstützt wurde und in dem die Regierung aufgefordert wurde, Maßnahmen zu ergreifen, um zu verhindern, dass Mitglieder der Streitkräfte der Freimaurerei angehören. Es war eine stürmische Sitzung, die Vicomte Léon de Poncins in seinem Buch *Histoire secrète de la révolution espagnole* vollständig niederschrieb. Cano López argumentierte, wenn es den Militärs schon verboten sei, einer legal gegründeten politischen Partei anzugehören, dann sollten sie erst recht nicht einem Geheimbund beitreten dürfen, dessen Richtlinien mit den Interessen des Vaterlandes, dem sie die Treue geschworen hatten, unvereinbar seien. Dieser Abgeordnete griff die Freimaurerei mutig an und beschuldigte sie, eine politische Partei und eine geheime internationale Organisation zu sein, die ihre Mitglieder durch einen Gehorsamseid bindet. Der Vorschlag wurde angenommen, aber in der Praxis wurde er durch den Sieg der Volksfront zu einem toten Buchstaben. Trotz der unbestreitbaren Relevanz des Vorschlags angesichts der Tatsache, dass viele Mitglieder des Militärs der Freimaurerei angehörten, die sie seit Beginn des 19. Jahrhunderts wie ein Magnet angezogen hatte, disqualifizierte Leandro Álvarez Rey, Professor für Zeitgeschichte an der Universität Sevilla und Autor u. a. von *Los diputados por Andalucía de la Segunda República 1931-1939*, diejenigen, die der Rede von Cano López Aufmerksamkeit schenkten, und brandmarkte sie als rechtsextreme Fanatiker oder „revisionistische Pseudohistoriker".

Die PRR-Minister von Lerroux sprachen sich für die Umwandlung der Urteile aus. Die CEDA, die Agrarpartei und die Republikanische Liberaldemokratische Partei (PRLD) von Melquiades Álvarez waren dagegen und kündigten an, die Regierung nicht mehr zu unterstützen. Trotzdem empfahl Lerroux dem Präsidenten der Republik die Annullierung und löste damit die Krise aus. Alcalá Zamora wandelte die Urteile von einundzwanzig Verurteilten um, und nur zwei wurden hingerichtet: Diego Vázquez, der einen Lastwagen mit zweiunddreißig Zivilbeamten in die Luft gesprengt hatte, und Jesús Argüelles, alias „Pichalatu", der acht Zivilisten erschossen hatte. Es nützte nichts, dass „Pichalatu" vor Gericht gestand, er habe Befehle des Revolutionskomitees befolgt. Die wahren Täter der Oktoberrevolution würden bald aus den Gefängnissen entlassen werden, denn die Amnestie für alle Verhafteten war das wichtigste Versprechen der Volksfront im Wahlkampf vom Februar 1936.

Einmal mehr liefert Ordóñez Márquez wichtige Informationen über die Situation des Sozialisten González Peña im Gefängnis von Burgos. Diesem Autor zufolge war der Direktor des Gefängnisses von Burgos der Freimaurer Julián Peñalver, der von den Logen beauftragt wurde, ein „Schutzdreieck" um diesen Gefangenen, der ebenfalls Freimaurer war, zu bilden. Sobald sein Todesurteil begnadigt war, wurde González Peña bequem mit dem Auto vom Gefängnis in Chinchilla nach Burgos gebracht, da ihm das Klima in Chinchilla nicht behagte. Damals war der Polizist Mauricio Carlavilla nahe genug an ihm dran, um aus seinem Mund folgende Bemerkung zu hören: „Im Januar werde ich frei sein; ich werde über eine Regierungsbrücke unter dem Vorsitz von Portela freigelassen". Unter dem Pseudonym Mauricio Karl zitiert Carlavilla diese Worte in seinem Buch „*Technik der Komintern in Spanien*".

Präsident Alcalá Zamora schlug freundlicherweise die Bildung einer „Regierung der Konzentration und Konkordanz" vor, fand aber niemanden, der dazu in der Lage war. Nach einer Woche der Ungewissheit wurde eine originelle Lösung gefunden: „Don Ale" nahm es auf sich, eine Regierung aus dreizehn Ministern zu bilden, Mitgliedern seiner eigenen Partei, von denen keiner Mitglied des Parlaments war. Die Tatsache, dass er Minister war, berechtigte ihn zu einer lebenslangen Pension von 10.000 Peseten. Die neue Regierung hatte keine Überlebenschance, da sie in der Minderheit war und niemand bereit war, sie zu unterstützen. Alle Parteien begannen daraufhin, von Neuwahlen zu sprechen. Als die Regierung am 6. Mai 1935, kaum einen Monat nach ihrem

Amtsantritt, gestürzt wurde, sah sich Alcalá Zamora zum x-ten Mal mit der Erkenntnis konfrontiert, dass die einzige vernünftige Lösung Gil Robles war. Seit dem Scheitern des Oktoberputsches hatte die CEDA an Ansehen und Rückhalt in der Bevölkerung gewonnen, und ihre Mitgliederzahlen stiegen stetig an. Das Dilemma begann zu kursieren: „Gil Robles oder Wahlen"; einige warnten jedoch vorsorglich: „Gil Robles oder Chaos". Unbeirrt vermied es Alcalá Zamora, Gil Robles mit der Regierungsbildung zu betrauen. Sein üblicher Spaßvogel „Don Ale" übernahm den Vorsitz eines weiteren Mitte-Rechts-Kabinetts, in dem die CEDA fünf Ressorts erhielt, darunter das Kriegsressort, das an Gil Robles ging. Zu den Prioritäten dieser Regierung gehörten die Aufstellung eines Haushaltsplans, den es seit 1932 nicht mehr gegeben hatte, und eine Reform der Verfassung. Der Finanzminister, der unabhängige Joaquín Chapaprieta, kündigte an, er werde im Oktober einen ausgeglichenen Haushalt vorlegen. Ende Juli legten die Cortes eine zweimonatige Pause ein.

Im Juli desselben Jahres fand in Moskau der 7. Kongress der Kommunistischen Internationale statt, auf dem die Strategie der Einheitsfront mit der bürgerlichen Linken voll bestätigt und gefördert wurde. Wilhelm Pieck, Generalsekretär der KPD (Kommunistische Partei Deutschlands), hielt am 25. Juli im großen Saal des Palágyi, dem Gewerkschaftshaus, die Eröffnungsrede. Im Rahmen seines Berichts über die Ereignisse des Oktobers in Spanien erwähnte Pieck den Namen Largo Caballero, was mit tosendem und nicht enden wollendem Beifall quittiert wurde. Dieser deutsche Kommunist beanspruchte den Ruhm der asturischen Operation und des „Kampfes vom Oktober 1934". In der Tageszeitung *Pravda* erschien ein Artikel, in dem Largo Caballero als der spanische Lenin gepriesen wurde. Die Kommunisten in der ganzen Welt wissen, dass in Spanien ein neuer Führer des internationalen Kommunismus geboren worden ist. Der Siebte Kongress der Internationale (Komintern) beschränkt sich nicht darauf, zur Bildung einer Volksfront in Spanien aufzurufen, sondern skizziert sogar das Programm, das nach der Eroberung der Macht umgesetzt werden soll.

Gegen Ende des Sommers wurden in Spanien unaufhaltsam weitere Schritte in Richtung dieser Volksfront unternommen, die auf dem Treffen der Internationale angekündigt wurde. Im September kommt es zu einer neuen Krise: Alejandro Lerroux wird Staatsminister und übergibt den Vorsitz der Regierung an Chapaprieta, der trotz fehlender parlamentarischer Unterstützung das Amt annimmt, ohne das Finanzressort abzugeben. Diese nur achtköpfige Regierung, in der Gil Robles das Kriegsministerium behielt, wurde am 25. September gebildet und blieb bis zum 29. Oktober im Amt. Zu diesem Zeitpunkt hatte Gil Robles kein Interesse mehr an der Regierungspräsidentschaft und seine Anhänger auf der Straße kamen zu dem Schluss, dass ihr Führer keine Chance hatte, solange Alcalá Zamora Präsident der Republik war. Die zweite Regierung von Chapaprieta (dem einzigen Präsidenten des Ministerrats, der kein Freimaurer war) dauerte bis Mitte Dezember. Sein Rücktritt verstärkte das Gefühl, dass das Land auf Neuwahlen zusteuerte. Von einem Haushalt war nicht mehr die Rede. Der Präsident der Republik beginnt daraufhin mit dem Versuch, eine Regierung ohne die Unterstützung der Mehrheitspartei durchzusetzen. Am

11. Dezember rief er Gil Robles zu sich und teilte ihm mit, dass er ihn nicht mit der Regierungsbildung betrauen werde; gleichzeitig versuchte er, ihn mit der Drohung einzuschüchtern, er werde die Guardia Civil einsetzen, um jede negative Reaktion seiner Anhänger zu unterdrücken.

Als die Demoralisierung des Landes zunahm, suchte Alcalá Zamora absurderweise ein zentristisches Kabinett, das keine Unterstützung im Parlament hatte. Obwohl das Scheitern sicher war, nahm Manuel Portela Valladares, Freimaurer der Logen Fénix und Liberation von Barcelona und Großmeister des 33. Grades, die Herausforderung an und stellte am 14. Dezember seine Regierung vor. Dieser Ehrwürdige Bruder war ausgewählt worden, um die Parlamentswahlen vorzubereiten. Die Regierung dauerte genau zwei Wochen. Offenbar wurde die Farce entdeckt, und es kam zu einer Schlägerei mit Beleidigungen und Disqualifikationen zwischen dem Präsidenten und seinen Ministern, die zur Auflösung der ersten Regierung Portela führte. Am 30. Dezember wurde die zweite Regierung gebildet, die faktisch mit der Organisation der Wahlen beauftragt wurde. Zu diesem Zweck übernahm Portela Valladares auch die Leitung des Innenministeriums. Der Präsident der Republik löste die Cortes auf und berief für den 16. Februar 1936 allgemeine Wahlen ein.

Alcalá Zamora und Portela Valladares haben die Niederlage der Rechten und den Triumph der Volksfront durch eine selbstmörderische Strategie herbeigeführt, von der man nicht glauben kann, dass sie unbeabsichtigt war. Portela, Regierungspräsident und Innenminister, schuf aus dem Nichts die Partei des Demokratischen Zentrums, auch bekannt als Nationale Republikanische Zentrumspartei. Die Finanzierung eines zweiten Kandidaten derselben Partei, um die Stimmen zu spalten und den Sieg des Gegenkandidaten zu erleichtern, war, wie wir gesehen haben, die bevorzugte Strategie der jüdischen Lobby in den Vereinigten Staaten.. Bei den Wahlen von 1936 konnte die bürgerliche, gemäßigte und offizielle Partei von Portela nur Stimmen von der Rechten abziehen, da die wenigen Stimmen, die sie erhielt, immer von den rechten Parteien abgezogen wurden. Das Manöver von Portela begünstigte ganz offensichtlich die Volksfront, da das Wahlsystem eine Prämie von 80% für die Mehrheitskandidatur vorsah. Mit anderen Worten: Die Liste, die eine Stimme mehr erhielt, bekam acht Abgeordnete, während die Liste, die eine Stimme weniger erhielt, nur zwei Abgeordnete bekam. Es war also die beste Methode, um der Rechten Stimmen zu entziehen. Auf diese Weise haben die von der Partei Portelas erhaltenen Stimmen in mehreren Provinzen die Mehrheit zugunsten der Kandidaten der Volksfront entschieden und deren absoluten Triumph ermöglicht. Es ist unvernünftig zu glauben, dass Portela Valladares und Alcalá Zamora so dumm waren, die katastrophalen Folgen ihres Manövers zu übersehen. Deshalb beschuldigen einige Historiker den Großmeister Portela Valladares, er habe übergeordneten Befehlen gehorcht und die Niederlage der rechten Parteien organisiert.

TEIL 4
VOLKSFRONT, REVOLUTION UND BÜRGERKRIEG

Das Wahlergebnis war sehr knapp. Im Februar wurden 265 Sitze der Volksfront zugesprochen, die 47,03% der Stimmen erhielt, und 185 Sitze der Rechten, die 46,48% der Stimmen erhielt. Im Mai wurde dann nach Revisionen und Wiederholungen das endgültige Ergebnis bekannt gegeben, demzufolge die Volksfront 285 Sitze hinzugewann, während der rechte Flügel 166 Sitze erhielt. Die Nationale Republikanische Zentrumspartei von Portela Valladares gewann schließlich 17 Sitze. Die Wahlbeteiligung lag bei 13.553.710 Personen, von denen 9.864.783 (72,9%) an den Wahlen teilnahmen. Die Parteien mit den meisten Sitzen in der Volksfront waren die Sozialisten mit 99 Sitzen, die Republikanische Linke von Azaña mit 87 Sitzen und die Republikanische Union von Martínez Barrio mit 37 Sitzen. Die Kommunistische Partei stieg dank ihrer Beteiligung an der Koalition von 1 Abgeordneten im Jahr 1933 auf 17 im Jahr 1936. Die am stärksten vertretenen Parteien der Rechten waren die CEDA mit 88 Abgeordneten, die Renovación Española von Calvo Sotelo mit 12 Sitzen und die Comunión Tradicionalista von Manuel Fal Conde mit 9 Sitzen. Wie man sieht, errang die Frente Popular mit praktisch der gleichen Stimmenzahl einen überwältigenden Sieg und verdoppelte fast die Anzahl der Sitze ihrer Gegner. Den endgültigen Ausschlag für die Niederlage der Rechten gab die von Indalecio Prieto geleitete Wahlprüfungskommission, deren Manipulationen dazu führten, dass dreißig gewählte Kandidaten der Rechten ihre Sitze nicht bekamen. In seinen *Memoiren* schrieb Alcalá Zamora: „In der parlamentarischen Geschichte Spaniens gibt es keine Erinnerung an etwas, das mit der Protokollkommission von 1936 vergleichbar wäre".

Obwohl weder die FAI noch die CNT in der Volksfront vertreten waren, stimmte die Mehrheit der Anarchosyndikalisten für sie, was entscheidend war. Der Grund, warum sich die Anarchisten nicht wie bei den Wahlen von 1933 der Stimme enthielten, war das Versprechen einer Amnestie, das die Hauptpropaganda der Volksfront gewesen war. Die Wahlen verliefen normal, aber nach den Wahlen begann der Druck auf der Straße, und von Anfang an kam es zu einer revolutionären Situation. Vor dem Gefängnis von Modelo bildeten sich Gruppen, die mit erhobenen Fäusten den Sieg der Volksfront verkündeten. In den frühen Morgenstunden des 17. erfuhr der Innenminister, dass die Agitatoren in den Provinzen die randalierenden Massen anführten, die die Straßen beherrschten und versuchten, die Gefängnisse zu stürmen, um die Gefangenen zu befreien. Vielerorts wurden die Gefängnisse geöffnet, ohne dass die örtlichen Behörden etwas dagegen unternahmen, und Tausende von Gefangenen gingen in ganz Spanien auf die Straße. In Valencia zum Beispiel stürmte ein CNT-Mob das Gefängnis, um die 1934 Verurteilten zu befreien. In den frühen Morgenstunden desselben Tages kamen Berichte über brennende Kirchen und Klöster in Städten wie Murcia, Malaga, Sevilla, Córdoba, Cádiz und Cáceres herein. In Elche wurden die drei Kirchen der Stadt und das Kloster der Klarissinnen an aufeinander folgenden Tagen zerstört. In Alicante schlug der

Bürgermeister, ein Verrückter, vor: „Lasst am 16. weder die Nonnen noch die Beatas wählen; wenn ihr jemanden seht, der eine rechte Kandidatur in der Hand hält, schlagt ihm die Hand ab, schlagt sie ihm ins Gesicht und lasst ihn sie essen". Am Nachmittag des 20. Januar setzte der Mob die Kirchen Santa María und Nuestra Señora de la Misericordia, das Kloster der Schwestern des Blutes, das Asyl Nuestra Señora del Remedio und den Sitz der Gemeinde San Luis in Brand. Drei Zeitungen: *Mas*, die landwirtschaftliche Zeitung, *El Día* und *Diario de Alicante* wurden vollständig zerstört. Im gleichen Gebiet der Levante, in Yecla, wurden Kirchen in Brand gesetzt und ihre Ausstattungen geschändet.

Die Eile, mit der der Innenminister und Regierungspräsident Portela Valladares seine Ämter verließ, als ihm Berichte über schwere Unruhen, darunter Angriffe auf einige Audiencias und Deputationen sowie der Diebstahl von Wahlunterlagen, vorlagen, ist unverständlich. General Franco, der von Gil Robles zum Stabschef ernannt worden war, stand in den frühen Morgenstunden des 17. Februar in Kontakt mit dem Generalinspekteur der Guardia Civil, dem Freimaurer General Sebastián Pozas Perea, den er bat, die Ausrufung des Kriegszustands zu erwägen, um eine Eskalation der Unruhen zu verhindern. Angesichts der Gleichgültigkeit von Pozas weckte Franco sogar den Kriegsminister, General Nicolás Molero Lobo, der ebenfalls Freimaurer war, und bat ihn, dem Präsidenten des Rates die Ausrufung des Kriegszustands vorzuschlagen. Um zehn Uhr morgens trat der Ministerrat zusammen und General Molero stellte den Vorschlag vor. Portela Valladares stimmte zunächst zu, doch Alcalá Zamora forderte ihn schließlich auf, die Maßnahme zu widerrufen. Einige Historiker sind der Meinung, dass Franco und Gil Robles mit diesen Bitten in Wirklichkeit einen Staatsstreich anstrebten. Als Spanien bereits in die Tragödie des Bürgerkriegs verwickelt war, gab Alcalá Zamora am 17. Februar 1936 öffentlich zu, was er abgelehnt hatte. In einem Artikel mit dem Titel „Les débuts du Front Populaire", der am 17. Januar 1937 im *Journal de Géneve* veröffentlicht wurde, schrieb er Folgendes:

> „Seit dem 17. Februar und sogar seit der Nacht des 16. Februar hat die Volksfront, ohne das Ende der Auszählung der Stimmen und die Verkündung der Ergebnisse abzuwarten, die am Donnerstag, dem 20. Februar, vor den Volkszählungsausschüssen der Provinzen hätte stattfinden sollen, die Offensive der Unruhen auf den Straßen entfesselt: Sie hat mit Gewalt die Macht übernommen. Einige Zivilgouverneure traten zurück. Auf Betreiben unverantwortlicher Führer beschlagnahmt der Mob die Wahlunterlagen; in vielen Orten könnten die Ergebnisse gefälscht worden sein".

Es ist schwer zu verstehen, wie ein ziviler Gouverneur im Moment der größten Verantwortung zurücktreten und seinen Posten verlassen konnte. Wenn man jedoch bedenkt, dass der Innenminister selbst mit gutem Beispiel vorangegangen ist und das Schiff inmitten eines Sturms verlassen hat, kann man die Dinge ein wenig besser verstehen:. Josep Pla, der katalanische Schriftsteller und Journalist, der von *La Veu de Catalunya*, dem Organ von Cambós Lliga, nach Madrid entsandt wurde, war von 1931 bis 1936 der beste Chronist des Lebens der Republik. In der *Historia de la Segunda República española*, einem

Werk von fast zweitausend Seiten in vier Bänden, schätzt er die Ereignisse am Tag nach den Wahlen wie folgt ein: „Man hat gesagt, der 17. Februar sei der 14. April. Das ist nicht ganz richtig. Der 17. Februar war ein 14. April, der durch die Wiederholung des 11. Mai noch verschlimmert wurde". Wie wir wissen, wurden am 11. Mai in ganz Spanien mehr als zweihundert religiöse Gebäude niedergebrannt.

Am 18. brachen heftige Unruhen aus, und in vielen Provinzen kam es zu Überfällen, Plünderungen und Brandstiftungen. Angesichts der Schwere der Ereignisse suchte General Franco den Regierungspräsidenten im Hotel Palace auf, wo er sich aufhielt, und forderte ihn auf, dringend Maßnahmen zu ergreifen, um die Situation in den Griff zu bekommen; dieser antwortete jedoch, dass ihm die Energie fehle und er an einen sofortigen Rücktritt denke. Noch am selben Tag begab sich Calvo Sotelo in Begleitung von Joaquín Bau zum Hotel und forderte den Regierungspräsidenten auf, die Macht nicht aus der Hand zu geben, sondern die geeigneten gesetzlichen Ausnahmemaßnahmen zu ergreifen. Am 19. rief Portela Valladares General Franco an, um zu bestätigen, dass er nicht mehr Präsident der Regierung sei.

Die Übergabezeremonie fand am 19. Februar statt, noch bevor die Provinzialverwaltungen die Wahlergebnisse bestätigt hatten. Der Generaldirektor der Polizei, der Freimaurer General Miguel Núñez de Prado, nahm an der Zeremonie teil. Seinem Kommentar zufolge „sah es aus wie eine freimaurerische Zeremonie". Núñez del Prado kannte die Protagonisten gut: Portela Valladares, der Großmeister der Großloge, übergab das Amt an seinen Nachfolger, den Freimaurer Azaña, vor dem Großmeister des spanischen Großorient und künftigen Präsidenten der Cortes, Martínez Barrio. Als Augenzeugen waren zwei freimaurerische Generäle, Núñez de Prado selbst und der Generalinspektor der Guardia Civil, Pozas Perea, anwesend. In der ersten Regierung der Volksfront, die von Azaña in aller Eile und ohne Beteiligung der Sozialisten gebildet wurde, gab es sieben weitere Freimaurer-Minister. „Die Regierung schien unter unserer Schirmherrschaft geboren worden zu sein", schreibt Juan -Simeón Vidarte in *Todos fuimos culpables.*

Die erste Maßnahme von Azaña war die Unterzeichnung des Amnestiedekrets. Präsident Companys und sechs seiner Minister kehrten unter dem Geruch der Menschenmenge nach Barcelona zurück. Das katalanische Parlament bestätigte als erstes das Anbaugesetz. Trotz des guten Willens der Regierung begannen am 19. Dezember im ganzen Land Streiks, bei denen die Wiedereinstellung der Verurteilten und Entlassenen, die Auszahlung der Löhne an alle in den letzten zwei Jahren verhafteten Arbeiter und Lohnerhöhungen gefordert wurden. Zusätzlich zu diesen betrieblichen Streiks wurden weitere allgemeine, regionale oder lokale Streiks mit politischem oder solidarischem Charakter ausgerufen. Die Situation hat sich sofort verschlechtert. Die Arbeitgeber reagierten in vielen Fällen mit der Schließung der Betriebe. Auch auf dem Land wurde die Situation revolutionär, denn ab Ende Februar begannen die Bauern in Extremadura, Andalusien und Kastilien Höfe zu besetzen, denn nicht umsonst hatte die Volksfront ihnen Land versprochen. Ende März wurde ein Dekret veröffentlicht, das das Agrarinstitut ermächtigte, die Landverteilung schneller voranzutreiben. Auf der anderen Seite waren die ersten Ziele der Volksgewalt wie immer die religiösen Zentren. In Madrid wurden die Kirchen San Ignacio und San Luis sowie die Büros von *La Nación in Brand gesteckt.* In Logroño wurden zwei Kirchen und vier Klöster in Brand gesteckt. Zu der antiklerikalen Gewalt gesellte sich bald eine Welle von Attentaten auf Politiker und Geschäftsleute.

Die Politik der Volksfront war in den Beschlüssen des Siebten Weltkongresses der Kommunistischen Internationale offiziell angenommen worden, und so hatte die PCE ihre Strategie methodisch entwickelt, die es ihr ermöglichen sollte, von dreißigtausend Mitgliedern am Vorabend des Bürgerkriegs auf zweihunderttausend zu Beginn des Jahres 1937 zu wachsen. Die Pasionaria, Dolores Ibárruri, hatte bereits Ende 1933, wie im 13. Bericht des Plenums des Exekutivkomitees der Kommunistischen Internationale festgehalten, erklärt: „Unsere Aufgabe ist es, die Mehrheit des Proletariats anzuziehen und es auf die Machtergreifung vorzubereiten. Das bedeutet, dass wir unsere Anstrengungen auf die Organisierung von Arbeiter- und Bauernkomitees und die Schaffung von Sowjets konzentrieren müssen...... Die Entwicklung der revolutionären Bewegung ist äußerst günstig. Wir schreiten auf dem Weg voran, der uns von der Kommunistischen Internationale aufgezeigt wurde und der zur Errichtung einer Räteregierung in Spanien, einer Arbeiter- und Bauernregierung, führt." Die Arbeit der Infiltration ihrer Zellen in die Arbeiterorganisationen und Gewerkschaften war unerlässlich.

Eine Schlüsselfigur sollte Julio Álvarez del Vayo sein, der im April 1936 aus Russland zurückgekehrt war. Álvarez del Vayo blieb zwar Mitglied der Sozialistischen Partei, war aber bereit, sich der Führung der Kommunisten anzuschließen. Er war es, der Largo Caballero überredete, dem Zusammenschluss der Sozialistischen Jugend mit der Kommunistischen Jugend zuzustimmen, der unmittelbar nach Beginn des Bürgerkriegs stattfand. Die Vereinigte Sozialistische Jugend (JSU), deren Sekretär Santiago Carrillo war, trat der Kommunistischen Partei geschlossen bei. Führende Persönlichkeiten wie Largo Caballero, La Pasionaria und Álvarez del Vayo, die wohl wussten, was in Russland vor sich ging, bestanden darauf, das sowjetische Modell als universelles Allheilmittel für alle Übel zu propagieren. Andererseits überschwemmte die Propaganda die Buchhandlungen, in denen Lenin-Übersetzungen und Bücher oder Pamphlete, die die Vorzüge des Lebens im kommunistischen Paradies anpriesen, in Hülle und Fülle vorhanden waren. Leider waren sich die spanischen Arbeiter nicht bewusst, dass Terror, Plünderung, Hunger und Ungerechtigkeit das Ergebnis der Diktatur waren, die dem russischen Volk von ausländischen Agenten aufgezwungen wurde.

Am 7. April kam es nach der Eröffnung der Cortes zu einem beunruhigenden Ereignis: die Absetzung von Alcalá Zamora als Präsident der Republik, obwohl seine Amtszeit 1937 auslaufen sollte. Don Niceto, „el Botas", erhielt nur die Unterstützung von fünf der 473 Abgeordneten, die die Kammer bildeten. Kurzum, es geschah Folgendes: Die Verfassung sah vor, dass der Präsident zurücktreten musste, wenn er die Cortes zweimal auflöste. Alcalá Zamora war sich sicher, dass die Auflösung der verfassungsgebenden

Versammlung nicht zählte, da sie vor seinem Amtsantritt gewählt worden war. In der Tat hatten Martínez Barrio, Largo Caballero und Azaña selbst dies in Erklärungen und Schriften angedeutet. Alcalá Zamora war überzeugt, dass seine Tage als Präsident der Republik im Falle eines Sieges der Rechten gezählt waren; er war jedoch zuversichtlich, dass die Republikaner und Sozialisten die zweite Auflösung als notwendig und richtig erachten würden, zumal sie dadurch die Macht zurückgewonnen hatten, und ihm daher erlauben würden, seine Amtszeit zu beenden. Er hat sich geirrt: Er wurde für schuldig befunden, die Cortes unnötig aufgelöst zu haben, und wurde verfassungsgemäß entlassen. Auf diese Weise dankte ihm die Linke für sein politisches Manöver. Die Rechte, die ihn verabscheute, enthielt sich natürlich der Stimme. Die Suche nach einem Nachfolger begann sofort, und zur allgemeinen Überraschung ließ Manuel Azaña seinen Namen vorschlagen. In einer Zeit, in der es den republikanischen Parteien an angesehenen Persönlichkeiten fehlte, die in der Lage waren, die entstandene Situation zu meistern, war Azaña bereit, seine Verantwortung als Führer der Volksfront und als Regierungspräsident aufzugeben.

Vor dem Ausbruch des Bürgerkriegs zeigte der so genannte „tragische Frühling", dass der Hass zwischen den Spaniern unerträgliche Ausmaße angenommen hatte: Morde auf den Straßen waren an der Tagesordnung und die Atmosphäre im Abgeordnetenhaus war unerträglich. Die Sitzung vom 15. April 1936, in der Azaña die Vertrauensfrage für die zweite Regierung der Volksfront stellte, die bis zum 10. Mai, dem Tag, an dem Azaña Präsident der Republik wurde, andauern sollte, ist in die Parlamentsgeschichte eingegangen. Azaña sagte in seiner Rede, dass er ruhig sei, dass er die Ruhe verkörpere. José Calvo Sotelo entgegnete, von Ruhe zu sprechen, wenn es keine Sicherheit für das Leben der Menschen gebe, zeuge von Nachlässigkeit. „Wenn ein Staat nicht in der Lage ist, die Ordnung, den Frieden und die Rechte aller Bürger zu garantieren", sagte Calvo Sotelo, „dann sollen die Vertreter dieses Staates zurücktreten!" Hier ist ein wichtiger Abschnitt seiner Rede aus *dem Diario de Sesiones de Cortes* wiedergegeben:

> „Wir schauen auf Russland und Ungarn, wir lesen und betrachten die Seiten ihrer jüngsten Geschichte, und da wir wissen, dass dies eine Tragödie war, kurz für Ungarn, dauerhaft für Russland, wollen wir, dass diese Tragödie in Spanien vermieden wird, und wir sagen der Regierung, dass diese Aufgabe in ihrer Verantwortung liegt, und dass es ihr, um sie zu erfüllen, sicherlich weder an den Stimmen noch an der Meinung der hier Anwesenden fehlen wird. Ah, aber wenn die Regierung Schwäche zeigt, wenn sie zögert.... müssen wir hier aufstehen und rufen, dass wir bereit sind, uns ihr mit allen Mitteln zu widersetzen, indem wir sagen, dass das Beispiel der Ausrottung, die tragische Zerstörung, die die konservativen und bürgerlichen Klassen Russlands erlebt haben, sich in Spanien nicht wiederholen wird."

Inmitten von Beleidigungen und Drohungen, die von Martínez Barrio, dem Präsidenten des Kongresses, geduldet wurden, setzte Calvo Sotelo seine lebhafte Rede fort, in der er Zahlen darüber nannte, was in Spanien in den anderthalb Monaten bis zum 2. April geschehen war. Als er die Zahl von 345 Verwundeten und 74 Toten nannte, wurde er von Dolores Ibárruri, La

Pasionaria, unterbrochen, die ihn fragte: „Wie viel Geld hatten Sie, um die Attentäter zu bezahlen?" Daraufhin fügte Margarita Nelken, eine in Deutschland geborene Jüdin, die für ihre Gewaltaufrufe bekannt ist, hinzu: „Wir werden alle diejenigen hierher bringen, die in Asturien nutzlos geworden sind". Calvo Sotelo antwortete, er werde sagen, was er zu sagen habe, solange die Präsidentschaft sein Recht schütze. Es kam zu weiteren Protesten und Calvo Sotelo wurde unter anderem vorgeworfen, ein Zyniker zu sein, da die von ihm angeprangerten gewalttätigen Aktionen aus den eigenen Reihen stammten.

Am 10. Mai schließlich hörte Manuel Azaña auf, Regierungspräsident zu sein und wurde zum zweiten Präsidenten der Republik. Er wurde mit überwältigender Mehrheit gewählt, obwohl der rechte Flügel mit Nein stimmte. Azaña wurde so zu einer Art hieratischem, seligem Buddha mit eisigem Lächeln, der von der Präsidentschaft der Republik aus teilnahmslos auf den Ruin Spaniens blickte. Am 10. Mai wurde eine Art Interimsregierung unter Augusto Barcia gebildet, die drei Tage andauerte, bis am 13. Mai die vierte einfarbige Regierung der Volksfront gebildet wurde, deren Präsident Santiago Casares Quiroga war. Die Sozialisten zeigten sich weiterhin unkooperativ. Was für die Uneingeweihten unerwartet kam, war für Largo Caballero nicht unerwartet, wenn man von einigen erstaunlichen Äußerungen ausgeht, die er während seiner Zeit im Gefängnis wegen seiner Beteiligung am Oktoberaufstand machte. Edward Knoblaugh, der amerikanische Korrespondent in Spanien für *Associated Press*, eine der weltweit führenden Nachrichtenagenturen, besuchte ihn in seiner Zelle, um ihn zu interviewen. Ein Auszug aus dem Interview erscheint in dem Buch *Correspondent in Spain* (1937). Knoblaugh, dessen Werk dreißig Jahre später ins Spanische übersetzt wurde, gesteht, dass er fast gelacht hätte, als Largo Caballero ihm dies erzählte:

„Wir werden mindestens zweihundertfünfundsechzig Sitze gewinnen. Die gesamte bestehende Ordnung wird sich verändern. Azaña wird für mich das sein, was Kerenski für Lenin war. In fünf Jahren wird die Republik so organisiert sein, dass es für meine Partei ein Leichtes sein wird, sie als Sprungbrett zu nutzen, um unser Ziel zu erreichen. Unser Ziel ist eine Union der Iberischen Sowjetrepubliken. Die iberische Halbinsel wird wieder ein einziges Land sein. Portugal wird sich anschließen, wir vertrauen auf den Frieden, aber wir werden Gewalt anwenden, wenn es nötig ist. Hinter diesen Gittern steht der künftige Herrscher von Spanien! Lenin erklärte, dass Spanien die zweite Sowjetrepublik Europas sein würde, und seine Prophezeiung wird sich erfüllen. Ich werde der zweite Lenin sein, der sie wahr werden lässt".

Knoblaugh fügt hinzu, dass er sich angesichts einer solch sensationellen Aussage vergewissern wollte, dass Largo Caballero sie nicht abstreiten würde. Bevor er es nach New York schickte, zeigte er ihm den Text in Anwesenheit von Máximo Fernández, einem seiner Leutnants, der fließend Englisch sprach, und „Largo billigte ihn bereitwillig". Die Schlagzeile des Interviews erschien auf der Titelseite von *La Prensa*, einer spanischsprachigen New Yorker Zeitung.

Wenige Tage vor Azañas Amtsantritt als Präsident der Republik fanden die Feierlichkeiten zum 1. Mai statt, bei denen Largo Caballero als Mann der Revolution auftrat. Er führte die Demonstration in Madrid an, bei der die

Arbeiter „Es lebe die Rote Armee!" riefen und die Bilder der rechten Führer Calvo Sotelo, Gil Robles, Antonio Goicoechea und anderer an Galgen geschleppt oder aufgehängt wurden. „Die Revolution, die wir wollen, kann nur mit Gewalt gemacht werden", verkündete Largo Caballero offen, der seit dem 6. April mit seiner Zeitung *Claridad* ein gut redigiertes Abendblatt hatte, in dem häufig der unvermeidliche Triumph des Sozialismus verkündet wurde. In seinen Artikeln und Erklärungen wiederholte Largo unermüdlich seine Slogans. Im April war in der *Claridad* die Resolution der Madrider sozialistischen Gruppe erschienen: „Das Proletariat darf sich nicht darauf beschränken, die bürgerliche Demokratie zu verteidigen, sondern muss mit allen Mitteln die Eroberung der politischen Macht sicherstellen, um von dort aus seine eigene soziale Revolution durchzuführen. In der Periode des Übergangs von der kapitalistischen Gesellschaft zur sozialistischen Gesellschaft wird die Regierungsform die Diktatur des Proletariats sein." Während der spanische Lenin sich anschickte, die republikanische Bourgeoisie zu entmachten, warf ihm der andere Sozialistenführer, Indalecio Prieto, vor, er betreibe „infantilen Revolutionismus" und sei für eine Kollaboration mit den Republikanern. Prieto hielt in Cuenca eine Rede, die von der republikanischen Zeitung *El Sol* sehr positiv aufgenommen wurde, da sie ihn für den wahren Staatsmann hielt, den die Republik brauchte; die Rede wurde jedoch auf der Stelle von der sozialistischen Jugend abgelehnt, die ihn, González Peña und Belarmino Tomás, die ihn begleiteten, bedrohte. In Ecija wurden sie von Schüssen getroffen und beinahe getötet. So war die Stimmung in Spanien.

Der Vorwurf, die Falange von José Antonio Primo de Rivera betreibe „konterrevolutionären Terrorismus", wird von marxistischen Historikern häufig erhoben. Gewiss, die Falange, die 1936 nicht ins Parlament einziehen konnte, hat ihre Reihen mit jungen Leuten aus rechten Parteien gefüllt, die, der Mäßigung ihrer Parteien überdrüssig, bereit waren, ihren marxistischen und anarchistischen Feinden auf der Straße entgegenzutreten: es war die gefährliche „Dialektik von Fäusten und Gewehren". Nun ist es unbestreitbar, dass die Straße seit April 1931 immer wieder von Brandstiftern, Schlägern und anderen revolutionären Radikalen in Beschlag genommen wurde. Stanley G. Payne klärt auf, wer und wie die Gewalt und die Morde an politischen Gegnern begannen.

In *Falange. A History of Spanish Fascism* stellt Payne fest, dass, als die erste Ausgabe von *F.E.*, der Wochenzeitung Falange, im Dezember 1933 erschien, die Sozialisten die Verkäufer bedrohten und die Publikation von den Straßen verschwand, so dass die Studenten der SEU sie unter dem Schutz von Aktivisten verkaufen mussten. Vor dieser Schikane wurde am 2. November 1933 der erste Mord begangen: ein Staatsbeamter, der Anhänger der JONS war, wurde in Daimiel erstochen. Einen Monat später wurde das Auto, in dem Ruiz de Alda, Pionier der spanischen Luftfahrt und Mitbegründer der Falange, unterwegs war, auf der Durchfahrt durch Tudela angehalten und in Brand gesetzt: Ruiz de Alda konnte sein Leben retten. Am 11. Januar 1934 wurde der junge Falangist Francisco de Paula Sampol während des Verkaufs der fünften Ausgabe der Wochenzeitung erschossen. Noch vor Ende des Monats wurden vier weitere Falangisten getötet. Am 9. Februar 1934 wurde Matías Montero, ein zwanzigjähriger Student, der zu den drei Gründern des Sindicato Español Universitario gehört hatte, fünfmal erschossen, als er nach Hause kam, nachdem er beim Verkauf von *F.E.* geholfen hatte. Francisco Tello, ein Arbeiter, der der PSOE und der Sozialistischen Jugend angehörte, wurde verhaftet, während er noch die Mordwaffe bei sich trug, und zu dreiundzwanzig Jahren Haft verurteilt; im Februar 1936 wurde er jedoch von der Volksfront amnestiert freigelassen. Keines dieser Attentate gegen die beginnende faschistische Bewegung stieß auf Gegenliebe, so dass einige der Falange den Spitznamen „Funeraria Española" und ihrem Anführer den Spitznamen „Juan Simón el Enterrador" (Juan Simon der Bestatter) gaben. Die Zeitung *ABC* schrieb, die neue Partei habe mehr Ähnlichkeit mit dem Franziskanertum als mit dem Faschismus. José Antonios einzige Reaktion auf die Ermordung seines Freundes war eine Pressemitteilung, in der er erklärte: „Die Falange Española ist keine kriminelle Organisation und hat auch nicht die Absicht, die Methoden solcher Organisationen zu kopieren, wie viel inoffizielle Unterstützung sie auch erhalten mag". Die Attentate gingen weiter und im März 1936 wurden zwei weitere Falangisten in Madrid ermordet. Im selben Monat wurde José Antonio selbst Ziel eines Anschlags: Eine Bombe wurde durch die Windschutzscheibe seines Autos im Zentrum von Madrid geworfen, die Insassen blieben jedoch unverletzt. Die Notwendigkeit, auf die Anschläge zu reagieren, wurde zu einem Aufschrei. Ein Student der SEU schrieb einen Brief an José Antonio, in dem er ihm mitteilte, dass es sich nicht lohne, sein Leben zu riskieren, wenn *F.E.* seinen intellektuellen und literarischen Ton beibehalte, um es zu verkaufen. An diesem Punkt wurden Vergeltungsmaßnahmen organisiert und die bewaffneten Falangisten traten auf den Plan.

Straffreiheit war für gewalttätige Linke, die in der Regel mit einer moralischen Hyperlegitimität ausgestattet waren, üblich gewesen. José Antonio Primo de Rivera wurde jedoch laut Verhaftungsprotokoll „als Faschist verhaftet" und am 14. März 1936 im Modelo-Gefängnis in Madrid inhaftiert. Sechs Wochen nach seiner Inhaftierung wurde eine Hausdurchsuchung durchgeführt, bei der zwei geladene Pistolen gefunden wurden. Während des Prozesses am 28. Mai erklärte José Antonio entrüstet, dass die ganze Sache eine Farce sei und dass die Pistolen absichtlich von der Polizei dort platziert worden seien. Obwohl alles nach einem abgekarteten Spiel riecht, wird José Antonio wegen illegalen Waffenbesitzes verurteilt. Am 5. Juni wurde er nach Alicante überführt, wo er am 20. November hingerichtet werden sollte. Neben José Antonio wurden auch zahlreiche Führer der Falange, der einzigen von den republikanischen Behörden hart verfolgten Partei, verhaftet. Infolge dieser Verhaftungen kam es im März vermehrt zu gewalttätigen Aktionen von Falangisten gegen republikanische und sozialistische Führer. Der erste Angriff galt dem PSOE-Abgeordneten Luis Jiménez de Asúa, der vor seinem Haus erschossen wurde: Er blieb unverletzt, aber einer seiner Leibwächter, Jesús Gisbert, wurde getötet. Am 15. März, dem Tag nach der Inhaftierung des Falangistenführers, wurde das Haus von Largo Caballero von Unbekannten beschossen. Am 7. April wurde ein Korb mit einer Bombe vor dem Haus von Eduardo Ortega y Gasset abgestellt, deren Explosion zwar keine Opfer forderte, aber das Haus beschädigte. Am 13. April wurde

Manuel Pedregal, der Richter des Obersten Gerichtshofs, der den Fall des Anschlags auf Jiménez de Asúa untersucht hatte, vor seinem Haus ermordet. Am 7. Mai wurde Hauptmann Carlos Faraudo, Ausbilder der sozialistischen Jugendmilizen, in Madrid ermordet. Sechs Personen, vermutlich Falangisten, wurden im Zusammenhang mit dem Verbrechen verhaftet.

Neben dieser Gewalt verschweigen die marxistischen Historiker auch die Morde an jungen Falangisten, die sich von März bis Juli 1936 im ganzen Land ereigneten. Da die von Calvo Sotelo im Kongress vorgelegten Zahlen der Toten und Verwundeten bis zum 2. April reichen, geben wir einige Daten nur bis zu diesem Datum an. Am 6. März wurden vier Maurer, die Mitglieder der Falange waren, in Madrid ermordet, weil sie sich dem Streik nicht angeschlossen hatten und am Abriss der alten Stierkampfarena arbeiteten. Als Vergeltung töteten die Falangisten mehrere Kommunisten, die sich in einer Taverne versammelt hatten. Am selben Tag, dem 6. Mai, wurde in Puebla de Almoradiel (Toledo) der Rechtsextremist Miguel Sepúlveda ermordet und mit einem Schuss in den Kopf getötet. Der Bürgermeister verbot seine katholische Beerdigung am nächsten Tag, und die Falangisten gingen zu seinem Haus, um die Erlaubnis zu verlangen, wurden aber beschossen. Zwei von ihnen, Ramón Perea und Tomás Villanueva, wurden getötet, sieben weitere wurden verwundet. Am selben Tag wurde ein Mitglied der SEU, das einige Tage zuvor von der Polizei angeschossen und verwundet worden war, getötet. Am 9. März starb Jesús Álvarez in Palencia: Er verteidigte sich mit einer Waffe, als er sich weigerte, von Milizionären durchsucht zu werden, und wurde von einem Wachmann getötet. Am 11. März ermordeten marxistische Bewaffnete zwei Jurastudenten in Madrid. Am folgenden Tag, dem 12. März, wiederholte sich die Aktion: Milizionäre der Sozialistischen Jugend filzten Passanten mit Gewehren und ermordeten zwei Studenten, José Olano und Enrique Valdovel, die sich als Faschisten zu erkennen gaben und als solche galten. Was am 16. in Jumilla geschah, verdient ein paar Zeilen: Ein sozialistischer Arbeiter, der mit Rechten aneinandergeraten war, wurde tot aufgefunden. Alle Personen, die als Falangisten und Rechte identifiziert wurden, wurden verhaftet. Das Gefängnis wurde von einer Menschenmenge gestürmt, die die Herausgabe der Verhafteten forderte. Zwei von ihnen wurden erstochen und ein Wärter wurde erschossen. Zwei weitere Falangisten, Pedro Cutillas und Jesús Martínez, wurden mit Macheten, die der Guardia Civil abgenommen worden waren, angegriffen, geschlagen und weggeschleppt. Am 18. gab es drei Vorfälle an drei verschiedenen Orten: In Mendavía (Navarra) erschossen Milizionäre unter Führung des Bürgermeisters zwei Falangisten und töteten Martín Martínez de Espronceda; in Boñar (León) wurde Manuel Montiel verprügelt, weil er als Falangist galt; in Mula (Murcia) wurde der Bürgermeister der Acción Popular, José Martínez, ermordet aufgefunden. Am 19. verprügelten in Ávila zwanzig Personen den jungen Falangisten Ramón Ferrer, der schwer verletzt wurde. Am selben Tag wurden in Córdoba drei weitere Falangisten von einer sozialistischen Gruppe zusammengeschlagen. Diese Liste ließe sich um weitere Morde und Gewalttaten ergänzen, die das Bild eines echten Bürgerkriegs vervollständigen würden.

Dann gab es noch die Morde unter den Revolutionären selbst. Zu den bemerkenswertesten Morden im April gehörten die der Brüder Badia. Miquel, der „capità collons", und sein Bruder Josep wurden in der Carrer Muntaner in Barcelona von Mitgliedern der FAI ermordet. Es scheint, dass die Anarchisten sie wegen ihrer Methoden an der Spitze der Generalitat-Polizei hassten. Ein weiteres paradigmatisches Beispiel ereignete sich kurz vor dem Ausbruch des Krieges. Siebzigtausend Bauarbeiter in Madrid traten in einen unbefristeten Streik, der von der CNT und der UGT gemeinsam beschlossen wurde. Die bewaffneten Streikenden zwangen die Ladenbesitzer, sie zu bedienen, besetzten Restaurants und aßen, ohne zu bezahlen. Die Sozialistin Clara Campoamor beschreibt diese Ereignisse in ihrem Buch *La revolución española vista por una republicana (Die spanische Revolution aus der Sicht einer Republikanerin)* folgendermaßen:

> „Von Mitte Mai bis zum Ausbruch des Bürgerkriegs herrschte in Madrid das reinste Chaos. Die Arbeiter aßen in Hotels, Restaurants und Cafés, weigerten sich, ihre Rechnungen zu bezahlen und bedrohten die Besitzer.... Die Ehefrauen der Arbeiter gaben ihre Bestellungen in den Lebensmittelgeschäften auf, ohne sie zu bezahlen, weil sie von einem mutigen Mann mit einem Revolver begleitet wurden. Am helllichten Tag wurden in den Außenbezirken der Stadt und sogar im Stadtzentrum kleine Geschäfte geplündert und Waren unter Androhung von Schusswaffen entwendet."

Unter den Streikenden kam es zu Unruhen, als die UGT das Schiedsverfahren des Arbeitsministers akzeptierte, während die CNT beschloss, den Streik fortzusetzen. Die Anarchisten beschuldigten die Kommunisten und Sozialisten, „Streikbrecher" zu sein. Es kam zu Revolten zwischen den beiden Seiten. Am 9. Juli wurden fünf Menschen an den Toren der Betriebe getötet, drei von der CNT und zwei von der UGT. In dieser Atmosphäre beschoss die CNT mit Maschinengewehren ein Café, das als Hauptquartier der Falange diente, und drei Falangisten wurden getötet. Der Konflikt zwischen der UGT und der CNT wiederholte sich zur gleichen Zeit in Málaga, wo die Anarchisten am 10. Juli den Kommunisten Andrés Rodríguez, den Vorsitzenden der UGT, ermordeten. Die Antwort war ein Anschlag auf Ortiz Acevedo, einen Cenetista-Führer, aber der Tote war einer seiner Söhne. Am 11. Dezember, vor der Beerdigung des Kommunisten Rodríguez, wurde der Sozialist Ramón Reina ermordet. Die Gewalt ging bis zum 15. weiter, und der Gouverneur ordnete die Schließung der beiden Arbeiterzentren an.

Die Ermordung von Calvo Sotelo

Die Ermordung von José Calvo Sotelo, dem Führer der parlamentarischen Opposition, am 13. Juli 1936 war ein skandalöser und äußerst schwerwiegender Akt, da es sich um eine Provokation handelte, hinter der die Sozialistische Partei stand. In einigen Versionen wird versucht, die Geschichte zu verfälschen und das Ereignis als Rache für die Ermordung des Leutnants José del Castillo, eines Freimaurers, der die illegalen Milizen der Sozialistischen Jugend ausbildete, am 12. Dezember zu rechtfertigen, die in Wirklichkeit nur fünf Stunden zuvor stattgefunden hatte. Dies ist eine unzulässige Interpretation. Im *Diccionario de uso del español* von María Moliner findet sich folgende Definition von vengar: „Einer Person Schaden zufügen als Antwort auf einen anderen (daño) oder auf eine von ihm erhaltene Kränkung". Diejenigen, die Calvo Sotelo töteten, hatten von ihm keinen Schaden erlitten. Die Ermordung von Leutnant Castillo hingegen könnte man als Rache bezeichnen, denn seine Männer hatten Andrés Sáenz de Heredia, einen Cousin des Gründers der Falange, getötet. Leutnant Castillo selbst hatte José Llaguno Acha, einen jungen karlistischen Aktivisten, schwer verwundet. Von da an stand Castillo im Fadenkreuz sowohl der Carlisten als auch der Falangisten. Daher die Unstimmigkeiten darüber, wer seine Attentäter waren. Paul Preston zufolge wurde er von den Falangisten ermordet, während Ian Gibson auf Mitglieder des Madrider Tercio de Requetés als Täter hinweist. Die Behauptung, die Kameraden des Leutnants hätten sich an einer unschuldigen Person gerächt, die nichts mit den genannten Ereignissen zu tun hatte, ist daher nicht stichhaltig. In Wirklichkeit haben die Attentäter die Situation ausgenutzt, um sich zu rächen. Leutnant Castillo, Andrés Saénz de Heredia und José Llaguno waren Bauern, die sich untereinander opferten; aber José Calvo Sotelo war einer der Türme, die der rechte Flügel in dem Spiel hatte, das in Spanien gespielt wurde, und der nur mit der Unterstützung anderer wichtiger Figuren zu Fall gebracht werden konnte.

José Calvo Sotelo verdient es nicht nur wegen seines tragischen Todes, dass man sich an ihn erinnert. Bereits in jungen Jahren bewies er seinen Wert und seinen Status als Staatsmann. So entwarf er 1924 ein Gemeindestatut, das nach Ansicht von Professor Alfonso Bullón, dem Autor des Werkes *José Calvo Sotelo*, „die freieste Regierungsordnung ist, die die Gemeinden in Spanien je hatten, die ihnen die meisten Befugnisse einräumte und in der zum ersten Mal das Frauenwahlrecht in Betracht gezogen wurde". Als er 1925 im Alter von nur 32 Jahren Finanzminister wurde, war er der Urheber eines Steuerreformversuchs, der eine progressive Besteuerung vorsah. Seine Politik zielte darauf ab, Steuerbetrug zu bekämpfen und dafür zu sorgen, dass die Privilegierten entsprechend ihrem Vermögen besteuert wurden, was ihm die Feindschaft der immobilistischsten Kreise einbrachte, die ihn „bolschewistischer Minister" nannten. Eine Reaktion gegen ihn zwang ihn zum Aufgeben, und prangerte „den hartnäckigen Quietismus der konservativen Klassen" an. Calvo Sotelo förderte ein spezialisiertes öffentliches Bankwesen, und unter seinem Mandat wurde die Banco de Crédito Local (Lokale Kreditbank) gegründet. Er schuf auch die Banco Exterior de España und förderte eine umfassende Reform der Banco Hipotecario und der Banco de Crédito Industrial. Eine Maßnahme von großem Interesse, die ihm im Ausland mächtige Feinde einbrachte, war die Gründung des Erdölmonopols CAMPSA (Compañía Arrendataria del Monopolio de Petróleos S. A.), die eine Konfrontation zwischen dem Regime und den großen Erdölgesellschaften auslöste. Diese internationalen Konzerne versuchten, das Erdölmonopol in Europa zu übernehmen und konnten ein Erdölmonopol in Spanien auf keinen Fall akzeptieren. Beim Sturz von Primo de Rivera spielte das anglo-holländische Unternehmen Royal Dutch-Shell eine wichtige Rolle. Henri Deterding, der Direktor des Konzerns, traf sich mit dem Diktator und mit Calvo Sotelo selbst, den er warnte: „Das Monopol kann entstehen, es wird ein oder zwei Jahre überleben, weil es keinen Mangel an Nachschub geben wird; aber danach wird es niemanden mehr geben, der euch beliefert". In *Política económica de la Dictadura, einem* Werk, dem einige der oben genannten Informationen entnommen sind, vertritt Professor Juan Velarde die Auffassung, dass Calvo Sotelo ein hervorragender Finanzminister war.

Am 15. April 1931 ging José Calvo Sotelo ins portugiesische Exil, wurde aber bei den Wahlen im Juni zum Abgeordneten von Orense gewählt. Er hoffte, mit seinem Abgeordnetenmandat nach Spanien zurückkehren zu können, ohne Gefahr zu laufen, inhaftiert zu werden, wie es bei den PRI-Ministern, die das Land nicht verlassen hatten, der Fall gewesen war. Als er erfuhr, dass er sein Mandat nicht antreten konnte, sondern ins Gefängnis musste, beschloss er, im Exil zu bleiben. Im September 1933 wurde Calvo Sotelo von den Anwaltskammern zum Mitglied des Tribunals für Verfassungsgarantien gewählt, aber auch hier wurde ihm die Rückkehr verwehrt. An den Wahlen im November 1933 konnte er nicht persönlich teilnehmen, aber er schickte eine Aufnahme, die bei der Veranstaltung im Madrider Kino Royalty ausgestrahlt wurde und in ganz Spanien im Radio zu hören war: „Spanier, Madrileños! - sagte Calvo Sotelo, „hört die ferne Stimme eines Landsmannes im Exil, dem dieselben Leute, die Spanien seine Ehre, seine Geschichte und seinen Glauben absprechen, alle politischen Rechte absprechen wollen. Geographisch weit von euch entfernt, aber geistig nahe bei euch, bin ich ein armer Exilant, trotz des Wahlrechts, das mir zweimal gewährt und zweimal vorenthalten wurde. Um ein Volk aufzubauen, braucht man Jahrhunderte und Helden, um es zu zerstören, braucht man nur zwei Jahre und irgendein Ungeheuer an der Spitze". Calvo Sotelo wurde erneut ins Parlament gewählt, musste aber noch einige Monate warten, bevor er eine Amnestie in Anspruch nehmen konnte.

Als er am 4. Mai 1934 in Madrid ankam, besuchte er als erstes seinen Vater. Nach den Wahlen vom Februar 1936 musste Calvo Sotelo erneut hart dafür kämpfen, dass ihm der Abgeordnetensitz, den er gewonnen hatte, ausgehändigt wurde, da die berüchtigte Protokollkommission versuchte, ihn zu stehlen. Aus Protest gegen die Willkür der Kommission beschlossen die rechten Abgeordneten, sie zu verlassen, um sie nicht durch ihre Anwesenheit zu legitimieren; aber er ging in die Cortes, um seinen Sitz zu verteidigen, und das tat er mit solcher Bravour, dass die Republikaner es nicht wagten, ihn zu annullieren, trotz der Proteste der Sozialisten und Kommunisten. Schließlich, in den frühen Morgenstunden des 3. April, gewann Calvo Sotelo seinen Sitz „und damit - in den Worten von Professor Bullón - seinen Pass zum Tod". In der Tat hatten ihn mehrere Abgeordnete der Volksfront vor seiner Ermordung mehrfach bedroht.

Das Wort „Chaos" wurde von den europäischen Journalisten, die über die Situation in Spanien berichteten, immer wieder verwendet, aber aufgrund der von der Regierung verhängten Pressezensur wurden die Spanier nicht über die Geschehnisse informiert. Nur durch die Anklagen von Calvo Sotelo und Gil Robles wurden die Zahlen der katastrophalen Realität bekannt, da die Reden der Abgeordneten nicht zensiert werden konnten. In der Sitzung vom 16. Juni 1936 prangerten sowohl Gil Robles als auch Calvo Sotelo die herrschende Misswirtschaft an und lieferten neue Daten. Ersterem zufolge gab es zwischen dem 16. Februar und dem 15. Juni 113 Generalstreiks und 228 Teilstreiks in Spanien; 160 Kirchen wurden zerstört und 251 Brände in religiösen Gebäuden gelöscht. Gil Robles gab die Zahl von 269 Toten und 1.287 Verletzten an, doch der Historiker Juan Blázquez bietet heute verifizierte Zahlen mit Namen und Nachnamen an, die die Zahl der Toten und Verletzten während der fünf Monate der Volksfront auf 454 bzw. 1.638 beziffern.

Calvo Sotelo betonte die Verpflichtung der Regierung, die öffentliche Ordnung zu gewährleisten, und prangerte ihre Voreingenommenheit bei der Durchsetzung der Gesetze an. Er beschuldigte bestimmte Parteien, mit „sinnloser Propaganda" zur Gewalt zu ermutigen und zitierte insbesondere Largo Caballero, der zwei Tage zuvor in einer Rede erklärt hatte, die Politik der Volksfront sei für sie nur zulässig, solange sie dem Programm der Oktoberrevolution diene. Es folgte Dolores Ibárruri, die die Inhaftierung derjenigen forderte, die sich der revolutionären Politik widersetzten, und „diejenigen, die mit beispiellosem Zynismus, voller Blut von der Oktoberrepression, kommen, um Verantwortung zu fordern". Im Zusammenhang mit den Antworten rief Pasionaria, ohne das Wort zu ergreifen: „Dies ist Ihre letzte Rede", Worte, die nicht im Sitzungsprotokoll festgehalten sind, die aber von zahlreichen Teilnehmern bestätigt wurden.

Noch schlimmer waren die Worte, die in der Parlamentssitzung vom 1. Juli gegen Calvo Sotelo geäußert wurden. Ángel Galarza, ein Freimaurer und Sozialist, der in der Madrider Loge Luis Simarro verkehrte, steigerte den Ton der Drohung von Pasionaria und sagte genau das Folgende: „Wenn ich an den Herrn denke, finde ich alles gerechtfertigt, auch das Attentat, das ihn um sein Leben bringen wird". Es sei daran erinnert, dass es sich bei der Person, die die Ermordung eines Parlamentsmitglieds rechtfertigte, nicht um eine unbedeutende Person handelte, sondern um einen Spezialisten für Strafrecht, der früher Generalstaatsanwalt war. Später, als Innenminister, sollte Galarza zu einem der Hauptverantwortlichen für die Massaker von Paracuellos werden. Diese unsägliche Drohung löste natürlich einen Skandal aus, in dessen Verlauf Dolores Ibárruri sagte: „Man muss sie vor Gericht bringen". Martínez Barrio meldete sich zu Wort und sagte, dass die Worte des Abgeordneten nicht im Sitzungsjournal erscheinen würden, aber Ángel Galarza antwortete: „Diese Worte, die nicht im Sitzungsjournal erscheinen werden, werden dem ganzen Land bekannt sein und uns allen sagen, ob Gewalt legitim ist oder nicht".

Nach dieser eklatanten Zurschaustellung von Prinzipienlosigkeit und der infamen Legitimierung von Attentaten und Gewalt im Allgemeinen scheint es klar, dass diejenigen, die Calvo Sotelo das Leben nehmen wollten, nicht nur irgendwelche Bauern waren. Ein in Bezug auf rechte Sympathien so unverdächtiger Autor wie Gerald Brenan schreibt: „Es gab nur eine Möglichkeit, dass Largo Caballero an die Macht kam, nämlich dass sich das Militär erheben würde, dass die Regierung dem Volk Waffen geben würde, um den Aufstand niederzuschlagen, und dass das Volk den Kampf gewinnen würde. Bewusst oder unbewusst rechneten er und seine Partei mit der Möglichkeit eines militärischen Aufstandes". Mit anderen Worten: Mit der Ermordung von Calvo Sotelo wollten die PSOE-Kapitäne den Aufstand des Militärs provozieren und ihn nutzen, um die Macht zu übernehmen. Wenn Brenans Einschätzung zutrifft, wäre dies einmal mehr die Strategie des Bürgerkriegs, die von Trotzki und Lenin immer wieder als ideales Mittel zur Beseitigung von Klassenfeinden verkündet wurde.

Eine Reihe von Fakten zeigt, dass die eigentlichen Mörder von Calvo Sotelo nur die Ausführenden eines Plans waren, der von höherer Stelle erwogen worden war. Ende Juni ordnete der Generaldirektor für Sicherheit, José Alonso Mallol, Zeremonienmeister der Loge Constante Alona, die die Falange verboten und die Verhaftung von José Antonio Primo de Rivera angeordnet hatte, den Austausch der beiden Polizisten an, die die Leibwächter von Calvo Sotelo waren. Am 29. Juni wurden Rodolfo Serrano de la Parte, ein Freund von Casares Quiroga, und ein Freimaurer namens José Garriga Pato zu neuen Leibwächtern ernannt. Tage später erhielten sie Anweisungen vom Personalchef der Generaldirektion für Sicherheit, Lorenzo Aguirre Sánchez, der ihnen befahl, im Falle eines Anschlags auf Calvo Sotelo Schutz zu simulieren, wenn dieser an einem zentralen Ort stattfand, ihn aber zu beenden, wenn er an einem unbewohnten Ort stattfand, falls der Anschlag fehlschlug. Aus all dem lässt sich schließen, dass die Idee, Cavo Sotelo zu töten, schon vor dem Attentat auf Leutnant Castillo bestand. Dies bestätigte der Freimaurer Urbano Orad de la Torre, der Offizier, der die Bombardierung des Cuartel de la Montaña nach dem 18. Juli leitete, und der im September 1978 gegenüber *El País* gestand, dass die Freimaurer den Beschluss gefasst hatten, Calvo Sotelo am 9. Mai 1936 zu ermorden.

Der Polizist Rodolfo Serrano wurde durch den erhaltenen Befehl zurückgeschlagen und nahm in den Gängen des Parlaments Kontakt mit dem karlistischen Abgeordneten Joaquín Bau Nolla auf, einem engen Freund von Calvo Sotelo. Serrano hatte als Leibwächter Zugang zum Kongress. Der Abgeordnete rief den Polizisten in ein Café in der Calle Alcalá, wo Serrano seine Angaben machte. Nachdem er Calvo Sotelo mitgeteilt hatte, was er wusste, suchte Bau den Innenminister Juan Moles Ormellla auf, der ebenfalls Freimaurer war, und teilte ihm seine Erkenntnisse mit, ohne die Quelle der Informationen zu nennen. Am Morgen des 8. Juli suchten Calvo Sotelo und Bau gemeinsam den Minister Moles auf, der ihnen keine große Aufmerksamkeit schenkte, so dass Calvo Sotelo, dem es gelang, eine neue Eskorte zugeteilt zu bekommen, ihn für alles verantwortlich machte, was ihm zustoßen könnte.

Leutnant Castillo wurde in der Nacht des 12. um halb zehn Uhr ermordet. In *La Masonería en la España del siglo* XX, einem von J. A. Ferrer Benimeli koordinierten Werk, wird bestätigt, dass das Spiel von Freimaurern gespielt wurde, denn außer Leutnant Castillo waren dabei: Juan Moles Ormella, Innenminister, und José Alonso Mallol, Generaldirektor der Sicherheit. Lorenzo Aguirre Sánchez, Stabschef der Generaldirektion für Sicherheit, hatte den Beitritt zu den Freimaurern beantragt und war nach Ausbruch des Krieges der Kommunistischen Partei beigetreten. In dem erwähnten Werk wird über ein Treffen von einem Dutzend Offizieren der Sturmtruppen berichtet, bei dem von Rache gesprochen wurde, ohne zu sagen, worin diese bestehen sollte. Mallol war etwa eine Viertelstunde lang anwesend und hörte zu, ohne ein Wort zu sagen. Alles deutet darauf hin, dass Mallol den Innenminister Moles Ormella kontaktierte, der Verhaftungen in den Wohnungen prominenter Rechtsextremisten genehmigte.

Gegen zwei Uhr morgens am 13. verließen mehrere Lieferwagen mit Sturmwächtern und PSOE-Aktivisten mit Listen von Falange-Aktivisten die Kaserne von Pontejos. Der letzte Lieferwagen, Nummer 17, wurde nicht von einem Offizier der Sturmabteilung befehligt, sondern von einem Hauptmann der Guardia Civil, Fernando Condés Romero, einem weiteren Freimaurer, der Chef von La Motorizada war, dem Namen einer bewaffneten Gruppe von Sozialisten, die als Eskorte für Indalecio Prieto fungierte. Dieser Lieferwagen war derjenige, der zum Haus von Calvo Sotelo in der Calle Velázquez fuhr. Später stellte sich heraus, dass ein anderer Lieferwagen zum Haus von Gil Robles gefahren war, den man aber nicht fand, weil er in Frankreich war. Nachdem sie sich gegenüber dem Wachpersonal der Nachtwache zu erkennen gegeben hatten, gingen Condés und mehrere Männer zu dem Haus hinauf.

Es war halb zwei Uhr morgens. Die Familie wurde durch das Klingeln der Türglocke und Stimmen, die die Polizei aufforderten, die Tür zu öffnen, wachgerüttelt. Nachdem er das Haus betreten hatte, sagte Hauptmann Condés, der in Zivil gekleidet war, dass er das Haus durchsuchen müsse und teilte Calvo Sotelo sofort mit, dass die Generaldirektion für Sicherheit seine Verhaftung angeordnet habe. Calvo Sotelo versuchte zu telefonieren, um herauszufinden, wer den Befehl gegeben hatte, aber Condés ließ dies nicht zu. Das Argument des Vorsitzenden des Nationalen Blocks, dass er parlamentarische Immunität genieße, nützte nichts. Man versprach ihm, dass er seinen Fall bei der Generaldirektion vortragen könne, und so willigte er schließlich ein, seine Wohnung zu verlassen. Seine Frau bat ihn wiederholt, nicht zu gehen. Bevor er ging, sagte Calvo Sotelo, der das Schlimmste ahnte, zu ihr: „In fünf Minuten rufe ich dich von der Generaldirektion für Sicherheit an, wenn diese Herren mich nicht abführen und viermal auf mich schießen". An der Verhaftung waren etwa zwanzig Personen beteiligt, von denen die Hälfte Mitglieder der Sturmgarde waren, siehe. Zu den Sozialisten, die Condés begleiteten, gehörten Santiago Garcés und Francisco Ordóñez, die während des Krieges verantwortungsvolle Positionen innehatten, sowie José del Rey Hernández, der nach seinem Ausschluss wegen seiner Teilnahme am Aufstand im Oktober 1934 wieder in das Korps aufgenommen worden war. Del Rey war einer der Leibwächter der Sozialistin Margarita Nelken.

Der Bericht über die Geschehnisse im Lieferwagen Nr. 17 stammt von einem Augenzeugen, dem Wachmann Aniceto Castro Piñeiro, der in der Pontejos-Kaserne Dienst hatte, als er um Mitternacht den Hauptmann Fernando Condés in Zivilkleidung zusammen mit mehreren Leibwächtern von Indalecio Prieto kommen sah. Dieser Wachmann stieg in das Fahrzeug ein, ging aber nicht zum Haus hinauf. Nach seiner Version saßen Hauptmann Condés und José del Rey vorne neben dem Fahrer Orencio Bayo. Calvo Sotelo saß auf der dritten Bank zwischen Aniceto Castro und einem anderen Wachmann. Der Attentäter, Victoriano Cuenca, ein weiterer Sozialist, der Leibwächter von Indalecio Prieto war, saß hinter ihm, und als sie die Kreuzung der Straßen Ayala und Velázquez erreichten, nahm er eine Pistole und schoss ihm zweimal in den Hinterkopf. Calvo Sotelo fiel mit dem Gesicht voran zwischen die Sitze. Niemand sagte etwas, und die Vorderleute machten sich nicht die Mühe, sich umzudrehen. Der Wagen fuhr weiter zum Ostfriedhof, wo die Angestellten angewiesen wurden, die Tore zu öffnen. Auf dem Friedhof ließen sie die Leiche auf dem Boden in der Nähe der Leichenhalle liegen. Auf der Rückfahrt sagte der Fahrer, besorgt über das, was die Angestellten des Friedhofs gesehen hatten: „Ich nehme an, sie werden uns nicht verraten", worauf Condés antwortete: „Keine Sorge, es wird nichts passieren". José del Rey fügte hinzu: „Wer etwas sagt, begeht Selbstmord, wir werden ihn töten wie diesen Hund".

Schon Stunden vor der Veröffentlichung des Mordes wussten die sozialistischen Medien über den Vorfall Bescheid. Um acht Uhr morgens sprach der Schütze Victoriano Cuenca mit Julián Zugazagoitia, „Zuga", einem PSOE-Abgeordneten und Redakteur von *El Socialista*, den er über die Geschehnisse informierte. Hauptmann Condés wandte sich seinerseits an den sozialistischen Abgeordneten Juan-Simeón Vidarte und informierte ihn über das Verbrechen, das begangen worden war. Anstatt ihrer Pflicht nachzukommen und die Fakten bei den Behörden anzuprangern, schwiegen die Sozialisten und machten sich mitschuldig. Vidarte riet Condés, sich ein Versteck zu suchen, was er auch tat, und zwar im Haus der sozialistischen Abgeordneten Margarita Nelken.

Die Regierung verweigerte die Erlaubnis, die Grabkapelle von Calvo Sotelo in der Akademie für Rechtswissenschaften, deren Präsident er war, einzurichten, so dass die Beerdigung direkt auf dem Friedhof stattfand, auf dem der Leichnam beigesetzt worden war. Um fünf Uhr nachmittags wurde der Sarg in Begleitung einer großen Menschenmenge und rechtsgerichteter Persönlichkeiten beigesetzt. Vor der Menge sprach Antonio Goicoechea, einer der Führer der Renovación Española, einige Worte zur Geschichte: „Vor dieser Fahne, die wie ein Kreuz auf deiner Brust liegt, vor Gott, der uns hört und sieht, legen wir den feierlichen Schwur ab, unser Leben dieser dreifachen Aufgabe zu weihen: deinem Beispiel nachzueifern, deinen Tod zu rächen und Spanien zu retten, was alles ein und dasselbe ist, denn Spanien zu retten, bedeutet, deinen Tod zu rächen, und dein Beispiel nachzuahmen, ist der sicherste Weg, Spanien zu retten". Kein Mitglied der Regierung hatte den Anstand, an der Beerdigung teilzunehmen. Nach der Beerdigung versuchten einige der Anwesenden zu demonstrieren, wurden aber durch Schüsse der Sturmtruppen aufgelöst, die fünf Menschen töteten und etwa dreißig verwundeten.

Martínez Barrio unterbrach am 14. die geplante Sitzung der Cortes. Am 15. fand eine Sitzung des Ständigen Ausschusses statt, in der der rechte Flügel seinen Wunsch äußerte, das Parlament zu verlassen. Indalecio Prieto, der die Wahrheit vom ersten Moment an kannte, beschränkte sich darauf, die Ereignisse als „ein Verbrechen der Sicherheitskräfte" zu bezeichnen. Die Ermordung des Oppositionsführers durch Mitglieder der PSOE, der wichtigsten Partei der Volksfront, ist jedoch in einem demokratischen Regime undenkbar. Der Einsatz öffentlicher Gewalt zum Schutz von Kriminellen machte das Geschehene noch inakzeptabler. Anstatt Maßnahmen gegen die sozialistischen Organisationen zu ergreifen, schloss die Regierung den Sitz der Renovación Española, d. h. den Sitz der Partei, in der das Opfer Mitglied war. Die Diskreditierung der Republik, die bei den Spaniern so viele Illusionen und Erwartungen geweckt hatte, hatte ihren Höhepunkt erreicht. Die Ermittlungen zur Ermordung von Calvo Sotelo führten unweigerlich zur Verhaftung von Hauptmann Condés, der von seiner Witwe auf einem Foto identifiziert worden war; doch am 25. Juli erschienen Mitglieder der sozialistischen Jugendbewegung vor dem Obersten Gerichtshof und nahmen die Prozessunterlagen an sich.

Gescheiterter Putsch

Es ist bekannt, dass die Ermordung von Calvo Sotelo der Auslöser, der Funke war, der das Feuer entfachte, das Spanien fast drei Jahre lang in Brand setzte. Es stimmt, dass die Pläne für den Aufstand schon vorher existierten, aber dieses Verbrechen war der Auslöser für alles. Vielleicht war es dieser Auslöser, der zum anfänglichen Scheitern und in der Folge zum Bürgerkrieg führte. Der militärische Aufstand, den Largo Caballero anstrebte, um die Macht an sich zu reißen, hatte stattgefunden und würde zudem, wie der spanische Lenin vorausgesehen hatte, die Arbeiterrevolution auslösen. Es ging also darum, dies auszunutzen, um die Aufständischen zu besiegen und die so oft angekündigte Diktatur des Proletariats durchzusetzen. Nach dem anfänglichen Scheitern des militärischen Aufstandes spricht alles dafür, dass die republikanischen Führer den Aufstand in kurzer Zeit niederschlagen, was eine gründliche Säuberung der Armee und der Zivilgesellschaft ermöglichen würde. Doch die Desorganisation, die Unfähigkeit, die heterogenen Kräfte der Volksfront zu koordinieren, kurz gesagt, die internen Streitigkeiten, führten erneut zu einem Chaos, das im republikanischen Spanien die Form einer Doppelherrschaft annahm. In den ersten Wochen hatte die republikanische Regierung, die auf den Putsch gewartet hatte, einen schnellen Sieg vor Augen . Wäre sie in der Lage gewesen, schnell und koordiniert zu handeln, wäre der militärische Aufstand nur von kurzer Dauer gewesen: Die meisten Generäle, die Luftwaffe und die Guardia de Asalto waren loyal geblieben. Die Flotte blieb nach dem anfänglichen Scheitern der Aufständischen in den Händen der Regierung. Die industriellen Ressourcen gehörten ihr, und die Goldreserven der Banco de España, die viertgrößten der

Welt, standen als Garantie für die Bewältigung der wirtschaftlichen Kosten des Krieges zur Verfügung.

Die erste Maßnahme von Casares Quiroga war der Rücktritt vom Amt des Regierungspräsidenten. In den frühen Morgenstunden des 18. und 19. Juli beauftragte Azaña Martínez Barrio mit der Bildung einer Regierung, die die Loyalität der militärischen Führung sichern und einen Bürgerkrieg vermeiden sollte. Es handelte sich um die so genannte „Blitzregierung", die sich nur aus republikanischen Ministern zusammensetzte und angesichts der Feindseligkeit der Sozialisten und Kommunisten, die Waffen zum Kampf gegen die Militärs forderten, innerhalb weniger Stunden zusammenbrach und nicht einmal ihr Amt antrat. Am 19. Juli gelang es José Giral Pereira, dem dritten freimaurerischen Präsidenten in weniger als vierundzwanzig Stunden, die Regierung ohne die Beteiligung der Sozialisten zu bilden; aber unter dem Druck der Gewerkschaften und der Linksparteien beschloss er, Waffen an die Arbeitermilizen zu verteilen und verfügte die Auflösung der Armee und der Polizei, um am 4. August mit der Schaffung der „Freiwilligenbataillone" fortzufahren. Nach Ansicht der marxistischen Historiker P. Broué und E. Témime in *La revolución y la guerra de España* „verschwand die Legalität angesichts des Zusammenstoßes der sozialen Kräfte". Diese Regierung sollte bis zum 4. September 1936 andauern, als Largo Caballero schließlich Präsident wurde.

Die nationalistischen Historiographen bestätigen, dass General Mola, „der Direktor", am Abend des 20. Juli die Sache der Rebellen als verloren ansah und dass der Fortbestand des Kampfes auf die Entschlossenheit der Requetés und der Falangisten zurückzuführen war, deren Kampfeswillen nicht zu bremsen war. Der Pessimismus war gerechtfertigt, wenn man die Situation betrachtet. Die afrikanische Armee, die in den Stunden nach dem Staatsstreich in Massen an Land gehen sollte, konnte die Straße von Gibraltar nicht überqueren, da die Seeleute und Unteroffiziere die Kommandanten und Offiziere der Rebellen erschossen hatten und die Schiffe, die Francos Männer zum Festland transportieren sollten, unter die Kontrolle der Regierung geraten waren. In Andalusien, wo die Stärke der Gewerkschaften und der Linksparteien überwältigend war, hatte Queipo de Llano mit 180 Mann vorübergehend die Kontrolle über Sevilla erlangt, was fast einem Wunder gleichkam; aber seine Chancen, sich ohne Hilfe zu halten, waren sehr gering. In den wichtigsten Regionen, den industriellsten, in denen sich Handel und Gewerbe sowie der größte Teil der Bevölkerung und der Ressourcen konzentrierten, war der Aufstand niedergeschlagen worden: Madrid, Asturien, Kantabrien, das Baskenland, Katalonien, Valencia und die gesamte Ostküste waren verloren. Die Kräfte der Aufständischen waren in zwei Hälften geteilt worden, und ihre Chancen, Kontakt aufzunehmen, waren gleich null, da die in Tanger verankerte Flotte die Straße von Gibraltar beherrschte und die Ankunft von Verstärkungen der marokkanischen Armee verhinderte. Zu allem Überfluss kam General Sanjurjo, der im Falle eines erfolgreichen Putsches das Staatsoberhaupt sein sollte, am 20. Juli in Portugal ums Leben, als das Flugzeug, das ihn nach Burgos bringen sollte, beim Start abstürzte. Die Regierung hatte also die besten Voraussetzungen, um das Spiel zu gewinnen.

Die Überlebenschancen der Putschisten entschieden sich zwischen dem 18. und 25. Juli. Dies bestätigten die Führer der Nationalisten gegenüber Harold Cardozo, dem Korrespondenten der *Daily Mail*, einer britischen Zeitung, die die Nationalisten unterstützte. Cardozo veröffentlichte 1937 *The March of a Nation (Der Marsch einer Nation)*, in dem er seine Erfahrungen als Journalist im ersten Jahr des Bürgerkriegs schildert. Drei Fakten wurden als entscheidend angesehen, um den Aufstand am Leben zu erhalten: die Kontrolle über den Marinestützpunkt Ferrol, die Eisenbahnverbindungen im Rebellengebiet, der Besitz von Sevilla und die Häfen von Cádiz und Algeciras. Die Tatsache, dass General Mola den Stützpunkt in Ferrol halten konnte, war für die Aufständischen von entscheidender Bedeutung. Vizeadmiral Indalecio Núñez Quijano unterstützte den Aufstand nach anfänglichen Zweifeln, so dass er entlassen und durch Konteradmiral Antonio Azarola ersetzt wurde, den zweiten Befehlshaber des Stützpunkts, der unter Portela Valladares Marineminister gewesen war. Nach dem Triumph stellten ihn die Meuterer vor ein Kriegsgericht und erschossen ihn, weil er das Arsenal für die „marxistischen Massen" geöffnet hatte.

Die Kämpfe auf dem Stützpunkt und in der Stadt waren äußerst hart, so dass die Stadt ein halbes Dutzend Mal den Besitzer wechselte. In der Umgebung und im Zentrum von Ferrol kam es zu zahlreichen Gefechten zwischen Loyalisten, Falangisten und karlistischen Freiwilligen. Im Inneren des Stützpunktes war die Verwirrung noch größer. Sowohl auf dem Kreuzer *Almirante Cervera*, der sich im Trockendock befand, als auch auf dem Schlachtschiff *España* lieferten sich die Besatzungen Kämpfe im Inneren der Schiffe. Auf dem dritten großen Schiff, dem Zerstörer *Velasco*, meuterte die Besatzung nicht: Etwa 30 wurden erschossen, nachdem die Rebellen den Sieg errungen hatten. Die Nationalisten nahmen schließlich den Stützpunkt ein. Damit verfügte Franco über einen Kern der Marine, der zur Aufhebung der Blockade der Straße von Gibraltar beitrug und von See aus an der Bombardierung von Irún teilnahm, dessen Einnahme Ende August entscheidend war, um die Verbindung der nördlichen Provinzen mit Frankreich zu unterbrechen.

Der Betrieb der Eisenbahnlinien in den Provinzen, in denen die Verschwörung triumphiert hatte, war für die Mola entscheidend. Der von den Gewerkschaften ausgerufene Generalstreik wurde von den Arbeitern massiv unterstützt, und der Zugverkehr stand still. Der Schlüssel zur Aufrechterhaltung der Einsatzfähigkeit der Rebellenkräfte war die Sicherstellung des Treibstofftransports von Vigo und Ferrol nach Burgos, Pamplona und anderen Hauptstädten der Rebellen, von denen die östlichsten Huesca, Zaragoza und Teruel waren. General Mola unterzeichnete ein Dekret, in dem er denjenigen, die nicht sofort zur Arbeit zurückkehrten, mit der Todesstrafe unter Kriegsrecht drohte. Als zweite Maßnahme setzte er ein technisches Komitee von Eisenbahningenieuren ein, dem er Macht und militärischen Rang verlieh. Gleichzeitig wurde die Guardia Civil im gesamten von den Nationalisten kontrollierten Gebiet damit beauftragt, die Arbeiter aus ihren Häusern zu holen und sie anzuweisen, unverzüglich zur Arbeit zurückzukehren. Die Maßnahme zeigte Wirkung, und innerhalb von vierundzwanzig Stunden fuhren lange Züge mit Benzintanks durch das von General Mola kontrollierte Gebiet.

Was die Einnahme von Sevilla, „la Roja", und der Häfen von Algeciras und Cádiz durch Queipo de Llano betrifft, so gab Harold Cardozo die Version der Protagonisten wieder, die er Tage später befragte, um seine Chronik an die *Daily Mail* zu schicken. Diesem Korrespondenten zufolge nahm Queipo, der 180 Soldaten unter seinem Kommando hatte, die Maestranza de Artillería ein, um die Waffen zu kontrollieren, befahl die Besetzung der strategischen Punkte und schaffte es, die sevillanische Bevölkerung einzuschüchtern. Als Reaktion auf den Aufruf zum Generalstreik hatten zahlreiche bewaffnete kommunistische und anarchistische Arbeiter Barrikaden errichtet und Kirchen und Adelshäuser in Brand gesetzt. Queipos Bluff konnte nur für kurze Zeit aufrechterhalten werden, so dass die Ankunft der Armee aus Afrika von entscheidender Bedeutung war. Schon bald gingen aus Cádiz und anderen Orten Nachrichten über Ansammlungen von bewaffneten Syndikalisten ein. Aus den Vorstädten von Sevilla und Cádiz bittet die Guardia Civil telefonisch um Hilfe, da sie belästigt wird.

Als Queipo erfuhr, dass der Aufstand in der Flotte gescheitert war und dass die Schiffe, die Francos Truppen bringen sollten, in der Straße von Gibraltar patrouillierten, verlegte er seine Garnison ständig, um den Anschein zu erwecken, dass er mehr Truppen hatte, als er tatsächlich hatte, und platzierte Maschinengewehre an Schlüsselstellen. Cardozo berichtet, dass Franco im Morgengrauen ein Flugzeug mit elf Legionären unter dem Kommando von Hauptmann Luis Meléndez nach Sevilla schicken konnte. Gleich nach dem Aussteigen aus dem Flugzeug montierte der Hauptmann das mitgebrachte Maschinengewehr in das Führerhaus eines großen sechsrädrigen Lastwagens, befahl seinen Männern einzusteigen und fuhr zum Hauptquartier. Dort wurden ihm die Bezirke genannt, in denen sich die Roten aufhielten. Er verlangte eine Karte und fuhr mit hoher Geschwindigkeit auf die Konzentrationspunkte zu. Das Fahrzeug wurde zu einem Feuerwirbel, der von einem Ort zum anderen fuhr und auf die Ansammlungen von Gewerkschaftern schoss. Mehrmals wechselte der Lkw seine Farbe, so dass der Eindruck entstand, dass es viele Angreifer gab. Die Ankunft der Legion sprach sich herum, und die bewaffneten Männer verschwanden von den Straßen. Die Guardia Civil und die Sturmpolizei nutzten die entstandene Panik und beschlagnahmten im Gewerkschaftshaus große Mengen an Waffen und Munition, die unter den Freiwilligen der Requesetes und der Falangisten verteilt wurden. Drei der Legionäre wurden getötet und zwei schwer verwundet. Meléndez wurde ebenfalls an der linken Hand verwundet. Noch vor Einbruch der Dunkelheit landeten einige weitere Flugzeuge. In den folgenden Tagen trafen täglich etwa 100 Soldaten ein, und die Position der Rebellen im Westen Andalusiens wurde gestärkt, obwohl der Triumph des Aufstands in den folgenden Tagen auch in Granada gefestigt wurde. Wie weiß, begann dort sofort eine rücksichtslose Niederschlagung, auf die am Ende dieses Kapitels eingegangen wird.

Die Revolution

Da Spanien durch den Ausgang des Putsches gespalten war, verlagerte sich die Staatsmacht in den Provinzen, in denen der Aufstand niedergeschlagen worden war, auf die Straße. Burnett Bolloten beschreibt in *The Great Deception. The Left and its Struggle for Power in the Republican Zone*, inwieweit die revolutionären Kräfte dem Staat alle Hebel der Macht entrissen. Die Kontrolle der Häfen und der Grenzen, die normalerweise in den Händen von Carabinieri, Wachleuten und Zöllnern lag, wurde von Arbeiterkomitees übernommen. In der Marine wurden siebzig Prozent der Offiziere von ihren eigenen Männern exekutiert, und die Autorität lag in den Händen von Seemannskomitees. In verschiedenen Bereichen der staatlichen Verwaltung wurden ebenfalls von Anarchosyndikalisten und Sozialisten geführte Ausschüsse eingesetzt. Die Gerichte wurden durch Revolutionsgerichte ersetzt, und vielerorts wurden die Gerichtsarchive verbrannt. Gefängnisse und Zuchthäuser wurden geplündert und die Gefangenen freigelassen. Aus all diesen Gründen kann man sagen, dass die Regierung unter dem Vorsitz von Giral nur über eine nominelle Macht verfügte, da die tatsächliche und effektive Macht in viele Fragmente aufgeteilt und in den Städten und Gemeinden verstreut war, in denen die revolutionären Komitees die Kontrolle ausübten. Grundlegende Dienste wie Post und Telegrafen, Radiosender und Telefonzentralen kamen unter die Kontrolle der Arbeiterausschüsse. UGT- und CNT-Arbeiter begannen mit der Enteignung und Kollektivierung. Die Notariatsarchive wurden vielerorts zerstört. Die Verkehrsmittel: Eisenbahnen, Straßenbahnen, Busse, Schiffe; Wasser-, Strom- und Gasversorgung; Fabriken, Industrien und Bergwerke; Kinos und Theater; Zeitungen und Druckereien; Hotels, Bars und Restaurants usw. wurden beschlagnahmt oder von den Arbeiterausschüssen kontrolliert.

Auch das Kleinbürgertum blieb von der durch die Revolution ausgelösten Katastrophe nicht verschont: Ladenbesitzer, Handwerker und kleine Manufakturen wurden ebenfalls von den Anarchosyndikalisten der CNT und oft auch der UGT enteignet. In Madrid übernahmen die Gewerkschaften die Räumlichkeiten und Werkzeuge von Schreinern und Schuhmachern, kollektivierten Friseure und Schönheitssalons und führten gleiche Löhne für Inhaber und Angestellte ein. In Barcelona war die Umstrukturierung der Friseurläden und Friseure noch drastischer. In *The Spanish Civil War: Revolution and Counterrevolution,* einem beeindruckenden zwölfhundertseitigen Werk, das einen Zeitraum von drei Jahren abdeckt, schreibt Burnett Bolloten, dass „neunhundertfünf Friseure und Friseurläden geschlossen und ihr Personal und ihre Ausrüstung in zweihundertzwölf größeren Betrieben konzentriert wurden, in denen die enteigneten Besitzer mit denselben Rechten und Pflichten wie ihre früheren Angestellten arbeiteten". Die Anarchosyndikalisten kollektivierten den Großhandel mit Fisch und Eiern. Im Schlachthof setzten sie eine Kontrollkommission ein, die die Zwischenhändler ausschaltete. Die Molkereiindustrie wurde kollektiviert und auch der zentrale Obst- und Gemüsemarkt. Man kann sagen, dass sich die Gewerkschaften in fast alle Bereiche einmischten, die normalerweise bürgerlich waren. Einige Angehörige des Mittelstandes, die befürchteten, die Kontrolle über ihre Betriebe endgültig zu verlieren, akzeptierten die neue Situation auf die eine oder andere

Weise in der Hoffnung, dass sie ihr Eigentum zurückgewinnen könnten, sobald das revolutionäre Erdbeben vorüber war. Bolloten beschreibt die Frustration des Mittelstandes mit folgenden Worten: „Der Mittelstand hatte nicht jahrelang geplant und gespart, hatte nicht gekämpft, um im Wettbewerb mit dem Großkapital zu bestehen, um dann an einem einzigen Tag seine Hoffnungen auf Unabhängigkeit zerstört zu sehen. Wenn sie etwas von der Revolution erwartet hätten, dann wäre es die Freiheit von der Konkurrenz und ein größerer Anteil am Reichtum des Landes gewesen, aber nicht die Enteignung und der Arbeiterlohn". Auch auf dem Lande fühlten sich die Pächter und kleinen Grundbesitzer ebenso entmutigt wie die kleinen Fabrikanten und Ladenbesitzer.

Katalonien, die Speerspitze der Revolution

Unter diesen Umständen gelang es der Kommunistischen Partei, trotz ihrer geringen Vertretung in den Cortes und ihrer kleinen Mitgliederzahl, in nur wenigen Monaten die Sympathien und Hoffnungen des Bürgertums zu wecken. Sowohl in der Stadt als auch auf dem Land stehen Tausende von Kleinbürgern unter ihrem Schutz, ohne jemals der Partei beizutreten. Die kommunistische Durchdringung Spaniens war Gegenstand der besonderen Aufmerksamkeit der Internationalen (Komintern) auf einer Sitzung am 27. Februar 1936. Eine der wichtigsten Maßnahmen, die zu diesem Zweck getroffen wurden, war die Entsendung von zwei jüdischen Kommunisten, Bela Kun und Solomon Abramovitch Losovsky, nach Spanien. Über den ersten haben wir bereits viel geschrieben. Letzterer war ein Führer der Roten Internationalen Gewerkschaft und Mitglied des Jüdischen Antifaschistischen Komitees. Salomon Losovsky war einer der Zionisten, die sich bei Roosevelt für den Kriegseintritt einsetzten. Schließlich wurde er, wie wir sehen werden, 1952 von Stalin hingerichtet. Im März trafen diese beiden Männer in Barcelona ein, zusammen mit Heinz Neumann, einem anderen Juden, der, des Trotzkismus beschuldigt, 1937 ebenfalls von Stalin liquidiert wurde. Ihr Auftrag bestand darin, die Gründung eines revolutionären Militärkomitees und die Bildung von Zellen vorzubereiten, die als Basis der künftigen Roten Armee dienen sollten. Die Früchte seiner Arbeit sollten ein halbes Jahr später geerntet werden, als mit der Ankunft von Moses Rosenberg, dem von Stalin entsandten sowjetischen Botschafter jüdischer Herkunft, die PCE entscheidend wurde. Bevor dies möglich war, musste die libertäre Revolution Platz machen.

Als am 19. Juli ein Zusammenschluss von Bürgerwehren, Sturmtruppen und Arbeitern aller Richtungen die Militärputschisten besiegte, begann in Barcelona die Revolution. Die Generäle Goded, Fernández Burriel und andere hochrangige Militärs wurden am 12. August vor etwa fünfhundert Menschen erschossen, die „Es lebe die Republik!" riefen; aber zu diesem Zeitpunkt waren Macht und Recht bereits revolutionär, und in Katalonien gab es keine andere Autorität als die der verschiedenen Komitees, die sich im ganzen Land gebildet hatten und deren höchster Ausdruck das wenige Tage später gegründete Zentralkomitee der antifaschistischen Milizen Kataloniens sein sollte. Am Nachmittag des 20. Juli begaben sich Juan García Oliver, Buenaventura Durruti und andere anarchistische Führer mit Waffen in der Hand und ohne zwei Tage geschlafen zu haben zum Palast der Generalitat. Der Präsident von Katalonien, so schrieb Juan García Oliver in *Dans la tourmente. Un an de guerre en Espagne* schrieb, sagte ihnen: „Ihr habt gewonnen und alles liegt in eurer Macht. Wenn ihr mich nicht braucht, wenn ihr mich nicht als Präsident haben wollt, dann sagt es jetzt, und ich werde nur ein weiterer Soldat im antifaschistischen Kampf sein". Laut Miquel Serra Pàmies neigte Companys zu theatralischen Szenen: „Er bekam einen Anfall, zog an den Haaren, warf mit Gegenständen, zog seine Jacke aus, zerriss seine Krawatte, öffnete sein Hemd". In jenen Tagen war er jedoch sehr besonnen und seine Regierung akzeptierte alle Entscheidungen des Antifaschistischen Milizausschusses. Später wendet sich Companys über das Radio an die Katalanen und kündigt an, dass die Regierung „in Zusammenarbeit und mit Hilfe der Arbeiterorganisationen und der antifaschistischen politischen Parteien, mit denen sie sich geeinigt hat, für Disziplin sorgen wird" und beschränkt sich von da an darauf, nichts zu tun, was die gestörte revolutionäre Ordnung verändern könnte.

In „*Warum wir den Krieg verloren haben*" räumt der FAI-Führer Diego Abad de Santillán ein, dass sie sich dafür entschieden haben, einen Marionettenpräsidenten zu behalten: „Wir hätten allein bleiben, unseren absoluten Willen durchsetzen, die Generalitat für gescheitert erklären und die wahre Macht des Volkes an ihre Stelle setzen können". In Wirklichkeit war es ihre Absicht, die Republikaner in Katalonien und Aragonien schrittweise zu liquidieren. Wenn sie Companys behielten, dann aus Vorsicht, denn sie waren vorübergehend an der Präsenz des Kleinbürgertums in den neuen revolutionären Machtorganen bis zum Fall von Saragossa interessiert. So stellt die Esquerra Republicana drei Delegierte im Zentralkomitee, die Rabassaires einen und die Acció Catalana einen weiteren. Die POUM (die trotzkistische Partei von Andreu Nin) und die PSUC (die katalanischen stalinistischen Kommunisten) stellen je einen Vertreter. Santillán und Aurelio Fernández waren beide Mitglieder der FAI. Für die CNT waren García Oliver, Durruti und Asens Mitglieder des Zentralausschusses. Die UGT hatte ebenfalls drei Vertreter. Obwohl die Generalitat weiter existierte, war das Zentralkomitee, die einzige effektive Macht, die wirkliche Regierung Kataloniens. In seiner Radioansprache hatte Companys versprochen, er werde „Disziplin durchsetzen". Da seine Partei Teil des Komitees war, musste er für die „revolutionäre Disziplin", die der Bevölkerung auferlegt wurde, verantwortlich gemacht werden.

In Anwendung des revolutionären Befehls wurden in den ersten Tagen die meisten Kirchen in Katalonien niedergebrannt. In Barcelona wurde am Nachmittag des 19. die prächtige Kirche Santa Maria del Mar niedergebrannt, gefolgt von der gotischen Kirche Santa Anna, Santa Maria del Pi, La Merced und der Barockkirche Belen. Mit Ausnahme der Kathedrale, die dank der Intervention der Generalitat gerettet werden konnte, wurden alle Kirchen der Stadt niedergebrannt. Auch der Christus, der den Berg Tibidabo krönte, wurde abgerissen. Auch Klöster, Priesterseminare, Verlage, Buchhandlungen und die Sitze der konservativen Parteien wurden mehr oder weniger vollständig zerstört. Das Gleiche geschah in ganz Katalonien, mit Ausnahme der Kathedrale von

Tarragona. In Vic, einer der traditionsreichsten katalanischen Städte, wurden mindestens vierzig Kirchen und religiöse Gebäude, darunter die Kathedrale, niedergebrannt. In Sitges, in Sabadell und in Puigcerdà wurden alle Kirchen zerstört. Die Methoden der Zerstörung waren überall ähnlich: Von Revolutionären gesteuerte Autos oder Lastwagen fuhren von Ort zu Ort, töteten den Pfarrer oder den Priester, wenn sie ihn fanden, übergossen das Gebäude mit Benzin und setzten es in Brand. Wer es wagte, sich zu widersetzen oder zu protestieren, wurde in der Regel auf der Stelle erschossen. Am 22. Juli 1936 veröffentlichte *La Vanguardia* ein Dekret von Präsident Companys, in dem betont wurde, wie wichtig es sei, „die Vernichtung der faschistischen Kerne in ganz Katalonien zu vollenden". Bereits 1931 hatte Azaña zum Ausdruck gebracht, wie wenig diese Vandalenakte bedeuteten: „Alle Klöster in Madrid sind nicht das Leben eines Republikaners wert".

Die Zerstörung wurde von allerlei Grausamkeiten begleitet. Die Brandstifter und die Zuschauer, die sie ermutigten, veranstalteten oft schändliche Jubelfeiern. Sie vergnügten sich, indem sie Statuen von Christus und der Jungfrau Maria in Milizkostümen verkleideten oder sich selbst in sakrale Gewänder kleideten. Die Schändung von Gräbern und Nischen in den Böden vieler Kirchen war eine Konstante. Die mumifizierten Körper von Nonnen und Brüdern wurden entfernt. Neben anderen makabren Obszönitäten wurde mit Totenschädeln Fußball gespielt. Ein Dutzend Skelette von Nonnen und Brüdern wurden auf die Stufen der Karmeliterkirche gelegt und vor den Kirchentüren ausgestellt, einige stehend, einige liegend. Professor Allison Peers, der, wie bereits erwähnt, Katalonien und die Katalanen zutiefst bewunderte, berichtet mit verhaltener Wut von der Ermordung von Freunden in *Catalonia Infelix*, die wie er Gelehrte einer Kultur waren, der sie einen Teil ihres Lebens gewidmet hatten. Unter ihnen erinnert er sich an die Bischöfe von Lérida und Barcelona. Besonders bedauert er die Ermordung des Chorleiters von Montserrat, eines zweiundachtzigjährigen Mannes, eines bedeutenden Musikers und Spezialisten für Patristik, der nicht mit anderen Mitgliedern der Gemeinschaft nach Italien fliehen konnte.

Die Gewalt in Katalonien in den ersten beiden Monaten nach dem Aufstand schockierte Einheimische und Fremde gleichermaßen. Obwohl offizielle Sprecher erklärten, dass alles normal sei und die Behörden die absolute Kontrolle ausübten, herrschte zwei lange Monate lang überall die Schreckensherrschaft. Arbeiter zogen den ganzen Tag mit Gewehren und Pistolen durch die Straßen. Dank der Beschlagnahmung der Kasernen wurden Waffen an alle ausgegeben, die sie haben wollten. Zehntausende Gewehre wurden in Barcelona, Madrid, Málaga und in den Städten, in denen der Putsch gescheitert war, verteilt. Politische und gewöhnliche Gefangene fanden sich sofort nach ihrer Entlassung auf der Straße und mit Gewehren in der Hand wieder. Broué und Témime sprechen von „einer spontanen Bewegung, einem echten 'Massenterrorismus', sowohl was die Zahl der Henker als auch die Zahl der Opfer betrifft". In Übereinstimmung mit dem marxistischen Argument, dass nur das Proletariat das Volk ist, gehen diese Autoren davon aus, dass die Macht „an das Volk übergegangen war", und rechtfertigen auf dieser Grundlage ideologisch die Gewalt, d.h. „die sofortige Liquidierung der unter diesen Umständen als 'Faschisten' gebrandmarkten Klassenfeinde ohne Gerichtsverfahren". Auf diese Weise wurden alle Arten von „Faschisten" auf der Stelle getötet, wenn es keinen Militanten mit Autorität gab, der dies verhindern konnte. Hier ist ein Auszug aus dem Werk dieser trotzkistischen Autoren:

> „Die Fahrt verlief fast immer nach demselben finsteren Schema. Das Opfer, das von einem 'Wachsamkeits-' oder 'Verteidigungs'-Komitee einer Partei oder einer Gewerkschaft bestimmt wurde, wurde nachts von bewaffneten Männern in seinem Haus verhaftet, mit dem Auto aus der Stadt gebracht und in einer abgelegenen Ecke abgelegt. Auf diese Weise starben Opfer realer politischer Abrechnungen, Priester, kleine und große Bosse, politische Männer, Bürgerliche oder Reaktionäre, all jene, die sich irgendwann einmal mit einer Arbeiterorganisation angelegt hatten: Richter, Polizisten, Gefängniswärter, Spitzel, Peiniger, Bewaffnete oder, einfacher gesagt, all jene, die ein politischer Ruf oder eine soziale Situation im Voraus als Opfer auswies. So wurden in Barcelona auch militante Arbeiter ermordet: der Sekretär der UGT-Hafenarbeiter, der Kommunist Desiderio Trillas, der von der CNT als 'Hafenkumpel' denunziert wurde, der Leiter der UGT-Sektion der Hispano-Suiza-Fabrik".

Dieser Text bestätigt die Existenz der Mafia: Persönliche Rachefeldzüge, Plünderungen und hemmungslose Morde wurden im Namen der revolutionären Ordnung, die der gesamten Bevölkerung aufgezwungen wurde, legitimiert. G. Brenan weist darauf hin, dass Juan Peiró, in zwei Perioden Generalsekretär der CNT und von November 1936 bis Mai 1937 spanischer Industrieminister, die Exzesse in der von ihm herausgegebenen Zeitung *Llibertat* anprangerte, in der er die Notwendigkeit einer organisierten Repression forderte. „Im Namen der revolutionären Ehre" forderte Peiró ein Ende des „makabren Tanzes jeder Nacht" und bezeichnete diejenigen, die „um des Tötens willen töten", als „moderne Vampire", „latente Faschisten".

Am 1. August schrieb der Korrespondent *der Times*: „Hinter der Oberfläche lauert in Barcelona die schreckliche Geschichte der Hausdurchsuchungen durch Säuberungskommandos, der Entführung von Einzelpersonen und ganzen Familien und ihrer anschließenden Ermordung an einsamen Orten, der Ermordung von Nonnen und Priestern". Ein aufschlussreicher und intelligenter Zeuge der Revolution war Franz Borkenau, ein Österreicher jüdischer Herkunft, Mitglied der Kommunistischen Partei Deutschlands und Agent der Komintern, der am 5. August über Port Bou nach Katalonien kam[22]. In *El reñidero español* veröffentlichte Borkenau sein „Diario

---

[22] Franz Borkenau, der sowohl vom Kommunismus als auch vom Marxismus desillusioniert war, wandte sich der Soziologie zu. Er unternimmt zwei Reisen nach Spanien. Bei der zweiten Reise hatte er Probleme mit Mitgliedern der PCE. Im Januar 1937 wurde er verdächtigt und als Trotzkist denunziert. Nach Verhaftung und Folter wurde er schließlich freigelassen. Das Werk, das wir hier besprechen, wurde 1937, nach seiner zweiten Reise, unter dem Titel *The Spanish Cockpit* veröffentlicht. Gerald Brenan, Autor des Vorworts zur amerikanischen Ausgabe, hält Borkenaus Werk für „ein

revolucionario" (Revolutionäres Tagebuch), in dem er den Eindruck festhielt, den er bei seiner nächtlichen Ankunft in Barcelona hatte, als die Straßen von bewaffneten Männern eingenommen waren, von denen viele ein Mädchen am linken Arm trugen: „Wenige Leute auf dem Passeig de Colón. Und dann, als wir um die Ecke von Las Ramblas bogen, gab es eine ungeheure Überraschung: Vor unseren Augen entfaltete sich wie ein Blitz die Revolution. Es war überwältigend. Als ob wir einen anderen Kontinent betreten hätten...". Nachdem der erste Schock abgeklungen war, erkannte Borkenau, dass die Milizionäre auf der Straße jeden festnehmen und von ihm verlangen konnten, zu beweisen, dass er kein Faschist war, wenn er nicht verhaftet oder gar hingerichtet werden wollte. Das Mitführen von rechtsgerichteten Büchern, konservativen Zeitungen oder der Nachweis, in Italien oder Deutschland gewesen zu sein, konnte schlimme Folgen haben. Unparteiische Beobachter schätzten die Zahl der Toten, die jeden Morgen auf den Straßen gefunden wurden, auf etwa einhundert. Die Sozialistin Clara Campoamor schrieb in *La revolución española vista por una republicana*, dass die Leichen in das Hospital Clínico gebracht wurden, das als Leichenschauhaus der Stadt diente. Campoamor bezifferte die Zahl der in zweiundfünfzig Tagen abgeholten Leichen auf sechstausend. Nach Angaben des Korrespondenten *der Times* wurden in der letzten Juliwoche allein auf der Straße La Rabassada täglich ein Dutzend oder mehr Leichen gefunden.

Da sich die Lage in der Nachhut so darstellte, kam die notwendige Reaktion auf die Rebellen nur langsam voran. Wäre sofort gehandelt worden, hätte man vielleicht Saragossa einnehmen können, dessen Besitz für die Aufrechterhaltung der Verkehrsverbindungen zwischen Madrid und Barcelona von entscheidender Bedeutung war, doch dies gelang während des gesamten Krieges nicht. Während in der nationalistischen Zone die Züge fast sofort fuhren und Ordnung und Disziplin sofort durchgesetzt wurden, dauerte der Streik in der roten Zone mehr als eine Woche. Da es keine Berufsarmee gab, war es notwendig, eine Miliz zu organisieren. Fast von Anfang an wurden die unterschiedlichen Auffassungen der Kommunisten des PSUC, die das „Armeesystem" befürworteten, und der Anarchisten, die das „Milizsystem" befürworteten, deutlich. Die Idee war, Kolonnen aus CNT-Mitgliedern und Sympathisanten zu organisieren, die von den anarchistischen Organisationen kontrolliert und von gewählten politischen Kommissaren geleitet werden sollten. Innerhalb der Kolonnen wurden Zenturien von 100 Mann gebildet. Um nach Saragossa zu marschieren, wurde in aller Eile die Durruti-Kolonne mit etwa dreitausend Milizionären organisiert, die am Morgen des 24. Juli 1936 Barcelona unter allgemeiner Begeisterung verließ. Der einzige Offizier von Beruf war der Freimaurer Enrique Pérez Farràs, Kommandeur der spanischen Armee, der 1931 von Macià, der sich von Anfang an pessimistisch zeigte, zum Chef der Mozos de Escuadra ernannt worden war. In den folgenden Tagen bildete das Zentralkomitee weitere Kolonnen, was jedoch keine leichte Aufgabe war, da es

---

Musterbeispiel dafür, wie eine Studie über eine Revolution sein sollte, und für eines der besten Bücher, die je über Spanien veröffentlicht wurden". Borkenau starb im Jahr 1957.

bald zu Streitigkeiten zwischen den Parteien und Rivalitäten um den Besitz von Waffen kam.

Borkenau schreibt sehr interessante Seiten über den Marsch von Durruti auf dem Weg zur Aragon-Front. Am 10. August erhielt er Dokumente, die es ihm erlaubten, Barcelona in einem Auto des Zentralen Milizkomitees zu verlassen, begleitet von einem Fahrer und einer bewaffneten Eskorte, um die anarchistische Kolonne zu verfolgen. Als er durch die Dörfer fuhr, stellte er fest, dass die Kirchen ausnahmslos niedergebrannt waren und dass in ihnen politische Komitees arbeiteten, die Terror ausübten. Dies ist nicht nur in Katalonien der Fall: In allen Städten und Gemeinden Spaniens gibt es, wie bereits erwähnt, Komitees aller Art, die unter verschiedenen Namen arbeiten: Volkskriegskomitees, Gesundheitskomitees, Verteidigungskomitees, Exekutivkomitees, revolutionäre oder antifaschistische Komitees, Arbeiterkomitees... Borkenau stellt fest, dass die POUM die stärkste Partei in Lérida ist, was darauf zurückzuführen ist, dass Maurín, einer ihrer Führer, aus dieser Provinz stammt. In Fraga, wo sie dank der Intervention von Farràs ein Zimmer und ein Bett bekamen, erfuhr Borkenau, dass Durruti die Verhaftung aller Personen angeordnet hatte, die reaktionärer Aktivitäten verdächtigt wurden, und dass diese ins Gefängnis gebracht und erschossen wurden. Die Dorfbewohner, zumeist Anarchisten, erzählten ihm in der Taverne, was geschehen war: „Mit der bedeutungsvollen Geste, sich mit den Fingern zu kreuzen, erzählt uns ein Mann, dass achtunddreißig Faschisten im Dorf hingerichtet worden sind; es ist offensichtlich, dass sie es sehr genossen haben. Sie haben weder Frauen noch Kinder getötet, nur den Pfarrer, seine aktivsten Anhänger, den Anwalt und seinen Sohn, den Richter und einige reiche Bauern". Borkenau fügt hinzu, dass sich infolge des Massakers die Reichen und die Katholiken des Nachbardorfes auflehnten, so dass eine Kolonne von Milizionären dorthin ging und weitere vierundzwanzig Personen hinrichtete.

Durruti richtete seinen Kriegsausschuss in Bujaraloz ein, wo er die Ankunft der *rot-schwarzen* und der *Karl-Marx-Kolonne* abwartete, bevor er Zaragoza angriff. Diese Verzögerung ermöglichte es dem Feind, seine Stellungen zu verstärken. Mit jedem Tag, der verging, wurde es schwieriger, die Stadt einzunehmen. Letztendlich erreichte weder die Durruti-Kolonne noch eine andere jemals Zaragoza, so dass ihre bemerkenswertesten Erfolge die Kollektivierungen waren. Am 11. August erließ Durruti in Bujaraloz eine Proklamation, die das Eigentum vollständig abschaffte. Das gesamte Eigentum wurde ausnahmslos von zwei Komitees, dem Kriegs- und dem Volkskomitee, verteilt. In Sariñena, nördlich von Bujaraloz, wurden die regulären Angestellten, darunter auch der Notar, wie üblich hingerichtet. In seinem Haus und in den Büros neben dem Platz wurden die Dokumente über den ländlichen Besitz und andere finanzielle Angelegenheiten aufbewahrt. Sie wurden alle in einem Scheiterhaufen in der Mitte des Platzes verbrannt, so dass von den Eigentumsrechten keine Spur mehr übrig blieb. Dieser symbolische Akt, der sich auch in anderen Orten wiederholte, bedeutete die Abschaffung des Eigentums und die Auflösung der bisherigen sozialen und wirtschaftlichen Ordnung.

Die von Durruti und seiner Kolonne geförderte Kollektivierung von Land begann mit der Abschlachtung der Großgrundbesitzer. In vielen Gebieten Aragons wurde der freiheitliche Kommunismus eingeführt und das Geld abgeschafft. An den Kollektivierungen waren bis zu einer halben Million Menschen beteiligt. Es wurde viel darüber diskutiert, ob die ländliche Kollektivierung freiwillig oder erzwungen war. Anarchisten argumentieren, dass es sich um eine freiwillige Kollektivierungsbewegung handelte, während Kommunisten und Republikaner behaupten, dass sie in den meisten Fällen mit Gewalt durchgesetzt wurde. Unter neutralen Beobachtern gibt es für jeden Geschmack die passende Meinung. Franz Borkenau vertritt die Auffassung, dass die Kollektivierung, außer in La Mancha, den Bauern durch Terror aufgezwungen wurde, obwohl sich die Bauerngewerkschaften UGT und CNT für die Freiwilligkeit der Agrarkollektivierung ausgesprochen hatten. In Katalonien widersetzten sich die rabassaires, von denen viele dank des Anbaugesetzes über Grund und Boden verfügten, der Kollektivierung vehement.

In jenen Augusttagen fand in Barbastro, in der Nähe von Sariñena, ein schockierendes Massaker statt, das von Durruti angezettelt worden war, der sich zu Beginn des Monats in die Stadt begeben hatte, weil er irrtümlich drei Anarchisten aus Barcelona erschossen hatte. Durruti, der über den Tod der Katalanen erzürnt war, machte dem örtlichen Komitee Vorwürfe, forderte die Abschaffung der Soutane und zeigte mit dem Finger auf den Bischof. Kürzlich wurden die Fakten dank des Films *Un Dios prohibido (Ein verbotener Gott)* öffentlich gemacht. Alles begann am 20. Juli, als das Haus der Claretinergemeinschaft von Barbastro von CNT-Milizionären angegriffen wurde. Sechzig Personen lebten dort: neun Priester, zwölf Brüder und neununddreißig Studenten. Die drei Oberen wurden abgeführt und am 2. August erschossen. Die übrigen wurden in die Frommen Schulen gebracht, wo sie zusammen mit neun Piaristen und neunzehn Benediktinern inhaftiert wurden. Die Gefängniswärter brachten ihnen Prostituierte, um die jungen Seminaristen, denen das Beten verboten worden war, zum Abfall vom Glauben zu bewegen. In der Zwischenzeit wurde der Bischof, Monsignore Florentino Asensio, verhaftet. Am 8. August wurde er in einer Zelle des Rathauses eingesperrt und grausam gefoltert. Er wurde misshandelt: zahlreiche Wunden und Amputationen wurden ihm zugefügt, um ihn langsam ausbluten zu lassen. Unter Spott und Gelächter schnitten sie ihm die Genitalien ab. Als er am 9. August mit einer Gruppe auf dem Friedhof hingerichtet wurde, segnete er diejenigen, die ihn erschossen. Am 12. August wurden die sechs Claretinerprofessoren erschossen. Der Seminarist Faustino Pérez hinterließ diese Worte auf einer Schokoladenverpackung: „Sechs unserer Gefährten sind bereits Märtyrer. Wir hoffen, bald auch Märtyrer zu sein. Aber zuerst wollen wir zu Protokoll geben, dass wir in Vergebung für diejenigen sterben, die uns das Leben nehmen, und es für die christliche Ordination der Arbeitswelt opfern...". Die übrigen wurden am 13., 15. und 18. August hingerichtet.

Zusammen mit den drei Oberen starb am 2. August ein Zigeuner, Ceferino Giménez Malla, bekannt als „El Pelé", der verhaftet wurde, weil er einige Milizionäre zurechtgewiesen hatte, die einen Priester mit ihren

Gewehrkolben verprügelten. Da man bei ihm einen Rosenkranz fand, wurde er ins Gefängnis gebracht und verurteilt. Man bot ihm an, ihn zu verschonen, wenn er den Rosenkranz abgäbe, aber er lehnte ab. Er starb einen konsequenten Tod mit dem Rosenkranz in der Hand, wobei er „Lang lebe Christus der König" rief. Man kann ohne Übertreibung von der Ausrottung des Klerus von Barbastro während des Bürgerkriegs sprechen, da achtundachtzig Prozent der Priester den Märtyrertod fanden. Auch die Laien entgingen dem antiklerikalen Hass nicht: Etwa achthundert starben in der gesamten Diözese, nur weil sie katholisch waren. Insgesamt wurden während des Spanischen Bürgerkriegs zwölf Bischöfe und ein Apostolischer Administrator, 4.184 Weltpriester und Seminaristen, 2.365 Ordensleute und 296 Nonnen getötet.

Companys hatte „die vollständige Vernichtung der faschistischen Kerne in ganz Katalonien" gefordert. Es ist nicht bekannt, ob er die Katholiken zu ihnen zählte, aber für die Anarchisten machte das keinen Unterschied. Auf der anderen Seite gab es nur die durch die Dynamik der Revolution auferlegte Justiz, von der diejenigen, die nicht als Teil des „Volkes" betrachtet wurden, wenig erwarten konnten. Die Gerichtshöfe waren geschlossen, und die Richter waren getötet worden oder geflohen. In Barcelona stürmten Milizionäre unter der Führung des Freimaureranwalts Angel Samblancat den Justizpalast und warfen Akten und Kruzifixe aus den Fenstern. Es wurde ein aus linken Anwälten bestehender Justizausschuss eingesetzt, der alle Beamten entließ und sich als Revolutionstribunal konstituierte. Richter, Staatsanwälte und der Präsident des Tribunals wurden von den Parteien und Gewerkschaften ernannt. Zumindest war dies ein Schritt in Richtung der Abschaffung der Promenadenpraxis.

Die Lage in Madrid

Am 18. Juli ordnete Sebastián Pozas Perea, der freimaurerische General der Guardia Civil, die sofortige Verhaftung aller Soldaten an, die ihren Posten verließen. Pozas, der die Nacht in der Gobernación verbrachte und die Garnisonen kontrollierte, war der Schlüssel zum Scheitern des Putsches. Am Nachmittag wandte sich Dolores Ibárruri, kommunistische Abgeordnete für Asturien, von einem behelfsmäßigen Radiostudio im Innenministerium aus im Namen der PCE an die Bevölkerung von Madrid und ganz Spanien und forderte sie auf, die Republik zu verteidigen. Wenig später trat die Regierung Casares Quiroga zurück. Am 19. wurde die Regierungsbildung von Martínez Barrio bekannt und das Wort „Verrat" ging von Mund zu Mund. Tausende forderten auf den Straßen Waffen von der Regierung.

Gegen halb zwölf Uhr morgens traf General Joaquín Fanjul in Begleitung seines Sohnes und Kommandanten Mateo Castillo in Zivil im Cuartel de la Montaña ein, um die Führung des Aufstands in der Hauptstadt zu übernehmen. Anstatt sich auf den Weg zu machen, um die wichtigsten Punkte einzunehmen, machte er sich dort stark und wartete auf Verstärkung aus Burgos und Valladolid, da der Aufstand in den Garnisonen von Campamento, Getafe und Cuatro Vientos scheiterte. Im Morgengrauen des 20. wurde die Kaserne von Flugzeugen und Artillerie bombardiert. Gegen 11 Uhr vormittags erfolgte die

Kapitulation. Die Zahl der Toten wird mit 500 bis 900 angegeben, von denen viele an Ort und Stelle hingerichtet wurden. General Fanjul, sein Sohn und Oberst Fernández de la Quintana wurden gefangen genommen. Am 18. August wurden der General und der Kommandant erschossen. Fanjuls Sohn, José Ignacio, wurde vier Tage später im Gefängnis von Modelo von Milizionären getötet.

Die erste Militäraktion des Bürgerkriegs fand in der letzten Juliwoche und Anfang August in der Sierra de Guadarrama statt. Die putschenden Generäle dachten zunächst, dass die Einnahme der Hauptstadt ihnen den Sieg bringen würde. General Mola versuchte, die Gebirgspässe zu durchbrechen, um Madrid von Norden her anzugreifen, scheiterte aber an der schnellen Reaktion der Truppen der Volksfront: einer Kombination aus aufgelösten Militäreinheiten, anarchistischen und kommunistischen Milizionären sowie Zivilgardisten und Sturmtruppen. Die Rebellen konnten keine Fortschritte machen, und die Nordfront in Madrid wurde bis zum Ende des Krieges stabilisiert. Beide Seiten erschossen ihre Gefangenen. In den Altos del León und Somosierra kam es zu heftigen Kämpfen, bei denen Tausende von Kämpfern ihr Leben verloren, darunter Fernando Condés und Victoriano Cuenca, zwei der Attentäter von Calvo Sotelo. Auch der Falangistenführer Onésimo Redondo starb am 24. Juli in dem segovianischen Dorf Labajos, wo er von einer Gruppe Anarchisten mit Kugeln durchlöchert wurde, nachdem er mit dem Auto angekommen war, weil er dachte, es handele sich um eine nationalistische Zone.

Die Regierung Giral, die nach der kurzlebigen „Blitzregierung" gebildet wurde, zeigte von Anfang an ihre Schwäche. Wie in Katalonien war sie aufgrund der Gewaltenteilung nicht handlungsfähig, so dass die Rolle Girals der von Companys ähnelte. Auch in Madrid wurden Kasernen und Zeughäuser geplündert. Frauen und Männer mit Gewehren auf den Schultern übernahmen die Straßen, wenn auch nicht so vollständig wie in Barcelona. Wie überall wurden die Gefängnistüren geöffnet, so dass politische und gewöhnliche Gefangene frei herumlaufen konnten. Am 19. Juli begann der Mob zu randalieren. Im Viertel Torrijos, vor der Dominikanerkirche, wurde auf die Gläubigen geschossen, als sie die Kirche verließen, und mehrere Menschen wurden getötet und verwundet. Schon bald stieg der dichte Rauch der Brände in verschiedenen Teilen der Hauptstadt in den Himmel: Die Kirchen San Nicolás, San Cayetano, San Lorenzo, San Andrés und die Escuelas Pía de San Fernando waren die ersten, die brannten. Am 20. wurden die Feuer erneut entfacht, und die Kathedrale San Isidro wurde zu einem großen Scheiterhaufen, in dem Leinwände und wertvolle Kunstwerke verbrannt wurden.

Das Schlimmste waren jedoch wieder die kaltblütigen Morde auf den Straßen. Jeden Morgen wurden die Leichen der Menschen, die aus ihren Häusern geholt worden waren, eingesammelt. Der Friedhof von Aravaca, etwa zehn Kilometer von Madrid entfernt, wurde zu einem der Lieblingsplätze der Henker. In nur wenigen Tagen wurden allein dort mehr als dreihundert Madrilenen getötet. Bei der Verteilung der Macht in Madrid beanspruchte jede Partei oder Gewerkschaft einen Anteil. Sie alle hatten ihre Checas, ihre Gefängnisse, ihre eigenen unabhängigen „Armeen". In den Stadtvierteln funktionierten libertäre

Athenaeums, in denen kriminelle Aktionen aller Art organisiert wurden. Die Milizionäre besaßen große, leistungsstarke Autos, mit denen sie ihre Opfer aufsuchten und Ausfahrten machten. Zwei Wochen nachdem die Morde ungestraft verübt worden waren, berief der Generaldirektor für Sicherheit, Manuel Muñoz Martínez, ein Freimaurer 33. Grades, der seinen Bruder, den Freimaurer José Alonso Mallol, abgelöst hatte, Anfang August eine Sitzung im Círculo de Bellas Artes ein, an der alle Parteien und Gewerkschaften der Volksfront teilnahmen. Es wurde ein Provinzausschuss für öffentliche Ermittlungen eingesetzt, der die Repressionspolitik leiten sollte, und es wurde vereinbart, dass dieser Ausschuss ohne Einschränkungen oder Formalitäten „exekutieren" konnte, wann immer er es für richtig hielt. In der Folge wurde dieser Provinzausschuss in Sektionen oder Tribunale unterteilt und arbeitete bis November 1936 in den Kellern der Bellas Artes.

Zu den Verbrechen, die von Manuel Muñoz, dem ehrwürdigen Bruder, der die Generaldirektion für Sicherheit leitete, genehmigt wurden, gehört die erste Massenerschießung des Bürgerkriegs, die der Historiker Santiago Mata in seinem Buch *El tren de la muerte: investigación de la primera masacre de la guerra civil* (2011) untersucht hat, in dem er die Ereignisse schildert und die internationalen Auswirkungen analysiert, die sie auslösten. Das Verbrechen fand am 12. August 1936 statt, dem Tag, an dem fast zweihundert Menschen mit Maschinengewehren erschossen wurden. Sie kamen aus Jaén, wo die Gefängnisse überfüllt waren und etwa 800 Gefangene in der Kathedrale eingesperrt waren. Um die Situation zu entschärfen, fuhr in der Nacht des 11. August ein Zug mit 250 Gefangenen nach Alcalá de Henares, bewacht von Zivilgardisten. Auf den Durchgangsbahnhöfen wurde der Zug von der Menge mit Steinen beworfen und die Passagiere beschimpft. Als der Zug am 12. August im Bahnhof Santa Catalina ankam, wurde er von Milizionären angehalten, die die Herausgabe der Gefangenen forderten. Um die Mittagszeit zog der Leiter der den Zug bewachenden Truppe nach einem langen Gespräch mit dem Innenministerium die Wache ab, und die Insassen wurden dem Mob überlassen.

Der Konvoi wurde zu einer Abzweigung der Umgehungsstraße in der Nähe eines Ortes namens El Pozo del Tío Raimundo gebracht, die Gefangenen wurden in Gruppen zu Boden gebracht und, neben einer Böschung vor drei Maschinengewehren platziert, umgebracht. Unter den Opfern waren der Bischof von Jaén, Manuel Basulto Jiménez, der Generalvikar der Diözese, Félix Pérez Portela, und die Schwester des Bischofs, Teresa Basulto, die einzige Frau auf der Expedition. „Das ist eine Schande! -Ich bin eine arme Frau", rief sie aus. Dann wurde ihr gesagt: „Beeilen Sie sich nicht, Sie werden von einer Frau getötet". Eine Milizionärin namens Josefa Coso, „La Pecosa", trat vor und erschoss sie auf der Stelle. Zweihundert Männer waren bereits mit Maschinengewehren erschossen worden, als es einem neunzehnjährigen jungen Mann, Leocadio Moreno, wie durch ein Wunder gelang, die Hinrichtung zu verhindern. Er und etwa vierzig andere wurden verschont. Santiago Mata spürte Leocadio auf, als er bereits vierundneunzig Jahre alt war. Laut Mata haben diplomatische Dokumente gezeigt, dass das Massaker die Republik ernsthaft in

Verruf brachte, da viele Diplomaten sie nicht mehr als Rechtsstaat betrachteten und begannen, spanische Bürger in ihren Botschaften zu schützen.

Nach der Niederlage der Rebellen in Extremadura waren Franco und Mola nicht mehr miteinander verbunden. Nach dem Scheitern in Guadarrama war die Einnahme von Badajoz ein vorrangiges Ziel, da man immer noch daran dachte, Madrid zu erobern. Seit Anfang August bombardierten Flugzeuge der Rebellen die Stadt, in der die Jagd auf Rechtsradikale zur Regel geworden war. Da die Milizionäre wussten, dass die Nationalisten im Anmarsch waren, wollten sie das Gefängnis stürmen und die Gefangenen töten, aber die Wachen hinderten sie daran. Am 6. August erhoben sich die zivilen und stürmischen Wachmänner. Die Truppen von Oberst Puigdengolas und die Milizionäre schlugen den Aufstand nieder und nahmen die Aufständischen gefangen. Am selben Tag wurden elf Personen erschossen: Priester, Falangisten und mehrere pensionierte Soldaten.

Am 7. fielen Zafra, Almendralejo und Villafranca de los Barros in die Hände der Afrikanischen Armee, und am 11. rückten Truppen in Mérida ein. In diesen Orten kam es zu schweren Repressionen, und Hunderte von Menschen wurden hingerichtet. Der Fall von Mérida löste eine Welle von Repressalien in der gesamten Provinz aus: Zwischen dem 7. und 13. August wurden in der republikanischen Zone wiederum Hunderte von Rechtsextremisten erschossen. Am 13. August erreichten die Truppen von Yagüe die Mauern von Badajoz und die Bevölkerung begann in Massen zu fliehen. Puigdengolas ging nach Portugal und gab den Kampf auf. Am 14. August erfolgte ein heftiger Angriff auf die Mauern. Unter den Rufen „Es lebe der Tod!" rückten die Legionäre mit gezückten Bajonetten vor. In der Stadt angekommen, wurden die Kämpfe gnadenlos fortgesetzt. Der letzte Widerstandspunkt war die Kathedrale, wo ein Maschinengewehr vom Turm aus feuerte, bis die Munition ausging. Oben angekommen, ignorierten die Legionäre die Kapitulation des Milizionärs und warfen ihn ins Leere. Die Mauren wollten nicht in die Kathedrale eindringen, aber draußen inszenierten sie danteske Szenen von äußerster Grausamkeit: Sie erschossen diejenigen, die sich im Tempel auf die Stufen geflüchtet hatten, und beendeten sie mit einer Schrotflinte oder schlitzten ihnen die Kehle mit ihren Messern auf. Durch die Schüsse alarmiert, begaben sich Hauptmann González Pérez-Caballero und ein weiterer Hauptmann an den Ort des Geschehens und befahlen, das Gemetzel zu beenden. Bluttrunken ignorierten die Marokkaner die Befehle, so dass beide Hauptmänner sogar ihre Pistolen zogen. Die Mauren zerstreuten sich daraufhin und begannen, Geschäfte und Betriebe zu plündern.

Noch vor Einbruch der Dunkelheit war die Stadt eingenommen worden. Es gab keine Gefangenen: Diejenigen, die sich ergeben hatten, wurden kurzerhand erschossen. Etwa fünfzehnhundert Menschen gelang es, durch das Tor von Palmas nach Portugal zu fliehen. Die Militärs waren nicht in der Lage, den Vormarsch zu stoppen, und die Repression ging bald in die Hände der Falangisten, deren Anführer Arcadio Carrasco war, und der Guardia Civil über. Die republikanische Propaganda über das Ausmaß der Repression geht auf René Brut zurück, der sich am 16. August noch in Sevilla aufhielt und am 17. August in Badajoz eintraf, wo er Bilder von zahlreichen Leichen der Hingerichteten auf dem Friedhof machte, von denen viele bereits verbrannt und verbrannt worden waren. Jüngste Untersuchungen gehen davon aus, dass zwischen dem 13. und 18. August etwa 500 Leichen auf den Friedhof gebracht wurden, darunter 44 nationalistische und 220 republikanische Soldaten, 70 Carabineros und 180 Milizionäre. Im Laufe des Monats August gingen die Erschießungen jedoch weiter, so dass weitere 300 tote Opfer der Repression zu beklagen sind. Die Zahl der Repressionen in Badajoz zwischen 1936 und 1945 ist inzwischen bekannt: Man schätzt, dass in diesen neun Jahren rund tausend Menschen aufgrund von Schnellverfahren erschossen wurden.

Das Massaker von Badajoz hatte dank Jay Allen, einem amerikanischen Journalisten und Freund von Negrín und Álvarez del Vayo, weltweite Auswirkungen. Er war derjenige, der die Lüge über das Massaker in der Stierkampfarena von Badajoz erfand, ohne jemals in der Stadt gewesen zu sein. Dieser Korrespondent gab eine Zahl von viertausend Toten an, die von vielen Historikern akzeptiert wurde. Die Wahrheit ist, dass Allen seine Artikel von Tetuan aus schrieb und im Oktober in Madrid eintraf, als die Stadt in die Hände der Nationalisten fallen konnte. Dann nutzte die Regierung von Largo Caballero die Einnahme von Badajoz erneut zu Propagandazwecken und erfand einen Stierkampf mit Gefangenen anstelle von Stieren, dem kirchliche Würdenträger, Nonnen in weißen Gewändern und Mönche beigewohnt hätten. Die internationale Propagandakampagne diente der Republik dazu, die Geschehnisse in Barcelona, Madrid und anderen Städten wie Malaga und Valencia zu vertuschen. Borkenau, der am 24. August aus Valencia in Madrid eintraf, schrieb, dass sich in der Stadt die Nachricht verbreitet habe, dass die Aufständischen in Badajoz 1.500 Gefangene in der Stierkampfarena mit Maschinengewehren erschossen hätten.

Infolge der entstandenen Atmosphäre hatte sich eine Menschenmenge vor dem Gefängnis versammelt und die sofortige Hinrichtung aller Gefangenen im Modelo-Gefängnis gefordert. Innenminister Pozas Perea erlaubte Agenten der Generaldirektion für Sicherheit und Milizionären unter dem Kommando von Elviro Ferrer Obrador, das Modelo-Gefängnis zu betreten, um wichtige Gefangene zu durchsuchen. Am 21. August wurde eine neue Durchsuchung im Gefängnis von Fomento angeordnet. Felipe Emilio Sandoval, alias „Dr. Muñiz", betrat es an der Spitze von etwa vierzig CNT-Milizionären. Die Durchsuchung wurde unterbrochen und am 22. wieder aufgenommen, dem Tag, an dem die entsprechenden Beamten ihren Dienst antraten.. Was dann geschah, ist sehr unklar, aber es scheint, dass ein Brand in den Kellern des Gefängnisses ein Chaos verursachte und zur Ankunft neuer Gruppen von Milizionären führte. Gegen 19.00 Uhr wurde ein Volkstribunal organisiert, bei dem rechtsgerichtete Persönlichkeiten hingerichtet wurden, darunter die folgenden: Republikanerführer Melquíades Álvarez; José Mª Albiñana, Vorsitzender der Spanischen Nationalistischen Partei; Manuel Rico Avelló und Jose Martínez de Velasco, beide ehemalige Minister der Republik; Julio Ruiz de Alda, Falangist und Pilot des Fluges Madrid-Buenos Aires der „Plus Ultra"; die Generäle Osvaldo Capaz und Rafael Villegas; ein Bruder von José Antonio Primo de

Rivera... Insgesamt wurden dreißig Gefangene von diesem Tribunal „hingerichtet".

Es gibt ein Muster, das sich in der zeitgenössischen Geschichte unaufhaltsam wiederholt. Wenn die Gefangenen in den Gefängnissen Revolutionäre sind, die während der Herrschaft konservativer Regierungen verurteilt wurden, gehen sie auf die Straße, sobald eine „demokratische" oder linke Regierung an die Macht kommt. Der Sturm auf die Bastille schuf den ersten Präzedenzfall, der später in den Revolutionen von 1848 und in Russland während der bolschewistischen Revolution wiederholt wurde. In Spanien gewährte die Republik, wie wir gesehen haben, 1931 eine Amnestie für die wegen des Jaca-Aufstands Verhafteten, und 1936 errang die Volksfront den Sieg mit dem Versprechen, die wegen des Asturien-Aufstands Verhafteten freizulassen. Anders verhielt es sich, wenn die Gefangenen keine Revolutionäre, sondern Rechte oder Konservative waren. In diesem Fall verlangte die revolutionäre Gerechtigkeit, sie zu vernichten. Im September 1792 wurden bei dem berühmten Gefängnismassaker in Paris etwa sechshundert Menschen getötet. Damals machten die Verbrecher ihren Opfern Freimaurerzeichen, um das Leben der Sektenbrüder zu retten. In Spanien war das, was im Gefängnis von Modelo geschah, nur der Auftakt zu dem, was kurz darauf geschah, als in Paracuellos das größte Massaker des gesamten Krieges veranstaltet wurde.

Auf den Zusammenschluss der Kräfte in Afrika mit denen im Norden folgte die letzte Offensive auf Irún, die am 4. September endete. Die Besetzung von Fuenterrabía und Irún, das von den Verteidigern in Brand gesteckt und in einen Haufen schwelender Ruinen verwandelt wurde, kappte die Verbindung zu Frankreich und führte zum Zusammenbruch der guipuzkischen Front. Durch diese Ereignisse wurde man sich in Madrid bewusst, dass die Kriegsanstrengungen der Doppelherrschaft ein Ende setzen mussten. Die Befürworter der Wiederherstellung des republikanischen Staates fordern eine solide Regierung, die von einer starken Armee unterstützt wird. Am 26. August interviewt der *Prawda-Korrespondent* Michail Kolzow, ein Jude, der eigentlich Michail Efimowitsch Fridlyand heißt, Indalecio Prieto, der als einer der ersten den Ernst der Lage erkennt. Ende August war Prieto, der den Eintritt der Sozialisten in die Regierung befürwortete, entschlossen, sogar seinen Gegenkandidaten Largo Caballero zu unterstützen, weil er glaubte, dass er der einzige von den arbeitenden Massen respektierte Mann sei, der eine Regierung bilden könne. In *Diario de la Guerra de España* gibt Koltsov einen Auszug aus dem Interview wieder: „Die Meinung, die ich von ihm (Largo) habe, ist allen bekannt. Er ist ein Schwachkopf, der vorgeben will, klug zu sein. Er ist ein Desorganisator und ein Durcheinanderbringer, der sich als methodischer Bürokrat ausgeben will. Er ist ein Mann, der alles und jeden in den Ruin treiben kann. Und doch ist er heute der einzige oder zumindest der einzig brauchbare Mann, den man an die Spitze einer neuen Regierung stellen kann. Prieto war bereit, mit Largo Caballero zusammenzuarbeiten, da er ihn für die letzte Karte hielt: „Es gibt keinen anderen Ausweg für das Land. Und es gibt auch keinen anderen Ausweg für mich, wenn ich dem Land nützlich sein will".

Die PCE und die PSUC teilten Prietos Ansatz, da dies auch der Ansatz Stalins war, der sich damals nach dem ersten Moskauer Prozess mitten in einer Säuberungsaktion gegen Trotzkisten befand. Um der Joker zu sein, musste Largo Caballero vorerst auf seine angekündigte „Diktatur des Proletariats" verzichten. Von *Claridad* aus hatte er die Mobilisierungsdekrete Girals kritisiert und die leninistische These vom „Volk in Waffen" verteidigt. Er teilte nicht die Ansichten derjenigen, die die Revolution beiseite schieben wollten, um den Krieg zu gewinnen, auch wenn die harte Realität der Niederlagen ihn zum Nachdenken anregte. Am 27. August legte Largo Caballero Kolzow seine Ansichten dar und äußerte neben einer scharfen Kritik an Giral seine Überzeugung, dass die Volkskräfte, die sich um die anarchistischen und sozialistischen Gewerkschaften scharen, schließlich die Macht ergreifen würden. Kolzow interpretierte, dass der spanische Lenin *im* Gegensatz zu Prieto immer noch an eine „Arbeiterregierung" dachte.

Am 27. August, vier Tage nach den Hinrichtungen von Sinowjew und Kamenjew, traf Moses Rosenberg, der sowjetische Botschafter, bekannt als Marcel Rosenberg, in Spanien ein. Laut Nahum Goldmann, Präsident des Jüdischen Weltkongresses, war Rosenberg, der 1937 von Stalin liquidiert werden sollte, ein zionistischer Jude, der die nicht-zionistischen kommunistischen Juden kritisierte. Zwischen 1920 und 1930 war er Berater in der sowjetischen Botschaft in Paris und dann Sekretär des Völkerbundes in Genf, wo er mit einem Gehalt von über 25.000 Dollar eine luxuriöse Villa, zwei Limousinen, eine Reihe von Sekretärinnen und eine junge Braut besaß. Während der Zeit, in der Stalin ihm vertraute, verfügte Rosenberg über so viel Macht, dass er, obwohl er nur Botschafter war, an den Sitzungen des Ministerrats teilnahm - eine Seltenheit in der Geschichte der internationalen Beziehungen. Der Einfluss Rosenbergs war von Anfang an spürbar.

Pierre Broué bestätigt in *La revolución y la guerra en España*, dass Largo Caballero entschlossen war, die Macht zu übernehmen. Diesem Autor zufolge gipfelte eine Versammlung von UGT- und CNT-Führern „in der Bildung eines provisorischen Komitees, das mit der Durchführung des Staatsstreichs und der Einsetzung einer Junta unter dem Vorsitz von Largo Caballero beauftragt wurde", von der die Republikaner ausgeschlossen werden sollten. Clara Campoamor bestätigt dies und fügt hinzu, dass Álvarez del Vayo, Sprecher des Komitees, Azaña gewarnt habe, der daraufhin mit seinem Rücktritt drohte. Broué behauptet, dass Rosenbergs Intervention die Krise abgewendet und das Provisorische Komitee gestoppt hat, das entschlossen war, auf Azaña zu verzichten. Der sowjetische Botschafter, schreibt Broué, warnte vor den internationalen Folgen einer Aktion, die „den Freunden des republikanischen Spaniens das Argument der 'Legalität' nahm und die Propaganda der Rebellen Lügen strafte, indem sie der Welt eine Regierung der 'Roten' präsentierte, die nicht mehr von einer republikanischen und parlamentarischen Fiktion gedeckt sein würde". Es war daher Rosenberg, der in dieser frühen Phase des Krieges anstelle der „Arbeiterregierung" eine Volksfrontregierung mit republikanischen Ministern unter dem Vorsitz von Largo Caballero vorschlug.

Am 4. September wurde die erste Regierung Largo Caballero ins Leben gerufen, die genau zwei Monate lang, bis zum 4. November 1936, Bestand haben sollte. Der Generalsekretär der UGT übernahm neben der Präsidentschaft auch das Kriegsressort. Fünf weitere Sozialisten treten in die Regierung ein, der auch zwei Kommunisten, fünf Republikaner und ein Mitglied der PNV angehören. Die Anarchisten wollten sich nicht beteiligen, denn, so die *Solidaridad Obrera*, „die Massen würden frustriert sein, wenn wir weiterhin in Institutionen zusammenleben, die eine bürgerliche Struktur haben". So übernahm Largo Caballero den Vorsitz der Regierung, die Indalecio Prieto gefordert hatte, und wurde mit dem Ministerium für Marine und Luftwaffe betraut.

Largo Caballero und Negrín überreichen Gold an Stalin

Über die ausländische Intervention im Spanischen Bürgerkrieg ist schon fast alles gesagt worden. Die Nationalisten erhielten massive Hilfe aus dem faschistischen Italien, sowohl in Form von Waffen als auch von Männern. Es sei jedoch darauf hingewiesen, dass die internationalen Brigadisten bereits seit zwei Monaten in Spanien waren, als die ersten Italiener der CTV eintrafen. Die Hilfe des nationalsozialistischen Deutschlands konzentrierte sich auf die Bewaffnung, obwohl auch Berater und die Flieger der berühmten Legion Condor eintrafen. Portugal schickte eine Gruppe von Freiwilligen, die Viriatos, aber sein Hauptbeitrag war logistischer Art: Die Nutzung seines Territoriums zu Beginn des Krieges war für die Nationalisten unerlässlich. Salazar wusste, dass ein Sieg der Volksfront zu einer Föderation der iberischen Republiken unter der roten Fahne des internationalen Kommunismus führen könnte. Die Republik erhielt ihrerseits massive Hilfe von der UdSSR und in geringerem Maße von Frankreich, das die Volksfront von Anfang an unterstützte: Anfang September 1936 hatte Frankreich bereits rund vierzig Flugzeuge und andere Rüstungsgüter geschickt. Auch Mexiko lieferte Waffen an die Republik. Wenig bekannt ist der Versuch der republikanischen Regierung, Waffen aus Deutschland zu kaufen. Zwischen dem 1. und 4. August 1936 hielt sich Augusto Barcia, „Lasalle", ein Freimaurer 33. Grades, in Berlin auf; aber wenn die republikanischen antifaschistischen Freimaurer keine Skrupel hatten, mit den Nazis zu verhandeln, so hatte Hitler sie, und er weigerte sich, ihnen etwas zu verkaufen.

Was die wirtschaftlichen Aspekte der Auslandshilfe betrifft, so ist zunächst festzustellen, dass das nationale Spanien über keine finanziellen Mittel verfügte. Am 25. Juli trafen zwei in Spanisch-Marokko lebende Deutsche, A. P. Langenheim und E. F. Bernhardt, in Bayreuth ein und baten um Hilfe. E. F. Bernhardt traf mit einem Hilfegesuch in Bayreuth ein. Als sie Hitler mitteilten, dass Franco nur das in der Bank von Tetouan deponierte Gold zur Verfügung habe, antwortete er, dass es besser sei, es zu behalten. Von diesem ersten Moment an vertraute ihm der deutsche Führer und stimmte zu, den Nationalisten einen ersten Kredit zu gewähren. Auch Mussolini gewährte den Aufständischen Kredite mit der alleinigen Garantie eines Endsieges, der zu diesem Zeitpunkt sehr unsicher war. Weitere Hilfe kam von Juan March und anderen spanischen Bankiers, aber auch amerikanische und britische Unternehmen gewährten

Kredite mit Unterstützung der Katholiken in ihren Ländern. Im September richtete die nationale Seite in Burgos ihre eigene Banco de España ein. Was die Ressourcen der Volksfront anbelangt, so wurde bereits erwähnt, dass sie sehr bedeutend waren, da sie im Besitz aller Devisenreserven, des Goldes und des Silbers der Bank von Spanien waren. Ihr Management war beklagenswert, ja katastrophal, denn sie bezahlten alle ihre Einkäufe im Voraus, in Gold und in bar, bis sie alle ihre Mittel aufgebraucht hatten. Während sich die republikanischen Regierungen völlig in die Arme Stalins begaben, konnte die Regierung Franco ihre Unabhängigkeit stets bewahren.

Die einzige Frage der ausländischen Intervention in Spanien, die vielleicht unklar bleibt, ist die der Eliminierung der Trotzkisten, die gleichzeitig mit den Prozessen und Säuberungen in Russland stattfand. Es handelt sich um eine obskure Episode, die im Allgemeinen schlecht untersucht und wenig verstanden wird. Die Verlängerung des internen Kampfes unter den sowjetischen Kommunisten in Spanien hatte einen perversen Einfluss auf die Politik der republikanischen Seite und auf den Krieg. Es war ein entscheidender Punkt, der das Engagement der UdSSR zugunsten der Republik bedingte. In einer Zeit, in der der Nationalkommunismus den Internationalismus besiegt und in Russland Stalin das Spiel gegen seine Feinde gewinnt, wird Spanien zu einer Figur, die jeder haben und niemand verlieren will. Im September 1936 sahen die Trotzkisten in Spanien eine Möglichkeit, ihrem Feind heimlich entgegenzutreten, vielleicht die letzte Chance, eine Basis des internationalen Widerstands zu gewinnen. Die Möglichkeiten waren gering, aber ob durch die Internationalen Brigaden, durch die Übernahme der Kontrolle über die Regierung der Republik oder durch die Provokation eines Weltkriegs, trotzkistische Agenten, und davon gab es viele, konnten es versuchen. Die Idee, einen trotzkistischen kommunistischen Staat in Spanien zu schaffen, existierte und wurde von den geheimen Kräften, die Trotzki unterstützten, begrüßt.

Stalin, der die Tragweite der Verschwörung kannte, die er durch die Säuberungen bekämpfte, verlor die in Spanien operierenden Männer nie aus den Augen. Fast alle von ihnen waren, wie üblich, Juden, was einmal mehr beweist, dass die Weltrevolution von Anfang an ein Unternehmen war, das von internationalen jüdischen Agenten kontrolliert und geleitet wurde. So wie die offizielle Geschichtsschreibung die historische Bedeutung der Moskauer Prozesse und die Selbstgerechtigkeit der Trotzkisten verschwiegen hat, so schweigt sie auch über den wahren Charakter der spanischen Episode. Stalin war unter „imperialistischen" Gesichtspunkten auf Spanien aus. Die Halbinsel stellt geopolitisch eine strategische Position ersten Ranges dar. Genau aus diesem Grund konnte Großbritannien die Kontrolle Stalins über die Halbinsel nicht akzeptieren. Gibraltar, „Gib", wie die Briten sagen, das Symbol der britischen Macht, zusammen mit Suez einer der beiden Schlüssel zum Mittelmeer, war zu wichtig. Bevor er 1941 auf Befehl Stalins ermordet wurde, schrieb Krivitsky (Samuel Ginsberg), der trotzkistische Jude, der 1936 Chef des sowjetischen Militärgeheimdienstes war: „Die Geschichte der sowjetischen Intervention bleibt das folgenreichste Geheimnis des Spanischen Bürgerkriegs".

Mit der Bildung der Regierung Largo Caballero beschleunigte sich Stalins Intervention in Spanien drastisch. Krivitsky widmet ein Kapitel seines Buches dem Kommentar und der Erklärung, wie es dazu kam. Da er eine sehr interessante Quelle ist, da er jahrelang in engem Kontakt mit der Politik der UdSSR in Europa stand, werden wir wichtige Informationen aus seinen Seiten übernehmen, wobei wir stets bedenken, dass er Stalin zutiefst hasste. Krivitsky verrät nie, wer die trotzkistischen Agenten in Spanien waren und stellt seine Kollegen als Idealisten dar, die die Befreiung des internationalen Proletariats anstrebten. Er erklärt nachdrücklich, dass Stalin Spanien zu einer mit der UdSSR föderierten Räterepublik machen wollte, und bedauert, dass so viele naive Menschen glaubten, seine Politik sei mit der Weltrevolution verbunden. Zu diesen naiven Menschen gehörten Tausende von ausländischen Kommunisten, die, aus ihren Ländern vertrieben, als Flüchtlinge in der Sowjetunion lebten. Stalin nutzte die Gelegenheit, sich dieser alten Revolutionäre zu entledigen und sie nach Spanien zu schicken, wo sie in der Überzeugung ankamen, der spanische Bürgerkrieg könne die Weltrevolution auslösen.

Dank Krivitsky ist bekannt, dass Ende August drei spanische Beamte nach Russland reisten, um Waffen zu kaufen, aber nicht sofort nach Moskau gebracht wurden, sondern in ihrem Hotel in Odessa festgehalten wurden. In der Zwischenzeit trat das Politbüro zusammen, wo Stalin schließlich seinen Interventionsplan vorstellte, der verdeckt erfolgen sollte, um eine Verwicklung in einen Krieg zu vermeiden. Ein Sonderkurier wurde nach Holland geflogen, wo sich der als Antiquar getarnte Walter Krivitsky aufhielt, der folgende Anweisungen erhielt: „Erweitern Sie sofort Ihre Operationen auf den spanischen Bürgerkrieg. Mobilisieren Sie alle Agenten und alle verfügbaren Einrichtungen für die schnelle Organisation eines Systems zum Kauf von Waffen und deren Transport nach Spanien. Ein besonderer Agent wird nach Paris entsandt, um Sie bei dieser Arbeit zu unterstützen. Dort wird er Ihnen vorgestellt werden und unter Ihrer Aufsicht arbeiten."

Am 14. September 1936 berief Jagoda, dessen Verbindungen zu den Trotzkisten noch nicht entdeckt worden waren, auf Anweisung Stalins eine Konferenz in der Lubjanka ein. Dort wurde beschlossen, die Aktivitäten der PCE mit den sowjetischen Geheimdiensten zu koordinieren. An dem Treffen nahmen Michail Frinowski, der damalige Befehlshaber der militärischen Kräfte der OGPU, die zum NKWD gehörte, Abraham Aronowitsch Slutski, Leiter der Auslandsabteilung der OGPU, und Semene Petrowitsch Uritski, General des Generalstabs der Roten Armee und Neffe von Moisei Salomonowitsch Uritski, der 1918 im Zusammenhang mit den Auseinandersetzungen zwischen Lenin und Trotzki ermordet worden war, teil. Alle vier waren Juden, und alle wurden schließlich als Trotzkisten gesäubert und von Stalin hingerichtet. Auf dieser Konferenz in der Lubjanka wurde der Mann ernannt, der die OGPU in Spanien organisieren sollte, ein Veteran aus Slutskys Abteilung, den Krivitsky als „Nikolsky, alias Schwed, alias Lyova, alias Orlov" bezeichnet, ein weiterer Jude, der in Spanien als Alexander Mikhailovich Orlov bekannt war, obwohl sein richtiger Name Leiba Lazarevich Felbing war. Der Historiker Burnet Bolloten weist darauf hin, dass Stanley G. Payne ihm 1968 die Kopie eines von Orlov selbst unterzeichneten Vermerks zur Verfügung gestellt hat, wonach seine Ernennung durch das Politische Büro am 26. August 1936 stattgefunden hat, so dass das von Krivitsky angegebene Datum des 14. September in Bezug auf diese Ernennung nicht korrekt ist. Tatsächlich war Orlow bereits mit seiner Frau Maria Roznetski, ebenfalls NKWD-Agentin, und seiner Tochter, die er in der französischen Hauptstadt zurückließ, nach Paris abgereist. Am 15. September befand er sich bereits in Spanien. Burnett Bolloten merkt an, dass Orlov einer der sowjetischen Offiziere gewesen sein könnte, die Botschafter Rosenberg bei seinen Besuchen in Largo Caballero begleiteten.

Zwei Tage vor der Ankunft Orlows hatte sich ein erstaunliches Ereignis ereignet: Der Finanzminister Juan Negrín hatte per Dekret die Übertragung des größten Teils der Goldreserven der Banco de España an die UdSSR angeordnet. Krivistsky zufolge arbeitete der Jude Arthur Stashevsky, der sich in Spanien als einfacher Handelsattaché ausgab, daran, „die Kontrolle über die Finanzen der Republik in sowjetische Hände zu legen". Staschewski, schreibt Krivitsky, „fand in Juan Negrín einen aufrichtigen Mitarbeiter für seine finanziellen Pläne". Er war es also, der Negrín überredete, ihm das Gold zu überlassen. Juan Negrín war mit einer Jüdin ukrainischer Herkunft verheiratet, Maria Fidelman Brodsky Mijailova, der Tochter eines wohlhabenden Geschäftsmannes, der seit Ende des 19. Um seine jüdische Herkunft zu verbergen, beschlossen Negrín und seine Frau, ihre Kinder mit dem mütterlichen Nachnamen Mikhailov statt Brodsky anzumelden. Nach seiner Flucht aus Spanien ging Negrín ins Exil nach Bovingdon in der Nähe von London, wo er häufig vom sowjetischen Botschafter Ivan Maisky, einem polnischstämmigen Juden, besucht wurde. Negrín lud Maisky und seine Frau ein, die Wochenenden in seinem Haus zu verbringen. [23]

Da Krivitskys Glaubwürdigkeit von den Stalinisten angeprangert wurde, wollte Burnett Bolloten, ein englischer Historiker jüdischer Herkunft, die Zuverlässigkeit von Krivitskys Behauptungen überprüfen. In *The Spanish Civil War: Revolution and Counter-Revolution* weist Bolloten anhand von vier verschiedenen Quellen nach, dass Negrín tatsächlich ein enger Freund von Staschewski war und mit der Jüdin Maria Fidelman Brodsky verheiratet war, mit der er fünf Kinder hatte. Louis Fischer berichtet, dass Stashevsky ein Freund Negríns war, der ihn in wirtschaftlichen Fragen beriet. Álvarez del Vayo bestätigt, dass Negrín und Stashevsky eine „wahre Freundschaft" verband. Santiago Garcés Arroyo, dem Negrín im April 1938 die Leitung des SIM (Militärischer Informationsdienst) übertrug, bestätigt, dass Negrín sich sehr gut mit den Russen verstand, insbesondere mit Staschewski, „mit dem er jeden Tag frühstückte und zu Mittag aß". Mariano Ansó, ein Minister von Negrín, bemerkt, dass Staschewski dessen „unwiderstehliches Talent und Charme" schätzte.

---

[23] In seinen Memoiren schreibt Maisky: „Von da an wurde Bovingdon zu unserem regelmäßigen Erholungsort an den Wochenenden". Im Februar 1953 wurde Maisky verhaftet. Er wird der Spionage, des Hochverrats und der Beteiligung an der zionistischen Verschwörung beschuldigt, entgeht aber dank der Ermordung Stalins der Hinrichtung. Beria, der die Macht an sich reißen wollte, hatte ihn als zukünftigen Auslandskommissar ins Auge gefasst. 1955 wurde Maisky freigelassen und von seinen Anschuldigungen entlastet.

Arthur Karlovich Stashevsky, geboren in Mitau, war eigentlich ein lettischer Jude namens Girshfeld oder Hirshfeld, der unter dem Pseudonym „Verkhovsky" die Grundlagen für die Gründung der internationalen bolschewistischen Brigaden legte. Während des Bürgerkriegs war er 1920 Leiter des Geheimdienstes an der Westfront, und in Friedenszeiten organisierte er im Auftrag des tschechischen Präsidiums das Geheimdienstnetz in Westeuropa, wofür ihm der Titel „Ehrentschekist" verliehen wurde. Angesichts dieses Lebenslaufs kann es kaum Zweifel an seiner trotzkistischen Zugehörigkeit geben. Stalin ließ ihn 1937 hinrichten.

Der Geschäftsführer von Largo Caballero informierte den Präsidenten der Republik nicht über die Übergabe des Goldes. Largo selbst begründete seine Entscheidung damit, dass sich Manuel Azaña „in einem wirklich beklagenswerten geistigen Zustand" befand. Obwohl Artikel 2 des Dekrets vorsah, dass die Cortes informiert werden sollten, wurden sie nie informiert. In dem Dekret vom 13. September 1936 heißt es, dass die durch den Militäraufstand hervorgerufene Anomalie es ratsam mache, Maßnahmen zu ergreifen, um „die Metallreserven der Banco de España, die Grundlage des öffentlichen Kredits, zu sichern". Artikel 1 des Dekrets lautete: „Das Finanzministerium wird ermächtigt, zu dem Zeitpunkt, den es für angemessen hält, den Transport der Gold-, Silber- und Banknotenbestände, die sich zu diesem Zeitpunkt in der zentralen Einrichtung der Banco de España befinden, mit den größten Garantien an den Ort zu veranlassen, den es für am sichersten hält". Mit anderen Worten: Als die nationalistischen Truppen sich Madrid noch nicht einmal genähert hatten - die Belagerung des Alcázar von Toledo endete am 27. September -, hielt man Moskau für den sichersten Ort zur Aufbewahrung des Goldes. Am 14. September erschienen die Carabinieri in der Bank von Spanien, unter Mitwirkung des Generaldirektors des Schatzamtes, Francisco Méndez Aspe, einem Mann, dem Negrín vertraute. Die Direktoren Martínez Fresneda und Álvarez Guerra prangerten die Vorgänge als illegal an und traten zurück. Verschiedenen Quellen zufolge beging der Hauptkassierer der Banco de España in seinem Büro Selbstmord.

Spaniens Goldreserven von 707 Tonnen waren damals die viertgrößten der Welt. Davon wurden 510 Tonnen an die Sowjetunion übergeben, der Rest wurde in französischen Banken deponiert, um die Bezahlung von Rüstungskäufen zu garantieren. Bevor das Gold Spanien verließ, schickte Stalin ein verschlüsseltes Funkspruch an Orlow in Moskau: „Zusammen mit Botschafter Rosenberg habe ich mit dem Chef der spanischen Regierung, Largo Caballero, vereinbart, die spanischen Goldreserven auf einem russischen Dampfer in die Sowjetunion zu schicken. Alles muss unter strengster Geheimhaltung geschehen. Wenn die Spanier eine Quittung für die Lieferung verlangen, weigern Sie sich, ich wiederhole, weigern Sie sich, sie zu unterschreiben, und sagen Sie, dass Ihnen in Moskau von der Staatsbank eine offizielle Quittung ausgehändigt wird. Ich mache Sie persönlich für den Vorgang verantwortlich. Bis das Gold in Moskau eintraf, vergingen fast zwei Monate. Das Verfahren begann am 15. September um 23.30 Uhr mit dem Transport von 7.800 Kisten zum Marinestützpunkt Cartagena. Jede Kiste enthielt etwa 65 Kilo reines Gold. Die Ladung wurde im Pulvermagazin von La Algameca deponiert und blieb dort einen Monat lang, bis zum 22. Oktober. Da Cartagena bis zum Ende des Krieges unter der Kontrolle der Regierung der Republik stand, liegt es auf der Hand, dass die Reserven dort perfekt gelagert waren.

Stalin war davon ausgegangen, dass „ein russischer Dampfer" für den Transport ausreichen würde, aber Orlow stellte fest, dass mehr Schiffe benötigt würden, und so begab er sich nach Cartagena und befahl dem sowjetischen Marineattaché, die ankommenden Schiffe zu beschlagnahmen. Er ordnete an, dass sie schnell entladen werden und sich bereithalten sollten. In den Nächten des 22., 23. und 24. Oktober 1936 luden sowjetische Tanker vom Stützpunkt Archena unter dem Kommando eines jüdischen Kommandanten namens Semion Moiseyevich Krivoshéin das Gold auf die Schiffe *Kim, Khrushchev, Neva* und *Volgoles*. Der Marineminister Indalecio Prieto, der für den Marinestützpunkt zuständig war, muss von den Vorgängen dort gewusst haben. Am 25. Oktober um 10 Uhr morgens war die Operation beendet. Méndez Aspe bat um eine Quittung, aber Orlow antwortete, dass diese in Moskau ausgestellt würde, sobald das Gold gewogen worden sei. Um den Generaldirektor des Schatzamtes zu beruhigen, sagte Orlow ihm, dass er einen Vertreter des Schatzamtes auf jedes der Schiffe schicken könne.

Monate später, im Jahr 1937, sprach Krivitsky mit den vier spanischen Beamten, die sich immer noch in Moskau aufhielten und im Hotel Metropol wohnten, wo ihre Pässe einbehalten wurden. Wenn sie hier weggehen, wenn der Krieg vorbei ist", sagte Slutsky ihm, „können sie sich glücklich schätzen. Fürs Erste müssen sie in unseren Händen bleiben". Die Schiffe fuhren von Cartagena nach Odessa, wo sie am 2. November mit dem spanischen Schatz in ihren Laderäumen ankamen. Die Anlegestelle, an der sie anlegten, wurde von Spezialtruppen abgeriegelt. Tagelang transportierten OGPU-Beamte die Kisten auf Gleise und füllten die Waggons mehrerer bewaffneter Konvois, die die Fracht nach Moskau brachten. Im März 1937 gingen Slutsky und Krivitsky auf dem Roten Platz spazieren und Krivitsky erzählte ihm von der Ankunft des Goldes. Um ihm eine Vorstellung von der Menge zu geben, sagte er ihm: „Wenn alle Kisten, die sich in den Docks von Odessa aufgetürmt hatten, hier auf dem Roten Platz nebeneinander gestellt worden wären, hätten sie ihn von einem Ende zum anderen vollständig bedeckt. Stalin gab im Kreml ein Bankett, um den Erfolg der Operation zu feiern. Dann erklärte er: „Die Spanier werden das Gold genauso wenig sehen, wie jemand seine eigenen Ohren sehen kann". Die UdSSR gewährte den Republikanern keinen Kredit und sammelte alle Hilfen, die sie nach Spanien schickte, im Voraus ein.

In *Weapons for Spain. The Untold Story of the Spanish Civil War (Die unerzählte Geschichte des Spanischen Bürgerkriegs)* bringt Gerald Howson endgültig ans Licht, wie Stalin die Republik durch Waffenverkäufe um Hunderte von Millionen Dollar betrogen hat. Howson zeigt, wie die Sowjets die Buchhaltung und die Waffenpreise fälschten, da der Dollar damals zu 5,3 Rubel gehandelt wurde und sie den Wechselkurs für die Spanier auf 2,5 Rubel pro Dollar festlegten. So zahlte die republikanische Regierung doppelt so viel für die Waffen, wie sie eigentlich wert waren. In Howsons Worten: „Von all den

Schwindeleien, Betrügereien, Diebstählen und dem Verrat, den die Republikaner ertragen mussten, ist das skrupellose Verhalten Stalins und der hohen Beamten der sowjetischen Nomenklatura sicherlich das schäbigste, verräterischste und unentschuldbarste".

Flucht der Regierung und Massentötung von Gefangenen

Die sowjetische Intervention verlieh den Kommunisten eine Stärke und Macht, die ihnen zuvor gefehlt hatte. Die Verbindung der PCE mit den Geheimdiensten Stalins verschafft ihr zusätzliche Vorteile gegenüber den anderen Parteien. Darüber hinaus kann man sagen, dass sie drei Minister mehr hatte, da Rosenberg in den Ministerräten als eine Art Vizepräsident fungierte und die Sozialisten Negrín und Álvarez del Vayo im Einklang mit ihnen handelten. Sobald die Militärberater eintrafen, verstärkte sich seine Dominanz noch mehr. In Bezug auf Rosenberg bestätigt Luis Araquistáin, dass er sich wie ein Vizekönig verhielt, der Largo Caballero täglich Anweisungen erteilte, was zu tun sei und wen er ernennen oder entlassen solle. Burnett Bolloten zitiert einen sehr bezeichnenden Text von Ginés Ganga, einem linkssozialistischen Abgeordneten: „Dieser Herr (Rosenberg) pflegte in seiner Tasche eine Sammlung von kleinen Zetteln zu tragen, die so oder ähnlich formuliert waren: X, Leiter dieser und jener Abteilung, sollte entlassen und Z als Ersatz ernannt werden; so-und-so, ein Angestellter des Ministeriums A, hält sich nicht an die Vorschriften, er sollte durch B ersetzt werden; M sollte eingesperrt und wegen Unzufriedenheit verfolgt werden; und so weiter und so fort". Insgesamt umfasste das technische Militärpersonal in Spanien etwa zweitausend Mann, von denen nur die Piloten und Panzeroffiziere in den Kampf zogen. Die Russen waren Mitglieder des Generalstabs, Ausbilder, Ingenieure, Experten für chemische Kriegsführung, Flugzeugmechaniker, Funker oder Artillerieexperten. Sie alle wurden vom NKWD genau beobachtet.

Die Internationale Brigade, die eigentliche Armee der Komintern, wurde von den lokalen kommunistischen Parteien rekrutiert und in die Kommunistische Internationale integriert, in der viele internationalistische Anhänger Trotzkis immer noch versuchten, Einfluss zu nehmen, obwohl Stalin seit 1930 verschiedene Säuberungen durchgeführt hatte. Darüber hinaus verfügte der Militärgeheimdienst, der noch 1936 von zahlreichen Trotzkisten unterwandert war, über geheime Kontrollpunkte in Europa, an denen ausländische Kommunisten, die sich gemeldet hatten, erneut überprüft wurden. Es ist zu betonen, dass die Säuberung der Roten Armee in Moskau im späten Frühjahr 1937 stattfand und dass die Verschwörung gegen Stalin im September auf ihrem Höhepunkt war. Die Trotzkisten kämpften auf Leben und Tod, um Stalin zu entmachten, und hatten natürlich die Absicht, die Ereignisse in Spanien zu beeinflussen, das zu einem weiteren Schauplatz ihrer Konfrontation werden sollte.

Die Kontrolle der Freiwilligen der Brigade, von denen viele für die Republik und die Weltrevolution kämpfen wollten, wurde in Spanien fortgesetzt, wo sie von politischen Kommissaren bespitzelt wurden. Krivitsky zufolge wurden ihnen die Pässe abgenommen und nur selten zurückgegeben, da ausländische Pässe, insbesondere amerikanische, vom NKWD sehr geschätzt wurden. Ein Dokument des Exekutivkomitees der Komintern vom Herbst 1937, als die Säuberung der Trotzkisten in Spanien bereits stattgefunden hatte, wies auf die Notwendigkeit hin, „die Auswahl der Freiwilligen zu überwachen, um zu verhindern, dass Agenten der faschistischen und trotzkistischen Informationsdienste und Spione in die Brigaden eingeschleust werden". In Spanien gab es zwei Gefängnisse für Brigadisten, eines im Stadtteil Horta in Barcelona, in dem 1937 sechshundertfünfundzwanzig Gefangene untergebracht waren, und ein weiteres in Castellón de la Plana. Die Ausbildungsstätte wurde in Albacete eingerichtet, wo der Franzose André Marty, der den Spitznamen „der Schlächter von Albacete" trug, für die Rechtgläubigkeit der kommunistischen Freiwilligen sorgte. Er selbst gibt in einem Bericht an das Zentralkomitee der Kommunistischen Partei Frankreichs zu, dass er nicht zögerte und die notwendigen Hinrichtungen anordnete: etwa fünfhundert.

Nach der Befreiung des Alcázar von Toledo beginnen die nationalistischen Truppen, sich Madrid zu nähern. In der Zwischenzeit landeten internationale kommunistische Freiwillige in den Mittelmeerhäfen und drangen aus Frankreich nach Katalonien ein, wo die Revolution ihren Höhepunkt erreicht hatte und zu schwächeln begann. Dort versuchte die Generalitat nach der Bildung der ersten Regierung von Largo Caballero ebenfalls, der Doppelherrschaft ein Ende zu setzen, was die Auflösung des Zentralkomitees der Milizen erforderte. Die Anarchisten stimmten schließlich am 26. September zu und erklärten sich, obwohl sie am Rande der Madrider Regierung geblieben waren, bereit, der Regierung der Generalitat beizutreten, deren „conseller en cap" Josep Tarradellas war. In diesem am 28. September gebildeten „Consell de Govern" waren alle Parteien und Gewerkschaften vertreten, einschließlich der POUM, der trotzkistischen Partei von Andreu Nin, der das Ressort Justiz übertragen wurde. Die POUM hatte es gewagt, den Moskauer Prozess vom August 1936, den ersten der drei Prozesse, zu kritisieren, und sich öffentlich für die Opfer eingesetzt. Den Anarchisten ihrerseits gelang es, die Kontrolle über die Wirtschaft, die Versorgung und das Gesundheitswesen zu erlangen. Die Bildung der neuen Regierung der Generalitat bedeutete theoretisch das Ende der Organismen der revolutionären Macht. Am 1. Oktober wird das Zentralkomitee der Milizen aufgelöst, das sich in einem Manifest der Politik der Generalitat anschließt. Am 9. Oktober setzt ein von Nin und den CNT-"Konsulenten" gebilligtes Dekret den lokalen Komitees in ganz Katalonien ein Ende.

Nach dem Schritt in Katalonien wäre es für die Anarchisten inkonsequent gewesen, den Beitritt zur Madrider Regierung abzulehnen. Die UGT, die PSOE und die PCE fordern dies, und so beginnen im Oktober, zeitgleich mit der Ankunft der ersten russischen Offiziere und Flugzeuge, die Verhandlungen. Die Zeitungen der CNT forderten die Bildung eines Nationalen Verteidigungsrates. Die militärischen Niederlagen und die Bedrohung der Hauptstadt entscheiden schließlich die Führer der CNT und der FAI, die sich trotz der Aufregung, die ihre Entscheidung in der Freiheitsbewegung auslöste, bereit erklären, der Regierung beizutreten. Zunächst forderten sie sechs Ministerämter. Largo

Caballero bot ihnen schließlich vier an: Justiz (García Oliver), Gesundheit (Federica Montseny), Handel (Juan López) und Industrie (Juan Peiró). Die Wiederherstellung des Staates war damit mit der Zustimmung der Anarchisten abgeschlossen.

Die zweite Regierung von Largo Caballero und vierundzwanzigste der Zweiten Republik wurde am 4. November 1936 gebildet, als sich die Rebellentruppen bereits in der Nähe von Madrid befanden. Negrín übernahm das Finanzressort und Prieto das Marine- und Luftwaffenressort. Largo Caballero behielt neben dem Präsidentenamt auch das Kriegsressort. Manuel de Irujo und Jaume Aiguader vertraten die baskischen und katalanischen Nationalisten. Alle Parteien sind an der Regierung beteiligt, mit Ausnahme der POUM, gegen deren Beteiligung die PCE auf Anweisung aus Moskau ihr Veto einlegt. Einen Monat später führte der Druck der katalanischen Stalinisten der PSUC und der sowjetischen Berater zur Entlassung von Andreu Nin als Justizminister der Generalitat. Für einige Historiker war diese Maßnahme der Beginn des konterrevolutionären Prozesses.

Am Abend des 6. November, in den ersten Stunden nach dem Angriff auf Madrid, flohen Largo Caballero und seine Minister auf beschämende Weise, ohne dies der Bevölkerung mitzuteilen. Auf ihrem Weg nach Valencia wurde die offizielle Karawane in Tarancón von hundert anarchistischen Milizionären gestoppt, die die Minister und den mit ihnen fliehenden Botschafter Rosenberg beleidigten und bedrohten. Die Erklärungen der anarchistischen Minister blieben erfolglos: Der Tross musste sich zurückziehen. Schließlich gelang es ihnen, einen Umweg in den Süden Madrids zu machen und ihre Flucht fortzusetzen. Als sie die Hauptstadt del Turia erreichten, wurden sie von der CNT-FAI in Valencia als „Feiglinge und Flüchtige" gebrandmarkt. Zwei Tage später durften die Zeitungen die Nachricht von der Verlegung der Regierung der Republik nach Valencia verbreiten, „um den endgültigen Sieg zu organisieren ". Das Regierungskommuniqué gab bekannt, dass vor der Abreise die Verteidigungsjunta von Madrid unter dem Vorsitz von General Miaja gebildet worden war.

Mit der Ankunft der ersten Sowjets wurde durch ein Dekret vom 6. Oktober das Generalkriegskommissariat geschaffen, das die Figur des Kommissars, des Vertreters der Regierung in der Armee, einführte, der als rechter Arm des Kommandos, „der Wächter, das wachsame Auge", der politische Erzieher der Soldaten und Offiziere, „der Genosse und das Vorbild" definiert wurde. Die Kommissare sollten, so die PCE, „Nerv und Seele der Volksarmee" sein, obwohl ihre Gegner sie als „rote Kapläne" bezeichneten. Die Kommunisten übernahmen die Hälfte der Posten in der am 7. November gebildeten Verteidigungsjunta und wurden so zu den Herren von Madrid.

Am Abend des 9. November schien die Stadt verloren. Außerdem wurde der Hunger zu einem weiteren Feind, den es zu überwinden galt: Um einen Laib Brot zu ergattern, konnte man manchmal von Mitternacht bis Mittag anstehen. Panik machte sich breit, und die Straßen waren voll von Flüchtlingen. Von Westen und Süden her rückten Francos Truppen an, ohne auf Widerstand zu stoßen. Nach Meinung von Edward Knoblaugh, Korrespondent der Associated

Press in Madrid. Franco hätte die Stadt an diesem Nachmittag einnehmen können, aber er tat es nicht, der Einmarsch fand nicht statt, vielleicht weil man der Meinung war, dass mehr Truppen benötigt würden. Nach Ansicht ausländischer Militärbeobachter waren etwa 150.000 Mann erforderlich, um eine Stadt wie Madrid einzunehmen, und Franco wollte die neu mobilisierten fünften Truppen nicht an die Front schicken, da sie ihre Ausbildung noch nicht abgeschlossen hatten. Als er sich drei Tage später zum Einsatz entschloss, war es bereits zu spät, denn Tausende von Brigadieren, die in Albacete ausgebildet worden waren, trafen in der Hauptstadt ein.

Da die Kommunistische Partei und die Sowjets die Kontrolle über die Stadt hatten und die Freilassung der Gefangenen befürchteten, wurden die Gefängnisse geleert und in Paracuellos del Jarama, Torrejón und Aravaca der größte organisierte Völkermord der spanischen Geschichte begangen. Obwohl einige Schätzungen die Zahl der während der Massaker hingerichteten Opfer auf bis zu 12 000 beziffern, gehen die meisten Wissenschaftler von etwa 8 000 aus. Es war der deutsche Diplomat Felix Schlayer, der als norwegischer Konsul und Geschäftsträger in Spanien in Madrid tätig war, der die Ereignisse aufdeckte und anprangerte. Schlayer, ein dreiundsechzigjähriger harter Kerl, der die Schrecken des Ersten Weltkriegs als deutscher Offizier miterlebt hatte, trug einen kunstvollen Schnurrbart aus dem neunzehnten Jahrhundert, der ihm das Aussehen eines preußischen „Junkers" verlieh. Seine mutige Entschlossenheit und sein beeindruckendes Auftreten schüchterten seine Gesprächspartner oft ein. Auch wenn Schlayer wegen seiner Sympathien für die Nationalisten in Verruf geriet, war sein Werk *Diplomat im roten Madrid*, das 1938 nach seiner Ausweisung aus Spanien auf Deutschland veröffentlicht wurde, ein unbestreitbares Zeugnis, das in Europa das von der Regierung der Republik verübte Massaker aufdeckte. Santiago Carrillo, einer der Hauptverantwortlichen für die Verbrechen gegen die Menschlichkeit in Paracuellos, bezeichnete ihn als „diesen Nazi".

Allein in Madrid gab es etwa zweihundert Checas. Einige waren offiziell, aber die meisten wurden von politischen Parteien, Gewerkschaften und Komitees kontrolliert. Jede organisierte Miliz, ob anarchistisch, sozialistisch oder kommunistisch, hielt sich für befugt, Personen, die des Anti-Republikanismus verdächtigt wurden, zu verhaften, zu verhören und notfalls hinzurichten. Infolgedessen wurde das diplomatische Hauptquartier bald zu einem Zufluchtsort für Tausende von Schutzsuchenden. Im Oktober hatte Schlayer bereits neunhundert Personen in dem norwegischen „Asyl" untergebracht. Aurelio Núñez Morgado, der chilenische Botschafter und Dekan des diplomatischen Korps, verfügte über mehr Platz in seinen Botschaftsgebäuden und übertraf die bisherige Zahl um mehrere hundert. Der Leiter der argentinischen Mission, Edgardo Pérez Quesada, spielte ebenfalls eine führende Rolle. Als er Gewissheit über die Vorgänge hatte, schickte Pérez Quesada einen ausführlichen Bericht nach Buenos Aires, von dem er eine Kopie an den britischen Geschäftsträger weitergab, der ihn an das Außenministerium weiterleitete.

In dieser Atmosphäre begann sich Schlayer Ende September für die Gefangenen zu interessieren und beschloss, regelmäßig die Gefängnisse zu besuchen, in denen die Häftlinge überfüllt waren. Die Tatsache, dass der Anwalt seiner Gesandtschaft, Ricardo de la Cierva, inhaftiert war, war einer der Gründe für seine Besorgnis. Seinem Beispiel folgten die Vertreter Chiles, Argentiniens, Großbritanniens, Österreichs und Ungarns, was eine Atempause und Erleichterung für die Inhaftierten bedeutete. Noch während die Regierung in Madrid weilte, begann Ende Oktober der Abtransport der Gefangenen aus den Gefängnissen. Der Generaldirektor für Sicherheit, Manuel Muñoz, ein Freimaurer 33. Grades, dessen Hände bereits mit dem Blut der Opfer des „Todeszuges" befleckt waren, unterzeichnete am 28. Oktober auf dem Friedhof von Aravaca einen Hinrichtungsbefehl für 32 Gefangene aus dem Gefängnis von Ventas, Unter ihnen befanden sich der Falangist Ramiro Ledesma und der Intellektuelle Ramiro de Maeztu, Autor von *Defensa de la Hispanidad* und *Don Quijote, Don Juan y la Celestina*, einem hervorragenden literarischen Essay über die drei universellen Figuren der spanischen Literatur. Maeztu wurde im Juli verhaftet und schrieb während seiner Gefangenschaft *Defensa del Espíritu (Verteidigung des Geistes)*, ein postumes Werk, von dem Fragmente verloren gegangen sind. Am selben Tag wurden 29 weitere Gefangene aus dem Modelo in Aravaca erschossen. Am 29. wurden fünfzig weitere Gefangene aus der berühmten Checa de Fomento geholt und auf der Straße nach Boadilla hingerichtet.

Am 1. November besprach der Jude Koltsov (Efimovich Fridlyand), alias Miguel Martinez, angeblich Korrespondent der *Pravda*, in Wirklichkeit aber Berater der Roten Behörden und der Verteidigungsjunta, mit den Politkommissaren das Schicksal der Gefangenen. Kolzow schlug vor, sie zu erschießen. Wiederum auf Befehl von Manuel Muñoz wurden neunundsiebzig Gefangene aus dem Ventas-Gefängnis geholt und in Aravaca erschossen. Einige Tage später, am 3. November, wurden weitere sechsundsechzig Gefangene in Carabanchel Alto hingerichtet. In den frühen Morgenstunden des 5. November verließen zwei mit Häftlingen beladene Lastwagen das Gefängnis San Antón, ein weiterer das Gefängnis Porlier und eine große Expedition das Gefängnis Modelo. Ian Gibson, Autor von *The Assassination of García Lorca*, vertritt in seinem Werk *Paracuellos: How it happened* die Auffassung, dass Koltsov der Anstifter und Verantwortliche für die Massaker von Paracuellos war. Koltsov galt als Mann des größten Vertrauens Stalins, trotzdem wurde er Ende 1937 von André Marty, der höchsten Autorität der Internationalen Brigaden, denunziert, der Koltsov Kontakte zu den Trotzkisten der POUM vorwarf und seine Frau Maria Osten beschuldigte, eine Agentin des deutschen Geheimdienstes zu sein. Koltsov wurde gezwungen, in die UdSSR zurückzukehren, und wurde am 2. Februar 1940 eliminiert.

Die Hinrichtungen in Aravaca mussten wegen der Nähe der nationalistischen Truppen ausgesetzt werden. Torrejón und Paracuellos wurden dann als Orte für die Fortsetzung der Hinrichtungen ausgewählt. Als die Regierung floh, ernannte die Verteidigungsjunta den Kommunisten Santiago Carrillo, Führer der JSU und Sohn des Sozialisten Wenceslao Carrillo, zum

Berater für die öffentliche Ordnung. Zu seinem Stellvertreter wurde Segundo Serrano Poncela ernannt. Am Nachmittag des 6. November, kurz vor Carrillos Amtsantritt, fanden in den Gefängnissen Modelo und Porlier groß angelegte Entlassungen statt. Die Gefangenen wurden am Fuße des Cerro de San Miguel hingerichtet, auf dessen Gipfel sich das Dorf Paracuellos in der Nähe des Flusses Jarama befindet. In den frühen Morgenstunden des 7. Septembers fanden die größten Razzien statt: 1.600 Personen verließen das Gefängnis von Modelo, von denen 300 nach Alcalá de Henares gebracht und die übrigen in Paracuellos massenhaft abgeschlachtet wurden. Am selben Tag, dem 7. Juli, gab es zwei weitere Massaker: ein sehr großes aus dem Gefängnis San Antón und ein kleineres aus dem Gefängnis Porlier. Die Opfer des letzteren wurden in den Mauern des Friedhofs von Almudena erschossen. Nach dem Krieg wurden diese Leichen exhumiert und auf den Friedhof von Paracuellos gebracht. Die Massaker wurden in der Nacht vom 7. auf den 8. November fortgesetzt: Expeditionen aus den Gefängnissen Modelo und Porlier wurden nach Paracuellos zurückgeführt. Das Ausmaß der vorangegangenen Massaker überstieg die Prognosen, so dass nicht genügend Gräber vorbereitet wurden und die am Vortag Erschossenen unbestattet blieben. Die Dorfbewohner waren gezwungen, neue Gräben auszuheben, in die die Leichen mit Haken und Seilen, gezogen von Pferden und Maultieren, geschleppt wurden. Da sich die Leichen in Paracuellos stapelten, wurden die nächsten Transporte nach Soto de Aldovea in der Gemeinde Torrejón de Ardoz geschickt, wo ein alter Bewässerungskanal von einhundertfünfzig Metern Länge für die Bestattung der Toten genutzt wurde. Nach Kriegsende wurden vierhundertvierzehn Leichen exhumiert und in einzelnen Särgen auf den Friedhof von Paracuellos überführt. Von ihnen konnten nur wenige identifiziert werden.

Félix Schlayer schreibt in *Diplomat im Roten Madrid,* dass er am Morgen des 7. Januar in Begleitung von Delegierten des Internationalen Komitees vom Roten Kreuz zum Modelo ging. Er fand das Gefängnis von Kopfsteinpflasterbarrikaden umgeben und Wachen und Milizionäre mit aufgepflanzten Bajonetten an den Eingängen. Im Inneren sah er eine große Anzahl von Bussen. Er wollte mit dem Direktor sprechen, aber der war im Ministerium. Der stellvertretende Direktor sagte ihm, die Busse seien da, um Offiziere abzuholen und nach Valencia zu bringen. Er ging sofort zur Generaldirektion für Sicherheit, aber der ehrwürdige Bruder Manuel Muñoz war mit der Regierung geflohen. Er fragte nach dem neuen Verantwortlichen und erfuhr, dass Margarita Nelken, die sozialistische Abgeordnete jüdischer Herkunft, seit dem Morgen im Büro des Generaldirektors tätig war. Er bat um ein Gespräch mit ihr, aber man sagte ihm, sie sei nicht da. Schlayer verstand, dass sie ihn nicht sehen wollte.

Angesichts der Unmöglichkeit, Nelken zu treffen, organisierten die Diplomaten, die von der Regierung nicht über ihre Abreise aus Madrid informiert worden waren, ein Treffen in der chilenischen Botschaft und beschlossen, sich ins Kriegsministerium zu begeben, um José Miaja, den General der Verteidigungsjunta, zu treffen. Er empfing sie um 17.30 Uhr und versprach, dass er „die Gefangenen nicht im Geringsten anrühren" würde.

Schlayer erkundigte sich nach seinem Anwalt Ricardo de la Cierva, der zwei Stunden zuvor getötet worden war, und Miaja versicherte ihm, dass er alles für ihn tun werde, was in seiner Macht stehe. Der Diplomat kehrte um sechs Uhr abends ins Modelo zurück und erfuhr vom Direktor, zu dem er ein gutes Verhältnis hatte, dass Ricardo de la Cierva einem Kommunisten namens Ángel Rivera übergeben worden war, der den Befehl hatte, Hunderte von Gefangenen nach Valencia zu überführen. Bevor der lange Tag zu Ende ging, holte Schlayer die Delegierten des Roten Kreuzes wieder ab, da es ihnen gelungen war, ein Gespräch mit dem neuen Leiter der öffentlichen Ordnung, Santiago Carrillo, zu führen, mit dem sie ein langes Gespräch führten. Carrillo erklärte ihnen, er wisse nichts von der Freilassung der Gefangenen aus dem Modelo-Gefängnis und zeigte sich bereit, die Inhaftierten zu schützen. Schlayer sagt, er sei sich sicher gewesen, dass Carrillo sie belogen habe, so dass ihm in der Nacht die schlimmsten Vorzeichen in den Sinn kamen. Am nächsten Tag ging er erneut zum Modelo, und der Direktor versuchte, sich persönlich zu rechtfertigen, indem er ihm ein Schreiben der Generaldirektion für Sicherheit zeigte, in dem ihm aufgetragen wurde, 970 von seinen Wachen ausgewählte Gefangene zur Überstellung nach Valencia zu übergeben. Schlayer schreibt: „Die Möglichkeit eines schrecklichen Verbrechens, an das ich bis dahin nicht glauben konnte, begann in mir Gestalt anzunehmen".

Mit großen Schwierigkeiten gelang es dem norwegischen Geschäftsträger, telefonisch Kontakt mit den Direktoren des Gefängnisses San Miguel de los Reyes (Valencia) und des Gefängnisses Chinchilla (Albacete) aufzunehmen. Dabei erfuhr er, dass sie in den letzten vierzehn Tagen keine Gefangenen aus Madrid erhalten hatten. In den folgenden Tagen versuchte Schlayer, den Tatort ausfindig zu machen, und seine Nachforschungen führten ihn zunächst nach Torrejón, genauer gesagt nach Soto de Aldovea, wo sich eine Festung aus dem 18. Jahrhundert befindet, die Burg Aldovea. Jahrhundert, die Burg von Aldovea, befindet. Dorthin reiste er in Begleitung des Argentiniers Edgardo Pérez Quesada, mit dem er seine Nachforschungen geteilt hatte und mit dem er sich bereit erklärte, ihn zu begleiten. Auf der Burg angekommen, fragte Schlayer den diensthabenden Milizionär, wo die Erschossenen begraben worden seien. Der Mann, der ein gesegneter Mann gewesen sein muss, begann, den Weg zu zeigen, aber die Diplomaten baten ihn, sie zu begleiten. Er nahm sein Gewehr und führte sie zu dem alten Bewässerungsgraben, wo es stark nach Verwesung roch. An einigen Stellen sah man Gliedmaßen herausragen oder Stiefel. Schlayer und Pérez Quesada schätzten, dass sich dort zwischen fünf- und sechshundert Leichen befanden.

Einige Tage später reiste der deutsche Diplomat mit seinem Fahrer nach Paracuellos. Als es ihm nach mehreren Erkundigungen gelang, sich dem Ort der Hinrichtungen zu nähern, traf er einen jungen Mann, der gerade mit zwei Maultieren vom Pflügen kam. Er wendet die gleiche Taktik wie in Soto de Aldovea an und fragt, als ob es sich um eine bekannte Tatsache handelte: „Wo haben sie all die Menschen begraben, die am Sonntag hingerichtet wurden? Der junge Mann antwortete: „Dort, unter den vier Kiefern, aber nicht am Sonntag, sondern am Samstag". Schlayer beharrt: „Wie viele waren es denn? Der Bauer antwortete, es seien viele gewesen. „Waren es etwa sechshundert?", fragte er erneut. „Mehr", antwortete der junge Mann, „sie kamen den ganzen Tag über mit Bussen, und den ganzen Tag über waren die Maschinengewehre zu hören." Der Diplomat wollte sich den Four Pines nähern, aber drei Männer mit Gewehren bewachten den Ort. Schlayer schreibt: „Ich sah deutlich zwei neu errichtete parallele Erdhügel, die von der Straße bis zum Flussufer verliefen, jeder etwa zweihundert Meter lang."

Kurzum, Schlayer provozierte nicht nur eine diplomatische Intervention, sondern suchte auch die Unterstützung von Dr. Henry, einem Delegierten des Internationalen Roten Kreuzes. Gemeinsam machten sie Fotos, holten Zeugenaussagen ein, befragten Menschen, die gezwungen worden waren, Gräber auszuheben, besuchten Gefängnisse und sprachen mit Mitgliedern des Verteidigungsausschusses. Aus Angst vor einem internationalen Skandal wurden die Hinrichtungen und Exekutionen vorübergehend gestoppt. Die Tausende von Gefangenen, die noch im Modelo verblieben waren, wurden in die Gefängnisse von Porlier, San Antón und Ventas verlegt. Ein weiteres Ereignis, das zur vorübergehenden Einstellung der Tötungen führte, war das Auftauchen des sevillanischen Anarchisten Melchor Rodríguez, der am 10. November zum Gefängnisdelegierten ernannt wurde. Schlayer, der ihn mehrmals getroffen hat, lobt Melchor Rodríguez in seinem Buch sehr und widmet ihm ein kleines Kapitel mit dem Titel „Anarchist oder Apostel? Dieser Anarchist, einer von vielen Idealisten, die mit einer grausamen Realität konfrontiert wurden, verzichtete bei seinem Amtsantritt auf sein monatliches Gehalt von fünfzehnhundert Peseten, „obwohl er keine andere Einkommensquelle hatte", schreibt der Konsul, „und lebte von der Wohltätigkeit seiner Freunde". Der neue Abgeordnete strich radikal die Sacas; aber es dauerte nur vier Tage, bis er erfuhr, dass die Kommunisten erneut Gefangene hingerichtet hatten, die ohne seine Genehmigung aus den Gefängnissen entführt worden waren. Er forderte eine exemplarische Bestrafung, aber der Justizminister, ebenfalls ein Anarchist García Oliver, unterstützte ihn nicht, so dass Melchor Rodríguez von seinem Amt zurücktrat.

Ab dem 17. November wurden die Razzien gegen Paracuellos wieder aufgenommen. Das Rote Komitee der Guardia Civil hatte unzufriedene Mitglieder des Instituts in einer Zelle namens „Spartacus" in einem Kloster in der Calle Santa Engracia inhaftiert. Am Nachmittag des 19. November brachen etwa zweihundert Gardisten aller Dienstgrade, die nach Guadalajara gebracht werden sollten, zu den Friedhöfen von Almudena und Vicálvaro auf, wo sie hingerichtet wurden. Am 22. wurde eine kleinere Anzahl von Gefangenen aus dem Gefängnis von San Antón abtransportiert. Am 24. verließen Hunderte von Gefangenen aller Alters- und Berufsgruppen Porlier in Richtung Paracuellos. Am 25., 26., 28. und 29. wurden Hunderte von neuen Opfern aus demselben Gefängnis geholt, darunter eine ganze Familie, die des bekannten Notars Alejandro Arizcún Moreno. Von seinen vier Kindern, die erschossen wurden, war das jüngste ein Student und erst siebzehn Jahre alt. Am 27. und 28. Dezember fanden erneut große Razzien im Gefängnis von San Antón statt.

Der Dramatiker Pedro Muñoz Seca wurde am Morgen des 28. Juli um acht Uhr zusammen mit Pater Guillermo Llop, Prior der Brüder von San Juan de Dios in Ciempozuelos, in Handschellen entlassen. Obwohl die Republik angeblich ein Regime der Freiheiten war, wurde Muñoz Seca am 29. Juli in Barcelona verhaftet, wo am 17. Juli *La tonta del rizo* im Poliorama-Theater uraufgeführt worden war, weil er Monarchist und Freund des Königs war und gegen die Republik schrieb. Am 6. August wurde er in das Gefängnis von San Antón eingeliefert, wo er fast vier Monate lang blieb. Am 26. November wurde im Gefängnis selbst ein Volkstribunal gebildet, das ihn zum Tode verurteilte, weil er Monarchist, Anti-Republikaner und Katholik war, drei sehr schwere Verbrechen also. Am 28. ging er um 1 Uhr nachts zum Priester Ruiz del Rey zur Beichte, der mit ihm starb, und um 4 Uhr morgens schrieb er einen Brief an seine Frau, in dessen letztem Absatz er die folgenden Worte hinterließ: „Es tut mir leid, dir den Unmut dieser Trennung zu bereiten; aber wenn wir alle für die Rettung Spaniens leiden müssen, und das ist der Teil, der mir zugefallen ist, dann sind diese Leiden gesegnet". Im Postskriptum spielt er auf seine jüngste Beichte an: „Wie Sie verstehen werden, bin ich sehr gut vorbereitet und frei von Schuld".

Am zweiten Tag wurden mehr als zweihundertfünfzig Personen, darunter etwa hundert Ordensleute und etwa zwanzig Universitätsprofessoren, erschossen. Ebenfalls am 30. November wurde eine große Anzahl von Menschen aus dem Gefängnis von Ventas herausgeholt. Dies waren die letzten Massaker des Monats November, aber das makabre Ritual der Hinrichtungen wurde in den ersten vier Dezembertagen fortgesetzt. An allen vier Tagen wurden Häftlinge aus San Antón abgeführt. Am 2. Dezember verließen vierundsechzig Personen das Gefängnis von Ventas auf dem Weg in den Tod, am 3. Dezember weitere sechzig. Am 1., 2., 3. und 4. Dezember verließen neue Expeditionen Porlier in Richtung Paracuellos. Glücklicherweise wurde der so genannte „rote Engel" erneut vom Justizminister angefordert. Melchor Rodríguez akzeptierte zum zweiten Mal den Posten des Regierungsbeauftragten für die Gefängnisse unter der Bedingung, dass kein Gefangener das Gefängnis ohne seine schriftliche Zustimmung verlassen dürfe. Von da an hörten die Morde auf.

Bei der Suche nach den Verantwortlichen werden von den Historikern mehrere Namen genannt. Folgt man der These von Ian Gibson, so stammte der Vorschlag zur Vernichtung der Häftlingsbevölkerung von dem Juden Koltsov, und er wäre der direkte Anstifter gewesen, obwohl die Befehle von den Verantwortlichen kamen. Ein weiterer möglicher Ideologe der Massaker war der Argentinier Victorio Codovilla, ein Stalinist, der der höchste Vertreter der Internationale in Madrid war. Der ursprüngliche Befehl für die ersten Entlassungen, bevor die Regierung Madrid verließ, kam vom Innenminister Ángel Galarza, dem Freimaurer und Sozialisten, der die Ermordung von Calvo Sotelo in den Cortes öffentlich gerechtfertigt hatte. Nach der Einsetzung der Verteidigungsjunta kamen die Befehle vom neuen Minister für öffentliche Ordnung, Santiago Carrillo, der politisch verantwortlich war, auch wenn die Idee nicht von ihm stammte.

Aus den Protokollen der Sitzungen der Madrider Verteidigungsjunta geht hervor, dass Carrillo in der Sitzung vom 15. November erklärte, er trage die volle und absolute Verantwortung für alles, was die Gefangenen betreffe. Die Befehle wurden jedoch in der Regel von Segundo Serrano Poncela, seinem Mitarbeiter und seiner rechten Hand, unterzeichnet, der am 7. November persönlich das Gefängnis von Modelo besuchte und in reinster leninistischer Manier anordnete, dass „Militärs, Karrieristen und Aristokraten" ausgewählt werden sollten. Im Hintergrund standen diejenigen, die zwar Verantwortung trugen, aber weder den Anstand noch den Mut besaßen, sich den Kommunisten entgegenzustellen, die im Einklang mit den sowjetischen Schergen die gesamte Operation leiteten. Zu ihnen gehörte der Justizminister Juan García Oliver. Schließlich darf nicht vergessen werden, dass der Präsident der Regierung Francisco Largo Caballero war, der, ob er es wusste oder nicht, die letzte Verantwortung für die Handlungen seiner Minister trug.

Am 8. Dezember startete Georges Henry, der Schweizer Delegierte des Internationalen Roten Kreuzes, von Madrid aus mit einer Maschine der französischen Botschaft, die wöchentlich von Toulouse nach Madrid flog. Sein Ziel war jedoch Genf, wo er ein Dokument mit Beweisen von Edgardo Pérez Quesada und Félix Schlayer über die Massaker an Gefangenen vorlegen wollte. Mit ihm reisten die Journalisten Louis Delaprée von der Zeitung *Paris-Soir* und André Chateau. Zwei Mädchen im Alter von unter zwölf Jahren waren ebenfalls Passagiere. Das Flugzeug, eine Potez 54, hob am frühen Nachmittag ab. Neben der französischen Flagge auf dem Seitenruder war der Rumpf deutlich mit „Ambassade de France" gekennzeichnet. In Guadalajara tauchte plötzlich ein Kampfflugzeug auf und näherte sich dem Flugzeug, um es zu erkunden. Es schien sich zu entfernen, kehrte aber bald zurück und beschoss die Potez 54, die an einem Flügel und am Rumpf schwer beschädigt wurde. Trotz allem gelang es dem Piloten, das Flugzeug auf einem Getreidefeld in Pastrana zu landen, wo es mit den Rädern in der Luft und etwa dreißig Einschlägen kopfüber liegen blieb. Den beiden Mädchen erging es am besten. Dr. Henry wurde am Bein verwundet, Chateau wurde durch die Amputation eines Beins gerettet, Delaprée starb am 31. Dezember nach einem langsamen und schmerzhaften Todeskampf. Der Pilot blieb unverletzt und wurde natürlich von dem norwegischen Diplomaten verhört, der diese Version der Ereignisse in seinem Buch wiedergab:

> „... Auf der Höhe von Guadalajara kreuzte er frontal ein anderes Flugzeug, das zunächst in beträchtlichem Abstand an ihm vorbeiflog. Es trug die Insignien der Roten Regierung. Der Franzose grüßte wie üblich, indem er mit den Flügeln winkte, d.h. sie zweimal auf und ab bewegte, um erkannt zu werden, obwohl er große französische Insignien trug. Das rote Flugzeug flog vorbei, drehte ab, kreiste, kam zurück und flog unter den Franzosen. Er schoss dann von unten mit seinem Maschinengewehr auf das Flugzeug. Dann machte er sich schnell aus dem Staub. Der verängstigte französische Pilot gab mir persönlich diesen Bericht.

Mikhail Koltsov besuchte am 9. Dezember die Verwundeten in den Lazaretten. In seinem *Tagebuch des Spanischen Krieges* schrieb er die Version nieder, die ihm Delaprée selbst vor seinem Tod gegeben hatte:

„Wir waren noch nicht länger als zehn Minuten in der Luft. Plötzlich erschien ein Jagdflugzeug über uns. Es kreiste um uns herum und beobachtete uns offenbar in aller Ruhe. Es ist unmöglich, dass es die Erkennungszeichen nicht gesehen hat. Es verschwand für ein paar Minuten, und dann begannen plötzlich von unten, durch den Boden des Cockpits, die Kugeln einzudringen. Wir wurden von den ersten Schüssen getroffen. Der Pilot blieb unverletzt. Er machte eine abrupte Landung. Das Flugzeug schlug sehr hart auf dem Boden auf, ging auf dem Bug in die Senkrechte. Schwer verwundet und verblutend fielen wir übereinander. Es schien mir, als sei ein Feuer ausgebrochen, ich konnte nichts mehr verstehen. Einige Minuten später tauchten einige Bauern auf, brachen die Luke auf und zogen uns vorsichtig heraus".

Bereits 1938 prangerten William Foss und Cecil Gerahty in *The Spanish Arena* die Urheber des Anschlags an. In ihren zeitgenössischen Büchern vermuten auch E. Knoblaugh und F. Schlayer, dass es sich um eine Operation des sowjetischen Geheimdienstes handelte. In Frankreich schockierte das Ereignis die Öffentlichkeit, aber die Wahrheit wurde nicht bekannt, weil die republikanische Presse behauptete, es handele sich um „eine neue Grausamkeit der Franco-Luftwaffe" und eine Propagandakampagne startete, in der die Nationalisten eines Angriffs auf das Internationale Rote Kreuz und Frankreich beschuldigt wurden. Heute weiß man, dass die Piloten, die den Angriff durchführten, G. Zakharov und N. Shimelkov waren. Ein Freund Delaprées, der Journalist Sefton Delmer, behauptete in den 1960er Jahren, Alexander Orlow, der Chef des NKWD, habe den Abschuss des Flugzeugs angeordnet, um zu verhindern, dass die Berichte über die Massenmorde in Paracuellos del Jarama das Internationale Komitee vom Roten Kreuz erreichten, da die Republik wegen Verbrechen gegen die Menschlichkeit angeklagt werden könnte. Der sozialistische Außenminister Julio Álvarez del Vayo muss ein besonderes Interesse daran gehabt haben, die Massaker zu vertuschen: Am 11. Dezember hielt er vor den Vereinten Nationen in Genf eine berühmte Rede, in der er Deutschland und Italien wahllose Bombenangriffe vorwarf, die den Tod von Tausenden von Kindern und Frauen in Spanien verursachten. Für Álvarez del Vayo, der wie Negrín mit einer russischstämmigen Jüdin verheiratet war, wäre es ein schwerer Rückschlag gewesen, wenn Dr. Henry in der Schweizer Stadt die Dokumente übergeben hätte, die seine Regierung in den Augen der Weltöffentlichkeit in Misskredit gebracht hätten, und das zu einem Zeitpunkt, da er versuchte, die internationale Öffentlichkeit für sich zu gewinnen.

Vor Ende des Jahres löste ein weiterer Vorfall einen internationalen Skandal aus, der die Regierung von Largo Caballero in Verlegenheit brachte. Am 20. Dezember verließ Baron de Borchgrave, ein Diplomat, der als belgischer Geschäftsträger in Spanien tätig war, die Botschaft in seinem Dienstwagen und verschwand. Seine Frau, eine Amerikanerin, rief besorgt alle Journalisten an, die sie kannte, und alle machten sich auf die Suche nach ihm. Am 28. Mai wurde seine Leiche zusammen mit fünfzehn anderen Opfern in einem Massengrab in Fuencarral gefunden. Der Diplomat war mit drei Schüssen aus nächster Nähe getötet worden, zwei in den Rücken und einer in den Kopf. Der grausam verstümmelte Leichnam konnte anhand des Namens des belgischen Schneiders auf seinem Anzug identifiziert werden. Die Regierung erklärte zunächst, er sei bei einem Bombenanschlag getötet worden. In einer zweiten Version gab sie internationalen Brigaden die Schuld, die ihn als Franco-Spion hingerichtet hätten. Die empörte belgische Regierung protestierte heftig und drohte mit dem Abbruch der diplomatischen Beziehungen, forderte eine offizielle Entschuldigung, militärische Ehren bei der Beerdigung, eine hohe Entschädigung für die Familie und eine Bestrafung der Schuldigen. Die republikanische Regierung wies jede Verantwortung zurück, und Largo Caballero unterstellte die Angelegenheit dem Haager Tribunal. In Belgien wurde die Ermordung mit der von Calvo Sotelo verglichen und führte zum Rücktritt des Sozialisten Émile Vandervelde, Gesundheitsminister und Vizepräsident der Regierung. Im Januar 1938 erklärte sich Negrín schließlich bereit, eine Entschädigung von einer Million belgischer Francs zu zahlen.

Zum Thema Propaganda und der Skrupellosigkeit von Álvarez del Vayo ist zu sagen, dass in den ersten Kriegsjahren eine bekannte Persönlichkeit, Otto Katz, der jüdische Kommunist und Zionist, der 1933 die gesamte Kampagne zur Beschuldigung der Nazis für den Reichstagsbrand organisiert hatte, für die Propaganda der Republik verantwortlich war. Katz kam Ende Juni 1936 in Madrid an und ging drei Tage vor dem Militäraufstand nach Barcelona, wo er den Beginn des Bürgerkriegs miterlebte, während dessen er mehrfach in Spanien ein- und ausreiste. Paris und London waren die Städte, von denen aus er die Agencia España steuerte, die er in enger Zusammenarbeit mit Julio Álvarez del Vayo, dem Außenminister der Republik, leitete, der ihn für ein Genie der Propaganda hielt.

Ursprünglich war die Agentur Spanien mit Willi Münzenberg, dem „roten Millionär", verbunden, aber 1937 verlor Stalin wegen seiner Beziehungen zum Trotzkismus das Vertrauen in Münzenberg, und Katz wurde zum Schattendirektor. Die spanische Agentur, die über Büros und Kontakte in ganz Europa verfügte, unterhielt ein Informations- und Desinformationsnetz und erfüllte weitere geheime Aufgaben. Katz hatte seinen Sitz im Pariser Büro, wurde aber von der Spanischen Nachrichtenagentur in London unterstützt, weshalb er häufig auf Reisen war. Nicht alle akzeptierten Katz' Art, die Spanische Nachrichtenagentur zu leiten, so wie Álvarez del Vayo. Jonathan Miles berichtet in *The Nine Lives of Otto Katz*, dass Andrés de Irujo, Sekretär des Justizministeriums, als sein Bruder Manuel Minister war, den Mangel an Skrupeln einer Person anprangerte, „mit der man keine Geschäfte machen sollte". Irujo, der nicht wusste, wer Katz war und in wessen Diensten er stand, war der Meinung, dass jede Transaktion mit einer Person vermieden werden sollte, die seiner Meinung nach „keine Partei oder politische Organisation glaubwürdig vertrat und die das Problem Spaniens und des spanischen Volkes ignorierte". Später bezeichnete Irujo die Agencia España als eine Propagandafabrik ohne jede informative Strenge.

Auf dem Weg zur stalinistischen Herrschaft in der Republik

Am 21. Dezember 1936 schrieb Stalin einen Brief an Largo Caballero, der am 4. Juni 1939 in *der New York Times* veröffentlicht und von Gerald Brenan und Burnett Bolloten zitiert wurde. Darin empfahl er, die Bauern für sich zu gewinnen, indem er die Agrarfragen löste und die Steuern senkte. Dem Kleinbürgertum riet er, es durch die Verhinderung von Beschlagnahmungen, die Unterstützung seiner Interessen und die Einführung republikanischer Führer in die Regierung zu gewinnen, um das ausländische Kapital zu beruhigen. Stalin verfolgte also eine gemäßigte Politik, bei der er die Unterstützung des Bürgertums und Frankreichs und Großbritanniens suchte, eine Politik, die nichts mit der von den Trotzkisten und Anarchisten befürworteten und von Largo Caballero selbst so oft angekündigten Revolution zu tun hatte. Die PCE, deren Mitgliederzahl von dreißigtausend zu Beginn des Krieges auf zweihundertfünfzigtausend im März 1937 ansteigt, wird der große Nutznießer dieser Politik sein. Die Schlacht um Madrid war der Umstand, der es den Kommunisten ermöglichte, immer stärker und unentbehrlicher zu werden. Die Rolle der Anarchisten bei der Verteidigung der Hauptstadt und die Macht, die sie sowohl in Madrid als auch in Barcelona und anderen Städten ausübten, sollten jedoch nicht vergessen werden. Sie werden zum Haupthindernis, das früher oder später beseitigt werden muss, da sie für die Trotzkisten die einzige mögliche Stütze darstellen. Nur mit ihnen konnte die revolutionäre Partei gebildet werden, die Trotzki in seinen Schriften zur Lage in Spanien forderte.

Man muss sich vor Augen halten - und das ist das große Geheimnis, das noch zu lüften ist -, dass hinter den Kulissen ein interner Kampf unter den Kommunisten stattfand, die aus ganz Europa kamen und die Stalin durch seine Agenten kontrollierte. Das unentwirrbare Geflecht aus Verrat, Spionen, Provokateuren, Berufsverbrechern, Verschwindenlassen und Ermordungen ist sehr schwer zu enträtseln. Die Historiker kritisieren im Allgemeinen Stalin, den großen Verräter des internationalen Proletariats, aber die dogmatischen Intellektuellen der Linken verlieren kein Wort darüber, wer Trotzki war, dessen Beziehung zu den Baruchs, Morgans, Schiffs, Givotovskys und Warburgs immer übersehen und nie aufgedeckt wird. Trotzki repräsentiert für sie die revolutionäre Reinheit. Sein Verrat, der sogar noch größer ist als der von Stalin, wird ignoriert, und das Rätsel der geheimnisvollen Manöver seiner Agenten in Spanien wurde nie gelüftet.

Vor Ort konnte die Kommunistische Partei nicht nur ihre organisatorischen Fähigkeiten und ihre Beherrschung der Propagandatechnik unter Beweis stellen, sondern auch die aus Moskau eintreffenden Waffen verteilen, was es ihr ermöglichte, aus dem Nichts eine großartige Armee, das berühmte Fünfte Regiment, zu schaffen, das während der fast dreimonatigen Belagerung Madrids von entscheidender Bedeutung war. Ende 1936 hatte das Fünfte Regiment sechzigtausend Mann in seinen Reihen. Zu den Gründern gehörten der italienische Stalinist Vittorio Vidali, bekannt als Carlos Contreras, der berühmte Major Carlos, der politische Kommissar des Regiments, und Enrique Castro, der erste militärische Befehlshaber.

Die Frontalschlacht fand im November und in der ersten Dezemberhälfte statt. Die Offensiven und Gegenoffensiven wurden bis zum Paroxysmus in erbitterten Nahkämpfen ausgetragen. Bevor er im Dezember nach dem Abschuss seines Flugzeugs starb, berichtete der Journalist Louis Delaprée über die Härte der Kämpfe, die von Haus zu Haus und von Stockwerk zu Stockwerk ausgetragen wurden: „Sie schossen aus nächster Nähe aufeinander, sie schlitzten sich gegenseitig die Kehlen auf, von Landung zu Landung...". Am Ende wurden die Nationalisten dank der Ankunft der internationalen Brigaden, der T-26-Panzer, der Artillerie und der russischen Flugzeuge gestoppt, die den Verteidigern der Hauptstadt die nötige Kraft verliehen. „No pasarán", der berühmte, von Pasionaria geprägte Slogan, wurde zur Realität. Im Januar 1937 war das Scheitern des Angriffs auf Madrid unumkehrbar und die Front wurde bis zum Ende des Krieges stabilisiert.

Die spanischen Militärs, die von der Regierung mit der Verteidigung Madrids beauftragt wurden, waren José Miaja und Vicente Rojo, und an ihrer Seite befand sich der oberste Vertreter des GRU (sowjetischer Militärgeheimdienst), ein Brigadegeneral, der als Militärattaché anreiste und sich Wladimir Efimowitsch Gorev, alias „Sancho", nannte, dessen wirklicher Name Woldemar Roze war. Nach Angaben von Pierre Broué war er der eigentliche Leiter des Generalstabs und Organisator der Verteidigung von Madrid. Gorev muss von Anfang an in Trotzkis Umfeld gewesen sein: Er diente nicht nur in der Roten Armee während des russischen Bürgerkriegs, sondern war auch in Deutschland als militärischer Organisator tätig, aber auch für terroristische Aktionen zuständig. Als er 1923 verhaftet wurde, weil er einer der Organisatoren des „Deutschen Oktobers" war, gab er an, Alexander Skoblewsky zu heißen. In Deutschland trug er in jeder Stadt einen anderen Namen. In Berlin trug er den Namen General Wolf. Nach Angaben der deutschen Polizei war Gorev-Roze-Skoblewsky halbjüdisch.

Bevor er in Lepzig vor Gericht gestellt wurde, versuchte der GPU-Führer Felix Dzerjinsky, über Heinz Neumann seine Freilassung auszuhandeln. Schließlich wurde Skoblewsky, der zu zwölf Jahren verurteilt worden war, 1925 durch einen Gefangenenaustausch freigelassen. Sein nächstes Ziel war China, das ebenfalls zu Trotzkis Prioritäten gehörte. Dort sollte er die Sowjets organisieren und die Revolution beschleunigen. Bis Ende 1929 hielt er sich in China auf, wo er sich Vysokogorets nannte, aber auch zwei andere Decknamen hatte: Nikitin" und Gordon". In *Das Rotbuch über Spanien* wird er des Massenterrors beschuldigt und für den Tod von mehr als einer halben Million Menschen in der Region Sinkiang im Nordwesten des Landes verantwortlich gemacht. Zwischen 1930 und 1933 arbeitet er unter dem Pseudonym „Herbert" als Militärspion in New York. Im Zuge der Säuberung der Roten Armee ordnete Stalin im Januar 1938 seine Verhaftung an, und noch im selben Jahr wurde er zum Tode verurteilt[24]. Zwei weitere jüdische Militärs, die in der Schlacht von

---

[24] Wladimir Efimowitsch Gorev (Woldemar Roze) war von jüdischen Agenten umgeben. Einer von ihnen, Sergej Ginzburg, erscheint unter dem Pseudonym „Sierra Charriba" in den Chroniken der Schlacht von Madrid. Bei Nachforschungen im RGASPI (Archiv für soziopolitische Geschichte des russischen Staates) wurde ein Notizbuch von Sergei Ginzburg mit dem Titel *Mission in Madrid* entdeckt. Darin wird von einem Treffen in der Nähe der sowjetischen Botschaft berichtet, bei dem General Gorev in Begleitung seiner Dolmetscherin und Geliebten Emma Wolf ein Dutzend internationaler und spanischer Persönlichkeiten zusammenrief, um zu verkünden, dass er sie alle in eine Spezialeinheit,

Madrid Berühmtheit erlangten, waren Semion Moiseyevich Krivoshein, alias „Mele", der die Panzertruppen der republikanischen Armee befehligte, und Yakov Vladimirovich Smushkevich, der die sowjetische Luftwaffe befehligte und als „General Douglas" bekannt war. Auch letzterer wurde im Juni 1941 verhaftet und im Oktober desselben Jahres hingerichtet.

Einer der berühmtesten Kommunisten der Welt während der Verteidigung von Madrid war der legendäre General Emilio Kléber. Er gab sich als eingebürgerter kanadischer Österreicher aus, war aber ein in Deutschland geborener Jude namens Manfred Zalmonovich Stern, obwohl er auch als Lazar Stern, Manfred Stern und Moishe Stern bekannt war. Stern/Kléber war 1929 unter dem Pseudonym Mark Zilbert Leiter der sowjetischen Spionage in New York gewesen, wo er mit Gorev zusammentraf. In einer internationalen Pressekampagne wurde er als der große Held der internationalen Brigaden dargestellt. Krivitsky behauptet, er habe dem Generalstab der Roten Armee angehört. Kleber befehligte die 11. Internationale Brigade, die in den Schlachten am Casa de Campo und in der Schlacht um die Universitätsstadt kämpfte. Die Propaganda katapultierte ihn zu Ruhm, indem sie ihn als „Retter von Madrid" bezeichnete. Vicente Rojo prangerte jedoch in einem Brief an Miaja vom 26. November 1936 die „übertriebene" Publicity, die Kléber erhielt, seine „erfundene" Popularität und seine „falschen" Führungsqualitäten an. Burnett Bolloten zitiert in seinem monumentalen Werk über den Bürgerkrieg Auszüge aus Rojos Brief: „Es stimmt, dass Ihre Männer gut kämpfen", sagte er, „aber mehr nicht, und das tun viele, die nicht von Kleber befehligt werden". Rojo warf Kleber vor, in seinen Berichten die militärische Lage zu verfälschen, Ungehorsam zu leisten und politische Ambitionen zu hegen, und warnte Miaja vor einem „niederen Manöver, das Sie von der Funktion verdrängen könnte, die Sie nach Ansicht aller Ihrer Untergebenen mit Begeisterung ausüben".

---

das Mobile Angriffsbataillon, integriert habe. Wolf übersetzte Gorevs Worte ins Englische und Spanische und versicherte ihnen, dass der Einsatz des Bataillons „eine neue, bisher unbekannte Art der Kriegsführung" bedeuten würde. Nur die Mitglieder der neuen Einheit, darunter Ginzburg, wussten von ihrer Existenz. Es handelte sich um Soldaten, die aufgrund ihrer Fähigkeiten im Kampf und ihrer großen körperlichen und geistigen Ausdauer ausgewählt wurden. Ginzburg erklärt, dass das mobile Angriffsbataillon mit Sitz in Madrid direkt Gorev, d.h. dem militärischen Nachrichtendienst, unterstellt sei und überall in Spanien operieren könne, da es auf dem Land- oder Luftweg transportiert würde. Gorev kündigte an, dass die Einsätze des Bataillons hauptsächlich hinter den feindlichen Linien erfolgen würden, weshalb es tödlich und effektiv sein müsse. Es werde mit den fortschrittlichsten Mitteln und den modernsten Waffen ausgestattet sein. Die Namen einiger der von Ginzburg erwähnten internationalen Mitglieder des Bataillons weisen auf ihre jüdische Herkunft hin. Zu ihnen gehören Livshits, Ratner („John „), Lvovich (die beiden letzteren waren Obersten, die zusammen mit Gorev erschossen wurden) und zwei weitere Männer, die rechts neben dem General sitzen und alte Bekannte von Ginzburg sind: Rosencrantz und Guildenstern, die Gorev als „zwei Revolutionäre, die mit verschiedenen Aufgaben betraut werden, die mit ihrer bewährten Erfahrung als internationale Agenten zusammenhängen", vorstellt. Ginzburg schließt mit den Worten, dass er ihnen auf jeden Fall „nicht trauen würde".

Am Silvesterabend 1936 fand in Klébers Gefechtsstand ein Abendessen statt, zu dem er u. a. einlud: Máté Zalka, genannt General Luckacs, ein Jude ungarischer Abstammung, der Oberbefehlshaber der 12. Brigade war und eigentlich Béla Frankl hieß; den Dichter Rafael Alberti; seine Lebensgefährtin María Teresa León und deren Schwester, die Kléber schließlich heiratete[25]; Oberst Gustavo Durán, ein Mitglied der Generation der 27; und einen besonderen Gast, Major Juan Perea Capulino, ein spanischer Offizier, der General wurde. In seinem Werk *Los culpables: recuerdos de la guerra 1936-1939 (Die Schuldigen: Erinnerungen an den Krieg 1936-1939)* erzählt Perea, dass Kleber ihm sagte, die PCE müsse die Führung des Krieges übernehmen und einen eigenen Caudillo schaffen, einen Mann mit einer revolutionären politischen Vergangenheit, der das Vertrauen des Volkes genieße und Generalissimus der Armeen der Republik werden könne. Sie können dieser Mann sein", bot Kléber an. Ich weiß, und das sage ich Ihnen mit größter Zurückhaltung, dass Sie in wenigen Tagen zum Divisionsgeneral befördert und mit dem Kommando über eine große Einheit in einem sehr wichtigen Sektor der Madrider Front betraut werden. Sie wagen es. Die Kommunistische Partei wird sehr froh sein, dich in ihren Reihen zu sehen. Überlegen Sie es sich. Antworte mir jetzt nicht." Maria Teresa Leon, die rechts neben dem spanischen Soldaten saß, heftete ihm das Parteiabzeichen an die Brust, doch Perea lehnte das Angebot später zur allgemeinen Überraschung ab.

Gerald Brenan schreibt in *Das spanische Labyrinth*, dass im Januar 1937 „der kommunistische Druck auf die Regierung groß war und man für einen Moment glaubte, dass ein Staatsstreich unmittelbar bevorstand und dass die Internationalen Brigaden auf Valencia marschieren würden". Wenn dies tatsächlich der Fall war, stellen sich einige Fragen: Waren die Generäle Kleber und Luckacs Stalin und der PCE gegenüber loyal oder wollten sie einen Staatsstreich inszenieren? Versuchte Kleber, die Unterstützung Pereas zu gewinnen, und gab es Hintergedanken bei seinem Vorschlag? Am 4. Februar 1937 wurde Kleber plötzlich das Kommando über die 11. Brigade entzogen, und im Herbst desselben Jahres wurde er nach Moskau zurückgerufen und verschwand. Krivitsky, der jahrelang mit ihm zusammengearbeitet hatte und seine gesamte Familie kannte, bringt seinen Untergang mit den Säuberungen in der Roten Armee in Verbindung. Später stellte sich heraus, dass Kleber verhaftet und wegen in Spanien begangenen Hochverrats zu 15 Jahren Gefängnis verurteilt worden war. Er starb am 18. Februar 1954 im Arbeitslager Sosnovka.

Am 21. Februar 1937 gab es ein weiteres Ereignis, das nicht hinreichend geklärt ist: den Rückzug des Botschafters Moses Rosenberg, der im selben Jahr im Rahmen der antitrotzkistischen Säuberungen nach Moskau abberufen und eliminiert worden war. An seine Stelle trat ein anderer Jude, Leon Yakovlevich Khaikis, der als Sekretär der Botschaft tätig war. Er war in den ersten Tagen der Revolution einer der Beamten der Petrograder Tschechen gewesen. Anfang der 1920er Jahre wurde er Propagandachef der Komintern in Mitteleuropa. Unter

---

[25] Diese Schwester von María Teresa León war die rätselhafte Spanierin, die Jahre später mit zwei Kindern in Moskau auftauchte und behauptete, die Frau von Manfred Stern/Emilio Kléber zu sein.

Karl Rádek arbeitete er an der Seite von Bela Kun. Später wurde er der sowjetischen Botschaft in Mexiko zugeteilt und leitete von da an die Aktivitäten der GPU in Mittel- und Südamerika. Khaikis legte Azaña am 16. März sein Beglaubigungsschreiben vor, aber seine Amtszeit war nur von kurzer Dauer: Im Mai 1937 wurde er nach Moskau zurückgerufen und 1938 ebenfalls hingerichtet. Es ist nicht klar, wer seinen Platz eingenommen hat.

Nach Ansicht des Sozialisten Luis Araquistáin gab es keine weiteren Botschafter. Der Trotzkist Pierre Broué und andere Historiker versuchen, Rosenbergs Entlassung mit einer angeblichen Beschwerde von Largo Caballero über die Einmischung des Botschafters in spanische Angelegenheiten zu erklären; doch diese Erklärung ist nicht stichhaltig, wenn man bedenkt, dass der spanische Lenin in den Augen Moskaus zu einem Hindernis für die stalinistischen Kommunisten geworden war, die keine soziale Revolution wollten. Stalin hätte kaum auf den Vorwurf von Largo Caballero gehört, wenn Rosenberg in seinem Auftrag gehandelt hätte. Alle Dokumente zeigen, dass die sowjetischen Berater, die kommunistischen Minister und die Sozialisten Alvarez del Vayo und Negrin versuchten, die Kontrolle über die Regierung zu erlangen. Wenn Rosenbergs Bemühungen in dieselbe Richtung gegangen wären, hätten sie nicht zu seiner Entlassung und anschließenden Hinrichtung führen dürfen.

Da Stalin Berichten zufolge von seinen Agenten negative Berichte über das Verhalten von Botschafter Rosenberg erhalten hatte, bat er in dem oben erwähnten Schreiben vom 21. Dezember Largo Caballero um eine Einschätzung der sowjetischen Berater und insbesondere um seine Meinung über Rosenberg. In dem Antwortschreiben vom 12. Januar 1937, das in *Guerra y Revolución* von Dolores Ibárruri und anderen veröffentlicht wurde, schrieb Largo Caballero:

> „Die Kameraden, die uns auf unsere Bitte hin zu Hilfe gekommen sind, erweisen uns einen großen Dienst. Ihre große Erfahrung ist für uns sehr nützlich und trägt wirksam zur Verteidigung Spaniens bei..... Ich kann Ihnen versichern, dass sie ihre Aufgaben mit echtem Enthusiasmus und außerordentlichem Mut wahrnehmen. Was den Genossen Rosenberg betrifft, so kann ich Ihnen aufrichtig mitteilen, dass wir mit seinem Verhalten und seiner Tätigkeit unter uns zufrieden sind. Wir alle schätzen ihn hier. Er arbeitet sehr hart, sogar übermäßig hart, denn er setzt seine empfindliche Gesundheit aufs Spiel..."

Diese Antwort würde zeigen, dass es nicht die Beschwerden oder angeblichen Auseinandersetzungen zwischen Rosenberg und Largo Caballero waren, die zur Ablösung des Botschafters rieten. Das Interesse Stalins an der Haltung der diplomatischen Vertretung deutet vielmehr darauf hin, dass deren Verhalten nicht der von Moskau geplanten nichtrevolutionären Richtung entsprach. Ein Beweis dafür ist, dass der spanische Botschafter in der UdSSR, Marcelino Pascua, am 2. Februar 1937 im Kreml mit Stalin, Woroschilow und Molotow zusammentraf. In der Mitte des Gesprächs überraschte Stalin den Botschafter mit einer Kritik an seinen wichtigsten Vertretern in Spanien. Die Aufzeichnungen von Marcelino Pascua über das Treffen befinden sich im Nationalen Historischen Archiv (AHN). Diesen Papieren zufolge sagte Stalin dem Botschafter, dass sie jemanden schicken würden, der weniger „enfant terrible" sei, jemanden, der „offizieller" sei. Was Antonow-Owsejenko betrifft, so wurde ihm zu verstehen gegeben, dass er durch „jemand weniger Revolutionäres" ersetzt werden würde.

Krivitsky räumt ein, dass das Hauptanliegen Moskaus Ende 1936 darin bestand, die Kontrolle über die Internationale Brigade zu erlangen. Die zweite Regierung von Largo Caballero bezeichnet er als „eine prekäre Koalition antagonistischer politischer Parteien". Krivitsky reiste im November nach Barcelona und erfuhr von seinem Kollegen Stashevsky, dass Stalin bereits an Negrín gedacht hatte, um den spanischen Lenin zu ersetzen. Anfang November unterstützten die PCE und die OGPU Largo Caballero, obwohl sie ihn nicht nach Belieben kontrollieren konnten, so dass sie bereits von Anfang an an einen Ersatz gedacht hatten. Die Priorität, die Schlacht um Madrid zu gewinnen, ließ die zahlreichen Differenzen innerhalb der Regierungskoalition in den Hintergrund treten; doch im Dezember entzog die Verteidigungsjunta den Ausschüssen per Dekret alle Befugnisse, die sie im entscheidenden Monat November hatten behalten dürfen. Die Kommunistische Partei begann in den Bezirken zu arbeiten, um sie dazu zu bringen, ihre revolutionären Initiativen aufzugeben und sich der Alleinverwaltung der Junta zu unterwerfen. Pierre Broué spricht von „heftigen Zusammenstößen zwischen den CNT-Truppen und den Männern der Kommunistischen Partei".

Am 12. Dezember beschloss die Junta die Militarisierung aller Milizeinheiten unter der Autorität von Miaja und den Kommunisten der Junta. An diesem Tag wurden die Straßenbahnen abgeschafft und die Mieten wieder eingeführt. Am 24. Dezember wurde das Tragen von Waffen in der Hauptstadt verboten und die Sicherheit wurde den staatlichen Behörden übertragen. Am 26. Dezember wurde der Versorgungsbeauftragte der Junta, Pablo Yagüe, von CNT-Milizionären schwer verletzt, die versuchten, die Identität der Insassen seines Fahrzeugs zu überprüfen. Dieser Angriff", schreibt Broué, „rief die Empörung der kommunistischen, sozialistischen und republikanischen Presse hervor. Die CNT-Zeitung, die darauf reagieren wollte, wurde zensiert; die verhafteten Täter wurden jedoch vom Volksgerichtshof freigesprochen. Die CNT-Presse beschuldigte die KP-Männer, als Vergeltung drei ihrer eigenen Leute in einem Madrider Viertel ermordet zu haben". Gegen die POUM wurde eine Offensive eingeleitet, die zur Schließung ihrer Räumlichkeiten, ihres Radios und ihrer Presse führte.

Im Januar 1937 bereiteten die stalinistischen Kommunisten bereits den Kampf um die Macht in der Regierung von Largo Caballero vor, der zu den Ereignissen vom Mai 1937 in Barcelona führen sollte. Die Revolution war gestoppt und die Konterrevolution wurde vorbereitet, für die Largo Caballero ein Hindernis darstellte. Der spanische Lenin hatte im März 1936 die Verschmelzung der sozialistischen und der kommunistischen Partei vorgeschlagen, was von José Díaz, dem Führer der Kommunisten, begrüßt worden war. Ein Schritt in diese Richtung war die Vereinigung der Sozialistischen Jugend und der Kommunistischen Jugend im April 1936, deren Initiator Álvarez del Vayo war. Dieser Zusammenschluss wurde in aller Eile und ohne vorherigen Kongress vollzogen, und die großen Gewinner waren die

Kommunisten. Largo Caballero dachte wohl, dass sich die dreitausend jungen Kommunisten unter den fünfzigtausend Sozialisten auflösen würden, aber genau das Gegenteil geschah, denn nach Ausbruch des Krieges wechselte Santiago Carrillo, der Generalsekretär der JSU, den Largo Santiaguito nannte, zusammen mit anderen Führern des Bundes der Sozialistischen Jugend zur Kommunistischen Partei. Auf diese Weise wurde die JSU zu einer der treibenden Kräfte hinter der Vorherrschaft der PCE.

Anstelle des Kongresses der Nationalen Einheit berief Carrillo im Januar 1937 eine Nationale Konferenz ein, die von seinen Delegierten dominiert wurde, denen es gelang, ein mit Kommunisten besetztes Nationalkomitee zu bilden. Erst dann erkannte Largo Caballero seinen Fehler. Jesús Hernández (Öffentliche Erziehung und Kunst) und Vicente Uribe (Landwirtschaft), die kommunistischen Minister in der Regierung, bekleideten Ressorts von geringem politischen Gewicht, um die Exekutive zu dominieren. Die Mitarbeit der beiden Sozialisten Álvarez del Vayo (Auswärtige Angelegenheiten) und Negrín (Finanzen) war daher entscheidend. Ersterer, der als rechte Hand des Premierministers fungierte, erwies sich als überzeugter Kommunist, als Anhänger der UdSSR und ihrer internationalen Politik. Die Handlungen des letzteren wurden bereits besprochen.

Die vier anarchistischen Minister, theoretische Vertreter der revolutionären Avantgarde, sind eine andere Sache. Während die Anarchisten in Russland eine winzige Gruppe waren, die von Trotzki und Lenin problemlos ausgeschaltet werden konnte, bildeten sie in Spanien die kämpferischsten Elemente des Proletariats und waren für die Konsolidierung der Revolution unverzichtbar. Trotzki hatte verstanden, dass es grundsätzlich notwendig war, auf die anarchistischen Massen zu zählen, um die Macht zu übernehmen. In einem Artikel aus dem Jahr 1931 mit dem Titel *Die spanische Revolution und die kommunistische Taktik* hatte er in Bezug auf die CNT geschrieben: „Diese Konföderation zu stärken und sie in eine echte Massenorganisation zu verwandeln, ist eine Pflicht für jeden fortgeschrittenen Arbeiter und vor allem für die Kommunisten". Trotzki sah damals einen Zweifrontenkampf innerhalb der Arbeiterbewegung voraus: gegen den „parlamentarischen Kretinismus" der Sozialisten und gegen den „antiparlamentarischen Kretinismus" der Anarchisten. Da er den Anarchosyndikalismus als Doktrin und als revolutionäre Methode verachtete, sah er keine andere Lösung, als die Massen dem Einfluss der Anarchisten und der Sozialisten zu entreißen: „Die Anarchosyndikalisten", so Trotzki, „können nur dann an der Spitze der Revolution stehen, wenn sie ihren anarchistischen Vorurteilen abschwören. Es ist unsere Pflicht, ihnen in dieser Hinsicht zu helfen. Man muss davon ausgehen, dass einige der syndikalistischen Führer zu den Sozialisten überlaufen oder am Rande der Revolution bleiben werden. Die wirklichen Revolutionäre werden mit uns sein; die Massen werden mit den Kommunisten gehen, ebenso wie die Mehrheit der sozialistischen Arbeiter." Fünf Jahre nach der Veröffentlichung dieses Artikels konnte Trotzki in Spanien nur noch auf die Partei von Andreu Nin, die POUM, zählen, und die Anarchisten blieben die einzig mögliche Karte, die er gegen den Kommunismus Stalins spielen konnte.

Die Situation von Largo Caballero als Ministerpräsident war in gewissem Sinne ähnlich, denn nur wenn er sich auf die Anarchisten stützte, konnte er die Offensive derjenigen überleben, die keine soziale Revolution wollten. Seine Lage wurde unhaltbar, als sich auch der Sektor von Indalecio Prieto den Kommunisten näherte. Hatte Largo 1936 noch für den Zusammenschluss mit den Kommunisten plädiert und Indalecio Prieto diesen abgelehnt, so kehrten sich Anfang 1937 die Rollen um: Nun war es Prieto, der die sofortige Fusion forderte, und Largo Caballero, der sie ablehnte. Sozialisten und Kommunisten waren sich einig, die Revolution zu beenden, die Kollektivierungen zu beenden, den Staat wiederherzustellen und eine reguläre Armee zu bilden, die den Krieg gewinnen konnte. Im Januar 1937 schlug Santiago Carrillo in Valencia vor, gegen drei Feinde zu kämpfen: Franco, die Trotzkisten und die unkontrollierten Extremisten. Der Fall von Málaga am 8. Februar, wo Disziplinlosigkeit, Fraktionskämpfe und Chaos herrschten, führte zum Beginn der öffentlichen Kampagne gegen den Premierminister und zur Wiederaufnahme der Feindseligkeiten zwischen der PCE und der CNT, die sich gegenseitig beschuldigten, die Niederlage herbeigeführt zu haben. Die Kommunisten nutzen die Katastrophe von Málaga in vollem Umfang aus.

Die Kämpfe zwischen Kommunisten und Anarchisten waren eine Tatsache. Largo Caballero bemerkte im März, dass Männer, denen er vertraute, darunter Außenminister Álvarez del Vayo, ihn verrieten. Er informierte Azaña darüber. Der Präsident der Republik genehmigte die Entlassung des Ministers, doch der Premierminister, der sich seiner Schwäche bewusst war und wusste, dass die Entlassung von Álvarez del Vayo zu einer Regierungskrise führen würde, entschied sich dafür, ihn im Amt zu belassen. Dennoch ging Largo am 14. April in die Offensive und unterzeichnete einen Erlass, der die Befugnisse des Kriegskommissariats einschränkte, eines wichtigen Organs, über dessen Ernennungen er persönlich entscheiden würde.

Andererseits hatten sie in den Madrider Checas in einem Teufelskreis von Aktion und Reaktion begonnen, sich gegenseitig zu ermorden. Melchor Rodríguez, der „rote Engel", beschuldigte den Kommunisten José Cazorla, den Berater der Junta für die öffentliche Ordnung, den Kommunisten erlaubt zu haben, militante CNT-Mitglieder in privaten Gefängnissen zu verhören, zu foltern und zu töten. Die Anarchisten beschuldigten Cazorla, „ein Provokateur im Dienste des Faschismus" zu sein, und forderten seine Entlassung. Der Skandal weitete sich aus, und Largo Caballero nutzte die Situation, um am 23. April die Madrider Junta aufzulösen, die durch einen Stadtrat ersetzt werden sollte. Dies war seine endgültige Kriegserklärung an die PCE, denn zahlreiche Kommissare legten ihre Ämter nieder.

Largo Caballero versuchte daher, die Initiative zu ergreifen, um die Situation wieder unter Kontrolle zu bringen. Da er immer noch Kriegsminister war, schlug er einen Angriff in Richtung Extremadura vor, um das Gebiet Francos wieder zu teilen: Der Plan war, die Verbindungen der Rebellen mit dem Süden abzuschneiden und so die Lage an der Nordfront zu entlasten. Sowohl Miaja als auch die russischen Berater lehnten dies mit der Begründung ab, dass Madrid nicht abgeschnitten werden könne. Als Miaja den Befehl erhielt, einen

Teil der Truppen aus Madrid in den Sektor Extremadura zu schicken, forderten die Kommunisten ihn auf, dies abzulehnen. Angesichts dieser Undiszipliniertheit nimmt der Kriegsminister eine harte Haltung ein und zwingt Miaja, die Befehle auszuführen.

Zur gleichen Zeit orientierte sich die POUM in Katalonien, die im Dezember 1936 auf Druck der Stalinisten der PSUC aus der Regierung der Generalitat ausgeschlossen worden war, eindeutig zugunsten einer revolutionären Politik. Über seine Zeitung *La Batalla* prangerte er den Rückzug der Revolution und die „konterrevolutionären Machenschaften der KP und der PSUC" an. Am 21. März hält Andreu Nin in Barcelona eine Rede, die am nächsten Tag in *La Batalla* wiedergegeben wird. Seiner Meinung nach ist der konterrevolutionäre Prozess auf die „politische Rolle des Reformismus innerhalb der Revolution zurückzuführen, der von jener internationalen Organisation unterstützt wird, die den Zynismus besitzt, sich kommunistisch zu nennen". Nin appellierte an die Führer der CNT und schloss mit den Worten, dass für den Sieg „eine einzige Fahne, die rote Fahne der proletarischen Revolution" notwendig sei. Eine einzige Regierung, die Regierung der Arbeiter und Bauern, die Regierung der Arbeiterklasse".

Die Jugend der POUM, die JCI (Iberische Kommunistische Jugend), ist für die Auflösung des Parlaments und für eine verfassungsgebende Versammlung, die auf der Grundlage von Fabrikausschüssen und Versammlungen von Bauern und Kämpfern gewählt wird. In der CNT gab es auch eine revolutionäre Oppositionsströmung, die die Militarisierung der Milizen nicht akzeptierte. Sie nannten sich „die Freunde von Durruti" und gaben die Zeitung „*El amigo del pueblo*" heraus. Ihre Position stimmte mit der der POUM und der JCI überein. Andreu Nin und die Parteiführer versuchten, sich an die Führung und die Aktivisten der CNT zu wenden, um die Verteidigung der Arbeiterbewegung und der Errungenschaften der Revolution zu organisieren. Sein Vorschlag, den er in einer weiteren Rede am 25. April vorstellte, war die Bildung einer revolutionären Einheitsfront. Zu diesem Zweck ruft er dazu auf, „den revolutionären Instinkt der CNT in revolutionäres Bewusstsein und den Heroismus ihrer Massen in eine kohärente Politik zu verwandeln".

Dies waren in der Tat die Bestrebungen Trotzkis, der von Mexiko aus, ohne zu ahnen, dass Stalins Agenten ihn im Visier hatten, in der gleichen Art und Weise dozierte, mit einem faden Geschwätz, das ebenso weit von der Realität entfernt war wie die Vorschläge seines spanischen Freundes. Trotzki hatte den Eintritt der Anarchisten in die Volksfrontregierung und den Eintritt von Nin als Justizminister in die Regierung der Generalitat kritisiert. Wieder einmal predigte „der alte Mann" den Bürgerkrieg im Bürgerkrieg. In einem unter dem Pseudonym Crux verfassten Artikel, der im April 1937 mit Verspätung in *La Lutte Ouvriére* veröffentlicht wurde, lautete sein Rezept wie folgt:

> „Es ist notwendig, die Massen offen und mutig gegen die Regierung der Volksfront zu mobilisieren. Der Verrat dieser Herren, die vorgeben, Anarchisten zu sein, während sie in Wirklichkeit nichts anderes als Liberale sind, muss vor den gewerkschaftlichen und anarchistischen Arbeitern offengelegt werden. Stalin muss als der schlimmste Agent der Bourgeoisie angeprangert werden. Wir

müssen uns als die Führer der revolutionären Massen fühlen und nicht als die Berater der bürgerlichen Regierung.

Trotzkis Unverfrorenheit und Zynismus, da er selbst der Hauptvertreter des internationalen jüdischen Kapitalismus war, erlaubten ihm, im selben Artikel zu schreiben:

> „... Der Sieg der republikanischen Armee des Kapitals über die faschistische Armee wird notwendigerweise die Explosion des Bürgerkrieges innerhalb des republikanischen Lagers bedeuten. In diesem neuen Bürgerkrieg wird das Proletariat nicht gewinnen können, wenn an seiner Spitze nicht eine revolutionäre Partei steht, der es gelungen ist, das Vertrauen der Mehrheit der Arbeiter und der halbproletarischen Bauern zu gewinnen."

Während der selbstgefällige Guru des internationalen Proletariats aus der Ferne, bequem in seiner mexikanischen Residenz, dogmatisierte, kämpften die Spanier weiterhin erbittert gegeneinander. Seine Vorschläge und Nins Kritik an der PCE und Stalin blieben jedoch nicht unbemerkt.

Bürgerkrieg auf republikanischer Seite und der Sturz von Largo Caballero

Katalonien, wo die Revolution ihren Höhepunkt erreicht hatte, war immer noch die Bastion, in der revolutionäre Strukturen verblieben und die bewaffneten Arbeiter zögerten, ihren Anteil an der Macht aufzugeben. Am 3. April bildete Companys einen provisorischen Regierungsrat (Consell de Govern) unter dem Vorsitz von Josep Tarradellas, der auch Finanz- und Bildungsminister war. Artemi Aiguader (ERC), Joan Comorera (PSUC), Josep Calvet (Unió de Rabassaires), Francisco Isgleas (CNT) und Joan J. Domènech (CNT) komplettierten die Regierung. Am 7. April legten PSUC und UGT einen „Siegesplan „ für Katalonien vor, der mit den revolutionären Zielen der CNT kollidierte und alle Waffen, Sicherheit und Macht in den Händen der Regierung konzentrierte. Am 16. April erhöhte Companys die Zahl der Mitglieder des Consell de Govern auf zehn, ohne das Gleichgewicht der politischen Kräfte zu verändern.

Am 17. April tauchten von Negrín entsandte Carabinieri in Puigcerdà und Figueras auf, um die Kontrolle über die Zollämter zu übernehmen, die sich seit Juli 1936 in den Händen von CNT-Milizionären befanden. Da sie sich weigerten, sich zurückzuziehen, wurde die Situation angespannt und es kam zu einer Pattsituation, so dass das Regionalkomitee der CNT versuchte, zu verhandeln. Am 24. April wurde der Kommissar für öffentliche Ordnung, Eusebio Rodríguez Salas, alias „el manco", ein ehemaliger Anarchist und militanter Poumista, der zur PSUC übergetreten war, Opfer eines Anschlags, dem er unverletzt entkam. Am 25. wurde Roldán Cortada, ein Führer der UGT und Mitglied des PSUC, in Molins de Rey ermordet. Der PSUC organisiert ein Massenbegräbnis, das zu einer Demonstration gegen die POUM und die CNT wird: Drei Stunden lang paradieren die katalanischen stalinistischen Kommunisten mit Gewehren auf den

Schultern. Die Führer der POUM beschuldigten die katalanischen Kommunisten, eine „konterrevolutionäre Demonstration" organisiert zu haben. Am nächsten Tag schickte die Generalitat ihre Polizei nach Molins de Rey. Die örtlichen Anarchistenführer, die beschuldigt wurden, an dem Attentat beteiligt gewesen zu sein, wurden verhaftet. In dieser Atmosphäre brach der Funke schließlich in Bellver de Cerdanya (Lérida) über, wo die Carabinieri mit anarchistischen Aktivisten zusammenstießen. Antonio Martín, alias „el cojo de Málaga", fiel in diesem Kampf zusammen mit sieben anderen Milizionären. Martín, Vorsitzender des Revolutionskomitees von Puigcerdà und Hauptbefürworter der Kollektivierung in der Region, war ein ehemaliger Schmuggler, der im Juli 1936 Chef der Zollbeamten geworden war. Angesichts des Gerüchts, dass das Innenministerium die Entwaffnung aller Arbeitergruppen anordnen würde, erschienen am 29. April mit Gewehren und Handgranaten bewaffnete CNT-FAI-Gruppen in den Straßen Barcelonas. Aus Angst vor dem Ausbruch eines Konflikts sagte die Generalitat die Feierlichkeiten zum 1. Mai ab. Sowohl *La Batalla* als auch *Solidaridad Obrera*, die Zeitung der CNT, riefen die Arbeiter dazu auf, sich nicht entwaffnen zu lassen und „mit den Waffen in der Hand" Wache zu halten.

In Valencia fand am 1. Mai eine gemeinsame Sitzung von CNT und UGT statt. Largo Caballero erkannte schließlich, dass er allein gelassen wurde, und so versuchten seine treuesten Unterstützer noch immer, an die Einheit der beiden Gewerkschaften zu appellieren. Carlos Baráibar, der zusammen mit Luis Araquistáin zu den Gründern von *Claridad* gehörte, übte unverhohlene Kritik an der PCE und der UdSSR und pries das gemeinsame Handeln einer utopischen „Gewerkschaftsregierung" an. Largo Caballero, der wegen seiner Zusammenarbeit mit Primo de Rivera bei den libertären Massen nie gut angesehen war, wusste, dass die Anarchosyndikalisten eine reguläre Armee nicht akzeptieren konnten, ohne ihre antiautoritären Prinzipien zu verletzen; um sie für sich zu gewinnen und eine Versöhnung zu erreichen, hatte er daher keine vollständige Militarisierung seiner Milizen durchgeführt, obwohl dies eine der ständigen Forderungen der Kommunisten war.

Die Situation war explosiv und die Explosion fand am 3. Mai statt. Gegen drei Uhr nachmittags trafen drei Lastwagen mit Sturmtrupps der Polizei für öffentliche Ordnung unter dem Kommando von Eusebio Rodríguez Salas, einem Mitglied der PSUC, der das Amt des Kommissars für öffentliche Ordnung der Generalitat innehatte, am Telefónica-Gebäude ein und brachten einen von Artemi Aiguader, einem Mitglied der ERC und Berater für innere Sicherheit, unterzeichneten Beschlagnahmebeschluss mit. Telefónica gehörte zu dem amerikanischen Konzern „American Telegraph and Telephon". Die Vermittlungsstelle, die sich laut einem Dekret der katalanischen Regierung über Kollektivierungen seit Kriegsbeginn in den Händen der CNT-FAI befand, war ein perfektes Beispiel für die Dualität der Kräfte. Alle Mitteilungen wurden von den Anarchisten abgehört, die alles erfuhren, was sie interessierte. Azaña und Companys konnten nicht frei sprechen, da ihre Gespräche manchmal vom Kontrollkomitee der CNT unterbrochen wurden. Arthur Koestler,

Korrespondent der *Londoner News Chronicle*[26], berichtet, dass Luis Araquistáin, Botschafter in Paris, und Álvarez del Vayo über ihre Ehefrauen kommunizierten, zwei jüdische Schwestern deutscher Herkunft, die Jiddisch sprachen, so dass niemand sie verstehen konnte.

Im Inneren entwaffneten die Wachen die Milizionäre im Erdgeschoss, doch die Arbeiter in den oberen Stockwerken versperrten ihnen den Weg mit Maschinengewehrfeuer. Da die CNT Teil der Regierung der Generalitat war, bat Rodríguez Salas um Hilfe, und zwei anarchistische Führer der Kontrollpatrouillen des Generalkommissariats für öffentliche Ordnung der Generalitat, Dionisio Eroles und José Asens, tauchten sofort auf. Eroles hatte die Aktionen der Kontrollpatrouillen des Zentralkomitees der antifaschistischen Milizen nach dem Staatsstreich geleitet und war für die Ermordung von Tausenden von Menschen verantwortlich. Am 22. Oktober 1936 gehörte er zu den Unterzeichnern des Aktionsbündnisses zwischen CNT, UGT, FAI und PSUC und war fortan Dienststellenleiter des Generalkommissariats der Generalitat. In der Ausgabe der *Solidaridad Obrera* vom 4. Mai heißt es, Eroles und Asens hätten „rechtzeitig interveniert, damit unsere Genossen, die sich dem Vorgehen der Wachleute im Inneren des Gebäudes widersetzt hatten, ihre gerechte Haltung aufgeben". In anderen Quellen heißt es, dass sie die Sturmwachen dazu brachten, das belagerte Gebäude zu verlassen.

Als die CNT-Ratsmitglieder Isgleas, Capdevila und Fernández von dem Angriff erfuhren, forderten sie die Entlassung von Rodríguez Salas und Aiguader, aber ihre Forderung wurde nicht erfüllt, da die anderen Parteien und Präsident Companys dagegen waren. Dies führte zu einem Generalstreik und zu einer Unterbrechung der Feindseligkeiten. Tausende von Menschen hatten sich auf der Plaça de Catalunya versammelt, und die Ereignisse in der Telefónica waren sofort in der ganzen Stadt bekannt. Die POUM, die Freunde von Durruti, die Libertäre Jugend und andere Organisationen griffen zu den Waffen und begannen, Hunderte von Barrikaden zu errichten. George Orwell, der die Ereignisse miterlebte, beschreibt in *Homage to Catalonia*, wie die Barrikaden errichtet wurden:

> „Der Bau dieser Barrikaden war ein seltsames und wundervolles Spektakel. Mit jener leidenschaftlichen Energie, die Spanier an den Tag legen, wenn sie sich für eine gute Sache entschieden haben, zogen lange Reihen von Männern, Frauen und kleinen Kindern Pflastersteine hoch, transportierten sie in einer Schubkarre, die sie irgendwo gefunden hatten, und torkelten unter schweren Sandsäcken von einem Ort zum anderen.

---

[26] Arthur Koestler, dessen „*Dreizehnter Stamm*" in diesem Werk einen wichtigen Platz einnimmt, arbeitete in Paris in den Komintern-Büros von Willi Münzenberg, dem großen Propagandisten der Kommunistischen Partei Deutschlands, und wurde als Spion nach Spanien geschickt. Seine Arbeit als Journalist verschaffte ihm eine Tarnung. In Paris war Koestler Assistent von Otto Katz, alias André Simone, dem jüdischen Kommunisten tschechischer Herkunft, der von Alvarez del Vayo zum Direktor der Agencia Española, dem Auslandspropagandabüro der Republik, ernannt worden war. Sowohl Katz als auch Koestler erhielten Anweisungen von Münzenberg.

Bei Einbruch der Dunkelheit hatten Fabriken, Werkstätten, Lagerhäuser und andere Einrichtungen ihre Tätigkeit eingestellt. Barcelona war in Aufruhr und der Krieg war ausgebrochen. Die Anarchosyndikalisten beherrschen die Situation in den Arbeitervierteln rund um die Stadt: In den Vororten Sarrià, Hostafrancs, Sans und Barceloneta ergeben sich viele der Wächter oder schließen sich hilflos in ihren Kasernen ein. Im Geschäftsviertel und im Gotischen Viertel waren die Kräfte gleichmäßiger verteilt. Präsident Azaña, der in der Nähe des katalanischen Parlaments wohnte, wies um 20 Uhr, aufgeschreckt durch die stoßweise Schießerei in der Umgebung, seinen Sekretär Cándido Bolívar an, Largo Caballero um Verstärkung für seine Leibwache zu bitten. Kurz darauf war es Aiguader selbst, der den Innenminister Galarza bat, dringend 1.500 Mann zu schicken, um den Aufstand niederzuschlagen. Auf Anweisung von Companys suchte Tarradellas um 23 Uhr Azaña auf, um sich zu entschuldigen. Er brauchte anderthalb Stunden für eine Reise, die in wenigen Minuten hätte zurückgelegt werden können. Azaña selbst berichtet darüber in seinen Memoiren:

> „Sie zwangen ihn, an allen Barrikaden aus dem Auto auszusteigen... und lange zu reden, wobei sie ihn demütigten. Als er auf das Thema Entschuldigungen zu sprechen kommen wollte und betonte, dass er sich als Katalane schäme, unterbrach ich ihn, indem ich die Bemerkungen wiederholte, die ich bereits gegenüber Bolívar im Namen des Ratspräsidenten gemacht hatte: 'Es gibt keinen Platz für Entschuldigungen, sondern um die Meuterei zu kontrollieren; und was mich betrifft, um meine Sicherheit und Bewegungsfreiheit zu garantieren'".

Die regionalen Komitees der CNT, der FAI, der Libertären Jugend und des Exekutivkomitees der POUM trafen sich in dieser Nacht, und die Poumisten versuchten, die Anarchisten davon zu überzeugen, dass es an der Zeit sei, ein Bündnis gegen die Kommunisten und die Regierung zu schließen. Verschiedene Quellen geben Texte über das wieder, was in dieser historischen Nacht gesagt wurde. Bolloten gibt die Worte des Poumisten Julián Gorkín wieder: „Weder ihr noch wir haben die Massen von Barcelona in diese Bewegung hineingeworfen. Es war eine spontane Antwort auf eine stalinistische Provokation. Dies ist der entscheidende Moment für die Revolution. Entweder wir übernehmen die Führung in der Bewegung, um den Feind im Inneren zu vernichten, oder die Bewegung wird scheitern, und das wird unser Untergang sein. Die Wahl muss getroffen werden: Revolution oder Konterrevolution." Die Führer der CNT und der FAI lehnten ab und schlugen vor, auf eine Beruhigung der Lage hinzuarbeiten. Es scheint, dass ihre Hauptforderung die Entlassung des Kommissars war, der die Provokation verursacht hatte.

Am nächsten Tag, Dienstag, dem 4. Mai, bat Aiguader Galarza erneut um die Entsendung von 1.500 Sturmtruppen, aber Largo Caballero, der einen politischen Kampf gegen die Kommunisten führte, wollte die CNT und die FAI nicht gegen sich aufbringen und seinen Gegnern in Katalonien mehr Macht geben. Der Innenminister antwortet Aiguader, dass der Regierungspräsident bis zum Nachmittag warten werde, in der Hoffnung, dass die Generalitat die Situation mit ihren eigenen Kräften unter Kontrolle bringen könne. In der

Zwischenzeit übernahmen die mit Maschinengewehren und Gewehren bewaffneten Arbeiter, unterstützt von der POUM, der Libertären Jugend und den Freunden von Durruti, die Kontrolle über die Stadt. Sie griffen die Kasernen der Guardia de Asalto und Regierungsgebäude an. Auf den Barrikaden wurde ein von dem deutschen Juden Hans David Freund verfasstes Flugblatt verteilt. Zu Beginn des Krieges war Freund nach Spanien eingereist, um am Aufbau der trotzkistischen Bewegung mitzuwirken. Zu diesem Zweck kam er im August in Madrid an, wo er an den deutschsprachigen Rundfunksendungen der POUM mitwirkte. Seit Ende 1936 arbeitete er unter dem Pseudonym „Moulin" in Barcelona mit den Freunden von Durruti zusammen. Er spielte eine prominente Rolle beim Aufstand und wurde Anfang August verhaftet und verschwand, wie Andreu Nin und andere Trotzkisten, unter der Erde.

Der Gegenangriff der Kommunisten und der Regierungstruppen folgte bald, und Barcelona geriet in einen Bürgerkrieg im Bürgerkrieg. Companys wandte sich per Radio an die Bevölkerung und rief zur Ruhe auf, jedoch ohne Erfolg. In der Zwischenzeit hatte Largo Caballero die CNT-Minister seiner Regierung nach Valencia einberufen, wo er ihnen mitteilte, er befürchte, dass die Kommunisten den Kampf ausnutzen würden, um ihn zu stürzen. Er gestand ihnen, dass er die von Aiguader geforderten Kräfte nicht entsenden könne. Die Regierung konnte dies nicht tun", sagte er, „weil es bedeuten würde, dass sie demjenigen, der den Konflikt vielleicht provoziert hat, Kräfte zur Verfügung stellt, die für ihn arbeiten. Bevor sie dem zustimmt, würde sie die öffentliche Ordnung an sich reißen, wozu sie laut Verfassung befugt ist". Largo Caballero schlug vor, dass Vertreter des Nationalen Ausschusses der CNT und des Exekutivausschusses der UGT nach Barcelona fahren sollten, um zu versuchen, die Feindseligkeiten zu beenden. Um elf Uhr vormittags fand in Valencia eine Sitzung des Ministerrats statt. Unterstützt von Indalecio Prieto und den linksgerichteten republikanischen Ministern drängten die Kommunisten den Regierungspräsidenten, Verstärkung zu schicken und die Kontrolle über die öffentliche Ordnung und die militärischen Angelegenheiten in der Region zu übernehmen. Angesichts der drohenden Regierungskrise versprach Largo Caballero, diese Maßnahmen zu ergreifen, falls sich die Lage bis zum Nachmittag nicht verbessert haben sollte.

García Oliver und Federica Montseny, die anarchistischen Minister, die die Position des Präsidenten während der Regierungssitzung unterstützt hatten, trafen um 17 Uhr mit dem Flugzeug in Barcelona ein, begleitet von dem Ugetista Hernández Zancajo, einem persönlichen Freund von Largo Caballero. Sie alle verlasen im Radio einen Aufruf an ihre Anhänger, die Waffen niederzulegen und zur Arbeit zurückzukehren, doch diese Anweisungen empörten viele Libertäre, die sich von ihren Führern verraten fühlten. Etwa zeitgleich mit der Ankunft der Cenetista-Führer sprach sich die POUM öffentlich für den Widerstand aus. In der Zwischenzeit versammelten sich Einheiten der 26. anarchistischen Division, der ehemaligen Durruti-Kolonne, in Barbastro unter dem Kommando von Gregorio Jover mit der Absicht, auf Barcelona zu marschieren.

Um halb zehn in der Nacht meldete sich Prieto bei Azaña und teilte ihm mit, dass die Zerstörer *Lepanto* und *Sánchez Barcaiztegui*, die den Präsidenten der Republik evakuieren sollten, Cartagena um zwei Uhr nachmittags verlassen hatten und dass fünf Kompanien der Luftwaffe um drei Uhr morgens in Valencia auf dem Weg nach Barcelona eintreffen würden. Der freie Zugang zum Hafen vom Parlament aus war das Hauptanliegen von Azaña. Burnett Bolloten legt die Aussage von Constancia de la Mora, der Ehefrau des Chefs der Luftwaffe, Hidalgo de Cisneros, vor. Ihr zufolge hatte Azaña die Regierung von Beginn des Konflikts an mit „hysterischem Nachdruck" gebeten, Maßnahmen zu seinem persönlichen Schutz zu ergreifen, aber nur Prieto hörte auf seine Bitten. Azaña beschwerte sich später in seinen Schriften, dass Präsident Largo Caballero nicht einmal versucht habe, mit ihm zu sprechen.

Während Prieto versuchte, Azaña zu beruhigen, trafen sich Abgesandte aus Valencia mit der katalanischen Regierung unter dem Vorsitz des Präsidenten der Generalitat. Um Aiguader und Rodríguez Salas abzulösen, einigte man sich auf die Bildung eines provisorischen Consell de Govern mit vier Vertretern: Esquerra, CNT, UGT und Unió de Rabassaires; doch als die CNT vorschlug, die neue Regierung sofort einzusetzen, argumentierten die Kommunisten, dass „das Feuer auf den Straßen erst vollständig erlöschen müsse". Esquerra und die Rabassaires unterstützten die Kommunisten, und so wurde am Mittwoch, dem 5. Mai, um 2 Uhr nachts beschlossen, erneut über das Radio zu sprechen. Vergeblich, denn bis in die frühen Morgenstunden gingen die Kämpfe auf den Straßen weiter.

Am frühen Morgen des 5. Mai verstärkten die CNT-Führer ihre Bemühungen, ihre Anhänger zu kontrollieren. Der Anarchistenführer Diego Abad de Santillán erinnerte sich später daran, dass er am Telefon weinende libertäre Genossen gehört hatte, als ihnen befohlen wurde, nicht zu schießen, während sie mit Maschinengewehren beschossen wurden. Trotz dieser Versuche tobten die Kämpfe überall. Die proletarischen Viertel waren alle für den Aufstand und unter der Kontrolle der Arbeiter, die weiterhin die Barrikaden besetzten. In der Altstadt, wo sich die Regierungstruppen konzentrierten, waren die Zusammenstöße besonders heftig: Die engen, verwinkelten Straßen begünstigten die Barrikadenkämpfe. Maschinengewehrfeuer und Gewehrschüsse waren in der ganzen Stadt zu hören, und diejenigen, die sich aus ihren Unterkünften wagten, wurden auf der Straße niedergeschossen. Auf der Plaça de Catalunya, in den angrenzenden Straßen und rund um die Generalitat gab es zahlreiche Tote und Verletzte. *Solidaridad Obrera* prangerte am nächsten Tag die Existenz von „agents provocateurs, den so genannten 'pacos', Scharfschützen, an, die von den Dächern der Häuser aus die Waffen abfeuerten, die sie hatten, um in den Vierteln, in denen es ruhig war, Alarm zu schlagen". Die CNT-Führer, die wussten, dass Largo Caballero dem Druck seiner Gegner nicht lange standhalten würde, kehrten in die Generalitat zurück und bestanden darauf, dass die neue Regierung ohne Zeitverlust gebildet wird. Das Radio verbreitete die Vereinbarungen zwischen der CNT und der Generalitat und forderte den gleichzeitigen Rückzug der Polizei und der bewaffneten Zivilisten, doch in Wahrheit verzögerten die Kommunisten weiterhin die Bildung des neuen Regierungsrates. Während der Sitzung traf die Nachricht ein, dass die Regierung von Valencia beschlossen hatte, die öffentliche Ordnung und die Verteidigungsdienste zu beschlagnahmen.

Während die Verhandlungen im Palast der Generalitat fortgesetzt wurden, äußerte Azaña in einer telegrafischen Mitteilung an Indalecio Prieto sein Misstrauen gegenüber seiner Rettung, da er nicht verstand, wie der Kommandant der *Lepanto* sich ihm gegenüber präsentieren konnte, wenn die Kommunikation mit dem Hafen unterbrochen war. In *The Spanish Civil War: Revolution and Counterrevolution* gibt Bolloten das ausführliche Gespräch wieder. Hier ist ein Auszug aus Azañas Worten:

> „Dass ich nach Valencia umziehen soll, ist ein sehr guter Gedanke, aber absolut unrealistisch, und das ist einer der schwerwiegendsten Aspekte der Situation, denn es ist unmöglich, durch die Tore des Parks meines Wohnsitzes zu kommen, um den herum Maschinengewehre, Gewehre und Bomben abgefeuert werden. In diesem Zusammenhang muss ich Ihnen sagen, dass es zwei Seiten des Problems gibt. Die eine ist der anarchistische Aufstand mit all seinen schwerwiegenden Folgen und bedauerlichen Auswirkungen, auf die ich Sie nicht hinzuweisen brauche. Die andere ist die Unfreiheit, in der sich das Staatsoberhaupt befindet, nicht nur um sich frei zu bewegen, sondern auch um sein Amt auszuüben. Die erste wäre bereits schwerwiegend und würde dringende und energische Entscheidungen erfordern. Das zweite ist noch gravierender und könnte unabsehbare Folgen haben. Seit Montagnachmittag habe ich so lange gewartet, bis die Regierung genügend repressive Elemente versammelt hatte, um die Situation unter Kontrolle zu bringen und den Präsidenten der Republik aus seiner Entführung zu befreien.... Alle diese Erwägungen veranlassen mich, Ihnen mitzuteilen, dass ich es nicht länger ertragen kann, dass die Regierung in einem der beiden Aspekte des Problems entschlossen eingreift, und da der Präsident der Republik den Aufstand nicht mit den sechzig schlecht bewaffneten Soldaten seiner Garde niederschlagen kann, wird er sich persönlich um die Lösung des anderen Aspekts der Frage kümmern müssen. Sie verfügen über genügend Scharfsinn und politisches Feingefühl, um zu verstehen, daß weder mein persönlicher Anstand noch die Würde meines Amtes noch der Skandal, der sich in der ganzen Welt abspielt, es dem Staatsoberhaupt erlauben, in der Situation zu bleiben, in der er sich befindet...".

Dann drohte er damit, den Präsidenten der Cortes, Martínez Barrio, der sein Nachfolger werden sollte, zu informieren, falls er sein Amt niederlegen würde. Diese Andeutung blieb von Prieto nicht unbemerkt, der, nachdem er die Situation bedauert hatte, um einige weitere Stunden der Ruhe bat. Largo Caballero teilte Prieto mit, dass es keinen Raum für weitere Verzögerungen gebe, da diese eine sehr große Verantwortung mit sich brächten, und schlug daher vor, in einer Sonderausgabe der *Gaceta* die Dekrete zu veröffentlichen, die es den Kriegs- und Innenministern ermöglichen würden, Maßnahmen zur Wiederherstellung der Ordnung zu ergreifen. Prieto beeilte sich, erneut mit Azaña Kontakt aufzunehmen, der ihn daran erinnerte, dass die Umstände ihn zwingen könnten, nicht wiedergutzumachende Entscheidungen zu treffen: „Nur eine sehr schnelle und überwältigende Aktion der Regierung kann sie verhindern". Bolloten schreibt unter Berufung auf Informationen, die ihm Hidalgo de Cisneros 1940 in Mexiko gegeben hatte, dass Prieto mehrfach Zeuge der Kleinmütigkeit von Präsident Azaña geworden war. Hier die Worte von Burnett Bolloten: „1936, als der Präsident die Regierung drängte, Madrid angesichts der wachsenden Gefahr für die Hauptstadt zu verlassen, fragte er Prieto: 'Will die Regierung, dass die Faschisten mich hier erwischen?' Irritiert von Azañas Eile und seiner Sorge um die persönliche Sicherheit, bemerkte Prieto gegenüber dem Leiter der Luftfahrt, Hidalgo de Cisneros: 'Diese feige Schwuchtel verhält sich wie eine hysterische Hure. Um die Verwendung solch harter Worte zu rechtfertigen, fügt der britische Historiker hinzu: „Prieto, der als einer der wortgewandtesten Redner der Republik bekannt war, hatte auch den Ruf, in seinen privaten Gesprächen unflätige Ausdrücke zu verwenden." In Wahrheit fürchtete Azaña ein Attentat in Barcelona, da er wusste, dass die Anarchosyndikalisten das Massaker von Casas Viejas im Januar 1933 nicht vergessen hatten.

Die Zusammenstöße weiteten sich auf andere katalanische Städte aus. Die Sturmgarde räumte die Telefónica-Zentralen in Tarragona, Tortosa und Vich. Mehr als dreißig Anarchisten starben in Tarragona und weitere dreißig in Tortosa. Teile der ehemaligen Durruti-Kolonne, zu denen sich Milizionäre der 29. Division der POUM gesellten, hielten in Binéfar, vierzig Kilometer von Lérida entfernt, an, wo Delegierte des CNT-Regionalkomitees versuchten, Gregorio Jover davon zu überzeugen, den Marsch nicht fortzusetzen, was ihnen auch gelang, obwohl aus Barcelona die Nachricht kam, dass Teile der PSUC das Auto von Federica Montseny angegriffen hatten, das von einer Barrikade aus beschossen worden war.

Schließlich wird in Barcelona der neue provisorische Consell Provisional gebildet. Das Ratsmitglied der PSUC-UGT, Antonio Sesé, Sekretär der katalanischen UGT, dessen Eintritt in die Regierung der Generalitat gerade im Radio angekündigt worden war, wurde in der Caspe-Straße gegenüber der Gewerkschaft für öffentliche Unterhaltung der CNT erschossen, als er in einem Dienstwagen unterwegs war, um seinen Posten anzutreten. Die Kommunisten beschuldigen „trotzkistische Provokateure im Dienste des Faschismus" der Ermordung. Eine Stunde später wurde Domingo Ascaso, der Bruder von Francisco, der zusammen mit Durruti und García Oliver zu den Führern des spanischen Anarchismus gehörte, im Kampf getötet. Die Zusammenstöße verschärften sich, und die kommunistischen Kräfte griffen gewaltsam den Bahnhof von France an, der von den Eisenbahnern der CNT verteidigt wurde. Die Freunde von Durruti weigerten sich, den CNT-FAI-Führern zu gehorchen, und beschlossen, den Kampf fortzusetzen. Am Abend wurden der anarchistische Philosoph Camillo Berneri und sein Genosse Francesco Barbieri auf den Ramblas ermordet aufgefunden. Fünfzehn Männer mit UGT-Armbinden, angeführt von einem Kaderathleten in Zivil, hatten sie gegen 18 Uhr aus ihrer Wohnung verschleppt. Am Ende des Tages telefonierten Companys und Largo Caballero, und ersterer erklärte sich bereit, die öffentliche Ordnung an die Madrider Regierung abzutreten, so dass Kräfte von der Jarama-Front nach Barcelona geschickt wurden. Die von Marineminister Prieto entsandten Einheiten standen bereits vor dem Hafen von Barcelona, wo auch französische und britische Kriegsschiffe bereitstanden, um Stellung zu beziehen.

Am Donnerstag, dem 6. Mai, war die CNT zu einer Einigung bereit: Beide Seiten sollten die Barrikaden aufgeben und die Geiseln freilassen. Companys verkündete, dass es „weder Gewinner noch Verlierer" gäbe. Die Bevölkerung begann auf die Straße zu gehen, um sich mit Vorräten einzudecken oder um ihre tägliche Arbeit wieder aufzunehmen, aber die Schießerei hörte nicht auf, und es gab keine Möglichkeit für die Konfliktparteien, gleichzeitig ihre Gräben zu verlassen. Am Morgen, während einer Kampfpause, erschien der Kommandant der *Lepanto* in Begleitung einer Gruppe von Matrosen im Parlament, aber Azaña hielt es für leichtsinnig zu versuchen, das Gebäude zu verlassen. Azaña selbst schrieb später: „Prieto drängte mich immer wieder, in den Hafen zu gehen und die zehn Minuten der Ruhe zu nutzen". Zugazagoitia, der an Prietos Seite war, als dieser versuchte, Präsident Azaña zu überzeugen, erzählte Jahre später: „Auf Prietos Gesicht war ein leicht skeptisches Lächeln zu sehen". Schließlich beschloss der Präsident der Republik, abzureisen, doch als sie das Parlamentsgebäude verlassen wollten, flammten die Kämpfe, so Azaña, „heftiger denn je auf". Dies zwang ihn dazu, seine Abreise nach Valencia auf den nächsten Tag zu verschieben.

Am Nachmittag wurden die Kämpfe wieder aufgenommen, und eine von den libertären Jugendlichen bemannte 75-mm-Artillerie forderte mehrere Tote, als sie das Feuer auf ein von republikanischen Wachleuten besetztes Kino eröffnete. Im CNT-FAI-Haus traf schließlich am Nachmittag die Nachricht ein, dass fünfzehnhundert Sturmtruppen in Tortosa eingetroffen waren, was die anarchistischen Führer dazu veranlasste, die ganze Nacht hindurch zu arbeiten, um den Waffenstillstand zu organisieren. Die Genossen wurden angewiesen, am Freitagmorgen, dem 7. Mai, um sechs Uhr zum Rückzug bereit zu sein. Erschöpft und mit dem Gefühl, dass es sinnlos war, gegen den Willen ihrer Anführer weiterzukämpfen, verließen die Männer in den frühen Morgenstunden die Barrikaden und verschwanden in der Dunkelheit. Im Morgengrauen riefen die lokalen Komitees der CNT und der UGT auf. „Lasst uns an die Arbeit gehen, Genossen!

In der Zwischenzeit übernahm Sebastián Pozas, der General der Guardia Civil, der sich der PCE angeschlossen hatte, das Generalkapitänsamt und erhielt das Kommando über die Truppen in Katalonien. Zur gleichen Zeit wurde eine Karawane von 120 Lastwagen mit 5.000 Mann aus Madrid entsandt, die am 7. Mai in Barcelona eintrafen. Der Befehlshaber der Expedition war Oberstleutnant Emilio Torres Iglesias, der ehemalige Anführer der anarchistischen Kolonne *Tierra y Libertad*, der mit dem Flugzeug angereist war. Es scheint, dass die CNT selbst darum gebeten hatte, dass die Truppe von diesem alten Freund kommandiert wird, um die Sache zu erleichtern und Repressalien zu vermeiden. Der Durchzug der Expeditionstruppen durch die Städte Kataloniens führte jedoch zu einem Aufstand von Polizei, Militär und Zivilisten auf Seiten der Regierung gegen die Revolutionäre. In Tortosa erhielten die Aktivisten der CNT-FAI, die sich den Kommunisten aufgedrängt hatten, den Befehl, sich ihnen nicht zu widersetzen. UGT-Mitglieder besetzten sofort die Zentren der Stadt und verhafteten die Anarchisten. Die Bauernkollektive in der Umgebung von Tortosa wurden überfallen, und die Repression griff auf die Dörfer der Region über. Die

Leichen einiger der Gefangenen, die angeblich nach Tarragona gebracht werden sollten, wurden später mit Kugeln im Kopf gefunden. In Tarragona, wo die Zusammenstöße ebenso heftig waren wie in der Hauptstadt, wurden viele Gefangene getötet und ihre Leichen außerhalb der Stadt entsorgt. Auch in den nördlichen Regionen Kataloniens, die eine karlistische und konservative Tradition hatten, kam es zu Racheaktionen.

Nach einigen Tagen wurde das Schicksal einiger wichtiger Personen, die verschwunden waren, bekannt. Durch die *Solidaridad Obrera* wurde zum Beispiel bekannt, dass zwölf junge Liberale aus ihren Häusern im Stadtteil San Andrés entführt und ermordet worden waren. Ihre Leichen waren aus einem Krankenwagen auf den Friedhof von Cerdanyola-Ripollet geworfen worden, wo man sie völlig entstellt fand. Unter ihnen befand sich Alfredo Martínez, Sekretär der Revolutionären Jugendfront. Nach der Niederschlagung der Revolution gab die Generalitat die offizielle Zahl der Opfer des Krieges bekannt, der in den Maitagen in Katalonien entfesselt wurde. Nach ihren Angaben wurden etwa 500 Menschen getötet und fast tausend verwundet.

Eine der Bedingungen für den Waffenstillstand war die Freilassung aller politischen Gefangenen. Die Tatsache, dass die OGPU, der sowjetische Geheimdienst, über eigene Geheimgefängnisse verfügte, stellte ein unlösbares Problem dar. CNT-FAI- und POUM-Mitglieder, die in offiziellen Zentren inhaftiert waren, wurden wegen des Verbrechens der militärischen Rebellion angeklagt. Andere, die nicht freigelassen wurden, blieben als Gefangene der Regierung inhaftiert. Das Gleiche geschah nicht mit den Anarchisten und Trotzkisten, die in den von Stalins Schergen kontrollierten Gefängnissen gelandet waren. Die meisten von ihnen wurden gefoltert und getötet. Dieses Thema verdient mehr Aufmerksamkeit und wird im nächsten Abschnitt behandelt.

Die Kommunisten nutzten die Geschehnisse und riefen schnell zur Niederschlagung der antistalinistischen Partido Obrero de Unificación Marxista (Marxistische Arbeiterpartei der Vereinigung) auf, die sie für das Blutvergießen verantwortlich machten. Der Generalsekretär der PCE, José Díaz, gibt in *Drei Jahre Kampf* die Rede wieder, die er auf einer öffentlichen Versammlung am 9. Mai 1937 hielt. Aus dem Werk von Burnett Bolloten haben wir einige sehr interessante Auszüge entnommen:

> „...Alle Arbeiter müssen den Prozess kennen, der in der UdSSR gegen die Trotzkisten geführt wird. Es ist Trotzki selbst, der diese Bande von Verbrechern angeführt hat, die die Züge in der UdSSR entgleisen lassen, Sabotage in den großen Fabriken betreiben und alles daran setzen, militärische Geheimnisse zu entdecken, um sie an Hitler und die japanischen Imperialisten zu übergeben. Und wenn das dann aufgedeckt wird und die Trotzkisten erklären, dass sie das in Verbindung mit Hitler, mit den japanischen Imperialisten, unter der Führung von Trotzki tun, dann frage ich: Ist es nicht ganz klar, dass es sich nicht um eine politische oder soziale Organisation mit einer bestimmten Tendenz handelt, wie die Anarchisten, die Sozialisten oder die Republikaner, sondern um eine Bande von Spionen und Provokateuren im Dienste des internationalen Faschismus? Die trotzkistischen Provokateure müssen weggefegt werden!"

Deshalb habe ich in meiner Rede vor dem kürzlich abgehaltenen Plenum des Zentralkomitees gesagt, dass diese Organisation nicht nur in Spanien aufgelöst, ihre Presse suspendiert und als solche liquidiert werden muss, sondern dass der Trotzkismus aus allen zivilisierten Ländern ausgemerzt werden muss, wenn dieses Ungeziefer, das, eingebettet in die Arbeiterbewegung, den Arbeitern, die es zu verteidigen vorgibt, so viel Schaden zufügt, wirklich liquidiert werden soll. Dieser Situation muss ein Ende gesetzt werden.

Wer, wenn nicht die Trotzkisten, hat in Spanien den kriminellen Putsch in Katalonien inspiriert? *Die Schlacht am 1. Mai* ist voll von unverhohlenen Aufrufen zum Putsch... Diese Zeitung wird in Katalonien immer noch rausgeworfen... Und warum? Weil die Regierung nicht beschlossen hat, sie in die Hände zu bekommen, wie es alle Antifaschisten fordern.

Wenn es zehn Monate nach Kriegsbeginn keine entschlossene Politik gibt, um die Nachhut auf das Niveau zu bringen, auf dem sich einige Fronten befinden, beginne ich, und ich bin sicher, dass alle Antifaschisten mit mir denken, zu denken: Entweder bringt diese Regierung die Nachhut in Ordnung, oder wenn sie es nicht tut, wird es eine andere Volksfrontregierung tun müssen".

José Díaz konnte 1937 nicht verstehen, dass Trotzki nicht „im Dienste des internationalen Faschismus" stand, sondern ihn benutzen wollte, um die Macht in der UdSSR wiederzuerlangen. Dies war Trotzkis neue Mission, die dank der Verfälschung der Realität und der Verschleierung der historischen Wahrheit bis heute nicht verstanden wird. In diesem Werk wurde gezeigt, dass Hitler selbst von denselben jüdischen Bankiers finanziell unterstützt wurde, die auch die jüdisch-bolschewistische Revolution finanziert hatten. Durch einen Krieg mit Deutschland strebten diese Verschwörer danach, ihre Agenten wieder an die Spitze der UdSSR zu setzen, um sich deren enorme Ressourcen weiterhin anzueignen, wie sie es in den ersten sieben Jahren mit Lenin und Trotzki getan hatten. Als sie Hitler 1932-33 zur Machtübernahme verhalfen, wollten sie ihn gegen Stalin einsetzen, einen Nationalkommunisten, der viele jüdische Agenten des internationalen Kommunismus physisch beseitigte. Die Übernahme der Kontrolle über Spanien hätte die internationale Position des Trotzkismus erheblich gestärkt, der, das sollte nicht vergessen werden, im Mai desselben Jahres versuchte, die Macht in der UdSSR durch einen Militärputsch zu übernehmen. Leo Trotzkis halluzinierte Analyse der Mai-Ereignisse zeigt, dass er in Bezug auf Spanien den Sinn für die Realität verloren hatte, falls er überhaupt jemals einen hatte. Der folgende Text stammt aus seinen Schriften über die spanische Revolution:

„Wenn das katalanische Proletariat im Mai 1937 die Macht ergriffen hätte, hätte es in ganz Spanien Unterstützung gefunden. Die bürgerlich-stalinistische Reaktion wäre nicht in der Lage gewesen, zwei Regimenter aufzustellen, um die katalanischen Arbeiter zu vernichten. In dem von Franco besetzten Gebiet hätten sich nicht nur die Arbeiter, sondern auch die Bauern auf die Seite des katalanischen Proletariats gestellt: Sie hätten die faschistische Armee isoliert und in ihr einen Prozess des unumkehrbaren Zerfalls ausgelöst. Unter diesen Umständen ist es fraglich, ob irgendeine ausländische Regierung das Risiko eingegangen wäre, ihre Regimenter in das entflammte spanische Gebiet zu schicken. Eine Intervention wäre materiell unmöglich oder zumindest äußerst gefährlich gewesen".

Auf einer Sitzung des Kabinetts von Largo Caballero am 13. Mai forderten die beiden kommunistischen Minister Jesús Hernández und Vicente Uribe die Auflösung der POUM. Der Ratspräsident bestritt vehement, dass diese Partei eine faschistische Organisation sei, wie die Kommunisten behaupteten, und lehnte es ab, gegen sie vorzugehen. Er fügte hinzu, dass er keine Partei oder Gewerkschaft auflösen werde, da er den Vorsitz im Ministerrat nicht führe, um den Interessen einer der Mitgliedsparteien zu dienen. Natürlich hatte Largo Caballero Recht: Die POUM war keine faschistische Organisation. In den Moskauer Prozessen, in denen die Existenz eines Plans zum Sturz Stalins durch einen von der Roten Armee unterstützten Staatsstreich bewiesen worden war, konnte der Vorwurf gerechtfertigt werden, da im Übrigen trotzkistische Kontakte zu den Nazis bestanden hatten. In Spanien traf dies jedoch nicht auf die POUM zu, deren Führer nicht in der Lage waren, das abscheuliche Spiel Trotzkis zu durchschauen, eines unverbesserlichen Dummkopfs, der sich, ohne seine Niederlage und seine Grenzen zu akzeptieren, anschickte, die Vierte Internationale zu gründen.

Die beiden kommunistischen Minister standen auf und verließen den Ministerrat. Prieto, der rechts von Largo Caballero saß, erklärte nach dem Krieg, dass der Regierungspräsident die Sitzung fortsetzen wolle, aber er sagte ihm: „Sehen Sie, Caballero, hier ist gerade etwas Ernstes passiert, nämlich dass die Ministerkoalition zerbrochen ist, da eine der Parteien, die die Regierung bildeten, ausgetreten ist. Daher halte ich es für Ihre Pflicht, ohne die Arbeit des Rates fortzusetzen, dem Präsidenten der Republik Bericht zu erstatten und die Situation mit ihm zu klären". Largo Caballero informierte Azaña über die Geschehnisse, dem er zu verstehen gab, dass er nicht die Absicht habe, zurückzutreten, sondern die beiden kommunistischen Minister zu ersetzen. Über dieses Gespräch schreibt Azaña in *Memorias políticas y de guerra*, Band vier seiner *Obras completas (Gesammelte Werke)*: „Largo sagte mir, wie ungünstig die Krise sei, weil es Gründe des nationalen Interesses gebe, die die Fortsetzung seiner Regierung ratsam machten, um sehr wichtige Pläne zu verwirklichen, deren Aussetzung eine Katastrophe bedeuten würde". Das entscheidendste dieser Vorhaben war die Großoffensive in der Extremadura.

In den vergangenen zwei Monaten hatten der Regierungspräsident und der Kriegsminister eine Militäroffensive in der Extremadura geplant, die Mitte Mai beginnen sollte. Die Krise war also gerade zu dem Zeitpunkt entstanden, als die Operation beginnen sollte. Azaña akzeptierte die Argumente des Premierministers und schlug vor, eventuelle Kabinettsumbildungen zu verschieben. Nicht nur Largos Anhänger waren überzeugt, dass die Operation entscheidend hätte sein können, sondern auch der Militärhistoriker Nationalist Ramón Salas Larrazábal. Burnett Bolloten berichtet über die Ansichten von Salas Larrazábal, der bestätigt, dass etwa 100.000 Mann an der Operation beteiligt sein sollten, die der größte Truppenaufmarsch aller Zeiten war. Salas Larrazábal zufolge hätte die anfängliche Überlegenheit der Republikaner es ihnen ermöglicht, Badajoz und die portugiesische Grenze zu erreichen.

Als Negrín und Álvarez del Vayo, die beiden mit jüdischen Frauen verheirateten sozialistischen Minister, von dem Treffen des Regierungspräsidenten mit Azaña erfuhren, suchten sie Largo Caballero auf und teilten ihm mit, dass sie und Prieto unter den gegebenen Umständen nicht auf die Kommunisten verzichten könnten und ebenfalls zurücktreten würden. Mit diesem Schritt wurde nicht nur Largo Caballero ausgeschaltet, sondern auch die Extremadura-Operation verhindert. Am 15. Mai beauftragte Azaña Largo Caballero mit der Bildung einer neuen Regierung, doch das Scheitern war vorprogrammiert. Am 17. Mai legte er dem Präsidenten der Republik seine Ministerliste vor. Neben dem Regierungsvorsitz und dem Kriegsministerium übernahm er auch die Ressorts der Marine und der Luftwaffe. Largo", schrieb Azaña, „wollte die Regierung auf keinen Fall verlassen". Nur die Anarchisten konnten akzeptieren, dass Largo Caballero das Präsidentenamt und das Kriegsministerium behalten sollte. Die Opposition der Kommunisten, unterstützt von den Sozialisten und der republikanischen Linken, zwang Largo Caballero, seine Bemühungen um den Machterhalt aufzugeben. Der Präsident der Republik beauftragte daraufhin Juan Negrín, den Mann, der Monate zuvor von Moskau ausgewählt worden war, mit der Bildung einer neuen Regierung.

Am 17. Mai wurden die Minister der fünften Regierung des Bürgerkriegs und der fünfundzwanzigsten der Republik vereidigt. Im Gegensatz zur vorherigen Exekutive mit 18 Mitgliedern stellte Negrín die „Regierung des Sieges „ vor, ein komprimiertes Kabinett mit nur neun Ministern, in dem er das Schatzamt behielt. Kommunisten, Sozialisten, baskische und katalanische Nationalisten und die Republikaner von Azaña teilen sich die Ressorts. Die Anarchisten verließen die Macht. Das Kriegsministerium wird in Ministerium für Nationale Verteidigung umbenannt und von Indalecio Prieto übernommen. Auch in Katalonien schied die CNT aus der neuen Regierung der Generalitat aus, die im Juni gebildet wurde und sich aus vier Abgeordneten der ERC, drei der PSUC, einem der Unió de Rabassaires und einem der Acció Catalana zusammensetzte. Negríns erste Regierung dauerte bis zum 18. August, als Jaume Aiguader, der Minister der Esquerra Republicana in Madrid, der das Ministerium für Arbeit und Soziales innehatte, aus Protest gegen den Entzug der Zuständigkeit der Generalitat für die Industrie eine Krise auslöste. Aus Solidarität mit ihm trat Manuel de Irujo von der PNV zurück. Ein Aktivist der PSUC tritt somit in die Regierung ein, so dass die Kommunisten von nun an drei Ministerien innehaben.

Trotzkistische Juden und stalinistische Juden

Bevor auf die Repressionen der Kommunisten gegen die POUM und die Anarchisten eingegangen wird, muss auf den Untergrundkampf hingewiesen werden, der in Spanien und in der ganzen Welt zwischen den jüdischen Agenten Stalins und Trotzkis geführt wurde. Man muss sich immer vor Augen halten, dass das Eingreifen Stalins in Spanien sicherlich anders verlaufen wäre, wenn der spanische Bürgerkrieg nicht gleichzeitig mit dem Machtkampf in der UdSSR zwischen Trotzkisten und Stalinisten und mit den Moskauer Prozessen zwischen

1936 und 1938 zusammengefallen wäre. Die Darstellung einiger Hintergründe und einiger ergänzender Fakten wird helfen, die Ereignisse in ihrer Gesamtheit zu verstehen.

Am 3. Oktober 1936 legte Wladimir Antow-Owsejenko, der jüdische Revolutionär, der 1917 die Erstürmung des Winterpalastes geleitet hatte und Trotzkis rechte Hand in der Roten Armee war, Companys sein Beglaubigungsschreiben als Generalkonsul der UdSSR in Barcelona vor. Das Politbüro hatte ihn am 21. September zu diesem Posten ernannt. Zuvor war Ilja Ehrenburg, ein Jude ukrainischer Herkunft, der sich als Korrespondent *der Iswestija* ausgab, mit der Beobachtung des revolutionären Prozesses in Katalonien betraut worden und hatte dem Botschafter Rosenberg Bericht erstattet. Die beste Visitenkarte Ehrenburgs, über den im nächsten Kapitel mehr zu schreiben sein wird, ist die wilde und kriminelle Rede, die er 1945 an die in Deutschland einmarschierenden Rotarmisten richtete. Abgedruckt in der Broschüre „Töten" ist sie ein Paradebeispiel für antideutschen Rassenhass: „Töten, töten! -, forderte Ehrenburg, „Es gibt keine Unschuldigen unter den Deutschen, weder unter den Lebenden noch unter den Ungeborenen. Führt die Anweisungen des Genossen Stalin aus und zermalmt die faschistische Bestie für immer in ihrem Bau. Zerreißt munter den Rassenstolz der germanischen Frauen. Tötet sie, ihr tapferen und kampferprobten Soldaten der Roten Armee!"

Dieser widerwärtige Charakter, der Mitte August in Barcelona eintraf, berichtete sogar über die Reden von Companys. Von besonderer Bedeutung sind die Berichte vom 17. und 18. September, in denen er vor zwei gleichzeitigen Krisen warnt: die der Madrider Regierung mit der Generalitat und die der katalanischen Regierung mit der FAI. In seinen Berichten, die in *Spain Betrayed: The Soviet Union in the Spanish Civil War (Annals of Communism)* (2001) wiedergegeben sind, einem von mehreren Autoren herausgegebenen Werk auf der Grundlage von Dokumenten aus dem RGASPI (Archiv für sozialpolitische Geschichte des russischen Staates), prangerte er die Unnachgiebigkeit der Anarchisten an, die seiner Meinung nach die Kriegsanstrengungen gefährdete und die Produktion der katalanischen Industrie verzögerte. Es war Ehrenburg, der im Namen von Companys die Einrichtung eines sowjetischen Konsulats in Barcelona beantragte. Antonow-Owsejenko, der in Begleitung sowjetischer Berater eintraf, knüpfte bald ausgezeichnete Beziehungen zu Präsident Companys und suchte einen Kompromiss zwischen den Kommunisten und den Anarchosyndikalisten der CNT. Aus den Unterlagen des Botschafters Marcelino Pascua wissen wir, dass Antonow-Owsejenko vier Monate nach seiner Ankunft in Barcelona bereits das Vertrauen Stalins verloren hatte, der ihn für einen Trotzkisten hielt. Nach den Ereignissen vom Mai wurde er im August 1937 nach Moskau zurückbeordert. Am 10. Februar 1939 starb er, der Spionage und des Trotzkismus beschuldigt, im Gefängnis von Butyrka.

Am 14. Oktober 1936 schrieb Antonow-Owsejenko einen Brief an Krestisnky, der noch nicht als Trotzkist beschuldigt worden war, in dem er im Einklang mit Trotzkis Weisungen seine Pläne zur „Zähmung" der Anarchisten darlegte. Der Text (Dokument 22) erscheint in dem oben zitierten Werk. Es handelt sich um einen langen Brief, von dem im Folgenden vier Punkte wiedergegeben werden. Der Generalkonsul in Barcelona hatte unter den Anarchisten einen Agenten eingeschleust, den er als „X" bezeichnet und mit dem er die folgende Strategie vereinbarte:

> „1) Wir werden gemeinsam mit den Anarchosyndikalisten die ständige Schlichtungskommission mit allen Mitteln stärken."
> 2. Wir werden die Autorität der Regierung Companys-Tarradellas schrittweise unterstützen, indem wir systematisch eine Reihe von Maßnahmen ergreifen, die der Hartnäckigkeit der Anarchisten ein Ende setzen werden.
> 3. Solange keine Schritte zur Entwaffnung der informellen Elemente unternommen werden, werden wir eine politische Kampagne über die Bedrohung der Revolution durch Franco und all das starten."
> 4. Wir werden so schnell wie möglich eine einheitliche Division aufstellen, ihre Kommandeure sorgfältig auswählen und sie mit Waffen und Uniformen ausstatten. Die aus dem Ausland eintreffenden Waffen werden vorrangig an diese Division gehen."

Das Schreiben endete mit der Feststellung, dass sich die Beziehungen zwischen der UGT und der CNT verbesserten, bedauerte aber, dass der Verbindungsausschuss „wegen der Unnachgiebigkeit von Comorera" (Generalsekretär der PSUC) mit Schwierigkeiten arbeite. Die Kommunisten dieser Partei waren, wie wir wissen, die wichtigste Stütze der Politik Stalins in Katalonien.

Es ist offensichtlich, dass Stalin diese Pläne nicht teilen konnte und auch nicht die Kritik der PSUC. Die offizielle Politik der UdSSR wird am 17. Dezember in der *Prawda* mit folgenden Worten angekündigt: „In Katalonien hat die Beseitigung der Trotzkisten und Anarchosyndikalisten bereits begonnen. Sie wird mit der gleichen Energie wie in der UdSSR durchgeführt werden". Dies war eine Anspielung auf den Beginn der Aktionen der sowjetischen Geheimpolizei, die über eigene Verliese verfügte und außerhalb der Regierung der Republik agierte. Zwei in Spanien tätige Trotzkisten, General Walter Krivitsky (Ginsberg) und Arthur Stashevsky (Girshfeld), ein Freund Negrins, wurden im März 1937 in die Sowjetunion gerufen, um über die Situation zu berichten. Beide trafen sich in Moskau, wo sie von der Mairevolution in Katalonien erfuhren. Negrin war davon überzeugt, dass man ihn verdächtigte und dass er nicht in die Niederlande zurückkehren würde; am 22. Mai wurde er jedoch unerwartet zu seinem Posten zurückbeordert. Letzterer hatte nach Krivitskys Bericht im April ein persönliches Treffen mit Stalin und war so zuversichtlich, dass er es wagte, Marschall Tuchatschewski zu treffen, der sich bereits im Zentrum des Sturms befand. Schließlich durfte auch Staschewski nach Barcelona zurückkehren, doch im Juni wurde ihm befohlen, nach Russland zurückzukehren, was er in Begleitung von General Ian Berzin tat, dem obersten sowjetischen Militärberater in Spanien, der den Decknamen „Griechin" trug. Anfang August schrieb Staschewski aus dem Gefängnis eine kurze Nachricht an seine Frau, die in Paris lebte, und bat sie, in die UdSSR zu reisen. Staschewski wurde 1937 hingerichtet. Berzin, ein Lette mit dem richtigen Namen Peteris

Kuzis, wurde am 13. Mai 1938 verhaftet und am 29. Juli 1938 in den Kellern der Lubjanka erschossen.[27]

Während sich Staschewski und Kriwizki in Moskau aufhielten, führten sowjetische Geheimdienstagenten in Spanien eine Entführung durch, die den Vorläufer für das Verschwinden und die Ermordung von Poumisten und Anarchisten im Gefolge der Mai-Ereignisse bilden sollte. Am 9. April 1937 verschwand der junge Jude Marc Rafailovich Rein aus dem Hotel Continental in Barcelona, wo er ein Zimmer hatte, und wurde nie wieder gesehen. Marc Rein arbeitete als Korrespondent für mehrere antistalinistische Publikationen, unter anderem für die jüdische New Yorker Tageszeitung *Forward*. Er war der Sohn des menschewistischen Führers Rafael Abramovich, der vor der Oktoberrevolution einer der Leiter des Jüdischen Bundes war. Abramovich, ein Führer der Zweiten Internationale im Pariser Exil, war ein enger Vertrauter von Leon Blum, dem jüdischen Präsidenten der französischen Regierung, und damit eine einflussreiche Person. Infolgedessen sahen sich sowohl Largo Caballero als auch Companys gezwungen, Erklärungen abzugeben und eine Untersuchung einzuleiten. Es scheint, dass die Entführung im Zusammenhang mit dem dritten Moskauer Prozess stand, dessen Hauptangeklagte Bucharin und Rykow waren. Die Ermittlungen der spanischen Regierung wiesen auf die so genannte „Informationsgruppe" und insbesondere auf den Dienst von Alfredo Hertz hin, der laut Julián Gorkín „einer der großen Meister der Verhöre und Hinrichtungen" war. Hertz exekutierte mit einem Schuss in den Hinterkopf, wenn er die Erlaubnis dazu erhielt, aber seine Spezialität war die nächtliche Folter.

Über Hertz ist wenig geschrieben worden. Was wir über ihn herausgefunden haben, verdient den folgenden Abschnitt. Die einzige Informationsquelle, die interessante Daten über diese Figur liefert, ist Jan Valtin, Pseudonym von Richard Krebs. In *Out of the Night, einem* umfangreichen autobiografischen Werk, das 1941 veröffentlicht und unter dem Titel *La noche quedó atrás (Die Nacht wurde zurückgelassen)* ins Englische übersetzt wurde. Valtin enthüllt, dass Hertz ein Jude namens George Mink war, der 1926 der Kommunistischen Partei in Philadelphia beigetreten war, wo er als Taxifahrer arbeitete und in den Docks plünderte. Seine Kumpane nannten ihn „Mink, den Hafenpiraten". Was Jan Valtin nicht wusste, war, dass sein richtiger Name Godi Minkovsky war, wie in den *Venona-Geheimnissen* enthüllt, und dass er 1911 im Alter von zwölf Jahren in die Vereinigten Staaten gekommen war. Im Jahr 1927 ließ er sich in New York nieder, von wo aus er aus eigenem Antrieb begann,

---

[27] Der Lette war bereits an der Revolution von 1905 beteiligt, deren führende Köpfe Parvus und Trotzki waren. Laut dem Historiker Victor Suvorov war Berzin der Hauptorganisator des Terrors während des russischen Bürgerkriegs. Suworow schreibt ihm die Urheberschaft für das System der Geiselnahmen und -erschießungen zu, mit dem Bauernaufstände niedergeschlagen und Deserteure eingefangen werden sollten. Auf Befehl Trotzkis war er für die Beseitigung der am Kronstädter Aufstand im März 1921 beteiligten Matrosen verantwortlich. Vor seiner Versetzung nach Spanien war er Leiter des Militärgeheimdienstes gewesen. Als er 1937 nach Moskau zurückgerufen wurde, wurde er erneut zum Chef des militärischen Geheimdienstes ernannt, einen Posten, den er bis zu seiner Verhaftung im Mai 1938 innehatte.

Berichte an Solomon Abramovitch Losovsky zu schicken und ihm seine Dienste anzubieten.

Wie bereits erwähnt, reiste Losovsky, ein Führer der Roten Gewerkschaftsinternationale und Zionist, im Februar 1936 in Begleitung von Bela Kun und Heinz Neumann nach Barcelona. Im Jahr 1928 rief Losovsky Mink nach Moskau und stattete ihn mit einem falschen Pass, Geld und Sondervollmachten aus. Ab 1930 wurde Mink Teil des Spionageabwehrapparats der GPU und pendelte zwischen Berlin und Hamburg. Nach Angaben von Jan Valtin, der Mink persönlich kannte, ermordete er in Hamburg, wo er als skrupelloser Gangster galt, den Überläufer Hans Wissinger. Als Valtin ihn darauf hinwies, dass sie sich vielleicht geirrt hätten, antwortete er: „Wir irren uns nie, wir beseitigen keine Unschuldigen". Valtin beschreibt Mink 1931 wie folgt: „Ein ungewöhnlicher Kerl, jung, elegant, mit leichten jüdischen Zügen, zynisch arrogant, von kleiner Statur, aber kräftig. Sein Mund war klein und grausam, seine Zähne gezackt, und seine grünlich-braunen Augen hatten das vage Glitzern eines wilden Tieres".

Ende Mai 1935 stürmte das Personal des Nordland-Hotels in Kopenhagen das Zimmer von Mink, als es die Hilfeschreie eines Zimmermädchens hörte: Mink vergewaltigte sie. Die dänische Polizei durchsuchte ihr Zimmer und fand Geheimcodes, gefälschte Pässe, verschlüsselte Adressen und Tausende von Dollar. Am 30. Juli 1935 wurde er wegen Spionage angeklagt und zu achtzehn Monaten Haft verurteilt. Nach seiner Entlassung reiste er nach Moskau, wo ihn nur der starke Einfluss von Losovsky vor der Ächtung seines rücksichtslosen Verhaltens bewahrte. Die OGPU besorgte ihm einen Reisepass auf den Namen Alfred Hertz und schickte ihn nach Barcelona, wo er sich im Hotel Continental einquartierte, demselben Hotel, in dem auch Marc Rein wohnte. Hertz/Mink/Minkovsky fungierte eine Zeit lang als politischer Kommissar des Bataillons Thaelmann, des Bataillons Kléber/Stern, das angeblich mit der Überwachung möglicher Trotzkisten unter den deutschen Brigadieren beauftragt war. Er muss etwas falsch gemacht haben, möglicherweise war auch er ein Trotzkist, denn der Stalinist Vittorio Vidali, alias Carlos Contreras, Major Carlos, berichtet in seinem Buch *Tagebuch des Zwanzigsten Kongresses der Kommunistischen Partei der Sowjetunion*, dass er schließlich von Stalin eliminiert wurde.

Stéphane Courtois und Jean-Louis Panné stellen in *The Black Book of Communism* fest, dass der Kampf um den Fall Rein zwischen der spanischen Regierung und dem NKWD einen solchen Höhepunkt erreichte, dass der Staatssekretär, der dem Innenministerium unter der sozialistischen Zugazagoitia unterstellt war, am 9. Juli 1937 vor Zeugen eine Konfrontation zwischen seinem Agenten (SSI 29) und den Genossen Hertz und Mariano Gómez Emperador provozierte. Letzterer war ein Mann des katalanischen Geheimdienstes, der als getarnte Delegation des NKWD fungierte. Die Dreistigkeit von Hertz/Mink/Minkovsky ging so weit, dass er am nächsten Tag den Regierungsagenten SSI 29 verhaftete, den er auf Anweisung seines Vorgesetzten Alexander Orlov (Leiba Lazarevich Felbing), dem Chef des NKVD, freilassen musste.

Zwei weitere Juden arbeiteten mit Alfredo Hertz zusammen: Georg Scheyer, alias Sanja Kindermann, der nach Valencia geschickt wurde, um das tschechische Viertel Santa Úrsula zu leiten, und Moritz Bressler, alias Hubert von Ranke, verheiratet mit Seppl Hermann, der Witwe von Rafael Campalans, einem prominenten katalanischen Sozialisten, der 1933 am Strand von Torredembarra ertrunken war. Aus Seppl Hermann wurde Seppl Kapalanz, eine offensichtliche Eindeutschung des Nachnamens Campalans. Es gibt Zeugenaussagen über die Schrecken des Gefängnisses Santa Ursula, von Gefangenen der DAS-Gruppe, deutschen Anarchokonservativen. Helmut Kirschey, einer von ihnen, erklärt, dass das Wachpersonal des Klosters aus Spaniern bestand; er fügt jedoch hinzu: „Die NKVD-GPU-Männer, die uns verhörten, waren alle russische Juden. Sie sprachen untereinander Jiddisch, und da diese Sprache viele deutsche Wörter enthält, konnten wir sie ohne große Probleme verstehen." Laut Kirschey fanden die Verhöre nachts statt: „Sie weckten uns zwischen zwölf und zwei Uhr, wenn man am müdesten und am wenigsten wach ist"[28]. Moritz Bressler war 1930 von Ernö Gerö, alias „Peter „, angeworben worden, auf dessen Befehl sie alle arbeiteten.

Ernö Gerö, auch bekannt als Ernst Singer, war ein weiterer Jude namens Ernst Moritsovich Gere, Leiter des NKWD in Katalonien, der wiederum Orlow unterstellt war. Gerö wurde 1939 in die UdSSR evakuiert und wurde nach dem Ende des Weltkriegs einer der kommunistischen Führer in Ungarn. Gerö und Hertz, die eine Kartei aller in Katalonien ansässigen Ausländer anlegten, waren die Hauptverantwortlichen für die Entführung von Erwin Wolf, Trotzkis Sekretär, der leichtsinnigerweise nach Spanien einreiste. Nach Angaben der Autoren des *Schwarzbuchs des Kommunismus* war Alfredo Hertz Mitglied des Ermittlungs- und Überwachungskorps der Generalitat und leitete die Passabteilung, die die Ein- und Ausreise in Katalonien überprüfte. Erwin Wolf, dessen politisches Pseudonym „Kiff" war, stammte aus einer wohlhabenden deutschen Familie jüdischer Herkunft und schloss sich Trotzki an, bevor er nach Norwegen reiste. Aufgrund seiner persönlichen Fähigkeiten und seiner sprachlichen Fertigkeiten konnte er im November 1935 Jan Frankel als Trotzkis Sekretär ablösen. Frankel, der natürlich auch Jude war, war zwischen 1930 und 1933 einer von Trotzkis Sekretären und lebte von Februar bis Oktober 1937 mit ihm in Coyoacán.

Das Zentralkomitee der Sozialistischen Revolutionären Partei Belgiens erörterte im November 1936 die Beziehung von Erwin Wolf zur POUM. Ende

---

[28] Ángel Galarza, der Mann, der für die ersten Entlassungen in Paracuellos verantwortlich war, gründete die DEDIDE (Sonderabteilung für staatliche Informationen) in Valencia. Zwei seiner Männer, Kommissar Juan Cobo und Kommandant Justiniano García, der Chef seiner Leibwache, folterten an den Kontrollpunkten Baylia und Santa Úrsula. Der Stiftung Anselmo Lorenzo liegen Berichte über ihre Methoden vor. In einem heißt es: „Justin García war an diesen bestialischen Schandtaten beteiligt. Seine Spezialität bestand darin, den Hals mit beiden Händen zu quetschen und die Atmung abzuschneiden. Es war eine langsame Strangulierung. Die Adern im Hals schwollen an und das Gesicht verfärbte sich von rot zu leichenblass. Zahlreiche Häftlinge, die dieser Folter unterzogen wurden, fielen schließlich in Ohnmacht und erlitten einen Herzinfarkt.

April 1937 bot Wolf an, nach Spanien zu reisen, um bei der Reorganisation und Neuausrichtung der Partei von Andreu Nin zu helfen. Seine Ankunft in Barcelona erfolgte kurz nach den Maitagen. Wie im vorangegangenen Kapitel dargelegt, setzte Stalin jüdische Agenten ein, um Trotzkis Gefolge zu infiltrieren, der dazu neigte, sich auf Personen seiner eigenen ethnischen Herkunft zu verlassen. Am bekanntesten ist Mark Zborowski, „Etienne", der Leon Sedovs Sekretär wurde und zwangsläufig von Wolfs Plänen wusste. Mehrere Autoren sind sich einig, dass er es war, der die Informationen über seine Einreise nach Spanien an die OGPU weitergab. Im Juli 1937 verhafteten Hertz/Mink/Minkovsky Erwin Wolf auf Befehl von Ernö Gerö. Trotzkis Sekretär wurde zum letzten Mal am 13. September 1937 im Zentralgefängnis von Barcelona, in der Puerta del Angel 24, gesehen. Dann verschwand er. Vielleicht wurde er heimlich zum Verhör nach Moskau gebracht. Auf jeden Fall wurde er in Moskau oder in Barcelona hingerichtet. Zborowski sollte auch maßgeblich an der Ermordung Trotzkis in Mexiko beteiligt sein. Das Ganze spielte sich in Spanien und insbesondere in Katalonien ab, wo die „Arbeit" von Stalins jüdischen Agenten gegen die trotzkistischen Juden brutal und unerbittlich war.

Die Konfrontation zwischen trotzkistischen und stalinistischen jüdischen Agenten fand nicht nur in Spanien und der Sowjetunion statt. Stalins Hand reichte bis nach Amerika, wie die Tatsache beweist, dass Trotzki in Mexiko und Krivitsky in den Vereinigten Staaten ermordet wurden. Der Leiter des Militärgeheimdienstes in Westeuropa, Krivitsky, wurde auf die Probe gestellt, sobald er sein Amt in Den Haag antrat. Sein Kollege und Freund Ignace Reiss, genannt „Ludwig", ein Jude wie er selbst, der eigentlich Nathan Markovic Poretsky hieß, reiste am 29. Mai 1937 von Paris in die niederländische Hauptstadt, um ihm mitzuteilen, dass er aus dem Dienst ausscheiden wolle. Krivitsky schreibt den Rat, den er ihm gab, nieder: „Die Sowjetunion ist immer noch die einzige Hoffnung der Arbeiter der ganzen Welt. Stalin mag sich irren. Stalins kommen und gehen. Aber die Sowjetunion wird fortbestehen. Unsere Pflicht ist es, nicht von unseren Posten abzurücken." Mit anderen Worten: Wenn sie wieder an die Macht kämen, würde alles wieder gut werden.

Krivitsky berichtet, dass Isaac Spiegelglass, ein anderer Jude, der aus Moskau gekommen war und alle Vollmachten hatte, die ausländischen Dienste zu säubern, ihm am 17. Juli zwei Briefe zeigte, die den Genossen Reiss ernsthaft gefährdeten. „Sie wissen, dass Sie für Reiss verantwortlich sind", sagte Spiegelglass ihm, „Sie haben ihn in die Kommunistische Partei eingeführt und seinen Beitritt zu unserer Organisation unterstützt." Die Einladung, sich an der Ermordung von Reiss zu beteiligen, brachte Krivitsky in eine Zwickmühle. Er antwortete, er wolle „mit einem solchen Unternehmen nichts zu tun haben", und schaufelte damit sein eigenes Grab. Er alarmierte auch seinen Freund, dem es gelang, vorübergehend zu entkommen. Am 10. August erhielt Krivitsky den Befehl, nach Moskau zurückzukehren, und zwei Wochen später, in der Nacht des 4. September 1937, wurde Reiss' Leiche in einem Graben bei Lausanne gefunden, mit fünf Maschinengewehrkugeln im Kopf und sieben im Körper. In seinen Taschen wurde ein gefälschter Reisepass auf den Namen Hans Eberhardt gefunden. Freimütig gibt Krivistky vor, den Leser von der moralischen Überlegenheit seiner trotzkistischen Freunde zu überzeugen, die „ihr Leben dem Ziel gewidmet hatten, die Welt zu einem besseren Ort zu machen". Obwohl er immer bestritten hatte, Trotzkist zu sein, gesteht Krivitsky, dass er im November 1937 über den Anwalt von Reiss Kontakt zu Trotzkis Sohn aufgenommen hatte. Er gibt auch zu, dass der französische Innenminister in der Regierung von Léon Blum, der Jude Marx Dormoy, ihm Ausweispapiere und Polizeischutz gab, bis es ihm gelang, in die Vereinigten Staaten zu fliehen.

Repressionen gegen Poumisten und Anarchisten. Die Ermordung von Andreu Nin

Mit diesem Wissen sind wir besser in der Lage, uns mit den Ereignissen in Spanien nach der tragischen Woche im Mai auseinanderzusetzen. Eine Welle des Terrors schwappte über Katalonien, wo Verhaftungen und Entführungen von POUMisten und Anarchisten zu Folter und Mord führten, von denen der von Andreu Nin der berüchtigtste war. Als die Regierung Negrín gebildet wurde, begann die Repression gegen die POUM mit der Niederschlagung von *La Batalla* am 28. Mai. Es wurde versucht, Julián Gorkín zu verhaften, den Verfasser des Leitartikels vom 1. Mai, der der CNT die Bildung einer revolutionären Einheitsfront vorschlug und die Arbeiter aufforderte, die Waffen nicht aus der Hand zu geben; aber die Polizei fand weder ihn noch Juan Andrade, einen anderen Förderer der Zeitung. Am 11. Juni, demselben Tag, an dem die trotzkistischen Generäle der Roten Armee vor dem Obersten Gerichtshof der UdSSR erschienen, wurde eine formelle Anklage gegen die POUM erhoben, derzufolge „die allgemeine Linie der Propaganda dieser Partei die gewaltsame Unterdrückung der Republik und ihrer demokratischen Regierung und die Errichtung einer Diktatur des Proletariats" sei. Weiter heißt es in der Anklageschrift, die POUM habe „ein befreundetes Land verleumdet, dessen moralische und materielle Unterstützung es dem spanischen Volk ermöglicht hatte, seine Unabhängigkeit zu verteidigen." Unter wurde auch auf den Angriff auf die sowjetische Justiz im Zusammenhang mit der Kritik an den Moskauer Prozessen und den Kontakten zu den Trotzkisten verwiesen.

In der Nacht des 16. Juni wurden alle POUM-Führer in ihren Wohnungen verhaftet, Nin jedoch in seinem Büro. Da Gorkín und Andrade immer noch unauffindbar waren, wurden ihre Ehefrauen verhaftet. Am 23. Juni wurde ein Dekret veröffentlicht, in dem die Einrichtung von Spionage- und Hochverratstribunalen angekündigt wurde, die sich aus drei zivilen und zwei militärischen Richtern zusammensetzten. Diese Tribunale wurden von der Regierung ernannt und konnten hinter verschlossenen Türen verhandeln. Am 29. Juni teilte Justizminister Manuel de Irujo mit, dass Julián Gorkín, Juan Andrade, Pere Bonet, Jordi Arquer und sechs weitere Poumistenführer des Hochverrats angeklagt worden waren. Dank der Intervention mehrerer internationaler Delegationen, die in Spanien eintrafen, um sich für sie zu interessieren und ein ordnungsgemäßes Verfahren zu gewährleisten, konnten sie schließlich ihr Leben retten. Zwischen dem 11. und 22. Oktober 1938 wurden sie zu fünfzehn Jahren

Haft verurteilt. Andreu Nin, der an kommunistische Polizisten ausgeliefert worden war, war jedoch nicht unter ihnen.

„Was haben Sie mit Nin gemacht?", fragte Federica Montseny, die erste Person, die öffentlich Nachrichten über ihn verlangte. Die Regierung beschränkte sich auf die Aussage, dass er verhaftet worden sei und sich in Gewahrsam befinde. Innenminister Zugazagoitia gab zu, dass er sich in Madrid in einem kommunistischen Privatgefängnis befinde. Laut P. Broué „befragte Negrín in einer Sitzung des Ministerrats die Minister. Er erklärte sich bereit, zu vertuschen, was vertuscht werden musste, verlangte aber, auf den neuesten Stand gebracht zu werden". Da Nin, ein ehemaliger Sekretär der CNT und der Roten Gewerkschaftsinternationale, in der Arbeiter- und Gewerkschaftsbewegung weltweit bekannt war, hatte die Affäre internationale Auswirkungen. Nachdem es dem Justizminister Manuel de Irujo nicht gelungen war, Nin in einem der staatlichen Gefängnisse ausfindig zu machen, ernannte er einen Sonderermittlungsrichter, der das Verschwinden untersuchen sollte. Er ordnete die Verhaftung der verdächtigen Polizisten an, von denen einige in der sowjetischen Botschaft Zuflucht gesucht hatten. Tage später versuchte eine Spezialbrigade der Polizei, den Richter selbst zu verhaften, was einen empörten Minister Irujo dazu veranlasste, in einem stürmischen Ministerrat mit seinem Rücktritt zu drohen, in dem die Kommunisten, die die Anwesenheit sowjetischer Techniker und Berater als Ausdruck „uneigennütziger Hilfe" verteidigten, bloßgestellt wurden. Infolgedessen blieb ihnen nichts anderes übrig, als sich auf die Entlassung des Generaldirektors für Sicherheit, des kommunistischen Oberstleutnants Antonio Ortega, der als Sündenbock angeboten worden war, einzulassen. Am 8. August 1937 schrieb der Korrespondent *der New York Times*: „Obwohl alles getan wurde, um die Affäre zu vertuschen, weiß jetzt jeder, dass er außerhalb von Madrid tot aufgefunden wurde, ermordet".

Einiges über die Geschehnisse ist aus den Schriften verschiedener Protagonisten bekannt. So distanziert sich Jesús Hernández in seinem Buch *Yo fui ministro de Stalin (Ich war Stalins Minister)* von der Verhaftung Nins und weist darauf hin, dass die Entscheidung bei einem Treffen zwischen Orlov, Pasionaria und dem Organisationssekretär der PCE, Pedro Checa, getroffen wurde, der für die Dienste des NKWD tätig war, weshalb mehrere Historiker ihn als einen der Verantwortlichen für die Massaker von Paracuellos bezeichnen. Die Entführung und anschließende Ermordung von Andreu Nin ist als „Operation Nikolai" in die Geschichte eingegangen. Nin wurde von katalanischen Polizeibeamten der Spezialbrigade verhaftet. Nach einigen Stunden auf der Polizeiwache in Barcelona wurde er auf Befehl von Orlov nach Madrid gebracht. Er wurde sofort nach Alcalá de Henares gebracht, wo er zwischen dem 18 und 21. Juni verhört wurde: Er sollte ein falsches Dokument unterschreiben, das die POUM des Verrats und der Spionage bezichtigte. Von diesem Zeitpunkt an boten die Ermittler mehrere Versionen des Geschehens an

Es ist allgemein bekannt, dass Andreu Nin am 22. Juni in ein Chalet gesperrt wurde, wo er in die Hände von Orlov und zwei weiteren sowjetischen Agenten geriet, die einen Monat lang versuchten, ihn zu unterdrücken. Da wir Orlov bereits kennen, wollen wir nun seine Komplizen vorstellen. Einer von ihnen war Iósif Romuáldovich Griguliévich, ein in Wilna geborener Jude aus einer karäischen Familie von der Krim. Die costaricanische Journalistin Marjorie Ross liefert in *El secreto encanto de la KGB: Las cinco vidas de Iosif Grigulievich (Der geheime Charme des KGB: Die fünf Leben des Iosif Grigulievich)* überraschende Fakten über diese Persönlichkeit, die unter dem Namen Teodoro B. Castro Botschafter Costa Ricas in Italien und Jugoslawien wurde, wo er ein Attentat auf Josip Broz Tito verüben sollte. Kurioserweise war es Tito, der ihm als serbischer Delegierter bei der Internationalen den falschen Pass gab, mit dem er 1936 nach Spanien einreisen konnte, wo er als „Júzik" und „Miguel „ bekannt wurde. Im Laufe seiner Karriere hatte er weitere Spitznamen: „José Ocampo", „Vater", „Artur", „Maks", „Daks" und „Felipe". Grigulievich wurde als der wahrscheinliche Täter des Mordes an Nin identifiziert.

Was die Identität des zweiten Agenten betrifft, so verweisen einige auf Ernö Gerö, obwohl die meisten Historiker, darunter Ángel Viñas, Leonid Eitingon, Orlovs Leutnant, einen anderen Juden, der eigentlich Nahum Isaakovich Eitingon hieß und die Spitznamen „Kotov", „Leonido" und „Pierre" trug, favorisieren. Robert Conquest, Hugh Thomas und Julian Gorkin behaupten, dass Eitingon der Geliebte von Charity Mercader, der Mutter von Trotzkis Attentäter, war, obwohl ein anderer bekannter Liebhaber von Charity, Pavel Sudoplatov, dies bestreitet. Ob sie es nun war oder nicht, Nahum Isaakovich Eitingon rekrutierte sie und ihre Freunde Africa de las Heras und Carmen Brufau, die drei berühmten spanischen NKWD-Agenten, und organisierte das Attentat auf Trotzki am 20. August 1940. Diese drei Männer waren es also, die Nin gefoltert haben sollen, der standhaft blieb und sich weigerte, mit den stalinistischen Agenten zusammenzuarbeiten. Es ist nicht klar, ob er während der Sitzungen starb oder ob er getötet wurde, weil sein Zustand es unmöglich machte, ihn zu befreien. Alles deutet darauf hin, dass Orlov beschloss, ihn zu eliminieren[29]. Es gibt Aufzeichnungen über ein Telegramm von „Júzik",

---

[29] Im Jahr 2013 erschien in Spanien *El caso Orlov. Los servicios secretos soviéticos en la guerra civil española* (2013), ein Werk von Boris Volodarsky, von dem wir zu spät erfahren haben. Es scheint, dass dieser Autor bestätigt, dass der Befehl zur Tötung von Andreu Nin von Orlov kam und dass Grigulievich ihn erschossen hat, obwohl er bezweifelt, dass er gefoltert wurde. Wir wissen nicht, ob dieses Werk Orlovs Abtrünnigkeit klärt, ein unentzifferbares Rätsel, da alles darauf hindeutet, dass er Stalin gute Dienste leistete. Sowohl Eitingon als auch Gerö waren jedoch in der Lage, Stalin über unbekannte Aspekte von Orlovs Aktivitäten in Spanien zu informieren. Im Juni 1938 erhielt Orlov den Auftrag, sich in Antwerpen mit einem NKVD-Chef, wahrscheinlich Isaac Spiegelglass, zu treffen. Anschließend stahl er 60.000 Dollar aus der NKWD-Operationskasse und floh mit seiner Frau und seiner Tochter nach Kanada. 1939 schickte er einen nicht unterzeichneten Brief an Trotzki, in dem er ihn darüber informierte, dass ein Agent namens „Mark", wahrscheinlich Zborowski, seine Organisation in Paris infiltriert hatte. Trotzki hielt dies für einen Trick von Stalin und schenkte der Warnung keinen Glauben. Im September 1938, auf der Konferenz zur Gründung der Vierten Internationale in Paris, stellte „Etienne" (Zborowski) Ramon Mercader, den späteren Attentäter Trotzkis, der Trotzkistin Sylvia Ageloff vor, einer unattraktiven Frau, die von Mercader verführt wurde. Da sie sich leidenschaftlich in ihn verliebte, folgte sie ihm nach Mexiko und führte ihn in Trotzkis Haus in Coyoacán ein. Soweit wir wissen, besaß

wahrscheinlich aus Paris, das mit dem Buchstaben „N" überschrieben ist, eine klare Anspielung auf Nin, und in dem von Nins Ermordung auf halbem Weg von Alcalá de Henares nach Perales de Tajuña die Rede ist. Ángel Viñas hält den 21. Juli 1937 für das wahrscheinlichste Datum der Ermordung.

Im September 1937 reiste Emma Goldmann, die berühmte litauische Anarchistin jüdischer Herkunft, nach Spanien, um sich selbst ein Bild von der Repression gegen Anarchisten zu machen. Sie reist direkt nach Valencia. „Ich entdeckte", erklärte Goldmann später, „dass fünfzehnhundert Mitglieder der CNT, Genossen der FAI und der Libertären Jugend, Hunderte der POUM und sogar Mitglieder der Internationalen Brigaden die Gefängnisse von Valencia füllten." Im November gab *Solidaridad Obrera* die Zahl von fünfzehntausend Gefangenen in Gefängnissen in Katalonien, Valencia und anderen Regionen der republikanischen Zone an.

Am 17. Oktober 1937 hielt Largo Caballero seine letzte Rede in Spanien im Teatro Pardiñas in Madrid. In dieser berühmten Rede nutzte Largo die Gelegenheit, um den Schaden anzuprangern, den der Fall Nin der Sache der Republik im Ausland zugefügt hatte: „Sie alle wissen, dass es wahrhaft unglückliche Fälle gegeben hat, die noch nicht aufgeklärt sind, in denen Menschen von regierungsfremden Elementen zum Verschwinden gebracht wurden und die einen Staat in einem anderen Staat gebildet haben". Dies war die erste öffentliche Anprangerung eines republikanischen Führers, der die Tatsache, dass die spanische Republik in die Hände von Leuten gefallen war, die nicht im Dienste des spanischen Staates standen, als äußerst wichtig bezeichnete. Largo Caballero organisierte eine Reihe von Kundgebungen, durfte aber nicht mehr öffentlich auf sprechen. Die erste sollte in Alicante stattfinden, doch auf dem Weg dorthin wurde er in Begleitung von Luis Araquistán, Rodolfo Llopis, Wenceslao Carrillo und anderen Kollaborateuren mit vorgehaltener Waffe verhaftet. In *Todos fuimos culpables* erinnert sich Vidarte daran, dass er den Innenminister Julián Zugazagoitia, „Zuga", fragte, ob es stimme, dass Caballero von der Polizei überwacht werde, worauf der normalerweise zurückhaltende Zuga antwortete: „Das macht nichts, denn ich werde Largo Caballero und seine Freunde ins Gefängnis bringen.... Meine Befehle stehen nicht zur Diskussion."

Am 2. November 1937 nahm Trotzki in einem Brief an alle Arbeiterorganisationen Bezug auf die verlorene Schlacht in Spanien. Er begann mit diesen Worten:

> „Die sozialistische Weltbewegung wird durch eine schreckliche Krankheit zerstört. Die Quelle der Ansteckung ist die Komintern, oder richtiger gesagt, die GPU, für die der Komintern-Apparat nur als legale Tarnung dient. Die Ereignisse der letzten Monate in Spanien haben gezeigt, zu welchen Verbrechen die ungezügelte und völlig degenerierte Moskauer Bürokratie zusammen mit ihren Handlangern des internationalen Abschaums fähig ist. Hier geht es nicht um

---

Orlow, nachdem er Stalins Henker gewesen war, die Unverfrorenheit, 1953 *Die geheime Geschichte der Verbrechen Stalins* zu veröffentlichen. Sowohl Orlov als auch Krivistsky stützen sich in ihren Werken auf Informationen, die ihnen damals von ihrem Kollegen Abram Slutsky zur Verfügung gestellt wurden.

zweitrangige Attentate oder unwichtige Komplotte. Es handelt sich um eine Verschwörung gegen die internationale Arbeiterbewegung."

Dieser Text zeigt, wie sehr Trotzki erkannte, dass er seinen einst mächtigen Einfluss innerhalb der Kommunistischen Internationale, deren Exekutivkomitee in den Händen der Trotzkisten Sinowjew und Bucharin lag, völlig verloren hatte. Als Stalin 1934 den Bulgaren Georgi Dimitrow an die Spitze der Internationale setzte, war die ideologische Unterwerfung der kommunistischen Parteien unter Moskau, dessen politische Linie für Volksfronten eintrat, bereits unzweifelhaft festgeschrieben. Im Gegensatz dazu standen die trotzkistischen Bewegungen, wie wir gesehen haben, weiterhin im Dienste der Weltrevolution, die ursprünglich von den Illuminaten geplant und von Adam Weishaupt skizziert worden war. Im Juli 1938 wurde Rudolf Klement, dessen Pseudonym „Frederic" war, ein weiterer Sekretär Trotzkis, der sich in Paris auf die Gründungskonferenz der Vierten Internationale vorbereitete, entführt und enthauptet. Dennoch wurde die Vierte Internationale im September 1938 trotz aller Widrigkeiten gegründet.

Die Situation in Francos Spanien

Während die Regierung der Republik Moskau hinterherhinkte und die Kämpfe zwischen Kommunisten und Anarchisten in Katalonien für Chaos und interne Kriege sorgten, bereiteten sich die Nationalisten darauf vor, den Norden zu erobern, was die Voraussetzungen für den Endsieg schaffen würde. Es wurde gesagt, dass der Spanische Bürgerkrieg der letzte Krieg war, der zur Verteidigung von Idealen geführt wurde, was sicher richtig ist, da die Spanier auf beiden Seiten in diesem Sinne fühlten und für sie starben. Wir haben jedoch in diesem Werk gesehen, dass die Weltrevolution von Anfang an das Projekt von Verschwörern war, die nach der Veröffentlichung des *Kommunistischen Manifests* die Theorie der Diktatur des Proletariats erweiterten und planten, die Massen zur Erreichung ihrer Ziele einzusetzen. Aus der Ferne wird jeder objektive Beobachter zugeben, dass die Ideale und Werte, für die halb Spanien kämpfte, eine Schimäre waren. Die Anarchisten und Internationalisten verachteten die Begriffe Gott, Vaterland, Familie und Eigentum, sie traten für eine schöne neue Welt ein, in der es keine Nationen und keine sozialen Klassen geben sollte. Zur gleichen Zeit hatte das republikanische Spanien den Ruf „Es lebe Russland" übernommen und hisste die rote Rothschild-Flagge mit Hammer und Sichel, dem Symbol der Makkabäeraufstände. An der Puerta de Alcalá wurden Bilder der Götter des Atheismus aufgestellt. Im Gegensatz dazu riefen die Spanier auf der anderen Seite „Viva España" und hielten an traditionellen Werten fest, wobei Religion, Heimat und Familie im Vordergrund standen. Man mag diese Ideale teilen oder nicht, aber in der Praxis erwiesen sie sich als viel konsequenter und dienten dazu, eine nahtlose Einheit zu schaffen.

Das Kräfteverhältnis im nationalen Spanien wies einige ideologische Unterschiede auf, die durch das Einigungsdekret vom 19. April 1937 neutralisiert wurden. Mit diesem Dekret gelang es Franco, die alten

Rechtsparteien, deren Einfluss geschwunden war, aufzulösen. Die Acción Popular von Gil Robles, die seit Beginn des Aufstands keine Rolle mehr gespielt hatte, löste sich auf, als Gil Robles selbst ankündigte, dass er seine politische Tätigkeit aufgeben würde. Auch die andere monarchistische Partei, Renovación Española, gab keine Lebenszeichen von sich, und Goicoechea, ihr Führer, erklärte sich ebenfalls bereit, sich aufzulösen. Die Differenzen zwischen der spanischen Falange und der Traditionalistischen Gemeinschaft waren jedoch so groß, dass sie die Gründung der Einheitspartei behinderten. Die Falangisten hatten zunächst keine Probleme mit Franco, aber ihre Differenzen mit den konservativen Kräften, der Kirche und den Monarchisten bedeuteten eine doktrinäre Entfremdung von den Carlisten, deren Requetés-Bataillone entscheidend zum Triumph des Aufstandes beigetragen hatten. Sehen wir uns das kurz an.

Es wurde gesagt, dass die Requetés Soldaten aus einem anderen Jahrhundert waren. Sie kämpften „für Gott, das Vaterland und den König", in dieser Reihenfolge, wie es im *Oriamendi*, der Hymne des Carlismus, heißt, einer Ideologie, die sich in erstaunlichem Maße gehalten hatte und 1936 die älteste politische Kraft in Europa war. Diese Werte waren dieselben, die sie während des gesamten 19. Jahrhunderts verteidigt hatten, als sie sich immer wieder gegen den Liberalismus und die internationale Freimaurerei gestellt hatten. Der karlistische Prätendent Don Jaime hatte am 23. April ein Manifest veröffentlicht, in dem er die Bereitschaft der Karlisten zur Zusammenarbeit mit der Republik zum Ausdruck brachte; die schweren antiklerikalen Ausschreitungen vom Mai 1931 waren jedoch ein untrügliches Zeichen dafür, dass hinter dem neuen Regime der Atheismus und der internationale Kommunismus standen, Kräfte, die als unmenschlich und ausländischen Ursprungs angesehen wurden. Sobald sie das Abdriften der Freimaurer-Republik sahen, waren Zehntausende von karlistischen Freiwilligen bereit, unabhängig von den Maßnahmen des Militärs zu den Waffen zu greifen, wie es ihre Vorfahren getan hatten. Nach dem Tod von Don Jaime am 2. Oktober 1931 wurde Don Alfonso Carlos, sein Onkel, der neue Prätendent. Der Carlismus hatte seine Ausdrucksorgane, die in fast allen Provinzen sehr kämpferisch waren. Dazu gehörten *El Siglo Futuro* in Madrid, *El Correo Catalán* und *El Pensamiento Navarro*, die trotz der in der Verfassung garantierten Pressefreiheit immer wieder zensiert oder eingestellt wurden.

Am 31. März 1934 traf eine Kommission aus karlistischen und alphonsischen Monarchisten in Rom mit Benito Mussolini zusammen, dem sie gestanden, dass sie die Republik stürzen und durch eine korporative Monarchie ersetzen wollten. Der Duce befahl Marschall Balbo, ihnen 10.000 Gewehre, 200 Maschinengewehre und 1,5 Millionen Peseten zu geben. Außerdem wurde beschlossen, dass die jungen Carlisten in Italien ausgebildet werden sollten. Am 3. Mai 1934 wurde Manuel Fal Conde, dem es gelungen war, den Carlismus in Andalusien zu organisieren und dort eine begeisterte Gruppe von Hunderten von Requetés aufzubauen, zum Generalsekretär der Traditionalistischen Gemeinschaft ernannt. In Navarra und im übrigen Spanien begannen die Requetés, militärischen Unterricht zu erhalten. Die Karlisten hatten auch eine Frauenbewegung, die „Margaritas", die schon vor dem Krieg etwa dreißigtausend Mitglieder zählte. In San Juan de Luz wurde eine karlistische Militärjunta eingerichtet, und General Sanjurjo galt als Anführer der Bewegung.

Im Mai 1936 kamen Fal Conde, Sanjurjo und Javier de Borbón, der als Regent fungierte, in Lissabon zusammen. Sie sprachen sich für einen Aufstand der Armee aus, beschlossen jedoch, dass sie sich im Falle eines Scheiterns selbst erheben würden und Sanjurjo die Führung übernehmen würde. Da Mola mit der Organisation der militärischen Verschwörung begonnen hatte, trafen sich die Carlisten Anfang Juni mit ihm und boten ihm 8.400 requetés allein in Navarra an. Das Problem war, dass Mola eine Republik mit allgemeinem Wahlrecht errichten wollte, während die Karlisten eine katholische und ständische Monarchie anstrebten. Diese Differenzen verhinderten eine Einigung, und Mola schrieb an Fal Conde: „Der Preis, den Ihr für Eure Zusammenarbeit verlangt, kann von uns nicht akzeptiert werden. Wir wenden uns an Sie, weil wir in den Kasernen nur Männer in Uniform haben, die man nicht Soldaten nennen kann. Hätten wir sie gehabt, wären wir auf uns allein gestellt gewesen. Der Traditionalismus wird durch seine Unnachgiebigkeit ebenso wirksam zur spanischen Katastrophe beitragen wie die Volksfront". Fal Conde sucht die Vermittlung von Sanjurjo, der Mola in einem Brief bittet, die Carlisten unter der zweifarbigen Flagge kämpfen zu lassen, da sie nicht bereit seien, sich unter der republikanischen Flagge zu erheben. Am 12. Juli brachen sie die Beziehungen zu Mola ab; doch die Ermordung von Calvo Sotelo zwang den General, die Richtlinien des Briefes von Sanjurjo und die, die er als Regierungspräsident in der Folge geben könnte, zu akzeptieren. Nachdem die Differenzen in extremis überbrückt worden waren, gaben die Requetés am 15. Juli den Befehl zur Mobilisierung. Mit dem Tod Sanjurjos fünf Tage später wurde jeder politische Pakt aufgeschoben.

In einem Bericht vom 28. Februar 1936 wird die Zahl der Requetés, die bereit waren, sich dem Aufstand in ganz Spanien anzuschließen, auf mehr als 25.000 geschätzt. Einige Quellen schätzen die Zahl der Rothelme am 18. Juli auf etwa 35.000, von denen sich die Hälfte in Gebieten aufhielt, in denen der Aufstand nicht erfolgreich war und die daher neutralisiert wurden, wie in Katalonien, Valencia, Vizcaya und Guipúzcoa. Man schätzt, dass sich während des Krieges zwischen fünfzig- und sechzigtausend Freiwillige in die Reihen der Legitimisten einreihten. Im Februar 1939 kämpften noch 23.000. Am Morgen des 19. Juli 1936 versammelten sich Tausende von Requetés auf der Plaza del Castillo in Pamplona. Die meisten von ihnen waren einfache Leute vom Lande. Sie trugen entscheidend dazu bei, Navarra zu halten und La Rioja und Zaragoza zu verstärken. Später marschierten sie nach Guadarrama und nahmen im September 1936 an der Einnahme von San Sebastián und der Befreiung von Guipúzcoa teil. Die tercios de requetés waren die besten unter den Freiwilligen: Sie waren diszipliniert, enthusiastisch, aufopferungsvoll und mutig. Sie bildeten eine entschlossene militärische Stoßtruppe, die ständig eingesetzt wurde, so dass im Laufe des Krieges sechstausend Menschen getötet und etwa dreißigtausend verwundet wurden. Mit ihrer Teilnahme am Nordfeldzug erfüllten sich die Carlisten am 19. Juni 1937 einen jahrhundertealten Traum: die Einnahme Bilbaos, der Stadt, vor der Zumalacárregui, der beste ihrer Generäle, 1835 gefallen war. Der Einzug in Bilbao hatte in karlistischen Kreisen eine große psychologische Bedeutung.

Die Traditionalistische Gemeinschaft hatte bei den Wahlen im Februar 1936 neun Abgeordnete gewonnen; die spanische Falange hatte dagegen nur 6 800 Stimmen erhalten und war nicht im Parlament vertreten. In den Monaten vor dem Militäraufstand stieg ihre Mitgliederzahl jedoch deutlich an, und während des Krieges wurde die spanische Falange zu einer mächtigen politischen Organisation. Einige Quellen schätzen, dass sie auf über eine Million Mitglieder angewachsen ist, andere gehen von bis zu zwei Millionen aus. Viele sahen in der Falange, die sich gegen die Restauration der Monarchie wandte, eine Kraft des Fortschritts, die sich gegen die Unbeweglichkeit der Traditionalisten stellte. Viele Falangisten hatten republikanische und/oder gewerkschaftliche Wurzeln und verfügten daher über eine soziale Sensibilität, die sie den italienischen und deutschen Verbündeten näher brachte. Außerdem stellten sie militärische Kräfte auf, die sich in Milizen organisierten und in Kastilien, Extremadura und Andalusien immer größer wurden. Wäre José Antonio Primo de Rivera, der am 20. November 1936 in Alicante verhaftet und hingerichtet wurde, anwesend gewesen, wäre die Sache vielleicht anders ausgegangen. Ramón Serrano Suñer ging sogar so weit zu sagen, dass, wenn er lebend in Salamanca aufgetaucht wäre, er der einzige „Caudillo" gewesen wäre. Doch im April 1937 fehlte den Falangisten ein Führer, der alle um sich versammeln konnte. Auch unter den Traditionalisten herrschte Uneinigkeit, denn am 29. September 1936 war der letzte der Karlistenkönige, Don Alfonso Carlos, in Wien gestorben, der keinen Nachfolger bestimmt und lediglich einen Regenten ernannt hatte.

Unter diesen Umständen beschloss General Franco, der am 1. Oktober 1936 Generalissimus und Staatschef geworden war, den notwendigen Schritt zur Gründung der Einheitspartei zu unternehmen, wie es in Italien und Deutschland geschehen war, um interne Streitigkeiten zu vermeiden und eine starke Macht zu erhalten, die es ihm ermöglichen würde, sich auf den Krieg zu konzentrieren. Ziel war es, die Ideen der Falangisten, die eine grundlegende Erneuerung des Staates anstrebten, mit den konservativen Tendenzen der Traditionalisten in Einklang zu bringen. Franco, der als Monarchist galt, war in Wirklichkeit ein Pragmatiker und Realist, so dass er jede Entscheidung für oder gegen die Monarchie, die seine Anhänger spalten könnte, aufschob. Als Fal Conde im Februar 1937 versuchte, eine sofortige Wiederherstellung der Monarchie zu erwirken, betrachtete Franco dies als Verrat, und der Traditionalistenführer musste nach Portugal fliehen. Auch auf der Seite der Falangisten regte sich Widerstand, wobei es zu Höhen und Tiefen kam, auf die hier nicht näher eingegangen werden soll. Manuel Hedilla, der zum Generalsekretär der Falange wurde, versuchte, sich der Vereinigung zu widersetzen, aber er hatte die verschiedenen Gruppen nicht unter Kontrolle und seine Manöver führten zu seiner Verhaftung und der zahlreicher Falangisten. Alle wurden vor Gericht gestellt, und vier von ihnen wurden zum Tode verurteilt, darunter auch Hedilla, obwohl die Strafe in lebenslange Haft umgewandelt wurde. Hedilla wurde später erneut begnadigt.

Das Einheitsdekret wurde am 20. April 1937 verkündet. Am Abend zuvor hatte der Generalissimo vom Balkon des Generalhauptquartiers in Salamanca aus eine Rede gehalten, in der er die Einheitsentscheidung begründete. Das Dekret bestand aus einer Präambel und drei Artikeln. Der erste beginnt wie folgt: „Die Falange Española und die Requetés mit ihren derzeitigen Diensten und Elementen werden unter meiner Führung in eine einzige politische Einheit mit nationalem Charakter integriert, die vorläufig Falange Española Tradicionalista y de las JONS heißen wird. Diese Organisation, die zwischen der Gesellschaft und dem Staat angesiedelt ist, hat die Hauptaufgabe, dem Staat den Atem des Volkes zu vermitteln und ihm den Gedanken des Volkes durch die politisch-moralischen Tugenden des Dienstes, der Hierarchie und der Brüderlichkeit nahe zu bringen". Im zweiten Artikel heißt es, dass „das Staatsoberhaupt, ein Sekretariat oder politischer Rat und der Nationalrat" die leitenden Organe der Partei sind. Der Generalissimo ernannte persönlich alle Mitglieder des ersten Nationalrats, der aus fünfzig Mitgliedern bestand: die Hälfte waren Falangisten, ein Viertel Carlisten, fünf Monarchisten und acht Militärs. Diese Zusammensetzung zeigt, dass die Falange die bevorzugte Organisation geworden war. In Artikel 3 heißt es: „Die spanische Falange und die Requetés werden unter Beibehaltung ihrer Embleme und äußeren Zeichen zu einer einzigen Nationalen Miliz vereinigt. Die Nationale Miliz ist eine Hilfsorganisation der Armee. Das Staatsoberhaupt ist der Oberbefehlshaber der Miliz. Ein General der Armee ist ihr direkter Anführer...". Ein symbolisches Beispiel für die Vereinigung war die Einführung des roten Baretts der Requetés bei den Falangisten als Ergänzung zu ihrem blauen Hemd. Die auf republikanischer Seite aufgetretenen Situationen, in denen Parteien, Gewerkschaften und Komitees über eigene bewaffnete Milizen verfügten, waren damit ausgeschlossen. Nachdem die Einheit der Bewegung organisiert und durch die Gründung der Einheitspartei, die eine diktatorische Struktur für den möglichen neuen Staat ankündigte, garantiert worden war, konzentrierten sich alle Anstrengungen auf die Eroberung des Nordens.

Der Mythos von Guernica und der Nordfeldzug

Die Biskaya war das erste Ziel des Nordfeldzugs, der in mehreren Teilen durchgeführt wurde. Der erste Teil endete Ende April mit der Besetzung von Durango, Eibar und Guernica. Die Bombardierung der letztgenannten Stadt durch die Legion Condor führte zur Entstehung eines Mythos, der sich bis heute gehalten hat. Die Ereignisse ereigneten sich am 26. April, und die Propagandakampagne war für die Auslösung einer internationalen Reaktion verantwortlich. Das berühmte *Gemälde Guernica* von Picasso, das aufgrund des politischen Missbrauchs, dem es unterworfen wurde, leider zu einem Pamphlet geworden ist, war der wichtigste Vertreter dieser Propagandaaktion. Neben vielen anderen Lügen wurde behauptet, die Bombardierung habe drei Stunden gedauert und es sei von Tausenden von Opfern die Rede gewesen. Die Unwahrheit dieser Behauptungen ist heute bewiesen: Die Flugzeuge flogen dreimal über die Stadt und die Bomben fielen nur wenige Minuten lang. Das von den Franco-Befürwortern vorgebrachte Argument, die „roten Horden" hätten die Stadt vor der Evakuierung in Brand gesteckt, wurde als irrelevant betrachtet; dies war jedoch die Gewohnheit der Milizionäre: Sie taten es in Irún und setzten es in anderen Städten Kantabriens und Asturiens fort. *Der* Korrespondent *der New York Times* schrieb: „Die sich zurückziehenden Asturier scheinen entschlossen zu sein, nichts als rauchende Ruinen und Verwüstung zurückzulassen, und wenn sie schließlich gezwungen sind, eine Stadt oder ein Dorf aufzugeben..., finden die Rebellen sie gesprengt und niedergebrannt vor".

Als die Angelegenheit im Unterhaus debattiert wurde, wo Anthony Eden, der Sekretär des Außenministeriums, befragt wurde, luden die Nationalisten eine internationale Kommission ein. Die Delegation, die von einem auf Zerstörung spezialisierten englischen Architekten geleitet wurde, besuchte die Stadt und stellte fest, dass sie nicht nur bombardiert, sondern auch verbrannt und gesprengt worden war. Ein Großteil der Straßenschäden wurde durch unterirdische Explosionen an neun verschiedenen Stellen verursacht. Diese Explosionen ereigneten sich jeweils in der Nähe der Abdeckungen, die an das Hauptabwassersystem angeschlossen waren. Die britische Presse interessierte sich weiterhin für den Bombenanschlag von Guernica. Ein Jahr später, am 19. April 1938, veröffentlichten zwei britische Zeitungen, *The Daily Telegraph* und *The Morning Post*, einen Brief von A. W. H. James, Luftwaffenkommandant und Parlamentsabgeordneter. Ein Fragment des in diesen Zeitungen veröffentlichten Textes wurde *in La Renaissance de l'Espagne* (1938) wiedergegeben, einem Werk des Grafen von Saint-Aulaire, französischer Botschafter in Madrid und London, der übrigens verriet, dass nach der Einnahme von Bilbao seine Freimaurer-Insignien in den Schubladen des lehendakari Aguirre gefunden wurden. Kommandant James besuchte die Stadt zweimal und untersuchte sie genau. Ihm zufolge stammen die Versionen, wonach die Stadt aus der Luft zerstört wurde, „von unerfahrenen jungen Männern, von denen keiner Zeuge gewesen ist.... Sie haben nicht versucht, die Geschichten, die sie verbreiten, durch eine kritische Untersuchung vor Ort zu überprüfen. Ich habe mich vergewissert, dass Guernica bombardiert wurde, aber dass der größte Teil der Zerstörung, etwa 95 Prozent, nur durch Feuer verursacht worden sein kann. Nichts ist leichter zu unterscheiden als die sporadischen Auswirkungen einer Bombardierung und die systematische Zerstörung von Haus zu Haus durch die Brandstifter".

Zwei Historiker des Vereins *Gernikazarra*, Vicente del Palacio und José Ángel Etxaniz, haben kürzlich eine umfassende Studie durchgeführt, in der sie feststellen, dass in Guernica 126 Menschen durch die Bombardierung starben. In Dresden, einer Stadt, die drei Tage lang von fast dreitausend schweren Bombern bombardiert wurde, wurden infolge der Sättigungsbombardierung mehr als 200.000 Menschen massakriert. Der marxistische Historiker E. Témime erwähnt diese deutsche Stadt in seinem Buch *Die Revolution und der Krieg in Spanien*, in dem er die Bombardierung von Guernica mit anderen Bombardierungen englischer und niederländischer Städte im Zweiten Weltkrieg vergleicht, nicht einmal. Seit mehr als zwanzig Jahren habe ich als Lehrer mit Tausenden von Schülern gearbeitet. Fast alle von ihnen wussten, dass Guernica bombardiert worden war, und waren mit Picassos Gemälde vertraut; ich habe jedoch nie einen einzigen getroffen, der wusste, was in Dresden geschah.

Mitten in der Kampagne zur Einnahme Bilbaos starb General Mola am 3. Juni 1937 unerwartet, als sein Flugzeug auf dem Rückweg nach Vitoria abstürzte. Er wurde durch General Dávila ersetzt, und am 12. Juni wurde der berühmte „Eiserne Gürtel", der die Stadt verteidigte, durchbrochen und der endgültige Angriff auf Bilbao begann, der am 19. Juni fiel. Ein großer Teil der Armee, die die Stadt verteidigte, zog sich nach Westen zurück und drang in Kantabrien ein. Um den Vormarsch der Nationalisten im Norden zu stoppen, planten die republikanischen Befehlshaber eine Offensive auf Brunete im Sektor Madrid. Dem republikanischen Generalstab wurden fast 50.000 Mann zur Verfügung gestellt. In der Nacht vom 5. auf den 6. Juli wurde ein massiver Angriff gestartet und Líster besetzte Brunete; die Nationalisten erholten sich jedoch bald und waren innerhalb weniger Tage in der Lage, einen Gegenangriff zu starten, so dass am 12. Juli die Offensive gestoppt wurde und die Republikaner die Stellungen verteidigten.

Ende des Monats konnte ein Teil von Francos Truppen in den Norden zurückkehren, um sich auf den Feldzug gegen Santander vorzubereiten. Der Einzug der navarrischen und italienischen Soldaten in die Stadt fand am 26. August statt und wurde von der überwiegend konservativen Bevölkerung begeistert gefeiert. Die nationalistischen Truppen nahmen etwa 17.000 Gefangene, von denen viele erschossen wurden. Am 31. August setzten die republikanischen Milizionäre auf ihrem Rückzug in Richtung Asturien die Stadt Potes wie gewohnt in Brand. Am 17. September wurden mit der Einnahme von Tresviso, der letzten Stadt Kantabriens, die Operationen in dieser Provinz beendet. Am 21. Oktober 1937 marschierten die navarrischen Brigaden schließlich in Gijón ein. Man kann sagen, dass der Fall dieser Stadt das Verschwinden der Nordfront bedeutete, auch wenn der Widerstand nicht völlig aufhörte und die Aufräumarbeiten noch einige Zeit andauerten, was Franco daran hinderte, alle Truppen, die in Asturien operierten, sofort zu verlegen.

In dem Maße, wie die Ressourcen in ihre Hände fielen, verbesserte sich die wirtschaftliche Lage der Rebellen immer mehr, und neutrale Beobachter begannen zu glauben, dass ihr Sieg nur noch eine Frage der Zeit war. Die Minen und die Industrie des Nordens ergänzten die landwirtschaftlichen und viehwirtschaftlichen Ressourcen. Franco verfügte über die Schaf- und Schweineherden der Extremadura, das Gemüse Galiciens, das Getreide Kastiliens und die Erzeugnisse der großen andalusischen Landwirtschaftsbetriebe. In der nationalen Zone waren die Geschäfte gut bestückt, und es war nicht nur die Versorgung der Armee und der Bevölkerung gesichert, sondern es war auch möglich, einen Teil der Produktion zu exportieren. Die republikanische Regierung hingegen hatte große Probleme, die Ernährung der Millionen von Menschen in den von ihr kontrollierten Großstädten sicherzustellen. Als der Krieg zu Ende war, begannen jedoch die Schwierigkeiten für die Franco-Regierung, da sie die unterernährten Massen in Madrid, Barcelona und Valencia versorgen musste, die monatelang unter dem Mangel an Nahrungsmitteln gelitten hatten.

Zwei entscheidende Schlachten, um den Krieg zu gewinnen

In Anbetracht des Umfangs dieser Arbeit ist es notwendig, die Ereignisse, die zum Sieg der Nationalisten führten, zusammenzufassen. Im November 1937 hatte Negrín den Sitz der Regierung nach Barcelona verlegt. Auf diese Weise verzichtete die Generalitat widerwillig auf ihre Vorrechte, und gleichzeitig konnten die Anarchosyndikalisten vom SIM (Militärischer Ermittlungsdienst), einer von allen gefürchteten und unter dem Einfluss von Orlov stehenden Polizei, bis zu dessen Abtrünnigkeit im Juli 1938 genau kontrolliert werden. Negrín und seine Freunde hatten sich so weit konsolidiert, dass es ihnen sogar gelang, die Führung der UGT zu übernehmen. Zu diesem Zeitpunkt beschloss der Hohe Kriegsrat, die Initiative zu ergreifen, und wählte Teruel als Ziel. Ende 1937 verfügte die republikanische Armee über 575.000 Mann in einhundertzweiundfünfzig Brigaden. Hätte diese Offensive nicht stattgefunden, so ist es fast sicher, dass Franco sich erneut für einen Angriff auf Madrid entschieden hätte. Am 15. Dezember begannen die Operationen und 40.000 Mann rückten auf die aragonesische Stadt vor, die eingekesselt wurde, während der Großteil der Truppen ihren Vormarsch fortsetzte. Der Einmarsch in Teruel erfolgte am 22. Dezember, doch innerhalb der Stadt wurde bis zum ersten Weihnachtstag um jedes Haus gekämpft.

Franco beschloss, die Herausforderung anzunehmen, und schickte eine große Anzahl von Truppen dorthin, denen es gelang, die Republikaner aufzuhalten. Es kam zu heftigen Kämpfen, und beide Seiten mussten Verstärkung und Material schicken, um ihre Stellungen zu halten. Nahezu 180 000 Mann waren auf engstem Raum konzentriert und kämpften unter entsetzlichen Bedingungen, während der Winter Einzug hielt. Jeder, der schon einmal in Teruel war, weiß, dass dies eine der kältesten Gegenden Spaniens ist. Die verschanzten Soldaten mussten alle Viertelstunde abgelöst werden. Schnee, Wind und vereiste Straßen brachten den Betrieb fast zum Erliegen. Am 15. Januar 1938 entspannte sich die Wetterlage, und die Nationalisten bereiteten eine Gegenoffensive vor, konnten diese jedoch nicht starten, da die Republikaner erneut zum Angriff übergingen. Am 5. Februar schließlich durchbrachen die Truppen von General Yagüe die Front und überrannten die feindlichen Stellungen. Am 22. Februar schließlich evakuierten die Republikaner Teruel, zogen sich auf ihre ursprünglichen Stellungen zurück und gaben die Schlacht verloren. Vicente Rojo bot Negrín den Posten an, der jedoch nicht bereit war, ihn zu ersetzen. Die Tapferkeit und der Mut, mit denen beide Seiten kämpften, veranlassten General Rojo zu der Aussage, dass sich in Teruel „die moralische Größe des spanischen Kämpfers" gezeigt habe.

Infolge der Truppenaufstockung im Süden Aragons veranlasste die Dynamik der Operationen die Armee Francos, ihren Vormarsch in Richtung Mittelmeer fortzusetzen. Am 9. März nahm sie den Angriff wieder auf, und die republikanischen Truppen, die kaum Zeit gehabt hatten, sich neu zu organisieren, mussten sich auf die andere Seite des Ebro zurückziehen. Verteidigungsminister Prieto warnte den Ministerrat alarmiert: „Wenn die Rebellen das Mittelmeer erreichen, werden sich vier Fünftel der Armee in der südlichen Zone befinden". Daraufhin wurde beschlossen, einen Teil der Streitkräfte nach Katalonien zu verlegen, wo es an Truppen fehlte, um eine Offensive starten zu können. Um den Truppen den Marsch nach Tortosa über die Küstenstraße zu ermöglichen, wurde der republikanische Widerstand entlang der Linie Caspe-Alcañiz organisiert. Lérida fiel am 3. April. Die Worte von Azaña verdeutlichen einmal mehr, wie kompromittiert die Situation war: „Niemand hat bisher erklärt, warum sie Barcelona nicht erreichten, als sie Lérida im März 1938 einnahmen. Es gab keine Kräfte zwischen den beiden Hauptstädten".

Das Debakel verstärkte die Kampagne gegen den Verteidigungsminister, der noch vor der nationalen Offensive vom 9. März entlassen worden war. Jesús Hernández, damals einer der beiden Kommunisten in der Regierung, liefert in seinem Buch *Yo fui un ministro de Stalin (Ich bin ein Minister von Stalin)* wichtige Informationen zum Verständnis der Entlassung Prietos. Ihm zufolge erklärte Ernö Gerö (Ernst Morisovich), alias Pedro, einer der an der Ermordung von Nin als Leiter des NKWD in Katalonien Beteiligten, auf einer Sitzung des Politbüros, dass es notwendig sei, „den Verlust von Teruel zu nutzen, um Prieto zu liquidieren". Im Zusammenhang mit der Verschwörung gegen Prieto berichtet Hernandez über eine Reise von Boris Stefanov, alias „Moreno", einem antitrotzkistischen Delegierten der Internationalen, der das Vertrauen Stalins genoss, nach Moskau:

> Stefanov, der gerade eine sehr schnelle Reise nach Moskau unternommen hatte, brachte präzise Anweisungen mit und unterstützte Pedro mit diesen Worten: „Die Genossen der Casa raten, die Armee mit neuen Reserven zu versorgen, die einen längeren Widerstand ermöglichen, um den Kampf im Hinblick auf einen möglichen Weltenbrand aufrechtzuerhalten, der die gesamte Perspektive des Krieges in Spanien verändern würde. Widerstand leisten, Widerstand leisten und Widerstand leisten, so lautet die Direktive des (Moskauer) Hauses.... Glauben Sie, dass dies mit Prieto an der Spitze des Verteidigungsministeriums möglich ist?"

Prieto sprach sich wie Azaña zunehmend für eine Verhandlungslösung des Konflikts aus. Am 27. Februar, fünf Tage nach der Evakuierung von Teruel, hatte Dolores Ibárruri, La Pasionaria, bereits eine Offensive gegen den Verteidigungsminister gestartet, den sie, ohne ihn namentlich zu nennen, als defätistisch, unfähig und feige bezeichnete. Am 16. März 1938 bot der französische Botschafter Eilrick Labonne angesichts des allgemeinen Gefühls, dass der Krieg verloren sei, Negrín die Vermittlung Frankreichs an. Der Regierungspräsident berief den Ministerrat ein, der im Pedralbes-Palast in Barcelona unter der Leitung des Präsidenten der Republik zusammentrat, um den Vorschlag zu prüfen. Azaña schlug vor, die Vermittlung anzunehmen und Friedensverhandlungen aufzunehmen. Da er wusste, dass Prieto ebenso pessimistisch war wie er selbst, bat er ihn, den Rat über die militärische Lage zu informieren. Der Verteidigungsminister räumte die Demoralisierung der Armee ein, die „in alle Richtungen flieht und Waffen und Munition zurücklässt".

In Barcelona machen Gerüchte über eine Kapitulation die Runde, und so organisiert die PCE mit Unterstützung des Sekretärs des CNT-Nationalkomitees,

Mariano Vázquez, eine Demonstration, die durch die Straßen Barcelonas zum Pedralbes-Palast zieht. „Die Kommunistische Partei", so schreibt La Pasionaria in ihren Memoiren, „mobilisierte die Bevölkerung Barcelonas, um von der Regierung die Fortsetzung des Widerstands zu fordern. Die Demonstranten betraten den Palastgarten mit großem Getöse. „Nieder mit den kapitulierenden Ministern" und „Raus mit dem Verteidigungsminister" waren die Rufe, die während der Ratssitzung zu hören waren. Zugazagoitia und Vidarte, die von der sozialistischen Exekutive beauftragt worden waren, die Partei bei der Demonstration zu vertreten, bestätigen in ihren Schriften, dass Negrín schon vorher davon gewusst hatte, und es ist sogar möglich, dass er selbst den Kommunisten geraten hatte, den Marsch zu organisieren, um den Präsidenten der Republik zu zwingen.

Am 23. März 1938 veröffentlichten sowohl die kommunistische Zeitung *Frente Rojo* als auch *La Vanguardia* einen Artikel von Jesús Hernández, Minister für öffentliche Erziehung, mit dem Titel „Unbeugsamer Pessimist". Der Artikel, der scharfe Angriffe auf den Verteidigungsminister enthielt, war mit dem Pseudonym Juan Ventura unterzeichnet, doch die Identität des Verfassers entging niemandem, am wenigsten Prieto, der am 29. März vor dem Ministerrat „das Verhalten des Ministers für öffentliche Bildung, der mich auf diese Weise angegriffen hat, als unzulässig" bezeichnete. Der Verteidigungsminister kündigte an, dass er nicht aus Verantwortung zurücktreten werde, obwohl er innerlich sicher gewusst haben muss, dass seine Tage als Minister gezählt waren. Dank der gründlichen Arbeit von Bolloten können wir die Worte transkribieren, die Negrín in seinem Brief an ihn schrieb, in dem er seine Entlassung ankündigte:

> „Meine Entscheidung, ihn als Verteidigungsminister abzulösen, war eine ausschließlich und wirklich persönliche Entscheidung. Sie wurde mir in der Nacht vom 29. auf den 30. März nach einem schmerzhaften und heftigen inneren Kampf mitgeteilt. Sie folgte auf die Ministersitzung in der Nacht zum Dienstag, dem 29. März, als Sie mit Ihrer suggestiven Beredsamkeit, Ihrem üblichen Pathos und der Autorität Ihres Amtes und Ihrer Person unsere Regierungskollegen völlig demoralisierten, indem Sie die Ereignisse mit einem Anflug von düsterer Verzweiflung stilisierten und als fatal darstellten."

Palmiro Togliatti, der Leiter der Internationalen in Spanien, dessen Hauptaufgabe darin bestand, dafür zu sorgen, dass die PCE die Anweisungen Stalins getreu umsetzte, informierte Moskau darüber, dass Negrín eine Sitzung der sozialistischen Führung einberufen hatte, auf der er erklärte, dass Prieto nicht als Verteidigungsminister weitermachen würde, da er „ein Defätist sei, der es wert sei, erschossen zu werden".

So wurde Indalecio Prieto angesichts der Kommunisten und ohne die Unterstützung seiner Partei entlassen. Am 5. April 1938 wurde die neue Regierung Negrín gebildet, die die vorletzte der Republik sein sollte, denn im August, mitten in der Schlacht am Ebro, zwang eine Krise mit den katalanischen und baskischen Nationalisten, die die Regierung verließen, Negrín zu einer Umbildung seines Kabinetts. Neben der Präsidentschaft übernahm Negrín auch das Verteidigungsressort. Am 30. April formulierte er sein politisches Programm in einem Dreizehn-Punkte-Dokument, in dem er die Ziele darlegte, für die der Krieg fortgesetzt werden sollte und über die eine grundsätzliche Einigung mit den Rebellen erzielt werden konnte. Das Programm wurde in Spanien und im Ausland weit verbreitet. Sowohl Negrín als auch sein Außenminister Álvarez del Vayo, der anstelle von Giral ins Ministerium zurückkehrte, waren davon überzeugt, dass ein Konflikt in Europa ausbrechen würde und dass, wenn es ihnen gelänge, durchzuhalten, noch Hoffnung auf Rettung bestünde. Das Münchner Abkommen war ein Rückschlag für alle, die wie sie einen allgemeinen Krieg in Europa herbeisehnten. Da die Sudetenkrise und die Folgen des Abkommens für das Verständnis der folgenden Ereignisse von größter Bedeutung sind, wird der Leser auf das folgende Kapitel verwiesen, in dem sie behandelt werden.

Am 15. April 1938 erreichte die Armee Francos bei Vinaroz das Meer und teilte das Gebiet der Republik in zwei Teile. Der Zusammenbruch der Front in Aragonien führte zu einer Verzweiflung in der Bevölkerung und zu einer tiefen Demoralisierung der Soldaten der Volksarmee, von denen viele begannen, sich auf die andere Seite zu stellen. Am 2. Juni 1938 beschloss das Verteidigungsministerium, die Angehörigen der Geflüchteten in reinster Sowjetmanier mit der Strafe der Desertion zu belegen. Um Zeit zu gewinnen und den Vormarsch der Nationalen Armee auf Valencia zu verhindern, plante General Rojo erneut eine Offensive. Ziel war es auch, Europa und der Welt zu zeigen, dass die spanische Republik noch nicht besiegt war. Bereits im Juni begannen die Planungen für die Überquerung des Ebro, eine risikoreiche Operation, die langwierige Vorbereitungen erforderte, da Boote zusammengebaut und Brücken gebaut werden mussten, um den Truppen die Überquerung zu ermöglichen.

In der Nacht vom 24. auf den 25. Juli begann die Operation. Die ersten Kommandos überquerten den Fluss in Booten und errichteten Brückenköpfe, die es den Ingenieuren ermöglichten, in relativer Sicherheit an der Errichtung von Brücken und Stegen zu arbeiten. Der Vormarsch verlief ziemlich schnell: Mora del Ebro und Corbera wurden sofort besetzt, und der Brückenkopf erreichte eine Tiefe von zwanzig Kilometern und eine Länge von dreißig Kilometern, womit der gesamte große Mäander, den der Fluss zwischen Fayón und Gandesa bildet, abgedeckt war. Trotz der Tatsache, dass Spione die Truppenkonzentrationen gemeldet hatten, überraschte die Überquerung des Ebro die nationalistischen Befehlshaber. Die sofortige Entsendung der Luftwaffe reichte nicht aus, um zu verhindern, dass etwa fünfzigtausend Mann den Ebro überquerten. Die Nationalisten zogen sich auf Villalba und Gandesa zurück und konnten sich dort halten. Als die T-24-Panzer den Fluss überqueren und das Schlachtfeld betreten konnten, waren Francos Hilfstruppen bereits an der Front. Es begann eine Zermürbungsschlacht, die bis zum 15. November andauerte. Nur drei Tage nach Beginn der Offensive hielt Azaña in Vic ein geheimes Treffen mit dem britischen Vertreter in Barcelona, John Leche, ab, den er bat, seiner Regierung einen Friedensplan vorzuschlagen, der den Rückzug der ausländischen Kämpfer beider Seiten und die Bildung einer Konsensregierung ohne die Kommunisten vorsah.

Während der Schlacht am Ebro wurde am 29. September der Münchner Pakt geschlossen, der die Hoffnungen der Republikaner auf einen Krieg in Europa und eine ausländische Intervention in Spanien beendete. Auch Franco verfolgte das Treffen in der bayerischen Hauptstadt mit großer Sorge, da er wusste, dass dort alles auf dem Spiel stehen könnte. In den Monaten August und September starteten die Nationalisten einen Angriff nach dem anderen; doch die Heftigkeit des Widerstands war auf dem Höhepunkt, und jeder umkämpfte Punkt konnte mehrmals erobert und zurückerobert werden. Die Verluste an Menschen und Material waren enorm: zwischen sechzig- und siebzigtausend Kämpfer wurden getötet oder verwundet. Ende Oktober, als sich die nationalistische Seite auf die Entsendung von Verstärkungen vorbereitete, erreichten die republikanischen Soldaten die Grenze ihrer Kräfte. Am 1. November begann ein Angriff, der es ermöglichte, die republikanischen Stellungen auf den Höhen der Sierra de Cavalls einzunehmen, was bedeutete, dass der gesamte südöstliche Teil des nach der Überquerung des Ebro gewonnenen Gebiets erneut den Besitzer wechselte. Obwohl die Front am 15. November wieder stabilisiert werden konnte, verlor die Republik am 15. Dezember 1938 die Schlacht und den Krieg.

Die Offensive auf Katalonien wurde nicht verzögert und begann am 23. Dezember 1938. Die Republik hatte keine Reserven mehr und verfügte nur noch über etwa neunzigtausend Mann, um das katalanische Gebiet zu verteidigen. Der Zusammenbruch erfolgte in den ersten Januartagen. Die Verzweiflung war so groß, dass die Regierung von Barcelona beschloss, alle Männer im kampffähigen Alter zu mobilisieren, aber sie hatte keine Zeit mehr dazu. Während der Bombardierung Barcelonas ging sie sogar so weit, die Feuerwehr zu mobilisieren, deren Arbeit in der Stadt unerlässlich war. Ende Januar 1939 herrschten in der Stadt Unordnung und Chaos. Im Süden veranlasste der Verlust von Tarragona Tausende von Flüchtlingen zur Flucht nach Norden, die in Barcelona zusammenkamen und sich in den Metrostationen drängten, die als Zufluchtsort und Schlafstätte dienten. Das Überleben in der Stadt, in der die Franco-Anhänger das Ende des Albtraums herbeisehnten, war fast unmöglich, denn es gab keine Lebensmittel in den Geschäften, keine Kohle und keinen Strom. Auch viele Republikaner, die bereits müde und ohne Hoffnung waren, wünschten sich, dass alles ein für alle Mal ein Ende hätte.

Am 23. Januar verließen Präsident Negrín und seine Regierung Barcelona. Da es nicht möglich war, alle Dokumente mitzunehmen, wurde ein Teil des Archivs vernichtet. Bis zum 6. Februar waren mehr als 100.000 Menschen nach Frankreich eingereist, und Hunderttausende, darunter auch Soldaten, die mit der Zivilbevölkerung flohen, drängten sich in der Nähe der Zollstellen Perthus und Boulou zusammen. Viele dieser bewaffneten Männer setzten ihre Kräfte ein und beschlagnahmten mit Waffengewalt Fahrzeuge, die sie später in der Nähe der Grenze zurückließen. Die überforderten französischen Behörden hatten am 30. Januar ein Einreiseverbot für gesunde Männer verhängt und nur Frauen und Kinder zugelassen. Diese Entscheidung löste Panik aus, und viele Flüchtlinge entschieden sich für die Rückkehr. Zwischen dem 5. und 9.

Februar wurde die Grenze offiziell wieder für die Soldaten geöffnet, deren Kriegsmaterial beschlagnahmt wurde. Unter den fliehenden republikanischen Führern befand sich auch der Präsident der Republik, Azaña, der am 5. Februar nach Frankreich übersetzte. Drei Tage später folgten auch Negrín und die letzten Minister der Regierung. Die Mitglieder des Generalstabs, angeführt von General Rojo, verließen Spanien am 9. Februar, wenige Stunden bevor die Truppen Francos die Grenze bei Perthus erreichten.

Nach Informationen, die im Juni 2009 in der *Revista de Catalunya* erschienen, gelang es Miquel Serra Pàmies, einem der Gründer der PSUC am 23. Juli 1936 und Minister der Generalitat während des Krieges, die Zerstörung Barcelonas vor dem Rückzug zu verhindern. In einem ausführlichen zwanzigseitigen Bericht enthüllt die Publikation, dass die UdSSR und die Kommunistische Internationale einen Plan zur Zerstörung Barcelonas mit Tausenden von Tonnen Trilith und großen Mengen an Artilleriemunition hatten, mit denen sie Fabriken und Infrastrukturen in der katalanischen Stadt sprengen wollten.

Casados Staatsstreich und neuer Bürgerkrieg auf republikanischer Seite

Mit der Regierung Negrín in Frankreich verschlechtert sich die Situation in der republikanischen Zone gefährlich, da niemand über ausreichende Autorität verfügt, um die Politik und den Krieg zu lenken. Im spanischen Konsulat in Toulouse, wohin sich die Regierung geflüchtet hatte, konnten Azaña und Negrín keine Einigung erzielen. Negrín will, dass der Präsident der Republik mit ihm nach Spanien zurückkehrt, um die Macht wiederzuerlangen. Es gab keine Möglichkeit, ihn zu überzeugen. Auch General Rojo hatte dem Ministerpräsidenten mitgeteilt, er sehe nicht ein, was man für den Widerstand tun könne und warum man den Widerstand fortsetzen sollte. Negrín, Álvarez del Vayo, Segundo Blanco, ein CNT-Gewerkschafter, der Minister für öffentliche Bildung und Gesundheit war, und die Kommunisten setzten ihre Ansichten durch und beschlossen, sofort nach Spanien zurückzukehren, mit oder ohne Azaña. Ihre Idee war es, bis zum Ende Widerstand zu leisten und nicht die von Franco geforderte bedingungslose Kapitulation zu akzeptieren. Sie sind der Meinung, dass die in der Zone Mitte-Süd verbliebenen bewaffneten Kräfte ausreichen, um den Kampf um mehrere Monate zu verlängern, bis die Ereignisse in Europa eintreten.

Am 10. Februar 1939 landete Negrín in Alicante in Begleitung von Außenminister Julio Álvarez del Vayo und Santiago Garcés Arroyo, dem Leiter des SIM (Militärischer Ermittlungsdienst). Negrín reiste sofort nach Valencia. Dort traf er sich mit José Miaja, dem Chef der Armee, der sich für die Beendigung der Feindseligkeiten aussprach. Zwei Tage später ließ er sich in Madrid im Gebäude der Präsidentschaft nieder, wo er Oberst Segismundo Casado, den Chef der Zentralarmee, aufsuchte, der ihm unmissverständlich mitteilte, dass seine Streitkräfte keine Chance hätten, der absehbaren Offensive Francos auf die Hauptstadt zu widerstehen. Negrín stellte fest, dass außer den

PCE-Offizieren nur wenige Oberhäupter die Politik des Widerstands unterstützten. Aus Angst, dass Azaña, der sich in der spanischen Botschaft in Paris niedergelassen hatte, zurücktreten würde und dass Großbritannien und Frankreich General Franco sofort anerkennen würden, schickte Negrín am 12. Februar Álvarez del Vayo in die französische Hauptstadt, um dem Präsidenten der Republik mitzuteilen, dass die Regierung seine Anwesenheit in Spanien für „unerlässlich" hielt. Azaña lehnte es ab, einen „sinnlosen Kampf" zu verlängern.

Am 16. berief Negrín eine Sitzung der Militärchefs auf dem Luftwaffenstützpunkt Los Llanos (Albacete) ein. Alle außer Miaja erklärten ihm, dass sie die Ansichten von Oberst Casado teilten, der in *Así cayó Madrid* berichtete, was bei diesem Treffen gesagt wurde. Die Wahrheit war, dass Casado bereits in Kontakt mit franquistischen Agenten stand und wusste, dass Franco nicht verhandeln würde, solange die Kommunisten an der Macht waren. Aus diesem Grund erklärte er Negrín, dass die Rückkehr Azañas und die Bildung einer neuen Regierung aus Republikanern und Sozialisten, in der es keine Kommunisten gab, notwendig seien. Bei den Anarchisten hatte Casado die Unterstützung von Cipriano Mera, der ein Armeekorps befehligte, und von José García Pradas, dem Führer der kastilischen CNT. Was die Sozialisten betrifft, so wussten Julián Besteiro und Wenceslao Carrillo von den Plänen des Oberst und billigten sie. Wenceslao Carrillo und andere Sozialisten versuchten sogar, den Anhängern Negríns die Kontrolle über die Partei und die UGT zu entreißen. Casado unterhielt über Denys Cowan, der vom britischen Konsulat in Madrid aus operierte, Kontakte zum Außenministerium.

Am 27. Februar erkannten Frankreich und das Vereinigte Königreich die Regierung Burgos „de jure" als rechtmäßige Regierung Spaniens an, obwohl die BOE am 13. Februar 1939 das Gesetz über die politischen Verantwortlichkeiten veröffentlicht hatte, das dazu dienen sollte, „die Schuld derjenigen zu regeln, die durch schwere Handlungen oder Unterlassungen dazu beigetragen haben, den roten Umsturz zu schmieden". Dieses Gesetz sah vor, dass Vertreter der Armee, der Justiz und der Falange die für die Verhängung von Sanktionen zuständigen Gerichte bilden sollten. Gemäß dem ersten Artikel des Gesetzes reichen die Zuständigkeiten bis zum 1. Oktober 1934 zurück. Nach dem Ende der Zweiten Republik gab Präsident Azaña am 28. Oktober in Frankreich seinen Rücktritt bekannt. Obwohl die Ereignisse Tag für Tag die Vergeblichkeit des Widerstands beweisen, nimmt Negrín am 2. März eine Reihe von Änderungen und Beförderungen vor, die die Machtressourcen in die Hände seiner kommunistischen Freunde legen. Oberst Casado wurde zum General befördert, aber gleichzeitig ersetzte Negrín ihn im Kommando der Zentralarmee durch den Kommunisten Modesto, der ebenfalls zum General befördert wurde. Die „mobilen Schockeinheiten" werden geschaffen und die Kommunisten Líster, Galán und Márquez werden zu Obersten ernannt. Mit dem Kommando über den Hafen von Cartagena, dem Sitz der Flotte, betraute er Francisco Galán, Zwei weitere Kommunisten, Etelvino Vega und Manuel Tagüeña, wurden zu Zivilgouverneuren von Alicante und Murcia ernannt. Am 3. März 1939 trat die Ständige Deputation der Cortes in Paris zusammen und ernannte Großmeister

Diego Martínez Barrio, der sich ebenfalls in Frankreich aufhielt, zum Interimspräsidenten.

Die Militärs, die Gewerkschafter und die Kader der anderen Parteien betrachteten diese Manöver Negríns als kommunistischen Staatsstreich. Die Empörung war groß, und in der Nacht des 4. März kam es im Stützpunkt Cartagena zu einem Aufstand unter der Führung des Marinekapitäns Fernando Oliva, der von der Garnison der Stadt unter dem Kommando des Artillerieoberst Gerardo Armentía unterstützt wurde, der nach seiner Verhaftung schließlich Selbstmord beging. Es war der Beginn eines neuen Bürgerkriegs auf republikanischer Seite, der innerhalb einer Woche Tausende von Toten und Verwundeten fordern sollte. Inmitten des Chaos und der Verwirrung befahl Admiral Miguel Buiza am 5. März die Abfahrt der Flotte aus Cartagena. Drei Kreuzer, acht Zerstörer und andere kleinere Einheiten nahmen Kurs auf Bizerte, wo sie sich den französischen Militärbehörden ergaben. Obwohl die Truppen des Kommunisten Alonso Rodríguez später die Kontrolle über den Stützpunkt zurückgewannen, bedeutete der Verlust der Flotte das Verschwinden des besten Evakuierungsmittels, das der Regierung Negrín zur Verfügung stand.

Während sich das Politbüro der PCE in Elda in der so genannten „Dakar-Position" versammelte, nahm Oberst Casado am 5. März um 19.00 Uhr im Finanzministerium seinen Platz ein. Eine Stunde später trafen die übrigen Verschwörer ein und der Nationale Verteidigungsrat wurde gebildet, dessen Vorsitz Casado bis zur Ankunft von General Miaja, der sich nach einigem Zögern und Zaudern der Rebellion angeschlossen hatte, kommissarisch übernahm. Die wichtigste und prestigeträchtigste Figur war der Sozialist Julián Besteiro, der mit den auswärtigen Angelegenheiten betraut wurde. Der Sozialist Wenceslao Carrillo übernahm das Innenressort. Dem Rat gehörten zwei Männer der CNT, Eduardo Val und José González Marín, ein Vertreter der UGT, Antonio Pérez, sowie zwei weitere Republikaner und ein Gewerkschafter an. Um halb zwölf in der Nacht besetzte die 70. Brigade unter dem Kommando des Anarchosyndikalisten Bernabé López die strategisch wichtigen Posten in Madrid: das Verteidigungs-, das Innen- und das Kommunikationsministerium, Telefónica, die Bank von Spanien und die Generaldirektion für Sicherheit. So begann der Staatsstreich.

Sobald die Hauptstadt unter Kontrolle war, wurde in den frühen Morgenstunden des 6. März ein Kommuniqué des Rates über das Radio verbreitet. Julián Besteiro ergriff das Wort und erklärte, dass mit dem Rücktritt von Azaña die Republik enthauptet worden sei und die Regierung Negrín keine Legitimität besitze. Die Armee der Republik", so Besteiro, „verfügt über eine unbestreitbare Autorität; sie nimmt die Lösung eines sehr ernsten, im Wesentlichen militärischen Problems selbst in die Hand". Besteiro forderte Negrín zum Rückzug auf und warf ihm vor, Zeit zu gewinnen, „in dem krankhaften Glauben, dass die zunehmende Verwicklung der internationalen Ereignisse zu einer Katastrophe von universellem Ausmaß führen würde". Negrín, der die Rede gehört hatte, rief Casado zu sich und fragte ihn nach der Behandlung durch den General, was los sei. Casado antwortete, er sei kein General, sondern ein Oberst, da er die Ernennung einer Regierung, die keine

Legitimität besitze, nicht akzeptiere. Am Morgen des 6. März erklärten alle Kräfte der Volksfront öffentlich ihre Unterstützung für den Staatsstreich. Nur die PCE blieb Negrín treu, der sich seit dem 27. Februar in Elda aufhielt und in der so genannten „Yuste-Position" von einer Elitewache geschützt wurde.

Während sich die Kommunisten in Madrid auf den Kampf gegen die Putschisten vorbereiten, beginnen Negrín, Álvarez del Vayo und die PCE-Führung in den frühen Morgenstunden des 6. März mit den Vorbereitungen für ihre Abreise aus Spanien. Negrín besucht das PCE-Hauptquartier in der „Dakar-Position", wo er feststellt, dass Palmiro Togliatti, der Delegierte der Internationale in Spanien, die Abreise der kommunistischen Führer organisiert. Fünf Stunden vor der Flucht des Regierungspräsidenten begannen die Flugzeuge von der Basis in Monóvar bei Elda zu starten. Die ersten, die das Land in Richtung Oran verließen, waren Dolores Ibárruri, Jesús Monzón, Stefanov, alias „Moreno", und der französische kommunistische Abgeordnete Jean Cattelas. Togliatti organisierte später die Ausreise weiterer Kommunisten, darunter Uribe, Líster, Modesto, Hidalgo de Cisneros und andere politische und militärische Führer der PCE. Später, um 14.30 Uhr, verlässt die Regierung Negrín Spanien in Richtung Toulouse.

Die Kommunisten in Madrid wussten wegen des Zusammenbruchs der Kommunikation nichts von den Beschlüssen des Politbüros in Elda und von der Flucht der Regierung Negrín. Togliatti, dessen Zuverlässigkeit sehr gering ist, schrieb jedoch später, dass sie den Befehl erhalten hätten, die Junta mit Waffengewalt zu stürzen. Ob mit oder ohne Befehl, der kommunistische Gegenputsch wurde von Guillermo Ascanio angeführt, der eine in der Gegend von El Pardo stationierte Division befehligte, die den Angriff auf die casadistischen Truppen begann. Das Zentrum Madrids wurde zu einem Schlachtfeld, auf dem sich die Soldaten der Volksfront gegenseitig bekämpften, wie es in Katalonien in den Maitagen geschehen war. Panzer und Artillerie beschossen die Castellana, die Recoletos und andere Straßen im Herzen der Hauptstadt, die zum Schauplatz eines wahnsinnigen Spektakels wurde. In den ersten beiden Tagen sah es so aus, als ob der Gegenangriff siegen würde. Die Brigaden des IV. Armeekorps, das von dem Anarchisten Cipriano Mera befehligt wurde, mussten am 9. Januar die Front in Guadalajara verlassen und in Madrid einrücken. Die Kämpfe in der Hauptstadt dauerten bis zum 13. März an. In Valencia und anderen Provinzen hatten die Kommunisten keinen Aktionsplan und kämpften im Wesentlichen, um sich selbst zu verteidigen. Die Historiker sind sich nicht einig über die Zahl der Toten in diesem zweiten Bürgerkrieg innerhalb des Bürgerkriegs. Julián Casanova behauptet, dass es zwischen den beiden Seiten zweitausend Tote gab; Ángel Bahamonde und Javier Cervera Gil hingegen erhöhen die Gesamtzahl der Opfer der Kämpfe auf skandalöse Zahlen und behaupten, dass die Zahl der Toten fast zwanzigtausend betrug, was unglaublich erscheint.

Nach Beendigung des internen Krieges versuchte Oberst Casado, einen ehrenhaften Frieden auszuhandeln, aber die von ihm vorgelegte Verhandlungsbasis war unrealistisch, und am 15. März forderte Franco, der nie wirklich an große Zugeständnisse gedacht hatte, die bedingungslose

Kapitulation. Am 26. März schließlich scheiterten die Verhandlungen, so dass Casado und seine Verteidigungsjunta am späten 27. März nach Valencia zogen, von wo aus sie Spanien am Nachmittag des 29. März an Bord eines britischen Kreuzers verließen. Nur Julián Besteiro blieb als höchste republikanische Autorität in Madrid und wartete im Keller des Finanzministeriums, wo der Nationale Verteidigungsrat seinen Sitz hatte, auf die Ankunft der Sieger.

Zur Repression im nationalen Spanien

Hass erzeugt bekanntlich Hass und Gewalt erzeugt Gewalt. Diese Saat war in Spanien seit Jahren reichlich gesät worden. Nicht umsonst predigt der Marxismus, wie wir gesehen haben, den Hass und den Kampf zwischen den Klassen zur Durchsetzung der Diktatur des Proletariats. Der Bürgerkrieg war der ultimative Ausdruck des zugrunde liegenden Hasses in der spanischen Gesellschaft. Beide Seiten versuchten, ihre eigenen Verbrechen als Antwort auf weitaus schlimmere Verbrechen ihrer Gegner zu rechtfertigen. Da wir die abscheulichen Taten und die Barbarei im republikanischen Spanien von Anfang an beschrieben haben, ist es notwendig, zum Abschluss dieses Kapitels auf die Repression im Spanien Francos einzugehen. Eine Repression, die in Form von Hinrichtungen und Morden stattfand, von denen viele hätten vermieden werden können. Als Manuel Hedilla am 2. September 1936 sein Amt als Leiter der provisorischen Kommandogruppe der Falange Española de las JONS antrat, gab er mehrere klare Hinweise: „Es muss vermieden werden", riet er, „dass Verbrechen aufgrund persönlicher Gefühle begangen werden, die oft unbewusst sind". Hedilla sagte, es müsse sichergestellt werden, dass die Kontrolle so durchgeführt werde, dass es keine „unschuldigen Opfer im Rücken unserer Linien" gebe.... Niemand wird ohne Überprüfung der Hintergründe und ohne Anordnung der zuständigen Behörde bestraft". Monate später, am Heiligabend 1936, hielt Hedilla eine Rede, in der er auf die Notwendigkeit eines rechtschaffenen Vorgehens hinwies:

> „Und ich wende mich an die Falangisten, die in den Städten und vor allem in den Dörfern für die politischen und juristischen Ermittlungen zuständig sind. Eure Aufgabe muss es sein, die Führer, Rädelsführer und Mörder zu säubern. Aber verhindern Sie mit aller Kraft, dass irgendjemand persönlichen Hass hegt und dass jemand, der aus Hunger oder Verzweiflung die Linke gewählt hat, bestraft oder gedemütigt wird. Wir alle wissen, dass es in vielen Dörfern Rechte gab und vielleicht noch gibt, die schlimmer waren als die Roten. Ich möchte, dass solche Verhaftungen aufhören, und dort, wo sie stattgefunden haben, müssen Sie eine Garantie für die zu Unrecht Verfolgten werden. Und wo immer Sie sind, seien Sie entschlossen bereit, sich den Verfahren gegen die Demütigen zu widersetzen. Die Phalanx muss überall mit erhobenem Haupt dastehen, um sich gegen ihre vielen Feinde verteidigen zu können. Wir wollen die Rettung und nicht den Tod derer, die in ihrer großen Mehrheit nach Brot und Gerechtigkeit hungern".

Noch im Frühjahr 1937 drückte Hedilla seinen Wunsch nach Versöhnung unter den Spaniern in Erklärungen gegenüber der Zeitung Il Regime Fascista aus. Obwohl sie von der Militärzensur verstümmelt wurden, konnte man in *El Adelanto* vom 17. April 1937 diesen wesentlichen Gedanken lesen: „... für unsere betrogenen Arbeiter unsere herzlichste und christliche Vergebung; Vergebung, die Verpflichtung und Freundschaft bedeutet...". Für diejenigen unter uns, die die Tatsachen von einem christlichen Standpunkt aus betrachten, sind diese und die oben zitierten Worte ein Verhaltensmodell, dem diejenigen hätten folgen sollen, die das Kreuz zum Symbol ihres Kampfes gegen den atheistischen Kommunismus machten. Statt sich von Hass und Intoleranz treiben zu lassen, hätten sie Mäßigung, Verständnis und natürlich Nächstenliebe und Vergebung an die erste Stelle setzen müssen, was sie aber meistens nicht getan haben.

Andererseits ist zu bedenken, dass die Repressionen Francos sich über einen viel längeren Zeitraum erstreckten, da auf den Sieg sehr harte Jahre für die in Spanien verbliebenen Besiegten folgten. Die Tatsache, dass sich die großen Städte Barcelona, Madrid und Valencia bis zum Ende des Krieges in der Hand der Republik befanden, führte zwangsläufig dazu, dass die Verfolgung der politischen Gegner nach dem Sieg fortgesetzt wurde. Da die Volksfrontler in diesen Städten die meisten Morde an der Zivilbevölkerung verübten, waren Denunziationen und Anklagen seitens derer, die sich nach Rache sehnten, unvermeidlich.

Ein weiterer Umstand, der berücksichtigt werden muss, ist, dass wichtige städtische Zentren wie Bilbao, Malaga, Santander, Gijón, San Sebastián... ebenfalls erobert wurden, nachdem sie zuvor von den republikanischen Kräften unterdrückt worden waren. wurden übernommen, nachdem sie zuvor von den republikanischen Streitkräften unterdrückt worden waren. Der Revanchismus führte auch in diesen Städten nach dem Einmarsch der Nationalisten zu Verfolgungen und Repressalien. In San Sebastián zum Beispiel wurden viele Gefangene ohne Vorwarnung erschossen. José Herrera, ein Oberst der Requeté aus Sevilla, erinnert sich in seinem Auftritt in dem Dokumentarfilm *Gewalt in der Nachhut* daran, dass bei ihrer Ankunft in dem Dorf Almargen in Málaga Gruppen von Frauen durch die Straßen auf den Platz strömten und riefen: „Tötet sie, tötet sie! Sie rechtfertigten ihren Blutdurst mit der Tatsache, dass sie einen geliebten Menschen getötet hatten: ihren Sohn, Ehemann oder Bruder. Diese Anekdote ist bezeichnend, denn sie zeigt, dass Blut nach Blut ruft und dass die Gefühle des Hasses und der Rache nicht zu bändigen waren. In der Provinz Málaga, wo die Republikaner mehr als 2.500 politische Gegner ermordet hatten, war die Repression unbarmherzig, und Tausende von Menschen wurden erschossen.

Émile Témime, ein marxistischer Historiker, räumt jedoch ein: „Nachdem die ersten Momente des Aufruhrs und der Pittoreske vorüber waren, sind sich die Beobachter einig, dass das nationalistische Spanien einen Aspekt der Ruhe und in einigen Regionen sogar des Friedens hatte, der im republikanischen Gebiet zur gleichen Zeit unvorstellbar war". Das makabre Spektakel der Morde und der dutzendweise in den Straßen der Städte liegenden Toten gab es auf der Seite der Nationalisten natürlich nicht, oder, wenn man so will, war es aufgrund der von den Behörden ausgeübten Hinrichtungsmethoden weniger unheimlich. Die repressive Kontrolle wurde in der nationalistischen Zone früher und vollständiger erreicht als in der anderen Zone. In den ersten Monaten mangelte es jedoch auch auf Seiten der Aufständischen an Kontrolle, und so wurden persönliche Rachefeldzüge durchgeführt und Unschuldige willkürlich beseitigt. Von Hinrichtungen durch Erschießungskommandos, die von jedem angeordnet wurden, der sich für befugt hielt, zu töten, bis hin zu einer Verhöhnung der Justiz durch „Schnellverfahren" und ab Anfang 1937 durch Kriegsgerichte. In den Monaten des Jahres 1936 gab es auf beiden Seiten die meisten Verluste in der Nachhut. Am 13. Februar 1939 trat, wie bereits erwähnt, das Gesetz über die politischen Verantwortlichkeiten in Kraft, das nach Kriegsende die strafrechtliche Verfolgung derjenigen ermöglichte, die seit Oktober 1934 einen Umsturz organisiert hatten. Die verhängten Strafen reichten von Freiheitsstrafen über die Beschlagnahme von Eigentum bis hin zur Todesstrafe. Das Gesetz wurde 1942 geändert und 1945 aufgehoben. Am 1. März 1940 trat das Gesetz zur Unterdrückung der Freimaurerei und des Kommunismus in Kraft, das bis 1964 in Kraft blieb.

Massaker wie in Paracuellos del Jarama und anderen berüchtigten Orten in der Nähe von Madrid hat es in Spanien jedenfalls nicht gegeben. Es gab nicht einmal einen ähnlichen Fall wie den des Zuges von Jaén, bei dem zweihundert Menschen, die nach Alcalá de Henares transportiert werden sollten, wahllos an Ort und Stelle mit Maschinengewehren erschossen wurden. Ein vergleichbarer Fall ereignete sich vielleicht in Cáceres, wo im Dezember 1937 die Anwesenheit des kommunistischen Kommandanten Máximo Calvo entdeckt wurde. Man kam zu dem Schluss, dass ein Komplott geschmiedet wurde, um die Stadt in die Hände des Feindes zu bringen. Etwa 200 Personen wurden in die Affäre verwickelt, und nach einem Schnellverfahren wurden sie alle erschossen. Es gab jedoch keine kollektive Hinrichtung der 200 Verurteilten. Die Hinrichtungen begannen am 25. Dezember 1937, als 35 Personen hingerichtet wurden. Die Todesurteile wurden an verschiedenen Tagen vollstreckt, bis sie am 20. Januar 1938 endeten.

Als Hispanisten sehen wir uns gezwungen, dieses Kapitel mit einem Rückblick auf den feigen Mord an Federico García Lorca zu beenden. Ein verabscheuungswürdiges Verbrechen, wie alle Verbrechen, das das nationale Spanien von Anfang an in Verruf brachte und die spanische Literatur um eine unvergleichliche Persönlichkeit beraubte, deren Werk, wäre er nicht ermordet worden, zu den produktivsten unserer Literatur gehören würde, denn im Alter von nur achtunddreißig Jahren war sein literarisches Schaffen bereits immens. Der Tod von García Lorca hatte Auswirkungen auf die ganze Welt, denn die Qualität von Werken wie *El romancero gitano* und *Bodas de sangre* hatten ihn in Europa und Amerika berühmt gemacht. Der Hispanist Ian Gibson schrieb seine Doktorarbeit *Granada, 1936. The Murder of García Lorca"* über die Geschehnisse in der Stadt der Alhambra. Diese Arbeit liefert genaue Daten über die Repressionen in Granada, auf dessen Friedhof zwischen Juli 1936 und März 1939 2.012 Menschen erschossen wurden. Die Hälfte dieser Todesfälle ereignete sich in zwei Monaten: Allein im August 1936 wurden 562 Menschen auf dem Friedhof hingerichtet, weitere 499 im September. An nur einem Tag des zweiten

Monats, dem 22., wurden siebzig Menschen getötet. Diese Zahlen bestätigen, wie bereits erwähnt, dass die meisten Menschen in den Monaten unmittelbar nach Ausbruch des Bruderkriegs getötet wurden.

Federico García Lorca kam am 14. Juli in Granada an, um einige Tage mit seinen Eltern und seiner Schwester in der Huerta de San Vicente, einem Familienbesitz, zu verbringen. Alle wussten davon, denn *El Defensor de Granada*, dessen Direktor ein guter Freund des Dichters war, berichtete am 15. Juli auf der Titelseite darüber. Tage später begann der Bürgerkrieg. Die Rebellen übernahmen am 20. Juli die Kontrolle über das Stadtzentrum, aber im Arbeiterviertel Albaicín organisierte sich der Widerstand und die Schießereien begannen. Am 22. Juli stellte Radio Granada ein Ultimatum. Frauen und Kinder liefen durch die engen Gassen in Richtung der angegebenen Sammelplätze, doch die Männer weigerten sich, sich zu ergeben, und die Kämpfe wurden wieder aufgenommen. Mit Artilleriegeschützen wurde der Albaicín beschossen, woraufhin die Arbeiter begannen, weiße Fahnen zu hissen. Am 24. Juli war der Widerstand niedergeschlagen, doch Granada war zunächst eine Insel in einem Gebiet, in dem der Aufstand gescheitert war. Am 29. Juli führte die republikanische Luftwaffe den ersten einer Reihe von Bombenangriffen auf die Stadt durch, die nicht nur zivile Opfer forderten, sondern auch Schäden an der Alhambra verursachten. Am 30. Juli starteten zahlreiche Milizionäre einen Angriff, um die Kontrolle über die Stadt zurückzugewinnen. Sie wurden von den Rebellen zurückgeschlagen, und es begann eine einmonatige Belagerung.

Nachdem sie in der Huerta de San Vicente bedroht worden waren, rieten Federicos Eltern ihm, sich einen sichereren Ort zu suchen. Sie riefen Luis Rosales an, einen anderen Dichter aus Granada, einen Freund der Familie. Einige der Rosales-Brüder waren „alte Hasen" in der Falange. Luis Rosales bot seinem Kollegen drei Alternativen an: ihn in die rote Zone zu bringen, ihn in das Haus des bedeutenden Komponisten Manuel de Falla zu bringen oder ihn in seinem eigenen Haus in der Calle de Angulo unterzubringen. Als Lorcas Feinde in die Huerta zurückkehrten, war er nicht mehr auffindbar, aber die eingeschüchterte Familie hatte keine andere Wahl, als zu verraten, dass er im Haus der Rosales wohnte[30]. García Lorca war bestürzt, als er in den frühen Morgenstunden des 16. August erfuhr, dass sein Schwager Manuel Fernández-Montesinos Lustau erschossen worden war. Seine Angst war berechtigt, denn am Nachmittag desselben Tages wurde er verhaftet.

Ramón Ruiz Alonso, ein ehemaliger Abgeordneter der CEDA, der die Anzeige erstattet hatte, erschien an der Spitze eines unverhältnismäßig großen Sicherheitsaufgebots im Haus der Rosales und brachte einen mit dem Siegel der Zivilregierung versehenen Haftbefehl mit. Keiner der Brüder war zu Hause. Ian Gibson schreibt: „Frau Rosales, die bestürzt war und befürchtete, dass Federico

---

[30] Das Oberhaupt der Familie, Miguel Rosales Vallecillos, riskierte sein Leben und sein Vermögen, indem er Lorca und andere, die von José Valdés Guzmán, einem Falange-Kommandanten, der das Kommando über die Zivilregierung übernommen hatte, verfolgt wurden, bei sich aufnahm.

gleich auf der Straße getötet werden würde, bestand darauf, dass sie García Lorca nicht aus dem Haus lassen würde, ohne dass ihr Mann oder einer ihrer Söhne vor anwesend wäre. Sie rief sofort Miguel an, ihren ältesten Sohn, der in der Kaserne der Falange Dienst hatte, und sprach auch mit ihrem Mann. Miguel erschien im Haus und beschloss, mit dem Dichter zur Zivilregierung zu gehen, aber Valdés Guzmán, der Zivilgouverneur, inspizierte gerade die Schützengräben an der Front von Jaén, und bis zu seinem Eintreffen konnte nichts unternommen werden, also wurde Lorca in den Nebengebäuden des Hauses eingesperrt. Als die anderen Rosales-Brüder erfuhren, was geschehen war, marschierten sie sofort in Begleitung anderer Falangisten zur Zivilregierung, um den Gouverneur zur Rede zu stellen.

Am 17. August schickte die Mutter von Federico Angelina Cordobilla, das Kindermädchen der Fernández-Montesinos, mit Lebensmitteln für ihren Sohn zur Zivilverwaltung, aber Valdés Guzmán sagte ihr, er sei nicht mehr da. Er hat gelogen, denn es ist fast sicher, dass er sich vom Nachmittag des 16. bis zum Abend des 18. dort aufhielt. Gibson glaubt, dass Valdés zögerte, was er mit dem Schriftsteller tun sollte, da er sich seines Ansehens nicht unbewusst war. Er wandte sich daher an General Queipo de Llano, den obersten Anführer der Rebellen in Andalusien, dessen verbale Exzesse immer wieder sein beklagenswertes Verhalten und seine Angeberei verrieten. Bei seinen Nachforschungen erfuhr Ian Gibson, dass einer der Begleiter von Valdés Guzmán in der Peña von Bar Jandilla, Germán Fernández Ramos, auf die Frage des Zivilgouverneurs genau die Worte von Queipo de Llano zitierte: „Gebt ihm Kaffee, viel Kaffee", was gleichbedeutend mit der Aufforderung war, ihn zu töten.

Mit diesen Anweisungen wurde Lorca in der Nacht des 18. August von der Zivilregierung abgeholt und nach Víznar gebracht, einem Dorf neun Kilometer von Granada entfernt. In der Nähe befand sich ein Gebäude namens „La Colonia", das als Sommerresidenz für Schülergruppen diente, bis es in ein Gefängnis umgewandelt wurde. Dort verbrachte García Lorca seine letzten Momente. Gibson zufolge scheint es sich bei den Tätern neben den Wärtern, die vielleicht zur Strafe gezwungen wurden, an den Schießereien teilzunehmen, um Freiwillige gehandelt zu haben, die „aus Freude am Töten" töteten. Der Dichter wurde in den frühen Morgenstunden des 19. August in Fuente Grande ermordet, einem Ort zwischen den Dörfern Alfacar und Víznar, in der Nähe der berüchtigten Víznar-Schlucht, wo es mehrere Hinrichtungen gab. Neben ihm starben drei weitere Personen: Dióscoro Galindo González, ein Lehrer aus Pulianas, und die Banderilleros Joaquín Arcollas Cabezas und Francisco Galadí Mercal.

Die erste Zeitung, die Lorcas Tod bekannt gab, war das *Diario de Albacete*, das in seiner Ausgabe vom 30. August auf der Titelseite von der „möglichen Hinrichtung des großen Dichters Federico García Lorca" berichtete. In den folgenden Tagen verbreitete sich die Nachricht wie ein Lauffeuer in der ganzen Welt. *Die Times* of London berichtete im September mehrere Tage lang über den Fall. 1940 widmete Dámaso Alonso, Dichter und Lehrer der Hispanisten, seinem ermordeten Freund das elegische Gedicht *La Fuente*

Grande o de las Lágrimas (Der große Brunnen oder der Brunnen der Tränen). Rafael Alberti, Miguel Hernández, Emilio Prados, Dichter seiner Generation, verfassten Gedichte zum Andenken an Lorca. Antonio Machado schrieb auch das Gedicht *El crimen fue en Granada: A Federico García Lorca.* Mit dem Fragment mit dem Titel *El crimen* möchten wir dieses Kapitel über die spanische Tragödie abschließen:

„Er wurde gesehen, wie er zwischen Gewehren herumlief,
eine lange Straße entlang,
in die kalte Landschaft hinaus,
sogar mit frühen Morgensternen.
Federico wurde getötet
als das Licht kam.
Das Henkerkommando
wagte es nicht, ihm ins Gesicht zu sehen.
Alle schlossen ihre Augen;
beteten sie: Nicht einmal Gott rettet euch!
Totgefallener Frederick
-Blut auf der Stirn und Blei in den Eingeweiden-.
... Was war das Verbrechen in Granada?
Wisse -armer Granada-, in deinem Granada".

ANDERE BÜCHER

OMNIA VERITAS
OMNIA VERITAS LTD PRÄSENTIERT:
Wenn es ein Buch gibt, das den Kern all der Umwälzungen in der Welt auf den Punkt bringt, und was wir tun müssen, um sie zu stoppen, dann ist es dieses.
ROTE PANDEMIE
DER GLOBALE MARXISTISCHE KULT
E. Connor
Das entscheidende Thema in der heutigen Welt ist die marxistische Indoktrination

OMNIA VERITAS
OMNIA VERITAS LTD PRÄSENTIERT:
DIE ENTEIGNETE MEHRHEIT
DIE ENTEIGNETE MEHRHEIT
DAS TRAGISCHE UND DEMÜTIGENDE SCHICKSAL DER AMERIKANISCHEN MEHRHEIT

www.ingramcontent.com/pod-product-compliance
Lightning Source LLC
Chambersburg PA
CBHW050554270326
41926CB00012B/2042